财务会计理论与实务

张瑞琛 主编

中国财经出版传媒集团
中国财政经济出版社

图书在版编目（CIP）数据

财务会计理论与实务／张瑞琛主编．--北京：中国财政经济出版社，2020.9
ISBN 978-7-5095-9950-1

Ⅰ.①财… Ⅱ.①张… Ⅲ.①财务会计－高等学校－教材 Ⅳ.①F234.4

中国版本图书馆 CIP 数据核字（2020）第 146706 号

责任编辑：彭　波　　　　责任印制：史大鹏
封面设计：卜建辰　　　　责任校对：张　凡

中国财政经济出版社 出版

URL：http://www.cfeph.cn
E-mail：cfeph@cfemg.cn

（版权所有　翻印必究）

社址：北京市海淀区阜成路甲 28 号　邮政编码：100142
营销中心电话：010-88191537
北京密兴印刷有限公司印刷　各地新华书店经销
710×1000 毫米　16 开　28 印张　644 000 字
2020 年 9 月第 1 版　2020 年 9 月北京第 1 次印刷
定价：82.00 元
ISBN 978-7-5095-9950-1
（图书出现印装问题，本社负责调换）
本社质量投诉电话：010-88190744
打击盗版举报热线：010-88191661　QQ：2242791300

资助：

本教材的出版受"福建农林大学研究生教材出版基金资助"。

编委会名单

(以姓氏拼音排名,不分先后)

学术类成员

步丹璐	西南财经大学会计学院
曹　越	湖南大学工商管理学院
陈　骏	南京审计大学
陈朝琳	厦门国家会计学院
杜　勇	西南大学经济与管理学院
耿云江	东北财经大学会计学院
黄莲琴	福州大学经济与管理学院
雷　宇	广东财经大学会计学院
李　成	厦门大学管理学院会计系
廖义刚	江西财经大学会计学院
刘嫒嫒	东北财经大学会计学院
权小锋	苏州大学东吴商学院会计系
宋晓红	龙岩学院经济与管理学院
吴昊旻	石河子大学经管学院会计学系
吴育辉	厦门大学管理学院财务学系
张瑞琛	福建农林大学
张伟华	北京工商大学商学院财务系
赵子夜	上海财经大学会计学院

企业类成员

陈亨强　福建中医药大学附属第二人民医院
陈永云　集美大学财务处
傅中琰　福建林业职业技术学院计划财务处
李怀宇　福建星网锐捷通讯股份有限公司
连国萍　福建省人民政府发展研究中心
梁武全　中核产业基金管理（北京）有限公司
刘　锦　中国航空研究院
施晓莹　漳州市财政局
宋家兴　中国煤炭科工集团天地科技股份有限公司
万爱民　新疆维吾尔自治区新华书店
王伟明　北京兴华会计师事务所（特殊普通合伙）
王文章　中国中煤能源集团有限公司
王欣健　航天科工投资基金管理（北京）有限公司
吴峰宇　华东建筑设计集团股份有限公司
杨淑飞　恒泰证券股份有限公司
游俊红　福建体育职业学院财务处
曾政林　福建诚仕达税务师事务所
郑丽敏　福建医科大学附属南平市第一医院

前　言

谁都不能否认，经济越发展，会计越重要。伴随我国的会计准则逐步与国际会计准则实现协调和趋同，对我国会计人才的培养提出了更大的挑战，尤其要适应会计实务发展的需要。另外，一本优秀的教材对于培养会计人才的重要性不言而喻，尤为重要的是教材必须把握好经济与会计发展的脉搏，为此我们编写了本书。

本书以我国2006年颁布的会计准则体系以及截至2018年我国财政部对会计准则进行的修订、解释为依据，借鉴最新的国际财务报告准则，教材体系分为上下两篇，上篇以会计概念框架、基本方法、会计核算程序为主线，系统、完整地阐述了会计要素的确认、计量、记录和报告。下篇立足于我国会计实务领域，详细介绍了上市公司案例中常见的会计实务，本书可以作为高等院校会计学专业本科和研究生教材，也可作为各级经济管理人员的培训教材和社会上自学考试的参考资料。

一方面，在教材编写和使用过程中，编者注重将《中级财务会计》与《高级财务会计》两门的课程内容实现较好的前后衔接，以更好地帮助会计专业的本科生及研究生更好地把握会计学科专业知识的框架。

另一方面，由于注册会计师考试存在较多的优势，越来越多的学生开始关注注册会计师考试，但鉴于注册会计师考试考核专业知识范围广、难度大，对备考者的基本素质和能力提出了较高的要求，在编写此书的过程中，我们坚持问题导向，在关注学生备考注册会计师考试这一客观需要的同时，参考借鉴了注册会计师所考察的相关内容，并结合课程教学实际，在内容编排上更加重视学生实际能力的培养。

由于编者的水平有限，本教材可能存在不足之处，恭请广大师生及其他读者预计批评指正。

编者
2020年6月

目 录

上篇　会计基本理论和实务

第一章　总论 ………………………………………………………………… 3
- 第一节　会计概述 …………………………………………………………… 3
- 第二节　财务报告目标、会计基本假设和会计基础 ……………………… 6
- 第三节　会计信息质量要求 ………………………………………………… 10
- 第四节　会计要素及其确认与计量 ………………………………………… 13
- 第五节　财务报告 …………………………………………………………… 20

第二章　货币资金 …………………………………………………………… 22
- 第一节　库存现金 …………………………………………………………… 22
- 第二节　银行存款 …………………………………………………………… 25
- 第三节　其他货币资金 ……………………………………………………… 29

第三章　应收和预付款项 …………………………………………………… 33
- 第一节　应收票据 …………………………………………………………… 33
- 第二节　应收账款 …………………………………………………………… 39
- 第三节　其他应收款及预付账 ……………………………………………… 41

第四章　存货 ………………………………………………………………… 46
- 第一节　存货的确认和初始计量 …………………………………………… 46
- 第二节　发出存货的计量 …………………………………………………… 49
- 第三节　期末存货的计量 …………………………………………………… 51
- 第四节　存货的清查盘点 …………………………………………………… 56

第五章　固定资产 …………………………………………………………… 59
- 第一节　固定资产的确认和初始计量 ……………………………………… 59
- 第二节　固定资产的后续计量 ……………………………………………… 65
- 第三节　固定资产的处置 …………………………………………………… 70

第六章 无形资产 ... 73

- 第一节 无形资产的确认和初始计量 ... 73
- 第二节 内部研究开发支出的确认和计量 ... 79
- 第三节 无形资产的后续计量 ... 83
- 第四节 无形资产的处置 ... 87

第七章 投资性房地产 ... 89

- 第一节 投资性房地产的特征与范围 ... 89
- 第二节 投资性房地产的确认和初始计量 ... 90
- 第三节 投资性房地产的后续计量 ... 92
- 第四节 投资性房地产的转换和处置 ... 94

第八章 长期股权投资与合营安排 ... 101

- 第一节 长期股权投资概述 ... 101
- 第二节 长期股权投资的确认与初始计量 ... 103
- 第三节 长期股权投资的后续计量 ... 107
- 第四节 长期股权投资核算方法的转换 ... 115
- 第五节 合营安排 ... 120

第九章 负债 ... 127

- 第一节 流动负债 ... 127
- 第二节 非流动负债 ... 135

第十章 所有者权益 ... 140

- 第一节 实收资本 ... 140
- 第二节 其他权益工具 ... 143
- 第三节 资本公积和其他综合收益 ... 146

第十一章 收入、费用和利润 ... 153

- 第一节 收入 ... 153
- 第二节 费用 ... 179
- 第三节 利润 ... 181

第十二章 财务报告 ... 184

- 第一节 财务报表概述 ... 184
- 第二节 资产负债表 ... 188
- 第三节 利润表 ... 193
- 第四节 现金流量表 ... 196

第五节	所有者权益变动表	201
第六节	财务报表附注披露	202
第七节	中期财务报告	212

第十三章 或有事项 218

第一节	或有事项概述	218
第二节	或有事项的确认和计量	220
第三节	或有事项会计的具体应用	224
第四节	或有事项的列报	228

第十四章 资产负债表日后事项 231

第一节	资产负债表日后事项概述	231
第二节	调整事项的会计处理	233
第三节	非调整事项的会计处理	235

第十五章 会计政策、会计估计及其变更和差错更正 239

第一节	会计政策及其变更概述	239
第二节	会计估计及其变更的概述	241
第三节	会计政策与会计估计及其变更的划分	243
第四节	会计政策和会计估计变更的会计处理	244
第五节	前期差错及其更正	250

下篇 上市公司相关会计理论和实务

第十六章 财务会计理论及其研究方法 257

第一节	会计理论的性质	257
第二节	构建会计理论的方法论	258
第三节	会计学属性和会计理论验证	260

第十七章 财务会计概念与框架 262

第一节	财务会计概念框架概述	262
第二节	财务报告的目标	265
第三节	会计信息的质量特征	266
第四节	财务报表的要素	268

第十八章 金融工具 270

| 第一节 | 金融工具概述 | 271 |
| 第二节 | 金融资产和金融负债的分类 | 272 |

	第三节	金融负债和权益工具的区分	277
	第四节	金融工具的计量	282
	第五节	金融资产转移	298
	第六节	套期会计	306

第十九章 企业合并 319

	第一节	企业合并概述	319
	第二节	企业合并的会计处理	322

第二十章 合并财务报表 329

	第一节	合并财务报表的合并理论	330
	第二节	合并范围的确定	331
	第三节	合并报表的编制原则、前期准备事项及程序	346
	第四节	长期股权投资与所有者权益的合并处理（同一控制下企业合并）	351
	第五节	长期股权投资与所有者权益的合并处理（非同一控制下企业合并）	358
	第六节	内部商品交易的合并处理	370
	第七节	内部债权债务的合并处理	380
	第八节	内部固定资产交易的合并处理	384
	第九节	内部无形资产交易的合并处理	391
	第十节	特殊交易在合并财务报表中的会计处理	394
	第十一节	所得税会计相关的合并处理	399
	第十二节	合并现金流量表的编制	401

第二十一章 公允价值计量 404

	第一节	公允价值概述	405
	第二节	公允价值计量要求	410
	第三节	公允价值计量的具体应用	420

第二十二章 国际会计协调与趋同 427

	第一节	国际会计协调与趋同概述	427
	第二节	中国会计准则与国际准则的趋同	430

上篇 会计基本理论和实务

第一章 总 论

☞ **本章学习目的**

通过本章的学习，使学生对财务会计有一个整体的认识。学习完本章内容后，学生应掌握会计的定义、会计基本假设、会计要素及其确认与计量、会计信息质量要求、会计要素计量属性；熟悉会计的作用、企业会计准则的制定与企业会计准则体系、财务报告目标的受托责任观和决策有用观、我国关于财务报告目标的规定、各会计要素计量属性之间的关系以及会计要素计量属性的应用原则。

☞ **本章学习重点难点**

会计基本假设　会计要素的确认与计量　会计信息质量要求　会计计量属性

第一节　会计概述

一、会计的定义

会计是以货币为主要计量单位，反映和监督一个单位经济活动的一种经济管理工作。在企业，会计主要反映企业的财务状况、经营成果和现金流量，并对企业经营活动和财务收支进行监督。会计是随着人类社会生产的发展和经济管理的需要而产生、发展并不断完善起来的。人类文明不断进步，社会经济活动不断革新，生产力不断提高，会计的核算内容、核算方法等也得到了较大发展，逐步由简单的计量与记录行为发展成为以货币单位综合地反映和监督经济活动过程的一种经济管理工作，并在参与单位经营管理决策、提高资源配置效率、促进经济健康持续发展方面发挥积极作用。

二、会计的作用

会计是现代企业的一项重要的基础性工作，通过一系列会计程序，提供决策有用的信息，并积极参与经营管理决策，提高企业经济效益，服务于市场经济的健康有序发展。具体来说，会计在社会主义市场经济中的作用，主要包括以下几个方面。

第一，提供决策有用的信息，提高企业透明度，规范企业行为。

企业会计通过其反映职能，提供有关企业财务状况、经营成果和现金流量方面的信息，是包括投资者和债权人在内的各方面进行决策的依据。例如，对于作为企业所有者的投资者来说，他们为了选择投资对象、衡量投资风险、作出投资决策，不仅需要了解企业包括毛利率、总资产收益率、净资产收益率等指标在内的盈利能力和发展趋势方面的信息,也需要了解有关企业经营情况方面的信息及其所处行业的信息;对于作为债权人的银行来说,他们为了选择贷款对象、衡量贷款风险、作出贷款决策,不仅需要了解企业包括流动比率、速动比率、资产负债率等指标在内的短期偿债能力和长期偿债能力,也需要了解企业所处行业的基本情况及其在同行业所处的地位;对于作为社会经济管理者的政府部门来说,他们为了制定经济政策、进行宏观调控、配置社会资源,需要从总体上掌握企业的资产负债结构、损益状况和现金流转情况,从宏观上把握经济运行的状况和发展变化趋势。所有这一切,都需要会计提供有助于他们进行决策的信息,通过提高会计信息透明度来规范企业会计行为。

第二,加强经营管理,提高经济效益,促进企业可持续发展。

企业经营管理水平的高低直接影响着企业的经济效益、经营成果、竞争能力和发展前景,在一定程度上决定着企业的前途和命运。为了满足企业内部经营管理对会计信息的需要,现代会计已经渗透到了企业内部经营管理的各个方面。例如,企业会计通过分析和利用有关企业财务状况、经营成果和现金流量方面的信息,可以全面、系统、总括地了解企业生产经营活动情况、财务状况和经营成果,并在此基础上预测和分析未来发展前景;可以通过发现过去经营活动中存在的问题,找出存在的差距及原因,并提出改进措施;可以通过预算的分解和落实,建立起内部经济责任制,从而做到目标明确、责任清晰、考核严格、赏罚分明。总之,会计通过真实地反映企业的财务信息,参与经营决策,为处理企业与各方面的关系、考核企业管理人员的经营业绩、落实企业内部管理责任奠定基础,有助于发挥会计工作在加强企业经营管理、提高经济效益方面的积极作用。

第三,考核企业管理层经济责任的履行情况。

企业接受了包括国家在内的所有投资者和债权人的投资,就有责任按照其预定的发展目标和要求,合理利用资源,加强经营管理,提高经济效益,接受考核和评价。会计信息有助于评价企业的业绩,有助于考核企业管理层经济责任的履行情况。例如,对于作为企业所有者的投资者来说,他们为了了解企业当年度经营活动成果和当年度的资产保值和增值情况,需要将利润表中的净利润与上年度进行对比,以反映企业的盈利发展趋势;需要将其与同行业进行对比,以反映企业在与同行业竞争时所处的位置,从而考核企业管理层经济责任的履行情况;对于作为社会经济管理者的政府部门来说,他们需要了解企业执行计划的能力,需要将资产负债表、利润表和现金流量表中所反映的实际情况与预算进行对比,反映企业完成预算的情况,表明企业执行预算的能力和水平。所有这一切,都需要会计提供信息。

三、企业会计准则的制定与企业会计准则体系

根据《中华人民共和国会计法》的规定,中国企业会计准则由财政部制定。多年来,尤其是改革开放以来,我国一直与时俱进,顺时应势,积极推进会计改革和会计制度(会计准则是会计制度的一部分)建设。2006年2月15日,财政部在多年会计改革经验积累的基础上,顺应我国社会主义市场经济发展和经济全球化的需要,发布了企业会计准则体系。这套企业会计准则体系包括《企业会计准则——基本准则》(以下简称基本准则)和

具体准则及有关应用指南，实现了与国际财务报告准则的趋同。企业会计准则体系自2007年1月1日起首先在上市公司范围内施行，之后逐步扩大到几乎所有大中型企业。中国现行企业会计准则体系由基本准则、具体准则、应用指南和解释组成。

（一）基本准则

我国基本准则主要规范了以下内容：（1）财务报告目标。基本准则明确了我国财务报告的目标是向财务报告使用者提供决策有用的信息，并反映企业管理层受托责任的履行情况。（2）会计基本假设。基本准则强调了企业会计确认、计量和报告应当以会计主体、持续经营、会计分期和货币计量为会计基本假设。（3）会计基础。基本准则要求企业会计确认、计量和报告应当以权责发生制为基础。（4）会计信息质量要求。基本准则建立了企业会计信息质量要求体系，规定企业财务报告中提供的会计信息应当满足会计信息质量要求。（5）会计要素分类及其确认、计量原则。基本准则将会计要素分为资产、负债、所有者权益、收入、费用和利润六个要素，同时对各要素进行了严格定义。会计要素在计量时以历史成本为基础，可供选择的计量属性包括历史成本、重置成本、可变现净值、现值和公允价值等。（6）财务报告。基本准则明确了财务报告的基本概念、应当包括的主要内容和应反映信息的基本要求等。

基于基本准则规范的上述内容，基本准则在企业会计准则体系中发挥着十分重要的作用，主要包括：（1）统驭具体准则的制定。基本准则规范了包括财务报告目标、会计基本假设、会计信息质量要求、会计要素的定义及其确认、计量原则、财务报告等在内的基本问题，是制定具体准则的基础，对各具体准则的制定，起着统驭作用，可以确保各具体准则的内在一致性。我国基本准则第三条明确规定，"企业会计准则包括基本准则和具体准则，具体准则的制定应当遵循本准则（即基本准则）。"在企业会计准则体系的建设中，各项具体准则也都明确规定按照基本准则的要求进行制定和完善。（2）为会计实务中出现的、具体准则尚未规范的新问题提供会计处理依据。在会计实务中，由于经济交易事项的不断发展、创新，一些新的交易或者事项在具体准则中尚未规范但又急需处理，这时，企业不仅应当对这些新的交易或者事项及时进行会计处理，而且在处理时应当严格遵循基本准则的要求，尤其是基本准则关于会计要素的定义及其确认与计量等方面的规定。因此，基本准则不仅扮演着具体准则制定依据的角色，也为会计实务中出现的、具体准则尚未作出规范的新问题提供了会计处理依据，从而确保了企业会计准则体系对所有会计实务问题的规范作用。

（二）具体准则

具体准则是在基本准则的指导下，对企业各项资产、负债、所有者权益、收入、费用、利润及相关交易事项的确认、计量和报告进行规范的会计准则。

（三）应用指南

应用指南是对具体准则相关条款的细化和有关重点难点问题提供的操作性指南，以利于会计准则的贯彻落实和指导实务操作。

(四) 解释

解释是对具体准则实施过程中出现的问题、具体准则条款规定不清楚或者尚未规定的问题作出的补充说明。

2011年10月18日，财政部又发布了《小企业会计准则》。《小企业会计准则》规范了适用于小企业的资产、负债、所有者权益、收入、费用、利润及利润分配、外币业务、财务报表等会计处理及其报表列报等问题。《小企业会计准则》适用于在中华人民共和国境内依法设立的、符合《中小企业划型标准规定》所规定的小型企业标准的企业，但股票或债券在市场上公开交易的小企业、金融机构或其他具有金融性质的小企业、属于企业集团内的母公司和子公司的小企业除外，自2013年1月1日起在所有适用的小企业范围内施行。《小企业会计准则》的发布与实施，标志着我国涵盖所有企业的会计准则体系的建成。

第二节 财务报告目标、会计基本假设和会计基础

一、财务报告目标

(一) 财务报告目标的受托责任观和决策有用观

财务报告目标是指企业编制财务报告提供会计信息的目的。它是财务会计概念框架或者我国基本准则的最高层次，对财务会计的规范发展起着导向性作用。财务报告目标从传统上来讲有两种观点：一是财务报告目标的受托责任观；二是财务报告目标的决策有用观。财务报告目标的受托责任观主要形成于公司制企业发端与盛行时期。在公司制企业下，公司财产所有权与经营权分离，财产所有者将财产投入公司后不再直接干预财产的具体经营，而是委托给公司管理层，由公司管理层作为受托者对财产进行妥善保管并使其增值；受托者接受委托者的委托后，获得了财产的自主经营权和处置权，但负有定期向委托者报告其受托责任履行情况的义务，这就是基于公司制的财务报告的受托责任观。财务报告受托责任观的核心内容是：财务报告目标应以恰当方式有效反映受托者受托管理委托人财产责任的履行情况。财务报告在委托人和受托人之间扮演着桥梁作用，核心是揭示过去的经营活动与财务成果。

财务报告目标的决策有用观则主要源于资本市场的发展。随着公司制企业的发展，股权的交换和流通显得越来越迫切，而资本市场的发展为其提供了交易的平台，顺应了形势发展的需要。在资本市场发展的前提下，公司的股权进一步分散，分散的投资者在关心公司资产保值增值的同时，更关心公司的价值创造和股票的涨跌，投资者关注的核心从公司财产本身更多地转向公司价值管理和资本市场股票的表现。如果公司管理层管理不善、业绩不佳，投资者往往不是直接更换公司管理层，而是"用脚投票"，通过卖出股票来直接行使相关的权利，公司财务报告为此需要向投资者提供与其投资决策相关的信息，这就是

基于资本市场的财务报告的决策有用观。财务报告决策有用观的核心内容是：财务报告应当向投资者等外部使用者提供决策有用的信息，尤其是提供与企业财务状况、经营成果、现金流量等相关的信息，从而有助于使用者评价公司未来现金流量的金额、时间和不确定性。财务报告除了需要揭示过去的经营业绩外，还需要提供有助于未来决策的相关信息。

财务报告目标的受托责任观和决策有用观各有侧重，并且往往与企业发展和外部环境变化相关。从国际财务报告准则和世界许多国家会计准则及其会计实务发展来看，目前国际会计准则理事会和各国在确定财务报告目标时，尽管决策有用观地位越来越上升，但往往还是尽可能兼顾受托责任观和决策有用观。许多人认为，受托责任观和决策有用观尽管关注点有所不同，但是两者之间并不矛盾，反而有时相互补充，从而可以更好地满足信息使用者的信息需要。

（二）我国关于财务报告目标的规定

我国基本准则明确了财务报告的目标，规定财务报告的目标是向财务报告使用者提供与企业财务状况、经营成果和现金流量等有关的会计信息，反映企业管理层受托责任履行情况，有助于财务报告使用者作出经济决策。我国对财务报告目标的界定，兼顾了决策有用观和受托责任观。基本准则规定，财务报告使用者主要包括投资者、债权人、政府及其有关部门和社会公众等。满足投资者的信息需要是企业财务报告编制的首要出发点。近年来，我国企业改革持续深入，产权日益多元化，资本市场快速发展，机构投资者及其他投资者队伍日益壮大，对会计信息的要求日益提高。在这种情况下，投资者更加关心其投资的风险和报酬，他们需要会计信息来帮助其作出决策，如决定是否应当买进、持有或者卖出企业的股票或者股权，他们还需要通过会计信息来帮助其评估企业现金流量的金额、时间和不确定性、支付股利的能力等。因此，基本准则将投资者作为企业财务报告的首要使用者，凸显了投资者的地位，体现了保护投资者利益的要求，是市场经济发展的必然。根据投资者决策有用的目标，财务报告所提供的信息应当如实反映企业所拥有或者控制的经济资源、对经济资源的要求权以及经济资源及其要求权的变化情况；如实反映企业的各项收入、费用、利得和损失的金额及其变动情况；如实反映企业各项经营活动、投资活动和筹资活动等所形成的现金流入和现金流出情况等，从而有助于现在的或者潜在的投资者正确、合理地评价企业的资产质量、偿债能力、盈利能力和营运效率等，有助于投资者根据相关会计信息作出理性的投资决策，有助于投资者评估与投资有关的未来现金流量的金额、时间和不确定性等。除了投资者之外，基本准则还规定企业财务报告的使用者还有债权人、政府及有关部门、社会公众等。例如，企业贷款人、供应商等债权人通常十分关心企业的偿债能力和财务风险，他们需要通过会计信息来评估企业能否如期支付贷款本金及其利息，能否如期支付所欠购货款等；政府及其有关部门作为经济管理和经济监管部门，通常关心经济资源分配的公平、合理，市场经济秩序的公正、有序，宏观决策所依据信息的真实可靠等，他们需要通过会计信息来监管企业的有关活动（尤其是经济活动）、制订税收政策、进行税收征管和国民经济统计等。

应当讲，投资者及其他使用者等决策所需的许多信息是共同的。由于投资者是企业资本的主要提供者，在通常情况下，如果财务报告能够满足这一群体的会计信息需求，也就可以满足其他使用者的大部分信息需求。在强调财务报告对外部使用者决策有用的同时，财务报告体现的受托责任目标也不容忽视。改革开放以来，我国一直在推动各类企业（尤其是国有企业）建立现代企业制度，现代企业制度强调企业所有权和经营权相分离，企业管理层是受委托人之托经营管理企业及其各项资产，负有受托责任。即企业管理层所经营管理的企业各项资产基本上均为投资者投入的资本（或者留存收益作为再投资）或者向债权人借入的资金所形成的，企业管理层有责任妥善保管并合理、有效运用这些资产。企业投资者和债权人等也需要及时或者经常性地了解企业管理层保管、使用资产的情况，以便于评价企业管理层的责任情况和业绩，并决定是否需要调整投资或者信贷政策、是否需要加强企业内部控制和其他制度建设、是否需要更换管理层等。因此，财务报告应当反映企业管理层受托责任的履行情况，以有助于外部投资者和债权人等评价企业的经营管理责任和资源使用的有效性。

按照我国基本准则的规定，我国企业财务报告的目标对于决策有用观和受托责任观两者应当兼顾。财务报告的决策有用观和受托责任观是统一的，投资者出资委托企业管理层经营，希望获得更多的投资回报，实现股东财富的最大化，从而进行可持续投资；企业管理层接受投资者的委托从事生产经营活动，努力实现资产安全完整，保值增值，防范风险，促进企业可持续发展，就能够更好地持续履行受托责任，为投资者提供回报，为社会创造价值。由此可见，财务报告的决策有用观和受托责任观是有机统一的，企业编制财务报告应当努力满足这些目标，以服务于我国市场经济发展的需要。

二、会计基本假设

会计基本假设是企业会计确认、计量和报告的前提，是对会计核算所处时间、空间环境等所作的合理设定。会计基本假设包括会计主体、持续经营、会计分期和货币计量。

（一）会计主体

会计主体，是指企业会计确认、计量和报告的空间范围。为了向财务报告使用者反映企业财务状况、经营成果和现金流量，提供与其决策有用的信息，会计核算和财务报告的编制应当集中于反映特定对象的活动，并将其与其他经济主体区别开来，才能实现财务报告的目标。

在会计主体假设下，企业应当对其本身发生的交易或者事项进行会计确认、计量和报告，反映企业本身所从事的各项生产经营活动。明确界定会计主体是开展会计确认、计量和报告工作的重要前提。

明确会计主体，才能划定会计所要处理的各项交易或事项的范围。在会计工作中，只有那些影响企业本身经济利益的各项交易或事项才能加以确认、计量和报告，那些不影响企业本身经济利益的各项交易或事项则不能加以确认、计量和报告。会计工作中通常所讲的资产、负债的确认，收入的实现，费用的发生等，都是针对特定会计主体而言的。

明确会计主体，才能将会计主体的交易或者事项与会计主体所有者的交易或者事项以及其他会计主体的交易或者事项区分开来。例如，企业所有者的经济交易或者事项是属于企业所有者主体所发生的，不应纳入企业会计核算的范围，但是企业所有者投入企业的资本或者企业向所有者分配的利润，则属于企业主体所发生的交易或者事项，应当纳入企会计核算的范围。

会计主体不同于法律主体。一般来说，法律主体必然是一个会计主体。例如，一个企业作为一个法律主体，应当建立财务会计系统，独立反映其财务状况、经营成果和现金流量。但是，会计主体不一定是法律主体。例如，在企业集团的情况下，一个母公司拥有若干子公司，母子公司虽然是不同的法律主体，但是母公司对于子公司拥有控制权，为了全面反映企业集团的财务状况、经营成果和现金流量，就有必要将企业集团作为一个会计主体，编制合并财务报表。再如，由企业管理的证券投资基金、企业年金基金等，尽管不属于法律主体，但属于会计主体，应当对每项基金进行会计确认、计量和报告。

（二）持续经营

持续经营，是指在可以预见的将来，企业将会按当前的规模和状态继续经营下去，不会停业，也不会大规模削减业务。在持续经营前提下，会计确认、计量和报告应当以企业持续、正常的生产经营活动为前提。

企业是否持续经营，在会计原则、会计方法的选择上有很大差别。一般情况下，应当假定企业将会按照当前的规模和状态继续经营下去。明确这个基本假设，就意味着会计主体将按照既定用途使用资产，按照既定的合约条件清偿债务，会计人员就可以在此基础上选择会计原则和会计方法。如果判断企业会持续经营，就可以假定企业的固定资产会在持续经营的生产经营过程中长期发挥作用，并服务于生产经营过程，固定资产就可以根据历史成本进行记录，并采用折旧的方法，将历史成本分摊到各个会计期间或相关产品的成本中。如果判断企业不会持续经营，固定资产就不应采用历史成本进行记录并按期计提折旧。如果一个企业在不能持续经营时还仍然按照持续经营进行会计处理，选择会计确认、计量和报告原则与方法，就不能客观地反映企业的财务状况、经营成果和现金流量，会误导会计信息使用者的经济决策。

（三）会计分期

会计分期，是指将一个企业持续经营的生产经营活动划分为一个个连续的、间隔相同的期间。会计分期的，在于通过会计期间的划分，将持续经营的生产经营活动划分成连续、相等的期间，据以结算盈亏，按期编报财务报告，从而及时向财务报告使用者提供有关企业财务状况、经营成果和现金流量的信息。在会计分期假设下，企业应当划分会计期间，分期结算账目和编制财务报告。会计期间通常分为年度和中期。中期，是指短于一个完整的会计年度的报告期间，如月度、季度、半年度等。根据持续经营假设，一个企业将按当前的规模和状态持续经营下去。但是，无论是企业的生产经营决策还是投资者、债权人等的决策都需要及时的信息，都需要将企业持续的生产经营活动划分为一个个连续的、长短相同的期间，分期确认、计量和报告企业的财务状况、经营成果和现金流量。明确会计分期假设意义重大，由于会计分期，才产生了当期与以前期间、以后期间的差别，才使不同类型的会计主体有了记账的基准，进而出现了折旧、摊销等会计处理方法。

（四）货币计量

货币计量，是指会计主体在财务会计确认、计量和报告时以货币计量，反映会计主体的生产经营活动。在会计的确认、计量和报告过程中之所以选择货币为基础进行计量，是由货币的本身属性决定的。货币是商品的一般等价物，是衡量一般商品价值的共同尺度，具有价值尺度、流通手段、贮藏手段和支付手段等特点。其他计量单位，如重量、长度、容积、台、件等，只能从一个侧面反映企业的生产经营情况，无法在量上进行汇总和比较，不便于会计计量和经营管理，只有选择货币尺度进行计量，才能充分反映企业的生产经营情况，所以基本准则规定会计确认、计量和报告选择货币作为计量单位。在有些情况下，统一采用货币计量也有缺陷，某些影响企业财务状况和经营成果的因素，如企业经营战略、研发能力、市场竞争力等，往往难以用货币来计量，但这些信息对于使用者决策来讲也很重要，为此，企业可以在财务报告中补充披露有关非财务信息来弥补上述缺陷。

三、会计基础

企业会计的确认、计量和报告应当以权责发生制为基础。权责发生制基础要求，凡是当期已经实现的收入和已经发生或应当负担的费用，无论款项是否收付，都应当作为当期的收入和费用，计入利润表；凡是不属于当期的收入和费用，即使款项已在当期收付，也不应当作为当期的收入和费用。在实务中，企业交易或者事项的发生时间与相关货币收支时间有时并不完全一致。例如，款项已经收到，但销售并未实现；或者款项已经支付，但并不是为本期生产经营活动而发生的。为了更加真实、公允地反映特定会计期间的财务状况和经营成果，基本准则明确规定，企业在会计确认、计量和报告中应当以权责发生制为基础。收付实现制是与权责发生制相对应的一种会计基础，它是以收到或支付的现金作为确认收入和费用等的依据。目前，我国的行政单位会计采用收付实现制，事业单位会计除经营业务可以采用权责发生制外，其他大部分业务采用收付实现制。

第三节　会计信息质量要求

会计信息质量要求是对企业财务报告中所提供会计信息质量的基本要求，是使财务报告中所提供会计信息对投资者等使用者决策有用应具备的基本特征，它主要包括可靠性、相关性、可理解性、可比性、实质重于形式、重要性、谨慎性和及时性等。

一、可靠性

可靠性要求企业应当以实际发生的交易或者事项为依据进行确认、计量和报告，如实反映符合确认和计量要求的各项会计要素及其他相关信息，保证会计信息真实可靠、内容完整。会计信息要有用，必须以可靠为基础，如果财务报告所提供的会计信息是不可靠的，就会给投资者等使用者的决策产生误导甚至损失。为了贯彻可靠性要求，企业应当做到：

（1）以实际发生的交易或者事项为依据进行确认、计量，将符合会计要素定义及其确认条件的资产、负债、所有者权益、收入、费用和利润等如实反映在财务报表中，不得根据虚构的、没有发生的或者尚未发生的交易或者事项进行确认、计量和报告。

（2）在符合重要性和成本效益原则的前提下，保证会计信息的完整性，其中包括应当编报的报表及其附注内容等应当保持完整，不能随意遗漏或者减少应予披露的信息，与使用者决策相关的有用信息都应当充分披露。

（3）包括在财务报告中的会计信息应当是中立的，无偏的。如果企业在财务报告中为了达到事先设定的结果或效果，通过选择或列示有关会计信息以影响决策和判断的，这样的财务报告信息就不是中立的。

二、相关性

相关性要求企业提供的会计信息应当与投资者等财务报告使用者的经济决策需要相关，有助于投资者等财务报告使用者对企业过去、现在或者未来的情况作出评价或者预测。会计信息是否有用，是否具有价值，关键是看其与使用者的决策需要是否相关，是否有助于决策或者提高决策水平。相关的会计信息应当能够有助于使用者评价企业过去的决策，证实或者修正过去的有关预测，因而具有反馈价值。相关的会计信息还应当具有预测价值，有助于使用者根据财务报告所提供的会计信息预测企业未来的财务状况、经营成果和现金流量。如区分收入和利得、费用和损失，区分流动资产和非流动资产、流动负债和非流动负债以及适度引入公允价值等，都可以提高会计信息的预测价值，进而提升会计信息的相关性。会计信息质量的相关性要求，需要企业在确认、计量和报告会计信息的过程中，充分考虑使用者的决策模式和信息需要。但是，相关性是以可靠性为基础的，两者之间并不矛盾，不应将两者对立起来。也就是说，会计信息在可靠性前提下，尽可能地做到相关性，以满足投资者等财务报告使用者的决策需要。

三、可理解性

可理解性要求企业提供的会计信息应当清晰明了，便于投资者等财务报告使用者理解和使用。企业编制财务报告、提供会计信息的目的在于使用，而要让使用者有效地使用会计信息，应当能让其了解会计信息的内涵，弄懂会计信息的内容，这就要求财务报告所提供的会计信息应当清晰明了，易于理解。只有这样，才能提高会计信息的有用性，实现财务报告的目标，满足向投资者等财务报告使用者提供决策有用信息的要求。会计信息毕竟是一种专业性较强的信息产品，在强调会计信息的可理解性要求的同时，还应假定使用者具有一定的有关企业经营活动和会计方面的知识，并且愿意付出努力去研究这些信息。对于某些复杂的信息，如交易本身较为复杂或者会计处理较为复杂，但其对使用者的经济决策相关的，企业就应当在财务报告中予以充分披露。

四、可比性

可比性要求企业提供的会计信息应当相互可比。主要包括两层含义。

（一）同一企业不同时期可比

为了便于投资者等财务报告使用者了解企业财务状况、经营成果和现金流量的变化趋势，比较企业在不同时期的财务报告信息，全面、客观地评价过去、预测未来，从而作出决策。因此，会计信息应当可比。会计信息质量的可比性要求同一企业不同时期发生的相同或者相似的交易或者事项，应当采用一致的会计政策，不得随意变更。但是，满足会计信息可比性要求，并非表明企业不得变更会计政策，如果按照规定或者在会计政策变更后可以提供更可靠、更相关的会计信息的，则可以变更会计政策。有关会计政策变更的情况，应当在附注中予以说明。

（二）不同企业相同会计期间可比

为了便于投资者等财务报告使用者评价不同企业的财务状况、经营成果和现金流量及其变动情况，会计信息质量的可比性要求不同企业同一会计期间发生的相同或者相似的交易或者事项，应当采用相同或相似的会计政策，确保会计信息口径一致、相互可比，以使不同企业按照一致的确认、计量和报告要求提供有关会计信息。

五、实质重于形式

实质重于形式要求企业应当按照交易或者事项的经济实质进行会计确认、计量和报告，而不仅仅以交易或者事项的法律形式为依据。企业发生的交易或事项在多数情况下，其经济实质和法律形式是一致的。但在某些特定情况下，会出现不一致。例如，企业发行的优先股，在附有强制付息义务的优先股时应确认为负债；商品售后回购，且回购价确定的情况下，不确认商品销售收入。

六、重要性

重要性要求企业提供的会计信息应当反映与企业财务状况、经营成果和现金流量有关的所有重要交易或者事项。在实务中，如果会计信息的省略或者错报会影响投资者等财务报告使用者的决策判断，该信息就具有重要性。重要性的应用需要依赖职业判断，企业应当根据其所处环境和实际情况，从项目的性质和金额大小两个方面加以判断。

七、谨慎性

谨慎性要求企业对交易或者事项进行会计确认、计量和报告应当保持应有的谨慎，不应高估资产或者收益、低估负债或者费用。在市场经济环境下，企业的生产经营活动面临着许多风险和不确定性，如应收款项的可收回性、固定资产的使用寿命、无形资产的使用寿命、售出存货可能发生的退货或者返修等。会计信息质量的谨慎性要求，需要企业在面临不确定性因素的情况下作出职业判断时，应当保持应有的谨慎，充分估计到各种风险和损失，既不高估资产或者收益，也不低估负债或者费用。例如，要求企业对可能发生的资产减值损失计提资产减值准备、对售出商品可能发生的保修义务等确认预计负债等，就体现了会计信息质量的谨慎性要求。谨慎性的应用不允许企业设置秘密准备。如果企业故意低估资产或者收益，或者故意高估负债或者费用，则不符合会计信息的可靠性和相关性要求，损害会计信息质量，扭曲企业实际的财务状况和经营成果，从而对使用者的决策产生误导，这是不符合会计准则要求的。

八、及时性

及时性要求企业对于已经发生的交易或者事项,应当及时进行确认、计量和报告,不得提前或者延后。会计信息的价值在于帮助所有者或者其他方面作出经济决策,具有时效性。即使是可靠、相关的会计信息,如果不及时提供,就失去了时效性,对于使用者的效用就大大降低,甚至不再具有实际意义。在会计确认、计量和报告过程中贯彻及时性,一是要求及时收集会计信息,即在经济交易或者事项发生后,及时收集整理各种原始单据或者凭证;二是要求及时处理会计信息,即按照会计准则的规定,及时对经济交易或者事项进行确认或者计量,并编制财务报告;三是要求及时传递会计信息,即按照国家规定的有关时限,及时地将编制的财务报告传递给财务报告使用者,便于其及时使用和决策。在实务中,为了及时提供会计信息可能需要在有关交易或者事项的信息全部获得之前即进行会计处理,这样虽然满足了会计信息的及时性要求,但可能会影响会计信息的可靠性;反之,如果企业等到与交易或者事项有关的全部信息获得之后再进行会计处理,这样的信息披露虽然提高了信息的可靠性,但可能会由于时效性问题,对于投资者等财务报告使用者决策的有用性将大大降低。这就需要在及时性和可靠性之间作相应权衡,以投资者等财务报告使用者的经济决策需要为判断标准。

第四节 会计要素及其确认与计量

会计要素是根据交易或者事项的经济特征所确定的财务会计对象的基本分类。会计要素按照其性质分为资产、负债、所有者权益、收入、费用和利润,其中,资产、负债和所有者权益要素侧重于反映企业的财务状况,收入、费用和利润要素侧重于反映企业的经营成果。会计要素的界定和分类可以使财务会计系统更加科学严密,为投资者等财务报告使用者提供更加有用的信息。

一、会计要素定义及其确认条件

(一)资产的定义及其确认条件

1. 资产的定义。

资产是指企业过去的交易或者事项形成的、由企业拥有或者控制的、预期会给企业带来经济利益的资源。根据资产的定义,资产具有以下几个方面的特征:

(1)资产预期会给企业带来经济利益。资产预期会给企业带来经济利益,是指资产直接或者间接导致现金和现金等价物流入企业的潜力。这种潜力既可以来自企业日常的生产经营活动,也可以是非日常活动;带来的经济利益既可以是现金或者现金等价物,也可以转化为现金或者现金等价物,或者是可以减少现金或者现金等价物流出。资产预期能否为企业带来经济利益是资产的重要特征。例如,企业采购的原材料、购置的固定资产等可以用于生产经营过程，制造商品或者提供劳务，对外出售后收回货款，货款即为企业所获得的经济利益。如果某一项目预期不能给企业带来经济利益，那么就不能将其确认为企业的资产。前期已经确认为资产的项目，如果不能再为企业带来经济利益的，就不能再确认为企业的资产。

（2）资产应为企业拥有或者控制的资源。资产作为一项资源，应当由企业拥有或者控制，具体是指企业享有某项资源的所有权，或者虽然不享有某项资源的所有权，但该资源能被企业所控制。企业享有资产的所有权，通常表明企业能够排他性地从资产中获取经济利益。通常在判断资产是否存在时，所有权是考虑的首要因素。在有些情况下，资产虽然不为企业所拥有，即企业并不享有其所有权，但企业控制了这些资产，同样表明企业能够从资产中获取经济利益，符合会计上对资产的定义。如果企业既不拥有也不控制资产所能带来的经济利益，就不能将其作为企业的资产予以确认。

（3）资产是由企业过去的交易或者事项形成的。资产应当由企业过去的交易或者事项所形成，过去的交易或者事项包括购买、生产、建造行为或者其他交易或事项。换句话说，只有过去的交易或者事项才能产生资产，企业预期在未来发生的交易或者事项不形成资产。例如，企业有购买某存货的意愿或者计划，但是购买行为尚未发生，就不符合资产的定义，不能因此而确认存货资产。

2. 资产的确认条件。

将一项资源确认为资产，需要符合资产的定义，还应同时满足以下两个条件。

（1）与该资源有关的经济利益很可能流入企业。从资产的定义可以看到，能否带来经济利益是资产的一个本质特征，但在现实生活中，由于经济环境瞬息万变，与资源有关的经济利益能否流入企业或者能够流入多少实际上带有不确定性。因此，资产的确认还应与经济利益流入的不确定性程度的判断结合起来，如果根据编制财务报表时所取得的证据，与资源有关的经济利益很可能流入企业，那么就应当将其作为资产予以确认；反之，不能确认为资产。例如，某企业赊销一批商品给某一客户，从而形成了对该客户的应收账款，由于企业最终收到款项与销售实现之间有时间差，而且收款又在未来期间，因此带有一定的不确定性，如果企业在销售时判断未来很可能收到款项或者能够确定收到款项，企业就应当将该应收账款确认为一项资产；如果企业判断在通常情况下很可能部分或者全部无法收回，表明该部分或者全部应收账款已经不符合资产的确认条件，应当计提坏账准备，减少资产的价值。

（2）该资源的成本或者价值能够可靠地计量。财务会计系统是一个确认、计量和报告的系统，其中计量起着枢纽作用，可计量性是所有会计要素确认的重要前提，资产的确认也是如此。只有当有关资源的成本或者价值能够可靠地计量时，资产才能予以确认。在实务中，企业取得的许多资产都是发生了实际成本的，如企业购买或者生产的存货、企业购置的厂房或者设备等，对于这些资产，只要实际发生的购买成本或者生产成本能够可靠计量，就视为符合了资产确认的可计量条件。在某些情况下，企业取得的资产没有发生实际成本或者发生的实际成本很小，例如，企业持有的某些衍生金融工具形成的资产，对于这些资产，尽管它们没有实际成本或者发生的实际成本很小，但是如果其公允价值能够可靠计量的话，也被认为符合了资产可计量性的确认条件。

（二）负债的定义及其确认条件

1. 负债的定义。

负债是指企业过去的交易或者事项形成的、预期会导致经济利益流出企业的现时义务。根据负债的定义，负债具有以下几个方面的特征。

（1）负债是企业承担的现时义务。负债必须是企业承担的现时义务，它是负债的一个基本特征。其中，现时义务是指企业在现行条件下已承担的义务。未来发生的交易或者事项形成的义务，不属于现时义务，不应当确认为负债。这里所指的义务既可以是法定义务，也可以是推定义务。其中，法定义务是指具有约束力的合同或者法律法规规定的义务，通常在法律意义上需要强制执行。例如，企业购买原材料形成应付账款，企业向银行贷入款项形成借款，企业按照税法规定应当交纳的税款等，均属于企业承担的法定义务，需要依法予以偿还。推定义务是指根据企业多年来的习惯做法、公开的承诺或者公开宣布的政策而导致企业将承担的责任，这些责任也使有关各方形成了企业将履行义务解脱责任的合理预期。例如，某企业多年来制定有一项销售政策，对于售出商品提供一定期限内的售后保修服务，预期将为售出商品提供的保修服务就属于推定义务，应当将其确认为一项负债。

（2）负债预期会导致经济利益流出企业。预期会导致经济利益流出企业也是负债的一个本质特征，只有企业在履行义务时会导致经济利益流出企业的，才符合负债的定义；如果不会导致企业经济利益流出的，就不符合负债的定义。在履行现时义务清偿负债时，导致经济利益流出企业的形式多种多样，如用现金偿还或以实物资产形式偿还；以提供劳务形式偿还；部分转移资产，部分提供劳务形式偿还；将负债转为资本等。

（3）负债是由企业过去的交易或者事项形成的。负债应当由企业过去的交易或者事项所形成。换句话说，只有过去的交易或者事项才形成负债，企业将在未来发生的承诺、签订的合同等交易或者事项，不形成负债。

2. 负债的确认条件。

将一项现时义务确认为负债，需要符合负债的定义，还需要同时满足以下两个条件：

（1）与该义务有关的经济利益很可能流出企业。从负债的定义可以看到，预期会导致经济利益流出企业是负债的一个本质特征。在实务中，履行义务所需流出的经济利益带有不确定性，尤其是与推定义务相关的经济利益通常需要依赖于大量的估计。因此，负债的确认应当与经济利益流出的不确定性程度的判断结合起来。如果有确凿证据表明，与现时义务有关的经济利益很可能流出企业，就应当将其作为负债予以确认；反之，如果企业承担了现时义务，但是会导致企业经济利益流出的可能性很小，就不符合负债的确认条件，不应将其作为负债予以确认。

（2）未来流出的经济利益的金额能够可靠计量。负债的确认在考虑经济利益流出企业的同时，对于未来流出的经济利益的金额应当能够可靠计量。对于与法定义务有关的经济利益流出金额，通常可以根据合同或者法律规定的金额予以确定，考虑到经济利益流出的金额通常在未来期间，有时未来期间较长，有关金额的计量需要考虑货币时间价值等因素的影响。对于与推定义务有关的经济利益流出金额，企业应当根据履行相关义务所需支出的最佳估计数进行估计，并综合考虑有关货币时间价值、风险等因素的影响。

（三）所有者权益的定义及其确认条件

1. 所有者权益的定义。

所有者权益是指企业资产扣除负债后，所有者享有的剩余权益。公司的所有者权益又称为股东权益。所有者权益是所有者对企业资产的剩余索取权，它是企业资产中扣除债权人权益后应由所有者享有的部分，既可反映所有者投入资本的保值增值情况，又体现了保护债权人权益的理念。

2. 所有者权益的来源构成。

所有者权益的来源包括所有者投入的资本、直接计入所有者权益的利得和损失（其他综合收益）、留存收益等，通常由股本（或实收资本）、资本公积（含股本溢价或资本溢价、其他资本公积）、盈余公积和未分配利润构成。商业银行等金融企业在税后利润中提取的一般风险准备，也构成所有者权益。所有者投入的资本是指所有者投入企业的所有资本，它既包括构成企业注册资本或者股本部分的金额，也包括投入资本超过注册资本或者股本部分的金额，即资本溢价或者股本溢价，这部分投入资本在我国企业会计准则体系中被计入了资本公积，并在资产负债表中的资本公积项目下反映。直接计入所有者权益的利得和损失，是指不应计入当期损益、会导致所有者权益发生增减变动的、与所有者投入资本或者向所有者分配利润无关的利得或者损失。其中，利得是指由企业非日常活动所形成的、会导致所有者权益增加的、与所有者投入资本无关的经济利益的流入。损失是指由企业非日常活动所发生的、会导致所有者权益减少的、与向所有者分配利润无关的经济利益的流出。直接计入所有者权益的利得和损失主要包括其他债权投资的公允价值变动额、现金流量套期中套期工具公允价值变动额（有效套期部分）等。留存收益是企业历年实现的净利润留存于企业的部分，主要包括累计计提的盈余公积和未分配利润。

3. 所有者权益的确认条件。

所有者权益体现的是所有者在企业中的剩余权益，因此，所有者权益的确认主要依赖于其他会计要素，尤其是资产和负债的确认；所有者权益金额的确定也主要取决于资产和负债的计量。例如，企业接受投资者投入的资产，在该资产符合企业资产确认条件时，就相应地符合了所有者权益的确认条件；当该资产的价值能够可靠计量时，所有者权益的金额也就可以确定。

（四）收入的定义及其确认条件

1. 收入的定义。

收入是指企业在日常活动中形成的、会导致所有者权益增加的、与所有者投入资本无关的经济利益的总流入。根据收入的定义收入具有以下几个方面的特征。

（1）收入是企业在日常活动中形成的。日常活动是指企业为完成其经营，目标所从事的经常性活动以及与之相关的活动。例如，某企业制造并销售产品、商业企业销售商品、保险公司签发保单、咨询公司提供咨询服务、软件企业为客户开发软件、安装公司提供安装服务、商业银行对外贷款、租赁公司出租资产等，均属于企业的日常活动。明确界定日常活动是为了将收入与利得相区分，因为企业非日常活动所形成的经济利益的流入不能确认为收入，而应当计入利得。

（2）收入是与所有者投入资本无关的经济利益的总流入。收入应当会导致经济利益的流入，从而导致资产的增加。例如，企业销售商品，应当收到现金或者在未来有权收到现金，才表明该交易符合收入的定义。但是在实务中，经济利益的流入有时是所有者投入资本的增加所导致的，所有者投入资本的增加不应当确认为收入，应当将其直接确认为所有者权益。

（3）收入会导致所有者权益的增加。与收入相关的经济利益的流入应当会导致所有者权益的增加，不会导致所有者权益增加的经济利益的流入不符合收入的定义，不应确认为收入。例如，企业向银行借入款项，尽管也导致了企业经济利益的流入，但该流入并不导致所有者权益的增加，反而使企业承担了一项现时义务。企业对于因借入款项所导致的经济利益的增加，不应将其确认为收入，应当确认一项负债。

2. 收入的确认条件。

企业收入的来源渠道多种多样，不同收入来源的特征有所不同，其收入确认条件也往往存在差别，如销售商品、提供劳务、让渡资产使用权等。一般而言，收入只有在经济利益很可能流入从而导致企业资产增加或者负债减少，且经济利益的流入额能够可靠计量时才能予以确认。即收入的确认至少应当符合以下条件：一是与收入相关的经济利益应当很可能流入企业；二是经济利益流入企业的结果会导致资产的增加或者负债的减少；三是经济利益的流入额能够可靠计量。

（五）费用的定义及其确认条件

1. 费用的定义。

费用是指企业在日常活动中发生的、会导致所有者权益减少的、与向所有者分配利润无关的经济利益的总流出。根据费用的定义，费用具有以下几方面的特征：

（1）费用是企业在日常活动中形成的。费用必须是企业在其日常活动中所形成的，这些日常活动的界定与收入定义中涉及的日常活动的界定相一致。因日常活动所产生的费用通常包括销售成本（营业成本）、职工薪酬、折旧费、无形资产摊销费等。将费用界定为日常活动所形成的，目的是将其与损失相区分，企业非日常活动所形成的经济利益的流出不能确认为费用，而应当计入损失。

（2）费用是与向所有者分配利润无关的经济利益的总流出。费用的发生应当会导致经济利益的流出，从而导致资产的减少或者负债的增加（最终也会导致资产的减少）。其表现形式包括现金或者现金等价物的流出，存货、固定资产和无形资产等的流出或者消耗等。鉴于企业向所有者分配利润也会导致经济利益的流出，而该经济利益的流出显然属于所有者权益的抵减项目，不应确认为费用，应当将其排除在费用的定义之外。

（3）费用会导致所有者权益的减少。与费用相关的经济利益的流出应当会导致所有者权益的减少，不会导致所有者权益减少的经济利益的流出不符合费用的定义，不应确认为费用。

2. 费用的确认条件。

费用的确认除了应当符合定义外，也应当满足严格的条件，即费用只有在经济利益很可能流出从而导致企业资产减少或者负债增加，且经济利益的流出额能够可靠计量时才能予以确认。因此，费用的确认至少应当符合以下条件：一是与费用相关的经济利益应当很可能流出企业；二是经济利益流出企业的结果会导致资产的减少或者负债的增加；三是经济利益的流出额能够可靠计量。

(六) 利润的定义及其确认条件

1. 利润的定义。

利润是指企业在一定会计期间的经营成果。在通常情况下，如果企业实现了利润，表明企业的所有者权益将增加，业绩得到了提升；反之，如果企业发生了亏损（即利润为负数），表明企业的所有者权益将减少，业绩下滑了。因此，利润往往是评价企业管理层业绩的一项重要指标，也是投资者等财务报告使用者进行决策时的重要参考。

2. 利润的来源构成。

利润包括收入减去费用后的净额、直接计入当期利润的利得和损失等。其中收入减去费用后的净额反映的是企业日常活动的业绩，直接计入当期利润的利得和损失反映的是企业非日常活动的业绩。直接计入当期利润的利得和损失，是指应当计入当期损益、最终会引起所有者权益发生增减变动的、与所有者投入资本或者向所有者分配利润无关的利得或者损失。企业应当严格区分收入和利得、费用和损失之间的区别，以更加全面地反映企业的经营业绩。

3. 利润的确认条件。

利润反映的是收入减去费用、利得减去损失后的净额的概念，因此，利润的确认主要依赖于收入和费用以及利得和损失的确认，其金额的确定也主要取决于收入、费用、利得和损失金额的计量。

二、会计要素计量属性及其应用原则

(一) 会计要素计量属性

会计计量是为了将符合确认条件的会计要素登记入账并列报于财务报表而确定其金额的过程。企业应当按照规定的会计计量属性进行计量，确定相关金额。计量属性是指所计量的某一要素的特性方面，如桌子的长度、铁矿的重量、楼房的高度等。从会计角度，计量属性反映的是会计要素金额的确定基础，主要包括历史成本、重置成本、可变现净值、现值和公允价值等。

1. 历史成本。

历史成本，又称为实际成本，就是取得或制造某项财产物资时所实际支付的现金或者其他等价物。在历史成本计量下，资产按照其购置时支付的现金或者现金等价物的金额，或者按照购置资产时所付出的对价的公允价值计量。按照其因承担现时义务而实际收到的款项或者资产的金额，或者承担现时义务的合同金额，或者按照日常活动中为偿还负债预期需要支付的现金或者现金等价物的金额计量。

2. 重置成本。

重置成本又称现行成本，是指按照当前市场条件，重新取得同样一项资产所需支付的现金或现金等价物金额。在重置成本计量下，资产按照现在购买相同或者相似资产所需支付的现金或者现金等价物的金额计量。负债按照现在偿付该项债务所需支付的现金或者现金等价物的金额计量。

3. 可变现净值。

可变现净值，是指在正常生产经营过程中，以预计售价减去进一步加工成本和销售所必需的预计税金、费用后的净值。在可变现净值计量下，资产按照其正常对外销售所能收到现金或者现金等价物的金额扣减该资产至完工时估计将要发生的成本、估计的销售费用以及相关税金后的金额计量。

4. 现值。

现值是指对未来现金流量以恰当的折现率进行折现后的价值，是考虑货币时间价值因素等的一种计量属性。在现值计量下，资产按照预计从其持续使用和最终处置中所产生的未来净现金流入量的折现金额计量。负债按照预计期限内需要偿还的未来净现金流出量的折现金额计量。

5. 公允价值。

公允价值，是指市场参与者在计量日发生的有序交易中，出售一项资产所能收到或者转移一项负债所需支付的价格。

（二）各会计要素计量属性之间的关系

在各会计要素计量属性中，历史成本通常反映的是资产或者负债过去的价值，而重置成本、可变现净值、现值以及公允价值通常反映的是资产或者负债的现时成本或者现时价值，是与历史成本相对应的计量属性。当然这种关系也并不是绝对的。例如，资产或者负债的历史成本许多就是根据交易时有关资产或者负债的公允价值确定的，在非货币性资产交换中，如果交换具有商业实质，且换入、换出资产的公允价值能够可靠计量的，换入资产入账成本的确定应当以换出资产的公允价值为基础，除非有确凿证据表明换入资产的公允价值更加可靠；在非同一控制下的企业合并交易中，合并成本也是以购买方在购买日为取得对被购买方的控制权而付出的资产、发生或承担的负债等的公允价值确定的。

再如，在应用公允价值时，当相关资产或者负债不存在活跃市场的报价或者不存在同类或者类似资产的活跃市场报价时，需要采用估值技术来确定相关资产或者负债的公允价值，而在采用估值技术估计相关资产或者负债的公允价值时，现值往往是比较普遍采用的一种估值方法，在这种情况下，公允价值就是以现值为基础确定的。另外，公允价值相对于历史成本而言，具有很强的时间概念，也就是说，当前环境下某项资产或负债的历史成本可能是过去环境下该项资产或负债的公允价值，而当前环境下某项资产或负债的公允价值也许就是未来环境下该项资产或负债的历史成本。

（三）会计要素计量属性的应用原则

企业在对会计要素进行计量时，一般应当采用历史成本。采用重置成本、可变现净值、现值、公允价值计量的，应当保证所确定的会计要素金额能够取得并可靠计量。在企业会计准则体系建设中适度、谨慎地引入公允价值这一计量属性，是因为随着我国资本市场的发展，股权分置改革的基本完成，越来越多的股票、债券、基金等金融产品在交易所挂牌上市，使这类金融资产的交易已经形成了较为活跃的市场，因此，我国已经具备了引入公允价值的条件。在这种情况下，引入公允价值，更能反映企业的现实情况，对投资者等财务报告使用者的决策更加有用，而且也只有如此，才能实现我国会计准则与国际财务报告准则的趋同。值得一提的是，我国引入公允价值是适度、谨慎和有条件的。原因是考虑到我国尚属新兴的市场经济国家，如果不加限制地引入公允价值，有可能出现公允价值计量不可靠，甚至借此人为操纵利润的现象。因此，在投资性房地产和生物资产等具体准则中规定，只有在公允价值能够取得并可靠计量的情况下，才能采用公允价值计量。

第五节 财务报告

财务会计的目的是通过向外部会计信息使用者提供有用的信息，帮助使用者作出相关决策。承担这一信息载体和功能的便是企业编制的财务报告，它是财务会计确认和计量的最终成果，是沟通企业管理层与外部信息使用者之间的桥梁和纽带。

一、财务报告及其编制

财务报告是企业对外提供的反映企业某一特定时期的财务状况和某一会计期间的经营成果、现金流量等会计信息的文件。根据财务报告的定义，财务报告具有以下几层含义：一是财务报告应当是对外报告，其服务对象主要是投资者、债权人等外部使用者，专门为了内部管理需要的、特定目的的报告不属于财务报告的范畴；二是财务报告应当综合反映企业的生产经营状况，包括某一时点的财务状况和某一时期的经营成果与现金流量等信息以勾画出企业财务的整体和全貌；三是财务报告必须形成一个完整的文件，不应是零星的或者不完整的信息。财务报告是企业财务会计确认与计量最终结果的体现，投资者等使用者主要是通过财务报告来了解企业当前的财务状况、经营成果和现金流量等情况，从而预测未来的发展趋势。因此，财务报告是向投资者等财务报告使用者提供决策有用信息的媒介和渠道，是沟通投资者、债权人等使用者与企业管理层之间信息的桥梁和纽带。随着我国改革开放的深入和市场经济体制的完善，财务报告的作用日益突出，我国会计法、公司法、证券法等出于保护投资者、债权人等利益的需要，也规定企业应当定期编报财务报告。

二、财务报告的构成

财务报告包括财务报表和其他应当在财务报告中披露的相关信息和资料。其中，财务报表由报表本身及其附注两部分构成，附注是财务报表的有机组成部分，而报表至少应当包括资产负债表、利润表和现金流量表等报表。考虑到小企业规模较小，外部信息需求相对较低。因此，小企业编制的报表可以不包括现金流量表。全面执行企业会计准则体系的企业所编制的财务报表，还应当包括所有者权益（股东权益）变动表。

资产负债表是反映企业在某一特定日期的财务状况的会计报表。企业编制资产负债表的目的是通过如实反映企业的资产、负债和所有者权益金额及其结构情况，从而有助于使用者评价企业资产的质量以及短期偿债能力、长期偿债能力和利润分配能力等。

利润表是反映企业在一定会计期间的经营成果的会计报表。企业编制利润表的目的是通过如实反映企业实现的收入、发生的费用、应当计入当期利润的利得和损失以及其他综合收益等金额及其结构情况，从而有助于使用者分析评价企业的盈利能力及其构成与质量。

现金流量表是反映企业在一定会计期间的现金和现金等价物流入和流出的会计报表。企业编制现金流量表的目的是通过如实反映企业各项活动的现金流入、流出情况,从而有助于使用者评价企业的现金流和资金周转情况。

附注是对在会计报表中列示项目所作的进一步说明,以及对未能在这些报表中列示项目的说明等。企业编制附注的目的是通过对财务报表本身作补充说明,以更加全面、系统地反映企业财务状况、经营成果和现金流量的全貌,从而有助于向使用者提供更为有用的信息,作出更加科学合理的决策。

财务报表是财务报告的核心内容,但是除了财务报表之外,财务报告还应当包括相关信息,具体可以根据有关法律法规的规定和外部使用者的信息需求而定。如企业可以在财务报告中披露其承担的社会责任、对社区的贡献、可持续发展能力等信息,这些信息对于使用者的决策也是相关的,尽管属于非财务信息,无法包括在财务报表中,但是如果有规定或者使用者有需求的,企业应当在财务报告中予以披露,有时企业也可以自愿在财务报告中披露相关信息。

本章思维导图

历年注会考题

课后习题

课后习题答案

第二章　货币资金

☞ **本章学习目的**

通过本章学习，使学生熟悉货币资金的会计核算业务及相关的管理内容和方法，学习完本章后，学生应掌握货币资金的范围和使用的主要的会计科目、库存现金和银行存款收付业务的会计处理及清查盘点方法；其他货币资金包括的主要内容及其会计处理；理解库存现金及银行存款管理的相关知识。

☞ **本章学习重点难点**

库存现金　银行存款　其他货币资金

第一节　库存现金

一、库存现金的管理

库存现金是指存放于企业财会部门、由出纳人员经管的货币。库存现金是企业流动性最强的资产。企业必须加强库存现金的管理，根据国务院颁布的《现金管理暂行条例》等相关规定，库存现金管理的内容主要包括以下四个方面。

（一）库存现金的适用范围

企业可以使用现金的范围主要包括：

（1）职工工资、津贴。

（2）个人劳动报酬。

（3）根据国家规定颁发给个人的科学技术、文化艺术、体育等各种奖金。

（4）各种劳保、福利费用以及国家规定对个人的其他支出，如退休金、抚恤金、学生助学金、职工困难生活补助。

（5）收购单位向个人收购农副产品和其他物资的价款，如金银、工艺品、废旧物资的价款。

（6）出差人员必须随身携带的差旅费。

（7）结算起点（1,000元）以下的零星支出。

（8）中国人民银行确定需要现金支付的其他支出。

（9）除上述5、6两项外，其他各项在支付给个人的款项中，支付现金每人不得超过1,000元，超过限额的部分根据提款人的要求，在指定的银行转存为储蓄存款或以支票、银行本票予以支付。企业与其他单位的经济往来除规定的范围可以使用现金外，应通过开户银行进行转账结算。

（二）库存现金的限额

根据我国的现行规定，企业日常零星开支所需要的库存现金数额由开户银行根据企业的实际情况来核定。一般不超过企业 3～5 天的日常零星开支的需要量，而离银行较远、交通不便的企业，虽可以放宽限额，但最长也不得超过 15 天的日常零星开支。库存限额一经核定，要求企业必须严格遵守，不能任意超出，超过限额的现金应及时存入银行。如果情况变化，企业需要增加或减少库存限额的，应向开户银行提出申请，由银行核定。

（三）库存现金日常收支管理

库存现金日常收支管理的内容主要有：

（1）现金收入应于当日送存银行，如当日送存银行确有困难，由银行确定送存时间。

（2）企业可以在现金使用范围内支付现金或从银行提取现金。但不得从本单位的现金收入中直接支付（即坐支）。因特殊情况需要坐支现金的，应当事先报经开户银行审查批准，由开户银行核定坐支范围和限额。坐支单位应当定期向开户银行报送坐支金额和使用情况。

（3）企业从银行提取现金时，应当注明具体用途，并由财会部门负责签字盖章后，交开户银行审核后方可支取。

（4）因采购地不同、交通不便，生产或市场急需，抢险救灾以及其他特殊情况急需使用现金的，企业应当向开户银行提出申请，由本单位财会部门负责人签字盖章，经开户银行审核批准后方可予以支付。

（四）库存现金账目管理

企业必须健全库存现金账目，除设置库存现金总分类账户对现金进行总分类核算以外，还必须设置库存现金日记账进行库存现金收支的明细核算，逐笔登记现金收入和支出，做到账目日清月结，账款相符。

二、库存现金的收付与管理

为了详细反映库存现金收支及结存的具体情况，企业除了设置"库存现金"对库存现金进行总分类核算以外，还必须设置库存现金日记账进行序时记录，有外币现金的企业，还应分别对人民币和外币进行明细核算。库存现金日记账一般采用三栏式订本账格式，由出纳人员根据审核以后的原始凭证或现金收款凭证、现金付款凭证逐日逐笔序时登记，每日营业终了计算当日现金收入、现金支出及现金结存额，并与库存现金实存数核对相符。月末，库存现金日记账余额应与库存现金总账余额核对一致。

（一）库存现金收付

企业的库存现金收入主要包括：从银行提取现金；收取不足转账起点的小额销货款；

职工交回的多余出差借款等。企业收到现金时,应根据审核无误的会计凭证,借记"库存现金"科目,贷记有关科目。

企业的库存现金支出包括现金开支范围以内的各项支出。企业实际支付现金时,应根据审核无误的会计凭证,借记有关科目,贷记"库存现金"科目。

(二) 库存现金清查

为了加强现金管理并确保账实相符,应对库存现金进行清查。库存现金清查包括两部分内容:一是出纳人员每日营业终了进行账款核对;二是清查小组进行定期或不定期盘点和核对。库存现金清查采用账实核对法。

对库存现金实存额进行盘点,必须以现金管理的有关规定为依据,不得以白条抵库,不得超限额保管现金。对库存现金进行账实核对,如发现账实不符,应立即查明原因,及时更正。发生的长款或短款,应查找原因,并按规定进行处理,不得以今日长款弥补他日款。库存现金清查和核对后,应及时编制现金盘点报告表,列明现金账存额、现金实存额、差异额及其原因,对无法确定原因的差异,应及时报告有关负责人。

库存现金清查中发现的长款或短款,应根据现金盘点报告表进行处理,以确保账实相符,并对长短款做出处理。现金长短款通过"待处理财产损溢——待处理流动资产损溢"科目进行核算,待查明原因后,再根据不同原因及处理结果,将其转入有关科目。

对库存现金短缺进行处理的一般原则:

(1) 属于由责任人赔偿的部分,借记"其他应收款应收现金短缺款(××个人)"或"库存现金"等科目,贷记"待处理财产损溢——待处理流动资产溢"科目。

(2) 属于应由保险公司赔偿的部分,借记"其他应收款——应收保险赔款"科目,贷记"待处理财产损溢——待处理流动资产损溢"科目。

(3) 属于无法查明的其他原因,根据管理权限,经批准后处理,借记"管理费用——现金短缺"科目,贷记"待处理财产损溢——待处理流动资产损溢科目"。

对现金溢余进行处理的一般原则:

(1) 属于应支付给有关人员或单位的,应借记"待处理财产损溢——待处理流动资产损溢"科目,贷记"其他应付款——应付现金溢余(××个人)科目。

(2) 属于无法查明原因的现金溢余,经批准后,借记"待处理财产损溢——待处理流动资产损溢"科目,贷记"营业外收入——现金溢余"科目。

对现金溢余进行处理的一般原则:

①属于应支付给有关人员或单位的,应借记"待处理财产损溢——待处理流动资产损溢"科目,贷记"其他应付款——应付现金溢余(××个人)"科目。

②属于无法查明原因的现金溢余,经批准后,借记"待处理财产损溢——待处理流动资产损溢"科目,贷记"营业外收入——现金溢余"科目。

【例题2-1】某企业根据发生的有关现金清查业务,分别编制相关会计分录。

(1) 企业进行现金清查,发现长款60元,原因待查。

借:库存现金　　　　　　　　　　　　　　　　　　　　60
　　贷:待处理财产损溢——待处理流动资产损溢　　　　　　60

(2) 经反复核查,仍无法查明长款60元的具体原因,经上级领导批准,将其转为企业的营业外收入。

  借：待处理财产损溢——待处理流动资产损溢   60
    贷：营业外收入——现金溢余   60

（3）现金清查中发现有无法查明具体原因的现金短缺80元。

  借：待处理财产损溢——待处理流动资产损溢   80
    贷：库存现金   80

（4）经反复核查，上述现金短款系出纳A失责造成，应由出纳承担赔偿责任。

  借：其他应收款——出纳A   80
    贷：待处理财产损溢——待处理流动资产损溢   80

第二节 银行存款

一、银行存款的管理

  银行存款是企业存入银行或其他金融机构的款项。按照国家有关规定，凡是独立核算的单位都必须在当地银行开设账户。企业在银行开设账户以后，除按规定可以通过现金进行款项收支以外，都应通过银行存款进行收支结算，企业超过限额的现金也必须存入银行。任何单位都必须按规定进行银行存款管理、银行存款管理主要包括银行存款开户管理及结算管理两个方面。

（一）银行存款开户管理

  在我国，企业在银行开立人民币存款账户，必须遵守中国人民银行《人民币银行结算账户管理办法》《人民银行结算账户管理办法实施细则》的各项规定。企业开立账户，依其不同的用途可以分为基本存款账户、一般存款账户、专用存款账户和临时存款账户等。

  （1）基本存款账户是存款人因办理日常转账结算和现金收付需要开立的行结算账户。基本存款账户是存款人的主办账户，存款人日常经营活动的资金收付及其工资、奖金和现金的支取，应通过该账户办理。单位银行卡账户的资金必须由其基本存款账户转账存入。

  （2）一般存款账户是存款人因借款或其他结算需要，在基本存款账户开户银行以外的银行营业机构开立的银行结算账户。一般存款账户用于办理存款人借款转存、借款归还和其他结算的资金收付，该账户可以办理现金缴存，但不得办理现金支取。

  （3）专用存款是存款人按照法律、行政法规和规章，对特定用途资金进行专项管理和使用开立的银行结算账户。专用存款账户用于办理各项专用资金的收付，但不得办理现金收付业务。

  （4）临时存款账户是存款人因临时需要而开立的在规定期限内使用的银行结算账户。临时存款账户用于办理临时机构以及存款人临时经营活动发生的资金收付。临时存款账户的有效期最长不得超过2年临时存款户支取现金，应按照国家现金管理的规定办理。中国人民银行对单位基本存款户、临时存款户（因注册验资和增资验资开立的除外）、预算单位专用存款账户、合格境外机构投资者在境内从事证券投资开立的人民币特殊账户和人民币结算资金账户（简称"QFII专用存款账户"），实行核准制度。

（二）银行存款结算管理

现金开支范围以外的各项款项收付，都必须通过银行办理转账结算，但不同国家和地区以及不同的经济业务，采用的转账结算方式是有差别的。在我国，企业办理转账结算必须遵守《中华人民共和国票据法》和中国人民银行《支付结算办法》的各项规定。账户内必须有足够的资金保证支付，必须以合法、有效的票据和结算凭证为依据。不准签发没有资金保证的票据或远期支票；套取银行信用；不准签发、取得和转让没有真实交易和债权债务的票据套取银行及他人资金；不准无理由拒付款项而任意占用他人资金；不准违反规定开立和使用账户。必须遵守"恪守信用，履约付款；谁的钱进谁的账，由谁支配；银行不垫款"的支付结算原则。企业应根据业务特点，采用恰当的结算方式办理各类结算业务。

二、银行结算方式

在我国，企业发生货币资金收付业务可以采用银行汇票、商业汇票、银行本票、支票、信用卡、汇兑、托收承付、委托收款和信用证等结算方式。企业应按照《支付结算办法》《中华人民共和国票据法》等的有关规定办理各项结算业务。

（一）银行汇票

银行汇票是出票银行签发的，由其在见票时按照实际结算金额无条件支付给收款人或者持票人的票据。银行汇票的出票银行是银行汇票的付款人。在我国，单位和个人办理各类款项结算，均可使用银行汇票。银行汇票可以用于转账，填明"现金"字样的银行汇票也可以用于支取现金。银行汇票的提示付款期限自出票日起1个月。收款人可以将银行汇票背书转让给被背书人。银行汇票丢失，失票人可以凭人民法院出具的享有票据权利的证明，向出票银行请求付款或退款。

（二）商业汇票

商业汇票是出票人签发的，委托付款人在指定日期无条件支付确定的金额给收款人或持票人的票据。商业汇票分为商业承兑汇票和银行承兑汇票。商业承兑汇票由银行以外的付款人承兑（付款人为承兑人），银行承兑汇票由银行承兑。在我国，开立存款账户的法人以及其他组织之间必须具有真实的交易关系或者债权债务关系，才能使用商业汇票。

符合条件的商业汇票的持票人可持未到期的商业汇票连同贴现凭证向银行申请贴现，贴现银行可持未到期的商业汇票向其他银行转贴现，也可以向中国人民银行申请贴现。贴现、转贴现和再贴现的期限从其贴现之日起至汇票到期日止。实付贴现金额按票面金额扣除贴现日至汇票到期前一日的利息计算。

（三）银行本票

银行本票是银行签发的，承诺自己在见票时无条件支付确定金额给收款人或者持票人的票据。在我国，单位和个人在同一票据交换区域需要支付各种款项，均可以使用银行本票。银行本票分为不定额本票和定额本票两种。收款人可以将银行本票背书转让给被背书人。

（四）支票

支票是出票人签发的，委托办理支票存款业务的银行在见票时无条件支付确定金额给收款人或持票人的票据。支票上印有"现金"字样的为现金支票，只能用于支取现金。支票上印有"转账"字样的为转账支票，只能用于转账。支票上未印有"现金"或"转账"字样的为普通支票，既可用于支取现金，也可用于转账。在我国，单位和个人在同一票据交换区域的各种款项结算，均可以使用支票。支票的出票人签发支票的金额不得超过付款时在付款人处实有的存款金额，不得签发空头支票。

（五）汇兑

汇兑是汇款人委托银行将其款项支付给收款人的结算方式。单位和个人的各种款项的结算，均可使用汇兑结算方式。在我国，汇兑分为信汇和电汇两种。信汇是指委托银行通过邮寄方式将款项划给收款人；电汇是指汇款人委托银行通过电报或其他电子方式将款项划给收款人。

（六）托收承付

托收承付是根据购销合同由收款单位发货后委托银行向异地付款人收取款项，由付款人向银行承认付款的结算方式。在我国托收承付结算方式的收款单位和付款单位，必须是国有企业、供销合作社以及经营管理较好并经开户银行审查同意的城乡集体所有制工业企业。办理托收承的款项，必须是商品交易以及因商品交易而产生的劳务供应的款项。代销、赊销商品的款项，不得办理托收承付结算。收款人按照签订的购销合同发货后，委托银行办理托收，付款人开户银行收到托收凭证及其附件后，应当及时通知付放人，托收承付货款分为验单付款和验货付款两种，由收付双方协商选用，并在合同中明确规定。

（七）委托收款

委托收款是收款人委托银行向付款人收取款项的结算方式。单位和个人凭已承兑商业汇票、债券、存单等付款人债务证明办理款项的结算，均可以使用委托收款结算方式。委托收款在同城和异地均可以使用。

（八）信用证

信用证，是指银行根据进口人（买方）的请求，开给出口人（卖方）的一种保证承担支付货款责任的书面凭证。在信用证内，银行授权出口人在符合信用证所规定的条件下，以该行或其指定的银行为付款人，开具不得超过规定金额的汇票，并按规定随附装运单据，按期在指定地点收取货款。

三、银行存款的收付与核对

为了详细反映银行存款的收付及结存情况，企业除设置"银行存款"科目进行总分类核算外，还必须设置银行存款日记账，按照业务发生顺序逐日逐笔连续记录银行存款的收付，并随时结出余额。银行存款应按银行和其他金融机构的名称和存款种类进行明细核算。有外币存款的企业，还应分别按人民币和外币进行明细核算。银行存款日记账一般由出纳人员根据收付款凭证进行登记，定期与银行存款总账科目核对。月末，应与银行对账单进行核对。

（一）银行存款收付

企业收入银行存款，应根据银行存款送款单回单或银行收账通知及有关单证，及时编制记账凭证，借记"银行存款"科目，贷记有关科目，并经审核无误后，登记银行存款日记账及总账。企业支付银行存款，应根据票据存根，办理付款结算的付款通知及有关单证，及时编制记账凭证，借记有关科目，贷记"银行存款"科目，并经审核无误后行，登记银行存款日记账及总账。

（二）银行存款核对

企业每月至少应将银行存款日记账与银行对账单核对一次，以检查银行存款收付及结存情况，企业进行账单核对时，往往出现银行存款日记账余额与银行对账单同日余额不符的情况。究其原因主要有：一是计算错误；二是记账错漏；三是未达账项。计算错误是企业或银行存款结存额的计算发生运算错误；记账错漏是指企业对于存款的收入，支出的漏记或错记；未达账项是指银行和企业对同一笔款项收付业务因记账时间不同而发生的一方已经入账，另一方尚未入账的款项。未达账项主要分为四种情况：

（1）企业已经收款入账，银行尚未收款入账的款项；
（2）企业已经付款入账，银行尚未付款入账的款项；
（3）银行已经收款入账，企业尚未收款入账的款项；
（4）银行已经收款入账，企业尚未付款入账的款项。

银行存款日记账余额与银行对账单余额不符，必须查明原因。在实务工作中，银行存款调节后余额的平衡关系是作出这一判断的主要依据。如果调节后余额一致，表明账户内结存额计算无误；如果调节后余额仍不一致，表明账户内结存额计算一定有误，应立即查明错误所在。属于银行方面的原因，应及时通知银行更正；属于本单位原因，应按错账更正办法进行更正。在编制银行存款余额调节表时，一般将所有未核对一致的项目均视为未达账项，对于出现的各种未达账项，应进行认真审核，确属未达账项的，应督促有关人员办理结算手续或记账手续；属于记账错漏的，应予以及时更正。

银行存款余额调节表有多种编制方法，在实务工作中一般采用"补记式"余额调节法。其基本原理是：假设未达账项全部到账，银行存款日记账及银行对账单的余额应相等。其编制方法是：在双方现有余额基础上，各自加上对方已收、本方未收账项，减去对方已付、本方未付账项，计算调节双方应有余额。用公式表示如下：

银行存款日记账余额＋银行未收企业未收账项－银行已付企业未付账项＝银行对账单余额＋企业已收银行未收账项－企业已付银行未付账项

在企业内部控制制度健全且有效的前提下，如果银行存款余额调节表平衡，不存在异常未达账项（如未达账项时间过长且已超过相应结算方式所规定的结算期限等，属于非正常未达账项），则表明银行存款发生额及余额正确。

【例题2－2】A公司2018年10月3日银行存款日记账为70,000元，银行对账单的存款余额为73,150元，经过双方逐笔核对后，发现存在以下未达账项：

（1）公司因采购材料开出转账支票一张，金额为2,000元，公司已入账，但持票人尚未到银行办理转账手续。

（2）公司因销售商品收到购货方开来的转账支票一张，金额为58,850元，将支票送存银行后公司做收入入账，但是银行尚未办理入账手续。

（3）公司委托银行代收外地销货款12,000元，银行已收款入账，但公司尚未收到收款通知。

（4）银行代为支付本月水电费5,000元，已入账，但是公司尚未收到付款通知。

（5）公司委托银行代收外地销货款53,000元，银行已收款入账，但公司尚未收到收款通知。要求：根据上述资料，完成以下"银行存款余额调节表"的编制。

编制单位：A公司　　　　　2018年10月31日　　　　　　　　　　单位：元

项目	金额	项目	金额
企业银行存款日记账余额	70,000	银行对账单余额	73,150
加：银行已收企业未收的款项合计	12,000 53,000	加：企业已收银行未收的款项合计	58,850
减：银行已付企业未付的款项合计	5,000	减：企业已付银行未付的款项合计	2,000
减：银行已付企业未付的款项合计	130,000	调节后余额	130,000

第三节　其他货币资金

一、其他货币资金的性质及其范围

（一）其他货币资金的性质

其他货币资金是指除库存现金、银行存款以外的其他各种货币资金。其他货币资金与库存现金和银行存款一样，是企业可以作为支付手段的货币。但也有其特殊的存在形式和支付方式，在管理上也有别于库存现金和银行存款，因此应单独进行会计核算。

（二）其他货币资金的范围

其他货币资金主要包括：银行汇票存款、银行本票存款、信用卡存款、信用证保证金存款和存出投资款等。外埠存款是指到外地进行临时或零星采购时，汇往采购地银行并在采购地银行开立采购专户的款项。银行汇票存款是指企业为取得银行汇票，按规定用于银行汇票结算而存入银行的款项。银行本票存款是指企业为取得银行本票，按规定用于银行本票结算而存入银行的款项。信用卡存款是指企业为取得信用卡以办理信用卡结算而按规定存入银行的款项。信用证保证金存款是指企业为取得信用证，以办理信用卡结算而按规定存入银行的款项。存出投资款是指企业已存入证券公司但尚未进行短期投资的款项。

二、其他货币资金收付业务的会计核算

其他货币资金通过"其他货币资金"科目进行核算，并按其他货币资金内容设置明细科目进行明细核算，同时按外埠存款的开户银行、每一银行汇票或本票、信用证的收款单位等设置明细账对其收付情况进行详细记录，办理信用卡业务的企业应当在"信用卡"明细科目中按开出信用卡的银行和信用卡种类设置明细账对其收付情况进行详细记录。

（一）外埠存款

企业在外埠开立临时采购账户，需经开户地银行批准。银行对临时采购账一般实行半封闭式管理的办法，即只付不收，付完清户。除采购人员差旅费用可以支取少量现金外，其他支出一律转账。

【例题 2-3】A 企业根据发生的有关外埠存款收付业务，编制相关会计分录。

（1）A 企业在外埠开立临时采购账户，委托银行将 300,000 元汇往采购地点。

借：其他货币资金——外埠存款　　　　　　　　　300,000
　　贷：银行存款　　　　　　　　　　　　　　　　　300,000

（2）采购员以外埠存款购买材料，材料价款 200,000 元，增值税 26,000 元，货款共计 226,000 元，材料已验收入库。

借：原材料　　　　　　　　　　　　　　　　　　200,000
　　应交税费——应交增值税（进项税额）　　　　　26,000
　　贷：其他货币资金外埠存款　　　　　　　　　　　226,000

（3）外埠采购结束，将外埠存款清户，收到银行转来收账通知，余款 74,000 收妥入账。

借：银行存款　　　　　　　　　　　　　　　　　74,000
　　贷：其他货币资金——外埠存款　　　　　　　　　74,000

（二）银行汇票存款

企业办理银行汇票，需将款项交存开户银行。对于逾期尚未办理结算的银行应按规定及时转回（借记"银行存款"科目，贷记"其他货币资金——银行汇票"科目），未用的汇票存款也应及时办理退款。

【例题 2-4】A 企业根据发生的有关银行汇票存款收付业务，编制相关会计分录。

（1）企业申请办理银行汇票，将银行存款 29,000 元转为银行汇票存款。

借：其他货币资金——银行汇票　　　　　　　　　29,000

　　　　贷：银行存款　　　　　　　　　　　　　　　　　　　　　　　　29,000
　（2）收到收款方发票等单据，采购材料付款30,000元，其中，材料价款25,000元，增值税3,250元。材料已验收入库。
　　　借：原材料　　　　　　　　　　　　　　　　　　　　　　　　　　25,000
　　　　　应交税费——应交增值税（进项税额）　　　　　　　　　　　　 3,250
　　　　贷：其他货币资金——银行汇票　　　　　　　　　　　　　　　　28,250
　（3）收到多余款项退回通知，将余款750元收妥入账。
　　　借：银行存款　　　　　　　　　　　　　　　　　　　　　　　　　　 750
　　　　贷：其他货币资金——银行汇票　　　　　　　　　　　　　　　　　 750

（三）银行本票存款

　　企业办理银行本票，需将款项交存开户银行。本票存款实行全额结算，本票存款额与结算金额的差额一般采用支票或其他方式结清。对于逾期尚未办理结算的银行本票，应按规定及时转回（借记"银行存款"科目，贷记"其他货币资金——银行本票"科目），其账务处理与银行汇票存款基本相同。

　【例题2-5】 A企业根据发生的银行本票存收付业务，编制相关会计分录。
　（1）A企业申请办理银行本票，将银行存款39,000元转入银行本票存款。
　　　借：其他货币资金——银行本票　　　　　　　　　　　　　　　　　39,000
　　　　贷：银行存款　　　　　　　　　　　　　　　　　　　　　　　　39,000
　（2）收到收款方发票等单据，采购材料付款38,420元，其中，材料价款34,000元，增值税4,420元。材料已验收入库。
　　　借：原材料　　　　　　　　　　　　　　　　　　　　　　　　　　34,000
　　　　　应交税费——应交增值税（进项税额）　　　　　　　　　　　　 4,420
　　　　贷：其他货币资金——银行本票　　　　　　　　　　　　　　　　38,420
　（3）收到收款单位退回的银行本票余款580元，存入银行。
　　　借：银行存款　　　　　　　　　　　　　　　　　　　　　　　　　　 580
　　　　贷：其他货币资金——银行本票　　　　　　　　　　　　　　　　　 580

（四）信用证保证金存款

　　企业办理信用证结算，应按定向银行提交开证申请书、信用证申请人承诺书和购销合同。信用证保证金的核算主要包括缴纳保证金和支付货款两部分。

　【例题2-6】 A企业根据发生的信用证结算有关业务，编制相关会计分录。
　（1）申请开证并向银行缴纳信用证保证金30,000元。
　　　借：其他货币资金——信用证保证金　　　　　　　　　　　　　　　30,000
　　　　贷：银行存款　　　　　　　　　　　　　　　　　　　　　　　　30,000
　（2）接到开证行交来的信用证来单通知书及有关购货凭证等，以信用证方式采购的材料已到货并验收入库，货款全部支付。货款总计135,600元，其中材料价款120,000元，增值税15,600元。
　　　借：原材料　　　　　　　　　　　　　　　　　　　　　　　　　 120,000

应缴税费——应缴增值税（进项税额）　　　　　　　　15,600
　贷：其他货币资金——信用证保证金　　　　　　　　　135,600

（五）存出投资款

企业对于存出投资款的核算主要包括资金划出和使用两部分。

【例题 2-7】A 企业根据发生的短期投资业务，编制相关会计分录。

（1）将银行存款 300,000 元划入某证券公司准备进行短期股票投资。

借：其他货币资金——存出投资款　　　　　　　　　　300,000
　贷：银行存款　　　　　　　　　　　　　　　　　　　300,000

（2）将存入证券公司款项用于购买股票并已成交，购买股票的成本为 40,000 元，作为交易性金融资产进行管理。

借：交易性金融资产　　　　　　　　　　　　　　　　40,000
　贷：其他货币资金——存出投资款　　　　　　　　　　40,000

本章思维导图

课后习题

课后习题答案

第三章　应收和预付款项

☞ **本章学习目的**

通过本章的学习，使学生了解应收账款的确认与核算，掌握现金折扣和商业折扣下应收账款的核算；熟悉应收票据的分类；在了解坏账损失概念的基础上明确需要计提坏账准备的款项包括哪些，掌握坏账准备的计提方法和核算。

☞ **本章学习重点难点**

应收账款的核算　应收账款坏账准备的计提方法

第一节　应收票据

一、应收票据及其初始入账价值

（一）应收票据及其分类

1. 应收票据的含义。

从广义上讲，应收票据作为一种债权凭证，应包括企业持有的未到期或未兑现的各种票据，如汇票、本票和支票等。但在我国会计实务中，支票、银行本票及银行汇票均为见票即付的票据，无须将其列为应收票据予以处理。因此，在我国应收票据仅指企业持有的未到期或未兑现的商业汇票。在我国，商业汇票的期限一般不超过 6 个月，因而我国的应收票据是一种流动资产。在会计实务中，企业的应收票据是指收到的经承兑人承兑的商业汇票。

2. 应收票据的分类。

按照票据承兑人的不同，商业汇票分为银行承兑汇票和商业承兑汇票两种。承兑指汇票付款人承诺在汇票到期日支付汇票金额的票据行为。商业汇票必须经承兑后方可生效。银行承兑汇票的承兑人是承兑申请人的开户银行，商业承兑汇票的承兑人是付款人。

按照票据是否带有追索权，商业汇票分为带追索权的商业汇票和不带追索权的商业汇票。追索权是指企业在转让应收款项时，接受应收款项转让方在应收款项遭受拒付或逾期未付时向该应收款项转让方索取应收金额的权利。在我国，商业票据可背书转让，持票人可以对背书人、出票人和票据的其他债务人行使追索权。一般来说，不确定性负债称为或有负债，因此，应收款项而产生的具有不确定性的被追索权利也属于一种或有负债。在我国会计实务中，就应收票据贴现而言，银行承兑汇票的贴现一般不会使企业被追索商业承兑汇票的贴现有被追索的可能，在这种情况下，企业也就会因汇票贴现而产生或有负债。按照我国企业会计准则的规定，符合金融资产终止确认条件的（将金融资产所有权上几乎所有的风险和报酬所转移给转入方），应终止确认该金融资产（如银行承兑汇票的贴现）不符合金融资产终止确认条件的（如商业承兑汇票的贴现）。

（二）应收票据的初始入账价值

应收票据按其有效期限是否在1年以内，可以分为短期应收票据和长期应收票据。应收票据初始入账价值的确定有两种方法：按票据面值入账和票据到期值的现值入账。按票据面值入账比较简单实用；按票据到期值的现值入账比较科学合理。在我国，长期应收票据尚不存在，短期应收票据又无须按现值计价。企业收到的商业汇票以票据面值入账。如果发生了长期应收票据业务，则按其到期值的现值入账，并在资产负债表上作为非流动资产列示。

应收票据到期日的确定。商业汇票自承兑日起生效，其到期日是由票据有效期限的长短决定的。在实务中，票据的期限一般有按月表示和按日表示两种。其中，按月表示的汇票付款期限自出票日起按月计算，按日表示的汇票付款期限自出票日起按日计算；票据期限按月表示时，票据的期限不考虑各月份实际天数多少，统一按次月计算，对应日为整月计算，例如，1月31日签发承兑的期限为1个月、2个月、3个月和6个月的商业汇票，其到期日分别为2月28日（闰年为2月29日）、3月31日、4月30日和7月31日；票据期限按日表示时，票据的期限不考虑月数，统一按票据的实际天数计算。在票据承兑日和票据到期日这两天中，只计算其中的一天。例如，1月31日（当年2月为28天时）签发承兑的期限为30天、60天、90天的商业汇票，其到期日分别为3月2日、4月1日、5月1日。

（三）应收票据的取得

企业收到承兑的商业汇票时，应按票面金额借记"应收票据"科目，并根据不同的业务内容分别贷记"主营业务收入""应交税费""应收账款"等科目。

【例题3-1】 甲公司根据发生的有关应收票据业务，作出如下会计处理：

（1）向丁公司销售产品一批，价款30,000元，增值税3,900元，收到由丁公司承兑的商业承兑汇票一张，金额共计33,900元。

借：应收票据　　　　　　　　　　　　　　　　　　　　33,900
　　贷：主营业务收入　　　　　　　　　　　　　　　　　　30,000
　　　　应交税费——应交增值税（销项税额）　　　　　　　3,900

（2）原向E公司销售产品应收货款共计56,500元（其中，产品价款50,000，增值税6,500元），经双方协商，采用商业汇票方式结算，收到银行承兑汇票一张。

借：应收票据　　　　　　　　　　　　　　　　　　　　56,500
　　贷：应收账款　　　　　　　　　　　　　　　　　　　56,500

（四）应收票据持有期间的利息

有些商业汇票在票面上规定有利率，这类商业汇票是带息票据，票据到期时，除收回票面款外，还同时收取一定的利息。带息商业汇票到期之前，尽管利息尚未实际收到，但企业已经取得收取票据利息的权利。在会计核算上，应按权责发生制原则于会计期末反映这部分利息收入，同时将应收而未实际收到的利息作为应收债权记录，借记"应收票据"科目，贷记"财务费用"（或"利息收入"）科目。至于企业于月末、季末还是年末对企业持有的应收票据计提票据利息，则根据企业采取的会计政策而定。

一般地，如果应收票据的利息金额较大，对企业财务成果有较大影响，应按月计提利息；如果应收票据的利息金额不大，对企业财务成果的影响较小，可于季末或年末计提应收票据的利息。但企业至少应于会计年末计提持有商业汇票的利息，以便正确计算企业的财务成果，除非应计利息金额极小。

【例题 3 - 2】甲公司 2×18 年 9 月 1 日采用商业汇票结算方式销售产品一批，发票上注明的销售收入为 100,000 元，增值税额为 13,000 元，企业当即收到带息商业承兑汇票一张，期限为 6 个月，到期日为 2×19 年 3 月 1 日，票面利率为 3%。甲公司于年末计提应收票据的利息。

(1) 2×18 年 9 月 1 日收到商业承兑汇票时：

借：应收票据　　　　　　　　　　　　　　　　　　　　113,000
　　贷：主营业务收入　　　　　　　　　　　　　　　　　　100,000
　　　　应交税费——应交增值税（销项税额）　　　　　　　13,000

(2) 2×19 年 12 月 31 日计提应收票据利息：

借：应收票据　　　　　　　　　　　　　　　　　　　　　1,130
　　贷：财务费用　　　　　　　　　　　　　　　　　　　　1,130

（五）应收票据的到期

企业对持有的即将到期的商业汇票，应匡算划款时间，提前委托开户银行付款。一般来说，银行承兑汇票的票款能够及时收妥入账。商业承兑汇票的票款视付款入账户资金是否足额有两种可能：一是付款人足额支付票款，结清有关的债权债务；二是付款人账户资金不足，将托收的汇票退回，由收付款双方自行处理。

商业汇票到期时，应按商业汇票的到期值借记有关科目，按商业汇票的账面金额贷记"应收票据"科目，按两者的差额（未计提利息部分）贷记"财务费用"科目。需要指出的是，根据《中华人民共和国票据法》的规定，汇票到期被拒绝付款的，持票人可以对有关债务人行使追索权，因此，到期未兑现的应收票据，应按汇票到期值反映企业的债权（包括应收票据面值和应收利息两部分）。

商业汇票到期值是指票据到期应收的票款额，对于不带息票据来说，到期值就是票据面值；对于带息票据来说，其到期值是票据面值与应收票据到期利息的合计金额。计算应收票据到期利息的公式如下：

$$应收票据利息 = 应收票据面值 \times 利率 \times 时期$$

其中，应收票据面值是指商业汇票票面记载的金额；时期是指票据的有效期限；利率是指票据所规定的利率（一般以年利率表示）。

当商业汇票的期限按月数表示时，应收票据到期利息的计算公式如下：

$$应收票据利息 = 应收票据面值 \times 利率 \times 时期（月数）/12$$

当商业汇票的期限按天数表示时，应收票据到期利息的计算公式是：

应收票据利息 = 应收票据面值×利率×时期（天数）/360

【例题3-3】 甲公司持有一张面值为113,000元的商业汇票，年利率为10%，票据的出票日为3月31日，票据期限为4个月，到期日为7月31日，则该商业汇票的到期值为多少？

分析：到期值 = 113,000 + 113,000 × 10% × 4/12 = 116,766.66（元）

一般地，应收票据利息应按月计算，但当应收票据利息金额不大或票据生效日和到期日在同一会计年度时，为了简化会计核算手续，也可以在票据到期收到票据本息时，再将利息收入记入"财务费用"科目贷方。如果应收票据利息金额较大，且票据生效日和到期日跨会计年度时，则会计期末应确认当期应收利息，借记"应收票据"科目，贷记"财务费用"。

应收票据到期时，如果收到票款，则应按实际收到的金额，借记"银行存款"科目；按应收票据的账面金额，贷记"应收票据"科目；按其差额（即未计提利息部分）贷记"财务费用"科目。

应收票据到期时，如果因付款人无力支付票款，而收到由银行退回的商业承兑汇票、委托收款凭证、未付票款通知书或拒绝付款证明等单证，则应将应收票据的账面价值转入"应收账款"科目，并将应收票据到期值中尚未计提的利息借记"应收账款"科目，贷记"财务费用"科目。将到期不能收回的带息应收票据价值转入应收账款，且未计利息转入应收票据后其原票据的计息期已结束，期末不应再对已经到期的应收票据计提利息。如果协议规定对已经到期而未能实际收到票款的债权继续计算利息的，其所包括的利息就按照协议规定计算，于每个会计期末借记"应收账款"科目，贷记"财务费用"科目。

【例题3-4】 甲公司对某票据利息收入采用会计期末和票据到期分别确认的处理方法。据发生的有关商业汇票的经济业务，作出如下会计处理：

（1）该企业于10月1日销售商品339,000元（其中，价款300,000元，增值税39,000元），并于当日签发承兑日为10月1日、面值为339,000元、利率3%、期限为6个月、到期日为第二年4月1日的银行承兑汇票。

借：应收票据　　　　　　　　　　　　　　　　　339,000
　　贷：主营业务收入　　　　　　　　　　　　　　　300,000
　　　　应交税费——应交增值税（销项税额）　　　　39,000

（2）年末计提商业汇票的应计利息

当年应计利息 = 339,000 × 3% × 3/12 = 2,542.5（元）

借：应收票据　　　　　　　　　　　　　　　　　2,542.5
　　贷：财务费用　　　　　　　　　　　　　　　　2,542.5

（3）第二年4月1日，上述票据到期，票款全部收妥入账。

借：银行存款　　　　　　　　　　　　　　　　　344,085
　　贷：应收票据　　　　　　　　　　　　　　　　351,542.5
　　　　财务费用　　　　　　　　　　　　　　　　2,542.5

（4）如果该票据转为商业承兑汇票，票据到期时，付款人账户资金不足，由银行退票。

借：应收账款　　　　　　　　　　　　　　　　　　　344,085
　　贷：应收票据　　　　　　　　　　　　　　　　　　　　344,085

（六）应收票据的转让

企业将持有的票据背书转让，如为带息应收票据，既可以先将未计提的票据利息借记："应收票据"科目，贷记"财务费用"科目，然后再把应收票据金额转为转让金额，可以将应提未提利息作为转让应收票据价值的一部分直接计入接受资产价值的构成。取得所需材料物资时，按应计入取得物资成本的价值，借记"材料采购"或"原材料""库存商品"等科目；按专用发票上注明的可以抵扣的增值税进项税额，借记"应交税费——应交增值税（进项税额）"科目，按应收票据的账面余额记"应收票据"科目，按计提的利息贷记"应收利息"科目，按收到或补付的差价款借记或贷记"银行存款"科目。

当应收票据的背书转让企业承担因付款方不能到期支付票款的连带责任时，应收票据不符合金融资产终止确认条件。此时，转让应收票据实际上具有抵押性质，应收票据不能终止确认。因转让应收票据而购入的材料视为负债处理，并通过"应付账款"科目核算。

（七）应收票据的贴现

应收票据贴现是指企业以未到期应收票据向银行融通资金，银行按票据的应收金额扣除一定期间的贴现利息后将余额付给企业的筹资行为。企业可以持未到期的商业汇票向银行申请贴现。将商业汇票贴现后，企业可以从银行取得贴现款。贴现款的计算公式如下：

贴现款 = 票据到期值 − 贴现息

贴现息 = 票据到期值 × 贴现率

贴现天数是指自贴现日起至票据到期前一日止的实际天数，贴现日和票据到期日只计算其中的一天。如果2月10日将1月31日（当年2月为28天）签发承兑的期限为30天、60天和90天（到期日分别为3月2日、4月1日、5月1日）的商业汇票贴现，则其贴现天数分别为20天、50天和80天。在实务工作中，无论商业汇票的到期日按日表示还是按月表示，贴现期一般均按实际贴现天数计算。在会计上，企业应根据贴现的商业汇票是否带有追索权分别采用不同的方法进行处理：

（1）不带追索权的应收票据贴现。将不带追索权的应收票据贴现，企业在转让票据所有权的同时也将票据到期不能收回票款的风险一并转给了贴现银行，企业对票据到期无法收回的票款不承担连带责任，即符合金融资产终止确认的条件。因此，将不带追索权的商业汇票贴现时，企业应按实际收到的贴现款借记"银行存款"科目，按贴现票据的账面金额贷记"应收票据"科目，实际收到的贴现款与贴现的商业汇票的账面金额的差额借记（贴现款小于应收票据账面金额及已计提的利息时）或贷记（贴现款大于应收票据账面金额及已计提的利息时）"财务费用"科目。

企业应将银行承兑汇票贴现视为不带追索权的商业汇票贴现业务，按金融资产终止的原则进行会计处理。

【例题3-5】某企业于2月10日（当年2月为28天）持签发承兑日为1月31日，期限为90天、面值为50,000元、利率为4.8%、到期日为5月1日的银行承兑汇票到银行申请贴现，银行规定的月贴现率为4.2‰。假定票据到期确认利息收入。

分析：

票据到期利息总额 = 500,000 × 4.8% × 90/360 = 6,000（元）

票据到期值 = 500,000 + 6,000 = 506,000（元）

贴现天数 = 80（天）

贴现息 = 50,600 × 4.2‰ × 80/30 = 5,667.2（元）

贴现款 = 506,000 − 5,667.2 = 500,332.8（元）

会计处理：

借：银行存款　　　　　　　　　　　　　　　　　　　　500,322.80
　　贷：应收票据　　　　　　　　　　　　　　　　　　　500,000
　　　　财务费用　　　　　　　　　　　　　　　　　　　　322.80

（2）带追索权的应收票据贴现。将带追索权的应收票据贴现，企业并未转嫁票据到期不能收回票据款的风险，贴现企业因背书而在法律上负有连带偿还责任，企业所承担的这种连带偿还责任是企业的一种或有负债，该债务直至贴现银行收到票据款后方可解除。因此，将带追索权的商业汇票贴现后，不符合金融资产终止确认的条件，不应冲销应收票据账户金额。

在我国，企业将商业汇票贴现，是一种典型的带追索权的票据贴现业务。企业将带追索权的票据贴现，不符合金融资产终止确认的条件，会计上不应冲销"应收票据"账户。此时，一般根据实际收到的贴现款借记"银行存款"科目，贷记"短期借款"科目。

【例题 3-6】承上例，假设贴现的汇票为商业承兑汇票，则甲公司应进行如下会计处理：

借：银行存款　　　　　　　　　　　　　　　　　　　　500,332.80
　　贷：短期借款　　　　　　　　　　　　　　　　　　　500,332.80

票据到期日，无论票据付款人是否足额向贴现银行支付票款，贴现的票据满足金融资产终止确认的条件，会计上应终止确认应收票据。票据的付款人于汇票到期日将票款足额付给贴现银行，企业未收到有关追索债务的通知，则企业因票据贴现而产生的负债责任解除。这时应作为偿还期借款对待，根据短期借款的账面价值，借记"短期借款"科目；根据应收票据的账面价值，贷记"应收票据"科目；根据两者差额，借记或贷记"财务费用"科目。

如果票据的付款人于汇票到期日未能向贴现银行足额支付票款，企业则成为实际的债务人。贴现票据的企业能够向贴现银行支付票款的，收到银行有关偿债通知后，根据票据到期值，借记"应收账款"科目；根据票据账面价值，贷记"应收票据"科目；差额借记或贷记"财务费用"科目，同时按照短期借款账面价值，借记"短期借款"；根据票据到期值，贷记"银行存款"科目；按照两者的差额，借记"财务费用"科目，贴现票据的企业若无力偿还票款时，贴现银行将对无法偿还的票款做逾期贷款处理。

【例题 3-7】以例题 3-5 的资料为例。票据到期时，票据付款人已足额向贴现银行支付票款，则到期日应编制会计分录如下：

借：短期借款　　　　　　　　　　　　　　　　　　　　500,332.80
　　贷：应收票据　　　　　　　　　　　　　　　　　　　500,000.00
　　　　财务费用　　　　　　　　　　　　　　　　　　　　322.80

若票据到期时，票据付款人无法向贴现银行支付票款，而该企业能够偿还票据款，则应编制如下会计分录：

借：应收账款　　　　　　　　　　　　　　　　　　　506,000
　　贷：应收票据　　　　　　　　　　　　　　　　　　500,000
　　　　财务费用　　　　　　　　　　　　　　　　　　　6,000
借：短期借款　　　　　　　　　　　　　　　　　　　500,332.80
　　财务费用　　　　　　　　　　　　　　　　　　　　5,667.20
　　贷：银行存款　　　　　　　　　　　　　　　　　506,000.00

若票据到期时，票据付款人无法向贴现银行支付票款，而该企业也无力偿还票据款，则应编制如下会计分录：

借：应收账款　　　　　　　　　　　　　　　　　　　506,000
　　贷：应收票据　　　　　　　　　　　　　　　　　　500,000
　　　　财务费用　　　　　　　　　　　　　　　　　　　6,000
借：短期借款　　　　　　　　　　　　　　　　　　　500,332.80
　　财务费用　　　　　　　　　　　　　　　　　　　　5,667.20
　　贷：短期借款——逾期贷款　　　　　　　　　　　506,000.00

第二节　应收账款

一、应收账款及其构成范围

（一）应收账款的含义

应收账款是企业因对外销售商品、产品、提供劳务等经营活动而应向客户收取的款项。应收账款一般属于应在1年（可跨年度）内收回的短期债权，在资产负债表上，应收账款应列为流动资产项目。

（二）应收账款的构成

在会计实务中，企业的应收账款主要包括因销售商品或产品、提供劳务应向客户收取的商品价款，应收取的增值税销项税额及为客户代垫的运杂费等，不包括各种非经营活动发生的应收款项。存出的保证金和押金、购货的预付定金、对职工或股东的预付款、预付分公司款、应收认股款、与企业的经营活动无关的应收款项、超过1年的应收分期销货款以及采用商业汇票结算方式销售商品的债权等，均不属于会计上的应收账款。

二、应收账款的入账价值

一般来说，应收账款应按买卖双方成交时的实际发生额入账。但企业为了促进货物销售或及时回笼货款，在销售时往往实行商业折扣或现金折扣政策，其对应收账款入账价值的影响不同。

（一）商业折扣

商业折扣是指对商品价目单所列的价格给予一定的折扣，实际上是对商品报价进行的折扣。商业折扣一般用百分比来表示，如5%、10%、20%等，也可用金额表示，如100元、200元等，商品报价并不是企业对某一具体客户的应收款项，在会计上，应收客户款应以业务发生时的成交价入账。也就是说，企业发生销货、提供劳务等主要经营业务行为时，应收账款一般应按商品报价扣除商业折扣以后的实际成交价格入账。由此可见，商业折扣对会计核算不产生任何影响。

【例题3-8】甲公司销售丁商品，商品价目单中所列示的价格（不含增值税）为100元/件，现销售20件，并给予购货方5%的商业折扣，则该企业销售甲商品的实际销售单价为95元/件，销售20件的价款共计1,900元，应收取的销项税额为247元，共计2,147元。

（1）销售时：

借：应收账款　　　　　　　　　　　　　　　　　　　　　　　　　　2,147
　　贷：主营业务收入　　　　　　　　　　　　　　　　　　　　　　　1,900
　　　　应交税费——应交增值税（销项税额）　　　　　　　　　　　　247

（2）实际收到货款时：

借：银行存款　　　　　　　　　　　　　　　　　　　　　　　　　　2,147
　　贷：应收账款　　　　　　　　　　　　　　　　　　　　　　　　　2,147

（二）现金折扣

现金折扣是指销货企业为了鼓励客户在一定期间内早日偿还货款，对应收货款总额所给予的一定比率的扣减。现金折扣一般用"2/10,1/20,n/30"等表示，其含义分别为：20天内付款给予1%的折扣，30天内付款无折扣。现金折扣使企业应收账款的实收数额在规定的付款期限内，随着顾客付款时间的推延而增加，因而对会计核算会产生影响。现金折扣实质上是企业为了尽早收到销货款而采取的一种激励手段，并随时间推迟而变化，属于交易价格中的可变对价，在会计上一般作为对销售收入的调整，具体方法是：当附有现金折扣条件的商品赊销时，将应收账款总额扣除估计的极有可能发生的现金折扣后的余额记入"应收账款"科目，将不含增值税的交易总价格扣除估计的现金折扣后的余额确认为主营业务收入，按照不扣除现金折扣的不含增值税的交易总价格和适用的增值税税率确定的增值税额记入"应交税费——应交增值税（销项税额）科目"。资产负债表日，重新估计可能收到的对价金额，如果实际收款时间晚于估计的收款时间，客户因此丧失的现金折扣额作为可变对价，调增应收账款和主营业务收入；如果实际收款时间早于估计的收款时间，客户享受了现金折扣，则按实际享受的现金折扣大于估计的现金折扣的金额，减少应收账款和主营业务收入。

【例题3-9】2×20年1月1日，甲公司销售一批商品给乙公司，原价为100,000元，合同规定A公司给予10%的优惠，付款期为1月30日，甲公司为尽快收款给予"2/10,1/20,n/30"的折扣条件，增值税税率为13%。假定计算现金折扣时不考虑增值税。

（1）2×20年1月1日实现销售：

借：应收账款　　　　　　　　　　　　　　　　　　　101,700
　　贷：主营业务收入　　　　　　　　　　　　　　　　90,000
　　　　银行存款　　　　　　　　　　　　　　　　　　11,700

（2）若甲公司于2×20年1月9日收到款项：

借：银行存款　　　　　　　　　　　　　　　　　　　99,900
　　财务费用　　　　　　　　　　　　　　　　　　　　1,800（90,000×2%）
　　贷：应收账款　　　　　　　　　　　　　　　　　　101,700

（3）若甲公司于2×20年1月19日收到款项：

借：银行存款　　　　　　　　　　　　　　　　　　　100,800
　　财务费用　　　　　　　　　　　　　　　　　　　　900（90,000×1%）
　　贷：应收账款　　　　　　　　　　　　　　　　　　101,700

第三节　其他应收款及预付账

一、其他应收款

其他应收款是指企业除应收票据、应收账款、预付账款、应收股利、应收利息、长期应收款、存出保证金等以外的各种应收及暂付款项。其包括各种应收赔款、备用金、应收包装物租金、应收的各种赔款、罚款、应向职工收取的各种垫付款项等。企业应设置"其他应收款"科目对其他应收款的收付业务进行核算，并应按其他应收款的项目以及债务人进行明细核算。企业发生的拨出用于投资的各种款项，在尚未进行投资之前，属于企业的其他货币资金，该类款项一般通过"其他货币资金"科目进行核算，不属于其他应收款的范围。

【例题3-10】甲公司根据发生的有关其他应收款的经济业务，作出如下会计处理：

（1）某职工预借差旅费500元，以现金支付：

借：其他应收款　　　　　　　　　　　　　　　　　　500
　　贷：库存现金　　　　　　　　　　　　　　　　　　500

（2）某职工报销差旅费530元（其中包含准予抵扣的增值税进项税额30元，原借用400元，以现金补付130元。

借：管理费用　　　　　　　　　　　　　　　　　　　500
　　应交税费——应交增值税（进项税额）　　　　　　　30
　　贷：其他应付款　　　　　　　　　　　　　　　　　400
　　　　库存现金　　　　　　　　　　　　　　　　　　130

（3）借入丙单位包装物，支付包装物押金800元。

借：其他应收款　　　　　　　　　　　　　　　　　　800
　　贷：银行存款　　　　　　　　　　　　　　　　　　800

企业内部各部门根据经营业务需要，往往要准备一定数额的备用金。备用金是指企业内部各车间、部门、科室等周转使用的货币资金，主要包括预付给科室、车间及非独立核算的经营单位等用于日常开支的款项。会计上，企业一般以"其他应收款"科目核算备用金业务，如果企业发生的备用金业务较多，也可以单独设置"备用金"科目进行核算，无论备用金通过"其他应收款"科目核算，还是通过"备用金"科目核算，都应按用款单位详细记录备用金的具体情况。根据预付方式不同，备用金分为定额备用金和非定额备用金两种。不同形式备用金的会计处理方法也不一样。

定额备用金是指用款单位按定额持有的备用金。其具体方法是：根据用款单位的实际需要核定备用金定额，由财会部门按定额将备用金支付给用款部门，待用款部门实际支用后，经财会部门审核，凭有效单据报账领款，以补足用款单位定额备用金，这种方法便于企业对备用金的使用进行控制，一般适用于有经常性费用开支的内部用款单位。由于用款单位报销领款后备用金数额仍按定额持有，因此报销费用时视同货币资金支付费用处理，借记"管理费用"等科目，贷记"银行存款""库存现金"科目；在用款单位不再需要备用金时才将备用金收回，借记"库存现金"等科目，贷记"其他应收款——备用金"科目。

【例题3-11】甲公司根据发生的有关定额备用金的事项，作出如下会计处理：
（1）开出现金支票，向总务部门支付定额备用金400元。
  借：其他应收款——备用金——总务部   400
    贷：银行存款   400
（2）总务部财务部报销日常办公用品费200元，财务部以现金支付。
  借：管理费用   400
    贷：库存现金   400
（3）总务部不再需要备用金，将备用金400元退回。
  借：库存现金   400
    贷：其他应收款——备用金——总务部   400

非定额备用金是指用款单位不按固定额度持有的备用金。其一般做法是：根据实际需要由财会部门预付用款单位一定时期的备用金数额；用款单位支用备用金后向财会部门报账核销；备用金支用完毕，再根据需要由财会部门拨付下一时期的备用金。这种方法手续简单，但不便于对备用金的使用进行控制，一般适用于用款单位的非经常性开支。由于用款单位报账核销时财会部门并不以货币资金补充其备用金，而是作为债权的收回处理，因此用款单位报销费用时，应借记"管理费用"等科目，贷记"其他应收款——备用金"科目。

二、预付账款

预付账款是指企业按照购货合同规定，预先以货币资金或以货币等价物支付供应单位的款项。对于预付账款业务，企业一般设置"预付账款"科目进行核算，并按供应单位设置明细科目进行明细核算。企业因购货而预付款项时，借记"预付账款"科目，贷记"银行存款"科目；收到所购货物时，按应计入物资采购成本的金额，借记"原材料"或

"库存商品"等科目，按专用发票注明的增值税，借记"应交税费——应交增值税（进项税额）"科目，按发票账单注明的应付金额，贷记"预付账款"科目；补付款项时，借记"预付账款"科目，贷记"银行存款"科目；收到退回的款项时，借记"银行存款"科目，贷记"预付账款"。

需要注意的是，在实务工作中，预付账款业务不多时，可以通过"应付账款"科目核算预付款业务；企业的应付账款业务不多时，也可以通过"预付账款"科目核算应付业务，为了便于反映企业对客户的债权债务关系，对同一客户发生购货往来业务，只通过"应付账款"或只通过"预付账款"科目核算。有的可能是借方余额，有的可能是贷方余额。其中，借方余额合计列示于资产负债表流动资产项目下的"预付账款"项目，贷方余额合计列示与资产负债表流动负债下的"应付账款"项目。

【例题 3-12】 甲公司根据发生的有关预付账款的经济业务，作出如下会计处理：

（1）预付购买商品的定金 30,000 元：

借：预付账款　　　　　　　　　　　　　　　　　　　　　30,000
　　贷：银行存款　　　　　　　　　　　　　　　　　　　　30,000

（2）收到商品的价款为 32,000 元，增值税为 4,160 元，共计 36,160 元：

借：在途物资　　　　　　　　　　　　　　　　　　　　　32,000
　　应交税费——应交增值税（进项税额）　　　　　　　　 4,160
　　贷：预付账款　　　　　　　　　　　　　　　　　　　　36,160
借：库存商品　　　　　　　　　　　　　　　　　　　　　32,000
　　贷：在途物资　　　　　　　　　　　　　　　　　　　　32,000

（3）补付货款 7,120 元

借：预付账款　　　　　　　　　　　　　　　　　　　　　 7,120
　　贷：银行存款　　　　　　　　　　　　　　　　　　　　 7,120

三、应收款项减值

企业的各项应收款项，可能会因购货人拒付、破产、死亡等原因而无法收回。这类无法收回的应收款项就是坏账。企业因坏账而遭受的损失为坏账损失或减值损失。企业应当在资产负债表日对应收款项的账面价值进行评估，应收款项发生减值的，应当将减记的金额确认为减值损失，计提坏账准备。应收款项减值有两种核算方法，即直接转销法和备抵法，我国企业会计准则规定，应收款项减值的核算应采用备抵法，不得采用直接转销法。

（一）直接转销法

采用直接转销法时，日常核算中应收款项可能发生的坏账损失不予考虑，只有在实际发生坏账时，才作为坏账损失计入当期损益，同时直接冲销应收款项，即借记"信用减值损失"科目，贷记"应收账款"等科目。

直接转销法的优点是账务处理简单，其缺点是不符合权责发生制会计基础，也与资产定义相冲突。在这种方法下，只有坏账实际发生时，才将其确认为当期费用，导致资产和各期损益不实；另外，在资产负债表上，应收账款是按账面余额而不是按账面价值反映，这在一定程度上歪曲了期末的财务状况。所以企业会计准则不允许采用直接转销法。

【例题3-13】甲公司2×17年发生的一笔20,000元的应收账款，长期无法收回，于2×19年末确认为坏账。该企业在2×19年末应编制如下会计分录：

　　借：信用减值损失——坏账损失　　　　　　　　　　　　　　　20,000
　　　　贷：应收账款　　　　　　　　　　　　　　　　　　　　　　　　20,000

（二）备抵法

备抵法是采用一定的方法按期估计坏账损失，计入当期损益，同时建立坏账准备，待坏账实际发生时，冲销已计提的坏账准备和相应的应收款项。采用这种方法，在财务报表上列示应收款项的净额，使财务报表使用者能了解企业应收款项预期可收回的金额或真实的财务情况。

企业应当设置"坏账准备"科目，核算应收款项的坏账准备计提、转销等事项。"坏账准备"科目的贷方登记当期计提的坏账准备、收回已转销的应收账款而恢复的坏账准备，借方登记实际发生的坏账损失金额和冲减的坏账准备金额，期末贷方余额，反映企业已计提但尚未转销的坏账准备。

坏账准备可按以下公式计算：

当期应计提的坏账准备＝当期按应收款项计算的坏账准备金额－/＋"坏账准备"科目的贷方（或借方）余额

1. 计提坏账准备。

企业计提坏账准备时，按照应收款项应减记的金额，借记"信用减值损失——计提的坏账准备"科目，贷记"坏账准备"科目。冲减多计提的坏账准备时，借记"坏账准备"科目，贷记"信用减值损失——计提的坏账准备"科目。

【例题3-14】2×18年12月31日，甲公司应收丙公司的账款余额为100,000元，甲公司根据企业会计准则确定应计提坏账准备的金额为100,000元。甲公司应编制如下会计分录：

　　借：信用减值损失——计提的坏账准备　　　　　　　　　　　　100,000
　　　　贷：坏账准备　　　　　　　　　　　　　　　　　　　　　　　100,000

2. 转销坏账。

企业确实无法收回的应收款项按管理权限报经批准后作为坏账转销时，应当冲减已计提的坏账准备。企业实际发生坏账损失时，借记"坏账准备"科目，贷记"应收账款""其他应收款"等科目。

【例题3-15】承上例，2×19年6月，甲公司应收丁公司的销货款实际发生坏账损失30,000元。甲公司应编制如下会计分录：

　　借：坏账准备　　　　　　　　　　　　　　　　　　　　　　　　30,000
　　　　贷：应收账款　　　　　　　　　　　　　　　　　　　　　　　　30,000

【例题3-16】承例题3-15和例题3-16，假定甲公司2×19年12月31日应收丁公司的账款余额为1,200,000元，甲公司对该应收账款应计提120,000元坏账准备。即2×19年12月31日甲公司"坏账准备"科目应保持的贷方余额为120,000元。计提坏账准备前，"坏账准备"科目的实际余额为贷方70,000元（100,000－30,000），因此，本年末应计提的坏账准备金额为 50,000 元（120,000 - 70,000）。甲公司应编制如下会计分录：

借：信用减值损失——计提的坏账准备　　　　　　　　　　　50,000
　　贷：坏账准备　　　　　　　　　　　　　　　　　　　　　　　　50,000

3. 收回已确认坏账并转销应收款项。

已确认并转销的应收款项以后又收回的，应当按照实际收到的金额增加坏账准备的账面余额。已确认并转销的应收款项以后又收回时，借记"应收账款""其他应收款"等科目，贷记"坏账准备"科目；同时，借记"银行存款"科目，贷记"应收账款""其他应收款"等科目。

【例题 3 – 17】2×20 年 1 月 20 日，甲公司收回 2×19 年已作坏账转销的应收账款 20,000 元，已存入银行。甲公司应编制如下会计分录：

借：应收账款　　　　　　　　　　　　　　　　　　　　　　　20,000
　　贷：坏账准备　　　　　　　　　　　　　　　　　　　　　　　　20,000
借：银行存款　　　　　　　　　　　　　　　　　　　　　　　20,000
　　贷：应收账款　　　　　　　　　　　　　　　　　　　　　　　　20,000

本章思维导图

课后习题

课后习题答案

第四章 存 货

☞ **本章学习目的**

通过本章学习,使学生对存货的相关内容有一定的了解,学习完本章后,学生应掌握存货的确认和初始计量、发出存货的成本核算、存货跌价准备的确认和计量、存货可变现净值的特征和影响因素;理解存货的清查盘点的相关知识。

☞ **本章学习重点难点**

存货的相关概念 存货的初始计量与期末计量

第一节 存货的确认和初始计量

一、存货的性质与确认条件

(一)存货的概念

存货,是指企业在日常活动中持有以备出售的产成品或商品,处在生产过程中的在产品,在生产过程或提供劳务过程中耗用的材料、物料等。企业的存货具体通常包括以下内容:

1. 原材料。指企业在生产过程中经加工改变其形态或性质并构成产品主要实体的各种原料及主要材料、辅助材料、外购半成品(外购件)、修理用备件(备品备件)、包装材料、燃料等。为建造固定资产等各项工程而储备的各种材料,虽然同属于材料,但是,由于用于建造固定资产等各项工程不符合存货的定义,因此不能作为企业的存货进行核算。

2. 在产品。指企业正在制造尚未完工的产品,包括正在各个生产工序加工的产品和已加工完毕但尚未检验或已检验但尚未办理入库手续的产品。

3. 半成品。指经过一定生产过程并已检验合格交付半成品仓库保管,但尚未制造完工成为产成品,仍需进一步加工的中间产品。

4. 产成品。指工业企业已经完成全部生产过程并验收入库,可以按照合同规定的条件送交订货单位,或者可以作为商品对外销售的产品。企业接受外来原材料加工制造的代制品和为外单位加工修理的代修品,制造和修理完成验收入库后,应视同企业的产成品。

5. 商品。指商品流通企业外购或委托加工完成验收入库用于销售的各种商品。

6. 周转材料。指企业能够多次使用,但不符合固定资产定义的材料,如为了包装本企业商品而储备的各种包装物,各种工具、管理用具、玻璃器皿、劳动保护用品以及在经营过程中周转使用的容器等低值易耗品和建造承包商的钢模板、木模板、脚手架等其他周转材料。但是，周转材料符合固定资产定义的，应当作为固定资产处理。

（二）存货的确认条件

存货必须在符合定义的前提下，同时满足下列两个条件，才能予以确认。

1. 与该存货有关的经济利益很可能流入企业；
2. 该存货的成本能够可靠计量。

二、存货的初始计量

企业取得存货应当按照成本进行计量。存货成本包括采购成本、加工成本和使存货达到目前场所和状态所发生的其他成本三个组成部分。企业存货的取得主要是通过外购和自制两个途径。

企业在日常核算中采用计划成本法或售价金额法核算的存货成本，实质上也是存货的实际成本。例如，采用计划成本法，通过"材料成本差异"或"产品成本差异"科目将材料或产成品的计划成本调整为实际成本。采用售价金额法，通过"商品进销差价"科目将商品的售价调整为实际成本（进价）。

（一）外购存货的成本

企业外购存货主要包括原材料和商品。外购存货的成本即存货的采购成本，指企业物资从采购到入库前所发生的全部支出，包括购买价款、相关税费、运输费、装卸费、保险费以及其他可归属于存货采购成本的费用。商品流通企业在采购商品过程中发生的运输费、装卸费、保险费以及其他可归属于存货采购成本的费用等进货费用，应计入所购商品成本。在实务中，企业也可以将发生的运输费、装卸费、保险费以及其他可归属于存货采购成本的费用等进货费用先进行归集，期末，按照所购商品的存销情况进行分摊。对于已销售商品的进货费用，计入主营业务成本；对于未售商品的进货费用，计入期末存货成本。商品流通企业采购商品的进货费用金额较小的，可以在发生时直接计入当期销售费用。

（二）加工取得存货的成本

企业通过进一步加工取得的存货，主要包括产成品、在产品、半成品、委托加工物资等，其成本由采购成本、加工成本构成。某些存货还包括使存货达到目前场所和状态所发生的其他成本，如可直接认定的产品设计费用等。通过进一步加工取得的存货的成本中采购成本是由所使用或消耗的原材料采购成本转移而来的，因此，计量加工取得的存货成本，重点是要确定存货的加工成本。存货加工成本由直接人工和制造费用构成，其实质是企业在进一步加工存货的过程中追加发生的生产成本，因此，不包括直接由材料存货转移来的价值。其中，直接人工是指企业在生产产品过程中，直接从事产品生产的工人的职工薪酬。直接人工和间接人工的划分依据通常是生产工人是否与所生产的产品直接相关（即可否直接确定其服务的产品对象）。制造费用是指企业为生产产品和提供劳务而发生的各项间接费用。制造费用是一项间接生产成本，包括企业生产部门（如生产车间）管理人员的职工薪酬、折旧费、办公费、水电费、机物料消耗、劳动保护费、车间固定资产的修理费用、季节性和修理期间的停工损失等。需要注意的是,委托外单位加工完成的存货,计入存货成本的内容需要视情况进行判断:

1. 委托外单位加工完成的存货实际耗用的原材料或者半成品成本、加工费、运杂费,一定计入收回委托加工物资的成本。

2. "两项"不一定计入收回存货的成本:

(1) 委托外单位加工完成的存货所缴纳的消费税,当用于连续生产应税消费品。支付的消费税应记入"应交税费——应交消费税"科目的借方;当收回后直接用于销售委托加工应税消费品的消费税,应计入委托加工物资成本。

(2) 增值税进项税额。

(三) 其他方式取得存货的成本

企业取得存货的其他方式主要包括接受投资者投资、非货币性资产交换、债务重组、企业合并以及存货盘盈等。

1. 投资者投入存货的成本。

投资者投入存货的成本应当按照投资合同或协议约定的价值确定,但合同或协议约定价值不公允的除外。在投资合同或协议约定价值不公允的情况下,按照该项存货的公允价值作为其入账价值。

【例题4－1】甲公司为增值税一般纳税人,适用的增值税税率为13%,采用实际成本法核算存货。甲公司接受A公司以其生产的产品作为投资,该产品的公允价值为100万元,取得增值税专用发票上注明的不含增值税价款为100万元,增值税额为17万元。假定甲公司注册资本总额为1,000万元,A公司在甲公司享有份额为11%。甲公司的会计处理为什么?

借:原材料　　　　　　　　　　　　　　　　　　　　　　100
　　应交税费——应交增值税(进项税额)　　　　　　　　　13
　　贷:实收资本　　　　　　　　　　　　　　　　　　　　110
　　　　资本公积——资本溢价　　　　　　　　　　　　　　　3

2. 通过非货币性资产交换、债务重组、企业合并等方式取得的存货的成本。

企业通过非货币性资产交换、债务重组、企业合并等方式取得的存货,其成本应当分别按照《企业会计准则第7号——非货币性资产交换》《企业会计准则第12号债务重组》和《企业会计准则第20号——企业合并》等的规定确定。但是,其后续计量和披露应当执行《企业会计准则第1号——存货》(以下简称存货准则)的规定。

3. 盘盈存货的成本。

盘盈的存货应按其重置成本作为入账价值,并通过"待处理财产损溢"科目进行会计处理,按管理权限报经批准后,冲减当期管理费用。

(四) 通过提供劳务取得的存货

通过提供劳务取得的存货,其成本按从事劳务提供人员的直接人工和其他直接费用以及可归属于该存货的间接费用确定。在确定存货成本的过程中,下列费用不应当计入存货成本，而应当在其发生时计入当期损益：

1. 非正常消耗的直接材料、直接人工及制造费用，应计入当期损益，不得计入存货成本。例如，企业超定额的废品损失以及由自然灾害而发生的直接材料、直接人工及制造费用，由于这些费用的发生无助于使该存货达到目前场所和状态，不应计入存货成本，而应计入当期损益。

2. 仓储费用，指企业在采购入库后发生的储存费用，应计入当期损益。但是，在生产过程中为达到下一个生产阶段所必需的仓储费用则应计入存货成本。例如，某种酒类产品生产企业为使生产的酒达到规定的产品质量标准，而必须发生的仓储费用，就应计入酒的成本，而不是计入当期损益。

3. 不能归属于使存货达到目前场所和状态的其他支出，不符合存货的定义和确认条件，应在发生时计入当期损益，不得计入存货成本。

4. 企业采购用于广告营销活动的特定商品，向客户预付货款未取得商品时，应作为预付账款进行会计处理，待取得相关商品时计入当期损益（销售费用）。企业取得广告营销性质的服务比照该原则进行处理。

【例题4-2】为进一步宣传甲公司品牌形象，2×17年甲公司市场部聘请专业设计机构为甲公司设计黄金摆件，制成后分发给各经销商作品牌宣传。2×17年3月，支付给专业设计机构设计费200万元，定制摆件200件，每件合同价格3.5万元。2×17年5月市场部收到定制摆件并于年底分发各经销商。在将黄金摆件分发给各经销商后，经双方约定，无论经销商是否退出，均无须返还。

借：预付账款　　　　　　　　　　　　　　（200+200×3.5）900
　　　贷：银行存款　　　　　　　　　　　　　　　　　　　　900
借：销售费用　　　　　　　　　　　　　　　　　　　　　　900
　　　贷：预付账款　　　　　　　　　　　　　　　　　　　　900

第二节　发出存货的计量

一、发出存货成本的计量方法

企业应当根据各类存货的实物流转方式、企业管理的要求、存货的性质等实际情况，合理地选择发出存货成本的计算方法，以合理确定当期发出存货的实际成本。对于性质和用途相似的存货，应当采用相同的成本计算方法确定发出存货的成本。企业在确定发出存货的成本时，可以采用先进先出法、移动加权平均法、月末一次加权平均法和个别计价法等方法。现行会计准则不允许采用后进先出法确定发出存货的成本。

（一）先进先出法

先进先出法是以先购入的存货应先发出（销售或耗用）这样一种存货实物流转假设为前提，对发出存货进行计价。采用这种方法，先购入的存货成本在后购入存货成本之前转出,据此确定发出存货和期末存货的成本。先进先出法可以随时结转存货发出成本,但较烦琐。如果存货收发业务较多且存货单价不稳定时,其工作量较大。在物价持续上升时,期末存货成本接近于市价,而发出成本偏低,会高估企业当期利润和库存存货价值;物价下降时,则会低估企业当期利润和库存存货价值。

【例题 4-3】 甲公司为增值税一般纳税人,采用先进先出法计量 A 原材料的成本。20×7 年年初,甲公司库存 200 件 A 原材料的账面余额为 2,000 万元,未计提跌价准备。6 月 1 日购入 A 原材料 250 件,成本 2,375 万元(不含增值税),运输费用 74.4 万元,保险费用 0.23 万元。1 月 31 日、6 月 6 日、11 月 12 日分别发出 A 原材料 150 件、200 件和 30 件。甲公司 20×7 年 12 月 31 日库存 A 原材料成本是多少?

本期购入 A 原材料的单位成本 = (2,375 + 74.4 + 0.23)/250 = 9.80(万元),按照先进先出法计算期末库存 A 原材料数量 = 200 + 250 - 150 - 200 - 30 = 70(件),甲公司 20×7 年 12 月 31 日库存 A 原材料成本 = 9.80 × 70 = 686(万元)。

(二) 移动加权平均法

移动加权平均法,是指以每次进货的成本加上原有库存存货的成本,除以每次进货数量与原有库存存货的数量之和,据以计算加权平均单位成本,作为在下次进货前计算各次发出存货成本的依据。计算公式如下:

$$存货单位成本 = \frac{原有库存存货的实际成本 + 本次进货的实际成本}{原有库存存货数量 + 本次进货数量}$$

本次发出存货的成本 = 本次发出存货数量 × 本次发货前的存货单位成本

本月月末库存存货成本 = 月末库存存货的数量 × 本月月末存货单位成本

采用移动加权平均法能够使企业管理层及时了解存货成本的结存情况,计算出的平均单位成本及发出和结存的存货成本比较客观。但是,由于每次收货都要计算一次平均单位成本,计算工作量较大,对收发货较频繁的企业不适用。

(三) 月末一次加权平均法

月末一次加权平均法,是指以当月全部进货数量加上月初存货数量作为权数,去除当月全部进货成本加上月初存货成本,计算出存货的加权平均单位成本,以此为基础计算当月发出存货的成本和期末存货的成本的一种方法。

$$存货单位成本 = \frac{月初库存存货的实际成本 + \sum(本月各批进货的实际成本 \times 本月各批进货的数量)}{月初库存存货数量 + 本月各批进货数量之和}$$

本月发出存货的成本 = 本月发出存货的数量 × 存货单位成本

本月月末库存存货的成本 = 月末库存存货的数量 × 存货单位成本

月末一次加权平均法只在月末一次计算加权平均单价,核算工作比较简单,且在物价波动时,对存货成本的分摊较为折中。但这种方法由于计算加权平均单价并确定存货的发出成本和结存成本的工作集中在期末,所以平时无法从有关存货账簿中提供发出和结存存货的单价和金额,不利于对存货的日常管理。

【例题 4-4】 某企业采用月末一次加权平均法计算发出材料成本。2016 年 3 月 1 日结存甲材料 200 件，单位成本 40 元；3 月 15 日购入甲材料 400 件，单位成本 35 元；3 月 20 日购入甲材料 400 件，单位成本 38 元；当月共发出甲材料 500 件。3 月发出甲材料的成本是多少？结转材料的成本是多少？

材料单价 = (200 × 40 + 400 × 35 + 400 × 38)/(200 + 400 + 400) = 37.2（元/件），3 月发出甲材料成本 = 500 × 37.2 = 18,600（元）。

结存材料的成本为 (200 + 400 + 400 − 500) × 37.2 = 18,600（元）

（四）个别计价法

个别计价法，亦称个别认定法、具体辨认法、分批实际法，其特征是注重所发出存货具体项目的实物流转与成本流转之间的联系，逐一辨认各批发出存货和期末存货所属的购进批别或生产批别，分别按其购入或生产时所确定的单位成本计算各批发出存货和期末存货的成本。个别计价法的成本计算准确、符合实际情况，但在存货收发频繁情况下，其发出成本分辨的工作量较大。个别计价法适用于一般不能替代使用的存货、为特定项目专门购入或制造的存货以及提供的劳务，如珠宝、名画等贵重物品。企业在信息化管理条件下，大量的存货都可以采用该方法进行计量。

二、存货成本的结转

企业销售存货，应当将已售存货的成本结转为当期损益，计入营业成本。这就是说，企业在确认存货销售收入的当期，应当将已经销售存货的成本结转为当期营业成本。存货为商品、产成品的，企业应采用先进先出法、移动加权平均法、月末一次加权平均法和个别计价法确定已销售商品的实际成本。存货为非商品存货的，如材料等，应将已出售的材料的实际成本予以结转，计入当期其他业务成本。这里所讲的材料销售不构成企业的主营业务。如果材料销售构成了企业的主营业务，则该材料为企业的商品存货，而不是非商品存货。对已售存货计提了存货跌价准备，还应结转已计提的存货跌价准备，冲减当期主营业务成本或其他业务成本，实际上是按已售产成品或商品的账面价值结转主营业务成本或其他业务成本。企业按存货类别计提存货跌价准备的，也应按比例结转相应的存货跌价准备。企业的周转材料（如包装物和低值易耗品）符合存货定义和确认条件的，按照使用次数分次计入成本费用。金额较小的，可在领用时一次计入成本费用，以简化核算，但为加强实物管理，应当在备查簿上进行登记。

第三节 期末存货的计量

一、存货期末计量及存货跌价准备计提原则

资产负债表日，存货应当按照成本与可变现净值孰低计量。当存货成本低于可变现净值时，存货按成本计量；当存货成本高于可变现净值时，存货按可变现净值计量，同时按照成本高于可变现净值的差额计提存货跌价准备，计入当期损益。成本与可变现净值孰低

计量的理论基础主要是使存货符合资产的定义,且符合谨慎性原则的要求。当存货的可变现净值下跌至成本以下时,表明该存货会给企业带来的未来经济利益低于其账面成本,因而应将这部分损失从资产价值中扣除,计入当期损益。否则,存货的可变现净值低于成本时,如果仍然以其成本计量,就会出现虚计资产的现象。

二、存货的可变现净值

可变现净值,是指在日常活动中存货的估计售价减去至完工时估计将要发生的成本、估计的销售费用以及相关税费后的金额。

(一) 可变现净值的基本特征

1. 确定存货可变现净值的前提是企业在进行日常活动。

如果企业不是在进行正常的生产经营活动,如企业处于清算过程,那么不能按照存货准则的规定确定存货的可变现净值。

2. 可变现净值为存货的预计未来净现金流入,而不是简单地等于存货的售价或合同价。

企业预计的销售存货现金流量,并不完全等于存货的可变现净值。存货在销售过程中可能发生的销售费用和相关税费,以及为达到预定可销售状态还可能发生的加工成本等相关支出,构成现金流入的抵减项目。企业预计的销售存货现金流量,扣除这些抵减项目后,才能确定存货的可变现净值。

3. 不同存货可变现净值的构成不同。

(1) 产成品、商品和用于出售的材料等直接用于出售的商品存货,在正常生产经营过程中,应当以该存货的估计售价减去估计的销售费用和相关税费后的金额,确定其可变现净值。

(2) 需要经过加工的材料存货,在正常生产经营过程中,应当以所生产的产成品的估计售价减去至完工时估计将要发生的成本、估计的销售费用和相关税费后的金额,确定其可变现净值。

(二) 确定存货的可变现净值时应考虑的因素

企业在确定存货的可变现净值时,应当以取得的确凿证据为基础,并且考虑持有存货的目的、资产负债表日后事项的影响等因素。

1. 确定存货的可变现净值应当以取得确凿证据为基础。

确定存货的可变现净值必须建立在取得确凿证据的基础上。这里所讲的"确凿证据"是指对确定存货的可变现净值和成本有直接影响的客观证明。

(1) 存货成本的确凿证据。存货的采购成本、加工成本和其他成本及以其他方式取得存货的成本,应当以取得外来原始凭证、生产成本账簿记录等作为确凿证据。

(2) 存货可变现净值的确凿证据。存货可变现净值的确凿证据是指对确定存货的可变现净值有直接影响的确凿证明,如产成品或商品的市场销售价格、与产成品或商品相同或类似商品的市场销售价格、销货方提供的有关资料和生产成本资料等。

2. 确定存货的可变现净值应当考虑持有存货的目的。

由于企业持有存货的目的不同,确定存货可变现净值的计算方法也不同。例如,用于出售的存货和用于继续加工的存货，其可变现净值的计算就不相同，因此，企业在确定存货的可变现净值时，应考虑持有存货的目的。企业持有存货的目的，通常可以分为：

（1）持有以备出售的存货，如商品、产成品，其中又分为有合同约定的存货和没有合同约定的存货；

（2）将在生产过程或提供劳务过程中耗用的存货，如材料等。

3. 确定存货的可变现净值应当考虑资产负债表日后事项等的影响确定存货可变现净值时，应当以资产负债表日取得最可靠的证据估计的售价为基础，并考虑持有存货的目的，资产负债表日至财务报告批准报出日之间存货售价发生波动的，如有确凿证据表明其对资产负债表日存货已经存在的情况提供了新的或进一步的证据，则在确定存货可变现净值时应当予以考虑，否则，不应予以考虑。

三、存货期末计量和存货跌价准备计提

（一）存货估计售价的确定

对于企业持有的各类存货，在确定其可变现净值时，最关键的问题是确定估计售价。企业应当区别如下情况确定存货的估计售价：

1. 为执行销售合同或者劳务合同而持有的存货，通常应当以产成品或商品的合同价格作为其可变现净值的计算基础。如果企业与购买方签订了销售合同（或劳务合同，下同），并且销售合同订购的数量等于企业持有存货的数量，在这种情况下，在确定与该项销售合同直接相关存货的可变现净值时，应当以销售合同价格作为其可变现净值的计算基础。也就是说，如果企业就其产成品或商品签订了销售合同，则该批产成品或商品的可变现净值应当以合同价格作为计算基础；如果企业销售合同所规定的标的物还没有生产出来，但持有专门用于该标的物生产的原材料，其可变现净值也应当以合同价格作为计算基础。

2. 如果企业持有存货的数量多于销售合同订购数量，超出部分的存货可变现净值应当以产成品或商品的一般销售价格（即市场销售价格）作为计算基础。

3. 如果企业持有存货的数量少于销售合同订购数量，实际持有与该销售合同相关的存货应以销售合同所规定的价格作为可变现净值的计算基础。如果该合同为亏损合同，还应同时按照《企业会计准则第13号——或有事项》的规定处理。

4. 没有销售合同约定的存货（不包括用于出售的材料），其可变现净值应当以产成品或商品一般销售价格（即市场销售价格）作为计算基础。

5. 用于出售的材料等，通常以市场价格作为其可变现净值的计算基础。这里的市场价格是指材料等的市场销售价格。如果用于出售的材料存在销售合同约定，应按合同价格作为其可变现净值的计算基础。

（二）材料存货的期末计量

材料存货的期末价值应当以所生产的产成品的可变现净值与成本的比较为基础加以确定。

1. 对于为生产而持有的材料等，如果用其生产的产成品的可变现净值预计高于成本，则该材料仍然应当按照成本计量。这里的"材料"指原材料、在产品、委托加工材料等。"可变现净值高于成本"中的成本是指产成品的生产成本。

2. 如果材料价格的下降表明产成品的可变现净值低于成本，则该材料应当按可变现净值计量，按其差额计提存货跌价准备。

（三）计提存货跌价准备的方法

1. 企业通常应当按照单个存货项目计提存货跌价准备。

企业在计提存货跌价准备时通常应当以单个存货项目为基础。在企业采用计算机信息系统进行会计处理的情况下，完全有可能做到按单个存货项目计提存货跌价准备。在这种方式下，企业应当将每个存货项目的成本与其可变现净值逐一进行比较，按较低者计量存货，并且按成本高于可变现净值的差额，计提存货跌价准备。这就要求企业应当根据管理要求和存货的特点，明确规定存货项目的确定标准。例如，将某一型号和规格的材料作为一个存货项目、将某一品牌和规格的商品作为一个存货项目等。

2. 对于数量繁多、单价较低的存货，可以按照存货类别计提存货跌价准备。如果某一类存货的数量繁多并且单价较低，企业可以按存货类别计量成本与可变现净值，即按存货类别的成本的总额与可变现净值的总额进行比较，每个存货类别均取较低者确定存货期末价值。

3. 与在同一地区生产和销售的产品系列相关、具有相同或类似最终用途或目的，且难以与其他项目分开计量的存货，可以合并计提存货跌价准备。

存货具有相同或类似最终用途或目的，并在同一地区生产和销售，意味着存货所处的经济环境、法律环境、市场环境等相同，具有相同的风险和报酬。因此，在这种情况下，可以对该存货进行合并计提存货跌价准备。

4. 存货存在下列情形之一的，通常表明存货的可变现净值低于成本。

（1）该存货的市场价格持续下跌，并且在可预见的未来无回升的希望。

（2）企业使用该项原材料生产的产品的成本大于产品的销售价格。

（3）企业因产品更新换代，原有库存原材料已不适应新产品的需要，而该原材料的市场价格又低于其账面成本。

（4）因企业所提供的商品或劳务过时或消费者偏好改变而使市场的需求发生变化，导致市场价格逐渐下跌。

（5）其他足以证明该项存货实质上已经发生减值的情形。

【例题 4-5】库存商品 10 公斤、账面价值为每公斤 0.1 万元，实存也为 10 公斤。现已过期且无转让价值。

借：资产减值损失   1
  贷：存货跌价准备   1

【例题 4-6】库存商品 10 公斤、账面价值为每公斤 0.1 万元，实存为 8 公斤。现已盘亏 2 公斤，尚未查明原因。

借：待处理财产损溢   0.2
  贷：库存商品   0.2

5. 存货存在下列情形之一的，通常表明存货的可变现净值为零。

（1）已霉烂变质的存货。

（2）已过期且无转让价值的存货。

（3）生产中已不再需要，并且已无使用价值和转让价值的存货。

（4）其他足以证明已无使用价值和转让价值的存货。

需要注意的是，资产负债表日，同一项存货中一部分有合同价格约定，其他部分不存在合同价格的，应当分别确定其可变现净值，并与其相对应的成本进行比较，分别确定存货跌价准备的计提或转回的金额，由此计提的存货跌价准备不得相互抵销。

（四）存货跌价准备转回的处理

1. 资产负债表日，企业应当确定存货的可变现净值。企业确定存货的可变现净值，应当以资产负债表日的状况为基础确定，既不能提前确定存货的可变现净值，也不能延后确定存货的可变现净值，并且在每一个资产负债表日都应当重新确定存货的可变现净值。

2. 企业的存货在符合条件的情况下，可以转回计提的存货跌价准备。存货跌价准备转回的条件是以前减记存货价值的影响因素已经消失，而不是在当期造成存货可变现净值高于成本的其他影响因素。

3. 当符合存货跌价准备转回的条件时，应在原已计提的存货跌价准备的金额内转回。即在对该项存货、该类存货或该合并存货已计提的存货跌价准备的金额内转回。转回的存货跌价准备与计提该准备的存货项目或类别应当存在直接对应关系，但转回的金额以将存货跌价准备余额冲减至零为限。

（五）存货跌价准备的结转

企业计提了存货跌价准备，如果其中有部分存货已经销售，则企业在结转销售成本时，应同时结转对其已计提的存货跌价准备。对于因债务重组、非货币性资产交换转出的存货，也应同时结转已计提的存货跌价准备。如果按存货类别计提存货跌价准备的，则应当按照发生销售、债务重组、非货币性资产交换等而转出存货的成本占该存货未转出前该类别存货成本的比例，结转相应的存货跌价准备。

【例题4-7】甲公司按单项存货、按年计提跌价准备。2×17年12月31日，甲公司期末存货有关资料如下：

（1）A产品年末库存500台，单位成本为15万元，A产品市场销售价格为每台18万元，预计平均运杂费等销售税费为每台1万元，未签订不可撤销的销售合同。2×17年年初A产品"存货跌价准备"余额为0。

可变现净值 = 500 × (18 − 1) = 8,500（万元）

成本 = 500 × 15 = 7,500（万元）

则A产品不需要计提存货跌价准备。

（2）B产品年末库存600台，单位成本为9万元，B产品市场销售价格为每台8.8万元。甲公司已经与长期客户某企业签订一份不可撤销的销售合同，约定在2×18年2月10日向该企业销售B产品400台，合同价格为每台10万元。向长期客户销售的B产品平均运杂费等销售税费为每台0.6万元；向其他客户销售的B产品平均运杂费等销售税费为每台 0.8 万元。2×17 年年初 B 产品"存货跌价准备"余额为 40 万元。

①签订合同部分 400 台。

可变现净值 = 400 × (10 − 0.6) = 3,760（万元）

成本 = 400 × 9 = 3,600（万元）

则签订合同部分不需要计提存货跌价准备。

②未签订合同部分 200 台。

可变现净值 = 200 × (8.8 − 0.8) = 1,600（万元）

成本 = 200 × 9 = 1,800（万元）

应计提存货跌价准备 =（1,800 − 1,600）− 40 = 160（万元）

借：资产减值损失 160

　　贷：存货跌价准备——B 产品 160

（3）2×17 年年初 C 产品"存货跌价准备"余额为 600 万元。2×17 年 5 月销售上年结存的 C 产品的 70%，并结转存货跌价准备 420 万元。C 产品年末库存 1,800 台，单位成本为 5 万元，C 产品市场销售价格为每台 6 万元，预计平均运杂费等销售税费为每台 0.6 万元。未签订不可撤销的销售合同。

可变现净值 = 1,800 ×（6 − 0.6）= 9,720（万元）

产品成本 = 1,800 × 5 = 9,000（万元）

C 产品"存货跌价准备"科目年末余额为 0。

借：存货跌价准备——C 产品 420

　　贷：主营业务成本 420

借：存货跌价准备——C 产品 180

　　贷：资产减值损失 180

第四节　存货的清查盘点

一、存货清查的概念

存货清查，是指通过对存货的实地盘点，确定存货的实有数量，并与账面结存数核对，从而确定存货实存数与账面结存数是否相符的一种专门方法。

由于存货种类繁多、收发频繁，在日常收发过程中可能发生计量错误、计算错误、自然损耗，还可能发生损坏变质以及贪污、盗窃等情况，造成账实不符，形成存货的盘盈、盘亏。对于存货的盘盈、盘亏，应填写存货盘点报告，及时查明原因，按照规定程序报批处理。

二、存货清查的会计处理

为反映和监督企业在财产清查中查明的各种存货的盘盈、盘亏和毁损情况，企业应当设置"待处理财产损溢"科目，借方登记存货的盘亏、毁损金额及盘盈的转销金额，贷方登记存货的盘盈金额及盘亏的转销金额。企业清查的各种存货损溢，应在期末结账前处理完毕，期末处理后，"待处理财产损溢"科目应无余额。

企业发生存货盘盈时，应借记"原材料""库存商品"等科目，贷记"待处理财产损溢"科目；在按管理权限报经批准后，借记"待处理财产损溢"科目，贷记"管理费用"科目。

存货发生的盘亏或毁损，应作为待处理财产损溢进行核算。按管理权限报经批准后，根据造成存货盘亏或毁损的原因，分别以下情况进行处理：

1. 属于计量收发差错和管理不善等原因造成的存货短缺，应先扣除残料价值、可以收回的保险赔偿和过失人赔偿，将净损失计入管理费用。

2. 属于自然灾害等非常原因造成的存货毁损，应先扣除处置收入（如残料价值）、可以收回的保险赔偿和过失人赔偿，将净损失计入营业外支出。

因非正常原因导致的存货盘亏或毁损，按规定不能抵扣的增值税进项税额应当予以转出。

【例题4-8】甲公司2016年年末进行财产清查时，发现液体原材料A发生了自然挥发，实际盘点从100,000公斤挥发到99,000公斤，该材料每公斤单价20元。在税务机关备案的损耗率为5%。

分析：该材料自然挥发1,000公斤，价值为20,000元，为其在税务机关备案的5%之内，属于合理损耗。

借：待处理财产损溢　　　　　　　　　　　　　　　20,000
　　贷：原材料　　　　　　　　　　　　　　　　　　　　20,000
借：管理费用　　　　　　　　　　　　　　　　　　20,000
　　贷：待处理财产损溢　　　　　　　　　　　　　　　　20,000

【例题4-9】甲公司2016年年末进行财产清查时，发现原材料B毁损，经调查系自然灾害所致，材料成本为200万元，甲公司已经取得税务师事务所出具的损失鉴定报告并送交税务机关备案，同时税务机关给企业出示登记证明。

借：待处理财产损溢　　　　　　　　　　　　　　2,000,000
　　贷：原材料　　　　　　　　　　　　　　　　　　　2,000,000
借：营业外支出　　　　　　　　　　　　　　　　2,000,000
　　贷：待处理财产损溢　　　　　　　　　　　　　　　2,000,000

本章思维导图

历年注会考题

准则链接

课后习题

课后习题答案

第五章 固定资产

☞ **本章学习目的**

通过本章学习,使学生熟悉并掌握固定资产的初始计量、固定资产折旧范围及折旧方法和金额计算、固定资产处置的账务处理;理解固定资产的特征、固定资产改良支出和普通修理支出的账务处理等。

☞ **本章学习重点难点**

固定资产的初始计量　固定资产折旧　固定资产的处置

第一节　固定资产的确认和初始计量

一、固定资产的性质和确认条件

(一) 固定资产的定义

固定资产,是指同时具有下列特征的有形资产:(1) 为生产商品、提供劳务、出租或经营管理而持有的;(2) 使用寿命超过一个会计年度。

从固定资产的定义看,固定资产具有以下三个特征:

(1) 为生产商品、提供劳务、出租或经营管理而持有。企业持有固定资产的目的是生产商品、提供劳务、出租或经营管理,即企业持有的固定资产是企业的劳动工具或手段,而不是用于出售的产品。其中"出租"的固定资产,是指企业以经营租赁方式出租的机器设备类固定资产,不包括以经营租赁方式出租的建筑物,后者属于企业的投资性房地产,不属于固定资产。

(2) 使用寿命超过一个会计年度。固定资产的使用寿命,是指企业使用固定资产的预计期间,或者该固定资产所能生产产品或提供劳务的数量。在通常情况下,固定资产的使用寿命是指使用固定资产的预计期间,如自用房屋建筑物的使用寿命表现为企业对该建筑物的预计使用年限。对于某些机器设备或运输设备等固定资产,其使用寿命表现为以该固定资产所能生产产品或提供劳务的数量,如汽车或飞机等按其预计行驶或飞行里程估计使用寿命。

(3) 固定资产是有形资产。固定资产具有实物特征,这一特征将固定资产与无形资产区别开来。有些无形资产可能同时符合固定资产的其他特征,如无形资产为生产商品、提供劳务而持有,使用寿命超过一个会计年度,但是由于其没有实物形态,因而不属于固定资产。

（二）固定资产的确认条件

固定资产在符合定义的前提下，应当同时满足以下两个条件，才能加以确认。

（1）与该固定资产有关的经济利益很可能流入企业。资产最重要的特征是预期会给企业带来经济利益。企业在确认固定资产时，需要判断与该项固定资产有关的经济利益是否很可能流入企业。如果与该项固定资产有关的经济利益很可能流入企业，并同时满足固定资产确认的其他条件，那么企业应将其确认为固定资产；否则不应将其确认为固定资产。

（2）该固定资产的成本能够可靠地计量。成本能够可靠计量是资产确认的一项基本条件。企业在确定固定资产成本时必须取得确凿证据，但是，有时需要根据所获得的最新资料，对固定资产的成本进行合理的估计。例如，企业对于已达到预定可使用状态但尚未办理竣工决算的固定资产，需要根据工程预算、工程造价或者工程实际发生的成本等资料，按估计价值确定其成本，办理竣工决算后，再按照实际成本调整原来的暂估价值。

二、固定资产的初始计量

固定资产的初始计量是指确定固定资产的取得成本。取得成本包括企业为购建某项固定资产达到预定可使用状态前所发生的一切合理的、必要的支出。在实务中，企业取得固定资产的方式是多种多样的，包括外购、自行建造、投资者投入以及非货币性资产交换、债务重组、企业合并等，取得的方式不同，其成本的具体构成内容及确定方法也不尽相同。

1. 外购固定资产的成本。

企业外购固定资产的成本，包括购买价款、相关税费、使固定资产达到预定可使用状态前所发生的可归属于该项资产的运输费、装卸费、安装费和专业人员服务费等。

外购固定资产是否达到预定可使用状态，需要根据具体情况进行分析判断。如果购入不需安装的固定资产，购入后即可发挥作用，因此购入后即可达到预定可使用状态；如果购入需安装的固定资产，只有安装调试后，达到设计要求或合同规定的标准，该项固定资产才可发挥作用，才意味着达到预定可使用状态。在实务中，企业可能以一笔款项同时购入多项没有单独标价的资产。如果这些资产均符合固定资产的定义，并满足固定资产的确认条件，则应将各项资产单独确认为固定资产，并按各项固定资产公允价值的比例对总成本进行分配，分别确定各项固定资产的成本。如果以一笔款项购入的多项资产中还包括固定资产以外的其他资产，也应按类似的方法予以处理。

企业购入的固定资产分为不需要安装的固定资产和需要安装的固定资产两种情形。前者的取得成本为企业实际支付的购买价款、包装费、运杂费、保险费、专业人员服务费和相关税费（不含可抵扣的增值税进项税额）等，其账务处理为：按应计入固定资产成本的金额，借记"固定资产"科目，贷记"银行存款""其他应付款""应付票据"等科目；后者的取得成本是在前者取得成本的基础上，加上安装调试成本等，其账务处理为：按应计入固定资产成本的金额，先记入"在建工程"科目，安装完毕交付使用时再转入"固定资产"科目。

【例题 5-1】 甲公司系增值税一般纳税人，不动产适用的增值税率为9%，2×19年12月1日购入一栋办公楼，取得的增值税专用发票上注明的价款为10,000万元，增值税税额900万元，2×19年12月会计处理如下：

借：固定资产　　　　　　　　　　　　　　　　　　　　　　10,000
　　应交税费——应交增值税（进项税额）　　　　　　　　　　　900
　　贷：银行存款　　　　　　　　　　　　　　　　　　　　　　　　10,900

企业购买固定资产通常在正常信用条件期限内付款，但也会发生超过正常信用条件购买固定资产的经济业务，如采用分期付款方式购买资产，且在合同中规定的付款期限比较长，超过了正常信用条件。在这种情况下，该项购货合同实质上具有融资性质，购入固定资产的成本不能以各期付款额之和确定，而应以各期付款额的现值之和确定。固定资产购买价款的现值，应当按照各期支付的价款选择恰当的折现率进行折现后的金额加以确定。

折现率是反映当前市场货币时间价值和延期付款债务特定风险的利率。该折现率实质上是供货企业的必要报酬率。各期实际支付的价款之和与其现值之间的差额，在达到预定可使用状态之前符合《企业会计准则第17号——借款费用》中规定的资本化条件的，应当通过在建工程计入固定资产成本，其余部分应当在信用期间内确认为财务费用，计入当期损益。其账务处理为：购入固定资产时，按购买价款的现值，借记"固定资产"或"在建工程"等科目，按应支付的金额，贷记"长期应付款"科目，按其差额，借记"未确认融资费用"科目。

【例题 5-2】 20×7年1月1日，甲公司与乙公司签订一项购货合同，甲公司从乙公司购入一台需要安装的特大型设备。合同约定，甲公司采用分期付款方式支付价款。该设备价款共计900万元（不考虑增值税），在20×7年至2×11年的5年内每半年支付90万元，每年的付款日期分别为当年6月30日和12月31日。

20×7年1月1日，设备如期运抵甲公司并开始安装。20×7年12月31日，设备达到预定可使用状态，发生安装费398,530.60元，已用银行存款付讫。

假定甲公司适用的6个月折现率为10%。

（1）购买价款的现值为：

900,000×(P/A,10%,10)－900,000×6.1446＝5,530,140（元）

20×7年1月1日甲公司的账务处理如下：

借：在建工程——××设备　　　　　　　　　　　　　5,530,140
　　未确认融资费用　　　　　　　　　　　　　　　　　3,469,860
　　贷：长期应付款——乙公司　　　　　　　　　　　　　　9,000,000

（2）确定信用期间未确认融资费用的分摊表，如表5-1所示。

（3）20×7年1月1日至20×7年12月31日为设备的安装期间，未确认融资费用的分摊额符合资本化条件，计入固定资产成本。

表 5-1　　　　　　　　　　　未确认融资费用分摊表
　　　　　　　　　　　　　　　　20×7 年 1 月 1 日　　　　　　　　　　　　　单位：元

日期 ①	分期付款额 ②	确认的融资费用 ③ = 期初⑤ × 10%	应付本金减少额 ④ = ② - ③	应付本金余额 期末⑤ = 期初⑤ - ④
20×7.1.1				5,530,140
20×7.6.30	900,000	553,014	346,986	5,183,154
20×7.12.31	900,000	518,315.40	381,654.60	4,801,469.40
20×8.6.30	900,000	480,146.94	419,853.06	4,381,616.34
20×8.12.31	900,000	438,161.63	461,838.37	3,919,111.97
20×9.6.30	900,000	391,977.80	508,022.20	3,411,755.77
20×9.12.31	900,000	341,175.58	558,824.42	2,852,931.35
2×10.6.30	900,000	285,293.14	614,706.86	2,238,224.47
2×10.12.31	900,000	223,822.45	676,177.55	1,562,046.92
2×11.6.30	900,000	156,204.69	743,795.31	818,251.61
2×11.12.31	900,000	81,748.39	818,251.61	0
合计	9,000,000	3,469,860	5,530,140	0

注：*尾数调整：81,748.39 = 900,000 - 818,251.61，818,251.61 为最后一期应付本金余额。

20×7 年 6 月 30 日甲公司的账务处理如下：
　　借：在建工程——××设备　　　　　　　　　　　553,014
　　　　贷：未确认融资费用　　　　　　　　　　　　　　　553,014
　　借：长期应付款——乙公司　　　　　　　　　　900,000
　　　　贷：银行存款　　　　　　　　　　　　　　　　　900,000
20×7 年 12 月 31 日甲公司的账务处理如下：
　　借：在建工程——××设备　　　　　　　　　　518,315.40
　　　　贷：未确认融资费用　　　　　　　　　　　　　　518,315.40
　　借：长期应付款——乙公司　　　　　　　　　　900,000
　　　　贷：银行存款　　　　　　　　　　　　　　　　　900,000
　　借：在建工程——××设备　　　　　　　　　　398,530.60
　　　　贷：银行存款等　　　　　　　　　　　　　　　　398,530.60
　　借：固定资产——××设备　　　　　　　　　　7,000,000
　　　　贷：在建工程——××设备　　　　　　　　　　　7,000,000
固定资产的成本 = 5,530,140 + 553,014 + 518,315.40 + 398,530.60 = 7,000,000（元）
（4）20×8 年 1 月 1 日至 2×11 年 12 月 31 日，该设备已经达到预定可使用状态，未确认融资费用的分摊额不再符合资本化条件，应计入当期损益。
20×8 年 6 月 30 日甲公司的账务处理如下：
　　借：财务费用　　　　　　　　　　　　　　　　480,146.94

贷：未确认融资费用		480,146.94
借：长期应付款——乙公司	900,000	
贷：银行存款		900,000

以后期间的账务处理与20×8年6月30日相同，此处略。

2. 自行建造固定资产。

自行建造固定资产的成本，由建造该项资产达到预定可使用状态前所发生的必要支出构成。其包括工程物资成本、人工成本、交纳的相关税费、应予资本化的借款费用以及应分摊的间接费用等。企业自行建造固定资产包括自营建造和出包建造两种方式。无论采用何种方式，所建工程都应当按照实际发生的支出确定其工程成本并单独核算。

（1）自营方式建造固定资产。企业以自营方式建造固定资产，其成本应当按照直接材料、直接人工、直接机械施工费等计量。

企业为建造固定资产准备的各种物资应当按照实际支付的买价、运输费、保险费等相关税费作为实际成本，并按照各种专项物资的种类进行明细核算。工程完工后，剩余的工程物资转为本企业存货的，按其实际成本或计划成本进行结转。建设期间发生的工程物资盘亏、报废及毁损，减去残料价值以及保险公司、过失人等赔款后的净损失，计入所建工程项目的成本；盘盈的工程物资或处置净收益，冲减所建工程项目的成本。工程完工后发生的工程物资盘盈、盘亏、报废、毁损，计入当期损益。所建造的固定资产已达到预定可使用状态，但尚未办理竣工结算的，应当自达到预定可使用状态之日起，根据工程预算、造价或者工程实际成本等，按暂估价值转入固定资产，并按有关计提固定资产折旧的规定，计提固定资产折旧。待办理竣工决算手续后再调整原来的暂估价值，但不需要调整原已计提的折旧额。企业自营方式建造固定资产，发生的工程成本应通过"在建工程"科目核算，工程完工达到预定可使用状态时，从"在建工程"科目转入"固定资产"科目。

（2）出包方式建造固定资产。企业以出包方式建造固定资产，其成本由建造该项固定资产达到预定可使用状态前所发生的必要支出构成，包括发生的建筑工程支出、安装工程支出以及需分摊计入各固定资产价值的待摊支出。

①建筑工程、安装工程支出。对于发包企业而言，固定资产的建造如果采用出包方式，应通过"在建工程"会计科目核算，且企业与承包单位结算的工程款，应通过该科目核算。但是预付工程款项不通过该科目，应通过"预付账款"科目。

②待摊支出。待摊支出是指在建设期间发生的，不能直接计入某项固定资产价值，而应由所建造固定资产共同负担的相关费用，包括为建造工程发生的管理费、可行性研究费、临时设施费、公证费、监理费、应负担的税金、符合资本化条件的借款费用、建设期间发生的工程物资盘亏、报废及毁损净损失，以及负荷联合试车费等。

③出包工程的账务处理。企业支付给建造承包商的工程价款作为工程成本通过"在建工程"科目核算。在建工程达到预定可使用状态时，首先计算分配待摊支出，其次计算确定已完工的固定资产成本。

待摊支出的分配率可按下列公式计算：

待摊支出的分配率 = 累计发生的待摊支出/(建筑工程支出 + 安装工程支出 + 在安装设备支出)×100%

3. 其他方式取得的固定资产的成本。

企业取得固定资产的其他方式与存货类似，主要包括接受投资者投资、非货币性资产交换、债务重组、企业合并等。

（1）投资者投入固定资产的成本。投资者投入固定资产的成本，应当按照投资合同或协议约定的价值确定，但合同或协议约定价值不公允的除外。在投资合同或协议约定价值不公允的情况下，按照该项固定资产的公允价值作为入账价值。

（2）通过非货币性资产交换、债务重组、企业合并等方式取得的固定资产的成本。企业通过非货币性资产交换、债务重组、企业合并等方式取得的固定资产，其成本应当分别按照《企业会计准则第 7 号——非货币性资产交换》《企业会计准则第 12 号——债务重组》《企业会计准则第 20 号——企业合并》等的规定确定。但是，其后续计量和披露应当执行固定资产准则的规定。

（3）盘盈固定资产的成本。盘盈的固定资产作为前期差错处理，在按管理权限报经批准处理前，应先通过"以前年度损益调整"科目核算。

4. 存在弃置费用的固定资产。

对于特殊行业的特定固定资产，确定其初始成本时，还应考虑弃置费用。弃置费用通常是指根据国家法律和行政法规、国际公约等规定，企业承担的环境保护和生态恢复义务所确定的支出，如核电站核设施等的弃置和恢复环境义务。

弃置费用的金额与其现值比较通常较大，需要考虑货币时间价值，对于这些特殊行业的特定固定资产，企业应当根据《企业会计准则第 13 号——或有事项》，按照现值计算确定应计入固定资产成本的金额和相应的预计负债。在固定资产的使用寿命内按照预计负债的摊余成本和实际利率计算确定的利息费用应当在发生时计入财务费用。一般工商企业的固定资产发生的报废清理费用不属于弃置费用，应当在发生时作为固定资产处置费用处理。

【例题 5-3】经国家审批，某企业计划建造一个核电站，其主体设备核反应堆将会对当地的生态环境产生一定的影响。根据法律规定，企业应在该项设备使用期满后将其拆除，并对造成的污染进行整治。2×17 年 1 月 1 日，该项设备建造完成并交付使用，建造成本共 100,000 万元。预计使用寿命 20 年，预计弃置费用为 10,000 万元。假定折现率（即实际利率）为 10% [(P/F,10%,20) = 0.14864]。

分析：核反应堆属于特殊行业的特定固定资产，确定其成本时应考虑弃置费用。

2×17 年 1 月 1 日：

弃置费用的现值 = 10,000 × (P/F,10%,20) = 1,486.4（万元）

固定资产入账价值 = 100,000 + 1,486.4 = 101,486.4（万元）

借：固定资产　　　　　　　　　　　　　　　　　　　　101,486.4
　　贷：在建工程　　　　　　　　　　　　　　　　　　　100,000
　　　　预计负债　　　　　　　　　　　　　　　　　　　　1,486.4

2×17 年 12 月 31 日：

借：财务费用　　　　　　　　　　　　　(1,486.4×10%) 148.6
　　贷：预计负债　　　　　　　　　　　　　　　　　　　　148.6

2×17 年 12 月 31 日预计负债余额 = 1,486.4 + 148.6 = 1,635（万元）

2×18年12月31日应负担的利息 = 1,635×10% = 163.5（万元）
借：财务费用　　　　　　　　　　　　　　　　　　　163.5
　　贷：预计负债　　　　　　　　　　　　　　　　　　　　163.5
2×18年12月31日预计负债余额 = 1,486.4 + 148.6 + 163.5 = 1,798.5（万元）

第二节　固定资产的后续计量

固定资产的后续计量主要包括固定资产折旧的计提、减值损失的确定，以及后续支出的计量。其中，固定资产的减值应当按照《企业会计准则第8号——资产减值》处理。

一、固定资产折旧

（一）固定资产折旧的定义

折旧，是指在固定资产的使用寿命内，按照确定的方法对应计提折旧额进行的系统分摊。应计折旧额，是指应当计提折旧的固定资产的原价扣除其预计净残值后的金额。如果已对固定资产计提减值准备，还应当扣除已计提的固定资产减值准备累计金额。

（二）影响固定资产折旧的因素

影响固定资产折旧的因素主要有以下几个方面：
（1）固定资产原价，指固定资产的成本。
（2）固定资产的使用寿命，指企业使用固定资产的预计期间，或者该固定资产所能生产产品或提供劳务的数量。企业确定固定资产使用寿命时，应当考虑下列因素：
①该项资产预计生产能力或实物产量；
②该项资产预计有形损耗，指固定资产在使用过程中，由于正常使用和自然力的作用而引起的使用价值和价值的损失，如设备使用中发生磨损、房屋建筑物受到自然侵蚀等；
③该项资产预计无形损耗，指由于科学技术的进步和劳动生产率的提高而带来的固定资产价值上的损失，如因新技术的出现而使现有的资产技术水平相对陈旧、市场需求变化使其所生产的产品过时等；
④法律或者类似规定对该项资产使用的限制，如某些固定资产的使用寿命可能受法律或类似规定的约束。
（3）预计净残值，指假定固定资产预计使用寿命已满并处于使用寿命终了时的预期状态，企业目前从该项资产处置中获得的扣除预计处置费用后的金额。
（4）固定资产减值准备，指固定资产已计提的固定资产减值准备累计金额。固定资产计提减值准备后，应当在剩余使用寿命内根据调整后的固定资产账面价值（固定资产账面余额扣减累计折旧和累计减值准备后的金额）和预计净残值重新计算确定折旧率和折旧额。

(三) 固定资产折旧范围

企业应当对所有的固定资产计提折旧，但是，已提足折旧仍继续使用的固定资产和单独计价入账的土地除外。在确定计提折旧的范围时还应注意以下几点：

(1) 固定资产应当按月计提折旧，并根据用途计入相关资产的成本或者当期损益。固定资产应自达到预定可使用状态时开始计提折旧，终止确认时或划分为持有待售非流动资产时停止计提折旧。为了简化核算，当月增加的固定资产，当月不计提折旧，从下月起计提折旧；当月减少的固定资产，当月仍计提折旧，从下月起不计提折旧。

(2) 固定资产提足折旧后，不论能否继续使用，均不再计提折旧，提前报废的固定资产也不再补提折旧。所谓提足折旧是指已经提足该项固定资产的应计折旧额。

(3) 已达到预定可使用状态但尚未办理竣工决算的固定资产，应当按照估计价值确定其成本，并计提折旧；待办理竣工决算后再按实际成本调整原来的暂估价值，但不需要调整原已计提的折旧额。

(四) 固定资产折旧方法

企业应当根据与固定资产有关的经济利益的预期消耗方式，合理选择折旧方法。可选用的折旧方法包括年限平均法、工作量法、双倍余额递减法和年数总和法等。企业选用不同的固定资产折旧方法，将影响固定资产使用寿命期间内不同时期的折旧费用，因此，固定资产的折旧方法一经确定，不得随意变更。如需变更应当符合固定资产准则的规定，至少于每年年度终了对固定资产的使用寿命、预计净残值和折旧方法进行复核时，按复核的结果进行处理。

1. 年限平均法。

年限平均法又称直线法，是指将固定资产的应计折旧额均衡地分摊到固定资产预计使用寿命内的一种方法。采用这种方法计算的每期折旧额均相等。计算公式如下：

年折旧额 = (原价 - 预计净残值) ÷ 预计使用年限

或 = 固定资产原价 × 年折旧率

【例题 5-4】甲公司为增值税一般纳税人。20×9年2月28日，甲公司购入一台需安装的设备，以银行存款支付设备价款120万元，增值税进项税额15.6万元。3月6日，甲公司以银行存款支付装卸费0.6万元。4月10日，设备开始安装，在安装过程中，甲公司发安装人员工资0.8万元；领用原材料一批，该批原材料的成本为6万元，相应的增值税进项税额为0.78万元，市场价格 (不含增值税) 为6.3万元。设备于20×9年6月20日完成安装，达到预定可使用状态。该设备预计使用10年，预计净残值为零，甲公司采用年限平均法计提折旧。甲公司该设备20×9年应计提的折旧是多少？

设备的入账价值 = 120 + 0.6 + 0.8 + 6 = 127.4 (万元)；

20×9年应计提折旧 = 127.4/10 × 6/12 = 6.37 (万元)。

2. 双倍余额递减法。

双倍余额递减法是指在不考虑固定资产预计净残值的情况下，根据每期期初固定资产原价减去累计折旧后的金额 (即固定资产净值) 和双倍的直线法折旧率计算固定资产折旧的一种方法。计算公式如下：

年折旧率 = 2 ÷ 预计使用寿命（年） × 100%

月折旧率 = 年折旧率 ÷ 12

月折旧额 = 固定资产净值 × 月折旧率

由于每年年初固定资产净值没有扣除预计净残值，因此，在应用这种方法计算折旧额时必须注意不能使固定资产的净值降低到其预计净残值以下，即采用双倍余额递减法计提折旧的固定资产，通常在其折旧年限到期前两年内，将固定资产净值扣除预计净残值后的余额平均摊销。

【例题 5-5】甲公司某项设备原价为 120 万元，预计使用寿命为 5 年，预计净残值率为 4%；假设甲公司没有对该机器设备计提减值准备。甲公司按双倍余额递减法计提折旧，每年折旧额计算如下：

年折旧率 = 2/5 × 100% = 40%

第 1 年应提的折旧额 = 120 × 40% = 48（万元）

第 2 年应提的折旧额 = (120 - 48) × 40% = 28.8（万元）

第 3 年应提的折旧额 = (120 - 48 - 28.8) × 40% = 17.28（万元）

从第 4 年起改按年限平均法（直线法）计提折旧：

第 4 年、第 5 年应提的折旧额 = (120 - 48 - 28.8 - 17.28 - 120 × 4%) ÷ 2 = 10.56（万元）

3. 工作量法。

工作量法是根据实际工作量计算每期应提折旧额的一种方法。计算公式如下：

$$单位工作量折旧额 = \frac{固定资产原价 \times (1 - 预计净残值率)}{预计总工作量}$$

某项固定资产月折旧额 = 该项固定资产当月工作量 × 单位工作量折旧额

工作量法假定固定资产价值的降低不是由于时间的推移，而是由于使用造成的。对于在使用期内工作量负担程度差异大，提供的经济效益不均衡的固定资产而言，特别是在有形磨损比经济折旧更为重要的情况下，工作量法的这一假定是合理的。

但是，工作量法把有形损耗看作是引起固定资产折旧的唯一因素，由于无形损耗的客观存在，固定资产即使不使用也会发生折旧，使用工作量法难以在账面上对这种情况作出反应。

4. 年数总和法。

年数总和法又称年限合计法，是将固定资产的原价减去预计净残值的余额乘以一个以固定资产尚可使用寿命为分子、以预计使用寿命逐年数字之和为分母的逐年递减的分数计算每年的折旧额。计算公式如下：

年折旧率 = 尚可使用寿命/预计使用寿命的年数总和 × 100%

月折旧率 = 年折旧率 ÷ 12

月折旧额 = (固定资产原价 - 预计净残值) × 月折旧率

双倍余额递减法和年数总和法都属于加速折旧法，其特点是在固定资产使用的早期多提折旧，后期少提折旧，其递减的速度逐年加快，从而相对加快折旧的速度，目的是使固定资产成本在估计使用寿命内加快得到补偿。

【例题 5-6】沿用【例题 5-5】的资料，采用年数总和法计算的各年折旧额如表 5-2 所示。

表 5-2　　　　　　　　　　　　　　折旧计算表　　　　　　　　　　　单位：元

年份	尚可使用寿命	原价-预计净残值	年折旧率	每年折旧额	累计折旧
第1年	5	1,152,000	5/15	384,000	384,000
第2年	4	1,152,000	4/15	307,200	691,200
第3年	3	1,152,000	3/15	230,400	921,600
第4年	2	1,152,000	2/15	153,600	1,075,200
第5年		1,152,000	1/15	76,800	1,152,000

（五）固定资产折旧的会计处理

固定资产应当按月计提折旧，计提的折旧应通过"累计折旧"科目核算，并根据用途计入相关资产的成本或者当期损益。

（1）企业基本生产车间所使用的固定资产，其计提的折旧应计入制造费用。
（2）管理部门所使用的固定资产，其计提的折旧应计入管理费用。
（3）销售部门所使用的固定资产，其计提的折旧应计入销售费用。
（4）自行建造固定资产过程中使用的固定资产，其计提的折旧应计入在建工程成本。
（5）经营租出的固定资产，其计提的折旧应计入其他业务成本。
（6）未使用的固定资产，其计提的折旧应计入管理费用。

（六）固定资产使用寿命、预计净残值和折旧方法的复核

由于固定资产的使用寿命长于一年，属于企业的非流动资产，企业至少应当于每年年度终了，对固定资产的使用寿命、预计净残值和折旧方法进行复核。

企业应当结合企业的实际情况，制定固定资产目录、分类方法、每类或每项固定资产的使用寿命、预计净残值、折旧方法等。固定资产使用寿命、预计净残值和折旧方法的改变应作为会计估计变更，按照《企业会计准则第 28 号——会计政策、会计估计变更和差错更正》处理。

二、固定资产的后续支出

固定资产的后续支出是指固定资产使用过程中发生的更新改造支出、修理费用等。

后续支出的处理原则为：符合资本化条件的，应当计入固定资产成本或其他相关资产的成本（例如，与生产产品相关的固定资产的后续支出计入相关产成品的成本），同时将被替换部分的账面价值扣除；不符合资本化条件的，应当计入当期损益。

（一）资本化的后续支出

固定资产发生可资本化的后续支出时，企业一般应将该固定资产的原价、已计提的累计折旧和减值准备转销，将固定资产的账面价值转入在建工程，并在此基础上重新确定固定资产原价。当固定资产转入在建工程，应停止计提折旧。在固定资产发生的后续支出完工并达到预定可使用状态时，再从在建工程转为固定资产，并按重新确定的固定资产原

价、使用寿命、预计净残值和折旧方法计提折旧。固定资产发生的可资本化的后续支出,通过"在建工程"科目核算。

【例题5-7】丁公司2×17年12月对一项固定资产的某一主要部件电动机进行更换,该固定资产为2×14年12月购入,其原价为600万元,采用年限平均法计提折旧,使用寿命为10年,预计净残值为零。2×18年1月新购置电动机的价款为390万元,增值税为50.7万元,款项已经支付;发生其他支出10万元,符合固定资产确认条件,被更换的部件的原价为300万元,不考虑主要部件变价收入。

(1) 2×17年12月将固定资产的账面价值转入在建工程。

借:在建工程　　　　　　　　　　　　　　　　　　　　　　　420
　　累计折旧　　　　　　　　　　　　　　　　　(600/10×3) 180
　　贷:固定资产　　　　　　　　　　　　　　　　　　　　　600

(2) 被替换部分的账面价值。

借:营业外支出　　　　　　　　　　　　　　(300 - 300/10×3) 210
　　贷:在建工程　　　　　　　　　　　　　　　　　　　　　210

(3) 更换发生支出。

借:在建工程　　　　　　　　　　　　　　　　　　(390 + 10) 400
　　应交税费——应交增值税(进项税额)　　　　　　　　　　50.7
　　贷:银行存款等　　　　　　　　　　　　　　　　　　　　450.7

(4) 2×18年3月31日达到预定可使用状态。

借:固定资产　　　　　　　　　　　　　　(420 + 400 - 210) 610
　　贷:在建工程　　　　　　　　　　　　　　　　　　　　　610

(5) 2×18年3月31日达到预定可使用状态,仍然采用年限平均法计提折旧,使用寿命由10年变更为8年,预计净残值为零。

2×18年计提的折旧额 = 610/[(8-3)×12-3]×9 = 96.32(万元)

(6) 假定该固定资产生产的产品已经全部对外销售,计算由该固定资产业务影响2×18年利润总额的金额。

影响2×18年利润总额的金额 = 210 + 96.32 = 306.32(万元)

企业发生的某些固定资产后续支出可能涉及替换原固定资产的某组成部分,当发生的后续支出符合固定资产确认条件时,应将其计入固定资产成本,同时将被替换部分的账面价值扣除,这样可以避免将替换部分的成本和被替换部分的成本同时计入固定资产成本,导致固定资产成本高估。企业对固定资产进行定期检查发生的大修理费用,符合资本化条件的,可以计入固定资产成本或其他相关资产的成本,不符合资本化条件的,应当费用化,计入当期损益。固定资产在定期大修理间隔期间,照提折旧。

(二) 费用化的后续支出

与固定资产有关的修理费用等后续支出,不符合资本化条件的,应当根据不同情况分别在发生时计入当期管理费用或销售费用。

一般情况下,固定资产投入使用之后,由于固定资产磨损、各组成部分耐用程度不同,可能导致固定资产的局部损坏,为了维护固定资产的正常运转和使用,充分发挥其使用效能，企业将对固定资产进行必要的维护。除与存货的生产和加工相关的固定资产的修理费用按照存货成本确定原则进行处理外，还有行政管理部门、企业专设的销售机构等。

发生的固定资产修理费用等后续支出计入管理费用或销售费用；企业固定资产更新改造支出不满足资本化条件的，在发生时应直接计入当期损益。

第三节　固定资产的处置

一、固定资产终止确认的条件

固定资产满足下列条件之一的，应当予以终止确认：

1. 该固定资产处于处置状态。

固定资产处置包括固定资产的出售、转让、报废或毁损、对外投资、非货币性资产交换、债务重组等。处于处置状态的固定资产不再用于生产商品、提供劳务、出租或经营管理，因此不再符合固定资产的定义，应予终止确认。

2. 该固定资产预期通过使用或处置不能产生经济利益。

固定资产的确认条件之一是"与该固定资产有关的经济利益很可能流入企业"，如果一项固定资产预期通过使用或处置不能产生经济利益，那么，它就不再符合固定资产的定义和确认条件，应予终止确认。

二、固定资产处置的账务处理

企业出售、转让划归为持有待售类别的，按照持有待售非流动资产、处置组的相关内容进行会计处理；未划归为持有待售类别而出售、转让的，通过"固定资产清理"科目归集所发生的损益，其产生的利益或损失转入"处置资产损益"科目，计入当期损益；固定资产因报废毁损等原因而终止确认的，通过"固定资产清理"科目归集所发生的损益，其产生的利得或损失计入营业外收入或营业外支出。企业通过"固定资产清理"科目核算的出售、转让报废或毁损而处置的固定资产，其会计处理一般经过以下几个步骤：

第一，固定资产转入清理。固定资产转入清理时，按固定资产账面价值，借记"固定资产清理"科目，按已计提的累计折旧，借记"累计折旧"科目，按已计提的减值准备，借记"固定资产减值准备"科目，按固定资产账面余额，贷记"固定资产"科目。

第二，发生的清理费用。固定资产清理过程中发生的有关费用以及应支付的相关税费，借记"固定资产清理"科目，贷记"银行存款""应交税费"等科目。

第三，出售收入和残料等的处理。企业收回出售固定资产的价款、残料价值和变价收入等，应冲减清理支出。按实际收到的出售价款以及残料变价收入等，借记"银行存款""原材料"等科目，贷记"固定资产清理""应交税费——应交增值税"科目。

第四，保险赔偿的处理。企业计算或收到的应由保险公司或过失人赔偿的损失，应冲减清理支出，借记"其他应收款""银行存款"等科目，贷记"固定资产清理"科目。

第五，清理净损益的处理。固定资产清理完成后的净损失，属于正常出售、转让所产生的利得或损失,借记或贷记"资产处置损益"科目,贷记或借记"固定资产清理"科目;属于已丧失使用功能正常报废所产生的利得或损失,借记或贷记"营业外支出——非流动资产报废"科目,贷记或借记"固定资产清理"科目;属于自然灾害等非正常原因造成的,借记或贷记"营业外支出——非常损失"科目,贷记或借记"固定资产清理"科目。

三、固定资产的清查

企业应当定期或者至少于每年年末对固定资产进行清查盘点,以保证固定资产核算的真实性,充分挖掘企业现有固定资产的潜力。在固定资产清查过程中,如果发现盘盈、盘亏的固定资产,应当填制固定资产盘盈盘亏报告表。清查固定资产的损溢,应当及时查明原因,并按照规定程序报批处理。

(1) 固定资产盘盈的会计处理。企业在财产清查中盘盈的固定资产,作为前期差错处理。企业在财产清查中盘盈的固定资产,在按管理权限报经批准处理前应先通过"以前年度损益调整"科目核算。盘盈的固定资产,应按重置成本确定其入账价值,借记"固定资产"科目,贷记"以前年度损益调整"科目。

(2) 固定资产盘亏的会计处理。固定资产是一种价值较高、使用期限较长的有形资产,因此,对于管理规范的企业而言,盘盈、盘亏的固定资产较为少见。企业应当健全制度,加强管理,定期或者至少于每年年末对固定资产进行清查盘点,以保证固定资产核算的真实性和完整性。如果清查中发现固定资产损溢的应及时查明原因,在期末结账前处理完毕。

固定资产盘亏造成的损失,应当计入当期损益。企业在财产清查中盘亏的固定资产,按盘亏固定资产的账面价值借记"待处理财产损溢——待处理固定资产损溢"科目,按已计提的累计折旧,借记"累计折旧"科目,按已计提的减值准备,借记"固定资产减值准备"科目,按固定资产原价,贷记"固定资产"科目。按管理权限报经批准后处理时,按可收回的保险赔偿或过失人赔偿,借记"其他应收款"科目,按应计入营业外支出的金额,借记"营业外支出——盘亏损失"科目,贷记"待处理财产损溢"科目。

准则链接

课后习题

课后习题答案

第六章　无形资产

☞ **本章学习目的**

通过本章学习，使学生对企业无形资产的账务处理有一个总体的认识，能掌握外购无形资产的会计处理、自行研发无形资产的相关处理和无形资产处置的账务处理，包括无形资产的出售、出租和报废；理解资本化金额的计算以及使用寿命有限和使用寿命无限的无形资产摊销的账务处理。

☞ **本章学习重点难点**

无形资产的确认和初始计量　自行研发无形资产　无形资产的摊销

第一节　无形资产的确认和初始计量

一、无形资产的定义与特征

无形资产，是指企业拥有或者控制的没有实物形态的可辨认非货币性资产。无形资产具有以下特征：

（一）由企业拥有或者控制并能为其带来未来经济利益的资源

预计能为企业带来未来经济利益是作为一项资产的本质特征，无形资产也不例外。通常情况下，企业拥有或者控制的无形资产，是指企业拥有该项无形资产的所有权，且该项无形资产能够为企业带来未来经济利益。但在某些情况下并不需要企业拥有其所有权，如果企业有权获得某项无形资产产生的经济利益，同时又能约束其他人获得这些经济利益，则说明企业控制了该无形资产，或者说控制了该无形资产产生的经济利益，并受法律的保护。例如，企业自行研制的技术通过申请依法取得专利权后，在一定期限内拥有了该专利技术的法定所有权；又如，企业与其他企业签订合约转让商标权，由于合约的签订，使商标使用权转让方的相关权利受到法律的保护。

（二）无形资产不具有实物形态

无形资产通常表现为某种权利、某项技术或是某种获取超额利润的综合能力。它们不具有实物形态，看不见，摸不着，如土地使用权、非专利技术等。无形资产为企业带来经济利益的方式与固定资产不同，固定资产是通过实物价值的磨损和转移来为企业带来未来经济利益，而无形资产在很大程度上是通过自身所具有的技术等优势为企业带来未来经济利益,不具有实物形态是无形资产区别于其他资产的特征之一。

需要指出的是,某些无形资产的存在有赖于实物载体。例如,计算机软件需要存储在介质中,但这并不改变无形资产本身不具有实物形态的特性。在确定一项包含无形和有形要素的资产是属于固定资产,还是属于无形资产时,需要通过判断来加以确定,通常以哪个要素更重要作为判断的依据。又如,计算机控制的机械工具没有特定计算机软件就不能运行时,则说明该软件是构成相关硬件不可缺少的组成部分,该软件应作为固定资产处理;如果计算机软件不是相关硬件不可缺少的组成部分,则该软件应作为无形资产核算。

(三) 无形资产具有可辨认性

要作为无形资产进行核算,该资产必须是能够区别于其他资产可单独辨认的,如企业持有的专利权、非专利技术、商标权、土地使用权、特许权等。从可辨认性角度考虑,商誉是与企业整体价值联系在一起的,无形资产的定义要求无形资产是可辨认的,以便与商誉清楚地区分开来。企业合并中取得的商誉代表了购买方为从不能单独辨认并独立确认的资产中获得预期未来经济利益而付出的代价。这些未来经济利益可能产生于取得的可辨认资产之间的协同作用,也可能产生于购买者在企业合并中准备支付的,但不符合在财务报表上确认条件的资产。从计量上来讲,商誉是企业合并成本大于合并中取得的各项可辨认资产、负债公允价值份额的差额,代表的是企业未来现金流量大于每一单项资产产生未来现金流量的合计金额,其存在无法与企业自身区分开来,由于不具有可辨认性,虽然商誉也是没有实物形态的非货币性资产,但不构成无形资产。符合以下条件之一的,则认为其具有可辨认性。

1. 能够从企业中分离或者划分出来,并能单独用于出售或转让等,而不需要同时处置在同一获利活动中的其他资产,则说明无形资产可以辨认。某些情况下无形资产可能需要与有关的合同一起用于出售、转让等,这种情况下也视为可辨认无形资产。

2. 产生于合同性权利或其他法定权利,无论这些权利是否可以从企业或其他权利和义务中转移或者分离。例如,一方通过与另一方签订特许权合同而获得的特许使用权,通过法律程序申请获得的商标权、专利权等。

如果企业有权获得一项无形资产产生的未来经济利益,并能约束其他方获取这些利益,则表明企业控制了该项无形资产。例如,对于会产生经济利益的技术知识,若其受到版权、贸易协议约束(如果允许)等法定权利或雇员保密法定职责的保护,那么说明该企业控制了相关利益客户关系、人力资源等,由于企业无法控制其带来的未来经济利益,不符合无形资产的定义,不应将其确认为无形资产。内部产生的品牌、报刊名、刊头、客户名单和实质上类似项目的支出不能与整个业务开发成本区分开来,因此这类项目也不应确认为无形资产。

(四) 无形资产属于非货币性资产

非货币性资产,是指企业持有的货币资金和将以固定或可确定的金额收取的资产以外的其他资产。无形资产由于没有发达的交易市场,一般不容易转化成现金,在持有过程中为企业带来未来经济利益的情况不确定,不属于以固定或可确定的金额收取的资产,属于非货币性资产。货币性资产主要有现金、银行存款、应收账款、应收票据和短期有价证券等，它们的共同特点是直接表现为固定的货币数额，或在将来收到一定货币数额的权利。应收款项等资产也没有实物形态，其与无形资产的区别在于无形资产属于非货币性资产，而应收款项等资产则不属于非货币性资产。另外，虽然固定资产也属于非货币性资产，但其为企业带来经济利益的方式与无形资产不同，固定资产是通过实物价值的磨损和转移来为企业带来未来经济利益，而无形资产在很大程度上是通过某些权利、技术等优势为企业带来未来经济利益。

二、无形资产的内容

无形资产通常包括专利权、非专利技术、商标权、著作权、特许权、土地使用权等。

（一）专利权

专利权是指国家专利主管机关依法授予发明创造专利申请人，对其发明创造在法定期限内所享有的专有权利，包括发明专利权、实用新型专利权和外观设计专利权。发明专利权的期限为 20 年，实用新型专利权和外观设计专利权的期限为 10 年，均自申请日起计算。

（二）非专利技术

非专利技术也称专有技术。它是指不为外界所知、在生产经营活动中已采用了的、不享有法律保护的、可以带来经济效益的各种技术和诀窍。非专利技术一般包括工业专有技术、商业贸易专有技术、管理专有技术等。非专利技术并不是专利法的保护对象，非专利技术用自我保密的方式来维持其独占性，具有经济性、机密性和动态性等特点。

（三）商标权

商标是用来辨认特定的商品或劳务的标记商标权指专门在某类指定的商品或产品上使用特定的名称或图案的权利。经商标局核准注册的商标为注册商标，包括商品商标、服务商标和集体商标、证明商标；商标注册人享有商标专用权，受法律保护。注册商标的有效期为 10 年，自核准注册之日起计算。

（四）著作权

著作权又称版权，指作者其创作的文学、科学和艺术作品依法享有的某些特殊权利。著作权包括作品署名权、发表权、修改权和保护作品完整权，还包括复制权、发行权、出租权、展览权、表演权、放映权、广播权、信息网络传播权、摄制权、改编权、翻译权、汇编权以及应当由著作权人享有的其他权利。著作权人包括作者和其他依法享有著作权的公民、法人或者其他组织。

（五）特许权

特许权又称经营特许权、专营权，指企业在某一地区经营或销售某种特定商品的权利或是一家企业接受另一家企业使用其商标、商号、技术秘密等的权利。通常有两种形式：

一种是由政府机构授权，准许企业使用或在一定地区享有经营某种业务的特权，如水、电、邮电通信等专营权，烟草专卖权等；另一种指企业间依照签订的合同，有限期或无限期使用另一家企业的某些权利，如连锁店分店使用总店的名称等。

（六）土地使用权

土地使用权指国家准许某企业在一定期间内对国有土地享有开发、利用、经营的权利。根据我国《土地管理法》的规定，我国土地实行公有制，任何单位和个人不得侵占、买卖或者以其他形式非法转让。企业取得土地使用权的方式大致有行政划拨取得、外购取得（如以缴纳土地出让金方式取得）及投资者投资取得几种。通常情况下，作为投资性房地产或者作为固定资产核算的土地，按照投资性房地产或者固定资产核算；以缴纳土地出让金等方式外购的土地使用权、投资者投入等方式取得的土地使用权，作为无形资产核算。

三、无形资产的确认条件

无形资产应当在符合定义的前提下，同时满足以下两个确认条件时，才能予以确认。

（一）与该资产有关的经济利益很可能流入企业

作为无形资产确认的项目，必须具备产生的经济利益很可能流入企业。通常情况下，无形资产产生的未来经济利益可能包括在销售商品、提供劳务的收入中，或者企业使用该项无形资产而减少或节约的成本中，或体现在获得的其他利益中。例如，生产加工企业在生产工序中使用了某种知识产权，使其降低了未来生产成本，而不是增加未来收入。在实施这种判断时，需要对无形资产在预计使用寿命内可能存在的各种经济因素作出合理估计，并且应当有明确的证据支持，例如，企业是否有足够的人力资源、高素质的管理队伍、相关的硬件设备、相关的原材料等来配合无形资产为企业创造经济利益。同时，更为重要的是关注一些外界因素的影响，如是否存在相关的新技术、新产品冲击与无形资产相关的技术或据其生产的产品的市场等。在实施判断时，企业的管理当局应对无形资产的预计使用寿命内存在的各种因素作出最稳健的估计。

（二）该无形资产的成本能够可靠计量

成本能够可靠计量是资产确认的一项基本条件。例如，企业内部产生的品牌、报刊名等，因其成本无法可靠计量，不作为无形资产确认。又如，一些高新科技企业的科技人才，假定其与企业签订了服务合同，且合同规定其在一定期限内不能为其他企业提供服务。在这种情况下，虽然这些科技人才的知识在规定的期限内预期能够为企业创造经济利益，但由于这些技术人才的知识难以辨认，且形成这些知识所发生的支出难以计量，因而不能作为企业的无形资产加以确认。

四、无形资产的初始计量

无形资产通常是按实际成本计量，即以取得无形资产并使之达到预定用途而发生的全部支出，作为无形资产的成本。对于不同来源取得的无形资产，其初始成本构成也不尽相同。

（一）外购的无形资产成本

外购的无形资产，其成本包括购买价款、相关税费以及直接归属于使该项资产达到预定用途所发生的其他支出。其中，直接归属于使该项资产达到预定用途所发生的其他支出包括使无形资产达到预定用途所发生的专业服务费用、测试无形资产是否能够正常发挥作用的费用等。

下列各项不包括在无形资产的初始成本中：

1. 为引入新产品进行宣传发生的广告费、管理费用及其他间接费用。
2. 无形资产已经达到预定用途以后发生的费用。例如，在形成预定经济规模之前发生的初始运作损失，以及在无形资产达到预定用途之前发生的其他经营活动的支出，如果该经营活动并非是无形资产达到预定用途必不可少的，则有关经营活动的损益应于发生时计入当期损益，而不构成无形资产的成本。

外购的无形资产，应按其取得成本进行初始计量；如果购入的无形资产超过正常信用条件延期支付价款，实质上具有融资性质的，应按所取得无形资产购买价款的现值计量其成本，现值与应付价款之间的差额作为未确认的融资费用，在付款期间内按照实际利率法确认为利息费用。

【例题6-1】 20×2年1月1日，甲公司从乙公司购入一项无形资产，由于资金周转紧张，甲公司与乙公司协议以分期付款方式支付款项。协议约定：该无形资产作价2,000万元，甲公司每年年末付款400万元，分5年付清。假定银行同期贷款利率为5%，5年期5%利率的年金现值系数为4.3295。不考虑其他因素。

（1）20×2年1月1日。

借：无形资产　　　　　　　　　　　　　（400×4.3295）1,731.8
　　未确认融资费用　　　　　　　　　　　　　　　　　268.2
　　贷：长期应付款　　　　　　　　　　　　　　（400×5）2,000

（2）20×2年12月31日。

借：财务费用　　　　　　　　　　　　　　（1,731.8×5%）86.59
　　贷：未确认融资费用　　　　　　　　　　　　　　　86.59
借：长期应付款　　　　　　　　　　　　　　　　　　　400
　　贷：银行存款　　　　　　　　　　　　　　　　　　400

（二）投资者投入的无形资产成本

企业收到投资者投入的存货、固定资产、无形资产、金融资产等，均应当按照投资合同或协议约定的价值确定，投资合同或协议约定价值不公允的情况下，按照该项资产的公允价值作为其入账价值。

【例题6-2】 因乙公司创立的商标已有较好的声誉，甲公司预计使用乙公司商标后可使其未来利润增长30%。为此，甲公司与乙公司协议商定，乙公司以其商标权投资于甲公司，双方协议价格（等于公允价值）为500万元，甲公司另支付印花税等相关税费2万元,款项已通过银行转账支付。

该商标权的初始计量,应当以取得时的成本为基础。取得时的成本为投资协议约定的价格500万元,加上支付的相关税费2万元。

甲公司接受乙公司作为投资的商标权的成本 = 500 + 2 = 502（万元）

甲公司的账务处理如下：

借：无形资产——商标权　　　　　　　　　　　　5,020,000
　　贷：实收资本（或股本）　　　　　　　　　　　5,000,000
　　　　银行存款　　　　　　　　　　　　　　　　　 20,000

（三）通过非货币性资产交换取得的无形资产成本

企业通过非货币性资产交换取得的无形资产,包括以投资、存货、固定资产或无形资产换入的无形资产等。非货币性资产交换具有商业实质且公允价值能够可靠计量的,在发生补价的情况下,支付补价方应当以换出资产的公允价值加上支付的补价（即换入无形资产的公允价值）和应支付的相关税费,作为换入无形资产的成本；收到补价方,应当以换入无形资产的公允价值（或换出资产的公允价值减去补价）和应支付的相关税费,作为换入无形资产的成本。

（四）通过债务重组取得的无形资产成本

通过债务重组取得的无形资产,是指企业作为债权人取得的债务人用于偿还债务的非现金资产,且企业作为无形资产管理的资产。通过债务重组取得的无形资产成本,应当以其公允价值入账。

（五）通过政府补助取得的无形资产成本

通过政府补助取得的无形资产成本,应当按照公允价值计量；公允价值不能可靠取得的,按照名义金额计量。

（六）土地使用权的处理

企业取得的土地使用权,通常应当按照取得时所支付的价款及相关税费确认为无形资产。土地使用权用于自行开发建造厂房等地上建筑物时,土地使用权的账面价值不与地上建筑物合并计算其成本,而仍作为无形资产进行核算,土地使用权与地上建筑物分别进行摊销和提取折旧。但下列情况除外：

1. 房地产开发企业取得的土地使用权用于建造对外出售的房屋建筑物,相关的土地使用权应当计入所建造的房屋建筑物成本。

2. 企业外购的房屋建筑物,实际支付的价款中包括土地以及建筑物的价值,则应当对支付的价款按照合理的方法（例如,公允价值比例）在土地和地上建筑物之间进行分配；如果确实无法在地上建筑物与土地使用权之间进行合理分配的,应当全部作为固定资产,按照固定资产确认和计量的规定进行处理。

企业改变土地使用权的用途,将其用于出租或增值目的时,应将其转为投资性房地产。

【例题 6-3】 A 房地产开发公司有关业务如下：

（1）2×17 年 1 月 10 日，A 公司取得股东作为出资投入的一宗土地使用权及地上建筑物，取得时，土地使用权的公允价值为 6,600 万元，地上建筑物的公允价值为 3,600 万元，上述土地使用权及地上建筑物供管理部门办公使用，预计使用 50 年（注：单位为万元）。

借：无形资产　　　　　　　　　　　　　　　　　　　　　　6,600
　　固定资产　　　　　　　　　　　　　　　　　　　　　　3,600
　　贷：实收资本　　　　　　　　　　　　　　　　　　　　　10,200
借：管理费用　　　　　　　　　　　　　　　　　　　　　　198
　　贷：累计摊销　　　　　　　　　　　　　　　（6,600/50）132
　　　　累计折旧　　　　　　　　　　　（3,600/50×11/12）66

（2）2×17 年 3 月 20 日，A 公司购入一宗土地使用权，作为办公区的绿化用地。以银行存款转账支付 9,000 万元，土地使用权的使用年限为 50 年。

借：无形资产　　　　　　　　　　　　　　　　　　　　　　9,000
　　贷：银行存款　　　　　　　　　　　　　　　　　　　　　9,000
借：管理费用　　　　　　　　　　　　　　　　　　　　　　150
　　贷：累计摊销　　　　　　　　　　　　（9,000/50×10/12）150

（七）企业合并中取得的无形资产成本

企业合并中取得的无形资产，按照企业合并的分类，分别处理：

1. 同一控制下吸收合并，按照被合并企业无形资产的账面价值确认为取得时的初始成本；同一控制下控股合并，合并方在合并日编制合并报表时，应当按照被合并方无形资产的账面价值作为合并基础。

2. 非同一控制下的企业合并中，购买方取得的无形资产应以其在购买日的公允价计量，包括：

（1）被购买企业原已确认的无形资产。

（2）被购买企业原未确认的无形资产，但其公允价值能够可靠计量，购买方就应在购买日将其独立于商誉确认为一项无形资产。例如，被购买方正在进行中的一个研究开发项目，符合无形资产的定义且其公允价值能够可靠计量，则购买方应将其独立于商誉确认为一项无形资产。

在企业合并中，如果取得的无形资产本身可以单独辨认，但其计量或处置必须与有形的或其他无形的资产一并作价，如天然矿泉水的商标可能与特定的泉眼有关，但不能独立于该泉眼出售，在这种情况下，如果该无形资产及与其相关的资产各自的公允价值不能可靠计量，则应将该资产组（即将无形资产与其相关的有形资产一并）独立于商誉确认为单项资产。

第二节　内部研究开发支出的确认和计量

通常情况下，企业自创商誉以及企业内部产生的无形资产不确认为无形资产，如企业内部产生的品牌、报刊名等。但是，由于确定研究与开发费用是否符合无形资产的定义和相关特征（例如，可辨认性）、能否或者何时能够为企业产生预期未来经济利益，以及成本能否可靠计量尚存在不确定因素，因此，研究与开发活动发生的费用，除了要遵循无形资产确认和初始计量的一般要求外，还需要满足其他特定的条件，才能够确定为一项无形资产。首先，为评价内部产生的无形资产是否满足确认标准，企业应当将资产的形成过程分为研究阶段与开发阶段两部分；其次，对于开发过程中发生的费用，在符合一定条件的情况下，才可确认为一项无形资产。在实务工作中，具体划分研究阶段与开发阶段，以及是否符合资本化的条件，应当根据企业的实际情况以及相关信息予以判断。

一、研究阶段和开发阶段的划分

对于企业自行进行的研究开发项目，应当区分研究阶段与开发阶段两个部分分别进行核算。

（一）研究阶段

研究阶段是指为获取新的技术和知识等进行的有计划的调研，有关研究活动的例子包括：为获取知识而进行的活动；研究成果或其他知识的应用研究、评价和最终选择；材料、设备、产品、工序、系统或服务替代品的研究；新的或经改进的材料、设备、产品、工序、系统或服务的可能替代品的配制、设计、评价和最终选择等。

研究阶段的特点在于：

1. 计划性。研究阶段是建立在有计划的调研基础上，即研发项目已经董事会或者相关管理层的批准，并着手收集相关资料、进行市场调查等。例如，某药品公司为研究开发某药品，经董事会或者相关管理层的批准，进行有计划的收集相关资料、进行市场调查、比较市场中相关药品的药性和效用等活动。

2. 探索性。研究阶段基本上是探索性的，为进一步地开发活动进行资料及相关方面的准备，在这一阶段不会形成阶段性成果。

从研究活动的特点看，其研究是否能在未来形成成果，即通过开发后是否会形成无形资产均具有很大的不确定性，企业也无法证明其能够带来未来经济利益的无形资产的存在，因此，研究阶段的有关支出在发生时，应当将费用化计入当期损益。

（二）开发阶段

开发阶段是指在进行商业性生产或使用前，将研究成果或其他知识应用于某项计划或设计，以生产出新的或具有实质性改进的材料、装置、产品等。有关开发活动的例子包括：生产前或使用前的原型和模型的设计、建造和测试；含新技术的工具、夹具、模具和冲模的设计；不具有商业性生产经济规模的试生产设施的设计、建造和运营；新的或经改造的材料、设备、产品、工序、系统或服务所选定的替代品的设计、建造和测试等。

开发阶段的特点在于：

1. 具有针对性。开发阶段是建立在研究阶段基础上，因而，对项目的开发具有针对性。

2. 形成成果的可能性较大。进入开发阶段的研发项目往往形成成果的可能性较大。

由于开发阶段相对于研究阶段更进一步，相对于研究阶段来讲，进入开发阶段，则在很大程度上形成一项新产品或新技术的基本条件已经具备，此时如果企业能够证明满足无形资产的定义及相关确认条件，所发生的开发支出可资本化，确认为无形资产的成本。

（三）研究阶段与开发阶段的不同点

1. 目标不同。研究阶段一般目标不具体、不具有针对性，而开发阶段多是针对具体目标、产品、工艺等。
2. 对象不同。研究阶段一般很难具体化到特定项目上，而开发阶段往往形成对象化的成果。
3. 风险不同。研究阶段的成功概率很难判断，一般成功率很低，风险比较大，而开发阶段的成功率较高、风险相对较小。
4. 结果不同。研究阶段的结果多是研究报告等基础性成果，而开发阶段的结果则多是具体的新技术、新产品等。

二、开发阶段有关支出资本化的条件

在开发阶段，判断可以将有关支出资本化计入无形资产成本的条件包括：

1. 完成该无形资产以使其能够使用或出售在技术上具有可行性。企业在判断是否满足该条件时，应以目前阶段的成果为基础，说明在此基础上进一步进行开发所需的技术条件等已经具备，基本上不存在技术上的障碍或其他不确定性，企业在判断时，应提供相关的证据和材料。

2. 具有完成该无形资产并使用或出售的意图。开发某项产品或专利技术产品等，是使用或出售通常是根据管理当局决定该项研发活动的目的或者意图所决定，即研发项目形成成果以后，是为出售，还是为自己使用并从使用中获得经济利益，应当以管理当局意图而定。因此，企业的管理当局应能够说明其持有拟开发无形资产的目的，并具有完成该项无形资产开发并使其能够使用或出售的可能性。

3. 无形资产产生经济利益的方式，包括能够证明运用该无形资产生产的产品存在市场或无形资产自身存在市场，无形资产将在内部使用的，应当证明其有用性。作为无形资产确认，其基本条件是能够为企业带来未来经济利益。从利益的方式来讲，如果有关的无形资产在形成以后，主要是用于形成新产品或新工艺的，企业应对运用该无形资产生产的产品市场情况进行估计，应能够证明所生产的产品存在市场，并能够带来经济利益的流入；如果有关的无形资产开发以后主要是用于对外出售的，则企业应能够证明市场上存在对该类无形资产的需求，开发以后存在外在的市场可以出售并带来经济利益的流入；如果无形资产开发以后，既不是用于生产产品，也不是用于对外出售，而是在企业内部使用的，则企业应能够证明在企业内部使用时对企业的有用性。

4. 有足够的技术、财务资源和其他资源支持，以完成该无形资产的开发，并有能力使用或出售该无形资产。这一条件主要包括：（1）为完成该项无形资产开发具有技术上的可靠性。开发的无形资产并使其形成成果在技术上的可靠性，是继续开发活动的关键。因此，必须有确凿证据证明企业继续开发该项无形资产有足够的技术支持和技术能力。(2) 财务资源和其他资源支持。财务和其他资源支持是能够完成该项无形资产开发的经济基础，因此，企业必须能够证明为完成该项无形资产的开发所需的财务和其他资源，是否能够足以支持完成该项无形资产的开发。(3) 能够证明企业在开发过程中所需的技术、财务和其他资源，以及企业获得这些资源的相关计划等。例如，在企业自有资金不足以提供支持的情况下，是否存在外部其他方面的资金支持，如银行等金融机构愿意为该无形资产的开发提供所需资金的声明等来证实，并有能力使用或出售该无形资产。

5. 归属于该无形资产开发阶段的支出能够可靠计量。企业对于开发活动发生的支出应单独核算，如发生的开发人员的工资、材料费等，在企业同时从事多项开发活动的情况下，所发生的支出同时用于支持多项开发活动的，应按照一定的标准在各项开发活动之间进行分配，无法明确分配的，应将费用化计入当期损益，不计入开发活动的成本。

三、内部开发的无形资产的计量

内部研发活动形成的无形资产成本，由可直接归属于该资产的创造、生产并使该资产能够以管理层预定的方式运作的所有必要支出组成。可直接归属成本包括：开发该无形资产时耗费的材料、劳务成本、注册费，在开发该无形资产过程中使用的其他专利权和特许权的摊销，以及按照借款费用的处理原则可资本化的利息支出。在开发无形资产过程中发生的除上述可直接归属于无形资产开发活动的其他销售费用、管理费用等间接费用、无形资产达到预定用途前发生的可辨认的无效和初始运作损失、为运行该无形资产发生的培训支出等不构成无形资产的开发成本。

值得说明的是，内部开发无形资产的成本仅包括在满足资本化条件的时点至无形资产达到预定用途前发生的支出总和，对于同一项无形资产在开发过程中达到资本化条件之前已经费用化计入当期损益的支出不再进行调整。

四、内部研究开发支出的会计处理

（一）基本原则

企业内部研究和开发无形资产，其在研究阶段的支出全部费用化，计入当期损益（管理费用）；开发阶段的支出符合条件的资本化，不符合资本化条件的计入当期损益（管理费用）。如果确实无法区分研究阶段的支出和开发阶段的支出，应将其所发生的研发支出全部费用化，计入当期损益。

（二）具体账务处理方法

(1) 企业自行开发无形资产发生的研发支出，不满足资本化条件的，借记"研发支出——费用化支出"科目，满足资本化条件的，借记"研发支出——资本化支出"科目，贷记"原材料""银行存款""应付职工薪酬"等科目。

(2) 企业以其他方式取得的正在进行中的研究开发项目，应按确定的金额，借记"研发支出——资本化支出"科目，贷记"银行存款"等科目。以后发生的研发支出，应当比照上述第一条原则进行处理。

（3）研究开发项目达到预定用途形成无形资产的，应按"研发支出——资本化支出"科目的余额，借记"无形资产"科目，贷记"研发支出——资本化支出"科目。

【例题6-4】20×7年1月1日，甲公司经董事会批准研发某项新产品专利技术，该公司董事会认为，研发该项目具有可靠的技术和财务等资源的支持，并且一旦研发成功将降低该公司生产产品的生产成本。该公司在研究开发过程中发生材料费5,000万元、人工工资1,000万元，以及其他费用4,000万元，总计10,000万元，其中，符合资本化条件的支出为6,000万元。20×7年12月31日，该专利技术已经达到预定用途。

甲公司的账务处理如下：

（1）发生研发支出。

借：研发支出——费用化支出　　　　　　　　　　　　40,000,000
　　　　　　——资本化支出　　　　　　　　　　　　60,000,000
　　贷：原材料　　　　　　　　　　　　　　　　　　50,000,000
　　　　应付职工薪酬　　　　　　　　　　　　　　　10,000,000
　　　　银行存款　　　　　　　　　　　　　　　　　40,000,000

（2）20×7年12月31日，该专利技术已经达到预定用途。

借：管理费用　　　　　　　　　　　　　　　　　　　40,000,000
　　无形资产　　　　　　　　　　　　　　　　　　　60,000,000
　　贷：研发支出——费用化支出　　　　　　　　　　40,000,000
　　　　　　　　——资本化支出　　　　　　　　　　60,000,000

除了内部开发产生的无形资产外，其他内部产生的无形资产，比照上述原则进行处理。

第三节　无形资产的后续计量

一、无形资产后续计量的原则

无形资产初始确认和计量后，在其后使用该项无形资产期间内应以成本减去累计摊销额和累计减值损失后的余额计量。要确定无形资产在使用过程中的累计摊销额，基础是估计其使用寿命，而使用寿命有限的无形资产才需要在估计使用寿命内采用系统合理的方法进行摊销，对于使用寿命不确定的无形资产则不需要摊销。

（一）估计无形资产的使用寿命

企业应当在取得无形资产时分析判断其使用寿命。无形资产的使用寿命如为有限的，应当估计该使用寿命的年限或者构成使用寿命的产量等类似计量单位数量；无法预见无形资产为企业带来未来经济利益期限的，应当视为使用寿命不确定的无形资产。

估计无形资产使用寿命应考虑的主要因素包括：

1. 该资产通常的产品寿命周期，以及可获得的类似资产使用寿命的信息；
2. 技术、工艺等方面的现实情况及对未来发展的估计；
3. 以该资产在该行业运用的稳定性和生产的产品或服务的市场需求情况；
4. 现在或潜在的竞争者预期采取的行动；
5. 为维持该资产产生未来经济利益的能力所需要的维护支出，以及企业预计支付有关支出的能力；
6. 对该资产的控制期限，以及对该资产使用的法律或类似限制，如特许使用期间、租赁期间等；
7. 与企业持有的其他资产使用寿命的关联性等。

（二）无形资产使用寿命的确定

某些无形资产的取得源自合同性权利或其他法定权利，其使用寿命不应超过合同性权利或其他法定权利的期限。但如果企业使用资产的预期的期限短于合同性权利或其他法定权利规定的期限的，则应当按照企业预期使用的期限确定其使用寿命。

（三）无形资产使用寿命的复核

企业至少应当于每年年度终了，对无形资产的使用寿命及摊销方法进行复核，如果有证据表明无形资产的使用寿命及摊销方法不同于以前的估计，如由于合同的续约或无形资产应用条件的改善，延长了无形资产的使用寿命，则对于使用寿命有限的无形资产，应改变其摊销年限及摊销方法，并按照会计估计变更进行处理。对于使用寿命不确定的无形资产，如果有证据表明其使用寿命是有限的，则应视为会计估计变更，应当估计其使用寿命并按照使用寿命有限的无形资产的处理原则进行处理。

二、使用寿命有限的无形资产

使用寿命有限的无形资产，应在其预计的使用寿命内采用系统合理的方法对应摊销金额进行摊销。应摊销金额，是指无形资产的成本扣除残值后的金额。已计提减值准备的无形资产，还应扣除已计提的无形资产减值准备累计金额。使用寿命有限的无形资产，其残值一般应当视为零。

（一）摊销期和摊销方法

无形资产的摊销期自其可供使用（即其达到预定用途）时起至终止确认时止，即无形资产摊销的起始和停止日期为：当月增加的无形资产，当月开始摊销；当月减少的无形资产，当月不再摊销。

在无形资产的使用寿命内系统地分摊其应摊销金额，存在多种方法。这些方法包括直线法、产量法等。企业选择的无形资产摊销方法，应当能够反映与该项无形资产有关的经济利益的预期消耗方式，并一致地运用于不同会计期间。

无形资产的摊销一般应计入当期损益，但如果某项无形资产是专门用于生产某种产品或者其他资产，其所包含的经济利益是通过转入所生产的产品或其他资产中实现的，则无形资产的摊销费用应当计入相关资产的成本。例如,某项专门用于生产过程中的专利技术,其摊销费用应构成所生产产品成本的一部分,计入制造该产品的制造费用。

持有待售的无形资产不进行摊销,按照账面价值与公允价值减去处置费用后的净额孰低进行计量。

企业在选择无形资产摊销方法时,应根据与无形资产有关的经济利益的预期消耗方式做出决定。由于收入可能受到投入、生产过程和销售等因素的影响,这些因素与无形资产有关经济利益的预期消耗方式无关,因此,企业通常不应以包括使用无形资产在内的经济活动所产生的收入为基础进行摊销,但是,下列有限的情况除外:

1. 企业根据合同约定确定无形资产固有的根本性限制条款(如无形资产的使用时间、使用无形资产生产产品的数量或因使用无形资产而应取得固定的收入总额)的,当该条款为因使用无形资产而应取得的固定的收入总额时,取得的收入可以成为摊销的合理基础,如企业获得勘探开采黄金的特许权,且合同明确规定该特许权在销售黄金的收入总额达到某固定的金额时失效。

2. 有确凿的证据表明,收入的金额和无形资产经济利益的消耗是高度相关的。

企业采用车流量法对高速公路经营权进行摊销的,不属于以包括使用无形资产在内的经济活动产生的收入为基础的摊销方法。

(二) 残值的确定

除下列情况外,无形资产的残值一般为零:

1. 有第三方承诺在无形资产使用寿命结束时购买该项无形资产;
2. 可以根据活跃市场得到无形资产预计残值信息,并且该市场在该项无形资产使用寿命结束时可能存在。

无形资产的残值意味着在其经济寿命结束之前企业预计将会处置该无形资产,并且从该处置中取得利益。估计无形资产的残值应以资产处置时的可收回金额为基础,此时的可收回金额是指在预计出售日,出售一项使用寿命已满且处于类似使用状况下,同类无形资产预计的处置价格(扣除相关税费)。残值确定以后,在持有无形资产期间,至少应于每年年末进行复核,预计其残值与原估计金额不同的,应按照会计估计变更进行处理。如果无形资产的残值重新估计以后高于其账面价值的,则无形资产不再摊销,直至残值降至低于账面价值时再恢复摊销。

【例题6-5】甲公司拥有的一项无形资产原值100万元,5年后转让给第三方,可以根据活跃市场得到预计残值信息,无形资产使用寿命结束时可能存在残值为10万元。到第四年末预计残值为30万元,已经摊销金额72万元。

分析:无形资产账面价值 = 100 - 72 = 28(万元),低于重新估计的残值30万元,则该项无形资产不再摊销,直至残值降至低于其账面价值时再恢复摊销。

(三) 使用寿命有限的无形资产摊销的账务处理

使用寿命有限的无形资产应当在其使用寿命内,采用合理的摊销方法进行摊销。摊销时,应当考虑该项无形资产所服务的对象,并以此为基础将其摊销价值计入相关资产的成本或者当期损益。

【例题 6-6】 20×6 年 1 月 1 日，A 公司从外单位购得一项非专利技术，支付价款 5,000 万元，款项已支付，估计该项非专利技术的使用寿命为 10 年，该项非专利技术用于产品生产；同时，购入一项商标权，支付价款 3,000 万元，款项已支付，估计该商标权的使用寿命为 15 年。假定这两项无形资产的净残值均为零，并按直线法摊销。

A 公司的账务处理如下：

（1）取得无形资产时。

借：无形资产——非专利技术　　　　　　　　　　　　　50,000,000
　　　　　　——商标权　　　　　　　　　　　　　　　30,000,000
　　贷：银行存款　　　　　　　　　　　　　　　　　　80,000,000

（2）按年摊销时。

借：制造费用——非专利技术　　　　　　　　　　　　　50,000
　　管理费用——商标权　　　　　　　　　　　　　　　20,000
　　贷：累计摊销　　　　　　　　　　　　　　　　　　70,000

如果 A 公司 20×7 年 12 月 31 日根据科学技术发展的趋势判断，20×6 年购入的该项非专利技术在 4 年后将被淘汰，不能再为企业带来经济利益，决定对其再使用 4 年后不再使用。为此，A 公司应当在 20×7 年 12 月 31 日据此变更该项非专利技术的估计使用寿命，并按会计估计变更进行处理。

20×7 年 12 月 31 日该项无形资产累计摊销金额为 1,000 万元（500×2），20×8 年该项无形资产的摊销金额为 1,000 万元 [(5,000-1,000)/4]，A 公司 20×8 年对该项非专利技术按年摊销的账务处理如下：

借：制造费用——非专利技术　　　　　　　　　　　　　10,000,000
　　贷：累计摊销　　　　　　　　　　　　　　　　　　10,000,000

三、使用寿命不确定的无形资产

根据可获得的相关信息判断，如果无法合理估计某项无形资产的使用寿命的，应作为使用寿命不确定的无形资产进行核算。对于使用寿命不确定的无形资产，在持有期间内不需要摊销，但应当在每个会计期间进行减值测试。其减值测试的方法按照资产减值的原则进行处理，如经减值测试表明已发生减值，则需要计提相应的减值准备，其相关的账务处理为：借记"资产减值损失"科目，贷记"无形资产减值准备"科目。

【例题 6-7】 20×6 年 1 月 1 日，A 公司购入一项市场领先的畅销产品的商标的成本为 6,000 万元，该商标按照法律规定还有 5 年的使用寿命，在保护期届满时，A 公司可每 10 年以较低的手续费申请延期，同时，A 公商标可视为使用寿命不确定的无形资产，在持有期间内不需要进司有充分的证据表明其有能力申请延期。此外，有关的调查表明，根据产品生命周期、市场竞争等方面情况综合判断，该商标将在不确定的期间内为企业带来现金流量。

分析：该商标可视为使用寿命不确定的无形资产，在持有期间不需要进行摊销。20×7 年年底，A 公司对该商标按照资产减值的原则进行减值测试，经测试表明该商标已发生减值。20×7 年年底，该商标的公允价值为 4,000 万元。

则 A 公司的账务处理如下：
（1）20×6 年购入商标时：
借：无形资产——商标权   60,000,000
　　贷：银行存款   60,000,000
（2）20×7 年发生减值时：
借：资产减值损失   20,000,000
　　贷：无形资产减值准备——商标权   20,000,000

第四节　无形资产的处置

无形资产的处置，主要是指无形资产出售、对外出租、对外捐赠，或者是无法为企业带来未来经济利益时，应予终止确认并转销。

一、无形资产的出售

企业出售某项无形资产，表明企业放弃无形资产的所有权，应按照持有待售非流动资产、处置组的相关规定进行会计处理。

二、无形资产的出租

企业将所拥有的无形资产的使用权让渡给他人，并收取租金，属于与企业日常活动相关的其他经营活动取得的收入，在满足收入确认条件的情况下，应确认相关的收入及成本，并通过其他业务收支科目进行核算。让渡无形资产使用权而取得的租金收入，借记"银行存款"等科目，贷记"其他业务收入"等科目；摊销出租无形资产的成本并发生与出租有关的各种费用支出时，借记"其他业务成本"科目，贷记"累计摊销"科目。

【例题 6-8】A 公司为增值税一般纳税人，无形资产适用的增值税税率为 6%。2×17 年 1 月 1 日，A 公司将某商标权出租给 B 公司使用，租期为 5 年，每年收取不含税租金 150 万元，在出租期间内 A 公司不再使用该商标权。该商标权系 A 公司 2×15 年 8 月 6 日购入的，初始入账价值为 1,000 万元，预计使用年限为 10 年，采用直线法摊销。假定按年摊销商标权，且不考虑增值税以外的其他相关税费。A 公司开出增值税专用发票，增值税销项税额为 9 万元。A 公司按年确认租金收入和摊销（单位为万元），会计处理为：
借：银行存款   159
　　贷：其他业务收入   150
　　　　应交税费——应交增值税（销项税额）   （150×6%）9
借：其他业务成本   100
　　贷：累计摊销   （1,000/10）100

三、无形资产的报废

如果无形资产预期不能为企业带来未来经济利益，例如，该无形资产已被其他新技术所替代或超过法律保护期，不能再为企业带来经济利益的，则不再符合无形资产的定义，应将其报废并予以转销，其账面价值转作当期损益。转销时，应按已计提的累计摊销，借记"累计摊销"科目；按其账面余额，贷记"无形资产"科目；按其差额，借记"营业外支出"科目。已计提减值准备的，还应同时结转减值准备。

本章思维导图

历年注会考题

准则链接

课后习题

课后习题答案

第七章　投资性房地产

☞ **本章学习目的**

通过本章学习，学生应掌握投资性房地产的范围、投资性房地产的初始计量、公允价值模式的处理以及成本模式变更为公允价值模式的账务处理、投资性房地产处置分录的编制以及处置损益的计算。理解成本模式计量的账务处理、转换日的确定以及不同转换形式的会计处理等，使学生进一步了解企业投资性房地产的账务处理。

☞ **本章学习重点难点**

投资性房地产的范围　投资性房地产的初始计量　投资性房地产的后续计量　投资性房地产的转换

第一节　投资性房地产的特征与范围

一、投资性房地产的定义

房地产是土地和房屋及其权属的总称。在我国，土地归国家或集体所有，企业只能取得土地使用权。因此，房地产中的土地是指土地使用权，房屋是指土地上的房屋等建筑物及构筑物。

投资性房地产是指为赚取租金或资本增值，或者两者兼有而持有的房地产。从定义可以看出，投资性房地产有别于企业自用的房地产和房地产开发企业作为存货的房地产。企业自用的房地产是企业自用的厂房、办公楼等生产经营场所，企业应当将其作为固定资产或无形资产处理。作为存货的房地产是房地产开发企业销售的或为销售而正在开发的商品房和土地，是房地产企业的开发产品，应当作为存货处理。与自用房地产和作为存货的房地产相比，投资性房地产要么是让渡房地产使用权以赚取使用费收入，要么是持有并准备增值赚取增值收益，这使投资性房地产在一定程度上具备了金融资产的属性，所以需要作为一项单独的资产予以确认、计量和列报。也正因为如此，投资性房地产的计量模式有别于固定资产和存货的计量模式，企业可以选择成本模式或公允价值模式对投资性房地产进行后续计量，其中，公允价值模式的处理原则与交易性金融资产的处理原则基本一致。

二、投资性房地产的范围

投资性房地产的范围包括：已出租的土地使用权、持有并准备增值后转让的土地使用权、已出租的建筑物。

（一）已出租的土地使用权

已出租的土地使用权，是指企业通过出让或转让方式取得的、以经营租赁方式出租的土地使用权。企业取得的土地使用权通常既包括在一级市场上以交纳土地出让金的方式取得土地使用权，也包括在二级市场上接受其他单位转让的土地使用权。例如，甲公司以拍卖方式在土地交易市场取得一宗土地使用权，使用年限为50年，甲公司将该土地使用权以经营租赁方式出租给乙公司。该土地使用权属于投资性房地产。

（二）持有并准备增值后转让的土地使用权

持有并准备增值后转让的土地使用权，是指企业取得的、准备增值后转让的土地使用权。例如，甲公司（非房地产企业）发生转产或厂址搬迁，部分土地使用权停止自用，管理层决定继续持有这部分土地使用权，待其增值后转让以赚取增值收益。这部分土地使用权属于投资性房地产。再如，乙公司（房地产企业）以拍卖方式在土地交易市场取得一宗土地使用权，使用年限为70年，持有并准备增值后再转让，则该土地使用权属于存货，不属于投资性房地产。

（三）已出租的建筑物

已出租的建筑物是指企业以经营租赁方式出租的建筑物，主要包括自行建造或开发活动完成后用于出租的建筑物以及正在建造或开发过程中将来用于出租的建筑物。这是基于房地产状态或目的的判断。用于出租的建筑物是企业拥有产权的建筑物，以经营租赁方式租入再转租的建筑物不属于投资性房地产。已出租的建筑物是企业已经与其他方签订了租赁协议，约定以经营租赁方式出租的建筑物。对企业持有以备经营出租的空置建筑物或在建建筑物，如董事会或类似机构作出书面决议，明确表明将其用于经营出租且持有意图短期内不再发生变化的，即使尚未签订租赁协议，也应视为投资性房地产。

企业将建筑物出租，按租赁协议向承租人提供的相关辅助服务在整个协议中不重大的，应当将该建筑物确认为投资性房地产。例如，企业将其办公楼出租，同时向承租人提供维护、保安等日常辅助服务，企业应当将其确认为投资性房地产。

【例题7-1】乙企业与丁企业签订了一项经营租赁合同，乙企业将其持有产权的门面房出租给丁企业，为期6年。丁企业一开始将这门面房用于自行经营餐馆。2年后，由于连续亏损，丁企业将餐馆转租给甲公司，以赚取租金差价。

分析：对于乙企业而言，由于门面房产权属于戊企业，属于其投资性房地产。而对于丁企业而言，由于没有产权，则不属于其投资性房地产。

第二节　投资性房地产的确认和初始计量

一、投资性房地产的确认和初始计量

投资性房地产只有在符合定义的前提下，同时满足下列条件的，才能予以确认：
1. 与该投资性房地产有关的经济利益很可能流入企业。

2. 该投资性房地产的成本能够可靠地计量。对已出租的土地使用权、已出租的建筑物，其作为投资性房地产的确认时点一般为租赁期开始日，即土地使用权、建筑物进入出租状态、开始赚取租金的日期。但对企业持有以备经营出租的空置建筑物或在建建筑物，董事会或类似机构作出书面决议，明确表明将其用于经营出租且持有意图短期内不再发生变化的，即使尚未签订租赁协议，也应视为投资性房地产。这里的"空置建筑物"是指企业新购入、自行建造或开发完工但尚未使用的建筑物，以及不再用于日常生产经营活动且经整理后达到可经营出租状态的建筑物。对持有并准备增值后转让的土地使用权，其作为投资性房地产的确认时点为企业将自用土地使用权停止自用、准备增值后转让的日期。

投资性房地产应当按照成本进行初始计量。

（一）外购投资性房地产的确认和初始计量

外购的土地使用权和建筑物，按照取得时的实际成本进行初始计量。取得时的实际成本包括购买价款、相关税费和可直接归属于该资产的其他支出。企业购入的房地产，部分用于出租（或资本增值）、部分自用，用于出租（或资本增值）的部分应当予以单独确认的，应按照不同部分的公允价值占公允价值总额的比例将成本在不同部分之间进行分配。

如果采用公允价值模式计量，则需要在"投资性房地产"科目下设置"成本"和"公允价值变动"两个明细科目，其中，"投资性房地产——成本"科目反映外购的土地使用权和建筑物发生的实际成本。

【例题 7-2】 2×17 年 1 月 1 日丁公司经董事会批准购入一栋烂尾楼，并准备继续建造，建成后对外出租。2 月 1 日实际支付价款 10,000 万元（不考虑土地所有权和增值税），当日办理相关手续取得烂尾楼的所有权。3 月 1 日开始委托承包商继续建造，12 月 31 日建造完成，实际建造成本为 20,000 万元。

借：投资性房地产——在建　　　　　　　　　　　　　　　10,000
　　贷：银行存款　　　　　　　　　　　　　　　　　　　　　　10,000
借：投资性房地产——在建　　　　　　　　　　　　　　　20,000
　　贷：银行存款　　　　　　　　　　　　　　　　　　　　　　20,000
借：投资性房地产（投资性房地产——成本）　　　　　　30,000
　　贷：投资性房地产——在建　　　　　　　　　　　　　　　30,000

（二）自行建造投资性房地产的确认和初始计量

自行建造投资性房地产，其成本由建造该项资产达到预定可使用状态前发生的必要支出构成，包括土地开发费、建筑成本、安装成本、应予以资本化的借款费用、支付的其他费用和分摊的间接费用等。建造过程中发生的非正常性损失，直接计入当期损益，不计入建造成本。

（三）非投资性房地产转换为投资性房地产的确认和初始计量

非投资性房地产转换为投资性房地产，实质上是因房地产用途发生改变而对房地产进行的重新分类。如果投资性房地产采用成本模式计量，则按照该项房地产在转换日的账面价值入账；如果投资性房地产采用公允价值模式计量，则按该项房地产在转换日的公允价值入账。

二、与投资性房地产有关的后续支出

(一) 资本化的后续支出

与投资性房地产有关的后续支出，满足投资性房地产确认条件的，应当计入投资性房地产成本。例如，企业为了提高投资性房地产的使用效能，往往需要对投资性房地产进行改建、扩建而使其更加坚固耐用，或者通过装修而改善其室内装潢，改扩建或装修支出满足确认条件的，应当将其资本化。企业对某项投资性房地产进行改扩建等再开发且将来仍作为投资性房地产的，在再开发期间应继续将其作为投资性房地产，再开发期间不计提折旧或摊销。

【例题 7-3】20×8 年 3 月，甲企业与乙企业的一项厂房经营租赁合同即将到期。为了提高厂房的租金收入，甲企业决定在租赁期满后对厂房进行改扩建，并与丙企业签订了经营租赁合同，约定自改扩建完工时将厂房出租给丙企业。3 月 15 日，与乙企业的租赁合同到期，厂房随即进入改扩建工程。11 月 10 日，厂房改扩建工程完工，共发生支出 150 万元，即日起按照租赁合同出租给丙企业。3 月 15 日，厂房账面余额为 1,200 万元，其中成本 1,000 万元，累计公允价值变动 200 万元。假设甲企业采用公允价值计量模式，不考虑相关税费。

甲企业的账务处理如下：

(1) 20×8 年 3 月 15 日，投资性房地产转入改扩建工程：

借：投资性房地产——厂房（在建）　　　　　　　12,000,000
　　贷：投资性房地产——成本　　　　　　　　　　10,000,000
　　　　　　　　　　——公允价值变动　　　　　　 2,000,000

(2) 20×8 年 3 月 15 日——11 月 10 日：

借：投资性房地产——厂房（在建）　　　　　　　 1,500,000
　　贷：银行存款　　　　　　　　　　　　　　　　 1,500,000

(3) 20×8 年 11 月 10 日，改扩建工程完工：

借：投资性房地产——成本　　　　　　　　　　　13,500,000
　　贷：投资性房地产厂房（在建）　　　　　　　　13,500,000

(二) 费用化的后续支出

与投资性房地产有关的后续支出，不满足投资性房地产确认条件的，应当在发生时计入当期损益。例如，企业对投资性房地产进行日常维护发生一些支出。企业在发生投资性房地产费用化的后续支出时，借记"其他业务成本"等科目，贷记"银行存款"等科目。

第三节　投资性房地产的后续计量

投资性房地产后续计量可以选择成本模式或公允价值模式，但同一企业只能采用一种模式对其所有投资性房地产进行后续计量，不得同时采用两种计量模式，即不得对一部分投资性房地产采用成本模式进行后续计量,对另一部分投资性房地产采用公允价值模式进行后续计量。

一、采用成本模式进行后续计量的投资性房地产

采用成本模式进行后续计量的投资性房地产,应当按照《企业会计准则第4号——固定资产》或《企业会计准则第6号——无形资产》的有关规定,按期(月)计提折旧或摊销,借记"其他业务成本"等科目,贷记"投资性房地产累计折旧(摊销)"科目。取得的租金收入,借记"银行存款"等科目,贷记"其他业务收入"等科目。

投资性房地产存在减值迹象的,还应当适用资产减值的有关规定。经减值测试后确定发生减值的,应当计提减值准备,借记"资产减值损失"科目,贷记"投资性房地产减值准备"科目。如果已经计提减值准备的投资性房地产的价值又得以恢复,则不得转回。

二、采用公允价值模式进行后续计量的投资性房地产

企业存在确凿证据表明其投资性房地产的公允价值能够持续可靠取得的,可以对投资性房地产采用公允价值模式进行后续计量。公允价值模式的最大特点是在会计期末按照公允价值调整投资性房地产的账面价值,并将公允价值变动计入当期损益。从理论上说,采用公允价值模式进行后续计量更符合投资性房地产的特点,但实务中能否持续可靠取得公允价值是较大的挑战。为此,会计准则提出了两种计量模式供企业选择,并对选择公允价值模式所应具备的条件进行了规定。

采用公允价值模式计量的投资性房地产,应当同时满足下列条件:

(1) 投资性房地产所在地有活跃的房地产交易市场。所在地,通常指投资性房地产所在的城市。对于大中型城市,应当为投资性房地产所在的城区。

(2) 企业能够从活跃的房地产交易市场上取得同类或类似房地产的市场价格及其他相关信息,从而对投资性房地产的公允价值作出合理的估计。

投资性房地产采用公允价值模式进行后续计量的,不计提折旧或摊销,应当以资产负债表日的公允价值计量。资产负债表日,投资性房地产的公允价值高于其账面余额的差额,借记"投资性房地产——公允价值变动"科目,贷记"公允价值变动损益"科目;公允价值低于其账面余额的差额作相反的会计分录。

【例题7-4】甲公司系增值税一般纳税人,适用的增值税税率为9%。经甲公司董事会批准,甲公司准备购买某栋写字楼的第6层,建造面积为1,000平方米,购买价为每平方米6万元,明确表明将其用于经营出租且持有意图短期内不再发生变化。

(1) 2×17年3月31日,取得增值税专用发票,价款为6,000万元,进项税额为660万元。若采用成本模式后续计量,写字楼预计剩余使用年限为30年,净残值为零,采用直线法计提折旧。

①采用成本模式计量的投资性房地产:

借:投资性房地产   6,000
  应交税费——应交增值税(进项税额)   540
 贷:银行存款   6,540

②采用公允价值模式计量的投资性房地产：
借：投资性房地产——成本　　　　　　　　　　　　　6,000
　　应交税费——应交增值税（进项税额）　　　　　　540
　　贷：银行存款　　　　　　　　　　　　　　　　　6,540

（2）2×17 年 5 月 1 日甲公司与乙公司签订租赁协议，约定将甲公司上述该层写字楼出租给乙公司使用，租赁期为 3 年。月租金（含税）为 66.6 万元，2×17 年 7 月 1 日为租赁期开始日。当日收到不含税租金 360 万元，并开出增值税专用发票，增值税销项税额为 32.4 万元。（按年确认）

①采用成本模式计量的投资性房地产：
借：银行存款　　　　　　　　　　　　　　　　　　392.4
　　贷：其他业务收入　　　　　　　　　　　　　　　360
　　　　应交税费——应交增值税（销项税额）　　　　32.4

②采用公允价值模式计量的投资性房地产同上。

（3）2×17 年 12 月 31 日，该层写字楼公允价值为每平方米 6.5 万元。

①采用成本模式计量的投资性房地产：
借：其他业务成本　　　　　　　　　　　　　　　　150
　　贷：投资性房地产累计折旧　　　　　（6,000/30×9/12）150

②采用公允价值模式计量的投资性房地产：
借：投资性房地产——公允价值变动　　　　　　　　500
　　贷：公允价值变动损益　　　　　　（6,500 - 6,000）500

三、投资性房地产后续计量模式的变更

为保证会计信息的可比性，企业对投资性房地产的计量模式一经确定，不得随意变更。只有在房地产市场比较成熟，能够满足采用公允价值模式条件的情况下，才允许企业对投资性房地产从成本模式计量变更为公允价值模式计量。

成本模式转为公允价值模式的，应当作为会计政策变更处理，并按计量模式变更时公允价值与账面价值的差额调整期初留存收益。已采用公允价值模式计量的投资性房地产，不得从公允价值模式转为成本模式。

第四节　投资性房地产的转换和处置

一、投资性房地产的转换

（一）投资性房地产转换形式和转换日

1. 房地产转换形式。

房地产的转换，是因房地产用途发生改变而对房地产进行的重新分类。这里所说的房地

产转换是针对房地产用途发生改变而言,而不是后续计量模式的转变。企业必须有确凿证据表明房地产用途发生改变,才能将投资性房地产转换为非投资性房地产或者将非投资性房地产转换为投资性房地产,如自用的办公楼改为出租等。这里的确凿证据包括两个方面:一是企业董事会或类似机构应当就改变房地产用途形成正式的书面决议;二是房地产因用途改变而发生实际状态上的改变,如从自用状态改为出租状态。房地产转换形式主要包括:

(1) 投资性房地产开始自用,相应地由投资性房地产转换为固定资产或无形资产。投资性房地产开始自用是指企业将原来用于赚取租金或资本增值的房地产改为用于生产商品、提供劳务或者经营管理,例如,企业将出租的厂房收回,并用于生产本企业的产品。又如,从事房地产开发的企业将出租的开发产品收回,作为企业的固定资产使用。

(2) 作为存货的房地产,改为出租,通常指房地产开发企业将其持有的开发产品以经营租赁的方式出租,相应地由存货转换为投资性房地产。

(3) 自用土地使用权停止自用,用于赚取租金或资本增值,相应地由无形资产转换为投资性房地产。

(4) 自用建筑物停止自用,改为出租,相应地由固定资产转换为投资性房地产。

(5) 房地产企业将用于经营出租的房地产重新开发用于对外销售,从投资性房地产转为存货。

2. 投资性房地产转换日的确定。

转换日的确定关系到资产的确认时点和入账价值,因此非常重要。转换日是指房地产的用途发生改变,状态相应发生改变的日期。转换日的确定标准主要包括:

(1) 投资性房地产开始自用,转换日是指房地产达到自用状态,企业开始将房地产用于生产商品、提供劳务或者经营管理的日期。

(2) 投资性房地产转换为存货,转换日为租赁期届满、企业董事会或类似机构作出书面决议明确表明将其重新开发用于对外销售的日期。

(3) 作为存货的房地产改为出租,或者自用建筑物或土地使用权停止自用改为出租,转换日通常为租赁期开始日。租赁期开始日是指承租人有权行使其使用租赁资产权利的日期。

(二) 投资性房地产转换为非投资性房地产

1. 采用成本模式进行后续计量的投资性房地产转换为自用房地产。

(1) 企业将原本用于赚取租金或资本增值的房地产改用于生产商品、提供劳务或者经营管理,投资性房地产相应地转换为固定资产或无形资产。例如,企业将出租的厂房收回,并用于生产本企业的产品。在此种情况下,转换日为房地产达到自用状态,企业开始将房地产用于生产商品、提供劳务或者经营管理的日期。

(2) 企业将投资性房地产转换为自用房地产,应当按该项投资性房地产在转换日的账面余额、累计折旧或摊销、减值准备等,分别转入"固定资产""累计折旧""固定资产减值准备"等科目;按投资性房地产的账面余额,借记"固定资产"或"无形资产"科目,贷记"投资性房地产"科目;按已计提的折旧或摊销,借记"投资性房地产累计折旧(摊销)"科目,贷记"累计折旧"或"累计摊销"科目;原已计提减值准备的,借记"投资性房地产减值准备"科目,贷记"固定资产减值准备"或"无形资产减值准备"科目。

【例题 7-5】 20×8 年 8 月 1 日,甲企业将出租在外的厂房收回,开始用于本企业生产商品。该项房地产账面价值为3,765万元,其中,原价5,000万元,累计已提折旧1,235万元。假设甲企业采用成本计量模式。

甲企业的账务处理如下:

借:固定资产　　　　　　　　　　　　　　　　　50,000,000
　　投资性房地产累计折旧　　　　　　　　　　　12,350,000
　　贷:投资性房地产　　　　　　　　　　　　　　50,000,000
　　　　累计折旧　　　　　　　　　　　　　　　　12,350,000

2. 采用公允价值模式进行后续计量的投资性房地产转为自用房地产。

企业将采用公允价值模式计量的投资性房地产转换为自用房地产时,应当以其转换当日的公允价值作为自用房地产的账面价值,公允价值与原账面价值的差额计入当期损益。

转换日,按该项投资性房地产的公允价值,借记"固定资产"或"无形资产"科目,按该项投资性房地产的成本,贷记"投资性房地产——成本"科目,按该项投资性房地产的累计公允价值变动,贷记或借记"投资性房地产——公允价值变动"科目,按其差额,贷记或借记"公允价值变动损益"科目。

【例题7-6】20×8年10月15日,甲企业因租赁期满,将出租的写字楼收回,开始作为办公楼用于本企业的行政管理。20×8年10月15日,该写字楼的公允价值为4,850万元。该项房地产在转换前采用公允价值模式计量,原账面价值为4,750万元,其中,成本为4,500万元,公允价值变动为增值250万元。

甲公司的账务处理如下:

借:固定资产　　　　　　　　　　　　　　　　　48,500,000
　　贷:投资性房地产——成本　　　　　　　　　45,000,000
　　　　　　　　　　——公允价值变动　　　　　2,500,000
　　　　公允价值变动损益　　　　　　　　　　　1,000,000

3. 采用成本模式进行后续计量的投资性房地产转换为存货。

房地产开发企业将用于经营出租的房地产重新开发用于对外销售的,从投资性房地产转换为存货。这种情况下,转换日为租赁期届满、企业董事会或类似机构作出书面决议明确表明将其重新开发用于对外销售的日期。

企业将投资性房地产转换为存货时,应当按照该项房地产在转换日的账面价值,借记"开发产品"科目,按照已计提的折旧或摊销,借记"投资性房地产累计折旧(摊销)"科目,原已计提减值准备的,借记"投资性房地产减值准备"科目,按其账面余额,贷记"投资性房地产"科目。

4. 采用公允价值模式进行后续计量的投资性房地产转换为存货。

企业将采用公允价值模式计量的投资性房地产转换为存货时,应当以其转换当日的公允价值作为存货的账面价值,公允价值与原账面价值的差额计入当期损益。

转换日,按该项投资性房地产的公允价值,借记"开发产品"等科目,按该项投资性房地产的成本,贷记"投资性房地产——成本"科按该项投资性房地产的累计公允价值变动,贷记或借记"投资性房地产——公允价值变动"科按其差额,贷记或借记"公允价值变动损益"科目。

【例题7-7】甲房地产开发企业将其开发的部分写字楼用于对外经营租赁。20×8年

10月15日，因租赁期满，甲企业将出租的写字楼收回，并作出书面决议，将该写字楼重新开发用于对外销售，即由投资性房地产转换为存货，当日的公允价值为5,800万元。该项房地产在转换前采用公允价值模式计量，原账面价值为5,600万元，其中，成本为5,000万元，公允价值增值为600万元。

甲企业的账务处理如下：

借：开发产品　　　　　　　　　　　　　　　　　　58,000,000
　　贷：投资性房地产——成本　　　　　　　　　　　50,000,000
　　　　　　　　——公允价值变动　　　　　　　　　　6,000,000
　　　　公允价值变动损益　　　　　　　　　　　　　　2,000,000

（三）非投资性房地产转换为投资性房地产

1. 非投资性房地产转换为采用成本模式进行后续计量的投资性房地产。

（1）作为存货的房地产转换为投资性房地产。

作为存货的房地产转换为投资性房地产，通常指房地产开发企业将其持有的开发产品以经营租赁的方式出租，存货相应地转换为投资性房地产。这种情况下，转换日通常为房地产的租赁期开始日。租赁期开始日是指承租人有权行使其使用租赁资产权利的日期。一般而言，对于企业自行建造或开发完成但尚未使用的建筑物，如果企业董事会或类似机构正式作出书面决议，明确表明其自行建造或开发产品用于经营出租、持有意图短期内不再发生变化的，应视为存货转换为投资性房地产，转换日为企业董事会或类似机构作出书面决议的日期。

企业将作为存货的房地产转换为采用成本模式计量的投资性房地产，应当按该项存货在转换日的账面价值，借记"投资性房地产"科目，原已计提跌价准备的，借记"存货跌价准备"科目，按其账面余额，贷记"开发产品"等科目。

（2）自用房地产转换为投资性房地产。

企业将原本用于日常生产商品、提供劳务或者经营管理的房地产改用于出租，通常应于租赁期开始日，按照固定资产或无形资产的账面价值，将固定资产或无形资产相应地转换为投资性房地产。对不再用于日常生产经营活动且经整理后达到可经营出租状况的房地产，如果企业董事会或类似机构正式作出书面决议，明确表明其自用房地产用于经营出租且持有意图短期内不再发生变化的，应视为自用房地产转换为投资性房地产，转换日为企业董事会或类似机构正式作出书面决议的日期。

企业将自用土地使用权或建筑物转换为以成本模式计量的投资性房地产时，应当按该项建筑物或土地使用权在转换日的原价、累计折旧、减值准备等，分别转入"投资性房地产""投资性房地产累计折旧（摊销）""投资性房地产减值准备"科目，按其账面余额，借记"投资性房地产"科目，贷记"固定资产"或"无形资产"科目，按已计提的折旧或摊销，借记"累计摊销"或"累计折旧"科目，贷记"投资性房地产累计折旧（摊销）"科目，原已计提减值准备的，借记"固定资产减值准备"或"无形资产减值准备"科目，贷记"投资性房地产减值准备"科目。

2. 非投资性房地产转换为采用公允价值进行后续计量的投资性房地产。

（1）作为存货的房地产转换为投资性房地产。企业将作为存货的房地产转换为采用公允价值模式计量的投资性房地产，应当按该项房地产在转换日的公允价值入账，借记"投资性房地产——成本"科目,原已计提价准备的,借记"存货跌价准备"科目;按其账面余额,贷记"开发产品"等科目。同时,转换日的公允价值小于账面价值的,按其差额,借记"公允价值变动损益"科目;转换日的公允价值大于账面价值的,按其差额,贷记"其他综合收益"科目。当该项投资性房地产处置时,因转换计入其他综合收益的部分应转入当期损益。

【例题7-8】20×8年3月10日,甲房地产开发公司与乙企业签订了租赁协议,将其开发的一栋写字楼出租给乙企业。租赁期开始日为20×8年4月15日。20×8年4月15日该写字楼的账面余额为45,000万元,公允价值为47,000万元。20×8年12月31日,该项投资性房地产的公允价值为48,000万元。

甲企业的账务处理如下:

(1) 20×8年4月15日:

借:投资性房地产——成本　　　　　　　　　　　　　　　470,000,000
　　贷:开发产品　　　　　　　　　　　　　　　　　　　450,000,000
　　　　其他综合收益　　　　　　　　　　　　　　　　　 20,000,000

(2) 20×8年12月31日:

借:投资性房地产——公允价值变动　　　　　　　　　　　 10,000,000
　　贷:公允价值变动损益　　　　　　　　　　　　　　　 10,000,000

(2) 自用房地产转换为投资性房地产。企业将自用房地产转换为采用公允价值模式计量的投资性房地产,应当按该项土地使用权或建筑物在转换日的公允价值,借记"投资性房地产——成本"科目,按已计提的累计摊销或累计折旧,借记"累计摊销"或"累计折旧"科目;原已计提减值准备的,借记"无形资产减值准备""固定资产减值准备"科目;按其账面余额,贷记"固定资产"或"无形资产"科目。同时,转换日的公允价值小于账面价值的,按其差额,借记"公允价值变动损益"科目;转换日的公允价值大于账面价值的,按其差额,贷记"其他综合收益"科目。当该项投资性房地产处置时,因转换计入其他综合收益的部分应转入当期损益。

【例题7-9】20×8年6月,甲企业打算搬迁至新建办公楼,由于原办公楼处于商业繁华地段,甲企业准备将其出租以赚取租金收入。20×8年10月30日,甲企业完成了搬迁工作,原办公楼停止自用,并与乙企业签订了租赁协议,将其原办公楼租赁给乙企业使用,租赁期开始日为20×8年10月30日,租赁期限为3年。20×8年10月30日,该办公楼原价为5亿元,已提折旧14,250万元,公允价值为35,000万元。假设甲企业对投资性房地产采用公允价值模式计量。

甲企业的账务处理如下:

借:投资性房地产——成本　　　　　　　　　　　　　　　350,000,000
　　公允价值变动损益　　　　　　　　　　　　　　　　　　7,500,000
　　累计折旧　　　　　　　　　　　　　　　　　　　　　142,500,000
　　贷:固定资产　　　　　　　　　　　　　　　　　　　500,000,000

二、投资性房地产的处置

当投资性房地产被处置,或者永久退出使用且预计不能从其处置中取得经济利益时,应当终止确认该项投资性房地产。

企业可以通过对外出售或转让的方式处置投资性房地产取得收益。对于那些由于使用而不断磨损直到最终报废，或者由于遭受自然灾害等非正常原因发生毁损的投资性房地产应当及时进行清理。此外，企业因其他原因，如非货币性交易等而减少投资性房地产也属于投资性房地产的处置。企业出售、转让、报废投资性房地产或者发生投资性房地产毁损，应当将处置收入扣除其账面价值和相关税费后的金额计入当期损益。

（一）采用成本模式计量的投资性房地产的处置

处置采用成本模式进行后续计量的投资性房地产时，应当按实际收到的金额，借记"银行存款"等科目，贷记"其他业务收入""应交税费——应交增值税（销项税额）"科目；按该项投资性房地产的账面价值，借记"其他业务成本"科目，按其账面余额，贷记"投资性房地产"科目，按照已计提的折旧或摊销，借记"投资性房地产累计折旧（摊销）"科目，原已计提减值准备的，借记"投资性房地产减值准备"科目。

（二）采用公允价值模式计量的投资性房地产的处置

处置采用公允价值模式计量的投资性房地产，应当按实际收到的金额，借记"银行存款"等科目，贷记"其他业务收入""应交税费——应交增值税（销项税额）"科目；按该项投资性房地产的账面余额，借记"其他业务成本"科目，按其成本，贷记"投资性房地产——成本"科目，按其累计公允价值变动，贷记或借记"投资性房地产——公允价值变动"科目同时结转投资性房地产累计公允价值变动。若存在原转换日计入其他综合收益的金额，也一并结转。

【例题7-10】 甲企业为一家房地产开发企业，20×7年3月10日，甲企业与乙企业签订了租赁协议，将其开发的一栋写字楼出租给乙企业使用，租赁期开始日为20×7年4月15日。20×7年4月15日，该写字楼的账面余额为45,000万元，公允价值为47,000万元。20×7年12月31日，该项投资性房地产的公允价值为48,000万元。20×8年6月租赁期届满，企业收回该项投资性房地产，并以55,000万元出售，出售款项已收讫。甲企业采用公允价值模式计量，不考虑相关税费。

甲企业的账务处理如下：

（1）20×7年4月15日，存货转换为投资性房地产：

借：投资性房地产——成本　　　　　　　　　　　　　　　470,000,000
　　贷：开发产品　　　　　　　　　　　　　　　　　　　450,000,000
　　　　其他综合收益　　　　　　　　　　　　　　　　　 20,000,000

（2）20×7年12月31日，公允价值变动：

借：投资性房地产——公允价值变动　　　　　　　　　　　 10,000,000
　　贷：公允价值变动损益　　　　　　　　　　　　　　　 10,000,000

（3）20×8年6月，出售投资性房地产：

借：银行存款　　　　　　　　　　　　　　　　　　　　　550,000,000
　　公允价值变动损益　　　　　　　　　　　　　　　　　 10,000,000
　　其他综合收益　　　　　　　　　　　　　　　　　　　 20,000,000

  　　其他业务成本　　　　　　　　　　　　　　　　　　450,000,000
  　　贷：投资性房地产——成本　　　　　　　　　　　　　　470,000,000
  　　　　　　　　　——公允价值变动　　　　　　　　　　　 10,000,000
  　　　　其他业务收入　　　　　　　　　　　　　　　　　550,000,000

本章思维导图

历年注会考题

准则链接

课后习题

课后习题答案

第八章 长期股权投资与合营安排

☞ **本章学习目的**

通过本章教学，使学生了解长期股权投资的目的、掌握长期股权投资核算的成本法与权益法的适用范围、核算程序及具体运用；掌握长期股权投资减值损失的确认、计量及会计处理。熟悉除企业合并外，取得长期股权投资的初始入账价值的确定、了解合营安排的认定标准。

☞ **本章学习重点难点**

长期股权投资的初始计量　长期股权投资权益法　长期股权投资转换

第一节 长期股权投资概述

一、基本概念

（一）长期股权投资

长期股权投资是指企业能够对被投资企业实施控制、共同控制或施加重大影响的权益性投资。

（二）控制

企业参与被投资企业的相关活动，是指对被投资企业的回报产生重大影响的活动，通常包括商品或劳务的销售和购买、金融资产的管理、资产的购买和处置、研究与开发活动以及融资活动等。企业如果有能力主导被投资企业的相关活动，则不论其是否实际行使该权力，均视为拥有控制被投资企业的权力。

在判断是否有控制被投资企业的权力时，应当仅考虑与相关的实质性权利，包括自身所享有的实质性权利以及其他投资方所享有的实质性权利。一般来说，企业拥有下列实质性权利，可以视为能够对被投资企业实施控制：

1. 持有被投资企业半数以上的表决权。
2. 持有被投资企业半数或以下的表决权，但通过与其他表决权持有人之间的协议能够控制半数以上表决权。
3. 持有被投资企业半数或以下的表决权，且未与其他表决权持有人签订协议、不能够控制半数以上表决权，但综合考虑下列事实和情况后，如果认为企业持有的表决权足以

使其有能力主导被投资企业相关活动的,视为对被投资企业拥有控制的权力:

(1) 持有的表决权相对于其他投资方持有的表决权份额较大,且其他投资方持有的表决权比较分散;

(2) 持有被投资企业的潜在表决权,如可转换公司债券、可执行认股权证等;

(3) 他合同安排产生的权利;

(4) 被投资企业以往的表决权行使情况等其他相关事实和情况。

4. 在难以判断其享有的实质性权利是否足以使其拥有控制被投资企业的权力时,如果存在其具有实际能力以单方面主导被投资企业相关活动的证据,则视为拥有控制被投资企业的权力。这些证据包括但不限于下列事项:

(1) 能够任命或批准被投资企业的关键管理人员;

(2) 能够出于其自身利益决定或否决被投资企业的重大交易;

(3) 能够掌控被投资企业董事会等类似权力机构成员的任命程序;

(4) 与被投资企业的关键管理人员或董事会等类似权力机构中的多数成员存在关联方关系。

需要说明的是,在某些情况下,其他投资方享有的实质性权利有可能会阻止企业对被投资企业的控制。在这种情况下,企业尽管存在前述对被投资企业的权力,也不能视为能够对被投资企业实施控制。例如,甲公司持有乙公司60%的表决权股份,但乙公司章程规定,任何投资方均有对乙公司重大相关活动的一票否决权,则甲公司对乙公司不存在控制权。

(三) 共同控制

共同控制是指按照相关约定对被投资企业所共有的控制,并且该被投资企业的相关活动必须经过分享控制权的各投资方一致同意后才能决策。被各投资方共同控制的企业,一般称为投资企业的合营企业。

需要注意的是,共同控制的特点是实施共同控制的任何一个投资方都不能够单独控制被投资企业,对被投资企业具有共同控制的任何一个投资方均能够阻止其他投资方单独控制被投资企业。此外,共同控制不要求所有投资方都对被投资企业实施共同控制。

(四) 重大影响

重大影响,是指投资方对被投资单位的财务和生产经营决策有参与决策的权力,但并不能控制或与其他方一起共同控制这些政策的制定。

这里所谓"重大影响",其实对于投资单位只要能够参与被投资单位的生产经营决策即可,在此基础上不再衡量影响的重大程度如何,即投资方有关提议接受程度或是在被投资单位的财务和生产经营决策过程中发言权的比重等。

需要说明的是,实务中较为常见的重大影响体现为在被投资单位的董事会或类似权力机构中派有代表,通过在被投资单位财务和经营决策制定过程中的发言权实施重大影响。投资方直接或通过子公司间接持有被投资单位20%以上但低于50%的表决权时,一般认为对被投资单位具有重大影响,除非有明确的证据表明该种情况下不能参与被投资单位的生产经营决策,不形成重大影响。

第二节 长期股权投资的确认与初始计量

一、长期股权投资的确认

长期股权投资的确认，是指投资方能够在自身账簿和报表中确认对被投资单位股权投资的时点。

购买方（或合并方）应于购买日（或合并日）确认对子公司的长期股权投资。对子公司投资应当在企业合并的合并日（或购买日）确认。其中合并日（或购买日）是指合并方（或购买方）实际取得对被合并方（或被购买方）控制权的日期，对于合并日（或购买日）的判断，满足以下有关条件的，通常可认为实现了控制权的转移：

（1）企业合并合同或协议已获股东大会通过；
（2）企业合并事项需要经过国家有关主管部门审批的，已获得批准；
（3）参与合并各方已办理了必要的财产权转移手续；
（4）合并方或购买方已支付了合并价款的大部分（一般应超过50%），并且有能力、有计划支付剩余款项；
（5）合并方或购买方实际上已经控制了被合并方或被购买方的财务和经营政策，并享有相应的利益、承担相应的风险。

二、对子公司投资的初始计量

（一）同一控制下控股合并形成的长期股权投资

同一控制下控股合并，是指参与合并的企业在合并前后均受同一方或相同的多方最终控制，且控制并非暂时性的。例如，甲公司为丁公司和戊公司的母公司，甲公司将其持有的戊公司70%的股权让给丁公司。转让股权后丁公司持有戊公司70%的股权，但丁公司和戊公司仍由甲公司所控制。

同一控制下的控股合并，在合并日取得对其他参与合并企业控制权的一方为合并方、参与合并的其他企业为被合并方。合并日，是指合并方实际取得对被合并方控制权的日期。

需要注意的是，同一控制下的控股合并，合并双方的合并行为不完全是自愿进行和完成的，这种控股合并不属于交易行为，而是参与合并各方资产和负债的重新组合，因此，合并方应以被合并方所有者权益的账面价值为基础，对长期股权投资进行初始计量。

合并方以支付现金、转让非现金资产或承担债务方式作为合并对价的，应当在合并日按照所取得的被合并方在最终控制方合并财务报表中净资产的账面价值的份额作为长期股权投资的初始投资成本。长期股权投资的初始投资成本与支付的现金、转让的非现金资产及所承担债务账面价值之间的差额，应当调整资本公积（资本溢价或股本溢价）；资本公积（资本溢价或股本溢价）的余额不足冲减的，依次冲减盈余公积和未分配利润。合并方以发行权益性工具作为合并对价的,应按发行股份的面值总额作为股本,长期股权投资的初始投资成本与所发行股份面值总额之间的差额,应当调整资本公积(资本溢价或股本溢价);资本公积(资本溢价或股本溢价)不足冲减的,依次冲减盈余公积和未分配利润。

具体进行会计处理时,合并方在合并日按取得被合并方所有者权益在最终控制方合并财务报表中账面价值的份额,借记"长期股权投资"科目,按应享有被投资单位已宣告但尚未发放的现金股利或利润,借记"应收股利"科目,按支付的合并对价的账面价值,贷记有关资产或负债科目,如为贷方差额,贷记"资本公积——资本溢价或股本溢价"科目;如为借方差额,应借记"资本公积资本溢价或股本溢价"科目,资本公积(资本溢价或股本溢价)不足冲减的,借记"盈余公积""利润分配——未分配利润"科目。

合并方以发行权益性证券作为合并对价的,应按合并日取得被合并方所有者权益在最终控制方合并财务报表中账面价值的份额确认长期股权投资,按发行权益性证券的面值总额作为股本,长期股权投资初始投资成本与所发行权益性证券面值总额之间的差额,应当调整资本公积(资本溢价或股本溢价);资本公积(资本溢价或股本溢价)不足冲减的,调整留存收益。

合并方发生的审计、法律服务、评估咨询等中介费用以及其他相关管理费用,于发生时计入当期损益。与发行权益性工具作为合并对价直接相关的交易费用,应当冲减资本公积(资本溢价或股本溢价),资本公积(资本溢价或股本溢价)不足冲减的,依次冲减盈余公积和未分配利润。与发行债务性工具作为合并对价直接相关的交易费用,应当计入债务性工具的初始确认金额。

【例题8-1】甲、乙公司为同属某集团股份有限公司控制的两家子公司,且均为增值税一般纳税人,销售商品适用的增值税税率均为13%。2×19年4月1日,甲公司以账面价值为4,000万元、公允价值为5,000万元的库存商品为对价,自其集团公司处取得对乙公司80%的控股权,相关手续已于当日办理完成。取得80%股权后能够对乙公司实施控制。合并当日,乙公司所有者权益在其最终控制方合并财务报表中的账面价值为8,000万元。根据以上资料,编制甲公司取得长期股权投资的会计分录如下:

甲公司初始投资成本 = 8,000 × 80% = 6,400

借:长期股权投资　　　　　　　　　　　　　　　　　　　　　6,400
　　贷:库存商品　　　　　　　　　　　　　　　　　　　　　　4,000
　　　　应交税费——应交增值税(销项税额)　　　　　　　　　650
　　　　资本公积——股本溢价　　　　　　　　　　　　　　　1,750

【例题8-2】甲公司和乙公司同为公司的子公司。2×19年4月1日,甲公司发行13,000万股普通股(每股面值1元)作为对价,自丁公司处取得了乙公司80%的控股权。甲公司购买乙公司股权时,乙公司所有者权益在其最终控制方合并财务报表中的账面价值为15,000万元。甲公司在合并日"资本公积——股本溢价"科目的贷方余额为1,500万元。根据以上资料,编制甲公司取得长期股权投资的会计分录如下:

分析:甲公司初始投资成本 = 15,000 × 80% = 12,000(万元)

借:长期股权投资　　　　　　　　　　　　　　　　　　　　　12,000
　　资本公积——股本溢价　　　　　　　　　　　　　　　　　1,000
　　贷:股本　　　　　　　　　　　　　　　　　　　　　　　13,000

【例题8-3】2×19年1月1日,甲公司取得乙公司20%的股份,实际支付款项3,800万元,能够对乙公司施加重大影响,同日乙公司净资产账面价值为16,000万元(与公允价值相等)。2×19年,乙公司实现净利润2,000万元,甲公司与乙公司未发生过内部交易,无其他所有者权益变动。2×20年1月1日,甲公司支付银行存款6,000万元又购入同一集团内另一企业丙公司持有的乙公司40%股权。丙公司原控制乙公司80%的股权。2×20年1月1日,乙公司在最终控制方合并财务报表中的净资产账面价值为18,000万元。进一步取得投资后,甲公司对乙公司实施控制。甲公司和乙公司采用的会计政策相同。甲、乙和丙公司一直同受最终控制方的控制。假定上述交易不属于一揽子交易。根据以上资料,编制甲公司取得长期股权投资的会计分录如下:

(1)2×19年1月1日,甲公司取得乙公司20%股份:

借:长期股权投资——投资成本　　　　　　　　　　　3,800
　　贷:银行存款　　　　　　　　　　　　　　　　　　　3,800

初始投资成本3,800(万元)>3,200(万元)(16,000×20%),不调整长期股权投资的初始投资成本。

(2)2×19年,乙公司实现净利润2,000万元,无其他所有者权益变动:

借:长期股权投资——损益调整　　　　　400(2,000×20%)
　　贷:投资收益　　　　　　　　　　　　　　　　　　　400

(3)2×20年1月1日,甲公司购买同一集团内另一企业持有的乙公司40%股权:

合并日甲公司长期股权投资的初始投资成本=18,000×60%=10,800(万元)

原20%股权投资的账面价值=3,800+400=4,200(万元)

借:长期股权投资　　　　　　　　　　　　　　　　　10,800
　　贷:长期股权投资——投资成本　　　　　　　　　　　3,800
　　　　　　　　　　——损益调整　　　　　　　　　　　　400
　　　　银行存款　　　　　　　　　　　　　　　　　　6,000
　　　　资本公积——资本溢价或股本溢价　　　　　　　　　600

(二)非同一控制下控股合并形成的长期股权投资

非同一控制下的控股合并,是指参与合并的各方在合并前后不受同一方或相同的多方最终控制。相对于同一控制下的控股合并而言,非同一控制下的控股合并是合并各方自愿进行的交易行为,作为一种公平的交易,应当以公允价值为基础进行计量。

非同一控制下的控股合并,在购买日取得对其他参与合并企业控制权的一方为购买方,参与合并的其他企业为被购买方。购买日,是指购买方实际取得对被购买方控制权的日期。

购买方在购买日以支付货币资金的方式取得被购买方的股权,应以支付的货币资金作为初始投资成本,借记"长期股权投资——投资成本"科目,贷记"银行存款"科目。购买方支付的价款中如果含有已宣告发放但尚未支取的现金股利,应作为债权处理,不计入长期股权投资成本。

购买方在购买日以付出货币资金以外的其他资产的方式取得被购买方的股权,付出的资产应按资产处置的方式进行处理,应按照资产的公允价值作为初始投资成本,借记"长期股权投资",按照资产的价值,贷记"主营业务收入""其他业务收入""固定资产清理""应交税费——应交增值税(销项税额)"等科目,同时结转付出资产的成本,将其公允价值与账面价值的差额计入当期损益。

购买方以承担债务的方式取得被购买方的股权,应按照债务的公允价值作为初始投资成本,借记"长期股权投资",贷记"有关负债"科目。购买方以发行股票等方式取得被购买方的股权,应在购买日按照发行股票等的公允价值作为长期股权投资的初始投资成本,借记"长期股权投资",按照发份的面值总额作为股本,贷记"股本"。按照长期股权投资初始投资成本与所发行股份面值总额之间的差额,贷记"资本公积——资本溢价或股本溢价"。

购买方为进行长期股权投资发生的审计、法律服务、评估咨询等中介费用以及其他相关费用,应于发生时计入当期损益,根据直接相关费用的价款借记"管理费用",根据可以抵扣的增值税,借记"应交税费——应交增值税(进项税额)"等科目,根据支付的全部款项贷记"银行存款"等科目。

通过多次交换交易,分步取得股权最终形成非同一控制下控股合并的,购买方在个别财务报表中,应当以购买日之前所持被购买方的股权投资的账面价值与购买日新增投资成本之和,作为该项投资的初始投资成本:

(1)形成控股合并前对长期股权投资采用权益法核算的,购买日长期股权投资的初始投资成本,为原权益法下的账面价值加上购买日为取得新的股份所支付对价的公允价值之和,购买日之前因权益法形成的其他综合收益或其他资本公积暂时不作处理,待到处置该项投资时将与其相关的其他综合收益或其他资本公积采用与被购买方直接处置相关资产或负债相同的基础上进行会计处理。

(2)形成控股合并前对股权投资采用金融工具准则以公允价值计量的(例如,原分类为以公允价值计量且其变动计入其他综合收益金融资产的非交易性权益工具投资),长期股权投资在购买日的初始投资成本为原公允价值计量的账面价值加上购买日取得新的股份所支付对价的公允价值之和,购买日之前持有的被购买方的股权涉及其他综合收益的,计入留存收益,不得转入当期损益。

【例题8-4】甲公司系增值税一般纳税人,2×19年发生了的交易事项如下:

(1)2×19年4月30日甲公司与乙公司的控股股东A公司签订股权转让协议,甲公司以一批资产作为对价支付给A公司,A公司以其所持有乙公司80%的股权作为支付对价。2×19年5月31日甲公司与A公司的股东大会批准收购协议。2×19年6月30日将作为对价的资产所有权转移给A公司,参与合并各方已办理了必要的财产权交接手续。甲公司于当日起控制乙公司财务和经营政策。

(2)2×19年6月30日甲公司作为对价的资产资料如下:
①交易性金融资产,账面价值20,000万元,公允价值23,130万元;
②固定资产(不动产),账面价值5,000万元,公允价值6,000万元;
③库存商品,账面价值4,800万元,公允价值5,000万元。

甲公司开出增值税专用发票,增值税销项税额为1,400万元。购买日乙公司可辨认净资产的账面价值为42,000万元,可辨认净资产的公允价值为43,800万元。此外,甲公司发生审计评估咨询费用330万元。

(3) 与 A 公司在交易前不存在任何关联方关系，合并前甲公司与乙公司未发生任何交易。甲公司与乙公司采用的会计政策相同。不考虑所得税影响。根据以上资料，编制甲公司取得长期股权投资的会计分录如下：

购买日合并商誉 = 35,530 − 43,800 × 80% = 490（万元）

借：长期股权投资	35,530
贷：交易性金融资产	20,000
投资收益	3,130
固定资产清理	5,000
资产处置损益	1,000
主营业务收入	5,000
应交税费——应交增值税（销项税额）	1,400
借：主营业务成本	4,800
贷：库存商品	4,800
借：管理费用	330
贷：银行存款	330

（三）未形成控股合并形成的长期股权投资

未形成控股合并形成的长期股权投资，其初始投资成本的计算方法与形成非同一控制下形成的控股合并相类似。但需要说明的是，未形成控股合并形成的长期股权投资中发生的审计、法律服务、评估咨询等中介费用以及其他相关费用应计入长期股权投资成本。

【例题 8-5】 甲公司于 2×19 年 1 月 10 日，购入乙公司 20% 的股份，实际支付价款 1,000 万元，另支付直接相关的费用、税金及其他必要支出 6 万元（不考虑增值税因素），并于同日完成了相关手续。甲公司取得该部分股权后能够对乙公司施加重大影响。根据以上资料，编制甲公司取得长期股权投资的会计分录如下：

借：长期股权投资	1,006
贷：银行存款	1,006

第三节　长期股权投资的后续计量

长期股权投资在持有期间，根据投资方对被投资单位的影响程度分别采用成本法及权益法进行核算。

一、长期股权投资核算的成本法

长期股权投资的后续计量，有成本法和权益法两种核算方法。其中，成本法适用于对子公司的长期股权投资，权益法适用于对合营企业和联营企业的长期股权投资。

采用成本法核算的长期股权投资，应按照初始投资成本计价，一般不予以变更，只有在追加或收回投资以及长期股权投资减值时，才调整长期股权投资的账面价值。

投资企业在被投资企业宣告发放现金股利时，应作为投资收益处理。借记"应收股利"等科目，贷记"投资收益"科目；收到现金股利时，应借记"银行存款"等科目，贷记"应收股利"等科目。

【例题8-6】2×18年12月31日，甲公司自非关联方处以银行存款80,000万元取得对乙公司80%的股权，另付评估审计费用600万元。相关手续于当日完成，并能够对乙公司实施控制。2×19年3月，乙公司宣告分派现金股利1,000万元，2×19年年末乙公司实现净利润为6,000万元。不考虑相关税费等其他因素影响。根据以上资料，编制甲公司取得长期股权投资的会计分录如下：

借：长期股权投资　　　　　　　　　　　　　　　　80,000
　　管理费用　　　　　　　　　　　　　　　　　　　　600
　　贷：银行存款　　　　　　　　　　　　　　　　80,600
借：应收股利　　　　　　　　　　　　　　　　　　　　800
　　贷：投资收益　　　　　　　　　　　　　　　　　　800

二、长期股权投资核算的权益法

（一）权益法的定义及其适用范围

权益法是指长期股权投资以初始投资成本计量后，在持有期间内，根据被投资单位所有者权益的变动，投资企业按应享有（或应分担）被投资企业所有者权益的份额调整其投资账面价值的方法。

长期股权投资核算的权益法，适用于实施共同控制的合营企业或投资企业对被投资企业具有重大影响的联营企业的长期股权投资后续计量。需要说明的是，投资企业对联营企业的权益性投资，其中一部分通过风险投资机构、共同基金、信托公司或包括投连险基金在内的类似主体间接持有的，无论以上主体是否对这部分投资具有重大影响，投资企业都可以将间接持有的该部分投资确认为交易性金融资产，并将其余部分确认为长期股权投资，采用权益法核算。

（二）权益法的核算

1. 权益法下初始投资成本的调整。

投资方取得对联营企业或合营企业的投资以后，对于取得投资时初始投资成本与应享有被投资单位可辨认净资产公允价值份额之间的差额，应区别情况处理。

初始投资成本大于取得投资时应享有被投资单位可辨认净资产公允价值份额的，该部分差额是投资方在取得投资过程中通过作价体现出的与所取得股权份额相对应的商誉价值，这种情况下不要求对长期股权投资的成本进行调整。

初始投资成本小于取得投资时应享有被投资单位可辨认净资产公允价值份额的，两者之间的差额体现为双方在交易作价过程中转让方的让步，该部分经济利益流入应计入取得投资当期的营业外收入，同时调整增加长期股权投资的账面价值。

【例题8-7】2×19年1月，A公司支付价款6,000万元取得B公司30%的股权，在取得B公司的股权后，能够对B公司施加重大影响。不考虑相关税费等其他因素影响。

（1）取得投资时，被投资单位净资产账面价值为15,000万元（假定被投资单位各项可辨认净资产的公允价值与其账面价值相同）。会计分录如下：

借：长期股权投资——投资成本　　　　　　　　　　　　　　6,000
　　贷：银行存款　　　　　　　　　　　　　　　　　　　　　6,000

（2）取得投资时被投资单位可辨认净资产的公允价值为24,000万元，（假定被投资单位各项可辨认净资产的公允价值与其账面价值相同）。会计分录如下：

借：长期股权投资——投资成本　　　　　　　　　　　　　　7,200
　　贷：银行存款　　　　　　　　　　　　　　　　　　　　　6,000
　　　　营业外收入　　　　　　　　　　　　　　　　　　　　1,200

2. 权益法下投资损益的确认。

投资企业取得长期股权投资后，按照应享有或应分担被投资单位实现净利润或者发生净亏损的份额，借记"长期股权投资——损益调整"科目，贷记"投资收益"科目。

采用权益法核算的长期股权投资，在确认应享有（或分担）被投资单位的净利润（或净亏损）时，在被投资单位账面净利润的基础上，应考虑以下因素的影响进行适当调整：

（1）被投资单位采用的会计政策和会计期间与投资方不一致的，应按投资方的会计政策和会计期间对被投资单位的财务报表进行调整，在此基础上确定被投资单位的损益。

（2）以取得投资时被投资单位固定资产、无形资产等的公允价值为基础计提的折旧额或摊销额，以及有关资产减值准备金额等对被投资单位净利润的影响。

被投资单位利润表中的净利润是以其持有的资产、负债账面价值为基础持续计算的，而投资方在取得投资时，是以被投资单位有关资产、负债的公允价值为基础确定投资成本，取得投资后应确认的投资收益代表的是被投资单位资产、负债在公允价值计量的情况下在未来期间通过经营产生的损益中归属于投资方的部分。投资方取得投资时，被投资单位有关资产、负债的公允价值与其账面价值不同的，未来期间，在计算归属于投资方应享有的净利润或应承担的净亏损时，应考虑被投资单位计提的折旧额、摊销额以及资产减值准备金额等进行调整。

值得注意的是，尽管在评估投资方对被投资单位是否具有重大影响时，应当考虑潜在表决权的影响，但在确定应享有的被投资单位实现的净损益、其他综合收益和其他所有者权益变动的份额时，潜在表决权所对应的权益份额不应予以考虑。

此外，如果被投资单位发行了分类为权益的可累积优先股等类似的权益工具，无论被投资单位是否宣告分配优先股股利，投资方计算应享有被投资单位的净利润时，均应将归属于其他投资方的累积优先股股利予以扣除。

【例题8-8】甲企业于20×5年1月取得乙公司30%的股权，在假定长期股权投资的初始投资成本大于取得投资时被投资单位可辨认净资产公允价值份额的情况下，取得投资当年被投资单位实现净利润2,400万元。投资企业与被投资单位均以公历年度作为会计年度，两者之间采用的会计政策相同。根据以上资料，编制甲公司确认投资收益的会计分录如下：

借：长期股权投资——损益调整　　　　　　　　　　　　　　　720

贷：投资收益　　　　　　　　　　　　　　　　　　　　　　　　　　　720

【例题8-9】 甲公司于20×7年1月10日购入乙公司30%的股份，购买价款为3,300万元，并自取得投资之日起派人参与乙公司的财务和生产经营决策。

　　取得投资当日，乙公司可辨认净资产公允价值为9,000万元，除表8-1所列项目外，乙公司其他资产、负债的公允价值与账面价值相同。

表8-1　　　　　　　　　　　　　　　　　　　　　　　　　　　　　　　　单位：万元

项目	账面原价	已提折旧或摊销	公允价值	乙公司预计使用年限	甲公司取得投资后剩余使用年限
存货	750		1,050		
固定资产	1,800	360	2,400	20	16
无形资产	1,050	210	1,200	10	8
合计	3,600	570	4,650		

　　假定乙公司于20×7年实现净利润900万元，其中在甲公司取得投资时的账面存货有80%对外出售。甲公司与乙公司的会计年度及采用的会计政策相同。固定资产、无形资产均按年限平均法（直线法）提取折旧或摊销，预计净残值均为0。假定甲、乙公司间未发生任何内部交易。

　　甲公司在确定其应享有的投资收益时，应在乙公司实现净利润的基础上，根据取得投资时乙公司有关资产的账面价值与其公允价值差额的影响进行调整（假定不考虑所得税影响）。

　　据以上资料，编制甲公司确认投资收益的会计分录如下：

　　存货账面价值与公允价值的差额应调减的利润 = (1,050 - 750) × 80%
　　　　　　　　　　　　　　　　　　　　　　 = 840 - 600 = 240（万元）

　　固定资产公允价值与账面价值差额应调整增加的折旧额 = [2,400 - (1,800 - 360)] ÷ 16 = 60（万元）

　　无形资产公允价值与账面价值差额应调整增加的摊销额 = [1,200 - (1,050 - 210)] ÷ 8 = 45（万元）

　　调整后的净利润 = 900 - 240 - 60 - 45 = 555（万元），甲公司应享有份额 = 555 × 30% = 166.50（万元）

　　确认投资收益的账务处理为：
　　借：长期股权投资——损益调整　　　　　　　　　　　　　　1,665,000
　　　贷：投资收益　　　　　　　　　　　　　　　　　　　　　　　1,665,000

　　在确认投资收益时，除考虑公允价值的调整外，对于投资企业与其联营企业及合营企业之间发生的未实现内部交易损益应予抵销。即投资企业与联营企业及合营企业之间发生的未实现内部交易损益按照持股比例计算归属于投资企业的部分应当予以抵销在此基础上确认投资损益。投资企业与被投资单位发生的内部交易损失，按照《企业会计准则第8号——资产减值》等规定属于资产减值损失的，应当全额确认。投资企业对于纳入其合并范围的子公司与其联营企业及合营企业之间发生的内部交易损益,也应当按照上述原则进行抵销,在此基础上确认投资损益。

需要说明的是,未实现内部交易损益的抵销既包括顺流交易也包括逆流交易,其中,顺流交易是指投资企业向其联营企业或合营企业出售资产,逆流交易是指联营企业或合营企业向投资企业出售资产。当未实现内部交易损益体现在投资企业或其联营企业、合营企业持有的资产账面价值中时,相关的损益在计算确认投资损益时应予抵销。

(1) 对于联营企业或合营企业向投资企业出售资产的逆流交易,在该交易存在未实现内部交易损益的情况下(即有关资产未对外部独立第三方出售),投资企业在采用权益法计算确认应享有联营企业或合营企业的投资损益时,应抵销该未实现内部交易损益的影响。当投资企业自其联营企业或合营企业购买资产时,在将该资产出售给外部独立的第三方之前,不应确认联营企业或合营企业因该交易产生的损益中本企业应享有的部分。

因逆流交易产生的未实现内部交易损益,在未对外部独立第三方出售之前,体现在投资企业持有资产的账面价值当中。投资企业对外编制合并财务报表的,应在合并财务报表中对长期股权投资及包含未实现内部交易损益的资产账面价值进行调整,抵销有关资产账面价值中包含的未实现内部交易损益,并相应调整对联营企业或合营企业的长期股权投资。

【例题8-10】甲企业于20×7年1月取得乙公司20%有表决权股份,能够对乙公司施加重大影响。假定甲企业取得该项投资时,乙公司各项可辨认资产、负债的公允价值与其账面价值相同。20×7年8月,乙公司将其成本为600万元的某商品以1,000万元的价格出售给甲企业,甲企业将取得的商品作为存货。至20×7年资产负债表日,甲企业仍未对外出售该存货。乙公司20×7年实现净利润为3,200万元。假定不考虑所得税因素。甲企业在按照权益法确认应享有乙公司20×7年净损益时,应进行以下账务处理:

乙公司经调整净利润 = 3,200 - (1,000 - 600) = 2,800(万元)
借:长期股权投资——损益调整　　　　　　　　　　　　5,600,000
　　贷:投资收益　　　　　　　　　　　　　　　　　　　　5,600,000

进行上述处理后,投资企业有子公司,需要编制合并财务报表的,在合并财务报表中,因该未实现内部交易损益体现在投资企业持有存货的账面价值当中,应在合并财务报表中进行以下调整:

借:长期股权投资——损益调整　　　　　　　　　　　　800,000
　　贷:存货　　　　　　　　　　　　　　　　　　　　　　800,000

假定在20×8年,甲企业将该商品以1,000万元的价格向外部独立第三方出售,因该部分内部交易损益已经实现,甲企业在确认应享有乙公司20×8年净损益时,应考虑将原未确认的该部分内部交易损益计入投资损益,即应在考虑其他因素计算确定的投资损益基础上调整增加80万元。

(2) 对于投资企业向联营企业或合营企业出售资产的顺流交易,在该交易存在未实现内部交易损益的情况下(即有关资产未向外部独立第三方出售),投资企业在采用权益法计算确认应享有联营企业或合营企业的投资损益时,应抵销该未实现内部交易损益的影响,同时调整对联营企业或合营企业长期股权投资的账面价值。当投资企业向联营企业或合营企业出售资产,同时有关资产由联营企业或合营企业持有时,投资方因出售资产应确认的损益仅限于与联营企业或合营企业其他投资者交易的部分。即在顺流交易中投资方投出资产或出售资产给其联营企业或合营企业产生的损益中,按照持股比例计算确定归属于本企业的部分不予确认。

需要注意的是,对于投资方与其联营企业、合营企业之间的顺流交易,相关抵销处理在投资方的个别财务报表与合并财务报表中亦存在差异。在投资方的个别财务报表中,因出售资产等体现为其个别利润表中的收入、成本等项目,考虑到个别财务报表反映的是独立的法律主体的经济利益变动情况,在有关资产流出投资方且投资方收取价款或取得收取价款等权利,满足收入确认条件时,因该未实现内部交易损益相应进行的调整无法调减上述收入和成本,在个别财务报表中仅能通过长期股权投资的损益确认予以体现。在投资方编制合并财务报表时,因合并财务报表体现的是会计主体的理念,有关未实现的收入和成本可以在合并财务报表中予以抵销,相应地调整原权益法下确认的投资收益。

【例题 8-11】甲企业持有乙公司 20% 有表决权股份,能够对乙公司的财务和生产经营决策施加重大影响。20×7 年,甲企业将其账面价值为 600 万元的商品以 1,000 万元的价格出售给乙公司。至 20×7 年资产负债表日,该批商品尚未对外部第三方出售。假定甲企业取得该项投资时,乙公司各项可辨认资产、负债的公允价值与其账面价值相同,两者在以前期间未发生过内部交易。乙公司 20×7 年净利润为 2,000 万元。假定不考虑所得税因素。甲企业在该项交易中实现利润 400 万元,其中的 80 万元(400×20%)是针对本企业持有的对联营企业的权益份额,在采用权益法计算确认投资损益时应予抵销,即甲企业应当编制的会计分录为:

借:长期股权投资——损益调整　　　　　　　　　　3,200,000
　　贷:投资收益　　　　　　　　　　　　　　　　　　　　3,200,000

甲企业如需编制合并财务报表,在合并财务报表中对该未实现内部交易损应在个别报表已确认投资损益的基础上进行以下调整:

借:营业收入　　　　　　　　　　　　　　　　　　2,000,000
　　贷:营业成本　　　　　　　　　　　　　　　　　　　　1,200,000
　　　　投资收益　　　　　　　　　　　　　　　　　　　　　800,000

3. 权益法下被投资企业分派股利的处理。

按照权益法核算的长期股权投资,投资企业自被投资单位取得的现金股利或利润,应抵减长期股权投资的账面价值。在被投资单位宣告分派现金股利或利润时,借记"应收股利"科目,贷记"长期股权投资(损益调整)"科目。

4. 权益法下超额亏损的确认。

按照权益法核算的长期股权投资,投资企业确认应分担被投资单位发生的损失,原则上应以长期股权投资及其他实质上构成对被投资单位净投资的长期权益减记至零为限,投资企业负有承担额外损失义务的除外。这里所讲的"其他实质上构成对被投资单位净投资的长期权益"通常是指长期应收项目,例如,企业对被投资单位的长期债权,该债权没有明确的清收计划;且在可预见的未来期间不准备收回的,实质上构成对被投资单位的净投资,但不包括企业与被投资单位之间因销售商品提供劳务等日常活动所产生的长期债权。投资企业在确认应分担被投资单位发生的亏损时,具体应按照以下顺序处理:

(1)减记长期股权投资的账面价值。

(2) 在长期股权投资的账面价值减记至零的情况下，对于未确认的投资损失应考虑除长期股权投资以外，投资方的账面上是否有其他实质上构成对被投资单位净投资的长期权益项目，如果有，则应以其他长期权益的账面价值为限，继续确认投资损失冲减长期应收项目等的账面价值。

(3) 经过上述处理，按照投资合同或协议约定，投资企业仍需要承担额外损失弥补等义务的，应按预计将承担的义务金额确认预计负债，计入当期投资损失。

企业在实务操作过程中，在发生投资损失时，应借记"投资收益"科目，贷记"长期股权投资——损益调整"科目。在长期股权投资的账面价值减记至零以后，考虑其他实质上构成对被投资单位净投资的长期权益，继续确认的投资损失，应借记"投资收益"科目，贷记"长期应收款"等科目；因投资合同或协议约定导致投资企业需要承担额外义务的，按照或有事项准则的规定，对于符合确认条件的义务，应确认为当期损失，同时确认预计负债，借记"投资收益"科目，贷记"预计负债"科目。除上述情况外仍未确认的应分担被投资单位的损失，应在账外备查登记。

在确认了有关的投资损失以后，被投资单位于以后期间实现盈利的，应按以上相反顺序分别减记账外备查登记的金额、已确认的预计负债、恢复其他长期权益及长期股权投资的账面价值，同时确认投资收益。即应当按顺序分别借记"预计负债""长期应收款""长期股权投资"等科目，贷记"投资收益"科目。

【例题 8-12】甲企业持有乙企业 40% 的股权，能够对乙企业施加重大影响。20×4 年 12 月 31 日该项长期股权投资的账面价值为 6,000 万元。乙企业 20×5 年由于一项主要经营业务市场条件发生变化，当年度亏损 9,000 万元。假定甲企业在取得该投资时，乙企业各项可辨认资产、负债的公允价值与其账面价值相等，双方所采用的会计政策及会计期间也相同。则甲企业当年度应确认的投资损失为 3,600 万元。确认上述投资损失后，长期股权投资的账面价值变为 2,400 万元。甲企业应编制如下会计分录：

借：投资收益　　　　　　　　　　　　　　　　　　　　　36,000,000
　　贷：长期股权投资——损益调整　　　　　　　　　　　　　36,000,000

【例题 8-13】承前例，若乙企业当年度的亏损额为 18,000 万元，则甲企业按其持股比例确认应分担的损失为 7,200 万元，但长期股权投资的账面价值仅为 6,000 万元，如果没有其他实质上构成对被投资单位净投资的长期权益项目，则甲企业应确认的投资损失仅为 6,000 万元，超额损失在账外进行备查登记；在确认了 6,000 万元的投资损失，长期股权投资的账面价值减记至零以后，如果甲企业账上仍有应收乙企业的长期应收款 2,400 万元，该款项从目前情况看，没有明确的清偿计划（并非产生于商品购销等日常活动），则在长期应收款的账面价值大于 1,200 万元的情况下，应以长期应收款的账面价值为限进一步确认投资损失 1,200 万元。甲企业应进行的账务处理为：

借：投资收益　　　　　　　　　　　　　　　　　　　　　60,000,000
　　贷：长期股权投资——损益调整　　　　　　　　　　　　　60,000,000
借：投资收益　　　　　　　　　　　　　　　　　　　　　12,000,000
　　贷：长期应收款　　　　　　　　　　　　　　　　　　　12,000,000

5. 权益法下其他综合收益的处理。

采用权益法进行长期股权投资的核算，被投资企业除净损益以外所有者权益的增加，投资企业应调整长期股权投资的账面价值,并计入其他综合收益,借记"长期股权投资——其他综合收益调整"科目,贷记"其他综合收益"科目。如果被投资企业除净损益以外所有者权益减少,投资企业做相反的处理。

【例题 8-14】 甲公司持有乙公司 25% 的股份,并能对乙公司施加重大影响。当期,乙公司将作为存货的房地产转换为以公允价值模式计量的投资性资房地产,转换日公允价值大于账面价值 1,500 万元,计入了其他综合收益。不考虑其他因素,甲公司当期按照权益法核算应确认的其他综合收益的会计处理如下:

按权益法核算甲公司应确认的其他综合收益 = 1,500 × 25% = 375(万元)

  借:长期股权投资——其他综合收益   3,750,000
    贷:其他综合收益   3,750,000

6. 权益法下被投资单位所有者权益其他变动的处理。

采用权益法核算时,投资企业对于被投资单位除净损益、其他综合收益以及利润分配以外所有者权益的其他变动,应按照持股比例与被投资单位所有者权益的其他变动计算的归属于本企业的部分,相应调整长期股权投资的账面价值,同时增加或减少资本公积(其他资本公积)。

【例题 8-15】 甲企业持有丙企业 30% 的股份,能够对丙企业施加重大影响。丙企业为上市公司,当期丙企业的母公司给予丙公司捐赠 1,000 万元,该捐赠实质上属于资本性投入,丙公司将其计入资本公积(股本溢价)。不考虑其他因素,甲企业按权益法作如下会计处理:

甲企业在确认应享有被投资单位所有者权益的其他变动 = 1,000 × 30% = 300(万元)

  借:长期股权投资——其他权益变动   3,000,000
    贷:资本公积——其他资本公积   3,000,000

三、长期股权投资的减值和处置

(一)长期股权投资的减值

长期股权投资在按照规定进行核算确定其账面价值的基础上,如果存在减值迹象,应当按照相关准则的规定计提减值准备。其中,对子公司、联营企业及合营企业的投应当按照《企业会计准则第8号——资产减值》的规定确定其可收回金额及应予计提减值准备,需要说明的是,长期股权投资的减值准备在计提以后,不允许转回。

(二)长期股权投资的处置

长期股权投资处置,其账面价值与实际取得价款的差额计入当期损益。投资企业应根据实际收到的价款,借记"银行存款"等科目,根据处置长期股权投资的账面价值,贷记"长期股权投资"等科目;根据两者的差额,借记或贷记"投资收益"科目。采用权益法核算的长期股权投资,因被企业除净损益以外所有者权益的其他变动而计入其他综合收益的数额,也应转当期损益。

第四节 长期股权投资核算方法的转换

企业在投资期间由于追加投资或者处置部分投资，会使投资企业与被投资企业的关系发生变化，其长期股权投资的后续计量方法应该随之进行相应的调整。

一、成本法转为权益法

投资企业因处置部分投资对被投资企业不再具有控制权，但仍存在共同控制或重大影响的，应当将剩余投资改按权益法进行核算，并对该剩余股权视同自取得时即采用权益法核算进行调整。剩余长期股权投资账面价值大于原投资时按照剩余持股比例计算应享有被投资企业可辨认净资产公允价值份额的差额，视为商誉，不需要对剩余长期股权投资的初始成本进行调整；剩余长期股权投资账面价值小于原投资时按照剩余持股比例计算应享有被投资企业可辨认净资产公允价值份额的差额，应在调整长期股权投资初始成本的同时调整期初留存收益。

对于原投资日至处置日之间被投资企业实现的以公允价值为基础计量的净利润、分配现金股利和所有者权益的其他变动，投资企业应采用权益法进行追溯调整，在调整长期股权投资账面价值的同时，调整期初留存收益、当期投资收益和其他综合收益。

【例题8-16】甲公司2×19年至2×20年发生如下投资业务：

（1）2×19年1月2日，甲公司以一项投资性房地产作为对价从非关联方购入丁公司股权，取得丁公司60%的股权并取得控制权，投资性房地产的公允价值为6,300万元，账面价值为5,000万元（其中成本为2,000万元，公允价值变动3,000万元），该项房地产在由自用房地产转为投资性房地产时确认了其他综合收益1,000万元。丁公司可辨认净资产公允价值总额为10,000万元（假定公允价值与账面价值相同）。甲公司和丁公司在合并前后未受同一方最终控制，当日起甲公司主导丁公司财务和经营政策。

（2）2×19年丁公司实现净利润1,000万元，丁公司当期将一项作为存货的房地产转换为以公允价值模式计量的投资性房地产，转换日公允价值比账面价值大180万元，确认了相关的其他综合收益；丁公司重新计量设定受益计划净负债或净资产所产生的变动为（增加）20万元，丁公司除净损益、其他综合收益和利润分配以外的其他所有者权益变动（增加）为100万元。假定丁公司一直未进行利润分配。

（3）2×20年7月1日，甲公司将其持有的对丁公司40%的股权出售给某企业，出售取得价款5,000万元，甲公司出售丁公司股权后仍持有丁公司20%的股权，并在丁公司董事会指派了一名董事。对丁公司长期股权投资由成本法改为按照权益法核算。2×20年前6个月丁公司实现的净利润为560万元，分配现金股利60万元，2×20年7月1日丁公司可辨认净资产公允价值总额为9,790万元（包括丁公司一项X存货公允价值高于账面价值的差额为90万元）。甲公司按净利润的10%提取盈余公积。

分析：

（1）甲公司在2×19年1月2日的会计处理如下：

借：长期股权投资　　　　　　　　　　　　　　　　　　　　　6,300
　　贷：其他业务收入　　　　　　　　　　　　　　　　　　　6,300
借：其他业务成本　　　　　　　　　　　　　　　　　　　　　1,000
　　公允价值变动损益　　　　　　　　　　　　　　　　　　　3,000
　　其他综合收益　　　　　　　　　　　　　　　　　　　　　1,000
　　贷：投资性房地产　　　　　　　　　　　　　　　　　　　5,000

合并商誉＝6,300－10,000×60%＝300（万元）。

（2）2×20年前6个月丁公司分配现金股利60万元：

借：应收股利　　　　　　　　　　　　　　　　　　　　　　　36
　　贷：投资收益　　　　　　　　　　　　　　　　　　　　　36
借：银行存款　　　　　　　　　　　　　　　　　　　　　　　36
　　贷：应收股利　　　　　　　　　　　　　　　　　　　　　36

（3）甲公司在2×20年7月1日的会计处理如下：

2×20年7月1日确认长期股权投资处置损益：

借：银行存款　　　　　　　　　　　　　　　　　　　　　　5,000
　　贷：长期股权投资　　　　　　　　　　　　　　　　　　4,200
　　　　投资收益　　　　　　　　　　　　　　　　　　　　　800

2×20年7月1日调整长期股权投资账面价值：

剩余长期股权投资的账面价值＝6,300－4,200＝2,100（万元），大于原投资时应享有被投资单位可辨认净资产公允价值的份额2,000万元（10,000×20%），差额100万元为商誉，不需要根据该部分商誉的价值对长期股权投资的成本进行调整。

处置部分投资以后按照剩余持股比例计算享有被投资单位自购买日至处置投资当期期初之间实现的净损益的份额为200（1,000×20%）万元，应调整增加长期股权投资的账面价值，同时调整留存收益；处置期初至处置日之间实现的净损益的份额为100（500×20%）万元，应调整增加长期股权投资的账面价值，同时计入当期投资收益。

借：长期股权投资——损益调整　　　　　　　　　　　　　　　300
　　　　　　　　　——其他综合收益　　　　　　　　　　　　　40
　　　　　　　　　——其他权益变动　　　　　　　　　　　　　20
　　贷：盈余公积　　　　　　　　　　　　　　　　　　　　　 20
　　　　利润分配——未分配利润　　　　　　　　　　　　　　180
　　　　投资收益　　　　　　　　　　　　　　　　　　　　　100
　　　　其他综合收益　　　　　　　　　　　　　　　　　　　 40
　　　　资本公积——其他资本公积　　　　　　　　　　　　　 20

二、公允价值计量或权益法转为成本法

因追加投资原因导致原持有的分类为以公允价值计量且其变动计入当期损益的金融资产，或非交易性权益工具投资类为公允价值计量且其变动计入其他综合收益的金融资产，以及对联营企业或合营企业的投资转变为对子公司投资的，长期股权投资账面价值的调整

应当按照本章关于对子公司投资初始计量的相关规定处理。

对于原作为金融资产,转换为采用成本法核算的对子公司投资的,如果有关金融资产分类为以公允价值计量且其变动计入当期损益的金融资产,则应当按照转换时的公允价值确认为长期股权投资;如果非交易性权益工具投资分类为以公允价值计量且其变动计入其他综合收益的金融资产,则应按照转换时的公允价值确认长期股权投资,原确认计入其他综合收益的累计公允价值变动应结转计入留存收益,不得计入当期损益。

【例题 8-17】 甲公司于20×8年3月以2,000万元取得丁上市公司5%的股权,对丁公司不具有重大影响,甲公司将其分类为以公允价值计量且其变动计入当期损益的金融资产,按公允价值计量。20×9年4月1日,甲公司又斥资25,000万元自丙公司取得丁公司另外50%的股权。假定甲公司在取得对丁公司的长期股权投资后,丁公司未宣告发放现金股利。甲公司原持有丁公司5%的股权于20×9年3月31日的公允价值为2,500万元(与20×9年4月1日的公允价值相等),累计计入公允价值变动损益的金额为500万元。甲公司与丙公司不存在任何关联方关系。假定不考虑所得税影响。相关会计处理如下:

  借:长期股权投资   275,000,000
    贷:交易性金融资产   25,000,000
      银行存款   250,000,000

【例题 8-18】 甲公司于20×8年3月以12,000万元取得丁公司20%的股权,并能对丁公司施加重大影响,采用权益法核算该项股权投资,当年度确认对丁公司的投资收益450万元。20×9年4月,甲公司又斥资15,000万元自丙公司取得丁公司另外35%的股权。丁公司除净利润以外,无其他所有者权益变动,按净利润的10%提取盈余公积。甲公司对该项长期股权投资未计提任何减值准备。其他资料同上。假定不考虑所得税影响。相关会计处理如下:

  (1)借:长期股权投资——投资成本   120,000,000
      贷:银行存款   120,000,000
  借:长期股权投资——损益调整   4,500,000
    贷:投资收益   4,500,000
  (2)借:长期股权投资——丁公司   150,000,000
      贷:银行存款   150,000,000
  借:长期股权投资——丁公司   124,500,000
    贷:长期股权投资——投资成本   120,000,000
         ——损益调整   4,500,000

三、公允价值计量转为权益法

投资企业对原持有的被投资单位的股权不具有控制、共同控制或重大影响,按照金融工具确认和计量准则进行会计处理的,因追加投资等原因导致持股比例增加,使其能够对被投资单位实施共同控制或重大影响而转按权益法核算的,应在转换日,按照原股权的公允价值加上为取得新增投资而应支付对价的公允价值,作为改按权益法核算的初始投资成本；如果原投资属于分类为公允价值计量且其变动计入其他综合收益的非交易性权益工具投资，则与其相关的原计入其他综合收益的累计公允价值变动转入改按权益法核算当期的留存收益，不得计入当期损益。在此基础上，比较初始投资成本与获得被投资单位共同控制或重大影响时应享有被投资单位可辨认净资产公允价值份额之间的差额。前者大于后者的，不调整长期股权投资的账面价值；前者小于后者的，调整长期股权投资的账面价值，并计入当期营业外收入。

【例题 8-19】甲公司于 20×5 年 2 月取得乙公司 10% 的股权，对乙公司不具有控制、共同控制和重大影响，甲公司将其分类为以公允计量且其变动计入其他综合收益的非交易性权益工具投资的金融资产，投资成本为 900 万元。

20×6 年 3 月 1 日，甲公司又以 1,800 万元取得乙公司 12% 的股权，当日乙公司可辨认净资产公允价值总额为 12,000 万元。取得该部分股权后，按照乙公司章程规定，甲公司能够派人参与乙公司的财务和生产经营决策，对该项长期投资为采用权益法核算。假定甲公司在取得对乙公司 10% 的股权后，双方未发生任何内部交易，未派发现金股利或利润。除所实现净利润外，未发生其他所有者权益变动事项。20×6 年 3 月 1 日，甲公司对乙公司投资原 10% 的股权的公允价值为 1,300 万元，原计入其他综合收益的累计公允价值变动收益为 400 万元。

分析：20×6 年 3 月 1 日，甲公司对乙公司投资原 10% 的股权的公允价值为 1,300 万元，因追加投资改按权益法核算，原计入其他综合收益的累计公允价值变动收益 400 万元转入留存收益。

甲公司对乙公司股权增持后，持股比例改为 22%，初始投资成本为 3,100 万元（1,300 + 1,800），应享有乙公司可辨认净资产公允价值份额为 2,640 万元（12,000 × 22%），前者大于后者 460 万元，不调整长期股权投资的账面价值。

甲公司对上述交易的会计处理如下：

借：长期股权投资——投资成本　　　　　　　　　　31,000,000
　　贷：银行存款　　　　　　　　　　　　　　　　18,000,000
　　　　其他权益工具投资　　　　　　　　　　　　13,000,000
借：其他综合收益　　　　　　　　　　　　　　　　4,000,000
　　贷：盈余公积　　　　　　　　　　　　　　　　　　400,000
　　　　利润分配——未分配利润　　　　　　　　　3,600,000

四、权益法转为公允价值计量核算

投资企业原持有的被投资单位的股权对其具有共同控制成重大影响，因部分处置等原因导致持股比例下降，不能再对被投资单位实施共同控制成重大影响的，应于失去共同控制或重大影响时，改按金融工具确认和计量准则的规定对剩余股权进行会计处理。即对剩余股权在改按公允价值计量时，公允价值与其原账面价值之间的差额计入当期损益。同时，原采用权益法核算的相关其他综合收益应当在终止采用权益法核算时，采用与被投资单位直接处置相关资产或负债相同的基础进行会计处理；因被投资单位除净损益、其他综合收益和利润分配以外的其他所有者权益变动而确认的所有者权益，应当在终止采用权益法时全部转入当期损益。

【例题 8-20】

（1）确认长期股权投资的处置损益：

借：银行存款	18,000,000	
贷：长期股权投资		16,000,000
投资收益		2,000,000

（2）因与对乙公司投资相关的其他综合收益为被投资公司持有的非交易性权益工具投资的公允价值变动，由于终止采用权益法核算，将原确认的相关其他综合收益全部转入留存收益：

借：其他综合收益	2,000,000	
贷：盈余公积		200,000
利润分配——未分配利润		1,800,000

（3）由于终止采用权益法核算，将原计入资本公积的其他所有者权益变动全部转入当期损益：

借：资本公积——其他资本公积	1,000,000	
贷：投资收益		1,000,000

（4）剩余股权投资转为以公允价值计量且其变动计入其他综合收益的金融资产，当日公允价值为 1,800 万元，账面价值为 1,600 万元，两者差额并计入当期损益：

借：其他权益工具投资	18,000,000	
贷：长期股权投资		16,000,000
投资收益		2,000,000

五、成本法转公允价值计量的核算

投资企业原持有被投资单位的股份使其能够对被投资单位实施控制，其后因部分处置等原因导致持股比例下降，不能对被投资单位实施控制，同时对被投资单位亦不具有共同控制能力或重大影响的，应将剩余股权改按金融工具确认和计量准则的要求进行会计处理，并于丧失控制权日将剩余股权按公允价值重新计量，公允价值与其账面价值的差额计入当期损益。

【例题 8-21】 甲公司持有乙公司 60% 的股权并能控制乙公司，投资成本为 1,200 万元，按成本法核算。20×8 年 5 月 12 日，甲公司出售所持乙公司股权的 90% 给非关联方，所得价款为 1,080 万元，剩余 6% 股权于丧失控制权日的公允价值为 200 万元，甲公司将其分类为以公允价值计量且其变动计入当期损益的金融资产。假定不考虑其他因素，甲公司于丧失控制权日的会计处理如下：

（1）出售股权：

借：银行存款	18,000,000	
贷：长期股权投资		10,800,000
投资收益		7,200,000

（2）剩余股权的处理：

借：交易性金融资产	2,000,000	

贷：长期股权投资　　　　　　　　　　　　　　　　1,200,000
　　　　投资收益　　　　　　　　　　　　　　　　　　　　800,000

第五节　合营安排

一、合营安排的概念及认定

合营安排是指一项由两个或两个以上的参与方共同控制的安排。其主要特征包括：

（1）各参与方均受到该安排的约束。合营安排通过相关约定对各参与方予以约束。相关约定，是指据以判断是否存在共同控制的一系列具有执行力的合约。在形式上，相关约定通常包括合营安排各参与方达成的合同安排，如合同、协议、会议纪要、契约等，也包括对该安排构成约束的法律形式本身。在内容上，相关约定包括但不限于对以下内容的约定：一是对合营安排的目的、业务活动及期限的约定；二是对合营安排的治理机构（如董事会或类似机构）成员的任命方式的约定；三是对合营安排相关事项的决策方式的约定，包括哪些事项需要参与方决策、参与方的表决权情况、决策事项所需的表决权比例等内容，合营安排相关事项的决策方式是分析是否存在共同控制的重要因素；四是对参与方需要提供的资本或其他投入的约定；五是对合营安排的资产、负债、收入、费用、损益在参与方之间的分配方式的约定。

（2）两个或两个以上的参与方对该安排实施共同控制。共同控制不同于控制，共同控制由两个或两个以上的参与方实施，而控制由单一参与方实施。共同控制也不同于重大影响，享有重大影响的参与方只拥有参与安排的财务和经营政策的决策权力，但并不能够控制或者与其他方一起共同控制这些政策的制定。

【例题8-22】A公司、B公司、C公司对D公司的表决权比例分别为50%、40%及10%。D公司的主要经营活动为医药产品的研发、生产、销售及相关健康产品服务，其最高权力机构为股东会，所有重大决策需要75%以上表决权通过方可做出。

分析：A公司、B公司合计拥有D公司90%的表决权，超过了75%的表决权要求，当且仅当A公司、B公司均同意时，D公司的重大决策方能表决通过，C公司的意愿并不能起到影响表决是否通过的决定性作用。因此D公司为一项合营安排，没有任何一方能够单独控制D公司，A公司与B公司对D公司实施共同控制，C公司虽然作为D公司的股东，属于该合营安排的一方，但并不具有共同控制权。

二、共同控制及其判断原则

（一）共同控制的概念

共同控制，是指按照相关约定对某项安排所共有的控制，并且该安排的相关活动必须经过分享控制权的参与方一致同意后才能决策。

(二) 共同控制的判断原则

在判断是否存在共同控制时，首先判断是否由所有参与方或参与方组合集体控制该安排，其次再判断该安排相关活动的决策是否必须经过这些参与方一致同意。相关活动是指对某项安排的回报产生重大影响的活动。某项安排的相关活动应当根据具体情况进行判断，通常包括商品或劳务的销售和购买、金融资产的管理、资产的购买和处置、研究与开发活动以及融资活动等。

1. 集体控制。

如果所有参与方或一组参与方必须一致行动才能决定某项安排的相关活动，则称所有参与方或一组参与方集体控制该安排。在判断集体控制时，需要注意以下几点：

（1）集体控制不是单独一方控制。如果某一个参与方能够单独主导该安排中的相关活动，则为控制。如果一组参与方或所有参与方联合起来才能够主导该安排中的相关活动，则为集体控制。即，在集体控制下，不存在任何一个参与方能够单独控制某安排的情况，而是由一组参与方或所有参与方联合起来才能控制该安排。

（2）尽管所有参与方联合起来一定能够控制该安排，但集体控制下，集体控制该安排的组合指的是那些既能联合起来控制该安排，又使参与方数量是最少的一个或几个参与方组合。

【例题 8-23】假设 A 公司、B 公司、C 公司、D 公司共同设立 E 公司，并分别持有 E 公司 60%、20%、10% 和 10% 的表决权股份。协议约定，E 公司相关活动的决策需要 50% 以上表决权通过方可做出。

分析：E 公司的表决权安排使得 A 公司能够单独主导 E 公司的相关活动，只要 A 公司享有 E 公司的可变回报并有能力运用其权力影响 E 公司的可变回报，A 公司无须与其他参与方联合，即可控制 E 公司。因此，E 公司是 A 公司的子公司，而不是一项合营安排。

【例题 8-24】假设 A 公司、B 公司、C 公司、D 公司分别持有 E 公司 40%、30%、20% 和 10% 的表决权股份，E 公司相关活动的决策需要 85% 以上表决权通过方可做出。

分析：E 公司的表决权安排使得 A 公司、B 公司、C 公司、D 公司任何一方均不能单独控制 E 公司；参与方组合可能的形式有很多种，但 A 公司、B 公司、C 公司联合起来（40% + 30% + 20% = 90%）即可控制 E 公司，且 A 公司、B 公司、C 公司是联合起来能够控制 E 公司的参与方数量最少的组合。因此，称 A 公司、B 公司、C 公司集体控制 E 公司，而不是 A 公司、B 公司、C 公司、D 公司集体控制 E 公司。

2. 相关活动的决策。

主体应当在确定是由参与方组合集体控制该安排，而不是某一参与方单独控制该安排后，再判断这些集体控制该安排的参与方是否共同控制该安排。当且仅当相关活动的决策要求集体控制该安排的参与方一致同意时，才存在共同控制。

存在共同控制时，有关合营安排相关活动的所有重大决策必须经分享控制权的各方一致同意。一致同意的规定保证了对合营安排具有共同控制的任何一个参与方均可以阻止其他参与方在未经其同意的情况下就相关活动单方面做出决策。

"一致同意"中，并不要求其中一方必须具备主动提出议案的权力，只要具备对合营安排相关活动的所有重大决策予以否决的权力即可；也不需要该安排的每个参与方都一致同意,只要那些能够集体控制该安排的参与方意见一致,就可以达成一致同意。

【例题 8-25】 A 公司与 B 公司各持有 C 公司 50% 的表决权,C 公司的主要经营活动为研究和开发前沿新药。根据 C 公司的章程以及 A 公司、B 公司之间签订的合资协议,C 公司的最高权力机构为董事会。董事会由 5 名董事组成,A 公司派出 4 名代表,其中 1 名代表任董事长,B 公司派出 1 名代表。所有相关活动的决策需要 2/3 以上董事表决通过方可做出。但是,B 公司派出的董事对所有重大事项具备一票否决权。由于 A 公司自身为新药研发行业内的领先企业,具备丰富的行业知识,而 B 公司自身的主要经营范围并非新药研发领域,因此,除财务总监由 B 公司派出外,C 公司包括总经理、研发总监在内的其他高级管理人员均由 A 公司派出。

分析:虽然 A 公司派出的董事人数为 4 人,超过董事总人数的 2/3,然而鉴于 B 公司的董事对 C 公司的重大事项具有一票否决权,因此,A 公司不能单方面控制 C 公司,而是与 B 公司一起对 C 公司实施共同控制。有时,相关约定中设定的决策方式也可能暗含需要达成一致同意。例如,假定两方建立一项安排,在该安排中双方各持有 50% 的表决权。双方约定,对相关活动做出决策至少需要 51% 的表决权。在这种情况下,意味着双方同意共同控制该安排,因为如果没有双方的一致同意,就无法对相关活动做出决策。

3. 争议解决机制。

在分析合营安排的各方是否共同分享控制权时,要关注对于争议解决机制的安排。相关约定可能包括处理纠纷的条款,如仲裁。这些条款可能允许具有共同控制的各参与方在没有达成一致意见的情况下进行决策。这些条款的存在不会妨碍该安排构成共同控制的判断,因此,也不会妨碍该安排成为合营安排。但是,值得注意的是,如果在各方未就相关活动的重大决策达成一致意见的情况下,其中一方具备"一票通过权"或者潜在表决权等特殊权力,则需要仔细分析,很可能具有特殊权力的一方实质上具备控制权。

【例题 8-26】 A 公司与 B 公司各持有 C 公司 50% 的股权,C 公司的主要经营活动为家用电器、电子产品及配件等的连锁销售和服务。根据 C 公司的章程以及 A 公司、B 公司之间签订的合资协议,C 公司的最高权力机构为股东会。所有重大事项均须 A 公司、B 公司派出的股东代表一致表决通过。如果双方经过合理充分协商仍无法达成一致意见时,A 公司股东代表享有"一票通过权",即最终以 A 公司的股东代表的意见为最终方案。

分析:由于 A 公司实质上可以单方面主导 C 公司相关活动的决策,因此 A 公司具有控制权,C 公司并非合营安排。在分析争议解决机制时,还需要关注参与方是否拥有期权等潜在表决权。

【例题 8-27】 承前例,与前例所不同的是,A 公司并不享有"一票通过权"而是持有购买 B 公司持有的 C 公司全部 50% 股权的期权。当 A 公司、B 公司双方经过合理充分协商仍无法达成一致意见时,A 公司可以随时行使该期权。期权的行权价格以行权时点 C 公司股权的公允价值为依据确定。

分析:当 A 公司、B 公司意见不一致时,A 公司可以随时通过买断 B 公司持有的 C 公司股权的方式,使 A 公司的决定得到通过,且期权的行权价格和条件并未被设定为具有实质性障碍。在这种情况下,若无其他相反证据,则 A 公司实质上对 C 公司具有控制权。

4. 仅享有保护性权利的参与方不享有共同控制。

保护性权利是指仅为了保护权利持有人利益却没有赋予持有人对相关活动进行决策的

一项权利。保护性权利通常只能在合营安排发生根本性改变或某些例外情况发生时才能够行使，它既没有赋予其持有人对合营安排拥有权力，也不能阻止其他参与方对合营安排拥有权力。

【例题 8-28】 A公司、B公司、C公司签订了一份合同，设立某法人主体从事汽车的生产和销售。合同中规定，A公司、B公司一致同意即可主导该主体的所有相关活动，并不需要C公司表示同意，但若主体资产负债率达到50%，C公司具有对该主体公开发行债券或权益工具的否决权。

分析：由于公开发行债券或权益工具通常代表了该主体经营中的根本性改变，因而是保护性权利。由于合同明确规定需要A公司和B公司的一致同意才能主导该主体的相关活动，因而A公司和B公司能够共同控制该主体。尽管C公司也是该主体的参与方，但由于C公司仅对该主体拥有保护性权利，因此C公司不是共同控制该主体的参与方。

5. 一项安排的不同活动可能分别由不同的参与方或参与方组合主导。

在不同阶段，一项安排可能发生不同的活动，从而导致不同参与方可能主导不同相关活动，或者共同主导所有相关活动，不同参与方分别主导不同相关活动时，相关的参与方需要分别评估自身是否拥有主导对回报产生最重大影响的活动的权利，从而确定是否能够控制该项安排，而不是与其他参与方共同控制该项安排。

三、合营安排中的不同参与方

只要两个或两个以上的参与方对该安排实施共同控制，一项安排就可以被认定为合营安排，并不要求所有参与方都对该安排享有共同控制。对合营安排享有共同控制的参与方（分享控制权的参与方）被称为"合营方"；对合营安排不享有共同控制的参与方被称为"非合营方"。

四、合营安排的分类

合营安排分为共同经营和合营企业。共同经营，是指合营方享有该安排相关资产且承担该安排相关负债的合营安排。合营企业，是指合营方仅对该安排的净资产享有权利的合营安排。合营方应当根据其在合营安排的正常经营中享有的权利和承担的义务，来确定合营安排的分类。在实务中，主体可以从合营安排是否通过单独主体达成为起点，判断一项合营安排是共同经营还是合营企业。

（1）单独主体。

单独主体，是指具有单独可辨认的财务架构的主体，包括单独的法人主体和不具备法人主体资格但法律所认可的主体。单独主体并不一定要具备法人资格，但必须具有法律所认可的单独可辨认的财务架构，确认某主体是否属于单独主体必须考虑适用的法律法规。

具有可单独辨认的资产、负债、收入、费用、财务安排和会计记录，并且具有一定法律形式的主体，构成法律认可的单独可辨认的财务架构。合营安排最常见的形式包括有限责任公司、合伙企业、合作企业等。在某些情况下，信托、基金也可被视为单独主体。

（2）合营安排未通过单独主体达成。

当合营安排未通过单独主体达成时，该合营安排为共同经营。在这种情况下，合营方通常通过相关约定享有与该安排相关资产的权利,并承担与该安排相关负债的义务,同时,享有相应收入的权利,并承担相应费用的责任,因此该合营安排应当划分为共同经营。

【例题8-29】 A公司、B公司、C公司建立了一项共同制造汽车的安排。协议约定:该安排相关活动的决策需要A公司、B公司、C公司一致同意方可做出;A公司负责生产并安装汽车发动机,B公司负责生产汽车车身和底盘,C公司负责生产其他部件并进行组装;A公司、B公司、C公司负责各自部分的成本费用,如人工成本、生产成本等;汽车实现对外销售后,A公司、B公司、C公司各自获得销售收入的1/3。

分析:由于关于该安排相关活动的决策需要A公司、B公司、C公司一致同意方可做出,因而A公司、B公司、C公司共同控制该安排,该安排为合营安排。由于A公司、B公司、C公司只是各自负责汽车制造的相应部分,并未成立一个单独主体,因此该合营安排不可能是合营企业,只可能是共同经营。

【例题8-30】 A公司、B公司、C公司各自购买了一栋酒店式公寓的部分房屋产权,分别占该公寓房屋总面积的30%、30%、40%,并将该酒店式公寓用于出租。协议约定:

(1) 关于该酒店式公寓的相关活动,如物业管理公司的任免、资本性支出、重要的租赁协议的签订等,必须由A公司、B公司、C公司一致同意方可做出;

(2) 该酒店式公寓的相关费用和营运债务由A公司、B公司、C公司按照产权比例分担;

(3) 租金收益在A公司、B公司、C公司之间按照产权比例分配。

分析:由于关于该安排相关活动的决策需要A公司、B公司、C公司一致同意方可做出,因而A公司、B公司、C公司共同控制该安排,该安排为合营安排。该合营安排并未通过单独主体达成,因此该合营安排不可能是合营企业,只可能是共同经营。同时,A公司、B公司、C公司直接拥有该酒店式公寓的产权,并按照产权比例承担债务、分享收入、分担成本,也表明该合营安排是共同经营。

五、共同经营中合营方的会计处理

(一) 一般会计处理原则

合营方应当确认其与共同经营中利益份额相关的下列项目,并按照相关企业会计准则的规定进行会计处理:一是确认单独所持有的资产,以及按其份额确认共同持有的资产;二是确认单独所承担的负债,以及按其份额确认共同承担的负债;三是确认出售其享有的共同经营产出份额所产生的收入;四是按其份额确认共同经营因出售产出所产生的收入;五是确认单独所发生的费用,以及按其份额确认共同经营发生的费用。合营方可能将其自有资产用于共同经营,如果合营方保留了对这些资产的全部所有权或控制权,则这些资产的会计处理与合营方自有资产的会计处理并无差别。

合营方也可能与其他合营方共同购买资产来投入共同经营,并共同承担共同经营的负债,此时,合营方应当按照企业会计准则相关规定确认在这些资产和负债中的利益份额。如按照《企业会计准则第4号——固定资产》来确认在相关固定资产中的利益份额,按照金融工具确认和计量准则来确认在相关金融资产和金融负债中的份额。

（二）合营方向共同经营投出或者出售不构成业务的资产的会计处理

合营方向共同经营投出或出售资产等（该资产构成业务的除外），在共同经营将相关资产出售给第三方或相关资产消耗之前（即，未实现内部利润仍包括在共同经营持有的资产账面价值中时），应当仅确认归属于共同经营其他参与方的利得或损失。交易表明投出或出售的资产发生符合《企业会计准则第8号——资产减值》（以下简称"资产减值损失准则"）等规定的资产减值损失的，合营方应当全额确认该损失。

（三）合营方自共同经营购买不构成业务的资产的会计处理

合营方自共同经营购买资产等（该资产构成业务的除外），在将该资产等出售给第三方之前（即，未实现内部利润仍包括在合营方持有的资产账面价值中时），不应当确认因该交易产生的损益中该合营方应享有的部分。即，此时应当仅确认因该交易产生的损益中归属于共同经营其他参与方的部分。

（四）合营方取得构成业务的共同经营的利益份额的会计处理

合营方取得共同经营中的利益份额，且该共同经营构成业务时，应当按照企业合并准则等相关准则进行相应的会计处理，但其他相关准则的规定不能与本准则的规定相冲突。企业应当按照企业合并准则的相关规定判断该共同经营是否构成业务。该处理原则不仅适用于收购现有的构成业务的共同经营中的利益份额，也适用于与其他参与方一起设立共同经营。

六、对共同经营不享有共同控制的参与方的会计处理原则

对共同经营不享有共同控制的参与方（非合营方），如果享有该共同经营相关资产且承担该共同经营相关负债的，则比照合营方进行会计处理。

在合营企业中，合营方应当按照《企业会计准则第2号——长期股权投资》的规定核算其对合营企业的投资。对合营企业不享有共同控制的参与方（非合营方）应当根据其对该合营企业的影响程度进行相关会计处理：对该合营企业具有重大影响的，应当按照长期股权投资准则的规定核算其对该合营企业的投资；对该合营企业不具有重大影响的，应当按照金融工具确认和计量准则的规定核算其对该合营企业的投资。

历年注会考题

准则链接

课后习题

课后习题答案

第九章 负 债

☞ **本章学习目的**

通过本章学习，使学生对企业负债的相关内容有一定的了解，学习完本章后，学生应掌握增值税的核算、委托加工环节涉及的消费税的账务处理以及应付债券的账务处理，熟悉流动负债和非流动负债的范围。

☞ **本章学习重点难点**

委托加工环节的消费税处理　应付债券的会计处理

第一节　流动负债

一、短期借款

短期借款是指企业向银行或其他金融机构等借入的期限在一年以下（含一年）的各种借款。企业借入的短期借款构成了一项负债。对于企业发生的短期借款，应设置"短期借款"科目核算；每个资产负债表日，企业应计算确定短期借款的应计利息，按照应计的金额，借记"财务费用""利息支出（金融企业）"等科目，贷记"银行存款""应付利息"等科目。

二、应付票据

应付票据是由出票人出票，付款人在指定日期无条件支付特定的金额给收款人或者持票人的票据。企业应设置"应付票据"科目进行核算。应付票据按是否带息分为带息应付票据和不带息应付票据两种。

1. 带息应付票据的处理。

由于我国商业汇票期限较短，在期末，通常对尚未支付的应付票据计提利息，计入当期财务费用；票据到期支付票款时，尚未计提的利息部分直接计入当期财务费用。

2. 不带息应付票据的处理。

不带息应付票据，其面值就是票据到期时的应付金额。

开出并承兑的商业承兑汇票如果不能如期支付的，应在票据到期时，将"应付票据"账面价值转入"应付账款"科目，待协商后再行处理。如果重新签发新的票据以清偿原应付票据的，再从"应付账款"科目转入"应付票据"科目。银行承兑汇票如果票据到期，企业无力支付到期票款时，承兑银行除凭票向持票人无条件付款外，对出票人尚未支付的汇票金额转作逾期贷款处理。企业无力支付到期银行承兑汇票，在接到银行转来的"××号汇票无款支付转入逾期贷款户"等有关凭证时，借记"应付票据"科目，贷记"短期借款"科目。对计收的利息，按短期借款利息的处理办法处理。

三、应付账款

应付账款指因购买材料、商品或接受劳务供应等而发生的债务。这是买卖双方由于取得物资或服务与支付货款在时间上不一致而产生的负债。

应付账款入账时间的确定，一般应以与所购买物资所有权有关的风险和报酬已经转移或劳务已经接受为标志。但在实际工作中，一般是区别下列情况处理：在物资和发票账单同时到达的情况下，应付账款一般待物资验收入库后，才按发票账单登记入账，这主要是为了确认所购入的物资是否在质量、数量和品种上都与合同上订明的条件相符，以免因先入账面在验收入库时发现购入物资错、漏、破损等问题再行调账，在会计期末仍未完成验收的，则应先按合理估计金额将物资和应付债务入账，事后发现问题再行更正；在物资和发票账单未同时到达的情况下，由于应付账款需根据发票账单登记入账，有时货物已到，发票账单要间隔较长时间才能到达，这笔负债已经成立，应作为一项负债反映。为在资产负债表上客观反映企业所拥有的资产和承担的债务，在实际工作中采用在月份终了时将所购物资和应付债务估计入账，待下月初再用红字予以冲回的办法。因购买商品等而产生的应付账款，应设置"应付账款"科目进行核算，用以反映这部分负债的价值。

应付账款一般按应付金额入账，而不按到期应付金额的现值入账。如果购入的资产在形成一笔应付账款时是带有现金折扣的，应付账款入账金额的确定按发票上记载的应付金额的总值（即不扣除折扣）记账。在这种方法下，应按发票上记载的全部应付金额，借记有关科目，贷记"应付账款"科目；获得的现金折扣冲减财务费用。

四、预收账款

预收账款是买卖双方协议商定，由购货方预先支付一部分货款给供应方而发生的一项负债。预收账款的核算应视企业的具体情况而定。如果预收账款比较多，则可以设置"预收账款"科目；预收账款不多的，也可以不设置"预收账款"科目，直接记入"应收账款"科目的贷方。

五、应交税费

企业在一定时期内取得的营业收入和实现的利润或发生特定经营行为，要按照规定向国家交纳各种税金，这些应交的税金，应按照权责发生制的原则确认。这些应交的税金在尚未交纳之前，形成企业的一项负债。

（一）增值税

增值税是以商品（含货物、加工修理修配劳务、服务、无形资产或不动产，以下统称商品）在流转过程中产生的增值额作为计税依据而征收的一种流转税。按照增值税有关规定，企业购入商品支付的增值税（即进项税额），可以从销售商品按规定收取的增值税

（即销项税额）中抵扣。

1. 购销业务的会计处理。

增值税一般纳税企业发生的应税行为适用一般计税方法计税。在这种方法下，采购等业务进项税额允许抵扣销项税额。在购进阶段，会计处理时实行价与税的分离，属于价款部分，计入购入商品的成本；属于增值税税额部分，按规定计入进项税额。在销售阶段，销售价格中不再含税，如果定价时含税，则应还原为不含税价格作为销售收入，向购买方收取的增值税作为销项税额。

一般纳税人应当在"应交税费"科目下设置"应交增值税""未交增值税""预缴增值税""待抵扣进项税额"等明细科目进行核算。"应交税费——应交增值税"明细科目下设置"进项税额""销项税额抵减""已交税金""转出未交增值税""减免税款""销项税额""出口退税""进项税额转出""转出多交增值税"等专栏。其中，一般纳税企业发生的应税行为适用简易计税方法的，销售商品时应交纳的增值税额在"简易计税"明细科目核算。

2. 小规模纳税企业发生的应税行为适用简易计税方法计税。

在购买商品时，其支付的增值税税额均不计入进项税额，不得由销项税额抵扣，应计入相关成本费用。销售商品时按照销售额和增值税征收率计算增值税额，不得抵扣进项税额。简易计税方法的销售额不包括其应纳税额，纳税人采用销售额和应纳税额合并定价方法的，按照公式"销售额 = 含税销售额 ÷ (1 + 征收率)"还原为不含税销售额计算。小规模纳税企业"应交税费——应交增值税"科目，应采用三栏式账户。

【例题 9-1】 某工业生产企业核定为小规模纳税人，本期购入原材料，按照增值税专用发票上记载的原材料价款为 100 万元，支付的增值税税额为 13 万元，企业开出承兑的商业汇票，材料已到达并验收入库（材料按实际成本核算）。该企业本期销售产品，销售价格总额为 90 万元（含税），假定符合收入确认条件，货款尚未收到。该企业适用的增值税征收率为 3%。根据上述经济业务，企业应作如下账务处理：

（1）购进货物时：

借：原材料　　　　　　　　　　　　　　　　　　　　　　　　1,130,000
　　贷：应付票据　　　　　　　　　　　　　　　　　　　　　　1,130,000

（2）销售货物时：

不含税价格 = 900,000 ÷ (1 + 3%) = 873,786（元）

应交增值税 = 873,786 × 3% = 26,214（元）

借：应收账款　　　　　　　　　　　　　　　　　　　　　　　　900,000
　　贷：主营业务收入　　　　　　　　　　　　　　　　　　　　873,786
　　　　应交税费——应交增值税　　　　　　　　　　　　　　　　26,214

3. 视同销售的会计处理。

按照增值税有关规定，对于企业将自产、委托加工或购买的货物分配给股东或投资者；将自产、委托加工的货物用于集体福利或个人消费等行为，视同销售货物，需要计算交纳增值税。对于税法上某些视同销售的行为，如以自产产品对外投资，从会计角度看属于非货币性资产交换。因此，会计核算遵照非货币性资产交换准则进行会计处理。但是，无论会计上如何处理，只要税法规定需要交纳增值税的，应当计算交纳增值税销项税额，并计入"应交税费——应交增值税"科目中的"销项税额"专栏。

4. 进项税额不予抵扣的情况及抵扣情况发生变化的会计处理。

按照增值税有关规定,一般纳税人购进货物、加工修理修配劳务、服务、无形资产或不动产,用于简易计税方法计税项目、免征增值税项目、集体福利或个人消费等,其进项税额不得从销项税额中抵扣的,应当计入相关成本费用,不通过"应交税费——应交增值税(进项税额)"科目核算。

因发生非正常损失或改变用途等,导致原已计入进项税额但按现行增值税制度规定不得从销项税额中抵扣的,应当将进项税额转出,借记"待处理财产损溢""应付职工薪酬"等科目,贷记"应交税费——应交增值税(进项税额转出)"科目。原不得抵扣且未抵扣进项税额的固定资产、无形资产等,因改变用途等用于允许抵扣进项税额的应税项目的,应当在用途改变的次月调整相关资产账面价值,按允许抵扣的进项税额,借记"应交税费——应交增值税(进项税额)"科目,贷记"固定资产""无形资产"等科目,并按调整后的账面价值计提折旧或者摊销。

【例题9-2】某工业企业为增值税一般纳税人,本期购入一批材料,增值税专用发票上注明的增值税额为13万元,材料价款为100万元。材料已入库,货款已经支付(假如该企业材料采用实际成本进行核算)。材料入库后,该企业将该批材料全部用于发放职工福利。根据该项经济业务,企业可作如下账务处理:

(1) 材料入库时:

借:原材料　　　　　　　　　　　　　　　　　　　　　　　　1,000,000
　　应交税费——应交增值税(进项税额)　　　　　　　　　　　　130,000
　　贷:银行存款　　　　　　　　　　　　　　　　　　　　　　1,130,000

(2) 用于发放职工福利时:

借:应付职工薪酬　　　　　　　　　　　　　　　　　　　　　1,130,000
　　贷:应交税费——应交增值税(进项税额转出)　　　　　　　　130,000
　　　　原材料　　　　　　　　　　　　　　　　　　　　　　1,000,000

5. 差额征税的会计处理。

一般纳税企业提供应税服务,按照营业税改征增值税有关规定允许从销售额中扣除其支付给其他单位或个人价款的,在收入采用总额法确认的情况下,减少的销项税额应借记"应交税费——应交增值税(销项税额抵减)"科目,同理,小规模纳税企业应借记"应交税费——应交增值税"科目;在收入采用净额法确认的情况下,按照增值税有关规定确定的销售额计算增值税销项税额并计入"应交税费——应交增值税(销项税额)"。

【例题9-3】某旅游企业为增值税一般纳税人,选择差额征税的方式。该企业本期向旅游服务购买方收取的含税价款为636,000元(含增值税36,000元),应支付给其他接团旅游企业的旅游费用和其他单位的相关费用为424,000元,其中因允许扣减销售额而减少的销项税额24,000元。

分析:

借:银行存款　　　　　　　　　　　　　　　　　　　　　　　　636,000
　　贷:主营业务收入　　　　　　　　　　　　　　　　　　　　　600,000
　　　　应交税费——应交增值税(销项税额)　　　　　　　　　　　36,000

借：主营业务成本 400,000
　　应交税费——应交增值税（销项税额抵减） 24,000
　　贷：应付账款 424,000

6. 转出多交增值税和未交增值税的会计处理。

为了分别反映增值税一般纳税人欠交增值税款和待抵扣增值税的情况，确保企业及时足额上交增值税，避免出现企业用以前月份欠交增值税抵扣以后月份未抵扣的增值税的情况，企业应在"应交税费"科目下设置"未交增值税"明细科目，核算企业月份终了时从"应交税费——应交增值税"科目转入的当月未交或多交的增值税；同时，在"应交税费——应交增值税"科目下设置"转出未交增值税"和"转出多交增值税"专栏。月份终了时，企业计算出当月应交未交的增值税，借记"应交税费——应交增值税（转出未交增值税）"科目，贷记"应交税费——未交增值税"科目；当月多交的增值税，借记"应交税费——未交增值税"科目，贷记"应交税费——应交增值税（转出多交增值税）"科目。

7. 交纳增值税的会计处理。

企业当月交纳当月的增值税，通过"应交税费——应交增值税（已交税金）"科目核算，借记"应交税费——应交增值税（已交税金）"科目（小规模纳税人应借记"应交税费——应交增值税"科目），贷记"银行存款"科目；当月交纳以前各期未交的增值税，通过"应交税费——未交增值税"科目，借记"应交税费——未交增值税"科目，贷记"银行存款"科目。

企业预缴增值税，借记"应交税费——预交增值税"科目，贷记"银行存款"科目。月末，企业应将"预交增值税"明细科目余额转入"未交增值税"明细科目，借记"应交税费——未交增值税"科目，贷记"应交税费——预交增值税"科目。

8. 增值税税控系统专用设备和技术维护费用抵减增值税额的会计处理。

按增值税有关规定，初次购买增值税税控系统专用设备支付的费用以及缴纳的技术维护费允许在增值税应纳税额中全额抵减。企业购入增值税税控系统专用设备，按实际支付或应付的金额，借记"固定资产"科目，贷记"银行存款""应付账款"等科目。按规定抵减的增值税应纳税额，借记"应交税费——应交增值税（减免税款）"科目（小规模纳税人借记"应交税费——交增值税"科目），贷记"管理费用"科目。

企业发生技术维护费，按实际支付或应付的金额，借记管理费用"等科目，贷记"银行存款"等科目。按规定抵减的增值税应纳税额，借记"应交税费——应交增值税（减免税款）"科目（小规模纳税人借记"应交税费——应交增值税"科目），贷记"管理费用"等科目。

（二）消费税

为了正确引导消费方向，国家在普遍征收增值税的基础上，选择部分消费品，再征收一道消费税。消费税的征收方法采取从价定率和从量定额两种方法。实行从价定率办法计征的应纳税额的税基为销售额，如果企业应税消费品的销售额中未扣除增值税税款，或者因不能开具增值税专用发票而发生价款和增值税税款合并收取的，在计算消费税时，先换算为不含增值税税款的销售额。实行从量定额办法计征的应纳税额的销售数量是指应税消费品的数量；属于销售应税消费品的，为应税消费品的销售数量；属于自产自用应税消费品的，为应税消费品的移送使用数量；属于委托加工应税消费品的，为纳税人收回的应税消费品数量；进口的应税消费品，为海关核定的应税消费品进口征税数量。

企业按规定应交的消费税，在"应交税费"科目下设置"应交消费税"明细科目核算。"应交消费税"明细科目的借方发生额，反映实际交纳的消费税和待扣的消费税；贷方发生额，反映按规定应交纳的消费税；期末贷方余额，反映尚未交纳的消费税；期末借方余额，反映多交或待扣的消费税。

1. 产品销售的会计处理。

企业销售产品时应交纳的消费税，应分情况进行处理：

企业将生产的产品直接对外销售的，对外销售产品应交纳的消费税，通过"税金及附加"科目核算；企业按规定计算出应交的消费税，借记"税金及附加"科目，贷记"应交税费——应交消费税"科目。

企业用应税消费品用于在建工程、非生产机构等其他方面，按规定应交纳的消费税，应计入有关的成本。例如，企业以应税消费品用于在建工程项目，应交的消费税计入在建工程成本。

2. 委托加工应税消费品的会计处理。

按照税法规定，企业委托加工的应税消费品，由受托方在向委托方交货时代扣代缴税款（除受托加工或翻新改制金银首饰按规定由受托方交纳消费税外）。委托加工的应税消费品，委托方用于连续生产应税消费品的，所纳税款准予按规定抵扣。这里的委托加工应税消费品，是指由委托方提供原料和主要材料，受托方只收取加工费和代垫部分辅助材料加工的应税消费品，对于由受托方提供原材料生产的应税消费品，或者受托方先将原材料卖给委托方，然后再接受加工的应税消费品，以及由受托方以委托方名义购进原材料生产的应税消费品，都不作为委托加工应税消费品，而应当按照销售自制应税消费品交纳消费税。委托加工的应税消费品直接出售的，不再征收消费税。

在会计处理时，需要交纳消费税的委托加工应税消费品，于委托方提货时，由受托方代收代缴税款。受托方按应扣税款金额，借记"应收账款""银行存款"等科目，贷记"应交税费——应交消费税"科目。委托加工应税消费品收回后，直接用于销售的，委托方应将代收代缴的消费税计入委托加工的应税消费品成本，借记"委托加工物资""生产成本"等科目，贷记"应付账款""银行存款"等科目，待委托加工应税消费品销售时，不需要再交纳消费税；委托加工的应税消费品收回后用于连续生产应税消费品，按规定准予抵扣的，委托方应按代收代缴的消费税款，借记"应交税费——应交消费税"科目，贷记"应付账款""银行存款"等科目，待用委托加工的应税消费品生产出应纳消费税的产品销售时，再交纳消费税。

【例题 9-4】某企业委托外单位加工材料（非金银首饰），原材料价款为 20 万元，加工费用为 5 万元，由受托方代收代缴的消费税为 0.5 万元（不考虑增值税），材料已经加工完毕验收入库，加工费用尚未支付。假定该企业材料采用实际成本核算。

根据该项经济业务，委托方应作如下账务处理：

（1）若委托方收回加工后的材料用于继续生产应税消费品，委托方的账务处理：

借：委托加工物资　　　　　　　　　　　　　　　　　　　　　200,000

         贷：原材料   200,000
    借：委托加工物资   50,000
       应交税费——应交消费税   5,000
         贷：应付账款   55,000
    借：原材料   250,000
         贷：委托加工物资   250,000
（2）若委托方收回加工后的材料直接用于销售，委托方的账务处理：
    借：委托加工物资   200,000
         贷：原材料   200,000
    借：委托加工物资   55,000
         贷：应付账款   55,000
    借：原材料   255,000
         贷：委托加工物资   255,000

3. 进出口产品的会计处理。

需要交纳消费税的进口消费品，其交纳的消费税应计入该进口消费品的成本，借记"固定资产""材料采购"等科目，贷记"银行存款"等科目。

免征消费税的出口应税消费品分不同情况进行账务处理：属于生产企业直接出口应税消费品或通过外贸企业出口应税消费品，按规定直接予以免税的，可以不计算应交消费税；属于委托外贸企业代理出口应税消费品的生产企业，应在计算消费税时，按应交消费税税额，借记"应收账款"科目，贷记"应交税费——应交消费税"科目。应税消费品出口收到外贸企业退回的税金时，借记"银行存款"科目，贷记"应收账款"科目。发生退关、退货而补交已退的消费税，作相反的会计分录。

（三）其他应交税费

1. 资源税。

资源税是国家对在我国境内开采矿产品或者生产盐的单位和个人征收的一种税。我国对绝大多数矿产品实施从价计征。企业按规定应交的资源税，在"应交税费"科目下设置"应交资源税"明细科目核算。企业按规定计算出销售应税产品应交纳的资源税，借记"税金及附加"科目，贷记"应交税费——应交资源税"科目。

2. 土地增值税。

土地增值税是对有偿转让国有土地使用权及地上建筑物和其他附着物，取得增值收入的单位和个人征收的一种税。土地增值税按照转让房地产所取得的增值额和规定的税率计算征收。企业交纳的土地增值税通过"应交税费——应交土地增值税"科目核算。兼营房地产业务的企业，应由当期收入负担的土地增值税，借记"税金及附加"科目，贷记"应交税费——应交土地增值税"科目。转让的国有土地使用权与其地上建筑物及其附着物一并在"固定资产"或"在建工程"科目核算的，转让时应交纳的土地增值税，借记"固定资产清理""在建工程"科目，贷记"应交税费——应交土地增值税"科目。企业在项目全部竣工结算前转让房地产取得的收入，按税法规定预交的土地增值税，借记"应交税费——应交土地增值税"科目，贷记"银行存款"等科目；待该项房地产销售收入实现时,再按上述销售业务的会计处理方法进行处理。该项目全部竣工、办理结算后进行清算,收到退回多交的土地增值税,借记"银行存款"等科目,贷记"应交税费——应交土地增值税"科目,补交的土地增值税作相反的会计分录。

3. 房产税、土地使用税、车船税和印花税。

(1) 房产税是国家对在城市、县城、建制镇和工矿区征收的由产权所有人交纳的一种税。房产税依照房产原值一次减除10%~30%后的余额计算交纳。没有房产原值作为依据的,由房产所在地税务机关参考同类房产核定;房产出租的,以房产租金收入为房产税的计税依据。

(2) 土地使用税是国家为了合理利用城镇土地,调节土地级差收入,提高土地使用效益,加强土地管理而开征的一种税,以纳税人实际占用的土地面积为计税依据,依照规定税额计算征收。

(3) 车船税由拥有并且使用车船的单位和个人交纳。车船税按照适用税额计算交纳,企业按规定计算应交的房产税、土地使用税、车船税时,借记"税金及附加"科目,贷记"应交税费——应交房产税(或土地使用税、车船税)"科目;上交时,借记"应交税费——应交房产税(或土地使用税、车船税)"科目,贷记"银行存款"科目。

(4) 印花税是对书立、领受购销合同等凭证行为征收的税款,实行由纳税人根据规定自行计算应纳税额,购买并一次贴足印花税票的交纳方法。企业交纳的印花税不需要通过"应交税费"科目核算,于购买印花税票时,直接借记"税金及附加"科目,贷记"银行存款"科目。

4. 城市维护建设税。

为了加强城市的维护建设,扩大和稳定城市维护建设资金的来源,国家开征了城市维护建设税。在会计核算时,企业按规定计算出的城市维护建设税,借记"税金及附加"等科目,贷记"应交税费——应交城市维护建设税"科目;实际上交时,借记"应交税费——应交城市维护建设税"科目,贷记"银行存款"科目。

5. 所得税。

企业的生产、经营所得和其他所得,依照有关所得税法及其细则的规定需要交纳所得税。企业应交纳的所得税,在"应交税费"科目下设置"应交所得税"明细科目核算;当期应计入损益的所得税,作为一项费用,在净收益前扣除。企业按照一定方法计算、计入损益的所得税,借记"所得税费用"等科目,贷记"应交税费——应交所得税"科目。

需要注意的是,全面试行营业税改征增值税后,"税金及附加"核算企业经营活动发生的消费税、城市维护建设税、资源税、教育费附加及房产税、土地使用税、车船使用税、印花税等相关税费。

6. 耕地占用税。

耕地占用税是国家为了利用土地资源,加强土地管理,保护农用耕地而征收的一种税。耕地占用税以实际占用的耕地面积计税,按照规定税额一次征收。企业交纳的耕地占用税,不需要通过"应交税费"科目核算。企业按规定计算交纳耕地占用税时,借记"在建工程"科目,贷记"银行存款"科目。

六、应付股利

应付股利，是指企业经股东大会或类似机构审议批准分配的现金股利或利润。企业股东大会或类似机构审议批准的利润分配方案、宣告分派的现金股利或利润，在实际支付前，形成企业的负债。企业经股东大会或类似机构审议批准的利润分配方案，按应支付的现金股利或利润时，借记"利润分配"科目，贷记"应付股利"；实际支付现金股利或利润时，借记"应付股利"，贷记"银行存款"等科目。

企业董事会或类似机构通过的利润分配方案中拟分配的现金股利或利润，不应确认负债，但应在附注中披露。

七、其他应付款

其他应付款，是指企业除应付票据、应付账款、预收账款、应付职工薪酬、应付利息、应付股利、应交税费、长期应付款等以外的其他各项应付、暂收的款项。

企业采用售后回购方式融入资金的，应按实际收到的金额，借记"银行存款"科目，贷记"其他应付款""应交税费"等科目。约定的回购价格与原销售价格之间的差额，应在售后回购期间内按期计提利息费用，借记"财务费用"科目，贷记"其他应付款"。按照合同约定购回该项商品时，应按实际支付的金额，借记"其他应付款"科目和"应交税费"科目，贷记"银行存款"科目。

企业发生的其他各种应付、暂收款项，借记"管理费用"等科目，贷记"其他应付款"；支付的其他各种应付、暂收款项，借记"其他应付款"，贷记"银行存款"等科目。

第二节 非流动负债

一、长期借款

长期借款，是指企业从银行或其他金融机构借入的期限在一年以上（不含一年）的借款。

企业借入各种长期借款时，按实际收到的款项，借记"银行存款"科目，贷记"长期借款——本金"；按借贷双方之间的差额，借记"长期借款——利息调整"。

在资产负债表日，企业应按长期借款的摊余成本和实际利率计算确定的长期借款的利息费用，借记"在建工程""财务费用""制造费用"等科目，按借款本金和合同利率计算确定的应付未付利息，贷记"应付利息"科目，按其差额，贷记"长期借款——利息调整"科目。

企业归还长期借款，按归还的长期借款本金，借记"长期借款——本金"科目，按转销的利息调整金额，贷记"长期借款——利息调整"科目，按实际归还的款项，贷记"银行存款"科目，按借贷双方之间的差额，借记"在建工程""财务费用""制造费用"等科目，相关费用计入长期借款的初始确认金额中，具体是反映在利息调整明细科目中。长期借款时的溢价或折价也在利息调整明细科目中反映。

二、应付债券

(一) 一般公司债券

1. 公司债券的发行。

企业发行的超过一年期以上的债券（包括企业发行的归类为金融负债的优先股、永续债等），构成了企业的长期负债。公司债券的发行方式有三种，即面值发行、溢价发行和折价发行。假设其他条件不变，债券的票面利率高于同期银行存款利率时，可按超过债券票面价值的价格发行，称为溢价发行。溢价是企业以后各期多付利息而事先得到的补偿；如果债券的票面利率低于同期银行存款利率，则可按低于债券面值的价格发行，称为折价发行。折价是企业以后各期少付利息而预先给投资者的补偿。如果债券的票面利率与同期银行存款利率相同，则可按票面价格发行，称为面值发行。溢价或折价是发行债券企业在债券存续期内对利息费用的一种调整。

无论是按面值发行，还是溢价发行或折价发行，均按债券面值记入"应付债券"科目的"面值"明细科目，实际收到的款项与面值的差额，记入"利息调整"明细科目。企业发行债券时，按实际收到的款项，借记"银行存款""库存现金"等科目，按债券票面价值，贷记"应付债券——面值"科目，按实际收到的款项与票面价值之间的差额，贷记或借记"应付债券——利息调整"科目。

2. 利息调整的摊销。

利息调整应在债券存续期间内采用实际利率法进行摊销。实际利率法是指按照应付债券的实际利率计算其摊余成本及各期利息费用的方法；实际利率是指将应付债券在债券存续期间的未来现金流量，折现为该债券当前账面价值所使用的利率。

资产负债表日，对于分期付息、一次还本的债券，企业应按应付债券的摊余成本和实际利率计算确定的债券利息费用，借记"在建工程""制造费用""财务费用"等科目，按票面利率计算确定的应付未付利息，贷记"应付利息"科目，按其差额，借记或贷记"应付债券——利息调整"科目。

对于一次还本付息的债券，应于资产负债表日按摊余成本和实际利率计算确定的债券利息费用，借记"在建工程""制造费用""财务费用"等科目，按票面利率计算确定的应付未付利息，贷记"应付债券——应计利息"科目，按其差额，借记或贷记"应付债券——利息调整"科目。

3. 债券的偿还。

企业发行的债券通常分为到期一次还本付息或一次还本、分期付息两种。采用一次还本付息方式的，企业应于债券到期支付债券本息时，借记"应付债券面值——应计利息"科目，贷记"银行存款"科目。采用一次还本、分期付息方式的，在每期支付利息时，借记"应付利息"科目，贷记"银行存款"科目；债券到期偿还本金并支付最后一期利息时，借记"应付债券——面值""在建工程""财务费用""制造费用"等科目，贷记"银行存款"科目，按借贷双方之间的差额，借记或贷记"应付债券——利息调整"科目。

【例题 9 – 5】20×1 年 12 月 31 日,甲公司经批准发行 5 年期一次还本、分期付息的公司债券 10,000,000 元,债券利息在每年 12 月 31 日支付,票面利率为年利率 6%。假定债券发行时的市场利率为 5%。

甲公司该批债券实际发行价格为:

10,000,000 × 0.7835 + 10,000,000 × 6% × 4.3295 = 10,432,700(元)

甲公司根据上述资料,采用实际利率法和摊余成本计算确定的利息费用,如表 9 – 1 所示。

表 9 – 1　　　　　　　　　利息费用一览表　　　　　　　　　单位:元

付息日期	支付利息	利息费用	摊销的利息调整	应付债券摊余成本
20×1.12.31				10,432,700
20×2.12.31	600,000	521,635	78,365	10,354,335
20×3.12.31	600,000	517,716.75	82,283.25	10,272,051.75
20×4.12.31	600,000	513,602.59	86,397.41	10,185,654.34
20×5.12.31	600,000	1,509,282.72	90,717.28	10,094,937.06
20×6.12.31	600,000	1,505,062.94	94,937.06	10,000,000

根据表 9 – 1 的资料,甲公司的账务处理如下:

(1) 20×1 年 12 月 31 日发行债券时:

借:银行存款　　　　　　　　　　　　　　　　　　10,432,700
　　贷:应付债券——面值　　　　　　　　　　　　　10,000,000
　　　　　　　　——利息调整　　　　　　　　　　　　 432,700

(2) 20×2 年 12 月 31 日计算利息费用时:

借:财务费用等　　　　　　　　　　　　　　　　　　 521,635
　　应付债券——利息调整　　　　　　　　　　　　　　 78,365
　　贷:应付利息　　　　　　　　　　　　　　　　　　 600,000

20×3 年、20×4 年、20×5 年确认利息费用的会计处理同 20×2 年。

(3) 20×6 年 12 月 31 日归还债券本金及最后一期利息费用时:

借:财务费用等　　　　　　　　　　　　　　　　　 505,062.94
　　应付债券——面值　　　　　　　　　　　　　　　10,000,000
　　　　　　——利息调整　　　　　　　　　　　　　 94,937.06
　　贷:银行存款　　　　　　　　　　　　　　　　　10,600,000

(二) 可转换公司债券

我国发行可转换公司债券采取记名式无纸化发行方式。企业发行的可转换公司债券在"应付债券"科目下设置"可转换公司债券"明细科目核算。

企业发行的可转换公司债券,应当在初始确认时将其包含的负债成分和权益成分进行分拆,将负债成分确认为应付债券,将权益成分确认为其他权益工具。在进行分拆时,应当先对负债成分的未来现金流量进行折现确定负债成分的初始确认金额，再按发行价格总额扣除负债成分初始确认金额后的金额确定权益成分的初始确认金额。发行可转换公司债券发生的交易费用，应当在负债成分和权益成分之间按照各自的相对公允价值进行分摊，企业应按实际收到的款项，借记"银行存款"等科目，按可转换公司债券包含的负债成分面值，贷记"应付债券——可转换公司债券（面值）"科目，按权益成分的公允价值，贷记"其他权益工具"科目，按借贷双方之间的差额，借记或贷记"应付债券——可转换公司债券（利息调整）"科目。

企业发行附有赎回选择权的可转换公司债券，其在赎回日可能支付的利息补偿金，即债券约定赎回期届满日应当支付的利息减去应付债券票面利息的差额，应当在债券发行日至债券约定赎回届满日期间计提应付利息，计提的应付利息，分别计入相关资产成本或财务费用。

【例题 9-6】 丁公司为上市公司，其相关交易或事项如下：

（1）经相关部门批准，丁公司于 2×19 年 1 月 1 日按面值发行分期付息、到期一次还本的可转换公司债券 10,000 万元，发行费用为 160 万元，实际募集资金已存入银行专户。根据可转换公司债券募集说明书的约定，可转换公司债券的期限为 3 年，票面年利率分别为：第一年 1.5%，第二年 2%，第三年 2.5%；该债券的利息自发行之日起每年支付一次，起息日为可转换公司债券发行之日即 2×19 年 1 月 1 日，付息日为该债券发行之日起每满一年的当日，即每年的 1 月 1 日；可转换公司债券在发行 1 年后可转换为丁公司普通股股票，初始转股价格为每股 10 元；发行可转换公司债券募集的资金专项用于生产用厂房的建设。

（2）丁公司将募集资金于 2×19 年 1 月 1 日全部投入生产用厂房的建设，生产用厂房于 2×19 年 12 月 31 日达到预定可使用状态。2×20 年 1 月 8 日，丁公司支付 2×19 年度可转换公司债券利息 150 万元。

（3）2×20 年 7 月 1 日，由于丁公司股票价格涨幅未达到预期效果，只有 50% 的债券持有人将其持有的可转换公司债券转换为丁公司普通股股票，其余 50% 的债券持有人将持有至到期。

（4）其他资料如下：①丁公司将发行的可转换公司债券的负债成分划分为以摊余成本计量的金融负债；②丁公司发行可转换公司债券时无债券发行人赎回和债券持有人回售条款以及变更初始转股价格的条款，发行时二级市场上与之类似的没有附带转换权的债券市场利率为 6%；③债券持有人若在当期付息前转换股票的，应按债券面值和应付利息之和除以转股价，计算转换的股份数。④复利现值系数：(P/F,6%,1)=0.9434；(P/F,6%,2)=0.8900；(P/F,6%,3)=0.8396；(P/F,7%,1)=0.9346；(P/F,7%,2)=0.8734；(P/F,7%,3)=0.8163。

分析：

①负债成分的公允价值 = 10,000×1.5%×0.9434 + 10,000×2%×0.8900 + (10,000×2.5%+10,000)×0.8396 = 8,925.41（万元）。

②权益成分的公允价值 = 整体发行价格 10,000 - 负债成分的公允价值 8,925.41 = 1,074.59（万元）。

③负债成分应分摊的发行费用 = 160×8,925.41/10,000 = 142.81（万元）。

④权益成分应分摊的发行费用=160×1,074.59/10,000=17.19（万元）。
⑤会计处理：
借：银行存款　　　　　　　　　　　　　　　　　　　9,840（10,000-160）
　　应付债券——可转换公司债券（利息调整）
　　　　　　　　　　　　　　　1,217.4（10,000-8,925.41+142.81）
　　贷：应付债券——可转换公司债券（面值）　　　　　　　10,000
　　　　其他权益工具　　　　　　　　　　　（1,074.59-17.19）1,057.4

第十章 所有者权益

☞ **本章学习目的**

通过本章的学习，使学生对所有者权益的相关内容有一定的认识和理解。学习完本章内容后，学生应掌握所有者权益的概念及分类、实收资本增减变动的会计处理。

☞ **本章学习重点难点**

实收资本　资本公积　其他综合收益

第一节　实收资本

一、实收资本概述

按照我国有关法律规定，投资者设立企业首先必须投入资本。实收资本是投资者投入资本形成法定资本的价值，所有者向企业投入的资本，在一般情况下无须偿还，可以长期周转使用。实收资本的构成比例，即投资者的出资比例或股东的股份比例，通常是确定所有者在企业所有者权益中所占的份额和参与企业财务经营决策的基础，也是企业进行利润分配或股利分配的依据，同时还是企业清算时确定所有者对净资产的要求权的依据。

实收资本确认和计量要求企业应当设置"实收资本"科目，核算企业接受投资者投入的实收资本，股份有限公司应将该科目改为"股本"。投资者既可以用现金投资，也可以用现金以外的其他有形资产投资，符合国家规定比例的，还可以用无形资产投资。企业收到投资时，一般应作如下会计处理：收到投资人投入的现金，应在实际收到或者存入企业开户银行时，按实际收到的金额，借记"银行存款"科目，以实物资产投资的，应在办理实物产权转移手续时，借记有关资产科目，以无形资产投资的，应按照合同、协议或公司章程规定移交有关凭证时，借记"无形资产"科目，按投入资本在注册资本或股本中所占份额，贷记"实收资本"或"股本"科目，按其差额，贷记"资本公积——资本溢价"或"资本公积——股本溢价"等科目。

初建有限责任公司时，各投资者按照合同、协议或公司章程投入企业的资本，应全部记入"实收资本"科目，注册资本为在公司登记机关登记的全体股东认缴的出资额。在企业增资时，如有新投资者介入，新介入的投资者缴纳的出资额大于其按约定比例计算的其在注册资本中所占的份额部分，不记入"实收资本"科目，而作为资本公积，记入"资本公积"科目。

股份有限公司是指全部资本由等额股份构成并通过发行股票筹集资本、股东以其认购的股份为限对公司承担责任、公司以其全部财产对公司债务承担责任的企业法人。股份有限公司设立有两种方式，即发起式和募集式。发起式设立的特点是公司的股份全部由发起人认购，不向发起人之外的任何人募集股份；募集式设立的特点是公司股份除发起人认购外，还可以采用向其他法人或自然人发行股票的方式进行募集。公司设立方式不同，筹集资本的风险也不同。发起式设立公司，其所需资本由发起人一次认足，一般不会发生设立公司失败的情况，因此，其筹资风险小。社会募集股份，其筹资对象广泛，在资本市场不景气或股票的发行价格不恰当的情况下，有发行失败（即股票未被全部认购）的可能，因此，其筹资风险大。按照有关规定，发行失败损失由发起人负担，包括承担筹建费用、公司筹建过程中的债务和对认股人已缴纳的股款支付银行同期存款利息等责任。

股份有限公司与其他企业相比较，最显著的特点就是将企业的全部资本划分为等额股份，并通过发行股票的方式来筹集资本。股东以其所认购股份对公司承担有限责任。股票的面值与股份总数的乘积为股本，股本应等于企业的注册资本，股本是很重要的指标。为了直观地反映这一指标，在会计处理上，股份有限公司应设置"股本"科目。

"股本"科目核算股东投入股份有限公司的股本，企业应将核定的股本总额、股份总数、每股面值在股本账户中作备查记录。为提供企业股份的构成情况，企业可在"股本"科目下按股东单位或姓名设置明细账。企业的股本应在核定的股本总额范围内，发行股票取得。但值得注意的是，企业发行股票取得的收入与股本总额往往不一致，公司发行股票取得的收入大于股本总额的，称为溢价发行；小于股本总额的，称为折价发行；等于股本总额的，为面值发行。我国不允许企业折价发行股票。在采用溢价发行股票的情况下，企业应将相当于股票面值的部分记入"股本"科目，其余部分在扣除发行手续费、佣金等发行费用后记入"资本公积——股本溢价"科目。

二、实收资本增减变动的会计处理

《中华人民共和国公司登记管理条例》规定，公司增加注册资本的，有限责任公司股东认缴新增资本的出资和股份有限公司的股东认购新股，应当分别依照《公司法》设立有限责任公司缴纳出资和设立股份有限公司缴纳股款的有关规定执行。公司法定公积金转增为注册资本的，验资证明应当载明留存的该项公积金不少于转增前公司注册资本的25%。公司减少注册资本的，应当自公告之日起45日后申请变更登记，并应当提交公司在报纸上登载公司减少注册资本公告的有关证明和公司债务清偿或者债务担保情况的说明。公司减资后的注册资本不得低于法定的最低限额。公司变更实收资本的，应当提交依法设立的验资机构出具的验资证明，并应当按照公司章程载明的出资时间、出资方式缴纳出资。公司应当自足额缴纳出资或者股款之日起30日内申请变更登记。

（一）实收资本增加的会计处理

1. 企业增加资本的途径。

一般有三条：一是将资本公积转为实收资本或者股本。会计上应借记"资本公积——

资本溢价"或"资本公积——股本溢价"科目，贷记"实收资本"或"股本"科目。二是将盈余公积转为实收资本。会计上应借记"盈余公积"科目，贷记"实收资本"或"股本"科目。这里要注意的是，资本公积和盈余公积均属所有者权益，转为实收资本或者股本时，企业如为独资企业的，核算比较简单，直接结转即可；如为股份有限公司或有限责任公司的，应按原投资者所持股份同比例增加各股东的股权。三是所有者（包括原企业所有者和新投资者）投入。企业接受投资者投入的资本，借记"银行存款""固定资产""无形资产""长期股权投资"等科目，贷记"实收资本"或"股本"等科目。

2. 股份有限公司发放股票股利。

股份有限公司采用发放股票股利实现增资的，在发放股票股利时，按照股东原来持有的股数分配，如果股东所持股份按比例分配的股利不足一股时，则应采用恰当的方法处理。例如，股东会决议按股票面额的10%发放股票股利时（假定新股发行价格及面额与原股相同），对于所持股票不足10股的股东，将会发生不能领取一股的情况。在这种情况下，有两种方法可供选择：一是将不足一股的股票股利改为现金股利，用现金支付；二是由股东相互转让，凑为整股。股东大会批准的利润分配方案中分配的股票股利，应在办理增资手续后，借记"利润分配"科目，贷记"股本"科目。

3. 可转换公司债券持有人行使转换权利。

可转换公司债券持有人行使转换权利，将其持有的债券转换为股票，按可转换公司债券的余额，借记"应付债券——可转换公司债券（面值、利息调整）"科目，按其权益成分的金额，借记"其他权益工具"科目，按股票面值和转换的股数计算的股票面值总额，贷记"股本"科目，按其差额，贷记"资本公积——股本溢价"科目。

4. 企业将重组债务转为资本。

企业将重组债务转为资本的，应按重组债务的账面余额，借记"应付账款"等科目，按债权人因放弃债权而享有本企业股份的面值总额，贷记"实收资本"或"股本"科目，按股份的公允价值总额与相应的实收资本或股本之间的差额，贷记或借记"资本公积——资本溢价"或"资本公积——股本溢价"科目，按其差额，贷记"营业外收入——债务重组利得"科目。

5. 以权益结算的股份支付的行权。

以权益结算的股份支付换取职工或其他方提供服务的，应在行权日，按根据实际行权情况确定的金额，借记"资本公积——其他资本公积"科目，按应计入实收资本或股本的金额，贷记"实收资本"或"股本"科目。

（二）实收资本减少的会计处理

企业实收资本减少的原因大体有两种，一是资本过剩；二是企业发生重大亏损而需要减少实收资本。企业因资本过剩而减资，一般要发还股款。有限责任公司和一般企业发还投资的会计处理比较简单，按法定程序报经批准减少注册资本的，借记"实收资本"科目，贷记"库存现金""银行存款"等科目。

股份有限公司由于采用的是发行股票的方式筹集股本，发还股款时，则要回购发行的股票，发行股票的价格与股票面值可能不同，回购股票的价格也可能与发行价格不同，会计处理较为复杂。股份有限公司因减少注册资本而回购本公司股份的，应按实际支付的金额，借记"库存股"科目，贷记"银行存款"等科目。注销库存股时，应按股票面值和注销股数计算的股票面值总额，借记"股本"科目，按注销库存股的账面余额，贷记"库存股"科目，按其差额，冲减股票发行时原记入资本公积的溢价部分，借记"资本公积——股本溢价"科目，回购价格超过上述冲减"股本"及"资本公积——股本溢价"科目的部分，应依次借记"盈余公积""利润分配——未分配利润"等科目；如果回购价格低于回购股份所对应的股本，则所注销库存股的账面余额与所冲减股本的差额作为增加股本溢价处理，按回购股份所对应的股本面值，借记"股本"科目，按注销库存股的账面余额，贷记"库存股"科目，按其差额，贷记"资本公积——股本溢价"科目。

【例题 10-1】 甲公司 2×20 年 12 月 31 日股东权益中，股本为 20,000 万元（面值为 1 元），资本公积（股本溢价）为 6,000 万元，盈余公积为 5,000 万元，未分配利润为零。经董事会批准回购本公司股票并注销。

（1）以每股 3 元的价格回购本公司股票 2,000 万股。

借：库存股 6,000
　　贷：银行存款 6,000

（2）以每股 2 元的价格回购本公司股票 4,000 万股。

借：库存股 8,000
　　贷：银行存款 8,000

（3）注销已回购的全部股票

借：股本 6,000
　　资本公积——股本溢价 6,000
　　盈余公积 2,000
　　贷：库存股 14,000

第二节　其他权益工具

企业发行的除普通股（作为实收资本或股本）以外，按照金融负债和权益工具区分原则分类为权益工具的其他权益工具，按照以下原则进行会计处理。

一、其他权益工具会计处理的基本原则

企业发行的金融工具应当按照金融工具准则进行初始确认和计量；其后，于每个资产负债表日计提利息或分派股利，按照相关具体企业会计准则进行处理。即企业应当以所发行金融工具的分类为基础，确定该工具利息支出或股利分配等的会计处理。对于归类为权益工具的金融工具，无论其名称中是否包含"债"，其利息支出或股利分配都应当作为发行企业的利润分配，其回购、注销等作为权益的变动处理；对于归类为金融负债的金融工具，无论其名称中是否包含"股"，其利息支出或股利分配原则上按照借款费用进行处理，

其回购或赎回产生的利得或损失等计入当期损益。

企业（发行方）发行金融工具，其发生的手续费、佣金等交易费用，如果分类为债务工具且以摊余成本计量的，则应当计入所发行工具的初始计量金额；如果分类为权益工具的，则应当从权益（其他权益工具）中扣除。

二、科目设置

金融工具发行方应当设置下列会计科目，对发行的金融工具进行会计核算：

1. 发行方对于归类为金融负债的金融工具在"应付债券"科目核算。"应付债券"科目应当按照发行的金融工具种类进行明细核算，并在各类工具中按"面值""利息调整""应计利息"设置明细账，进行明细核算（发行方发行的符合流动负债特征并归类为流动负债的金融工具，以相关流动性质的负债类科目进行核算，本教材在账务处理部分均以"应付债券"科目为例）。

对于需要拆分且形成衍生金融负债或衍生金融资产的，应将拆分的衍生金融负债或衍生金融资产按照其公允价值在"衍生工具"科目核算。对于发行的且嵌入了非紧密相关的衍生金融资产或衍生金融负债的金融工具，如果发行方选择将其整体指定为以公允价值计量且其变动计入当期损益的，则应将发行的金融工具的整体在以公允价值计量且其变动计入当期损益的金融负债等科目核算。

2. 在所有者权益类科目中设置"其他权益工具"科目，核算企业发行的除普通股以外的归类为权益工具的各种金融工具。"其他权益工具"科目应按发行金融工具的种类等进行明细核算。

三、主要账务处理

（一）发行方的账务处理

1. 发行方发行的金融工具归类为债务工具并以摊余成本计量的，应按实际收到的金额，借记"银行存款"等科目，按债务工具的面值，贷记"应付债券——优先股、永续债等（面值）"科目，按其差额，贷记或借记"应付债券——优先股、永续债等（利息调整）"科目。

在该工具存续期间，计提利息并对账面的利息进行调整等的会计处理，按照金融工具确认和计量准则中有关金融负债按摊余成本后续计量的规定进行会计处理。

2. 发行方发行的金融工具归类为权益工具的，应按实际收到的金额，借记"银行存款"等科目，贷记"其他权益工具——优先股、永续债等"科目。

分类为权益工具的金融工具，在存续期间分派股利（含分类为权益工具的工具所产生的利息，下同）的，作为利润分配处理。发行方应根据经批准的股利分配方案，按应分配给金融工具持有者的股利金额，借记"利润分配——应付优先股股利、应付永续债利息等"科目，贷记"应付股利——优先股股利、永续债利息等"科目。

3. 发行方发行的金融工具为复合金融工具的，应按实际收到的金额，借记"银行存款"等科目，按金融工具的面值，贷记"应付债券——优先股、永续债（面值）等"科目,按负债成分的公允价值与金融工具面值之间的差额,借记或贷记"应付债券——优先股、永续债等(利息调整)"科目,按实际收到的金额扣除负债成分的公允价值后的金额,贷记"其他权益工具——优先股、永续债等"科目。

发行复合金融工具发生的交易费用,应当在负债成分和权益成分之间按照各自占总发行价款的比例进行分摊。与多项交易相关的共同交易费用,应当在合理的基础上,采用与其他类似交易一致的方法,在各项交易之间进行分摊。

4. 发行的金融工具本身是衍生金融负债或衍生金融资产或者内嵌了衍生金融负债或衍生金融资产的,按照金融工具确认和计量准则中有关衍生工具的规定进行处理。

5. 由于发行的金融工具原合同条款约定的条件或事项随着时间的推移或经济环境的改变而发生变化,导致原归类为权益工具的金融工具重分类为金融负债的,应当于重分类日,按该工具的账面价值,借记"其他权益工具——优先股、永续债等"科目,按该工具的面值,贷记"应付债券——优先股、永续债等(面值)"科目,按该工具的公允价值与面值之间的差额,借记或贷记"应付债券——优先股、永续债等(利息调整)"科目,按该工具的公允价值与账面价值的差额,贷记或借记"资本公积——资本溢价(或股本溢价)"科目,如果资本公积不够冲减的,则依次冲减盈余公积和未分配利润。发行方以重分类日计算的实际利率作为应付债券后续计量利息调整等的基础。

因发行的金融工具原合同条款约定的条件或事项随着时间的推移或经济环境的改变而发生变化,导致原归类为金融负债的金融工具重分类为权益工具的,应于重分类日,按金融负债的面值,借记"应付债券——优先股、永续债等(面值)"科目,按利息调整余额,借记或贷记"应付债券——优先股、永续债等(利息调整)"科目,按金融负债的账面价值,贷记"其他权益工具——优先股、永续债等"科目。

6. 发行方按合同条款约定赎回所发行的除普通股以外的分类为权益工具的金融工具,按赎回价格,借记"库存股——其他权益工具"科目,贷记"银行存款"等科目;注销所购回的金融工具,按该工具对应的其他权益工具的账面价值,借记"其他权益工具"科目,按该工具的赎回价格,贷记"库存股——其他权益工具"科目,按其差额,借记或贷记"资本公积——资本溢价(或股本溢价)"科目,如果资本公积不够冲减的,则依次冲减盈余公积和未分配利润。

发行方按合同条款约定赎回所发行的分类为金融负债的金融工具,按该工具赎回日的账面价值,借记"应付债券"等科目,按赎回价格,贷记"银行存款"等科目,按其差额,借记或贷记"财务费用"科目。

7. 发行方按合同条款约定将发行的除普通股以外的金融工具转换为普通股的,按该工具对应的金融负债或其他权益工具的账面价值,借记"应付债券""其他权益工具"等科目,按普通股的面值,贷记"实收资本(或股本)"科目,按其差额,贷记"资本公积——资本溢价(或股本溢价)"科目(如转股时金融工具的账面价值不足转换为1股普通股而以现金或其他金融资产支付的,还需按支付的现金或其他金融资产的金额,贷记"银行存款"等科目)。

(二) 投资方的账务处理

金融工具投资方(持有人)考虑持有的金融工具或其组成部分是权益工具还是债务工

具投资时,应当遵循金融工具确认和计量准则的相关要求,通常应当与发行方对金融工具的权益或负债属性的分类保持一致。例如,对于发行方归类为权益工具的非衍生金融工具,投资方通常应当将其归类为权益工具投资。

如果投资方因持有发行方发行的金融工具而对发行方拥有控制、共同控制或重大影响的,则按照《企业会计准则第2号——长期股权投资》和《企业会计准则第20号——企业合并》进行确认和计量;投资方需编制合并财务报表的,按照《企业会计准则第33号——合并财务报表》的规定编制合并财务报表。

第三节 资本公积和其他综合收益

一、资本公积确认与计量

资本公积是企业收到投资者的超出其在企业注册资本(或股本)中所占份额的投资,以及直接计入所有者权益的利得和损失等。资本公积包括资本溢价(或股本溢价)和其他资本公积。

资本溢价(或股本溢价)是企业收到投资者的超出其在企业注册资本(或股本)中所占份额的投资。形成资本溢价(或股本溢价)的原因有溢价发行股票、投资者超额缴入资本等。

资本公积一般应当设置"资本(或股本)溢价""其他资本公积"明细科目核算。

(一)资本溢价或股本溢价的会计处理

1. 资本溢价。

投资者经营的企业(不含股份有限公司),投资者依其出资份额对企业经营决策享有表决权,依其所认缴的出资额对企业承担有限责任。明确记录投资者认缴的出资额,真实地反映各投资者对企业享有的权利与承担的义务,是会计处理应注意的问题。为此,会计上应设置"实收资本"科目,核算企业投资者按照公司章程所规定的出资比例实际缴付的出资额。在企业创立时,出资者认缴的出资额全部记入"实收资本"科目。

在企业重组并有新的投资者加入时,为了维护原有投资者的权益,新加入的投资者的出资额,并不一定全部作为实收资本处理。这是因为,在企业正常经营过程中投入的资金虽然与企业创立时投入的资金在数量上一致,但其获利能力却不一致。企业创立时,要经过筹建、试生产经营、为产品寻找市场、开辟市场等过程,从投入资金到取得投资回报,中间需要许多时间,并且这种投资具有风险性,在这个过程中资本利润率很低。而企业进行正常生产经营后,在正常情况下,资本利润率要高于企业初创阶段。而这高于初创阶段的资本利润率是初创时必要的垫支资本带来的,企业创办者为此付出了代价。因此,相同数量的投资,由于出资时间不同,其对企业的影响程度不同,由此而带给投资者的权利也不同,往往早期出资带给投资者的权利要大于后期出资带给投资者的权利。所以新加入的投资者要付出大于原有投资者的出资额,才能取得与投资者相同的投资比例。另外,不仅原投资者原有投资从质量上发生了变化，就是从数量上也可能发生变化，这是因为企业经营过程中实现利润的一部分留在企业，形成留存收益，而留存收益也属于投资者权益，但其未转入实收资本。新加入的投资者如与原投资者共享这部分留存收益，也要求其付出大于原有投资者的出资额，才能取得与原有投资者相同的投资比例。投资者投入的资本中按其投资比例计算的出资额部分，应记入"实收资本"科目，大于部分应记入"资本公积"科目。

2. 股本溢价。

股份有限公司是以发行股票的方式筹集股本的，股票是企业签发的证明股东按其所持股份享有权利和承担义务的书面证明。由于股东按其所持企业股份享有权利和承担义务，为了反映和便于计算各股东所持股份占企业全部股本的比例，企业的股本总额应按股票的面值与股份总数的乘积计算。国家规定，实收股本总额应与注册资本相等。因此，为提供企业股本总额及其构成和注册资本等信息，在采用与股票面值相同的价格发行股票的情况下，企业发行股票取得的收入，应全部记入"股本"科目；在采用溢价发行股票的情况下，企业发行股票取得的收入，相当于股票面值的部分记入"股本"科目，超出股票面值的溢价收入记入"资本公积"科目。委托证券商代理发行股票而支付的手续费、佣金等，应从溢价发行收入中扣除，企业应按扣除手续费、佣金后的数额记入"资本公积"科目。

（二）其他资本公积的会计处理

其他资本公积，是指除资本溢价（或股本溢价）项目以外所形成的资本公积。

1. 以权益结算的股份支付。

以权益结算的股份支付换取职工或其他方提供服务的，应按照确定的金额，记入"管理费用"等科目，同时增加资本公积（其他资本公积）。在行权日，应按实际行权的权益工具数量计算确定的金额，借记"资本公积——其他资本公积"科目，按计入实收资本或股本的金额，贷记"实收资本"或"股本"科目，并将其差额记入"资本公积——资本溢价"或"资本公积——股本溢价"。

2. 采用权益法核算的长期股权投资。

长期股权投资采用权益法核算的，被投资单位除净损益、其他综合收益和利润分配以外的所有者权益的其他变动，投资企业按持股比例计算应享有的份额，应当增加或减少长期股权投资的账面价值，同时增加或减少资本公积（其他资本公积）。当处置采用权益法核算的长期股权投资时，应当将原记入资本公积（其他资本公积）的相关金额转入投资收益（除不能转入损益的项目外）。

（三）资本公积转增资本的会计处理

按照《公司法》的规定，法定公积金（资本公积和盈余公积）转为资本时，所留存的该项公积金不得少于转增前公司注册资本的25%经股东大会或类似机构决议，用资本公积转增资本时，应冲减资本公积，同时按照转增前的实收资本（或股本）的结构或比例，将转增的金额记入"实收资本"（或"股本"）科目下各所有者的明细分类账。

二、其他综合收益的确认与计量及会计处理

其他综合收益,是指企业根据其他会计准则规定未在当期损益中确认的各项利得和损失。包括以后会计期间不能重分类进损益的其他综合收益和以后会计期间满足规定条件时将重分类进损益的其他综合收益两类。

1. 以后会计期间不能重分类进损益的其他综合收益项目,主要包括重新计量设定受益计划净负债或净资产导致的变动、按照权益法核算因被投资单位重新计量设定受益计划净负债或净资产变动导致的权益变动,投资企业按持股比例计算确认的该部分其他综合收益项目,以及在初始确认时,企业可以将非交易性权益工具指定为以公允价值计量且其变动计入其他综合收益的金融资产,该指定后不得撤销,即当该类非交易性权益工具终止确认时原计入其他综合收益的公允价值变动损益不得重分类进损益。

2. 以后会计期间有满足规定条件时将重分类进损益的其他综合收益项目,主要包括:

(1) 符合金融工具准则规定,同时符合两个条件的金融资产应当分类为以公允价值计量且其变动计入其他综合收益:①企业管理该金融资产的业务模式既以收取合同现金流量为目标又以出售该金融资产为目标;②该金融资产的合同条款规定,在特定日期产生的现金流量,仅为对本金和以未偿付本金金额为基础的利息的支付。当该类金融资产终止确认时,之前计入其他综合收益的累计利得或损失应当从其他综合收益中转出,计入当期损益。

(2) 按照金融工具准则规定,对金融资产重分类按规定可以将原计入其他综合收益的利得或损失转入当期损益的部分。

(3) 采用权益法核算的长期股权投资。采用权益法核算的长期股权投资,按照被投资单位实现其他综合收益以及持股比例计算应享有或分担的金额,调整长期股权投资的账面价值,同时增加或减少其他综合收益,其会计处理为:借记(或贷记)"长期股权投资——其他综合收益"科目,贷记(或借记)"其他综合收益",待该项股权投资处置时,将原计入其他综合收益的金额转入当期损益。

(4) 存货或自用房地产转换为投资性房地产。企业将作为存货的房地产转换为采用公允价值模式计量的投资性房地产时,应当按该项房地产在转换日的公允价值,借记"投资性房地产——成本"科目,原已计提跌价准备的,借记"存货跌价准备"科目,按其账面余额,贷记"开发产品"等科目;同时,转换日的公允价值小于账面价值的,按其差额,借记"公允价值变动损益"科目,转换日的公允价值大于账面价值的,按其差额,贷记"其他综合收益"科目。

企业将自用的建筑物等转换为采用公允价值模式计量的投资性房地产时,应当按该项房地产在转换日的公允价值,借记"投资性房地产——成本"科目,原已计提减值准备的,借记"固定资产减值准备"科目,按已计提的累计折旧等,借记"累计折旧"等科目,按其账面余额,贷记"固定资产"等科目;同时,转换日的公允价值小于账面价值的,按其差额,借记"公允价值变动损益"科目,转换日的公允价值大于账面价值的,按其差额,贷记"其他综合收益"科目。

待该项投资性房地产处置时,因转换计入其他综合收益的部分应转入当期损益。

(5) 现金流量套期工具产生的利得或损失中属于有效套期的部分。
(6) 外币财务报表折算差额。

按照外币折算的要求,企业在处置境外经营的当期,将已列入合并财务报表所有者权益的外币报表折算差额中与该境外经营相关部分,自其他综合收益项目转入处置当期损益。如果是部分处置境外经营,则应当按处置的比例计算处置部分的外币报表折算差额,转入处置当期损益。

三、留存收益

(一) 盈余公积

1. 相关规定。

根据《公司法》等有关法规的规定,企业当年实现的净利润,一般应当按照如下顺序进行分配:

(1) 提取法定公积金。公司制企业的法定公积金按照税后利润的10%的比例提取(非公司制企业也可按照超过10%的比例提取),在计算提取法定盈余公积的基数时,不应包括企业年初未分配利润。公司法定公积金累计额为公司注册资本的50%以上时,可以不再提取法定公积金。

公司的法定公积金不足以弥补以前年度亏损的,在提取法定公积金之前,应当先用当年利润弥补亏损。

(2) 提取任意公积金。公司从税后利润中提取法定公积金后,经股东会或者股东大会决议,还可以从税后利润中提取任意公积金。非公司制企业经类似权力机构批准,也可提取任意盈余公积。

(3) 向投资者分配利润或股利。公司弥补亏损和提取公积金后所余税后利润,有限责任公司股东按照实缴的出资比例分取红利,但是,全体股东约定不按照出资比例分取红利的除外;股份有限公司按照股东持有的股份比例分配,但股份有限公司章程规定不按持股比例分配的除外。

股东会、股东大会或者董事会违反规定,在公司弥补亏损和提取法定公积金之前向股东分配利润的,股东必须将违反规定分配的利润退还公司。公司持有的本公司股份不得分配利润。

盈余公积是指企业按照规定从净利润中提取的各种积累资金。公司制企业的盈余公积分为法定盈余公积和任意盈余公积。两者的区别就在于其各自计提的依据不同。前者以国家的法律或行政规章为依据提取,后者则由企业自行决定提取。

盈余公积主要可以用于以下几个方面:

(1) 弥补亏损。企业发生亏损时,应由企业自行弥补。弥补亏损的渠道主要有三条:一是用以后年度税前利润弥补。按照现行制度规定,企业发生亏损时,可以用以后五年内实现的税前利润弥补,即税前利润弥补亏损的期间为五年。二是用以后年度税后利润弥补。企业发生的亏损经过五年期间未弥补足额的,尚未弥补的亏损应用所得税后的利润弥补。三是以盈余公积弥补亏损。企业以提取的盈余公积弥补亏损时,应当由公司董事会提议，并经股东大会批准。

（2）转增资本。企业将盈余公积转增资本时，必须经股东大会决议批准。在实际将盈余公积转增资本时，要按股东原有持股比例结转。企业提取的盈余公积，无论是用于弥补亏损，还是用于转增资本，只不过是在企业所有者权益内部作结构上的调整，如企业以盈余公积弥补亏损时，实际是减少盈余公积留存的数额，以此抵补未弥补亏损的数额，并不引起企业所有者权益总额的变动；企业以盈余公积转增资本时，也只是减少盈余公积结存的数额，但同时增加企业实收资本或股本的数额，也并不引起所有者权益总额的变动。

（3）扩大企业生产经营。盈余公积的用途，并不是指其实际占用形态，提取盈余公积也并不是单独将这部分资金从企业资金周转过程中抽出。企业盈余公积的结存数，实际只表现为企业所有者权益的组成部分，表明企业生产经营资金的一个来源而已。其形成的资金既可能表现为一定的货币资金，也可能表现为一定的实物资产，如存货和固定资产等，随同企业的其他来源所形成的资金进行循环周转，用于企业的生产经营。

2. 盈余公积的确认和计量。

为了反映盈余公积的形成及使用情况，企业应设置"盈余公积"科目。企业应当分别"法定盈余公积""任意盈余公积"进行明细核算。外商投资企业还应分别"储备基金""企业发展基金"进行明细核算。

企业提取盈余公积时，借记"利润分配——提取法定盈余公积""利润分配——提取任意盈余公积"科目，贷记"盈余公积——法定盈余公积""盈余公积——任意盈余公积"科目。

外商投资企业按规定提取的储备基金、企业发展基金、职工奖励及福利基金，借记"利润分配——提取储备基金""利润分配——提取企业发展基金""利润分配——提取职工奖励及福利基金"科目，贷记"盈余公积——储备基金""盈余公积——企业发展基金""应付所有者权益"科目。

企业用盈余公积弥补亏损或转增资本时，借记"盈余公积"，贷记"利润分配——盈余公积补亏""实收资本"或"股本"科目。经股东大会决议，用盈余公积派送新股，按派送新股计算的金额，借记"盈余公积"科目，按股票面值和派送新股总数计算的股票面值总额，贷记"股本"科目。

（二）未分配利润

未分配利润既是企业留待以后年度进行分配的结存利润，也是企业所有者权益的组成部分。相对于所有者权益的其他部分来讲，企业对于未分配利润的使用分配有较大的自主权。从数量上来讲，未分配利润是期初未分配利润，加上本期实现的净利润，减去提取的各种盈余公积和分出利润后的余额。

在会计处理上，未分配利润是通过"利润分配"科目进行核算的，"利润分配"科目应当分别"提取法定盈余公积""提取任意盈余公积""应付现金股利或利润""转作股本的股利""盈余公积补亏"和"未分配利润"等进行明细核算。

1. 分配股利或利润的会计处理。

经股东大会或类似机构决议，分配给股东或投资者的现金股利或利润，借记"利润分配——应付现金股利或利润"科目，贷记"应付股利"科目。经股东大会或类似机构决议，分配给股东的股票股利，应在办理增资手续后，借记"利润分配——转作股本的股利"科目，贷记"股本"科目。

2. 期末结转的会计处理。

企业期末结转利润时，应将各损益类科目的余额转入"本年利润"科目，结平各损益类科目。结转后"本年利润"的贷方余额为当期实现的净利润，借方余额为当期发生的净亏损。年度终了，应将本年收入和支出相抵后结出的本年实现的净利润或净亏损，转入"利润分配——未分配利润"科目。同时，将"利润分配"科目所属的其他明细科目的余额，转入"未分配利润"明细科目。结转后，"未分配利润"明细科目的贷方余额，就是未分配利润的金额；如果出现借方余额，则表示未弥补亏损的金额。"利润分配"科目所属的其他明细科目应无余额。

3. 弥补亏损的会计处理。

企业在生产经营过程中既有可能发生盈利，也有可能出现亏损。企业在当年发生亏损的情况下，与实现利润的情况相同，应当将本年发生的亏损自"本年利润"科目，转入"利润分配——未分配利润"科目，借记"利润分配——未分配利润"科目，贷记"本年利润"科目，结转后"利润分配"科目的借方余额，即未弥补亏损的数额。然后通过"利润分配"科目核算有关亏损的弥补情况。

由于未弥补亏损形成的时间长短不同等原因，以前年度未弥补亏损有的可以以当年实现的税前利润弥补，有的则须用税后利润弥补。以当年实现的利润弥补以前年度结转的未弥补亏损，不需要进行专门的账务处理。企业应将当年实现的利润自"本年利润"科目，转入"利润分配——未分配利润"科目的贷方，其贷方发生额与"利润分配——未分配利润"的借方余额自然抵补。无论是以税前利润还是以税后利润弥补亏损，其会计处理方法均相同。但是，两者在计算交纳所得税时的处理是不同的。在以税前利润弥补亏损的情况下，其弥补的数额可以抵减下期企业应纳税所得额，而以税后利润弥补的数额，则不能作为纳税所得扣除处理。

本章思维导图

历年注会考题

课后习题

课后习题答案

第十一章 收入、费用和利润

☞ **本章学习目的**

通过本章的学习,使学生对收入、费用以及利润的相关内容有一定的认识和理解。学习完本章内容后,学生应掌握收入、费用以及利润的定义、收入的计量、费用的确认、期间费用、利润的构成以及营业外收支的会计处理等;熟悉收入的确认等。

☞ **本章学习重点难点**

收入的五步法模型 合同成本 特定交易类型的会计处理

第一节 收 入

一、收入的定义及其分类

收入是指企业在日常活动中形成的、会导致所有者权益增加的、与所有者投入资本无关的经济利益的总流入。其中,日常活动是指企业为完成其经营目标所从事的经常性活动以及与之相关的其他活动。工业企业制造并销售产品、商品流通企业销售商品、咨询公司提供咨询服务、软件公司为客户开发软件、安装公司提供安装服务、建筑企业提供建造服务等,均属于企业的日常活动。企业按照本章确认收入的方式应当反映其向客户转让商品(或提供服务,以下简称转让商品)的模式,收入的金额应当反映企业因转让这些商品(或服务,以下简称商品)而预期有权收取的对价金额。

本章不涉及企业对外出租资产收取的租金、进行债权投资收取的利息、进行股权投资取得的现金股利、保险合同取得的保费收入等。企业以存货换取客户的存货、固定资产、无形资产以及长期股权投资等,按照本章进行会计处理;其他非货币性资产交换,按照非货币性资产交换的规定进行会计处理。企业处置固定资产、无形资产等的,在确定处置时点以及计量处置损益时,按照本节的有关规定进行处理。

二、收入的确认和计量

收入确认和计量大致分为五步:第一步,识别与客户订立的合同;第二步,识别合同中的单项履约义务;第三步,确定交易价格;第四步,将交易价格分摊至各单项履约义务;第五步,履行各单项履约义务时确认收入。其中,第一步、第二步和第五步主要与收入的确认有关,第三步和第四步主要与收入的计量有关。

(一) 识别与客户订立的合同

本节所称合同,是指双方或多方之间订立有法律约束力的权利义务的协议,包括书面形式、口头形式以及其他可验证的形式(如隐含于商业惯例或企业以往的习惯做法中等)。

1. 收入确认的原则。

企业应当在履行了合同中的履约义务,即在客户取得相关商品控制权时确认收入。取得相关商品控制权,是指能够主导该商品的使用并从中获得几乎全部的经济利益,也包括有能力阻止其他方主导该商品的使用并从中获得经济利益。取得商品控制权包括以下三个要素:

(1) 能力。即客户必须拥有现时权利,能够主导该商品的使用并从中获得几乎全部经济利益。如果客户只能在未来的某一期间主导该商品的使用并从中获益,则表明其尚未取得该商品的控制权。

(2) 主导该商品的使用。客户有能力主导该商品的使用,是指客户有权使用该商品,或者能够允许或阻止其他方使用该商品。

(3) 能够获得几乎全部的经济利益。商品的经济利益,是指该商品的潜在现金流量,既包括现金流入的增加,也包括现金流出的减少。客户可以通过很多方式直接或间接地获得商品的经济利益,如使用、消耗、出售或持有该商品、使用该商品提升其他资产的价值,以及将该商品用于清偿债务、支付费用或抵押等。

2. 收入确认的前提条件。

企业与客户之间的合同同时满足下列条件的,企业应当在客户取得相关商品控制权时确认收入:(1) 合同各方已批准该合同并承诺将履行各自义务;(2) 该合同明确了合同各方与所转让的商品(或提供的服务,以下简称转让的商品)相关的权利和义务;(3) 该合同有明确的与所转让的商品相关的支付条款;(4) 该合同具有商业实质,即履行该合同将改变企业未来现金流量的风险、时间分布或金额;(5) 企业因向客户转让商品而有权取得的对价很可能收回。在进行上述判断时,需要注意以下三点:第一,合同约定的权利和义务是否具有法律约束力,需要根据企业所处的法律环境和实务操作进行判断,包括合同订立的方式和流程、具有法律约束力的权利和义务的时间等。对于合同各方均有权单方面终止完全未执行的合同,且无须对合同其他方作出补偿的,企业应当视为该合同不存在。其中,完全未执行的合同,是指企业尚未向客户转让任何合同中承诺的商品,也尚未收取且尚未有权收取已承诺商品的任何对价的合同。第二,合同具有商业实质,是指履行该合同将改变企业未来现金流量的风险、时间分布或金额。关于商业实质,应按照非货币性资产交换中有关商业实质说明进行判断。第三,企业在评估其因向客户转让商品而有权取得的对价是否很可能收回时,仅应考虑客户到期时支付对价的能力和意图(即客户的信用风险)。企业在进行判断时,应当考虑是否存在价格折让。存在价格折让的,应当在估计交易价格时进行考虑。企业预期很可能无法收回全部合同对价时,应当判断其原因是客户的信用风险还是企业向客户提供了价格折让所致。

实务中,企业可能存在一组类似的合同,企业在对该组合同中的每一份合同进行评估时,均认为其合同对价很可能收回,但是根据历史经验,企业预计可能无法收回该组合同的全部对价。在这种情况下,企业应当认为这些合同满足"因向客户转让商品而有权取得的对价很可能收回"这一条件，并以此为基础估计交易价格。与此同时，企业应当考虑这些合同下确认的合同资产或应收款项是否存在减值。

【例题 11-1】甲公司为房地产开发企业，2×20 年，甲公司与乙公司签订合同，向其销售一栋建筑物，合同价款为 2,000 万元。该建筑物的成本为 800 万元，乙公司在合同开始日即取得了该建筑物的控制权。根据合同约定，乙公司在合同开始日支付了 5% 的保证金 100 万元，并就剩余 95% 的价款与甲公司签订了不附追索权的长期融资协议，如果乙公司违约，则甲公司可重新拥有该建筑物，即使收回的建筑物不能涵盖所欠款项的总额，甲公司也不能向乙公司索取进一步的赔偿。乙公司计划在该建筑物内开设一家超市，在该建筑物所在的地区，零售行业面临激烈的竞争，但乙公司缺乏零售身行业的经营经验。

分析：乙公司计划以该超市产生的收益偿还甲公司的欠款，除此之外并无其他的经济来源，乙公司也未对该笔欠款设定任何担保。如果乙公司违约，甲公司虽然可重新拥有该建筑物，但即使收回的建筑物不能涵盖所欠款项的总额，甲公司也不能向乙公司索取进一步的赔偿。因此，甲公司对乙公司还款的能力和意图存在疑虑，认为该合同不满足合同价款很可能收回的条件。因此，甲公司不能确认收入，甲公司应当将收到的 100 万元确认为一项合同负债。

对于不能同时满足上述收入确认的五个条件的合同，企业只有在不再负有向客户转让商品的剩余义务（例如，合同已完成或取消），且已向客户收取的对价（包括全部或部分对价）不需要退回时，才能将已收取的对价确认为收入；否则，应当将已收取的对价作为负债进行会计处理。

对于不能同时满足上述收入确认的五个条件的合同，企业只有在不再负有向客户转让商品的剩余义务（例如，合同已完成或取消），且已向客户收取的对价（包括全部或部分对价）不需要退回时，才能将已收取的对价确认为收入；否则，应当将已收取的对价作为负债进行会计处理。其中，企业向客户收取不需要退回的对价的，应当在已经将该部分对价所对应的商品的控制权转移给客户，并且已不再向客户转让额外的商品且不再负有此类义务时，将该部分对价确认为收入；或者，在相关合同已经终止时，将该部分对价确认为收入。

对于在合同开始日即满足上述收入确认条件的合同，企业在后续期间不需要对其进行重新评估，除非有迹象表明相关事实和情况发生重大变化。对于不满足上述收入确认条件的合同，企业应当在后续期间对其进行持续评估，以判断其能否满足这些条件。企业如果在合同满足相关条件之前已经向客户转移了部分商品，当该合同在后续期间满足相关条件时，企业应当将在此之前已经转移的商品所分摊的交易价格确认为收入。通常情况下，合同开始日是指合同开始赋予合同各方具有法律约束力的权利和义务的日期，即合同生效日。

【例题 11-2】甲公司与乙公司签订合同，将一项专利技术授权给乙公司使用，专门用于生产产品，并按其生产产品的销售收入的 20% 收取特许权使用费。2×20 年 1 月 1 日为合同开始日，甲公司评估认为，该合同在合同开始日满足合同确认收入的五个条件。该专利技术在合同开始日即授权给乙公司使用。在合同开始日后的 2×20 年内，乙公司每季度向甲公司提供销售产品情况报告，并在约定的期间内支付特许权使用费。在 2×21 年内，乙公司继续使用该专利技术，但是乙公司的财务状况下滑，融资能力下降，可用现金不足，因此，乙公司仅按合同支付了当年第一季度的特许权使用费，而后三个季度仅按名义金额付款。在2×22年内，乙公司继续使用甲公司的专利技术，但是，甲公司得知，乙公司已经完全丧失了融资能力，且流失了大部分客户，因此，乙公司的付款能力进一步恶化，信用风险显著升高。

分析：

（1）该合同在合同开始日2×20年满足收入确认的条件，因此甲公司在乙公司使用该专利技术的行为发生时，按照约定的特许权使用费确认收入。

（2）第二年即2×21年，由于乙公司的信用风险升高，甲公司在确认收入的同时，按照金融资产减值的要求对乙公司的应收款项进行减值测试。

（3）第三年即2×22年，由于乙公司的财务状况恶化，信用风险显著升高，甲公司对该合同进行了重新评估，认为"企业因向客户转让商品而有权取得的对价很可能收回"这一条件不再满足，因此，甲公司不再确认特许权使用费收入，同时对现有应收款项是否发生减值继续进行评估。

需要说明的是，没有商业实质的非货币性资产交换，无论何时，均不应确认收入。从事相同业务经营的企业之间，为便于向客户或潜在客户销售而进行的非货币性资产交换（例如，两家石油公司之间相互交换石油，以便及时满足各自不同地点客户的需求），不应确认收入。

3. 合同合并。

企业与同一客户（或该客户的关联方）同时订立或在相近时间内先后订立的两份或多份合同，在满足下列条件之一时，应当合并为一份合同进行会计处理：（1）该两份或多份合同基于同一商业目的而订立并构成一揽子交易，如一份合同在不考虑另一份合同的对价的情况下将会发生亏损；（2）该两份或多份合同中的一份合同的对价金额取决于其他合同的定价或履行情况，如一份合同如果发生违约，将会影响另一份合同的对价金额；（3）该两份或多份合同中所承诺的商品（或每份合同中所承诺的部分商品）构成本节后面所述的单项履约义务。两份或多份合同合并为一份合同进行会计处理的，仍然需要区分该份合同中包含的各单项履约义务。

4. 合同变更。

合同变更，是指经合同各方同意对原合同范围或价格（或两者）作出的变更。企业应当区分下列三种情形对合同变更分别进行会计处理：

（1）合同变更部分作为单独合同进行会计处理。合同变更增加了可明确区分的商品及合同价款，且新增合同价款反映了新增商品单独售价的，应当将该合同变更作为一份单独的合同进行会计处理。判断新增合同价款是否反映了新增商品的单独售价时，应当考虑为反映该特定合同的具体情况而对新增商品价格所做的适当调整。例如，在合同变更时，企业由于无须发生为发展新客户等所需发生的相关销售费用，可能会向客户提供一定的折扣，从而在新增商品单独售价的基础上予以适当调整。

（2）合同变更作为原合同终止及新合同订立进行会计处理。合同变更不属于上述第（1）种情形，且在合同变更日已转让商品与未转让商品之间可明确区分的，应当视为原合同终止，同时，将原合同未履约部分与合同变更部分合并为新合同进行会计处理。新合同的交易价格应当为下列两项金额之和：一是原合同交易价格中尚未确认为收入的部分（包括已从客户收取的金额）；二是合同变更中客户已承诺的对价金额。

【例题11-3】甲公司与客户签订合同，每周为客户的办公楼提供保洁服务，合同期限为三年，客户每年向甲公司支付服务费10万元（假定该价格反映了合同开始日该项服务的单独售价），在第二年末，合同双方对合同进行了变更，将第三年的服务费调整为8万元（假定该价格反映了合同变更日该项服务的单独售价），同时以20万元的价格将合同期限延长三年（假定该价格不反映合同变更日该三年服务的单独售价），即每年的服务费为6.67万元，于每年年初支付。上述价格均不包含增值税。

分析：在合同开始日，甲公司认为其每周为客户提供的保洁服务是可明确区分的，但由于甲公司向客户转让的是一系列实质相同且转让模式相同的、可明确区分的服务，因此将其作为单项履约义务，在合同开始的前两年，即合同变更之前，A公司每年确认收入10万元。在合同变更日，由于新增的三年保洁服务的价格不能反映该项服务在合同变更时的单独售价，因此，该合同变更不能作为单独的合同进行会计处理，由于在剩余合同期间需要提供的服务与已提供的服务是可明确区分的，A公司应当将该合同变更作为原合同终止，同时，将原合同中未履约的部分与合同变更合并为一份新合同进行会计处理。该新合同的合同期限为4年，对价为28万元，即原合同下尚未确认收入的对价8万元与新增的三年服务相应的对价20万元之和，新合同中A公司每年确认的收入为7万元（28万元÷4年）。

（3）合同变更部分作为原合同的组成部分进行会计处理。合同变更不属于上述第（1）种情形，且在合同变更日已转让商品与未转让商品之间不可明确区分的，应当将该合同变更部分作为原合同的组成部分，在合同变更日重新计算履约进度，并调整当期收入和相应成本等。

如果在合同变更日未转让商品为上述第（2）和第（3）种情形的组合，企业应当按照上述第（2）或第（3）种情形中更为恰当的一种方式对合同变更后尚未转让（或部分未转让）商品进行会计处理。

【例题11-4】20×7年1月15日，乙公司和客户签订了一项总金额为1,000万元的固定造价合同，在客户自有土地上建造一幢办公楼，预计合同总成本为700万元。假定该建造服务属于在某一时段内履行的履约义务，并根据累计发生的合同成本占合同预计总成本的比例确定履约进度。截至20×7年末，乙公司累计已发生成本420万元，履约进度为60%，因此，乙公司在20×7年确认收入600万元。20×8年初，合同双方同意更改该办公楼屋顶的设计，合同价格和预计总成本因此而分别增加200万元和120万元。

分析：由于合同变更后拟提供的剩余服务与在合同变更日或之前已提供的服务不可明确区分（即该合同仍为单项履约义务），因此，乙公司应当将合同变更作为原合同的组成部分进行会计处理。

合同变更后的交易价格为1,200万元（1,000+200），乙公司重新估计的履约进度为51.2%［420÷(700+120)］，乙公司在合同变更日应额外确认收入14.4万元（1,200×51.2%-600）。

（二）识别合同中的单项履约义务

合同开始日，企业应当对合同进行评估，识别该合同所包含的各单项履约义务，并确定各单项履约义务是在某一时段内履行，还是在某一时点履行，然后，在履行了各单项履约义务时分别确认收入。履约义务，是指合同中企业向客户转让可明确区分商品的承诺。企业应当将下列向客户转让商品的承诺作为单项履约义务。

1. 企业向客户转让可明确区分商品（或者商品或服务的组合）的承诺。

企业向客户承诺的商品同时满足下列条件的，应当作为可明确区分商品：一是客户能够从该商品本身或者从该商品与其他易于获得的资源一起使用中受益，即该商品能够明确区分；二是企业向客户转让该商品的承诺与合同中其他承诺可单独区分，即转让该商品的承诺在合同中是可明确区分的，表明客户能够从某项商品本身或者将其与其他易于获得的资源一起使用获益的因素有很多，如企业通常会单独销售该商品等。需要特别指出的是，在评估某项商品是否能够明确区分时，应当基于该商品自身的特征，而与客户可能使用该商品的方式无关。因此，企业无须考虑合同中可能存在的阻止客户从其他来源取得相关资源的限制性条款。

企业确定了商品本身能够明确区分后，还应当在合同层面继续评估转让该商品（或提供该服务，以下简称转让该商品）的承诺是否与合同中其他承诺彼此之间可明确区分。下列情形通常表明企业向客户转让该商品的承诺与合同中的其他承诺不可明确区分：

（1）企业需要提供重大的服务以将该商品与合同中承诺的其他商品进行整合，形成合同约定的某个或某些组合产出转让给客户。例如，企业为客户建造写字楼的合同中，企业向客户提供的砖头、水泥、人工等都能够使客户获益，但是，在该合同下，企业对客户承诺的是为其建造一栋写字楼，而并非提供这些砖头、水泥和人工等，企业需要提供重大的服务将这些商品或服务进行整合，以形成合同约定的一项组合产出（即写字楼）转让给客户。因此，在该合同中，砖头、水泥和人工等商品或服务彼此之间不能单独区分。

（2）该商品将对合同中承诺的其他商品予以重大修改或定制。例如，企业承诺向客户提供其开发的一款现有软件，并提供安装服务，虽然该软件无须更新或技术支持也可直接使用，但是企业在安装过程中需要在该软件现有基础上对其进行定制化的重大修改，以使其能够与客户现有的信息系统相兼容。此时，转让软件的承诺与提供定制化重大修改的承诺在合同层面是不可明确区分的。

（3）该商品与合同中承诺的其他商品具有高度关联性。也就是说，合同中承诺的每一单项商品均受到合同中其他商品的重大影响。例如，企业承诺为客户设计一种新产品并负责生产10个样品，企业在生产和测试样品的过程中需要对产品的设计进行不断的修正，导致已生产的样品均可能需要进行不同程度的返工。此时，企业提供的设计服务和生产样品的服务是不断交替反复进行的，两者高度关联，因此，在合同层面是不可明确区分的。

需要说明的是，企业向客户销售商品时，往往约定企业需要将商品运送至客户指定的地点。通常情况下，商品控制权转移给客户之前发生的运输活动不构成单项履约义务；相反，商品控制权转移给客户之后发生的运输活动可能表明企业向客户提供了一项运输服务，企业应当考虑该项服务是否构成单项履约义务。

2. 企业向客户转让一系列实质相同且转让模式相同的、可明确区分商品的承诺。

企业应当将实质相同且转让模式相同的一系列商品作为单项履约义务，即使这些商品可明确区分。其中，转让模式相同，是指每一项可明确区分商品均满足本节在某一时段内履行履约义务的条件，且采用相同方法确定其履约进度。例如，每天为客户提供保洁服务的长期劳务合同等。企业在判断所转让的一系列商品是否实质相同时，应当考虑合同中承诺的性质，如果企业承诺的是提供确定数量的商品，那么需要考虑这些商品本身是否实质相同；如果企业承诺的是在某一期间内随时向客户提供某项服务，则需要考虑企业在该期间内的各个时间段（如每天或每小时）的承诺是否相同，而并非具体的服务行为本身，例如，企业向客户提供2年的酒店管理服务，具体包括保洁、维修、安保等，但没有具体的服务次数或时间的要求，尽管企业每天提供的具体服务不一定相同，但企业每天对于客户的承诺都是相同的，因此，该服务符合"实质相同"的条件。

企业为履行合同而应开展的初始活动，通常不构成履约义务，除非该活动向客户转让了承诺的商品。例如，某俱乐部为注册会员建立档案，该活动并未向会员转让承诺的商品，因此不构成单项履约义务。

【例题11-5】乙公司与客户签订合同，向客户出售一台其生产的设备并提供安装服务。该设备可以不经任何定制或改装而直接使用，不需要复杂安装，除乙公司外，市场上还有其他供应商也能提供此项安装服务。

分析：

情形1：客户可以使用该设备或将其以高于残值的价格转售，能够从该设备与市场上其他供应商提供的此项安装服务一起使用中获益，也可从安装服务与客户已经获得的其他资源（例如设备）一起使用中获益，表明该设备和安装服务能够明确区分。

在该合同中，乙公司对客户的承诺是交付设备之后再提供安装服务，而非两者的组合产出，该设备仅需简单安装即可使用，乙公司并未对设备和安装提供重大整合服务，安装服务没有对该设备作出重大修改或定制，虽然客户只有获得设备的控制权之后才能从安装服务中获益，但是企业履行其向客户转让设备的承诺能够独立于其提供安装服务的承诺，因此安装服务并不会对设备产生重大影响。

该设备与安装服务彼此之间不会产生重大的影响，也不具有高度关联性，表明两者在合同中彼此之间可明确区分。因此，该项合同包含两项履约义务，即销售设备和提供安装服务。

情形2：假定其他条件不变，但是按照合同规定只能由乙公司向客户提供安装服务。在这种情况下，合同限制并没有改变相关商品本身的特征，也没有改变企业对客户的承诺。虽然根据合同约定，客户只能选择由乙公司提供安装服务，但是设备和安装服务本身仍然符合可明确区分的条件，仍然是两项履约义务。

情形3：如果乙公司提供的安装服务很复杂，该安装服务可能对其销售的设备进行定制化的重大修改，即使市场上有其他的供应商也可以提供此项安装服务，乙公司也不能将该安装服务作为单项履约义务，而是应当将设备和安装服务合并作为单项履约义务。

（三）确定交易价格

交易价格，是指企业因向客户转让商品而预期有权收取的对价金额。企业代第三方收取的款项（例如增值税）以及企业预期将退还给客户的款项，应当作为负债进行会计处理，不计入交易价格。合同标价并不一定代表交易价格，企业应当根据合同条款，并结合以往的习惯做法等确定交易价格。企业在确定交易价格时，应当假定将按照现有合同的约定向客户转让商品，且该合同不会被取消、续约或变更。

1. 可变对价。

企业与客户的合同中约定的对价金额可能会因折扣、价格折让、返利、退款、奖励积分、激励措施、业绩奖金、索赔等因素而变化。此外,根据一项或多项或有事项的发生而收取不同对价金额的合同,也属于可变对价的情形。企业在判断合同中是否存在可变对价时,不仅应当考虑合同条款的约定,还应当考虑下列情况:一是根据企业已公开宣布的政策、特定声明或者以往的习惯做法等,客户能够合理预期企业将会接受低于合同约定的对价金额,即企业会以折扣、返利等形式提供价格折让;二是其他相关事实和情况表明企业在与客户签订合同时即意图向客户提供价格折让。合同中存在可变对价的,企业应当对计入交易价格的可变对价进行估计。

可变对价最佳估计数的确定。企业应当按照期望值或最可能发生金额确定可变对价的最佳估计数。企业所选择的方法应当能够更好地预测其有权收取的对价金额,并且对于类似的合同,应当采用相同的方法进行估计。对于某一事项的不确定性对可变对价金额的影响,企业应当在整个合同期间一致地采用同一种方法进行估计。但是,当存在多个不确定性事项均会影响可变对价金额时,企业可以采用不同的方法对其进行估计。期望值是按照各种可能发生的对价金额及相关概率计算确定的金额。如果企业拥有大量具有类似特征的合同,并估计可能产生多个结果时,通常按照期望值估计可变对价金额。最可能发生金额是一系列可能发生的对价金额中最可能发生的单一金额,即合同最可能产生的单一结果。当合同仅有两个可能结果时,通常按照最可能发生金额估计可变对价金额。

计入交易价格的可变对价金额的限制。企业按照期望值或最可能发生金额确定可变对价金额之后,计入交易价格的可变对价金额还应该满足限制条件,即包含可变对价的交易价格,应当不超过在相关不确定性消除时,累计已确认的收入极可能不会发生重大转回的金额。企业在评估是否极可能不会发生重大转回时,应当同时考虑收入转回的可能性及其比重。其中,"极可能"发生的概率应远高于"很可能(即,可能性超过50%)",但不要求达到"基本确定(即,可能性超过95%)",其目的是避免因为一些不确定性因素的发生导致之前已经确认的收入发生转回;在评估收入转回金额的比重时,应同时考虑合同中包含的固定对价和可变对价,即,可能发生的收入转回金额相对于合同总对价(包括固定对价和可变对价)的比重。

【例题11-6】甲公司生产和销售笔记本电脑。2×20年3月,甲公司向零售商乙公司销售1,000台笔记本电脑,每台价格为6,000元,合同价款合计600万元。甲公司向乙公司提供价格保护,同意在未来6个月内,如果同款笔记本电脑售价下降,则按照合同价格与最低售价之间的差额向乙公司支付差价。甲公司根据以往执行类似合同的经验,预计各种结果发生的概率如下所示。上述价格均不包含增值税。

未来6个月内的降价金额(元/台)	概率
0	40%
200	30%
500	20%
1,000	10%

分析：甲公司认为期望值能够更好地预测其有权获取的对价金额。在该方法下，甲公司估计每台笔记本电脑的交易价格 = (6,000 − 0) × 40% + (6,000 − 200) × 30% + (6,000 − 500) × 20% + (6,000 − 1,000) × 10% = 5,740（元）。

企业应当将满足上述限制条件的可变对价的金额计入交易价格。需要说明的是，将可变对价计入交易价格的限制条件不适用于企业向客户授予知识产权许可并约定按客户实际销售或使用情况收取特许权使用费的情况。

每一资产负债表日，企业应当重新估计应计入交易价格的可变对价金额，包括重新评估将估计的可变对价计入交易价格是否受到限制，以如实反映报告期末存在的情况以及报告期内发生的情况变化。

【例题11−7】甲公司是一家资产管理公司。2×20年10月1日，甲公司为乙公司的股票型基金提供资产管理服务，期限3年。期间甲公司所能获得的报酬包括两部分：一是每年按照年度末该基金净值的2%收取管理费，该管理费不会因基金净值的后续变化而调整或被要求退回；二是该基金在三年内的累计回报如果超过15%，则甲公司可以获得超额回报部分的20%作为业绩奖励。2×20年12月31日，该基金的净值为10,000万元。假定不考虑相关税费影响。

分析：甲公司在该项合同中收取的管理费和业绩奖励均为可变对价，其金额极易受到股票价格波动的影响，因此，在合同开始日，甲公司无法对其能够收取的管理费和业绩奖励进行估计，不满足累计已确认的收入金额极可能不会发生重大转回的条件。2×20年12月31日，甲公司重新估计该合同的交易价格时，影响该年度管理费收入金额的不确定性已经消除，甲公司确认管理费收入200万元（10,000 × 2%）。甲公司不能确认业绩奖励收入，这是因为，该业绩奖励仍然会受到基金未来累计回报的影响，有关将可变对价计入交易价格的限制条件仍然没有得到满足。甲公司应当在后续的每一资产负债表日，估计业绩奖励是否满足上述条件，以确定其收入金额。

2. 合同中存在的重大融资成分。

当合同各方以在合同中（或者以隐含的方式）约定的付款时间为客户或企业就该交易提供了重大融资利益时，合同中即包含重大融资成分，如企业以赊销的方式销售商品等。合同中存在重大融资成分的，企业应当按照假定客户在取得商品控制权时即以现金支付的应付金额（即，现销价格）确定交易价格。在评估合同中是否存在融资成分以及该融资成分对于该合同而言是否重大时，企业应当考虑所有相关的事实和情况，包括：（1）已承诺的对价金额与已承诺商品的现销价格之间的差额；（2）下列两项的共同影响：一是企业将承诺的商品转让给客户与客户支付相关款项之间的预计时间间隔，二是相关市场的现行利率。

表明企业与客户之间的合同未包含重大融资成分的情形有：一是客户就商品支付了预付款，且可以自行决定这些商品的转让时间（例如，企业向客户出售其发行的储值卡，客户可随时到该企业持卡购物；企业向客户授予奖励积分，客户可随时到该企业兑换这些积分等）；二是客户承诺支付的对价中有相当大的部分是可变的，该对价金额或付款时间取决于某一未来事项是否发生，且该事项实质上不受客户或企业控制（例如，按照实际销量收取的特许权使用费）；三是合同承诺的对价金额与现销价格之间的差额是由于向客户或企业提供融资利益以外的其他原因所导致的，且这一差额与产生该差额的原因是相称的

（例如，合同约定的支付条款目的是向企业或客户提供保护，以防止另一方未能依照合同充分履行其部分或全部义务）。

需要说明的是，企业应当在单个合同层面考虑融资成分是否重大，而不应在合同组合层面考虑。合同中存在重大融资成分的，企业在确定该重大融资成分的金额时，应使用将合同对价的名义金额折现为商品的现销价格的折现率。该折现率一经确定，不得因后续市场利率或客户信用风险等情况的变化而变更。企业确定的交易价格与合同承诺的对价金额之间的差额，应当在合同期间内采用实际利率法摊销。

为简化实务操作，如果在合同开始日，企业预计客户取得商品控制权与客户支付价款间隔不超过一年的，可以不考虑合同中存在的重大融资成分。企业应当对类似情形下的类似合同一致地应用这一简化处理方法。

【例题 11-8】 2×20 年 1 月 1 日，甲公司与乙公司签订合同，向其销售一批产品。合同约定，该批产品将于 3 年之后交货。合同中包含两种可供选择的付款方式，即乙公司可以在 3 年后交付产品时支付 2,000 万元，或者在合同签订时支付 1,679.2 万元。乙公司选择在合同签订时支付货款。该批产品的控制权在交货时转移。甲公司于 2×20 年 1 月 1 日收到乙公司支付的货款。上述价格均不包含增值税，且假定不考虑相关税费影响。假定按照上述两种付款方式计算的内含利率为 6%。考虑到乙公司付款时间和产品交付时间之间的间隔以及现行市场利率水平，甲公司认为该合同包含重大融资成分。假定上述业务的融资费用不符合借款费用资本化的要求。

分析：由于该合同包含重大融资成分，因此甲公司在确定交易价格时，应当对合同承诺的对价金额进行调整，以反映该重大融资成分的影响。甲公司的账务处理为：

（1）2×20 年 1 月 1 日收到货款：

借：银行存款　　　　　　　　　　　　　　　　　　　　　　1,679.2
　　未确认融资费用　　　　　　　　　　　　　　　　　　　　320.8
　　贷：合同负债　　　　　　　　　　　　　　　　　　　　　　　2,000

（2）2×20 年 12 月 31 日确认融资成分的影响：

借：财务费用　　　　　　　　　　　　（1,679.2×6%）100.75
　　贷：未确认融资费用　　　　　　　　　　　　　　　　　　　100.75

（3）2×21 年 12 月 31 日确认融资成分的影响：

借：财务费用　　　　　　　　　　　　（1,779.95×6%）106.8
　　贷：未确认融资费用　　　　　　　　　　　　　　　　　　　106.8

（4）2×22 年 12 月 31 日交付产品。

借：财务费用　　　　　　　　　　（320.8－100.75－106.8）113.25
　　贷：未确认融资费用　　　　　　　　　　　　　　　　　　　113.25

借：合同负债　　　　　　　　　　　　　　　　　　　　　　　2,000
　　贷：主营业务收入　　　　　　　　　　　　　　　　　　　　　2,000

3. 非现金对价。

非现金对价包括实物资产、无形资产、股权、客户提供的广告服务等。客户支付非现金对价的，通常情况下，企业应当按照非现金对价在合同开始日的公允价值确定交易价格。非现金对价公允价值不能合理估计的，企业应当参照其承诺向客户转让商品的单独售价间接确定交易价格。

非现金对价的公允价值可能会因对价的形式而发生变动（例如，企业有权向客户收取的对价是股票，股票本身的价格会发生变动），也可能会因为其形式以外的原因而发生变动。合同开始日后，非现金对价的公允价值因对价形式以外的原因而发生变动的，应当作为可变对价，按照与计入交易价格的可变对价金额的限制条件相关的规定进行处理；合同开始日后，非现金对价的公允价值因对价形式而发生变动的，该变动金额不应计入交易价格。

【例题11-9】甲公司为客户生产一批产品。双方约定，如果甲公司能够在30天内交货，则可以额外获得200万股客户的股票作为奖励。合同开始日，该股票的价格为每股5元；由于缺乏执行类似合同的经验，当日，甲公司估计，该200万股股票的公允价值计入交易价格将不满足累计已确认的收入极可能不会发生重大转回的限制条件。合同开始日之后的第25天，甲公司将该批产品交付给客户，从而获得了200万股股票，该股票在此时的价格为每股6元。假定企业将该股票作为：以公允价值计量且其变动计入当期损益的金融资产。

分析：合同开始日，该股票的价格为每股5元，由于缺乏执行类似合同的经验，当日，甲公司估计，该200万股股票的公允价值计入交易价格将不满足累计已确认的收入极可能不会发生重大转回的限制条件，因此，甲公司不应将该200万股股票的公允价值1,000万元计入交易价格。合同开始日之后的第25天，甲企业获得了200万股股票，该股票在此时的价格为每股6元。甲企业应当将股票（非现金对价）的公允价值因对价形式以外的原因而发生的变动，即1,000元（5×200）确认为收入，因对价形式原因而发生的变动，即200万元（1,200-1,000）计入公允价值变动损益。

4. 应付客户对价。

企业存在应付客户对价的，应当将该应付对价冲减交易价格，但应付客户对价是为了自客户取得其他可明确区分商品的除外。企业应付客户对价是为了向客户取得其他可明确区分商品的，应当采用与企业其他采购相一致的方式确认所购买的商品。企业应付客户对价超过向客户取得可明确区分商品公允价值的，超过金额应当冲减交易价格；向客户取得的可明确区分商品公允价值不能合理估计的，企业应当将应付客户对价全额冲减交易价格。在将应付客户对价冲减交易价格处理时，企业应当在确认相关收入与支付（或承诺支付）客户对价两者孰晚的时点冲减当期收入。

【例题11-10】食品加工企业甲公司与丁超市签订一年期合同，约定丁超市在一年内至少购买价值2,000万元的产品。合同规定：甲公司要在合同开始日向丁超市支付100万元的不可返还款项，以补偿丁超市为了摆放商品更改货架发生的支出。

分析：企业支付给超市的100万元并未取得可明确区分的商品或服务，因此为交易价格的抵减。企业应在确认商品销售收入的同时，按比例抵销售收入5%（100/2,000）。

（四）将交易价格分摊至各单项履约义务

当合同中包含两项或多项履约义务时，为了使企业分摊至每一单项履约义务的交易价格能够反映其因向客户转让已承诺的相关商品（或提供已承诺的相关服务）而预期有权收取的对价金额，企业应当在合同开始日，按照各单项履约义务所承诺商品的单独售价的相对比例,将交易价格分摊至各单项履约义务。

单独售价,是指企业向客户单独销售商品的价格。单独售价无法直接观察的,企业应当综合考虑其能够合理取得的全部相关信息,采用市场调整法、成本加成法、余值法等方法合理估计单独售价。市场调整法,是指企业根据某商品或类似商品的市场售价考虑本企业的成本和毛利等进行适当调整后,确定其单独售价的方法。成本加成法,是指企业根据某商品的预计成本加上其合理毛利后的价格,确定其单独售价的方法。余值法,是指企业根据合同交易价格减去合同中其他商品可观察的单独售价后的余值,确定某商品单独售价的方法。企业应当最大限度地采用可观察的输入值,并对类似的情况采用一致的估计方法。

企业在商品近期售价波动幅度巨大,或者因未定价且未曾单独销售而使售价无法可靠确定时,可采用余值法估计其单独售价。

合同资产,是指企业已向客户转让商品而有权收取对价的权利,且该权利取决于时间流逝之外的其他因素。应收款项是企业无条件收取合同对价的权利,该权利应当作为应收款项单独列示。两者的区别在于,应收款项代表的是无条件收取合同对价的权利,即企业仅仅随着时间的流逝即可收款,而合同资产并不是一项无条件收款权,该权利除了时间流逝之外,还取决于其他条件(例如,履行合同中的其他履约义务)才能收取相应的合同对价。因此,与合同资产和应收款项相关的风险是不同的,应收款项仅承担信用风险,而合同资产除信用风险之外,还可能承担其他风险,如履约风险等。合同资产的减值的计量、列报和披露应当按照相关金融工具准则的要求进行会计处理。

【例题11-11】2×20年3月1日,甲公司与客户签订合同,向其销售A、B两项商品,合同价款为500万元。A商品的单独售价为120万元,B商品的单独售价为480万元,单独售价合计600万元。合同约定,A商品于合同开始日交付,B商品在一个月之后交付,只有当两项商品全部交付之后,甲公司才有权收取500万元的合同对价。假定A商品和B商品分别构成单项履约义务,其控制权在交付时转移给客户。上述价格均不包含增值税,且假定不考虑相关税费影响。

分析:分摊至A商品的合同价款 = 500 × 120/(120 + 480) = 100(万元)。

分摊至B商品的合同价款 = 500 × 480/(120 + 480) = 400(万元)。

甲公司的账务处理如下:
(1)交付A商品时:
借:合同资产　　　　　　　　　　　　　　　　　　　　　　　　100
　　贷:主营业务收入　　　　　　　　　　　　　　　　　　　　　　100
(2)交付B商品时:
借:应收账款　　　　　　　　　　　　　　　　　　　　　　　　500
　　贷:合同资产　　　　　　　　　　　　　　　　　　　　　　　　100
　　　　主营业务收入　　　　　　　　　　　　　　　　　　　　　　400

1. 分摊合同折扣。

合同折扣,是指合同中各单项履约义务所承诺商品的单独售价之和高于合同交易价格的金额。对于合同折扣,企业应当在各单项履约义务之间按比例分摊。有确凿证据表明合同折扣仅与合同中一项或多项(而非全部)履约义务相关的,企业应当将该合同折扣分摊至相关一项或多项履约义务。

同时满足下列条件时,企业应当将合同折扣全部分摊至合同中的一项或多项(而非全部)履约义务:(1)企业经常将该合同中的各项可明确区分的商品单独销售或者以组合的方式单独销售;(2)企业也经常将其中部分可明确区分的商品以组合的方式按折扣价格单独销售;(3)上述第(2)项中的折扣与该合同中的折扣基本相同,且针对每一组合中的商品的分析为将该合同的全部折扣归属于某一项或多项履约义务提供了可观察的证据。有确凿证据表明合同折扣仅与合同中的一项或多项(而非全部)履约义务相关,且企业采用余值法估计单独售价的,企业应当首先在该一项或多项(而非全部)履约义务之间分摊合同折扣,然后再采用余值法估计单独售价。

【例题11-12】甲公司与客户签订合同,向其销售A、B、C三种产品,合同总价款为140万元,这三种产品构成三项履约义务。企业经常以60万元单独出售A产品,其单独售价可直接观察;B产品和C产品的单独售价不可直接观察,企业采用市场调整法估计的B产品单独售价为35万元,采用成本加成法估计的C产品单独售价为65万元。甲公司通常以60万元的价格单独销售A产品,并将B产品和C产品组合在一起以80万元的价格销售。上述价格均不包含增值税。

分析:三种产品的单独售价合计为160万元(60+35+65),而该合同的价格为140万元,该合同的整体折扣为20万元。由于甲公司经常将B产品和C产品组合在一起以80万元的价格销售,该价格与其单独售价之和100万元(35+65)的差额为20万元,与该合同的整体折扣一致,而A产品单独销售的价格与其单独售价一致,证明该合同的整体折扣仅应归属于B产品和C产品。

A产品应分摊的交易价格=60(万元)。
B产品应分摊的交易价格=80×35/(35+65)=28(万元)。
C产品应分摊的交易价格=80×65/(35+65)=52(万元)。

2. 分摊可变对价。

合同中包含可变对价的,该可变对价既可能与整个合同相关,也可能仅与合同中的某一特定组成部分有关,后者包括两种情形:一是可变对价可能与合同中的一项或多项(而非全部)履约义务有关;二是可变对价可能与企业向客户转让的构成单项履约义务的一系列可明确区分商品中的一项或多项(而非全部)商品有关。

同时满足下列条件的,企业应当将可变对价及可变对价的后续变动额全部分摊至与之相关的某项履约义务,或者构成单项履约义务的一系列可明确区分商品中的某项商品:

(1)可变对价的条款专门针对企业为履行该项履约义务或转让该项可明确区分商品所作的努力(或者是履行该项履约义务或转让该项可明确区分商品所导致的特定结果)。

(2)企业在考虑了合同中的全部履约义务及支付条款后,将合同对价中的可变金额全部分摊至该项履约义务或该项可明确区分商品符合分摊交易价格的目标。对于不满足上述条件的可变对价及可变对价的后续变动额,以及可变对价及其后续变动额中未满足上述条件的剩余部分,企业应当按照分摊交易价格的一般原则,将其分摊至合同中的各单项履约义务。对于已履行的履约义务,其分摊的可变对价后续变动额应当调整变动当期的收入。

3. 交易价格的后续变动。

交易价格发生后续变动的,企业应当按照在合同开始日所采用的基础将该后续变动金额分摊至合同中的履约义务。企业不得因合同开始日之后单独售价的变动而重新分摊交易价格。对于合同变更导致的交易价格后续变动，应当按照本节有关合同变更的要求进行会计处理。合同变更之后发生可变对价后续变动的，企业应当区分下列三种情形分别进行会计处理：

（1）合同变更属于本节合同变更第（1）规定情形的，企业应当判断可变对价后续变动与哪一项合同相关，并按照分摊可变对价的相关规定进行会计处理。

（2）合同变更属于本节合同变更第（2）规定情形，且可变对价后续变动与合同变更前已承诺可变对价相关的，企业应当首先将该可变对价后续变动额以原合同开始日确定的单独售价为基础进行分摊，然后再将分摊至合同变更。尚未履行履约义务的该可变对价后续变动额以新合同开始日确定的基础进行二次分摊。

（3）合同变更之后发生除上述第（1）和第（2）种情形以外的可变对价后续变动的，企业应当将该可变对价后续变动额分摊至合同变更日尚未履行（或部分未履行）的履约义务。

（五）履行每一单项履约义务时确认收入

企业应当在履行了合同中的履约义务，即客户取得相关商品控制权时确认收入。企业应当根据实际情况，首先判断履约义务是否满足在某一时段内履行的条件，如果不满足，则该履约义务属于在某一时点履行的履约义务。对于在某一时段内履行的履约义务，企业应当选取恰当的方法来确定履约进度；对于在某一时点履行的履约义务，企业应当综合分析控制权转移的迹象，判断其转移时点。

1. 在某一时段内履行的履约义务的收入确认条件满足下列条件之一的，属于在某一时段内履行的履约义务，相关收入应当在该履约义务履行的期间内确认：

（1）客户在企业履约的同时即取得并消耗企业履约所带来的经济利益。

企业在履约过程中是持续地向客户转移该服务的控制权的，该履约义务属于在某一时段内履行的履约义务，企业应当在提供该服务的期间内确认收入。企业在进行判断时，可以假定在企业履约的过程中更换为其他企业继续履行剩余履约义务，如果该继续履行合同的企业实质上无需重新执行企业累计至今已经完成的工作，则表明客户在企业履约的同时即取得并消耗了企业履约所带来的经济利益。例如，企业承诺将客户的一批货物从A市运送到B市，假定该批货物在途经C市时，由另一家运输公司接替企业继续提供该运输服务，由于A市到C市之间的运输服务是无需重新执行的，因此，表明客户在企业履约的同时即取得并消耗了企业履约所带来的经济利益，因此，企业提供的运输服务属于在某一时段内履行的履约义务。企业在判断其他企业是否实质上无需重新执行企业累计至今已经完成的工作时，应当基于以下两个前提：一是不考虑可能会使企业无法将剩余履约义务转移给其他企业的潜在限制，包括合同限制或实际可行性限制；二是假设继续履行剩余履约义务的其他企业将不会享有企业目前已控制的任何资产的利益，也不会享有剩余履约义务转移后企业仍然控制的任何资产的利益。

（2）客户能够控制企业履约过程中在建的商品。

企业在履约过程中创建的商品包括在产品、在建工程、尚未完成的研发项目、正在进行的服务等，如果客户在企业创建该商品的过程中就能够控制这些商品，应当认为企业提供该商品的履约义务属于在某一时段内履行的履约义务。

（3）企业履约过程中所产出的商品具有不可替代的用途，且该企业在整个合同期间内有权就累计至今已完成的履约部分收取款项。

①商品具有不可替代用途。在判断商品是否具有不可替代用途时，企业既应当考虑合同限制，也应当考虑实际可行性限制，但无需考虑合同被终止的可能性。企业在判断商品是否具有不可替代用途时，需要注意以下四点：一是企业应当在合同开始日判断所承诺的商品是否具有不可替代用途。在此之后，除非发生合同变更，且该变更显著改变了原合同约定的履约义务，否则，企业无需重新进行评估。二是合同中是否存在实质性限制条款，导致企业不能将合同约定的商品用于其他用途。保护性条款也不应被视为实质性限制条款。三是是否存在实际可行性限制，例如，虽然合同中没有限制，但是企业将合同中约定的商品用作其他用途，将遭受重大的经济损失或发生重大的返工成本。四是企业应当根据最终转移给客户的商品的特征判断其是否具有不可替代用途。例如，某商品在生产的前期可以满足多种用途需要的，从某一时点或某一流程开始，才进入定制化阶段，此时，企业应当根据该商品在最终转移给客户时的特征来判断其是否满足"具有不可替代用途"的条件。

②企业在整个合同期间内有权就累计至今已完成的履约部分收取款项。有权就累计至今已完成的履约部分收取款项，是指在由于客户或其他方原因终止合同的情况下，企业有权就累计至今已完成的履约部分收取能够补偿其已发生成本和合理利润的款项，并且该权利具有法律约束力。需要强调的是，合同终止必须是由于客户或其他方（即由于企业未按照合同承诺履约之外的其他原因）而非企业自身的原因所致，在整个合同期间内的任一时点，企业均应当拥有此项权利。企业在进行判断时，需要注意以下五点：一是企业有权就累计至今已完成的履约部分收取的款项应当大致相当于累计至今已经转移给客户的商品的售价，即该金额应当能够补偿企业已经发生的成本和合理利润。其中，合理的利润补偿并非一定是该合同的整体毛利水平，以下两种情形都属于合理的利润补偿：第一，根据合同终止前的履约进度对该合同的毛利水平进行调整后确定的金额作为利润补偿金额；第二，如果该合同的毛利水平高于企业同类合同的毛利水平，则以企业从同类合同中能够获取的合理资本回报或者经营毛利作为利润补偿金额。二是企业有权就累计至今已完成的履约部分收取款项，并不意味着企业拥有随时可行使的无条件收款权。当合同约定客户在约定的某一时点、重要事项完成的时点或者整个合同完成之后才支付合同价款时，企业并没有取得收款的权利。在判断其是否满足本要求时，应当考虑，在整个合同期间内的任一时点，假设由于客户或其他方原因导致合同提前终止时，企业是否有权主张该收款权利，即有权要求客户补偿其截至目前已完成的履约部分应收取的款项。三是当客户只有在某些特定时点才能要求终止合同，或者根本无权终止合同时终止了合同（包括客户没有按照合同约定履行其义务）时，如果合同条款或法律法规赋予了企业继续执行合同（即企业继续向客户转移合同中承诺的商品并要求客户支付对价）的权利，则表明企业有权就累计至今已完成的履约部分收取款项。四是企业在进行相关判断时，不仅要考虑合同条款的约定，还应当充分考虑所处的法律环境（包括适用的法律法规、以往的司法实践以及类似案例的结果等）是否对合同条款形成了补充，或者会凌驾于合同条款之上。例如，在合同没有明确约定的情况下，相关的法律法规等是否支持企业主张相关的收款权利；以往的司法实践是否

表明合同中的某些条款没有法律约束力;在以往的类似合同中,企业虽然拥有此类权利,却在考虑了各种因素之后没有行使该权利,这是否会导致企业主张该权利的要求在当前的法律环境下不被支持等。五是企业和客户在合同中约定的具体付款时间表并不一定意味着,企业有权就累计至今已完成的履约部分收取款项。企业需要进一步评估,合同中约定的付款时间表,是否使企业在整个合同期间内的任一时点,在由于除企业自身未按照合同承诺履约之外的其他原因导致合同终止的情况下,均有权就累计至今已完成的履约部分收取能够补偿其成本和合理利润的款项。

【例题 11-13】 甲公司为一家律师事务所,与客户签订一个提供法律咨询服务的合同,合同约定由甲公司为客户提供咨询服务。如果客户在甲公司完全遵守合同义务的前提下终止咨询合同,该合同要求客户赔偿甲公司所发生的成本,另加按10%的毛利率所计算的毛利。10%的毛利率接近甲公司类似合同所产生的利润率。

分析:甲公司的上述履约义务是时段内义务。理由:虽然"客户在企业履约的同时即取得并消耗企业履约所带来的经济利益"这一条件不满足(因为如果甲公司未能履行其义务,甲公司已完成的工作无法给客户带来的经济利益——客户只有在收到了审计报告后才能获益),但甲公司有权就累计至今已完成的履约部分收取能够补偿其已发生成本和合理利润的款项,并且该权利具有法律约束力。

2. 在某一时段内履行的履约义务的收入确认方法。

对于在某一时段内履行的履约义务,企业应当在该段时间内按照履约进度确认收入,履约进度不能合理确定的除外。企业应当采用恰当的方法确定履约进度,以使其如实反映企业向客户转让商品的履约情况。企业应当考虑商品的性质,采用产出法或投入法确定恰当的履约进度,并且在确定履约进度时,应当扣除那些控制权尚未转移给客户的商品和服务。

(1)产出法。

产出法主要是根据已转移给客户的商品对于客户的价值确定履约进度,主要包括按照实际测量的完工进度、评估已实现的结果、已达到的里程碑、时间进度、已完工或交付的产品等确定履约进度的方法。企业在评估是否采用产出法确定履约进度时,应当考虑所选择的产出指标是否能够如实地反映向客户转移商品的进度。

产出法是直接计量已完成的产出,一般能够客观地反映履约进度。当产出法所需要的信息可能无法直接通过观察获得,或者为获得这些信息需要花费很高的成本时,可采用投入法。

(2)投入法。

投入法主要是根据企业履行履约义务的收入确定履约进度,主要包括已投入的材料数量、花费的人工工时或机器工时、发生的成本和时间进度等收入指标确定履约进度。当企业从事的工作或发生的投入是在整个履约期间内平均发生时,按照直线法确认收入是合适的。由于企业的投入与向客户转移商品的控制权之间未必存在直接的对应关系,因此,企业在采用投入法时,应当扣除那些虽然已经发生、但是未导致向客户转移商品的投入。实务中,企业通常按照累计实际发生的成本占预计总成本的比例(即,成本法)确定履约进度。累计实际发生的成本包括企业向客户转移商品过程中所发生的直接成本和间接成本,如直接人工、直接材料、分包成本以及其他与合同相关的成本。企业在采用成本法确定履

约进度时,可能需要对已发生的成本进行适当调整的情形有:

①已发生的成本并未反映企业履行其履约义务的进度,如因企业生产效率低下等原因而导致的非正常消耗,包括非正常消耗的直接材料、直接人工及制造费用等,除非企业和客户在订立合同时已经预见会发生这些成本并将其包括在合同价款中。②已发生的成本与企业履行其履约义务的进度不成比例。如果企业已发生的成本与履约进度不成比例,企业在采用成本法时需要进行适当调整。当企业在合同开始日就能够预期将满足下列所有条件时,企业在采用成本法时不应包括该商品的成本,而是应当按照其成本金额确认收入:一是该商品不构成单项履约义务;二是客户先取得该商品的控制权,之后才接受与之相关的服务;三是该商品的成本占预计总成本的比重较大;四是企业自第三方采购该商品,且未深入参与其设计和制造,对于包含该商品的履约义务而言,企业是主要责任人。

对于每一项履约义务,企业只能采用一种方法来确定其履约进度,并加以一贯运用。对于类似情况下的类似履约义务,企业应当采用相同的方法确定履约进度。

资产负债表日,企业应当在按照合同的交易价格总额乘以履约进度扣除以前会计期间累计已确认的收入后的金额,确认为当期收入。当履约进度不能合理确定时,企业已经发生的成本预计能够得到补偿的,应当按照已经发生的成本金额确认收入,直到履约进度能够合理确定为止。每一资产负债表日,企业应当对履约进度进行重新估计。当客观环境发生变化时,企业也需要重新评估履约进度是否发生变化,以确保履约进度能够反映履约情况的变化,该变化应当作为会计估计变更进行会计处理。

【例题 11-14】 2×20 年 10 月,甲公司与客户签订合同,为客户装修一栋办公楼并安装若干部外购的电梯,假定该装修服务(包括安装电梯)构成单项履约义务,并属于在某一时段内履行的履约义务,甲公司采用成本法确定履约进度。合同总金额为 500 万元。甲公司预计的合同总成本为 400 万元,其中包括电梯的采购成本 150 万元。2×20 年 12 月,甲公司将电梯运达施工现场并经过客户验收,客户已取得对电梯的控制权,但是根据装修进度,预计到 2×21 年 2 月才会安装该电梯。截至 2×20 年 12 月,甲公司累计发生成本 200 万元,其中包括支付给电梯供应商的采购成本 150 万元。上述金额均不含增值税。

分析:由于装修服务(包括安装电梯)构成单项履约义务,甲公司认为其已发生的成本和履约进度不成比例,因此需要对履约进度的计算作出调整,将电梯的采购成本排除在已发生成本和预计总成本之外。在该合同中,该电梯不构成单项履约义务,其成本相对于预计总成本而言是重大的,客户先取得了电梯的控制权,随后才接受与之相关的安装服务,因此,截至 2×20 年 12 月,甲公司发生成本 200 万元(包括电梯采购成本 150 万元),甲公司在客户取得该电梯控制权时,按照该电梯采购成本的金额确认转让电梯产生的收入。

2×20 年 12 月该合同的履约进度 = (200 - 150)/(400 - 150) = 20%

2×20 年应确认的收入金额 = (500 - 150)×20% + 150 = 220(万元)

2×20 年应结转成本金额 = (400 - 150)×20% + 150 = 200(万元)

3. 在某一时点履行的履约义务。

当一项履约义务不属于在某一时段内履行的履约义务时,应当属于在某一时点履行的履约义务。对于在某一时点履行的履约义务,企业应当在客户取得相关商品控制权时点确认收入。在判断客户是否已取得商品控制权时,企业应当考虑下列迹象:

（1）企业就该商品享有现时收款权利，即客户就该商品负有现时付款义务。如果企业就该商品享有现时的收款权利，则可能表明客户已经有能力主导该商品的使用并从中获得几乎全部的经济利益。

（2）企业已将该商品的法定所有权转移给客户，即客户已拥有该商品的法定所有权。客户如果取得了商品的法定所有权，则可能表明其已经有能力主导该商品的使用并从中获得几乎全部的经济利益，或者能够阻止其他企业获得这些经济利益。如果企业仅仅是为了确保到期收回货款而保留商品的法定所有权，那么企业所保留的这项权利通常不会对客户取得对该商品的控制权构成障碍。

（3）企业已将该商品实物转移给客户，即客户已实物占有该商品。客户如果已经实物占有商品，则可能表明其有能力主导该商品的使用并从中获得其几乎全部的经济利益，或者使其他企业无法获得这些利益。需要说明的是，客户占有了某项商品的实物并不意味着其就一定取得了该商品的控制权，反之亦然。例如，采用支付手续费方式的委托代销安排下，虽然企业作为委托方已将商品发送给受托方，但是受托方并未取得该商品的控制权，因此，企业不应在向受托方发货时确认销售商品的收入，而仍然应当根据控制权是否转移来判断何时确认收入，通常应当在受托方售出商品时确认销售商品收入；受托方应当在商品销售后，按合同或协议约定的方法计算确定的手续费确认收入。表明一项安排是委托代销安排的迹象如：①在特定事件发生之前（例如，向最终客户出售产品或指定期间到期之前），企业拥有对商品的控制权；②企业能够要求将委托代销的商品退回或者将其销售给其他方（如其他经销商）；③尽管经销商可能被要求向企业支付一定金额的押金，但是其并没有承担对这些商品无条件付款的义务。

实务中，企业有时根据合同已经就销售的商品向客户收款或取得了收款权利，但是，由于客户因为缺乏足够的仓储空间或生产进度延迟等原因，直到在未来某一时点将该商品交付给客户之前，企业仍然继续持有该商品实物，这种情况通常称为"售后代管商品"安排。此时，企业除了考虑客户是否取得商品控制权的迹象之外，还应当同时满足下列条件，才表明客户取得了该商品的控制权：①该安排必须具有商业实质，如该安排是应客户的要求而订立的；②属于客户的商品必须能够单独识别，如将属于客户的商品单独存放在指定地点；③该商品可以随时交付给客户；④企业不能自行使用该商品或将该商品提供给其他客户。企业根据上述条件对尚未发货的商品确认了收入的，还应当考虑是否还承担了其他履约义务，如向客户提供保管服务等，从而应当将部分交易价格分摊至该其他履约义务。越是通用的、可以与其他商品互相替换的商品，可能越难满足上述条件。

【例题11-15】甲公司是一家高档橱窗生产销售企业，2×20年12月1日与客户签订合同，向其销售一套高档橱窗。当日客户支付了该家具的合同价款100万元并对其进行了验收。

但是，考虑到客户新购买的楼房正在装修且无法存放新购买的高档橱窗，应客户的要求将高档橱窗存放于甲公司的仓库中6个月，并且要求甲公司按照其指令随时安排发货。客户已拥有高档橱窗的法定所有权，且高档橱窗可明确识别为属于客户的物品。甲公司在其仓库内的单独区域内存放高档橱窗，并可应客户的要求随时发货，甲公司不能使用高档橱窗，也不能将其销售给其他客户。

分析：上述事项属于售后代管安排。2×20年12月1日，高档橱窗的控制权已转移给客户；甲公司已经收取合同价款，但是应客户的要求尚未发货，客户已拥有高档橱窗的法定所有权并且对其进行了验收，虽然高档橱窗实物尚由甲公司持有，但是其满足在售后代管商品的安排下客户取得商品控制权的条件，高档橱窗的控制权也已经转移给了客户。因此，甲公司应当确认销售高档橱窗的相关收入。除此之外，甲公司还为客户提供了仓储保管服务，该服务与高档橱窗可明确区分，构成单项履约义务，还应确认仓储保管服务收入。

三、关于合同成本

（一）合同履约成本

企业为履行合同可能会发生各种成本，企业在确认收入的同时应当对这些成本进行分析，属于存货、固定资产、无形资产等规范范围的，应当按照相关章节进行会计处理；不属于其他章节规范范围且同时满足下列条件的，应当作为合同履约成本确认为一项资产：

1. 该成本与一份当前或预期取得的合同直接相关。取得的合同应当是企业能够明确识别的合同，例如，现有合同续约后的合同、尚未获得批准的特定合同等。与合同直接相关的成本包括直接人工（如，支付给直接为客户提供所承诺服务的人员的工资、奖金等）、直接材料（如，为履行合同耗用的原材料、辅助材料、构配件、零件、半成品的成本和周转材料的摊销及租赁费用等）、制造费用或类似费用（如，与组织和管理生产、施工、服务等活动发生的费用，包括管理人员的职工薪酬、劳动保护费、固定资产折旧费及修理费、物料消耗、取暖费、水电费、办公费、差旅费、财产保险费、工程保修费、排污费、临时设施等）、明确由客户承担的成本以及仅因该合同而发生的其他成本（如，支付给分包商的成本、机械使用费、设计和技术援助费用、施工现场二次搬运费、生产工具和用具使用费、检验试验费、工程定位复测费、工程点交费用、场地清理费等）。

2. 该成本增加了企业未来用于履行（或持续履行）履约义务的资源。

3. 该成本预期能够收回。

企业应当在下列支出发生时，将其计入当期损益：一是管理费用，除非这些费用明确由客户承担；二是非正常消耗的直接材料、直接人工和制造费用（或类似费用），这些支出为履行合同发生，但未反映在合同价格中；三是与履约义务中已履行（包括已全部履行或部分履行）部分相关的支出，即该支出与企业过去的履约活动相关；四是无法在尚未履行的与已履行（或已部分履行）的履约义务之间区分的相关支出。

（二）合同取得成本

企业为取得合同发生的增量成本预期能够收回的，应当作为合同取得成本确认为一项资产。增量成本，是指企业不取得合同就不会发生的成本，如销售佣金等。为简化实务操作，该资产摊销期限不超过一年的，可以在发生时计入当期损益。企业采用该简化处理方法的，应当对所有类似合同一致采用。企业为取得合同发生的、除预期能够收回的增量成本之外的其他支出，例如，无论是否取得合同均会发生的差旅费、投标费、为准备投标资料发生的相关费用等，应当在发生时计入当期损益，除非这些支出明确由客户承担。

四、关于特定交易的会计处理

(一) 附有销售退回条款的销售

对于附有销售退回条款的销售,企业应当在客户取得相关商品控制权时,按照因向客户转让商品而预期有权收取的对价金额(即,不包含预期因销售退回将退还的金额)确认收入,按照预期因销售退回将退还的金额确认负债;同时,按照预期将退回商品转让时的账面价值,扣除收回该商品预计发生的成本(包括退回商品的价减损)后的余额确认为一项资产,按照所转让商品转让时的账面价值,扣除上述资产成本的净额结转成本。

每一资产负债表日,企业应当重新估计未来销售退回情况,如有变化,应当作为会计估计变更进行会计处理。

【例题11-16】甲公司为增值税一般纳税人,产品发出时纳税义务已经发生,实际发生退回时取得税务机关开具的红字增值税专用发票。假定A产品发出时控制权转移给客户。2×19年11月1日,甲公司向乙公司销售A产品100件,该产品单位销售价格为10万元,单位成本为8万元,开出的增值税专用发票上注明的销售价格为1,000万元,增值税税额为130万元。A产品已经发出,但款项尚未收到。根据协议约定,乙公司应于2×19年12月31日之前支付货款,在2×20年3月31日之前有权退还A产品。甲公司根据过去的经验,估计该批产品的退货率约为20%。2×19年12月31日,甲公司对退货率进行了重新评估,认为只有10%的健身器材会被退回。2×20年1月31日发生销售退回,实际退货量为5件,退货款项已经支付。2×20年3月31日发生销售退回,实际退货量为3件,退货款项已经支付。

(1) 2×19年11月1日发出A产品时:

借:应收账款　　　　　　　　　　　　　　　　　　　　　　　　1,130
　　贷:主营业务收入　　　　　　　　　　　　　　(100×10×80%) 800
　　　　预计负债——应付退货款　　　　　　　　　(100×10×20%) 200
　　　　应交税费——应交增值税(销项税额)　　　(100×10×13%) 130
借:主营业务成本　　　　　　　　　　　　　　　　(100×8×80%) 640
　　应收退货成本　　　　　　　　　　　　　　　　(100×8×20%) 160
　　贷:库存商品　　　　　　　　　　　　　　　　　　(100×8) 800

(2) 2×19年12月31日前收到货款时:

借:银行存款　　　　　　　　　　　　　　　　　　　　　　　　1,130
　　贷:应收账款　　　　　　　　　　　　　　　　　　　　　　1,130

(3) 2×19年12月31日,甲公司对退货率进行重新评估:

借:预计负债——应付退货款　　　　　　　　　　(100×10×10%) 100
　　贷:主营业务收入　　　　　　　　　　　　　　　　　　　　100
借:主营业务成本　　　　　　　　　　　　　　　　(100×8×10%) 80
　　贷:应收退货成本　　　　　　　　　　　　　　　　　　　　80

（4）2×20年1月31日发生销售退回：

借：库存商品 (5×8) 40
　　应交税费——应交增值税（销项税额） (5×10×13%) 6.5
　　预计负债——应付退货款 (5×10) 50
　　贷：应收退货成本 40
　　　　银行存款 (5×10×1.13) 56.5

（5）2×20年3月31日发生销售退回：

借：库存商品 (3×8) 24
　　应交税费——应交增值税（销项税额） (3×10×13%) 3.9
　　预计负债——应付退货款 (200-100-50) 50
　　贷：应收退货成本 24
　　　　主营业务收入 (2×10) 20
　　　　银行存款 (3×10×1.13) 33.9

借：主营业务成本 (2×8) 16
　　贷：应收退货成本 16

（二）附有质量保证条款的销售

对于附有质量保证条款的销售，企业应当评估该质量保证是否在向客户保证所销售商品符合既定标准之外提供了一项单独的服务。企业提供额外服务的，应当作为单项履约义务，按照本节进行会计处理；否则，质量保证责任应当按照或有事项的要求进行会计处理。在评估质量保证是否在向客户保证所销售商品符合既定标准之外提供了一项单独的服务时，企业应当考虑该质量保证是否为法定要求、质量保证期限以及企业承诺履行任务的性质等因素。客户能够选择单独购买质量保证的，该质量保证构成单项履约义务。法定要求通常是为了保护客户避免其购买瑕疵或缺陷商品的风险，而并非为客户提供一项单独的质量保证服务。质量保证期限越长，越有可能是单项履约义务。如果企业必须履行某些特定的任务以保证所转让的商品符合既定标准（例如，企业负责运输被客户退回的瑕疵商品），则这些特定的任务可能不构成单项履约义务。企业提供的质量保证同时包含上述两类的，应当分别对其进行会计处理，无法合理区分的，应当将这两类质量保证一起作为单项履约义务进行会计处理。

（三）主要责任人和代理人

企业应当根据其在向客户转让商品前是否拥有对该商品的控制权，来判断其从事交易时的身份是主要责任人还是代理人。企业在向客户转让商品前能够控制该商品的，该企业为主要责任人，应当按照已收或应收对价总额确认收入；否则，该企业为代理人，应当按照预期有权收取的佣金或手续费的金额确认收入，该金额应当按照已收或应收对价总额扣除应支付给其他相关方的价款后的净额，或者按照既定的佣金金额或比例等确定。企业与客户订立的包含多项可明确区分商品的合同中，企业需要分别判断其在这不同履约义务中的身份是主要责任人还是代理人。

当存在第三方参与企业向客户提供商品时，企业向客户转让特定商品之前能够控制该商品，从而应当作为主要责任人的情形包括：一是企业自该第三方取得商品或其他资产控制权后，再转让给客户，此时，企业应当考虑该权利是仅在转让给客户时才产生，还是在转让给客户之前就已经存在，且企业一直能够主导其使用，如果该权利在转让给客户之前并不存在，表明企业实质上并不能在该权利转让给客户之前控制该权利。二是企业能够主导该第三方代表本企业向客户提供服务，说明企业在相关服务提供给客户之前能够控制该相关服务。三是企业自该第三方取得商品控制权后，通过提供重大的服务将该商品与其他商品整合成合同约定的某组合产出转让给客户，此时，企业承诺提供的特定商品就是合同约定的组合产出，企业应首先获得为生产该组合产出所需要的投入的控制权，然后才能够将这些投入加工整合为合同约定的组合产出。

如果企业仅仅是在特定商品的法定所有权转移给客户之前，暂时性地获得该特定商品的法定所有权，这并不意味着企业一定控制了该商品。实务中，企业在判断其在向客户转让特定商品之前是否已经拥有对该商品的控制权时，不应仅局限于合同的法律形式，而应当综合考虑所有相关事实和情况进行判断，这些事实和情况包括：

1. 企业承担向客户转让商品的主要责任。企业在判断其是否承担向客户转让商品的主要责任时，应当从客户的角度进行评估，即客户认为哪一方承担了主要责任，如客户认为谁对商品的质量或性能负责、谁负责提供售后服务、谁负责解决客户投诉等。

2. 企业在转让商品之前或之后承担了该商品的存货风险。其中，存货风险主要是指存货可能发生减值、毁损或灭失等形成的损失。例如，如果企业在与客户订立合同之前已经购买或者承诺将自行购买特定商品，这可能表明企业在将该特定商品转让给客户之前，承担了该特定商品的存货风险，企业有能力主导特定商品的使用并从中取得几乎全部的经济利益；又如，在附有销售退回条款的销售中，企业将商品销售给客户之后，客户有权要求向该企业退货，这可能表明企业在转让商品之后仍然承担了该商品的存货风险。

3. 企业有权自主决定所交易商品的价格。企业有权决定客户为取得特定商品所需支付的价格，可能表明企业有能力主导有关商品的使用并从中获得几乎全部的经济利益。然而，在某些情况下，代理人可能在一定程度上也拥有定价权（例如，在主要责任人规定的某一价格范围内决定价格），以便其在代表主要责任人向客户提供商品时，能够吸引更多的客户，从而赚取更多的收入。此时，即使代理人有一定的定价能力，也并不表明在与最终客户的交易中其身份是主要责任人，代理人只是放弃了一部分自己应当赚取的佣金或手续费而已。

需要强调的是，企业在判断其是主要责任人还是代理人时，应当以该企业在特定商品转让给客户之前是否能够控制这些商品为原则。上述相关事实和情况不能凌驾于控制权的判断之上，也不构成一项单独或额外的评估，而只是帮助企业在难以评估特定商品转让给客户之前是否能够控制这些商品的情况下进行相关判断。此外，这些事实和情况并无权重之分，也不能被孤立地用于支持某一结论。企业应当根据相关商品的性质、合同条款的约定以及其他具体情况，综合进行判断。

【例题11-17】甲公司是一家旅行社，从航空公司购买了一定数量的折扣机票，并对外销售。甲公司向旅客销售机票时，可自行决定机票的价格，未售出的机票不能退还给航空公司。甲公司的身份是主要责任人还是代理人？

分析：甲公司向客户提供的特定商品或服务为机票，该机票代表了客户可以乘坐特定航班的权利。甲公司在确定特定客户之前已经预先从航空公司购买了机票,因此,该权利在转让给客户之前已经存在。甲公司从航空公司购入机票之后,可以自行决定该机票的用途,即是否用于对外销售,以何等价格以及向哪些客户销售等,甲公司有能力主导该机票的使用并且能够获得其几乎全部的经济利益。即,甲公司在将机票销售给客户之前,能够控制该机票,因此甲公司在向旅客销售机票的交易中的身份是主要责任人。

(四) 附有客户额外购买选择权的销售

对于附有客户额外购买选择权的销售,企业应当评估该选择权是否向客户提供了一项重大权利。企业提供重大权利的,应当作为单项履约义务,按照本节有关交易价格分摊的要求将交易价格分摊至该履约义务,在客户未来行使购买选择权取得相关商品控制权时,或者该选择权失效时,确认相应的收入。客户额外购买选择权的单独售价无法直接观察的,企业应当综合考虑客户行使和不行使该选择权所能获得的折扣的差异、客户行使该选择权的可能性等全部相关信息后,予以合理估计。

额外购买选择权的情况包括销售激励、客户奖励积分、未来购买商品的折扣券以及合同续约选择权等。对于附有客户额外购买选择权的销售,企业应当评估该选择权是否向客户提供了一项重大权利。如果客户只有在订立了一项合同的前提下才取得了额外购买选择权,并且客户行使该选择权购买额外商品时,能够享受到超过该地区或该市场中其他同类客户所能够享有的折扣,则通常认为该选择权向客户提供了一项重大权利。该选择权向客户提供了重大权利的,应当作为单项履约义务。在考虑授予客户的该项权利是否重大时,应根据其金额和性质综合进行判断。

客户虽然有额外购买商品选择权,但客户行使该选择权购买商品时的价格反映了这些商品单独售价的,不应被视为企业向该客户提供了一项重大权利。为简化实务操作,当客户行使该权利购买的额外商品与原合同下购买的商品类似,且企业将按照原合同条款提供该额外的商品时,例如,企业向客户提供续约选择权,企业可以无须估计该选择权的单独售价,而是直接把其预计将提供的额外商品的数量以及预计将收取的相应对价金额纳入原合同,并进行相应的会计处理。

【例题11-18】甲公司为一家大型超市,2×20年推出客户忠诚度计划,以200元的价格向客户销售A商品,购买该商品的客户可得到一张40%的折扣券,客户可以在未来的30天内使用该折扣券购买甲公司原价50元的任一商品。同时,甲公司计划推出季节性促销活动,在未来30天内针对所有产品均提供10%的折扣。上述两项优惠不能叠加使用。根据历史经验,甲公司预计有70%的客户会使用该折扣券,额外购买的商品的金额平均为50元,本年有1万名客户获得了该折扣券。上述金额均不包含增值税,且假定不考虑相关税费影响。

分析:购买A商品的客户能够取得40%的折扣券,其远高于所有客户均能享有的10%的折扣,因此,甲公司认为该折扣券向客户提供了重大权利,应当作为单项履约义务。考虑到客户使用该折扣券的可能性以及额外购买的金额,甲公司估计该折扣券的单独售价为10.5元[50×70%×(40%-10%)]。甲公司按照A产品和折扣券单独售价的相对比例对交易价格进行分摊:

A商品分摊的交易价格 = [200×200/(200+10.5)]×1 = 190.02(万元)。

折扣券选择权分摊的交易价格 = [200×10.5/(200+10.5)]×1 = 9.98（万元）。

甲公司在销售 A 商品时的账务处理如下：

借：银行存款　　　　　　　　　　　　　　　　　　　200

　　贷：主营业务收入　　　　　　　　　　　　　　　　190.02

　　　　合同负债　　　　　　　　　　　　　　　　　　9.98

（五）授予知识产权许可

企业向客户授予的知识产权，常见的包括软件和技术、影视和音乐等的版权、特许经营权以及专利权、商标权和其他版权等。企业向客户授予知识产权许可的，应当按照本节要求评估该知识产权许可是否构成单项履约义务。对于不构成单项履约义务的，企业应当将该知识产权许可和其他商品一起作为一项履约义务进行会计处理。授予知识产权许可不构成单项履约义务的情形包括：一是该知识产权许可构成有形商品的组成部分并且对于该商品的正常使用不可或缺，例如，企业向客户销售设备和相关软件，该软件内嵌于设备之中，该设备必须安装了该软件之后才能正常使用；二是客户只有将该知识产权许可和相关服务一起使用才能够从中获益，例如，客户取得授权许可，但是只有通过企业提供的在线服务才能访问相关内容。对于构成单项履约义务的，应当进一步确定其是在某一时段内履行还是在某一时点履行，同时满足下列条件时，应当作为在某一时段内履行的履约义务确认相关收入；否则，应当作为在某一时点履行的履约义务确认相关收入：

1. 合同要求或客户能够合理预期企业将从事对该项知识产权有重大影响的活动。企业从事的下列活动均会对该项知识产权有重大影响：一是这些活动预期将显著改变该项知识产权的形式或者功能（如知识产权的设计、内容、功能性等）；二是客户从该项知识产权中获益的能力在很大程度上来源于或者取决于这些活动，即这些活动会改变该项知识产权的价值，例如，企业向客户授权使用其品牌，客户从该品牌获益的能力取决于该品牌价值，而企业所从事的活动为维护或提升其品牌价值提供了支持。如果该项知识产权具有重大的独立功能，且该项知识产权绝大部分的经济利益来源于该项功能，客户从该项知识产权中获益的能力则可能不会受到企业从事的相关活动的重大影响，除非这些活动显著改变了该项知识产权的形式或者功能。具有重大独立功能的知识产权主要包括软件、生物合成物或药物配方以及已完成的媒体内容（如电影、电视节目以及音乐录音）版权等。

2. 该活动对客户将产生有利或不利影响。当企业从事的后续活动并不影响授予客户的知识产权许可时，企业的后续活动只是在改变其自己拥有的资产。

3. 该活动不会导致向客户转让商品。当企业从事的后续活动本身构成单项履约义务时，企业在评估授予知识产权许可是否属于在某一时段履行的履约义务时应当不予考虑。

企业向客户授予知识产权许可不能同时满足上述条件的，则属于在某一时点履行的履约义务，并在该时点确认收入。在客户能够使用某项知识产权许可并开始从中获益之前，企业不能对此类知识产权许可确认收入。例如，企业授权客户在一定期间内使用软件，但是在企业向客户提供该软件的密钥之前，客户都无法使用该软件，不应确认收入。值得注意的是，在判断某项知识产权许可是属于在某一时段内履行的履约义务还是在某一时点履行的履约义务时，企业不应考虑下列因素：一是该许可在时间、地域或使用方面的限制；二是企业就其拥有的知识产权的有效性以及防止未经授权使用该知识产权许可所提供的保证。

【例题 11-19】 甲公司为一家文化公司,从事业务范围涉及音乐唱片制作、唱片印刷、唱片出版、音乐制作、明星包装、歌手宣传推广、演出、版权代理、无线运营等。2×20 年将其拥有的一首中国经典管弦乐的版权授予乙公司,并约定乙公司在两年内有权在国内所有商业渠道(包括电视、广播和网络广告等)使用该经典管弦乐。因提供该版权许可,甲公司每月收取 5,000 元的固定对价。除该版权之外,甲公司无须提供任何其他的商品。该合同不可撤销。

分析:该交易事项属于某一时点履行的履约义务,2×20 年一次性确认收入 120,000 元(5,000×24)。公司除了授予该版权许可外不存在其他履约义务。甲公司并无任何义务从事改变该版权的后续活动,该版权也具有重大的独立功能(即管弦乐的录音可直接用于播放),乙公司主要通过该重大独立功能获利,而非甲公司的后续活动。因此,合同未要求甲公司从事对该版权许可有重大影响的活动,乙公司对此也没有形成合理预期,甲公司授予该版权许可属于在某一时点履行的履约义务,应在乙公司能够主导该版权的使用并从中获得几乎全部经济利益时,全额确认收入。

此外,由于甲公司履约的时间与客户付款时间(两年内每月支付)之间间隔较长,甲公司需要判断该项合同中是否存在重大的融资成分,并进行相应的会计处理。

(六)售后回购

售后回购,是指企业销售商品的同时承诺或有权选择日后再将该商品(包括相同或几乎相同的商品,或以该商品作为组成部分的商品)购回的销售方式。对于不同类型的售后回购交易,企业应当区分下列两种情形分别进行会计处理:

1. 企业因存在与客户的远期安排而负有回购义务或企业享有回购权利的,表明客户在销售时点并未取得相关商品控制权,企业应当作为租赁交易或融资交易进行相应的会计处理。其中,回购价格低于原售价的,应当视为租赁交易;回购价格不低于原售价的,应当视为融资交易,在收到客户款项时确认金融负债,并将该款项和回购价格的差额在回购期间内确认为利息费用等。企业到期未行使回购权利的,应当在该回购权利到期时终止确认金融负债,同时确认收入。

2. 企业负有应客户要求回购商品义务的,应当在合同开始日评估客户是否具有行使该要求权的重大经济动因。客户具有行使该要求权重大经济动因的,企业应当将售后回购作为租赁交易或融资交易,按照上述第 1 种情形进行会计处理;否则,企业应当将其作为附有销售退回条款的销售交易进行会计处理。在判断客户是否具有行权的重大经济动因时,企业应当综合考虑各种相关因素,包括回购价格与预计回购时市场价格之间的比较,以及权利的到期日等。例如,如果回购价格明显高于该资产回购时的市场价值,则表明客户有行权的重大经济动因。表明客户有行权的重大经济动因。

【例题 11-20】 2×20 年 4 月 1 日,甲公司向乙公司销售一台设备,销售价格为 1,000 万元,同时双方约定两年之后,假定甲公司将在 2×22 年 4 月 1 日以 1,120 万元的价格回购该设备。

分析:该交易的实质是甲公司以该设备作为质押取得了 1,000 万元的借款,两年后归还本息合计 1,120 万元。甲公司应当将该交易视为融资交易,不应当终止确认该设备,而应当在收到客户款项时确认金融负债,并将该款项和回购价格的差额在回购期间内确认为利息费用等。

(七) 客户未行使的权利

企业向客户预收销售商品款项的,应当首先将该款项确认为负债,待履行了相关履约义务时再转为收入。当企业预收款项无须退回,且客户可能会放弃其全部或部分合同权利时,例如,放弃储值卡的使用等,企业预期将有权获得与客户所放弃的合同权利相关的金额的,应当按照客户行使合同权利的模式按比例将上述金额确认为收入;否则,企业只有在客户要求其履行剩余履约义务的可能性极低时,才能将上述负债的相关余额转为收入。企业在确定其是否预期将有权获得与客户所放弃的合同权利相关的金额时,应当考虑将估计的可变对价计入交易价格的限制要求。

如果有相关法律规定,企业所收取的与客户未行使权利相关的款项须转交给其他方的(例如,法律规定无人认领的财产需要上交政府),企业不应将其确认为收入。

【例题 11-21】甲公司为一家连锁餐饮企业,为增值税一般纳税人,适用的增值税税率为 6%。2×20 年,甲公司向客户销售了 6,000 张储值卡,每张卡的面值为 1,000 元,总额为 600 万元。客户可在甲公司经营的任何一家门店使用该储值卡进行消费。根据历史经验,甲公司预期客户购买的储值卡中将有大约相当于储值卡面值金额 1%(即 6 万元)的部分不会被消费。截至 2×20 年 12 月 31 日,客户使用该储值卡消费的金额为 500 万元。在客户使用该储值卡消费时发生增值税纳税义务。

(1) 销售储值卡:

借:库存现金　　　　　　　　　　　　　　　　　　　　　600
　　贷:合同负债　　　　　　　　　　　　　(600/1.06) 566.04
　　　　应交税费——待转销项税额　　　　　　　　　　33.96

(2) 根据储值卡的消费金额确认收入:

甲公司预期将有权获得与客户未行使的合同权利相关的金额为 6 万元,该金额应当按照客户行使合同权利的模式按比例确认为收入,销售的储值卡应当确认的收入 =(500 + 6×500/594)/(1 + 6%) = 476.46(万元)。

借:合同负债　　　　　　　　　　　　　　　　　　　　476.46
　　应交税费——待转销项税额　　　　　(500/1.06×6%) 28.30
　　贷:主营业务收入　　　　　　　　　　　　　　　　476.46
　　　　应交税费——应交增值税(销项税额)　　　　　28.30

(八) 无须退回的初始费

企业在合同开始(或接近合同开始)日向客户收取的无须退回的初始费(如俱乐部的入会费等)应当计入交易价格。企业应当评估该初始费是否与向客户转让已承诺的商品相关。该初始费与向客户转让已承诺的商品相关,并且该商品构成单项履约义务的,企业应当在转让该商品时,按照分摊至该商品的交易价格确认收入;该初始费与向客户转让已承诺的商品相关,但该商品不构成单项履约义务的,企业应当在包含该商品的单项履约义务履行时,按照分摊至该单项履约义务的交易价格确认收入;该初始费与向客户转让已承诺的商品不相关的,该初始费应当作为未来将转让商品的预收款,在未来转让该商品时确认为收入。

企业收取了无须退回的初始费且为履行合同应开展初始活动,但这些活动本身并没有向客户转让已承诺的商品的,例如,企业为履行会员健身合同开展了一些行政管理性质的准备工作,该初始费与未来将转让的已承诺商品相关,应当在未来转让该商品时确认为收入,企业在确定履约进度时不应考虑这些初始活动;企业为该初始活动发生的支出应按照本节合同成本部分的要求确认为一项资产或计入当期损益。

【例题 11-22】丁公司为一家会员制健身俱乐部。丁公司与客户签订了为期 4 年的合同,客户入会之后可以随时在该俱乐部健身锻炼。除俱乐部的年费 10,000 元之外,丁公司还向客户收取了 300 元的入会费,用于补偿俱乐部为客户进行注册登记、准备会籍资料以及制作会员卡等初始活动所花费的成本。丁公司收取的入会费和年费均无须返还。

分析:丁公司承诺的服务是向客户提供健身锻炼服务,而丁公司为会员入会所进行的初始活动并未向客户提供其所承诺的服务,而只是一些内部行政管理性质的工作。因此,丁公司虽然为补偿这些初始活动向客户收取了 300 元入会费,但是该入会费实质上是客户为健身锻炼服务所支付的对价的一部分,故应当作为健身锻炼服务的预收款,与收取的年费一起在 4 年内分摊确认为收入。

第二节 费 用

一、费用的确认

费用是指企业在日常活动中发生的、会导致所有者权益减少的、与向所有者分配利润无关的经济利益的总流出。

费用有狭义和广义之分。广义的费用泛指企业各种日常活动发生的所有耗费,狭义的费用仅指与本期营业收入相配比的那部分耗费。费用应按照权责发生制和配比原则确认,凡应属于本期发生的费用,不论其款项是否支付,均确认为本期费用;反之,不属于本期发生的费用,即使其款项已在本期支付,也不确认为本期费用。

在确认费用时,首先,应当划分生产费用与非生产费用的界限。生产费用是指与企业日常生产经营活动有关的费用,如生产产品所发生的原材料费用、人工费用等;非生产费用是指不属于生产费用的费用,如用于购建固定资产所发生的费用,不属于生产费用。其次,应当分清生产费用与产品成本的界限。生产费用与一定的期间相联系,而与生产的产品无关;产品成本与一定品种和数量的产品相联系,而不论发生在哪一期。最后,应当分清生产费用与期间费用的界限。生产费用应当计入产品成本,而期间费用直接计入当期损益。

在确认费用时,对于确认为期间费用的费用,必须进一步划分为管理费用、销售费用和财务费用。对于确认为生产费用的费用,必须根据该费用发生的实际情况分不同的费用性质将其确认为不同产品所负担的费用;对于几种产品共同发生的费用,必须按受益原则,采用一定方法和程序将其分配计入相关产品的生产成本。本节主要讲述期间费用。

二、期间费用

期间费用是企业当期发生的费用中的重要组成部分，是指本期发生的、不能直接或间接归入某种产品成本的、直接计入损益的各项费用，包括管理费用、销售费用和财务费用。

（一）管理费用

管理费用是指企业为组织和管理企业生产经营所发生的管理费用，包括企业在筹建期间内发生的开办费、董事会和行政管理部门在企业的经营管理中发生的或者应由企业统一负担的公司经费（包括行政管理部门职工工资及福利费、物料消耗、低值易耗品摊销、办公费和差旅费等）、工会经费、董事会费（包括董事会成员津贴、会议费和差旅费等）、聘请中介机构费、咨询费（含顾问费）、诉讼费、业务招待费、技术转让费、矿产资源补偿费、研究费用、排污费以及企业生产车间（部门）和行政管理部门等发生的固定资产修理费用等。

企业发生的管理费用，在"管理费用"科目核算，并在"管理费用"科目中按费用项目设置明细账，进行明细核算。期末，"管理费用"科目的余额结转"本年利润"科目后无余额。

（二）销售费用

销售费用是指企业在销售商品和材料、提供劳务的过程中发生的各种费用，包括企业在销售商品过程中发生的保险费、包装费、展览费和广告费、商品维修费、装卸费等以及为销售本企业商品而专设的销售机构（含销售网点、售后服务网点等）的职工薪酬、业务费、折旧费、固定资产修理费用等费用。

企业发生的销售费用，在"销售费用"科目核算，并在"销售费用"科目中按费用项目设置明细账，进行明细核算。期末，"销售费用"科目的余额结转"本年利润"科目后无余额。

企业（金融）应将"销售费用"科目改为"业务及管理费"科目，核算企业（金融）在业务经营和管理过程中所发生的各项费用，包括折旧费、业务宣传费、业务招待费、电子设备运转费、钞币运送费、安全防范费、邮电费、劳动保护费、外事费、印刷费、低值易耗品摊销、职工工资及福利费、差旅费、水电费、职工教育经费、工会经费、会议费、诉讼费、公证费、咨询费、无形资产摊销、长期待摊费用摊销、取暖降温费、聘请中介机构费、技术转让费、绿化费、董事会费、财产保险费、劳动保险费、待业保险费、住房公积金、物业管理费、研究费用、提取保险保障基金等。

（三）财务费用

财务费用是指企业为筹集生产经营所需资金等而发生的筹资费用，包括利息支出（减利息收入）、汇兑损益以及相关的手续费、企业发生的现金折扣或收到的现金折扣等。

企业发生的财务费用，在"财务费用"科目核算，并在"财务费用"科目中按费用项目设置明细账，进行明细核算。期末，"财务费用"科目的余额结转"本年利润"科目后无余额。

第三节 利 润

一、利润的构成

企业作为独立的经济实体,应当以自己的经营收入抵补其成本费用,并且实现盈利。企业盈利的大小在很大程度上反映企业生产经营的经济效益,表明企业在每一会计期间的最终经营成果。

利润是指企业在一定会计期间的经营成果。利润包括收入减去费用后的净额、直接计入当期利润的利得和损失等。

直接计入当期的利得和损失,是指应当计入当期损益、会导致所有者权益发生增减变动的、与所有者投入资本或者向所有者分配利润无关的利得或者损失。

(一)营业利润

营业利润 = 营业收入 - 营业成本 - 税金及附加 - 销售费用 - 管理费用 - 财务费用 - 资产减值损失 + 公允价值变动收益(- 公允价值变动损失)+ 投资收益(- 投资损失)

其中,营业收入是指企业经营业务所实现的收入总额,包括主营业务收入和其他业务收入。营业成本是指企业经营业务所发生的实际成本总额,包括主营业务成本和其他业务成本。资产减值损失是指企业计提各项资产减值准备所形成的损失。公允价值变动收益(或损失)是指企业交易性金融资产等公允价值变动形成的应计入当期损益的利得(或损失)。投资收益(或损失)是指企业以各种方式对外投资所取得的收益(或发生的损失)。

(二)利润总额

利润总额 = 营业利润 + 营业外收入 - 营业外支出

其中,营业外收入(或支出)是指企业发生的与日常活动无直接关系的各项利得(或损失)。

(三)净利润

净利润 = 利润总额 - 所得税费用

其中,所得税费用是指企业确认的应从当期利润总额中扣除的所得税费用。

二、营业外收支的会计处理

营业外收支是指企业发生的与日常活动无直接关系的各项收支。营业外收支虽然与企业生产经营活动没有多大的关系,但从企业主体来考虑,同样带来收入或形成企业的支出,也是增加或减少利润的因素,对企业的利润总额及净利润产生较大的影响。

（一）营业外收入

营业外收入是指企业发生的营业利润以外的收益。营业外收入并不是由企业经营资金耗费所产生的，不需要企业付出代价，实际上是一种纯收入，不可能也不需要与有关费用进行配比。因此，在会计处理上，应当严格区分营业外收入与营业收入的界限。营业外收入主要包括：非流动资产毁损报废利得、与企业日常活动无关的政府补助、盘盈利得、捐赠利得等。

非流动资产毁损报废损失，指因自然灾害等发生毁损、已丧失使用功能而报废非流动资产所产生的清理产生的收益。

盘盈利得，指企业对于现金等资产清查盘点中盘盈的资产，报经批准后计入营业外收入的金额。

政府补助，指企业与企业日常活动无关的、从政府无偿取得货币性资产或非货币性资产形成的利得。

捐赠利得，指企业接受捐赠产生的利得。企业接受的捐赠和债务豁免，按照会计准则规定符合确认条件的，通常应当确认为当期收益。但是，企业接受控股股东（或控制股东的子公司）或非控股股东（或非控股股东的子公司）直接或间接代为偿债、债务豁免或捐赠，经济实质表明属于控股股东或非控股股东对企业的资本性投入，应当将相关利得计入所有者权益（资本公积）。

企业应当通过"营业外收入"科目，核算营业外收入的取得和结转情况。该科目可按营业外收入项目进行明细核算。期末，应将该科目余额转入"本年利润"科目，结转后该科目无余额。

（二）营业外支出

营业外支出是指企业发生的营业利润以外的支出，主要包括：非流动资产毁损报废损失、公益性捐赠支出、非常损失、盘亏损失等。

非流动资产毁损报废损失，指因自然灾害等发生毁损、已丧失使用功能而报废非流动资产所产生的清理损失。

公益性捐赠支出，指企业对外进行公益性捐赠发生的支出。

非常损失，指企业对于因客观因素（如自然灾害等）造成的损失，在扣除保险公司赔偿后计入营业外支出的净损失。企业应通过"营业外支出"科目，核算营业外支出的发生及结转情况。该科目可按营业外支出项目进行明细核算。期末，应将该科目余额转入"本年利润"科目，结转后该科目无余额。需要注意的是，营业外收入和营业外支出应当分别核算。在具体核算时，不得以营业外支出直接冲减营业外收入，也不得以营业外收入冲减营业外支出，即企业在会计核算时，应当区别营业外收入和营业外支出进行核算。

三、本年利润的会计处理

企业应设置"本年利润"科目，核算企业当期实现的净利润（或发生的净亏损）企业期（月）末结转利润时，应将各损益类科目的金额转入本科目，结平各损益类科目。结转后本科目的贷方余额为当期实现的净利润;借方余额为当期发生的净亏损。年度终了,应将本年收入利得和费用、损失相抵后结出的本年实现的净利润,转入"利润分配"科目,借记本科目,贷记"利润分配——未分配利润"科目;如为净亏损作相反的会计分录。结转后本科目应无余额。

四、综合收入总额

净利润加上其他综合收益扣除所得税影响后的净额为综合收益总额。

本章思维导图

历年注会考题

准则链接

课后习题

课后习题答案

第十二章 财务报告

☞ **本章学习目的**

通过本章的学习,使学生了解到财务报告的相关内容,包括资产负债表、利润表、现金流量表、所有者权益变动表、披露以及中期报告等,并熟悉财务报告的定义、财务报表列报的基本要求、财务报表附注披露等。学习完本章内容后,学生应掌握资产负债表、利润表及现金流量表的内容结构及填列方法,熟悉常见的关联方类型,理解中级财务报告的编制要求。

☞ **本章学习重点难点**

资产负债表的内容结构及填列方法 利润表的内容结构及填列方法 现金流量表的内容结构及填列方法 关联方的认定

第一节 财务报表概述

财务报告,是指企业对外提供的反映企业某一特定日期的财务状况和某一会计期间的经营成果、现金流量等会计信息的文件。财务报告包括财务报表和其他应当在财务报告中披露的相关信息和资料。

一、财务报表的定义和构成

财务报表是对企业财务状况、经营成果和现金流量的结构性表述。财务报表至少应当包括下列组成部分:(1)资产负债表;(2)利润表;(3)现金流量表;(4)所有者权益(或股东权益,下同)变动表;(5)附注。财务报表的这些组成部分具有同等的重要程度。

财务报表可以按照不同的标准进行分类:(1)按财务报表编报期间的不同,可以分为中期财务报表和年度财务报表。中期财务报表是以短于一个完整会计年度的报告期间为基础编制的财务报表,包括月报、季报和半年报等。(2)按财务报表编报主体的不同,可以分为个别财务报表和合并财务报表。个别财务报表是由企业在自身会计核算基础上对账簿记录进行加工而编制的财务报表,它主要用以反映企业自身的财务状况、经营成果和现金流量情况;合并财务报表是以母公司和子公司组成的企业集团为会计主体,根据母公司和所属子公司的财务报表,由母公司编制的综合反映企业集团财务状况、经营成果及现金流量的财务报表。

二、财务报表列报的基本要求

(一) 依据各项会计准则确认和计量的结果编制财务报表

企业应当根据实际发生的交易和事项，遵循《企业会计准则——基本准则》、各项具体会计准则的规定进行确认和计量，并在此基础上编制财务报表。企业应当在附注中对这一情况作出声明，只有遵循了企业会计准则的所有规定时，财务报表才应当被称为"遵循了企业会计准则"。同时，企业不应以在附注中披露代替对交易和事项的确认和计量，不恰当的确认和计量也不能通过充分披露相关会计政策而纠正。

此外，如果按照各项会计准则规定披露的信息不足以让报表使用者了解特定交易或事项对企业财务状况和经营成果的影响时，企业还应当披露其他的必要信息。

(二) 列报基础

持续经营是会计的基本前提，也是会计确认、计量及编制财务报表的基础。在编制财务报表的过程中，企业管理层应当利用其所有可获得信息来评价企业自报告期末起至少12个月的持续经营能力。评价时需要考虑的因素包括宏观政策风险、市场经营风险、企业目前或长期的盈利能力、偿债能力、财务弹性以及企业管理层改变经营政策的意向等。评价结果表明，对持续经营能力产生重大怀疑的，企业应当在附注中披露导致对持续经营能力产生重大怀疑的因素以及企业拟采取的改善措施。

企业在评估持续经营能力时应当结合考虑企业的具体情况。通常情况下，企业过去每年都有可观的净利润，并且易于获取所需的财务资源，则往往表明以持续经营为基础编制财务报表是合理的，而无须进行详细的分析即可得出企业持续经营的结论。反之，如果企业过去多年有亏损的记录等情况，则需要通过考虑更加广泛的相关因素来作出评价，如目前和预期未来的获利能力、债务清偿计划、替代融资的潜在来源等。

非持续经营是企业在极端情况下呈现的一种状态。企业存在以下情况之一的，通常表明企业处于非持续经营状态：(1) 企业已在当期进行清算或停止营业；(2) 企业已经正式决定在下一个会计期间进行清算或停止营业；(3) 企业已确定在当期或下一个会计期间没有其他可供选择的方案而将被迫进行清算或停止营业。企业处于非持续经营状态时，应当采用其他基础编制财务报表。例如，企业处于破产状态时，其资产应当采用可变现净值计量、负债应当按照其预计的结算金额计量等。在非持续经营情况下，企业应当在附注中声明财务报表未以持续经营为基础列报，披露未以持续经营为基础的原因以及财务报表的编制基础。

(三) 权责发生制

除现金流量表按照收付实现制编制外，企业应当按照权责发生制编制其他财务报表。

(四) 列报的一致性

可比性是会计信息质量的一项重要质量要求，目的是使同一企业不同期间和同一期间不同企业的财务报表相互可比。为此，财务报表项目的列报应当在各个会计期间保持一致，不得随意变更。这一要求不仅只针对财务报表中的项目名称，还包括财务报表项目的分类、排列顺序等方面。

在以下规定的特殊情况下，财务报表项目的列报是可以改变的：（1）会计准则要求改变；（2）企业经营业务的性质发生重大变化或对企业经营影响较大的交易或事项发生后，变更财务报表项目的列报能够提供更可靠、更相关的会计信息。

（五）依据重要性原则单独或汇总列报项目

关于项目在财务报表中是单独列报还是汇总列报，应当依据重要性原则来判断。总体原则为：如果某项目单个看不具有重要性，则可将其与其他项目汇总列报；如具有重要性，则应当单独列报。企业在进行重要性判断时，应当根据企业所处的具体环境，从项目的性质和金额两个方面予以判断：一方面，应当考虑该项目的性质是否属于企业日常活动，是否显著影响企业的财务状况、经营成果和现金流量等因素；另一方面，判断项目金额大小的重要性，应当通过单项金额占资产总额、负债总额、所有者权益总额、营业收入总额、营业成本总额、净利润、综合收益总额等直接相关项目金额的比重或所属报表单列项目金额的比重加以确定。同时，企业对于各个项目重要性的判断标准一经确定，不得随意变更。具体而言：

（1）性质或功能不同的项目，一般应当在财务报表中单独列报，如存货和固定资产在性质上和功能上都有本质差别，应分别在资产负债表上单独列报。但是不具有重要性的项目可以汇总列报。

（2）性质或功能类似的项目，一般可以汇总列报，但是对其具有重要性的类别应该单独列报。如原材料、在产品等项目在性质上类似，均通过生产过程形成企业的产品存货，因此可以汇总列报，汇总之后的类别统称为"存货"在资产负债表上列报。

项目单独列报的原则不仅适用于报表，还适用于附注。某些项目的重要性程度不足以在资产负债表、利润表、现金流量表或所有者权益变动表中单独列报，但是可能对附注而言却具有重要性，在这种情况下应当在附注中单独披露。

无论是财务报表列报准则规定单独列报的项目，还是其他具体会计准则规定单独列报的项目，企业都应当予以单独列报。

（六）财务报表项目金额间的相互抵销

财务报表项目应当以总额列报，资产和负债、收入和费用、直接计入当期利润的利得和损失项目的金额不能相互抵销，即不得以净额列报，但企业会计准则另有规定的除外。例如，企业欠客户的应付款不得与其他客户欠本企业的应收款相抵销，如果相互抵销就掩盖了交易的实质。

下列三种情况不属于抵销，可以以净额列示：（1）一组类似交易形成的利得和损失以净额列示的，不属于抵销。例如，汇兑损益应当以净额列报，为交易目的而持有的金融工具形成的利得和损失应当以净额列报等。但是，如果相关利得和损失具有重要性，则应当单独列报。（2）资产或负债项目按扣除备抵项目后的净额列示，不属于抵销。例如，对资产计提减值准备，表明资产的价值确实已经发生减损，按扣除减值准备后的净额列示，才反映了资产当时的真实价值。(3) 非日常活动产生的利得和损失，以同一交易形成的收益扣减相关费用后的净额列示更能反映交易实质的，不属于抵销。非日常活动并非企业主要的业务，非日常活动产生的损益以收入扣减费用后的净额列示，更能有利于报表使用者的理解。例如，非流动资产处置形成的利得或损失，应当按处置收入扣除该资产的账面金额和相关销售费用后的净额列报。

（七）比较信息的列报

企业在列报当期财务报表时，至少应当提供所有列报项目上一个可比会计期间的比较数据，以及与理解当期财务报表相关的说明，目的是向报表使用者提供对比数据，提高信息在会计期间的可比性，以反映企业财务状况、经营成果和现金流量的发展趋势，提高报表使用者的判断与决策能力。列报比较信息的这一要求适用于财务报表的所有组成部分，即既适用于四张报表，也适用于附注。

通常情况下，企业列报所有列报项目上一个可比会计期间的比较数据，至少包括两期各报表及相关附注。当企业追溯应用会计政策或追溯重述，或者重新分类财务报表项目时，按照《企业会计准则第 28 号——会计政策、会计估计变更和差错更正》等的规定，企业应当在一套完整的财务报表中列报最早可比期间期初的财务报表，即应当至少列报三期资产负债表、两期其他各报表（利润表、现金流量表和所有者权益变动表）及相关附注。其中，列报的三期资产负债表分别指当期期末的资产负债表、上期期末（即当期期初）的资产负债表以及上期期初的资产负债表。

在财务报表项目的列报确需发生变更的情况下，应当至少对可比期间的数据按照当期的列报要求进行调整，并在附注中披露调整的原因和性质以及调整的各项目金额。但是，在某些情况下，对可比期间比较数据进行调整是不切实可行的，则应当在附注中披露不能调整的原因以及假设金额重新分类可能进行的调整的性质。关于企业变更会计政策或更正差错时要求的对比较信息的调整，还应遵循《企业会计准则第 28 号——会计政策、会计估计变更和差错更正》。

（八）财务报表表首的列报要求

财务报表通常与其他信息（如企业年度报告等）一起公布，企业应当将按照企业会计准则编制的财务报告与一起公布的同一文件中的其他信息相区分。

财务报表一般分为表首、正表两部分，其中，企业应当在表首部分概括地说明下列基本信息：（1）编报企业的名称，如企业名称在所属当期发生了变更的，还应明确标明；（2）对资产负债表而言，应当披露资产负债表日，对利润表、现金流量表、所有者权益变动表而言，应当披露报表涵盖的会计期间；（3）货币名称和单位，按照我国企业会计准则的规定，企业应当以人民币作为记账本位币列报，并标明金额单位，如人民币元、人民币万元等；（4）财务报表是合并财务报表的，应当予以标明。

（九）报告期间

企业至少应当按年编制财务报表。根据《中华人民共和国会计法》的规定，会计年度自公历 1 月 1 日起至 12 月 31 日止。因此，在编制年度财务报表时，可能存在年度财务报表涵盖的期间短于一年的情况,如企业在年度中间(如3月1日)开始设立等。在这种情况下,企业应当披露年度财务报表的实际涵盖期间及其短于一年的原因,并说明由此引起财务报表项目与比较数据不具可比性这一事实。

第二节 资产负债表

一、资产负债表的内容及结构

(一)资产负债表的内容

资产负债表是指反映企业在某一特定日期财务状况的报表。它反映企业在某一特定日期所拥有或控制的经济资源、所承担的现时义务和所有者对净资产的要求权。通过资产负债表,可以提供某一日期资产的总额及其结构,表明企业拥有或控制的资源及其分布情况,使用者可以一目了然地从资产负债表上了解企业在某一特定日期所拥有的资产总量及其结构;可以提供某一日期的负债总额及其结构,表明企业未来需要用多少资产或劳务清偿债务以及清偿时间;可以反映所有者所拥有的权益,据以判断资本保值、增值的情况以及对负债的保障程度。

(二)资产负债表的结构

在我国,资产负债表采用账户式结构,报表分为左右两方,左方列示资产各项目,反映全部资产的分布及存在形态;右方列示负债和所有者权益各项目,反映全部负债和所有者权益的内容及构成情况。资产负债表左右双方平衡,资产总计等于负债和所有者权益总计,即"资产=负债+所有者权益"。此外,为了使使用者通过比较不同时点资产负债表的数据掌握企业财务状况的变动情况及发展趋势,企业需要提供比较资产负债表,资产负债表还就各项目再分为"年初余额"和"期末余额"两栏分别填列。资产负债表的具体格式如表12-1所示。

表12-1 资产负债表

编制单位: 年 月 日 单位:元

资产	期末余额	年初余额	负债和所有者权益 (或股东权益)	期末余额	年初余额
流动资产:			流动负债:		
货币资金			短期借款		
交易性金融资产			交易性金融负债		
衍生金融资产			衍生金融负债		
应收票据			应付票据		

续表

资产	期末余额	年初余额	负债和所有者权益（或股东权益）	期末余额	年初余额
应收账款			应付账款		
预付款项			预收款项		
应收利息			合同负债		
应收股利			应付职工薪酬		
其他应收款			应交税费		
存货			应付利息		
合同资产			应付股利		
持有待售资产			其他应付款		
一年内到期的非流动资产			持有待售负债		
其他流动资产			一年内到期的非流动负债		
非流动资产：			流动负债合计		
债权投资			非流动负债：		
其他债权投资			长期借款		
长期应收款			应付债券		
长期股权投资			其中：优先股		
其他权益工具投资			永续债		
投资性房地产			长期应付款		
固定资产			专项应付款		
在建工程			预计负债		
工程物资			递延收益		
固定资产清理			递延所得税负债		
生产性生物资产			其他非流动负债		
油气资产			非流动负债合计		
无形资产			负债合计		
开发支出			所有者权益（或股东权益）：		
商誉			实收资本（或股本）		
长期待摊费用			其他权益工具		
递延所得税资产			其中：优先股		
其他非流动资产			永续债		
非流动资产合计			资本公积		

续表

资产	期末余额	年初余额	负债和所有者权益 （或股东权益）	期末余额	年初余额
			减：库存股		
			其他综合收益		
			盈余公积		
			未分配利润		
			所有者权益 （或股东权益）合计		
资产总计			负债和所有者权益总计		

此外，高危行业企业如有按国家规定提取的安全生产费的，应当在资产负债表所有者权益项下"其他综合收益"项目和"盈余公积"项目之间增设"专项储备"项目，反映企业提取的安全生产费期末余额。

二、资产和负债按流动性列报

根据财务报表列报准则的规定，资产负债表上资产和负债应当按照流动性分别分为流动资产和非流动资产、流动负债和非流动负债列示。流动性，通常按资产的变现或耗用时间长短或者负债的偿还时间长短来确定。

对于一般企业（如工商企业）而言，通常在明显可识别的营业周期内销售产品或提供服务，应当将资产和负债分别分为流动资产和非流动资产、流动负债和非流动负债列示，有助于反映本营业周期内预期能实现的资产和应偿还的负债。但是，对于银行、证券、保险等金融企业而言，有些资产或负债无法严格区分为流动资产和非流动资产，而大体按照流动性顺序列示往往能够提供可靠且更相关信息。

1. 资产的流动性划分。

资产满足下列条件之一的，应当归类为流动资产：（1）预计在一个正常营业周期中变现、出售或耗用。这主要包括存货、应收账款等资产。需要指出的是，变现一般针对应收账款等而言，指将资产变为现金；出售一般针对产品等存货而言；耗用一般指将存货（如原材料）转变成另一种形态（如产成品）。（2）主要为交易目的而持有。例如，一些根据《企业会计准则第22号——金融工具确认和计量》划分的交易性金融资产。但是，并非所有交易性金融资产均为流动资产，如自资产负债表日起超过12个月到期且预期持有超过12个月的衍生工具应当划分为非流动资产或非流动负债。（3）预计在资产负债表日起一年内（含一年，下同）变现。（4）自资产负债表日起一年内，交换其他资产或清偿负债的能力不受限制的现金或现金等价物。同时，流动资产以外的资产应当归类为非流动资产。

所谓"正常营业周期"，是指企业从购买用于加工的资产起至实现现金或现金等价物的期间。正常营业周期通常短于一年，在一年内有几个营业周期。但是，因生产周期较长等导致正常营业周期长于一年的，尽管相关资产往往超过一年才变现、出售或耗用，仍应当划分为流动资产。当正常营业周期不能确定时，企业应当以一年（12个月）作为正常营业周期。

2. 负债的流动性划分。

流动负债的判断标准与流动资产的判断标准相类似。负债满足下列条件之一的，应当归类为流动负债：

（1）预计在一个正常营业周期中清偿。（2）主要为交易目的而持有。（3）自资产负债表日起一年内到期应予以清偿。（4）企业无权自主地将清偿推迟至资产负债表日后一年以上。但是，企业正常营业周期中的经营性负债项目即使在资产负债表日后超过一年才予清偿的，仍应划分为流动负债。经营性负债项目包括应付账款、应付、职工薪酬等，这些项目属于企业正常营业周期中使用的营运资金的一部分。关于可转换工具负债成分的分类还需要注意的是，负债在其对手方选择的情况下可通过发行权益进行清偿的条款与在资产负债表日负债的流动性划分无关。

此外，企业在判断负债的流动性划分时，对于资产负债表日后事项的有关影响需要特别加以考虑。总的判断原则是：企业在资产负债表上对债务流动和非流动的划分，应当反映在资产负债表日有效的合同安排，考虑在资产负债表日起一年内企业是否必须无条件清偿，而资产负债表日之后（即使是财务报告批准报出日前）的再融资、展期或提供宽限期等行为，与资产负债表日判断负债的流动性状况无关。具体而言：（1）对于在资产负债表日起一年内到期的负债，企业有意图且有能力自主地将清偿义务展期至资产负债表日后一年以上的，应当归类为非流动负债；不能自主地将清偿义务展期的，即使在资产负债表日后、财务报告批准报出日前签订了重新安排清偿计划协议，该项负债在资产负债表日仍应当归类为流动负债。（2）企业在资产负债表日或之前违反了长期借款协议，导致贷款人可随时要求清偿的负债，应当归类为流动负债。但是，如果贷款人在资产负债表日或之前同意提供在资产负债表日后一年以上的宽限期，在此期限内企业能够改正违约行为，且贷款人不能要求随时清偿的，在资产负债表日此项负债并不符合流动负债的判断标准，应当归类为非流动负债。企业的其他长期负债存在类似情况的，应当比照上述规定进行处理。

三、资产负债表的填列方法

1. 资产负债表"期末余额"栏的填列方法。

本表"期末余额"栏一般应根据资产、负债和所有者权益类科目的期末余额填列。

（1）根据总账科目的余额填列。"交易性金融资产""其他债权投资""其他权益工具投资""工程物资""固定资产清理""递延所得税资产""长期待摊费用""短期借款""应付票据""应付利息""应付股利""持有待售负债""其他应付款""专项应付款""递延收益""递延所得税负债""实收资本（或股本）""其他权益工具""库存股""资本公积""其他综合收益""专项储备""盈余公积"等项目，应根据有关总账科目的余额填列。其中，长期待摊费用摊销年限（或期限）只剩一年或不足一年的，或者预计在一年内（含一年）进行摊销的部分，仍在"长期待摊费用"项目中列示，不转入"一年内到期的非流动资产"项目。

有些项目则应根据几个总账科目的余额计算填列,如"货币资金"项目,需根据"库存现金""银行存款""其他货币资金"三个总账科目余额的合计数填列。

(2) 根据明细账科目的余额计算填列。"开发支出"项目,应根据"研发支出"科目中所属的"资本化支出"明细科目期末余额填列;"应付账款"项目,应根据"应付账款"和"预付账款"科目所属的相关明细科目的期末贷方余额合计数填列;"预收款项"项目,应根据"预收账款"和"应收账款"科目所属各明细科目的期末贷方余额合计数填列;"应交税费"项目,应根据"应交税费"科目的明细科目期末余额分析填列,其中的借方余额,应当根据其流动性在"其他流动资产"或"其他非流动资产"项目中填列;"一年内到期的非流动资产""一年内到期的非流动负债"项目,应根据有关非流动资产或负债项目的明细科目余额分析填列;"应付职工薪酬"项目,应根据"应付职工薪酬"科目的明细科目期末余额分析填列;"长期借款""应付债券"项目,应分别根据"长期借款""应付债券"科目的明细科目余额分析填列;"预计负债"项目,应根据"预计负债"科目的明细科目期末余额分析填列;"未分配利润"项目,应根据"利润分配"科目中所属的"未分配利润"明细科目期末余额填列。

(3) 根据总账科目和明细账科目的余额分析计算填列。"长期借款"项目,应根据"长期借款"总账科目余额扣除"长期借款"科目所属的明细科目中将在资产负债表日起一年内到期、且企业不能自主地将清偿义务展期的长期借款后的金额计算填列;"其他流动资产""其他流动负债"项目,应根据有关总账科目及有关科目的明细科目期末余额分析填列;"其他非流动负债"项目,应根据有关科目的期末余额减去将于一年内(含一年)到期偿还数后的金额填列。

(4) 根据有关科目余额减去其备抵科目余额后的净额填列。"持有待售资产""债权投资""长期股权投资""在建工程""商誉"项目,应根据相关科目的期末余额填列,已计提减值准备的,还应扣减相应的减值准备;"固定资产""无形资产""投资性房地产""生产性生物资产""油气资产"项目,应根据相关科目的期末余额扣减相关的累计折旧(或摊销、折耗)填列,已计提减值准备的,还应扣减相应的减值准备,折旧(或摊销、折耗)年限(或期限)只剩一年或不足一年的,或者预计在一年内(含一年)进行折旧(或摊销、折耗)的部分,仍在上述项目中列示,不转入"一年内到期的非流动资产"项目,采用公允价值计量的上述资产,应根据相关科目的期末余额填列;"长期应收款"项目,应根据"长期应收款"科目的期末余额,减去相应的"未实现融资收益"科目和"坏账准备"科目所属相关明细科目期末余额后的金额填列;"长期应付款"项目,应根据"长期应付款"科目的期末余额,减去相应的"未确认融资费用"科目期末余额后的金额填列。

(5) 综合运用上述填列方法分析填列。"应收票据""应收利息""应收股利""其他应收款"项目,应根据相关科目的期末余额,减去"坏账准备"科目中有关坏账准备期末余额后的金额填列;"应收账款"项目,应根据"应收账款"和"预收账款"科目所属各明细科目的期末借方余额合计数,减去"坏账准备"科目中有关应收账款计提的坏账准备期末余额后的金额填列;"预付款项"项目,应根据"预付账款"和"应付账款"科目所属各明细科目的期末借方余额合计数,减去"坏账准备"科目中有关预付款项计提的坏账准备期末余额后的金额填列;"合同资产"和"合同负债"项目,应根据"合同资产"科目和"合同负债"科目的明细科目期末余额分析填列,同一合同下的合同资产和合同负债应当以净额列示,其中净额为借方余额的,应当根据其流动性在"合同资产"或"其他非流动资产"项目中填列,已计提减值准备的,还应减去"合同资产减值准备"科目中相应的期末余额后的金额填列,其中净额为贷方余额的,应当根据其流动性在"合同负债"或"其他非流动负债"项目中填列;"存货"项目,应根据"材料采购""原材料""发出商品""库存商品""周转材料""委托加工物资""生产成本""受托代销商品"等科目的期末余额及"合同履约成本"科目的明细科目中初始确认时摊销期限不超过一年或一个正常营业周期的期末余额合计,减去"受托代销商品款""存货跌价准备"科目期末余额及"合同履约成本减值准备"科目中相应的期末余额后的金额填列,材料采用计划成本核算,以及库存商品采用计划成本核算或售价核算的企业,还应按加或减材料成本差异、商品进销差价后的金额填列。"其他非流动资产"项目,应根据有关科目的期末余额减去将于一年内(含一年)收回数后的金额,及"合同取得成本"科目和"合同履约成本"科目的明细科目中初始确认时摊销期限在一年或一个正常营业周期以上的期末余额,减去"合同取得成本减值准备"科目和"合同履约成本减值准备"科目中相应的期末余额填列。

2. 资产负债表"年初余额"栏的填列方法。

本表中的"年初余额"栏通常根据上年末有关项目的期末余额填列,且与上年末资产负债表"期末余额"栏相一致。如果企业发生了会计政策变更、前期差错更正,则应当对"年初余额"栏中的有关项目进行相应调整。如果企业上年度资产负债表规定的项目名称和内容与本年度不一致,则应当对上年年末资产负债表相关项的名称和金额按照本年度的规定进行调整,填入"年初余额"栏。

第三节 利 润 表

一、利润表的内容及结构

(一) 利润表的内容

利润表是反映企业在一定会计期间的经营成果的报表。利润表的列报应当充分反映企业经营业绩的主要来源和构成,有助于使用者判断净利润的质量及其风险,有助于使用者预测净利润的持续性,从而作出正确的决策。通过利润表,可以反映企业一定会计期间的收入实现情况,如实现的营业收入、实现的投资收益、实现的营业外收入各有多少;可以反映一定会计期间的费用耗费情况,如耗费的营业成本、税金及附加、销售费用、管理费用、财务费用、营业外支出各有多少;可以反映企业生产经营活动的成果,即净利润的实现情况,据以判断资本保值、增值情况;等等。将利润表中的信息与资产负债表中的信息相结合,可以提供进行财务分析的基本资料,如将销货成本与存货平均余额进行比较,计算出存货周转率;将净利润与资产总额进行比较,计算出资产收益率等;可以表现企业资金周转情况以及企业的盈利能力和水平，便于报表使用者判断企业未来的发展趋势，作出经济决策。

（二）利润表的结构

常见的利润表结构主要有单步式和多步式两种。在我国，企业利润表采用的基本上是多步式结构，即通过对当期的收入、费用、支出项目按性质加以归类，按利润形成的主要环节列示一些中间性利润指标，分步计算当期净损益，便于使用者理解企业经营成果的不同来源。企业利润表对于费用列报通常应当按照功能进行分类，即分为从事经营业务发生的成本、管理费用、销售费用和财务费用等，有助于使用者了解费用发生的活动领域；与此同时，为了有助于报表使用者预测企业的未来现金流量，对于费用的列报还应当在附注中披露按照性质分类的补充资料，如分为耗用的原材料、职工薪酬费用、折旧费用、摊销费用等。

利润表主要反映以下几个方面的内容：（1）营业收入，由主营业务收入和其他业务收入组成；（2）营业利润，营业收入减去营业成本（主营业务成本、其他业务成本）、税金及附加、销售费用、管理费用、财务费用、资产减值损失，加上公允价值变动收益、投资收益、资产处置收益、其他收益，即为营业利润；（3）利润总额，营业利润加上营业外收入，减去营业外支出，即为利润总额；（4）净利润，利润总额减去所得税费用，即为净利润，按照经营可持续性具体分为"持续经营净利润"和"终止经营净利润"两项；（5）其他综合收益，具体分为"以后会计期间不能重分类进损益的其他综合收益项目"和"以后会计期间在满足规定条件时将重分类进损益的其他综合收益项目"两类，并以扣除相关所得税影响后的净额列报；（6）综合收益总额，净利润加上其他综合收益税后净额，即为综合收益总额；（7）每股收益，包括基本每股收益和稀释每股收益两项指标。

此外，为了使报表使用者通过比较不同期间利润的实现情况，判断企业经营成果的未来发展趋势，企业需要提供比较利润表，利润表还就各项目再分为"本期金额"和"上期金额"两栏分别填列。利润表具体格式见表12-2。

表 12-2　　　　　　　　　　　利润表

编制单位：　　　　　　　　　年　月　　　　　　　　　　　单位：元

项　目	本期金额	上期金额
一、营业收入		
减：营业成本		
税金及附加		
销售费用		
管理费用		
财务费用		
资产减值损失		

续表

项　　目	本期金额	上期金额
加：公允价值变动收益（损失以"－"号填列）		
净敞口套期收益（损失以"－"号填列）		
投资收益（损失以"－"号填列）		
其中：对联营企业和合营企业的投资收益		
资产处置收益（损失以"－"号填列）		
其他收益		
二、营业利润（亏损以"－"号填列）		
加：营业外收入		
减：营业外支出		
三、利润总额（亏损总额以"－"号填列）		
减：所得税费用		
四、净利润（净亏损以"－"号填列）		
（一）持续经营净利润（净亏损以"－"号填列）		
（二）终止经营净利润（净亏损以"－"号填列）		
五、其他综合收益的税后净额		
（一）以后不能重分类进损益的其他综合收益		
1. 重新计量设定受益计划净负债或净资产的变动		
2. 权益法下在被投资单位不能重分类进损益的其他综合收益中享有的份额		
（二）以后将重分类进损益的其他综合收益		
1. 权益法下在被投资单位以后将重分类进损益的其他综合收益中享有的份额		
2. 其他债权投资公允价值变动损益		
3. 金融资产重分类转入损益的累计利得或损失		
4. 现金流量套期损益的有效部分		
5. 外币财务报表折算差额		
六、综合收益总额		
七、每股收益：		
（一）基本每股收益		
（二）稀释每股收益		

二、利润表的填列方法

(一) 利润表"本期金额"栏的填列方法

本表"本期金额"栏一般应根据损益类科目和所有者权益类有关科目的发生额填列。"营业收入""营业成本""税金及附加""销售费用""管理费用""财务费用""资产减值损失""公允价值变动收益""投资收益""资产处置收益""其他收益""营业外收入""营业外支出""所得税费用"等项目,应根据有关损益类科目的发生额分析填列。其中,对联营企业和合营企业的投资收益"项目,应根据"投资收益"科目所属的相关明细科目的发生额分析填列。

"其他综合收益的税后净额"项目及其各组成部分,应根据"其他综合收益"科目及其所属明细科目的本期发生额分析填列。"营业利润""利润总额""净利润""综合收益总额"项目,应根据本表中相关项目计算填列。"持续经营净利润"和"终止经营净利润"项目,应根据《企业会计准则第 42 号——持有待售的非流动资产、处置组和终止经营》的相关规定分别填列。

(二) 利润表"上期金额"栏的填列方法

利润表"上期金额"栏的填列方法为:本表中的"上期金额"栏应根据上年同期利润表"本期金额"栏内所列数字填列。如果上年同期利润表规定的项目名称和内容与本期不一致,则应对上年同期利润表各项目的名称和金额按照本期的规定进行调整,填入"上期金额"栏。

第四节 现金流量表

一、现金流量表的内容及结构

(一) 现金流量表的内容

现金流量表,是指反映企业在一定会计期间现金和现金等价物流入和流出的报表。从编制原则上看,现金流量表按照收付实现制原则编制,将权责发生制下的盈利信息调整为收付实现制下的现金流量信息,便于信息使用者了解企业净利润的质量。从内容上看,现金流量表被划分为经营活动、投资活动和筹资活动三个部分,每类活动又分为各具体项目,这些项目从不同角度反映企业业务活动的现金流入与流出,弥补了资产负债表和利润表提供信息的不足。通过现金流量表,报表使用者能够了解现金流量的影响因素,评价企业的支付能力、偿债能力和周转能力,预测企业未来现金流量,为其决策提供有力依据。

(二) 现金流量表的结构

在现金流量表中，现金及现金等价物被视为一个整体，企业现金形式的转换不会产生现金的流入和流出。例如，企业从银行提取现金，是企业现金存放形式的转换，并未流出企业，不构成现金流量。同样，现金与现金等价物之间的转换也不属于现金流量，例如，企业用现金购买三个月到期的国库券。根据企业业务活动的性质和现金流量的来源，现金流量表在结构上将企业一定期间产生的现金流量分为三类：经营活动产生的现金流量、投资活动产生的现金流量和筹资活动产生的现金流量。现金流量表的具体格式见表12-3。

表 12-3　　　　　　　　　　　　现金流量表

编制单位：　　　　　　　　　　　年　　月　　　　　　　　　　　　单位：元

项　目	本期金额	上期金额
一、经营活动产生的现金流量：		
销售商品、提供劳务收到的现金		
收到的税费返还		
收到其他与经营活动有关的现金		
经营活动现金流入小计		
购买商品、接受劳务支付的现金		
支付给职工以及为职工支付的现金		
支付的各项税费		
支付其他与经营活动有关的现金		
经营活动现金流出小计		
经营活动产生的现金流量净额		
二、投资活动产生的现金流量：		
收回投资收到的现金		
取得投资收益收到的现金		
处置固定资产、无形资产和其他长期资产收回的现金净额		
处置子公司及其他营业单位收到的现金净额		
收到其他与投资活动有关的现金		
投资活动现金流入小计		
购建固定资产、无形资产和其他长期资产支付的现金		
投资支付的现金		
取得子公司及其他营业单位支付的现金净额		
支付其他与投资活动有关的现金		
投资活动现金流出小计		

续表

项　　目	本期金额	上期金额
投资活动产生的现金流量净额		
三、筹资活动产生的现金流量：		
经营活动产生的现金流量净额		
吸收投资收到的现金		
取得借款收到的现金		
收到其他与筹资活动有关的现金		
筹资活动现金流入小计		
偿还债务支付的现金		
分配股利、利润或偿付利息支付的现金		
支付其他与筹资活动有关的现金		
筹资活动现金流出小计		
筹资活动产生的现金流量净额		
四、汇率变动对现金及现金等价物的影响		
五、现金及现金等价物净增加额		
加：期初现金及现金等价物余额		
六、期末现金及现金等价物余额		

二、现金流量表的填列方法

（一）经营活动产生的现金流量

经营活动是指企业投资活动和筹资活动以外的所有交易和事项。各类企业由于行业特点不同，对经营活动的认定存在一定差异。对于工商企业而言，经营活动主要包括销售商品、提供劳务、购买商品、接受劳务、支付职工薪酬、支付税费等。对于商业银行而言，经营活动主要包括吸收存款、发放贷款、同业存放、同业拆借等。对于保险公司而言，经营活动主要包括原保险业务和再保险业务等。对于证券公司而言，经营活动主要包括自营证券、代理承销证券、代理兑付证券、代理买卖证券等。

在我国，企业经营活动产生的现金流量应当采用直接法填列。直接法，是指通过现金收入和现金支出的主要类别列示经营活动的现金流量。

（二）投资活动产生的现金流量

投资活动是指企业长期资产的购建和不包括在现金等价物范围内的投资及其处置活动。长期资产是指固定资产、无形资产、在建工程、其他资产等持有期限在一年或一个营业周期以上的资产。这里所讲的投资活动，既包括实物资产投资，也包括金融资产投资。

这里之所以将"包括在现金等价物范围内的投资"排除在外，是因为已经将包括在现金等价物范围内的投资视同现金。不同企业由于行业特点不同，对投资活动的认定也存在差异。例如，交易性金融资产所产生的现金流量，对于工商企业而言，属于投资活动现金流量，而对于证券公司而言，属于经营活动现金流量。

（三）筹资活动产生的现金流量

筹资活动是指导致企业资本及债务规模和构成发生变化的活动。这里所说的资本，既包括实收资本（股本），也包括资本溢价（股本溢价）；这里所说的债务，指对外举债，包括向银行借款、发行债券以及偿还债务等。通常情况下，应付账款、应付票据等商业应付款等属于经营活动，不属于筹资活动。

此外，对于企业日常活动之外的、不经常发生的特殊项目，如自然灾害损失、保险赔款、捐赠等，应当归并到相关类别中，并单独反映。例如，对于自然灾害损失和保险赔款，如果能够确指属于流动资产损失，应当列入经营活动产生的现金流量；属于固定资产损失，应当列入投资活动产生的现金流量。

（四）汇率变动对现金及现金等价物的影响

编制现金流量表时，应当将企业外币现金流量以及境外子公司的现金流量折算成记账本位币。外币现金流量以及境外子公司的现金流量，应当采用现金流量发生日的即期汇率或按照系统合理的方法确定的、与现金流量发生日即期汇率近似的汇率折算。汇率变动对现金的影响应当作为调节项目，在现金流量表中单独列报。

汇率变动对现金的影响，指企业外币现金流量及境外子公司的现金流量折算成记账本位币时，所采用的是现金流量发生日的即期汇率或按照系统合理的方法确定的、与现金流量发生日即期汇率近似的汇率，而现金流量表"现金及现金等价物净增加额"项目中外币现金净增加额是按资产负债表日的即期汇率折算的。这两者的差额即为汇率变动对现金的影响。

在编制现金流量表时，对当期发生的外币业务，也可不必逐笔计算汇率变动对现金的影响，可以通过现金流量表补充资料中"现金及现金等价物净增加额"与现金流量表中"经营活动产生的现金流量净额""投资活动产生的现金流量净额""筹资活动产生的现金流量净额"三项之和比较，其差额即为"汇率变动对现金的影响"。

三、现金流量表的编制方法和程序

（一）直接法和间接法

编制现金流量表时，列报经营活动现金流量的方法有两种：

（1）直接法。在直接法下，一般是以利润表中的营业收入为起算点，调节与经营活动有关的项目的增减变动，然后计算出经营活动产生的现金流量。

（2）间接法。在间接法下，将净利润调节为经营活动现金流量，实际上就是将按权责发生制原则确定的净利润调整为现金净流入，并剔除投资活动和筹资活动对现金流量的影响。

采用直接法编报的现金流量表，便于分析企业经营活动产生的现金流量的来源和用途，预测企业现金流量的未来前景；采用间接法编报的现金流量表，便于将净利润与经营活动产生的现金流量净额进行比较，了解净利润与经营活动产生的现金流量差异的原因，从现金流量的角度分析净利润的质量。因此，我国企业会计准则规定企业应当采用直接法编报现金流量表，同时要求在附注中提供以净利润为基础调节到经营活动现金流量的信息。

（二）工作底稿法、T型账户法和分析填列法

在具体编制现金流量表时，既可以采用工作底稿法或T型账户法，也可以根据有关科目记录分析填列。

1. 工作底稿法。

采用工作底稿法编制现金流量表，是以工作底稿为手段，以资产负债表和利润表数据为基础，对每一项目进行分析并编制调整分录，从而编制现金流量表。工作底稿法的程序是：

（1）将资产负债表的期初数和期末数过入工作底稿的期初数栏和期末数栏。

（2）对当期业务进行分析并编制调整分录。编制调整分录时，要以利润表项目为基础，从"营业收入"开始，结合资产负债表项目逐一进行分析。在调整分录中，有关现金和现金等价物的事项，并不直接借记或贷记现金，而是分别记入"经营活动产生的现金流量""投资活动产生的现金流量""筹资活动产生的现金流量"有关项目，借记表示现金流入，贷记表示现金流出。

（3）将调整分录过入工作底稿中的相应部分。

（4）核对调整分录。借方、贷方合计数均已经相等，资产负债表项目期初数加减调整分录中的借贷金额以后，也等于期末数。

（5）根据工作底稿中的现金流量表项目部分编制正式的现金流量表。

2. T型账户法。

采用T型账户法编制现金流量表，是以T型账户为手段，以资产负债表和利润表数据为基础，对每一项目进行分析并编制调整分录，从而编制现金流量表。T型账户法的程序是：

（1）为所有的非现金项目（包括资产负债表项目和利润表项目）分别开设T型账户，并将各项的期末期初变动数过入各该账户。如果项目的期末数大于期初数，则将差额过入和项目余额相同的方向；反之，过入相反的方向。

（2）开设一个大的"现金及现金等价物"T型账户，每边分为经营活动、投资活动和筹资活动三个部分，左边记现金流入，右边记现金流出。与其他账户一样，过入期末期初变动数。

（3）以利润表项目为基础，结合资产负债表分析每一个非现金项目的增减变动，并据此编制调整分录。

（4）将调整分录过入各T型账户，并进行核对，该账户借贷相抵后的余额与原先过入的期末期初变动数应当一致。

（5）根据大的"现金及现金等价物"T型账户编制正式的现金流量表。

3. 分析填列法。

分析填列法是直接根据资产负债表、利润表和有关会计科目明细账的记录，分析计算出现金流量表各项目的金额，并据以编制现金流量表的一种方法。

第五节　所有者权益变动表

一、所有者权益变动表的内容及结构

（一）所有者权益变动表的内容

所有者权益变动表是指反映构成所有者权益各组成部分当期增减变动情况的报表。所有者权益变动表应当全面反映一定时期所有者权益变动的情况，不仅包括所有者权益总量的增减变动，还包括所有者权益增减变动的重要结构性信息，让报表使用者准确理解所有者权益增减变动的根源。

在所有者权益变动表中，综合收益和与所有者（或股东）的资本交易导致的所有者权益的变动，应当分别列示。企业至少应当单独列示反映下列信息的项目：（1）综合收益总额；（2）会计政策变更和前期差错更正的累积影响金额；（3）所有者投入资本和向所有者分配利润等；（4）提取的盈余公积；（5）所有者权益各组成部分的期初和期末余额及其调节情况。

（二）所有者权益变动表的结构

为了清楚地表明构成所有者权益的各组成部分当期的增减变动情况，所有者权益变动表应当以矩阵的形式列示：一方面，列示导致所有者权益变动的交易或事项，改变了以往仅仅按照所有者权益的各组成部分反映所有者权益变动情况，而是从所有者权益变动的来源对一定时期所有者权益变动情况进行全面反映；另一方面，按照所有者权益各组成部分（包括实收资本、资本公积、其他综合收益、盈余公积、未分配利润和库存股等）及其总额列示交易或事项对所有者权益的影响。此外，企业还需要提供比较所有者权益变动表，所有者权益变动表还就各项目再分为"本年金额"和"上年金额"两栏分别填列。

二、所有者权益变动表的填列方法

（一）上年金额栏的填列方法

所有者权益变动表"上年金额"栏内各项数字，应根据上年度所有者权益变动表"本年金额"栏内所列数字填列。如果上年度所有者权益变动表规定的项目的名称和内容与本年度不一致，则应对上年度所有者权益变动表各项目的名称和金额按照本年度的规定进行调整，填入所有者权益变动表"上年金额"栏内。

(二) 本年金额栏的填列方法

所有者权益变动表"本年金额"栏内各项数字一般应根据"实收资本（或股本）""其他权益工具""资本公积""盈余公积""其他综合收益""利润分配""库存股""以前年度损益调整"等科目及其明细科目的发生额分析填列。

第六节　财务报表附注披露

一、附注披露的总体要求

（一）概述

附注是对在资产负债表、利润表、现金流量表和所有者权益变动表等报表中列示项目的文字描述或明细资料，以及对未能在这些报表中列示项目的说明等。《企业会计准则第30号——财务报表列报》对附注的披露要求是对企业附注披露的最低要求，应当适用于所有类型的企业，企业还应当按照各项具体会计准则的规定在附注中披露相关信息。

（二）附注披露的总体要求

附注相关信息应当与资产负债表、利润表、现金流量表和所有者权益变动表等报表中列示的项目相互参照，以有助于使用者联系相关联的信息，并由此从整体上更好地理解财务报表。

企业在披露附注信息时，应当以定量、定性信息相结合，按照一定的结构对附注信息进行系统合理的排列和分类，以便于使用者理解和掌握。

二、附注的主要内容

附注应当按照如下顺序至少披露下列内容：

（一）企业的基本情况

1. 企业注册地、组织形式和总部地址。
2. 企业的业务性质和主要经营活动。
3. 母公司以及集团最终母公司的名称。
4. 财务报告的批准报出者和财务报告批准报出日，或者以签字人及其签字日期为准。
5. 营业期限有限的企业，还应当披露有关其营业期限的信息。

（二）财务报表的编制基础

（三）遵循企业会计准则的声明

企业应当声明编制的财务报表符合企业会计准则的要求，真实、完整地反映了企业的财务状况、经营成果和现金流量等有关信息，以此明确企业编制财务报表所依据的制度基础。

如果企业编制的财务报表只是部分地遵循了企业会计准则，则附注中不得作出这种表述。

（四）重要会计政策和会计估计

1. 重要会计政策的说明。

企业应当披露采用的重要会计政策，并结合企业的具体实际披露其重要会计政策的确定依据和财务报表项目的计量基础。其中，会计政策的确定依据主要是指企业在运用会计政策过程中所作的重要判断，这些判断对在报表中确认的项目金额具有重要影响。比如，企业如何判断与租赁资产相关的所有风险和报酬已转移给企业从而符合融资租赁的标准，投资性房地产的判断标准是什么等。财务报表项目的计量基础包括历史成本、重置成本、可变现净值、现值和公允价值等会计计量属性等。

2. 重要会计估计的说明。

企业应当披露重要会计估计，并结合企业的具体实际披露其会计估计所采用的关键假设和不确定因素。重要会计估计的说明，包括可能导致下一个会计期间内资产、负债账面价值重大调整的会计估计的确定依据等。例如，固定资产可收回金额的计算需要根据其公允价值减去处置费用后的净额与预计未来现金流量的现值两者之间的较高者确定，在计算资产预计未来现金流量的现值时需要对未来现金流量进行预测，并选择适当的折现率，企业应当在附注中披露未来现金流量预测所采用的假设及其依据、所选择的折现率为什么是合理的等。又如，对于正在进行中的诉讼提取准备，企业应当披露最佳估计数的确定依据等。

（五）会计政策和会计估计变更以及差错更正的说明

企业应当按照《企业会计准则第28号——会计政策、会计估计变更和差错更正》及其应用指南的规定，披露会计政策和会计估计变更以及差错更正的有关情况。

（六）报表重要项目的说明

企业应当以文字和数字描述相结合，尽可能以列表形式披露重要报表项目的构成或当期增减变动情况，并且报表重要项目的明细金额合计，应当与报表项目金额相衔接。在披露顺序上，一般应当按照资产负债表、利润表、现金流量表、所有者权益变动表的顺序及其报表项目列示的顺序。

（七）其他需要说明的重要事项

这主要包括或有和承诺事项、资产负债表日后非调整事项、关联方关系及其交易等。

（八）有助于财务报表使用者评价企业管理资本的目标、政策及程序的信息

三、分部报告

（一）经营分部的认定

经营分部，是指企业内同时满足下列条件的组成部分：（1）该组成部分能够在日常活动中产生收入、发生费用；（2）企业管理层能够定期评价该组成部分的经营成果，以决定向其配置资源、评价其业绩；（3）企业能够取得该组成部分的财务状况、经营成果和现金流量等有关会计信息。

企业应当以内部组织结构、管理要求、内部报告制度为依据确定经营分部。

经济特征不相似的经营分部，应当分别确定为不同的经营分部。企业存在相似经济特征的两个或多个经营分部，例如，具有相近的长期财务业绩，包括具有相近的长期平均毛利率、资金回报率、未来现金流量等，将其合并披露可能更为恰当。具有相似经济特征的两个或多个经营分部，在同时满足下列条件时，可以合并为一个经营分部：

1. 各单项产品或劳务的性质相同或相似，包括产品或劳务的规格、型号、最终用途等。通常情况下，产品和劳务的性质相同或相似的，其风险、报酬率及其成长率可能较为接近，一般可以将其划分到同一经营分部中对于性质完全不同的产品或劳务，不应当将其划分到同一经营分部中。

2. 生产过程的性质相同或相似，包括采用劳动密集或资本密集方式组织生产、使用相同或相似设备和原材料、采用委托生产或加工方式等。对于其生产过程的性质相同或相似的，可以将其划分为一个经营分部，如按资本密集型和劳动密集型划分经营部门。对于资本密集型的部门而言，其占用的设备较为先进，占用的固定资产较多，相应所负担的折旧费也较多，其经营成本受资产折旧费用影响较大，受技术进步因素的影响也较大；而对于劳动密集型部门而言，其使用的劳动力较多，相对而言，劳动力的成本即人工费用的影响较大，其经营成果受人工成本的高低影响较大。

3. 产品或劳务的客户类型相同或相似，包括大宗客户、零散客户等。对于购买产品或接受劳务的同一类型的客户，如果其销售条件基本相同，如相同或相似的销售价格、销售折扣，相同或相似的售后服务，因而具有相同或相似的风险和报酬，而不同的客户，其销售条件不尽相同，由此可能导致其具有不同的风险和报酬。

4. 销售产品或提供劳务的方式相同或相似，包括批发、零售、自产自销、委托销售、承包等。企业销售产品或提供劳务的方式不同，其承受的风险和报酬也不相同。例如，在赊销方式下，可以扩大销售规模，但发生的收账费用较大，并且发生应收账款坏账的风险也很大；而在现销方式下，则不存在应收账款的坏账问题，不会发生收账费用，但销售规模的扩大有限。

5. 生产产品或提供劳务受法律、行政法规的影响相同或相似，包括经营范围或交易定价机制等。企业生产产品或提供劳务总是处于一定的经济法律环境之下，其所处的环境必然对其经营活动产生影响。对在不同法律环境下生产的产品或提供的劳务进行分类，进而向会计信息使用者提供不同法律环境下产品生产或劳务提供的信息，有利于会计信息使用者对企业未来的发展走向作出判断和预测；对相同或相似法律环境下的产品生产或劳务提供进行归类,以提供其经营活动所生成的信息,同样有利于明晰地反映该类产品生产和劳务提供的会计信息。例如,商业银行、保险公司等金融企业易受特别的、严格的政策监管,在考虑该类企业确定某组成部分的产品和劳务是否相关时,应当考虑所受监管政策的影响。

(二) 报告分部的确定

1. 重要性标准的判断。

企业应当以经营分部为基础确定报告分部。经营分部满足下列条件之一的,应当确定为报告分部:

(1) 该分部的分部收入占所有分部收入合计的10%或者以上。分部收入,是指可归属于分部的对外交易收入和对其他分部交易收入。分部收入主要由可归属于分部的对外交易收入构成,通常为营业收入。可以归属分部的收入来源于两个渠道:一是可以直接归属于分部的收入,即直接由分部的业务交易而产生;二是可以间接归属于分部的收入,即将企业交易产生的收入在相关分部之间进行分配,按属于某分部的收入金额确认为分部收入。

分部收入通常不包括下列项目:①利息收入(包括因预付或借给其他分部款项而确认的利息收入)和股利收入(采用成本法核算的长期股权投资取得的股利收入),但分部的日常活动是金融性质的除外;②资产处置净收益,如处置固定资产、无形资产等产生的净收益;③营业外收入,如捐赠利得等;④处置投资产生的净收益,但分部的日常活动是金融性质的除外;⑤采用权益法核算的长期股权投资确认的投资收益,但分部的日常活动是金融性质的除外。

(2) 该分部的分部利润(亏损)的绝对额,占所有盈利分部利润合计额或者所有亏损分部亏损合计额的绝对额两者中较大者的10%或者以上。分部利润(亏损),是指分部收入减去分部费用后的余额。不属于分部收入和分部费用的项目,在计算分部利润(亏损)时不得作为考虑的因素。

分部费用,是指可归属于分部的对外交易费用和对其他分部交易费用。分部费用主要由可归属于分部的对外交易费用构成,通常包括营业成本、税金及附加、销售费用等。与分部收入的确认相同,归属于分部的费用也来源于两个渠道:一是可以直接归属于分部的费用,即直接由分部的业务交易而发生;二是可以间接归属于分部的费用,即将企业交易发生的费用在相关分部之间进行分配,按属于某分部的费用金额确认为分部费用。

分部费用通常不包括下列项目:①利息费用(包括因预收或向其他分部借款而确认的利息费用),如发行债券等,但分部的日常活动是金融性质的除外;②资产处置净损失,如处置固定资产、无形资产等产生的净损失;③营业外支出,如公益性捐赠支出、非常损失、盘亏损失等;④处置投资发生的净损失,但分部的日常活动是金融性质的除外;⑤采用权益法核算的长期股权投资确认的投资损失,但分部的日常活动是金融性质的除外;⑥与企业整体相关的管理费用和其他费用。

(3) 该分部的分部资产占所有分部资产合计额的10%或者以上。分部资产,是指分部经营活动使用的可归属于该分部的资产,不包括递延所得税资产。如果与两个或多个经营分部共用资产相关的收入和费用也分配给这些经营分部,该共用资产应分配给这些经营分部。共用资产的折旧费或摊销在计量分部经营成果时被扣减的,该资产应包括在分部资产中。企业在计量分部资产时,应当按照分部资产的账面价值进行计量,即按照扣除相关累计折旧或摊销额以及累计减值准备后的金额计量。

通常情况下,分部资产与分部利润(亏损)、分部费用等之间存在一定的对应关系,即:①如果分部利润(亏损)包括利息或股利收入,分部资产中就应当包括相应的应收账款、贷款、投资或其他金融资产;②如果分部费用包括某项固定资产的折旧费用,分部资产中就应当包括该项固定资产;③如果分部费用包括某项无形资产或商誉的摊销额或减值额,分部资产中就应当包括该项无形资产或商誉。

2. 低于10%重要性标准的选择。

经营分部未满足上述10%重要性标准的,可以按照下列规定确定报告分部:

(1)企业管理层认为披露该经营分部信息对会计信息使用者有用的,可以将其确定为报告分部。在这种情况下,无论该经营分部是否满足10%的重要性标准,企业都可以直接将其指定为报告分部。

(2)将该经营分部与一个或一个以上的具有相似经济特征、满足经营分部合并条件的其他经营分部合并,作为一个报告分部。对经营分部10%的重要性测试可能会导致企业存在大量未满足10%数量临界线的经营分部,在这种情况下,如果企业没有直接将这些经营分部指定为报告分部,可以将一个或一个以上具有相似经济特征、满足经营分部合并条件的一个以上的经营分部合并成一个报告分部。

(3)不将该经营分部直接指定为报告分部,也不将该经营分部与其他未作为报告分部的经营分部合并为一个报告分部的,企业在披露分部信息时,应当将该经营分部的信息与其他组成部分的信息合并,作为其他项目单独披露。

3. 报告分部75%的标准。

企业的经营分部达到规定的10%重要性标准认定为报告分部后,确定为报告分部的经营分部的对外交易收入合计额占合并总收入或企业总收入的比重应当达到75%的比例。如果未达到75%的标准,企业应增加报告分部的数量,将其他未作为报告分部的经营分部纳入报告分部的范围,直到该比重达到75%。此时,其他未作为报告分部的经营分部很可能未满足前述规定的10%重要性标准,但为了使报告分部的对外交易收入合计额占合并总收入或企业总收入的总体比重能够达到75%的比例要求,也应当将其确定为报告分部。

4. 报告分部的数量。

根据前述的确定报告分部的原则,企业确定的报告分部数量可能超过10个,此时,企业提供的分部信息可能变得非常烦琐,不利于会计信息使用者理解和使用。因此,报告分部的数量通常不应当超过10个。如果报告分部的数量超过10个,企业应当考虑将具有相似经济特征、满足经营分部合并条件的报告分部进行合并,以使合并后的报告分部数量不超过10个。

5. 为提供可比信息确定报告分部。

企业在确定报告分部时,除应当遵循相应的确定标准以外,还应当考虑不同会计期间分部信息的可比性和一致性。对于某一经营分部,在上期可能满足报告分部的确定条件从而确定为报告分部,但本期可能并不满足报告分部的确定条件。此时,如果企业认为该经营分部仍然重要,单独披露该经营分部的信息能够更有助于会计信息使用者了解企业的整体情况,则不需要考虑该经营分部确定为报告分部的条件,仍应当将该经营分部确定为本期的报告分部。

对于某一经营分部,在本期可能满足报告分部的确定条件从而确定为报告分部,但上期可能并不满足报告分部的确定条件从而未确定为报告分部。此时,出于比较目的提供的以前会计期间的分部信息应当重述,将该经营分部反映为一个报告分部,即使其不满足确定为报告分部的条件。如果重述所需要的信息无法获得,或者不符合成本效益原则,则不需要重述以前会计期间的分部信息。不论是否对以前期间相应的报告分部信息进行重述,企业均应当在报表附注中披露这一信息。

(三) 分部信息的披露

企业披露的分部信息,应当有助于会计信息使用者评价企业所从事经营活动的性质和财务影响以及经营所处的经济环境。企业应当以对外提供的财务报表为基础披露分部信息;对外提供合并财务报表的企业,应当以合并财务报表为基础披露分部信息。企业应当在附注中披露报告分部的下列信息:

1. 描述性信息。(1) 确定报告分部考虑的因素,通常包括企业管理层是否按照产品和服务、地理区域、监管环境差异或综合各种因素进行组织管理。(2) 报告分部的产品和劳务的类型。

2. 每一报告分部的利润(亏损)总额相关信息该信息包括利润(亏损)总额组成项目及计量的相关会计政策信息。企业管理层在计量报告分部利润(亏损)时运用了下列数据,或者未运用下列数据但定期提供给企业管理层的,应当在附注中披露每一报告分部的下列信息:(1) 对外交易收入和分部间交易收入。(2) 利息收入和利息费用。但是,报告分部的日常活动是金融性质的除外。报告分部的日常活动是金融性质的,可以仅披露利息收入减去利息费用后的净额,同时披露这一处理方法。(3) 折旧费用和摊销费用,以及其他重大的非现金项目。(4) 采用权益法核算的长期股权投资确认的投资收益。(5) 所得税费用或所得税收益。(6) 其他重大的收益或费用项目。

企业应当在附注中披露计量每一报告分部利润(亏损)的下列会计政策:第一,分部间转移价格的确定基础;第二,相关收入和费用分配给报告分部的基础;第三,确定报告分部利润(亏损)使用的计量方法发生变化的性质,以及这些变化产生的影响。

3. 每一报告分部的资产总额、负债总额相关信息。该信息包括资产总额组成项目的信息,以及有关资产、负债计量相关的会计政策。企业管理层在计量报告分部资产时运用了下列数据,或者未运用下列数据但定期提供给企业管理层的,应当在附注中披露每一报告分部的下列信息:(1) 采用权益法核算的长期股权投资金额;(2) 非流动资产(不包括金融资产、独立账户资产、递延所得税资产)金额。报告分部的负债金额定期提供给企业管理层的,企业应当在附注中披露每一报告分部的负债金额。

分部负债,是指分部经营活动形成的可归属于该分部的负债,不包括递延所得税负债。如果与两个或多个经营分部共同承担的负债相关的费用分配给这些经营分部,该共同承担的负债也应当分配给这些经营分部。

企业应当在附注中披露将相关资产或负债分配给报告分部的基础。

4. 除上述已经作为报告分部信息组成部分的披露内容外，企业还应当披露下列信息：（1）每一产品和劳务或每一类似产品和劳务的对外交易收入。但是，披露相关信息不切实可行的除外。企业披露相关信息不切实可行的，应当披露这一事实。（2）企业取得的来自本国的对外交易收入总额，以及企业从其他国家取得的对外交易收入总额。但是，披露相关信息不切实可行的除外。企业披露相关信息不切实可行的，应当披露这一事实。（3）企业取得的位于本国的非流动资产（不包括金融资产、独立账户资产、递延所得税资产）总额，以及企业位于其他国家的非流动资产（不包括金融资产、独立账户资产、递延所得税资产）总额。但是，披露相关信息不切实可行的除外。企业披露相关信息不切实可行的，应当披露这一事实。（4）企业对主要客户的依赖程度。企业与某一外部客户交易收入占合并总收入或企业总收入的10%或以上，应当披露这一事实，以及来自该外部客户的总收入和相关报告分部的特征。

5. 报告分部信息总额与企业信息总额的衔接。报告分部收入总额应当与企业收入总额相衔接；报告分部利润（亏损）总额应当与企业利润（亏损）总额相衔接；报告分部资产总额应当与企业资产总额相衔接；报告分部负债总额应当与企业负债总额相衔接。

6. 比较信息。企业在披露分部信息时，为可比起见，应当提供前期的比较数据。对于某一经营分部，如果本期满足报告分部的确定条件确定为报告分部，即使前期没有满足报告分部的确定条件未确定为报告分部，也应当提供前期的比较数据。但是，重述信息不切实可行的除外。

企业内部组织结构改变导致报告分部组成发生变化的，应当提供前期比较数据。但是，提供比较数据不切实可行的除外。企业未提供前期比较数据的，应当在报告分部组成发生变化的当年，同时披露以新的报告分部和旧的报告分部为基础编制的分部信息。不论企业是否提供前期比较数据，均应披露这一事实。

四、关联方披露

（一）关联方关系的认定

关联方关系的存在是以控制、共同控制或重大影响为前提条件的。在判断是否存在关联方关系时，应当遵循实质重于形式的原则。从一个企业的角度出发，与其存在关联方关系的各方包括：

1. 该企业的母公司，不仅包括直接或间接地控制该企业的其他企业，也包括能够对该企业实施直接或间接控制的单位等。（1）某一个企业直接控制一个或多个企业。例如，母公司控制一个或若干个子公司，则母公司与子公司之间存在关联方关系。（2）某一个企业通过一个或若干中间企业间接控制一个或多个企业。例如，母公司通过其子公司，间接控制子公司的子公司，表明母公司与其子公司的子公司存在关联方关系。（3）一个企业直接地和通过一个或若干中间企业间接地控制一个或多个企业。例如，母公司对某一企业的投资虽然没有达到控股的程度，但由于其子公司也拥有该企业的股份或权益，如果母公司与其子公司对该企业的投资之和达到拥有该企业的控制权，则母公司直接和间接地控制该企业,表明母公司与该企业之间存在关联方关系。

2. 该企业的子公司,包括直接或间接地被该企业控制的其他企业,也包括直接或间接地被该企业控制的企业、单位、基金等特殊目的实体。

3. 与该企业受同一母公司控制的其他企业。例如,A公司和B公司同受C公司控制,从而A公司和B公司之间构成关联方关系。

4. 对该企业实施共同控制的投资方。这里的共同控制包括直接的共同控制和间接的共同控制。对企业实施直接或间接共同控制的投资方与该企业之间是关联方关系,但这些投资方之间并不能仅仅因为共同控制了同一家企业而视为存在关联方关系。例如,A、B、C三个企业共同控制D企业,从而A和D、B和D,以及C和D成为关联方关系。如果不存在其他关联方关系,A和B、A和C以及B和C之间不构成关联方关系。

5. 对该企业施加重大影响的投资方。这里的重大影响包括直接的重大影响和间接的重大影响。对企业实施重大影响的投资方与该企业之间是关联方关系,但这些投资方之间并不能仅仅因为对同一家企业具有重大影响而视为存在关联方关系。

6. 该企业的合营企业。合营企业包括合营企业的子公司。合营企业是以共同控制为前提的,两方或多方共同控制某一企业时,该企业则为投资者的合营企业。例如,A、B、C、D企业各占F企业有表决权资本的25%,按照合同规定,投资各方按照出资比例控制F企业,由于出资比例相同,F企业由A、B、C、D企业共同控制,在这种情况下,A和F、B和F、C和F以及D和F之间构成关联方关系。

7. 该企业的联营企业。联营企业包括联营企业的子公司。联营企业和重大影响是相联系的,如果投资者能对被投资企业施加重大影响,则该被投资企业应被视为投资者的联营企业。

8. 该企业的主要投资者个人及与其关系密切的家庭成员。主要投资者个人,是指能够控制、共同控制一个企业或者对一个企业施加重大影响的个人投资者。(1)某一企业与其主要投资者个人之间的关系。例如,张三是A企业的主要投资者,则A企业与张三构成关联方关系。(2)某一企业与其主要投资者个人关系密切的家庭成员之间的关系。例如,A企业的主要投资者张三的儿子与A企业构成关联方关系。

9. 该企业或其母公司的关键管理人员及与其关系密切的家庭成员。关键管理人员,是指有权力并负责计划、指挥和控制企业活动的人员。通常情况下,企业关键管理人员负责管理企业的日常经营活动,并且负责制订经营计划、战略目标、指挥调度生产经营活动等,主要包括董事长、董事、董事会秘书、总经理、总会计师、财务总监、主管各项事务的副总经理以及行使类似决策职能的人员等。(1)某一企业与其关键管理人员之间的关系。例如,A企业的总经理与A企业构成关联方关系。(2)某一企业与其关键管理人员关系密切的家庭成员之间的关系。例如,A企业的总经理张三的儿子张小三与A企业构成关联方关系。

10. 该企业主要投资者个人、关键管理人员或与其关系密切的家庭成员控制、共同控制的其他企业。与主要投资者个人、关键管理人员关系密切的家庭成员,是指在处理与企业的交易时可能影响该个人或受该个人影响的家庭成员,如父母、配偶、兄弟姐妹和子女等。对于这类关联方,应当根据主要投资者个人、关键管理人员或与其关系密切的家庭成员对两家企业的实际影响力具体分析判断。(1)某一企业与受该企业主要投资者个人控制、共同控制的其他企业之间的关系。例如，A 企业的主要投资者 H 拥有 B 企业 60% 的表决权资本，则 A 和 B 存在关联方关系。（2）某一企业与受该企业主要投资者个人关系密切的家庭成员控制、共同控制的其他企业之间的关系。例如，A 企业的主要投资者 Y 的妻子拥有 B 企业 60% 的表决权资本，则 A 和 B 存在关联方关系。（3）某一企业与受该企业关键管理人员控制、共同控制的其他企业之间的关系。例如，A 企业的关键管理人员 H 控制了 B 企业，则 A 和 B 存在关联方关系。（4）某一企业与受该企业关键管理人员关系密切的家庭成员控制、共同控制的其他企业之间的关系。例如，A 企业的财务总监 Y 的妻子是 B 企业的董事长，则 A 和 B 存在关联方关系。

11. 该企业关键管理人员提供服务的提供方与服务接受方。提供关键管理人员服务的主体（以下简称服务提供方）向接受该服务的主体（以下简称服务接受方）提供关键管理人员服务的，服务提供方和服务接受方之间是否构成关联方关系应当具体分析判断。（1）服务接受方在编制财务报表时，应当将服务提供方作为关联方进行相关披露。服务接受方可以不披露服务提供方所支付或应支付给服务提供方有关员工的报酬，但应当披露其接受服务而应支付的金额。（2）服务提供方在编制财务报表时，不应仅仅因为向服务接受方提供了关键管理人员服务就将其认定为关联方，而应当按照《企业会计准则第 36 号——关联方披露》判断双方是否构成关联方并进行相应的会计处理。

（二）不构成关联方关系的情况

1. 与该企业发生日常往来的资金提供者、公用事业部门、政府部门和机构，以及因与该企业发生大量交易而存在经济依存关系的单个客户、供应商、特许商、经销商和代理商之间，不构成关联方关系。

2. 与该企业共同控制合营企业的合营者之间，通常不构成关联方关系。

3. 仅仅同受国家控制而不存在控制、共同控制或重大影响关系的企业，不构成关联方关系。

4. 受同一方重大影响的企业之间不构成关联方。

（三）关联方交易的类型

存在关联方关系的情况下，关联方之间发生的交易为关联方交易，关联方的交易类型主要有：

1. 购买或销售商品。购买或销售商品是关联方交易较常见的交易事项，例如，企业集团成员之间互相购买或销售商品，形成关联方交易。

2. 购买或销售除商品以外的其他资产。例如，母公司出售给其子公司设备或建筑物等。

3. 提供或接受劳务。例如，A 企业是 B 企业的联营企业，A 企业专门从事设备维修服务，B 企业的所有设备均由 A 企业负责维修，B 企业每年支付设备维修费用 300 万元，该维修服务构成 A 企业与 B 企业的关联方交易。

4. 担保。担保包括在借贷、买卖、货物运输、加工承揽等经济活动中为了保障其债权实现而实行的担保等。当存在关联方关系时，一方往往为另一方提供为取得借款、买卖等经济活动中所需要的担保。

5. 提供资金（贷款或股权投资）。例如，企业从其关联方取得资金，或权益性资金在关联方之间的增减变动等。

6. 租赁。租赁通常包括经营租赁和融资租赁等，关联方之间的租赁合同也是主要的交易事项。

7. 代理。代理主要是依据合同条款，一方可为另一方代理某些事务，如代理销售货物或代理签订合同等。

8. 研究与开发项目的转移。在存在关联方关系时，有时某一企业所研究与开发的项目会由于一方的要求而放弃或转移给其他企业。例如，B公司是A公司的子公司，A公司要求B公司停止对某一新产品的研究和试制，并将B公司研究的现有成果转给A公司最近购买的、研究与开发能力超过B公司的C公司继续研制，从而形成关联方交易。

9. 许可协议。当存在关联方关系时，关联方之间可能达成某项协议，允许一方使用另一方商标等，从而形成了关联方之间的交易。

10. 代表企业或由企业代表另一方进行债务结算。

11. 关键管理人员薪酬。企业支付给关键管理人员的报酬，也是一项主要的关联方交易。关联方交易还包括就某特定事项在未来发生或不发生时所作出的采取相应行动的任何承诺，如（已确认及未确认的）待执行合同。

（四）关联方的披露

1. 企业无论是否发生关联方交易，均应当在附注中披露与该企业之间存在直接控制关系的母公司和所有子公司有关的信息。母公司不是该企业最终控制方的，还应当披露企业集团内对该企业享有最终控制权的企业（或主体）的名称。母公司和最终控制方均不对外提供财务报表的，还应当披露母公司之上与其最相近的对外提供财务报表的母公司名称。

2. 企业与关联方发生关联方交易的，应当在附注中披露该关联方关系的性质、交易类型及交易要素。关联方关系的性质，是指关联方与该企业的关系，即关联方是该企业的子公司、合营企业、联营企业等。交易类型通常包括购买或销售商品、购买或销售商品以外的其他资产、提供或接受劳务、担保、提供资金（贷款或股权投资）、租赁、代理、研究与开发项目的转移、许可协议、代表企业或由企业代表另一方进行债务结算、就某特定事项在未来发生或不发生时所作出的采取相应行动的任何承诺，包括（已确认及未确认的）待执行合同等。交易要素至少应当包括：交易的金额；未结算项目的金额、条款和条件（包括承诺），以及有关提供或取得担保的信息；未结算应收项目坏账准备金额；定价政策。关联方交易的金额应当披露相关比较数据。

3. 对外提供合并财务报表的，对于已经包括在合并范围内各企业之间的交易不予披露。合并财务报表是将集团作为一个整体来反映与其有关的财务信息，在合并财务报表中，企业集团作为一个整体看待，企业集团内的交易已不属于交易，并且已经在编制合并财务报表时予以抵销。因此，关联方披露准则规定，对外提供合并财务报表的，除了应按上述1、2的要求进行披露外，对于已经包括在合并范围内并已抵销的各企业之间的交易不予披露。

第七节　中期财务报告

一、中期财务报告的定义及其构成

（一）中期财务报告的定义

中期财务报告，是指以中期为基础编制的财务报告。"中期"，是指短于一个完整的会计年度（自公历1月1日起至12月31日止）的报告期间，它可以是一个月、一个季度或者半年，也可以是其他短于一个会计年度的期间，如1月1日至9月30日的期间等。因此，中期财务报告既包括月度财务报告、季度财务报告、半年度财务报告，也包括年初至本中期末的财务报告。

（二）中期财务报告的构成

中期财务报告至少应当包括以下部分：资产负债表、利润表、现金流量表、附注。其中，（1）资产负债表、利润表、现金流量表和附注是中期财务报告至少应当编制的法定内容，对其他财务报表或者相关信息，如所有者权益（或股东权益）变动表等，企业可以根据需要自行决定。（2）中期资产负债表、利润表和现金流量表的格式和内容，应当与上年度财务报表相一致。但如果当年新施行的会计准则对财务报表格式和内容作了修改的，中期财务报表应当按照修改后的报表格式和内容编制，与此同时，在中期财务报告中提供的上年度比较财务报表的格式和内容也应当作相应的调整。（3）中期财务报告中的附注相对于年度财务报告中的附注而言，是适当简化的。中期财务报表附注的编制应当遵循重要性原则。如果某项信息没有在中期财务报告附注中披露，会影响到投资者等信息使用者对企业财务状况、经营成果和现金流量判断的正确性，那么就认为这一信息是重要的。但企业至少应当在中期财务报告附注中披露中期财务报告准则规定的信息。

二、中期财务报告的编制要求

（一）中期财务报告编制应遵循的原则

1. 与年度财务报告相一致的会计政策。

企业在编制中期财务报告时，应当将中期视同为一个独立的会计期间，所采用的会计政策应当与年度财务报表所采用的会计政策相一致，包括会计要素确认和计量原则相一致。企业在编制中期财务报告时不得随意变更会计政策。

2. 重要性原则。

重要性原则是企业编制中期财务报告的一项十分重要的原则，具体应注意以下几点：

（1）重要性程度的判断应当以中期财务数据为基础，而不得以预计的年度财务数据为基础。这里所指的"中期财务数据"，既包括本中期的财务数据，也包括年初至本中期末的财务数据。

（2）重要性原则的运用应当保证中期财务报告包括与理解企业中期末财务状况和中期经营成果及其现金流量相关的信息。企业在运用重要性原则时，应当避免在中期财务报告中由于不确认、不披露或者忽略某些信息而对信息使用者的决策产生误导。

（3）重要性程度的判断需要根据具体情况作具体分析和职业判断。通常，在判断某一项目的重要性程度时，应当将项目的金额和性质结合在一起予以考虑，而且在判断项目金额的重要性时，应当以资产、负债、净资产、营业收入、净利润等直接相关项目数字作为比较基础，并综合考虑其他相关因素。在一些特殊情况下，单独依据项目的金额或者性质就可以判断其重要性。例如，企业发生会计政策变更，该变更事项对当期期末财务状况或者当期损益的影响可能比较小，但对以后期财务状况或者损益的影响却比较大，因此，会计政策变更从性质上属于重要事项，应当在财务报告中予以披露。

3. 及时性原则。

为了体现企业编制中期财务报告的及时性原则，中期财务报告计量相对于年度财务数据的计量而言，在很大程度上依赖于估计。例如，企业通常在会计年度末对存货进行全面、详细的实地盘点，因此，对年末存货可以达到较为精确的计价。但是在中期末，由于时间上的限制和成本方面的考虑，有时不大可能对存货进行全面、详细的实地盘点，在这种情况下，对于中期末存货的计价就可在更大程度上依赖于会计估计。但是，企业应当确保所提供的中期财务报告包括相关的重要信息。

（二）中期合并财务报表和母公司财务报表编报要求

企业上年度编制合并财务报表的，中期期末应当编制合并财务报表。上年度财务报告除了合并财务报表，还包括母公司财务报表的，中期财务报告也应当包括母公司财务报表。具体而言：

1. 上年度编报合并财务报表的企业，其中期财务报告也应当编制合并财务报表，而且合并财务报表的合并范围、合并原则、编制方法和合并财务报表的格式与内容等也应当与上年度合并财务报表相一致。但当年新企业会计准则有新规定的除外。

2. 上年度财务报告包括合并财务报表，但报告中期内处置了所有应纳入合并范围的子公司的，中期财务报告应包括当年子公司处置前的相关财务信息。

3. 企业在报告中期内新增子公司的，在中期末就应当将该子公司财务报表纳入合并财务报表的合并范围。

4. 应当编制合并财务报表的企业，如果在上年度财务报告中除了提供合并财务报表之外，还提供了母公司财务报表，那么在其中期财务报告中除了应当提供合并财务报表之外，也应当提供母公司财务报表。

（三）比较财务报表编制要求

为了提高财务报表信息的可比性、相关性和有用性，企业在中期末除了编制中期末资产负债表、中期利润表和现金流量表之外，还应当提供前期比较财务报表。中期财务报告应当按照下列规定提供比较财务报表：

1. 本年期末的资产负债表和上年度末的资产负债表。

2. 本年中期的利润表、年初至本年期末的利润表以及上年度可比期间的利润表。其中，上年度可比期间的利润表包括上年度可比中期的利润表和上年度年初至上年可比中期末的利润表。

3. 年初至本中期末的现金流量表和上年度年初至上年可比中期末的现金流量表。

企业在中期财务报告中提供比较财务报表时，应当注意以下几个方面：(1) 企业在中期内按新准则规定，对财务报表项目进行了调整，则上年度比较财务报表项目及其金额应当按照本年度中期财务报表的要求进行重新分类，以确保其与本年度中期财务报表的相应信息相互可比。同时，企业还应当在附注中说明财务报表项目重新分类的原因及内容。如果企业因原始数据收集、整理或者记录等方面的原因，无法对比较财务报表中的有关项目及其金额进行重新分类，应当在附注中说明不能进行重新分类的原因。(2) 企业在中期内发生了会计政策变更的，其累积影响数能够合理确定且涉及本会计年度以前中期财务报表净损益和其他相关项目数字的，应当予以追溯调整，视同该会计政策在整个会计年度一贯采用；对于比较财务报表可比期间以前的会计政策变更的累积影响数，应当根据规定调整比较财务报表最早期间的期初留存收益，财务报表其他相关项目的数字也应当一并调整。同时，在附注中说明会计政策变更的性质、内容、原因及其影响数；无法追溯调整的，应当说明原因。(3) 对于在本年度中期内发生的调整以前年度损益事项，企业应当调整本年度财务报表相关项目的年初数，同时，中期财务报告中相应的比较财务报表也应当为已经调整以前年度损益后的报表。

(四) 中期财务报告的确认与计量

1. 中期财务报告的确认与计量的基本原则。

(1) 中期财务报告中各会计要素的确认和计量原则应当与年度财务报表所采用的原则相一致。即企业在中期根据所发生交易或者事项，对资产、负债、所有者权益（股东权益）、收入、费用和利润等各会计要素进行确认和计量时，应当符合相应会计要素定义和确认、计量标准，不能因为财务报告期间的缩短（相对于会计年度而言）而改变。

(2) 在编制中期财务报告时，中期会计计量应当以年初至本中期末为基础，财务报告的频率不应当影响年度结果的计量。也就是说，无论企业中期财务报告的频率是月度、季度还是半年度，企业中期会计计量的结果最终应当与年度财务报表中的会计计量结果相一致。为此，企业中期财务报表的计量应当以年初至本中期末为基础，即企业在中期应当以年初至本中期末作为中期会计计量的期间基础，而不应当以本中期作为会计计量的期间基础。

(3) 企业在中期不得随意变更会计政策，应当采用与年度财务报表相一致的会计政策。如果上年度资产负债表日之后按规定变更了会计政策，且该变更后的会计政策将在本年度财务报表中采用，则中期财务报表应当采用该变更后的会计政策。

对于会计估计变更，在同一会计年度内，以前中期财务报表项目在以后中期发生了会计估计变更的，以后中期财务报表应当反映该会计估计变更后的金额，但对以前中期财务报表项目金额不作调整。

2. 季节性、周期性或者偶然性取得的收入的确认和计量。

企业取得季节性、周期性或者偶然性收入，应当在发生时予以确认和计量，不应当在中期财务报表中预计或者递延,但会计年度末允许预计或者递延的除外。

3. 会计年度中不均匀发生的费用的确认与计量。

企业在会计年度中不均匀发生的费用,应当在发生时予以确认和计量,不应在中期财务报表中预提或者待摊,但会计年度末允许预提或者待摊的除外。通常情况下,与企业生产经营和管理活动有关的费用往往是在一个会计年度的各个中期内均匀发生的,各中期之间发生的费用不会有较大差异。但是,对于一些费用,如员工培训费等,往往集中在会计年度的个别中期内。对于这些会计年度中不均匀发生的费用,企业应当在发生时予以确认和计量,不应当在中期财务报表中予以预提或者待摊。也就是说,企业不应当为了使各中期之间收益的平滑而将这些费用在会计年度的各个中期之间进行分摊。如果会计年度内不均匀发生的费用在会计年度末允许预提或者待摊,则在中期末也允许预提或者待摊。

(五) 中期会计政策变更的处理

企业在中期发生了会计政策变更的,应当按照《企业会计准则第28号——会计政策、会计估计变更和差错更正》规定处理,并在财务报表附注中作相应披露。会计政策变更的累积影响数能够合理确定,且涉及本会计年度以前中期财务报表相关项目数字的,应当予以追溯调整,视同该会计政策在整个会计年度一贯采用;同时,上年度可比财务报表也应当作相应调整。除非国家规定了相关的会计处理方法,一般情况下,中期会计政策变更时,企业应当根据中期财务报告准则的要求,对以前年度比较财务报表最早期间的期初留存收益和比较财务报表其他相关项目的数字进行追溯调整;同时,涉及本会计年度内会计政策变更以前各中期财务报表相关项目数字的,也应当予以追溯调整,视同该会计政策在整个会计年度和可比财务报表期间一贯采用。反之,会计政策变更的累积影响数不能合理确定,以及不涉及本会计年度以前中期财务报表相关项目数字的,应当采用未来适用法。同时,在财务报表附注中说明会计政策变更的性质、内容、原因及其影响数,如果累积影响数不能合理确定的,也应当说明理由。

1. 会计政策变更发生在会计年度内第1季度的处理。

企业的会计政策变更发生在会计年度的第1季度,则企业除了计算会计政策变更的累积影响数并作相应的账务处理之外,在财务报表的列报方面,只需要根据变更后的会计政策编制第1季度和当年度以后季度财务报表,并对根据中期财务报告准则要求提供的以前年度比较财务报表最早期间的期初留存收益和比较财务报表的其他相关项目数字作相应调整。

在财务报表附注的披露方面,应当披露会计政策变更对以前年度的累积影响数(包括对比较财务报表最早期间期初留存收益的影响数和以前年度可比中期损益的影响数)和对第1季度损益的影响数,在当年度第1季度之后的其他季度财务报表附注中,则应当披露第1季度发生的会计政策变更对当季度损益的影响数和年初至本季度末损益的影响数。

2. 会计政策变更发生在会计年度内第1季度之外的其他季度的处理。

企业的会计政策变更发生在会计年度内第1季度之外的其他季度,如第2季度、第3季度等,其会计处理相对于会计政策变更发生在第1季度而言要复杂一些。企业除了应当计算会计政策变更的累积影响数并作相应的账务处理之外,在财务报表的列报方面,还需要调整以前年度比较财务报表最早期间的期初留存收益和比较财务报表其他相关项目的数字,以及在会计政策变更季度财务报告中或者变更以后季度财务报告中所涉及的本会计年度内发生会计政策变更之前季度财务报表相关项目的数字。

在附注披露方面,企业需要披露会计政策变更对以前年度的累积影响数,主要有:(1)对比较财务报表最早期间期初留存收益的影响数;(2)以前年度可比中期损益的影响数,包括可比季度损益的影响数和可比年初至季度末损益的影响数;(3)对当年度变更季度、年初至变更季度末损益的影响数;(4)当年度会计政策变更前各季度损益的影响数。此外,在发生会计政策变更以后季度财务报表附注中也需要作相应披露。

三、中期财务报告附注的编制要求

(一)中期财务报告附注编制的基本要求

1. 中期财务报告附注应当以年初至本中期末为基础披露。编制中期财务报告的目的是向报告使用者提供自上年度资产负债表日之后所发生的重要交易或者事项,因此,中期财务报告中的附注应当以"年初至本中期末"为基础进行编制,而不应当仅仅披露本中期所发生的重要交易或者事项。

2. 中期财务报告附注应当对自上年度资产负债表之后发生的重要的交易或者事项进行披露中期财务报告中的附注应当以年初至本中期末为基础编制,披露自上年度资产负债表日之后发生的,有助于理解企业财务状况、经营成果和现金流量变化情况的重要交易或者事项,此外,对于理解本中期财务状况、经营成果和现金流量有关的重要交易或者事项,也应当在附注中作相应披露。

(二)中期财务报告附注至少应当包括的内容

1. 中期财务报表所采用的会计政策与上年度财务报表相一致的声明。企业在中期会计政策发生变更的,应当说明会计政策变更的性质、内容、原因及其影响数;无法进行追溯调整的,应当说明原因。

2. 会计估计变更的内容、原因及其影响数;影响数不能确定,应当说明原因。

3. 前期差错的性质及其更正金额;无法进行追溯重述的,应当说明原因。

4. 企业经营的季节性或者周期性特征。

5. 存在控制关系的关联方发生变化的情况;关联方之间发生交易的,应当披露关联方关系的性质、交易类型和交易要素。

6. 合并财务报表的合并范围发生变化的情况。

7. 对性质特别或者金额异常的财务报表项目的说明。

8. 证券发行、回购和偿还情况。

9. 向所有者分配利润的情况,包括在中期内实施的利润分配和已提出或者已批准但尚未实施的利润分配情况。

10. 根据《企业会计准则第35号——分部报告》规定披露分部报告信息的,应当披露经营分部的分部收入与分部利润(亏损)。

11. 中期资产负债表日至中期财务报告批准报出日之间发生的非调整事项。

12. 上年度资产负债表日以后所发生的或有负债和或有资产的变化情况。

13. 企业结构变化情况，包括如企业合并，对被投资单位具有重大影响、共同控制或者控制的长期股权投资的购买或者处置，终止经营等。

14. 其他重大交易或者事项，包括重大的长期资产转让及其出售情况、重大的固定资产和无形资产取得情况、重大的研究和开发支出、重大的资产减值损失等。

企业在提供上述第 5 项和第 10 项有关关联方交易、分部收入与分部利润（亏损）信息时，应当同时提供本中期（或者本中期末）和本年度年初至本中期末的数据，以及上年度可比中期（或者可比期末）和上年度年初至上年可比中期末的比较数据。

本章思维导图

历年注会考题

准则链接

课后习题

课后习题答案

第十三章 或有事项

☞ **本章学习目的**

通过本章的学习，使学生对或有事项的特征、确认与计量有一个完整的了解。学习完本章内容后，学生应在理解或有事项基本概念的基础上，掌握或有事项具体应用的会计处理。

☞ **本章学习重点难点**

或有事项的特征　或有资产的确认与计量　或有事项的具体应用

第一节 或有事项概述

一、或有事项的概念和特征

企业在经营活动中有时会面临一些具有较大不确定性的经济事项，这些不确定事项对企业的财务状况和经营成果可能会产生较大的影响，其最终结果由某些未来事项的发生或不发生加以决定。例如，企业售出一批商品并对商品提供售后担保，承诺在商品发生质量问题时由企业无偿提供修理服务。销售商品并提供售后担保是企业过去发生的交易，由此形成的未来修理服务构成一项不确定事项，修理服务的费用是否会发生以及发生金额是多少将取决于未来是否发生修理请求以及修理工作量、费用等的大小。按照权责发生制原则，企业不能等到客户提出修理请求时，才确认因提供担保而发生的义务，而应当在资产负债表日对这一不确定事项作出判断，以决定是否在当期确认承担的修理义务。这种不确定事项在会计被称为或有事项。

或有事项，是指过去的交易或者事项形成的，其结果须由某些未来事项的发生或不发生才能决定的不确定事项。常见的或有事项包括：未决诉讼或未决仲裁、债务担保、产品质量保证（含产品安全保证）、亏损合同、重组义务、承诺、环境污染整治等。

或有事项具有以下特征：

（1）或有事项是因过去的交易或者事项形成的。或有事项作为一种不确定事项，是因企业过去的交易或者事项形成的。因过去的交易或者事项形成，是指或有事项的现存状况是过去交易或者事项引起的客观存在。例如，未决诉讼是企业因过去的经济行为导致起诉其他单位或被其他单位起诉，是现存的一种状况，而不是未来将要发生的事项。又如，产品质量保证是企业对已售出商品或已提供劳务的质量提供的保证，不是为尚未出售商品或尚未提供劳务的质量提供的保证。基于这一特征，未来可能发生的自然灾害、交通事故、经营亏损等事项,都不属于或有事项。

(2) 或有事项的结果具有不确定性。首先,或有事项的结果是否发生具有不确定性。例如,企业为其他单位提供债务担保,如果被担保方到期无力还款担保方将负连带责任,担保所引起的可能发生的连带责任构成或有事项。但是,担保方在债务到期时是否一定承担和履行连带责任,需要根据被担保方能否按时还款决定,其结果在担保协议达成时具有不确定性。又如,有些未决诉讼,被起诉的一方是否会败诉,在案件审理过程中是难以确定的,需要根据法院判决情况加以确定。其次,或有事项的结果预计将会发生,但发生的具体时间或金额具有不确定性。例如,某企业因生产排污治理不力并对周围环境造成污染而被起诉,如无特殊情况,该企业很可能败诉。但是,在诉讼成立时,该企业因败诉将支出多少金额,或者何时将发生这些支出,可能是难以确定的。

(3) 或有事项的结果须由未来事项决定。或有事项的结果只能由未来不确定事项的发生或不发生才能决定。或有事项对企业会产生有利影响还是不利影响,或虽已知是有利影响或不利影响,但影响有多大,在或有事项发生时是难以确定的。这种不确定性的消失,只能由未来不确定事项的发生或不发生才能证实。例如,企业为其他单位提供债务担保,该担保事项最终是否会要求企业履行偿还债务的连带责任,一般只能看被担保方的未来经营情况和偿债能力。如果被担保方经营情况和财务状况良好且有较好的信用,按期还款,那么企业将不需要履行该连带责任。只有在被担保方到期无力还款时,担保方才承担偿还债务的连带责任。

在会计处理过程中存在不确定性的事项并不都是或有事项,企业应按照或有事项的定义和特征进行判断。例如,对固定资产计提折旧虽然也涉及对固定资产预计净残值和使用寿命进行分析和判断,带有一定的不确定性,但是,固定资产折旧是已经发生的损耗,固定资产的原值是确定的,其价值最终会转移到成本或费用中也是确定的,该事项的结果是确定的,因此,对固定资产计提折旧不属于或有事项。

二、或有负债和或有资产

或有负债,是指过去的交易或事项形成的潜在义务,其存在须通过未来不确定事项的发生或不发生予以证实;或过去的交易或事项形成的现时义务,履行该义务不是很可能导致经济利益流出企业或该义务的金额不能可靠计量。

或有负债涉及两类义务:一类是潜在义务;另一类是现时义务。其中,潜在义务是指结果取决于不确定未来事项的可能义务。也就是说,潜在义务最终是否转变为现时义务,由某些未来不确定事项的发生或不发生才能决定。现时义务是指企业在现行条件下已承担的义务,该现时义务的履行不是很可能导致经济利益流出企业,或者该现时义务的金额不能可靠计量。例如,甲公司涉及一桩诉讼案,根据以往的审判案例推断,甲公司很可能要败诉。但法院尚未判决,甲公司无法根据经验判断未来将要承担多少赔偿金额,因此该现时义务的金额不能可靠计量,该诉讼案件即形成一项甲公司的或有负债。

履行或有事项相关义务导致经济利益流出的可能性,通常按照一定的概率区间加以判断。一般情况下,发生的概率分为以下几个层次:基本确定、很可能、可能、极小可能。其中,"基本确定"是指,发生的可能性大于95%但小于100%;"很可能"是指,发生的可能性大于50%但小于或等于95%；"可能"是指，发生的可能性大于5%但小于或等于50%；"极小可能"是指，发生的可能性大于0但小于或等于5%。

或有资产，是指过去的交易或者事项形成的潜在资产，其存在须通过未来不确定事项的发生或不发生予以证实。或有资产作为一种潜在资产，其结果具有较大的不确定性，只有随着经济情况的变化，通过某些未来不确定事项的发生或不发生才能证实其是否会形成企业真正的资产。

【例题13-1】甲企业向法院起诉乙企业侵犯了其专利权。法院尚未对该案件进行公开审理，甲企业是否胜诉尚难判断。

分析：对于甲企业而言，将来可能胜诉而获得的赔偿属于一项或有资产，但这项或有资产是否会转化为真正的资产，要根据法院的判决结果作出判断：

①如果终审判决结果是甲企业胜诉，那么这项或有资产就转化为甲企业的一项资产。

②如果终审判决结果是甲企业败诉，那么或有资产就消失了，更不可能形成甲企业的资产。

或有负债和或有资产不符合负债或资产的定义和确认条件，企业不应当确认或有负债和或有资产，而应当进行相应的披露。但是，影响或有负债和或有资产的多种因素处于不断变化之中，企业应当持续地对这些因素予以关注。随着时间的推移和事态的进展，或有负债对应的潜在义务可能转化为现时义务，原本不是很可能导致经济利益流出的现时义务也可能被证实将很可能导致企业流出经济利益，并且现时义务的金额也能够可靠计量。这时或有负债就转化为企业的负债，应当予以确认。或有资产也是一样，其对应的潜在资产最终是否能够流入企业会逐渐变得明确，如果某一时点企业基本确定能够收到这项潜在资产并且其金额能够可靠计量，则应当将其确认为企业的资产。

第二节　或有事项的确认和计量

一、或有事项的确认

或有事项形成的或有资产只有在企业基本确定能够收到的情况下，才转变为真正的资产，从而予以确认。与或有事项有关的义务应当在同时符合以下三个条件时确认为负债，作为预计负债进行确认和计量：（1）该义务是企业承担的现时义务；（2）履行该义务很可能导致经济利益流出企业；（3）该义务的金额能够可靠计量。

第一，该义务是企业承担的现时义务，即与或有事项相关的义务是在企业当前条件下已承担的义务，企业没有其他现实的选择，只能履行该现时义务。通常情况下，过去的交易或事项是否导致现时义务是比较明确的，但也存在极少情况，如法律诉讼，特定事项是否已发生或这些事项是否已产生了一项现时义务可能难以确定，企业应当考虑包括资产负债表日后所有可获得的证据、专家意见等，以此确定资产负债表日是否存在现时义务。如果据此判断，资产负债表日很可能存在现时义务，且符合预计负债确认条件的，应当确认一项负债；如果资产负债表日现时义务很可能不存在，企业应披露一项或有负债，除非含有经济利益的资源流出企业的可能性极小。

这里所指的义务包括法定义务和推定义务。法定义务，是指因合同、法规或其他司法解释等产生的义务，通常是企业在经济管理和经济协调中，依照经济法律、法规的规定必须履行的责任。例如，企业与其他企业签订购货合同产生的义务就属于法定义务。推定义务，是指因企业的特定行为而产生的义务。企业的"特定行为"，泛指企业以往的习惯做法、已公开的承诺或已公开宣布的经营政策。并且，由于以往的习惯做法，或通过这些承诺或公开的声明，企业向外界表明了它将承担特定的责任，从而使受影响的各方形成了其将履行那些责任的合理预期。

【**例题 13－2**】甲公司是一家化工企业，因扩大经营规模，到 A 国创办了一家分公司。假定 A 国尚未针对甲公司这类企业的生产经营可能产生的环境污染制定相关法律。

分析：由于 A 国尚未针对甲公司这类企业的生产经营可能产生的环境污染制定相关法律，因此甲公司的分公司对在 A 国生产经营可能产生的环境污染不承担法定义务。但是，甲公司为在 A 国树立良好的形象，自行向社会公告，宣称将对生产经营可能产生的环境污染进行治理。甲公司的分公司为此承担的义务就属于推定义务。

义务通常涉及指向的另一方，但很多时候没有必要知道义务指向的另一方的身份，实际上义务可能是对公众承担的。通常情况下，义务总是涉及对另一方的承诺，但是管理层或董事会的决定在资产负债表日并不一定形成推定义务，除非该决定在资产负债日之前已经以一种相当具体的方式传达给受影响的各方，使各方形成了企业将履行其责任的合理预期。

第二，履行该义务很可能导致经济利益流出企业。即履行与或有事项相关的现时义务时，导致经济利益流出企业的可能性超过 50%，但尚未达到基本确定的程度。企业因或有事项承担了现时义务，并不说明该现时义务很可能导致经济利益流出企业。

【**例题 13－3**】20×9 年 5 月 1 日，甲企业与乙企业签订协议，承诺为乙企业的两年期银行借款提供全额担保。对于甲企业而言，由于担保事项而承担了一项现时义务，但这项义务的履行是否很可能导致经济利益流出企业，需要依据乙企业的经营情况和财务状况等因素加以确定。假定 20×9 年末，乙企业的财务状况恶化，且没有迹象表明可能发生好转。

分析：该情况出现表明乙企业很可能违约，从而甲企业履行承担的现时义务将很可能导致经济利益流出企业。反之，如果乙企业财务状况良好，一般可以认定乙企业不会违约，从而甲企业履行承担的现时义务不是很可能导致经济利益流出。

存在很多类似义务，如产品保证或类似合同，履行时要求经济利益流出的可能性应通过总体考虑才能确定。对于某个项目而言，虽然经济利益流出的可能性较小，但包括该项目的该类义务很可能导致经济利益流出的，应当视同该项目义务很可能导致经济利益流出企业。

第三，该义务的金额能够可靠计量。即与或有事项相关的现时义务的金额能够合理估计。

由于或有事项具有不确定性，因或有事项产生的现时义务的金额也具有不确定性，需要估计。要对或有事项确认一项负债，相关现时义务的金额应当能够可靠估计。只有在其金额能够可靠估计，并同时满足其他两个条件时，企业才能加以确认。例如，乙股份有限公司涉及一起诉讼案，根据以往的审判结果判断，公司很可能败诉，相关的赔偿金额也可以估算出一个区间。此时，就可以认为该公司因未决诉讼承担的现时义务的金额能够可靠计量，如果同时满足其他两个条件，就可以将所形成的义务确认为一项负债。

预计负债应当与应付账款、应计项目等其他负债进行严格区分。因为与预计负债相关的未来支出的时间或金额具有一定的不确定性。应付账款是为已收到或已提供的、并已开出发票或已与供应商达成正式协议的货物或劳务支付的负债，应计项目是为已收到或已提供的、但还未支付、未开出发票或未与供应商达成正式协议的货物或劳务支付的负债，尽管有时需要估计应计项目的金额或时间，但是其不确定性通常远小于预计负债。应计项目经常作为应付账款和其他应付款的一部分进行列报，而预计负债则单独进行列报。

二、预计负债的计量

当与或有事项有关的义务符合确认为负债的条件时应当将其确认为预计负债，预计负债应当按照履行相关现时义务所需支出的最佳估计数进行初始计量。此外，企业清偿预计负债所需支出还可能从第三方或其他方获得补偿。因此，或有事项的计量主要涉及两个问题：一是最佳估计数的确定；二是预期可获得补偿的处理。

（一）最佳估计数的确定

预计负债应当按照履行相关现时义务所需支出的最佳估计数进行初始计量。最佳估计数的确定应当分别两种情况处理：

第一，所需支出存在一个连续范围（或区间，下同），且该范围内各种结果发生的可能性相同，则最佳估计数应当按照该范围内的中间值，即上下限金额的平均数确定。

第二，所需支出不存在一个连续范围，或者虽然存在一个连续范围，但该范围内各种结果发生的可能性不相同，那么，如果或有事项涉及单个项目，最佳估计数按照最可能发生金额确定；如果或有事项涉及多个项目，最佳估计数按照各种可能结果及相关概率计算确定。"涉及单个项目"指或有事项涉及的项目只有一个，如一项未决诉讼、一项未决仲裁或一项债务担保等。"涉及多个项目"指或有事项涉及的项目不止一个，如产品质量保证。在产品质量保证中，提出产品保修要求的可能有许多客户，相应地，企业对客户负有保修义务。

【例题13-4】20×9年10月2日，丁公司涉及一起诉讼案。20×9年12月31日，丁公司尚未接到法院的判决。

分析：在咨询了公司的法律顾问后，公司认为：胜诉的可能性为40%，败诉的可能性为60%。如果败诉，需要赔偿2,000,000元。此时，丁公司尚在资产负债表中确认的负债金额应为最可能发生的金额，即2,000,000元。

【例题13-5】乙公司是生产并销售X产品的企业，20×8年第一季度，共销售X产品60,000件，销售收入为360,000,000元。根据公司的产品质量保证条款，该产品售出后一年内，如发生正常质量问题，公司将负责免费维修。根据以前年度的维修记录，如果发生较小的质量问题，发生的维修费用为销售收入的1%；如果发生较大的质量问题，发生的维修费用为销售收入的2%。根据公司技术部门的预测，本季度销售的产品中，80%

不会发生质量问题；15%可能发生较小质量问题；5%可能发生较大质量问题。

分析：20×8年第一季度末，乙公司应在资产负债表中确认的负债金额为：360,000,000×（0×80%＋1%×15%＋2%×5%）＝900,000（元）

（二）预期可获得补偿的处理

如果企业清偿因或有事项而确认的负债所需支出全部或部分预期由第三方或其他方补偿，则此补偿金额只有在基本确定能收到时，才能作为资产单独确认，确认的补偿金额不能超过所确认负债的账面价值。预期可能获得补偿的情况通常有：发生交通事故等情况时，企业通常可从保险公司获得合理的赔偿；在某些索赔诉讼中，企业可对索赔人或第三方另行提出赔偿要求；在债务担保业务中，企业在履行担保义务的同时，通常可向被担保企业提出追偿要求。

企业预期从第三方获得的补偿，是一种潜在资产，其最终是否真的会转化为企业真正的资产（即，企业是否能够收到这项补偿）具有较大的不确定性，企业只能在基本确定能够收到补偿时才能对其进行确认。根据资产和负债不能随意抵销的原则，预期可获得的补偿在基本确定能够收到时应当确认为一项资产，而不能作为预计负债金额的扣减。

【例题13-6】20×9年12月31日，乙公司因或有事项而确认了一笔金额为1,000,000元的负债；同时，公司因该或有事项，基本确定可从甲公司获得400,000元的赔偿。

分析：乙公司应分别确认一项金额为1,000,000元的负债和一项金额为400,000元的资产，而不能只确认一项金额为600,000元（1,000,000－400,000）的负债。同时，公司所确认的补偿金额400,000元不能超过所确认的负债的账面价值1,000,000元。

（三）预计负债的计量需要考虑的其他因素

企业在确定最佳估计数时，应当综合考虑与或有事项有关的风险、不确定性、货币时间价值和未来事项等因素。

1. 风险和不确定性。

风险是对交易或事项结果的变化可能性的一种描述。企业在不确定的情况下进行判断需要谨慎，使收益或资产不会被高估，费用或负债不会被低估。企业应当充分考虑与或有事项有关的风险和不确定性，既不能忽略风险和不确定性对或有事项计量的影响，也需要避免对风险和不确定性进行重复调整，从而在低估和高估预计负债金额之间寻找平衡点。

2. 货币时间价值。

预计负债的金额通常应当等于未来应支付的金额。但是，因货币时间价值的影响，资产负债表日后不久发生的现金流出，要比一段时间之后发生的同样金额的现金流出负有更大的义务。因此，如果预计负债的确认时点距离实际清偿有较长的时间跨度，货币时间价值的影响重大，那么在确定预计负债的确认金额时，应考虑采用现值计量，即通过对相关未来现金流出进行折现后确定最佳估计数。

将未来现金流出折算为现值时，需要注意以下三点：

（1）用来计算现值的折现率，应当是反映货币时间价值的当前市场估计和相关负债特有风险的税前利率。

（2）风险和不确定性既可以在计量未来现金流出时作为调整因素，也可以在确定折现率时予以考虑，但不能重复反映。

（3）随着时间的推移，即使在未来现金流出和折现率均不改变的情况下，预计负债的现值将逐渐增长。企业应当在资产负债表日，对预计负债的现值进行重新计量。

3. 未来事项。

企业应当考虑可能影响履行现时义务所需金额的相关未来事项。也就是说，对于这些未来事项，如果有足够的客观证据表明它们将发生，如未来技术进步、相关法规出台等，则应当在预计负债计量中考虑相关未来事项的影响，但不应考虑预期处置相关资产形成的利得。

预期的未来事项可能对预计负债的计量较为重要。例如，某核电企业预计，在生产结束时清理核废料的费用将因未来技术的变化而显著降低。那么，该企业因此确认的预计负债金额应当反映有关专家对技术发展以及清理费用减少作出的合理预测，但是，这种预计需要取得相当客观的证据予以支持。

三、对预计负债账面价值的复核

企业应当在资产负债表日对预计负债的账面价值进行复核。有确凿证据表明该账面价值不能真实反映当前最佳估计数的，应当按照当前最佳估计数对该账面价值进行调整。

例如，某化工企业对环境造成了污染，按照当时的法律规定，只需要对污染进行清理。随着国家对环境保护越来越重视，按照现在的法律规定，该企业不但需要对污染进行清理，还很可能要对居民进行赔偿。这种法律要求的变化，会对企业预计负债的计量产生影响。企业应当在资产负债表日对此确认的预计负债金额进行复核，相关因素发生变化表明预计负债金额不再能反映真实情况时，需要按照当前情况下企业清理和赔偿支出的最佳估计数对预计负债的账面价值进行相应的调整。

第三节 或有事项会计的具体应用

一、未决诉讼或未决仲裁

诉讼，是指当事人不能通过协商解决争议，因而在人民法院起诉、应诉，请求人民法院通过审判程序解决纠纷的活动。诉讼尚未裁决之前，对于被告来说，可能形成一项或有负债或者预计负债；对于原告来说，则可能形成一项或有资产。

仲裁，是指经济法的各方当事人依照事先约定或事后达成的书面仲裁协议，共同选定仲裁机构并由其对争议依法作出具有约束力裁决的一种活动。作为当事人一方，仲裁的结果在仲裁决定公布以前是不确定的，会构成一项潜在义务或现时义务，或者潜在资产。

【例题 13-7】 20×8 年 11 月 1 日，乙公司因合同违约而被丁公司起诉。20×8 年 12 月 31 日，公司尚未接到法院的判决。丁公司预计，如无特殊情况很可能在诉讼中获胜，假定丁公司估计将来很可能获得赔偿金额 1,900,000 元。在咨询了公司的法律顾问后，乙公司认为最终的法律判决很可能对公司不利。假定乙公司预计将要支付的赔偿金额、诉讼费等费用为 1,600,000 元至 2,000,000 元之间的某一金额，而且这个区间内每个金额的可能性都大致相同，其中诉讼费为 30,000 元。

分析：丁公司不应当确认或有资产，而应在 20×8 年 12 月 31 日的报表附注中披露或有资产 1,900,000 元。

乙股份有限公司应在资产负债表中确认一项预计负债，金额为：

$(1,600,000 + 2,000,000) ÷ 2 = 1,800,000$（元）

同时，在 20×8 年 12 月 31 日的附注中进行披露。

乙公司的有关账务处理如下：

借：管理费用——诉讼费　　　　　　　　　　　　　　　　　　30,000
　　营业外支出　　　　　　　　　　　　　　　　　　　　　1,770,000
　　贷：预计负债——未决诉讼　　　　　　　　　　　　　　　1,800,000

应当注意的是，对于未决诉讼，企业当期实际发生的诉讼损失金额与已计提的相关预计负债之间的差额，应分别情况处理：

第一，企业在前期资产负债表日，依据当时实际情况和所掌握的证据合理预计了预计负债，应当将当期实际发生的诉讼损失金额与已计提的相关预计负债之间的差额，直接计入或冲减当期营业外支出。

第二，企业在前期资产负债表日，依据当时实际情况和所掌握的证据，原本应当能够合理估计诉讼损失，但企业所作的估计却与当时的事实严重不符（如未合理预计损失或不恰当地多计或少计损失），应当按照重大会计差错更正的方法进行处理。

第三，企业在前期资产负债表日，依据当时实际情况和所掌握的证据，确实无法合理预计诉讼损失，因而未确认预计负债，则在该项损失实际发生的当期，直接计入当期营业外支出。

第四，资产负债表日后至财务报告批准报出日之间发生的需要调整或说明的未决诉讼，按照资产负债表日后事项的有关规定进行会计处理。

二、债务担保

债务担保在企业中是较为普遍的现象。作为提供担保的一方，在被担保方无法履行合同的情况下，常常承担连带责任。从保护投资者、债权人的利益出发，客观、充分地反映企业因担保义务而承担的潜在风险是十分必要的。

【例题 13-8】甲公司是一家上市公司，甲公司持有乙公司 30% 的股权，将乙公司作为联营企业核算。甲公司于 2×14 年为乙公司向银行取得的 3 亿元贷款提供担保。2×17 年，乙公司因财务困难，未能按期履行还款付息义务，该贷款及担保形成诉讼事项，甲公司需要计提预计负债。丁公司是甲公司的控股股东，丁公司在 2×17 年年末出具承诺函，承诺甲公司如果因该贷款担保发生任何损失，丁公司将全部承担。至 2×17 年年末甲公司预计全部担保损失为 30,100 万元。

甲公司因为其对外担保行为形成的损失，从担保行为产生的合同权利义务关系来看，应该由甲公司承担，相应的损失应该计入甲公司的损益。丁公司作为控股股东代甲公司承

担担保损失,是控股股东对甲公司的捐赠,属于资本性投入,应该在收到时计入资本公积。甲公司2×17年年末会计处理:

借:营业外支出　　　　　　　　　　　　　　　　　　　　　　30,100
　　贷:预计负债　　　　　　　　　　　　　　　　　　　　　　　30,100

假定2×18年5月7日,银行要求甲公司担保发生的损失30,200万元,丁公司代甲公司实际支付该款项。

借:预计负债　　　　　　　　　　　　　　　　　　　　　　　30,100
　　营业外支出　　　　　　　　　　　　　　　　　　　　　　　　100
　　贷:资本公积　　　　　　　　　　　　　　　　　　　　　　　30,200

三、产品质量保证

产品质量保证,通常指销售商或制造商在销售产品或提供劳务后,对客户提供服务的一种承诺。在约定期内(或终身保修),若产品或劳务在正常使用过程中出现质量或与之相关的其他属于正常范围的问题,企业负有更换产品、免费或只收成本价进行修理等责任。为此,企业应当在符合确认条件的情况下,于销售成立时确认预计负债。

【例题13-9】2×20年年初,甲公司"预计负债——产品质量保证"科目余额为100万元。对购买其产品的消费者,甲公司作出如下承诺:产品售出后3年内如出现质量问题,甲公司免费负责保修。根据以前年度的该产品的维修记录,如果发生较小的质量问题,发生的维修费用为销售收入的1%;如果发生较大的质量问题,发生的维修费用为销售收入的2%。根据公司技术部门的预测,本年度销售的产品中,80%不会发生质量问题;15%可能发生较小质量问题;5%可能发生较大质量问题。甲公司2×20年实际发生的维修费为50万元(假定全部为职工薪酬)。2×20年销售产品10,000台,每台售价为3.6万元。

(1)实际发生维修费:

借:预计负债　　　　　　　　　　　　　　　　　　　　　　　　　50
　　贷:应付职工薪酬　　　　　　　　　　　　　　　　　　　　　　50

(2)2020年确认的产品质量保证金额=10,000×3.6×(1%×15%+2%×5%)=90(万元)。

借:销售费用　　　　　　　　　　　　　　　　　　　　　　　　　90
　　贷:预计负债　　　　　　　　　　　　　　　　　　　　　　　　90

(3)2×20年年末,"预计负债——产品质量保证"科目余额=100-50+90=140(万元)。

四、亏损合同

待执行合同变为亏损合同,同时该亏损合同产生的义务满足预计负债的确认条件的,应当确认为预计负债。其中,待执行合同,是指合同各方未履行任何合同义务,或部分履行了同等义务的合同。企业与其他企业签订的商品销售合同、劳务提供合同、租赁合同等,均属于待执行合同,待执行合同不属于或有事项。但是,待执行合同变为亏损合同的，应当作为或有事项。亏损合同，是指履行合同义务不可避免发生的成本超过预期经济利益的合同。预计负债的计量应当反映退出该合同的最低净成本，即履行该合同的成本与未能履行该合同而发生的补偿或处罚两者之中的较低者。企业与其他单位签订的商品销售合同、劳务合同、租赁合同等，均可能变为亏损合同。

企业对亏损合同进行会计处理，需要遵循以下两点原则：

第一，如果与亏损合同相关的义务不需支付任何补偿即可撤销，企业通常就不存在现时义务，不应确认预计负债；如果与亏损合同相关的义务不可撤销，企业就存在了现时义务，同时满足该义务很可能导致经济利益流出企业且金额能够可靠计量的，应当确认预计负债。

第二，待执行合同变为亏损合同时，合同存在标的资产的，应当对标的资产进行减值测试并按规定确认减值损失，在这种情况下，企业通常不需确认预计负债，如果预计亏损超过该减值损失，应将超过部分确认为预计负债；合同不存在标的资产的，亏损合同相关义务满足预计负债确认条件时，应当确认预计负债。

【例题13-10】 2×20年12月，丁公司与甲公司签订一份不可撤销合同，约定在2×21年2月以每件0.5万元的价格向甲公司销售1,000件Y产品；甲公司应预付定金200万元，若丁公司违约，双倍返还定金。丁公司2×20年将收到的定金200万元存入银行。2×20年12月31日，丁公司的库存中没有Y产品及生产该产品所需原材料。因原材料价格大幅上涨，丁公司预计每件Y产品的生产成本为0.8万元。

分析：丁公司每件预计成本0.8万元，每件售价0.5万元，待执行合同变为亏损合同。合同因其不存在标的资产，故应确认预计负债。

执行合同损失 = (0.8 - 0.5) × 1,000 = 300（万元）

不执行合同违约金损失 = 200（万元）

因此，选择不执行合同。

退出合同最低净成本 = 200（万元），确认预计负债：

借：营业外支出　　　　　　　　　　　　　　　　　　　　　　200
　　贷：预计负债　　　　　　　　　　　　　　　　　　　　　200

五、重组义务

（一）重组义务的确认

重组是指企业制定和控制的，将显著改变企业组织形式、经营范围或经营方式的计划实施行为。属于重组的事项主要包括：

1. 出售或终止企业的部分业务；
2. 对企业的组织结构进行较大调整；
3. 关闭企业的部分营业场所，或将营业活动由一个国家或地区迁移到其他国家或地区。

企业应当将重组与企业合并、债务重组区别开。因为重组通常是企业内部资源的调整和组合，谋求现有资产效能的最大化；企业合并是在不同企业之间的资本重组和规模扩张；而债务重组是债权人对债务人作出让步，债务人减轻债务负担，债权人尽可能减少损失。

企业因重组而承担了重组义务，并且同时满足预计负债的三项确认条件时，才能确认预计负债。

首先，同时存在下列情况的，表明企业承担了重组义务：第一，有详细、正式的重组计划，包括重组涉及的业务、主要地点、需要补偿的职工人数、预计重组支出、计划实施时间等；第二，该重组计划已对外公告。

其次，需要判断重组义务是否同时满足预计负债的三个确认条件，即判断其承担的重组义务是否是现时义务、履行重组义务是否很可能导致经济利益流出企业、重组义务的金额是否能够可靠计量。只有同时满足这三个确认条件，才能将重组义务确认为预计负债。

例如，某公司董事会决定关闭一个事业部。如果有关决定尚未传达到受影响的各方，也未采取任何措施实施该项决定，该公司就没有开始承担重组义务，不应确认预计负债；如果有关决定已经传达到受影响的各方，并使各方对企业将关闭事业部形成合理预期，通常表明企业开始承担重组义务，同时满足该义务很可能导致经济利益流出企业和金额能够可靠计量的，应当确认预计负债。

（二）重组义务的计量

企业应当按照与重组有关的直接支出确定预计负债金额，计入当期损益。其中，直接支出是企业重组必须承担的直接支出，不包括留用职工岗前培训、市场推广、新系统和营销网络投入等支出。

由于企业在计量预计负债时不应当考虑预期处置相关资产的利得或损失，在计量与重组义务相关的预计负债时，也不考虑处置相关资产（厂房、店面，有时是一个事业部整体）可能形成的利得或损失，即使资产的出售构成重组的一部分也是如此，这些利得或损失应当单独确认。

第四节　或有事项的列报

一、预计负债的列报

在资产负债表中，因或有事项而确认的负债（预计负债）应与其他负债项目区别开来，单独反映。如果企业因多项或有事项确认了预计负债，在资产负债表上一般只须通过"预计负债"项目进行总括反映。在将或有事项确认为负债的同时，应确认一项支出或费用。这项费用或支出在利润表中不应单列项目反映，而应与其他费用或支出项（如"销售费用""管理费用""营业外支出"等）合并反映。例如，企业因产品质量保证确认负债时所确认的费用，在利润表中应作为"销售费用"的组成部分予以反映；又如，企业因对其他单位提供债务担保确认负债时所确认的费用，在利润表中应作为"营业外支出"的组成部分予以反映。

同时，为了使会计报表使用者获得充分、详细的有关或有事项的信息，企业应在会计报表附注中披露以下内容：

第一，预计负债的种类、形成原因以及经济利益流出不确定性的说明；

第二，各类预计负债的期初、期末余额和本期变动情况；

第三，与预计负债有关的预期补偿金额和本期已确认的预期补偿金额。

二、或有负债的披露

或有负债无论作为潜在义务还是现时义务，均不符合负债的确认条件，因而不予确认。但是，除非或有负债极小可能导致经济利益流出企业，否则企业应当在附注中披露有关信息，具体包括：

第一，或有负债的种类及其形成原因，包括已贴现商业承兑汇票、未决诉讼、未决仲裁、对外提供担保等形成的或有负债。

第二，经济利益流出不确定性的说明。

第三，或有负债预计产生的财务影响，以及获得补偿的可能性；无法预计的，应当说明原因。

需要注意的是，在涉及未决诉讼、未决仲裁的情况下，如果披露全部或部分信息预期对企业会造成重大不利影响，企业无须披露这些信息，但应当披露该未决诉讼、未决仲裁的性质，以及没有披露这些信息的事实和原因。

三、或有资产的披露

或有资产作为一种潜在资产，不符合资产确认的条件，因而不予确认。企业通常不应当披露或有资产，但或有资产很可能会给企业带来经济利益的，应当披露其形成的原因、预计产生的财务影响等。

本章思维导图

历年注会考题

准则链接

课后习题

课后习题答案

第十四章 资产负债表日后事项

☞ **本章学习目的**

通过本章的学习,使学生对资产负债表日后事项的相关内容有一定的认识和理解。学习完本章内容后,学生应掌握资产负债表日后事项的定义、资产负债表日后事项涵盖的期间、资产负债表日后事项的内容的以及调整事项的会计处理等;熟悉非调整事项的会计处理。

☞ **本章学习重点难点**

资产负债表日后事项的定义　资产负债表日后事项涵盖的期间　资产负债表日后事项的内容　调整事项的会计处理

第一节　资产负债表日后事项概述

财务会计报告是反映企业某一特定日期(资产负债表日)财务状况和某一会计期间经营成果、现金流量等会计信息的文件。在实际工作中,某些交易或事项是在资产负债表日后、财务报告批准报出日之前发生的,这些交易或事项可能会对企业的财务状况、经营成果和现金流量产生重要影响,力使企业提供的会计信息更加准确、全面,便于报告使用者作出经济决策,需要对这些事项或交易进行认真分析,以确定是否需要调整报告期财务报表,或仅在附注中说明。

一、资产负债表日后事项的定义

资产负债表日后事项,是指资产负债表日至财务报告批准报出日之间发生的有利或不利事项。理解这一定义,需要注意以下方面。

(一) 资产负债表日

资产负债表日是指会计年度末和会计中期期末。中期是指短于一个完整的会计年度的报告期间,包括半年度、季度和月度。按照《会计法》规定,我国会计年度采用公历年度,即1月1日至12月31日。因此,年度资产负债表日是指每年的12月31日,中期资产负债表日是指各会计中期期末。例如,提供第一季度财务报告时,资产负债表日是该年度的3月31日;提供半年度财务报告时,资产负债表日是该年度的6月30日。

如果母公司或者子公司在国外,无论该母公司或子公司如何确定会计年度和会计中期,其向国内提供的财务报告都应根据我国《会计法》和会计准则的要求确定资产负债表日。

（二）财务报告批准报出日

财务报告批准报出日是指董事会或类似机构批准财务报告报出的日期，通常是指对财务报告的内容负有法律责任的单位或个人批准财务报告对外公布的日期。

财务报告的批准者包括所有者、所有者中的多数、董事会或类似的管理单位、部门和个人。根据《公司法》规定，董事会有权制订公司的年度财务预算方案、决算方案、利润分配方案和弥补亏损方案。因此，对于设置董事会的公司制企业，财务报告批准报出日是指董事会批准财务报告报出的日期。对于其他企业，财务报告批准报出日一般是指经理（厂长）会议或类似机构批准财务报告报出的日期。

（三）有利事项和不利事项

资产负债表日后事项包括有利事项和不利事项。"有利或不利事项"是指，资产负债表日后对企业财务状况、经营成果等具有一定影响（既包括有利影响也包括不利影响）的事项。如果某些事项的发生对企业并无任何影响，那么，这些事项既不是有利事项，也不是不利事项，也就不属于这里所说的资产负债表日后事项。

二、资产负债表日后事项涵盖的期间

资产负债表日后事项涵盖的期间是自资产负债表日次日起至财务报告批准报出日止的一段时间。对上市公司而言，这一期间内涉及几个日期，包括完成财务报告编制日、注册会计师出具审计报告日、董事会批准财务报告可以对外公布日、实际对外公布日等。具体而言，资产负债表日后事项涵盖的期间应当包括：报告期间下一期间的第一天至董事会或类似机构批准财务报告对外公布的日期。财务报告批准报出以后、实际报出之前又发生与资产负债表日或其后事项有关的事项，并由此影响财务报告对外公布日期的，应以董事会或类似机构再次批准财务报告对外公布的日期为截止日期。

三、资产负债表日后事项的内容

资产负债表日后事项包括资产负债表日后调整事项（以下简称调整事项）和资产负债表日后非调整事项（以下简称非调整事项）。

（一）调整事项

资产负债表日后调整事项，是指对资产负债表日已经存在的情况提供了新的或进一步证据的事项。如果资产负债表日及所属会计期间已经存在某种情况，但当时并不知道其存在或者不能知道确切结果，资产负债表日后发生的事项能够证实该情况的存在或者确切结果，则该事项属于资产负债表日后事项中的调整事项。如果资产负债表日后事项对资产负债表日的情况提供了进一步的证据，证据表明的情况与原来的估计和判断不完全一致，则需要对原来的会计处理进行调整。企业发生的调整事项，通常包括下列各项：（1）资产负债表日后诉讼案件结案，法院判决证实了企业在资产负债表日已经存在现时义务，需要调整原先确认的与该诉讼案件相关的预计负债，或确认一项新负债。（2）资产负债表日后取得确凿证据，表明某项资产在资产负债表日发生了减值或者需要调整该项资产原先确认的减值金额。(3) 资产负债表日后进一步确定了资产负债表日前购入资产的成本或售出资产的收入。(4) 资产负债表日后发现了财务报表舞弊或差错。

(二) 非调整事项

非调整事项，是指表明资产负债表日后发生的情况的事项。非调整事项的发生不影响资产负债表日企业的财务报表数字，只说明资产负债表日后发生了某些情况。对于财务报告使用者而言，非调整事项说明的情况有的重要，有的不重要。其中重要的非调整事项虽然不影响资产负债表日的财务报表数字，但可能影响资产负债表日以后的财务状况和经营成果，不加以说明将会影响财务报告使用者作出正确估计和决策。因此，需要适当披露。企业发生的非调整事项，通常包括资产负债表日后发生重大诉讼、仲裁、承诺，资产负债表日后资产价格、税收政策、外汇汇率发生重大变化等。

(三) 调整事项与非调整事项的区别

资产负债表日后发生的某一事项究竟是调整事项还是非调整事项，取决于该事项表明的情况在资产负债表日或资产负债表日以前是否已经存在。若该情况在资产负债表日或之前已经存在，则属于调整事项；反之，则属于非调整事项。这是因为，在会计期间假设下，调整事项虽然发生在资产负债表日的下一会计期间，但其指向的情况在资产负债表日已经存在，资产负债表日后所获得的证据只为资产负债表日已存在状况提供了进一步的证据，为便于真实、公允反映企业财务状况和经营成果，需要对资产负债表日的财务报表进行调整。

【例题 14-1】 甲公司 2019 年的财务报告于 2020 年 4 月 30 日批准报出，资产负债表日后事项的涵盖期间为：2020 年 1 月 1 日至 2020 年 4 月 30 日。甲公司 2019 年 10 月向乙公司销售商品一批，货款 1 亿元，货款至 2019 年 12 月 31 日货款尚未收到。

(1) 2019 年 12 月 31 日乙公司财务状况良好，甲公司预计应收账款可按时收回。乙公司 2020 年 2 月发生重大火灾，3 月 1 日得知导致甲公司 100% 的应收账款无法收回。

分析：发生重大火灾的事项表明的情况在 2×19 年 12 月 31 日或以前不存在，完全是 2×20 年 2 月才发生的情况。因此该事项属于非调整事项。

(2) 2019 年 12 月 31 日乙公司财务状况已出现财务危机，即 2019 年 12 月 31 日前发生火灾，甲公司估计对乙公司的应收账款将有 10% 无法收回，故按 10% 的比例计提坏账准备。2020 年 2 月 1 日甲公司接到通知，乙公司已被宣告破产清算，甲公司估计有 100% 的债权无法收回。

分析：发生重大火灾的事项表明的情况已经在 2×19 年 12 月 31 日或以前发生，资产负债表日后得以证实。因此该事项属于调整事项。

第二节　调整事项的会计处理

一、调整事项的处理原则

企业发生的调整事项，应当调整资产负债表日的财务报表。对于年度财务报告而言，由于资产负债表日后事项发生在报告年度的次年,报告年度的有关账目已经结转,特别是损益类科目在结账后已无余额。因此,年度资产负债表日后发生的调整事项,应具体分别以下情况进行处理:

1. 涉及损益的事项,通过"以前年度损益调整"科目核算。调整增加以前年度利润或调整减少以前年度亏损的事项,记入"以前年度损益调整"科目的贷方;调整减少以前年度利润或调整增加以前年度亏损的事项,记入"以前年度损益调整"科目的借方。

2. 涉及损益的调整事项,如果发生在该企业资产负债表日所属年度(即报告年度)所得税汇算清缴前的,应调整报告年度应纳税所得额、应纳所得税税额;发生在该企业报告年度所得税汇算清缴后的,应调整本年度(即报告年度的次年)应纳所得税税额。

3. 由于以前年度损益调整增加的所得税费用,记入"以前年度损益调整"科目的借方,同时贷记"应交税费——应交所得税"等科目;由于以前年度损益调整减少的所得税费用,记入"以前年度损益调整"科目的贷方,同时借记"应交税费——应交所得税"等科目。

调整完成后,将"以前年度损益调整"科目的贷方或借方余额,转入"利润分配——未分配利润"科目。

4. 涉及利润分配调整的事项,直接在"利润分配——未分配利润"科目核算。

5. 不涉及损益及利润分配的事项,调整相关科目。

通过上述账务处理后,还应同时调整财务报表相关项目的数字,包括:(1)资产负债表日编制的财务报表相关项目的期末数或本年发生数。(2)当期编制的财务报表相关项目的期初数或上年数。(3)经过上述调整后,如果涉及报表附注内容的,还应当作出相应的调整。

二、资产负债表日后调整事项的具体会计处理方法

1. 资产负债表日后诉讼案件结案,法院判决证实了企业在资产负债表日已经存在现时义务,需要调整原先确认的与该诉讼案件相关的预计负债,或确认一项新负债。这一事项是指导致诉讼的事项在资产负债表日已经发生,但尚不具备确认负债的条件而未确认,资产负债表日后至财务报告批准报出日之间获得了新的或进一步的证据(法院判决结果),表明符合负债的确认条件。因此,应在财务报告中确认为一项新负债;或者在资产负债表日虽已确认,但需要根据判决结果调整已确认负债的金额。

2. 资产负债表日后取得确凿证据,表明某项资产在资产负债表日发生了减值或者需要调整该项资产原先确认的减值金额。

这一事项是指在资产负债表,根据当时的资料判断某项资产可能发生了损失或减值,但没有最后确定是否会发生,因而按照当时的最佳估计金额反映在财务报表中。但在资产负债表日至财务报告批准报出日之间,所取得的确凿证据能证明该事实成立,即某项资产已经发生了损失或减值则应对资产负债表日所作的估计予以修正。

3. 资产负债表日后进一步确定了资产负债表日前购入资产的成本或售出资产的收入这类调整事项包括两个方面的内容:(1)若资产负债表日前购入的资产已经按暂估金额等入账,资产负债表日后获得证据,可以进一步确定该资产的成本,则应对已入账的资产成

本进行调整。（2）企业在资产负债表日已根据收入确认条件确认资产销售收入，但资产负债表日后获得关于资产收入的进一步证据，如发生销售退回等，此时也应调整财务报表相关项目的金额。需要说明的是，资产负债表日后发生的销售退回，既包括报告年度或报告中期销售的商品在资产负债表日后发生的销售退回，也包括以前期间销售的商品在资产负债表日后发生的销售退回。

资产负债表所属期间或以前期间所售商品在资产负债表日后退回的，应作为资产负债表日后调整事项处理。发生于资产负债表日后至财务报告批准报出日之间的销售退回事项，既可能发生于该企业年度所得税汇算清缴之前，也可能发生于该企业年度所得税汇算清缴之后，其会计处理分别为：

（1）涉及报告年度所属期间的销售退回发生于该企业报告年度所得税汇算清缴之前的，应调整报告年度利润表的收入、成本等，并相应调整报告年度的应纳税所得额以及报告年度应缴的所得税等。

（2）资产负债表日后事项中涉及报告年度所属期间的销售退回发生于该企业报告年度所得税汇算清缴之后，应调整报告年度会计报表的收入、成本等，但按照税法规定，在此期间的销售退回所涉及的应缴所得税，应作为本年的纳税调整事项。

【例题14-2】甲公司2×19年12月31日涉及一项担保诉讼案件，甲公司估计其败诉的可能性为70%，如败诉，赔偿金额很可能为本息和罚息500万元的80%。假定税法规定担保涉及的诉讼不得税前扣除。假定甲公司2×19年度的会计利润为10,000万元，2×20年2月13日法院作出判决，甲公司支付赔偿405万元，甲公司不再上诉，赔偿已经支付。

（1）A公司在2×19年末应编制的会计分录：

借：营业外支出　　　　　　　　　　　　　　　　　　　400
　　贷：预计负债　　　　　　　　　　　　　　　　　　　　　400
借：所得税费用　　　　　　　　　　　　　　　　　　2,600
　　贷：应交税费——应交所得税　　　　　　　　　　　　　2,600

（2）A公司在2×20年应编制的会计分录：

借：以前年度损益调整——调整营业外支出　　　　　　　　5
　　预计负债　　　　　　　　　　　　　　　　　　　400
　　贷：其他应付款　　　　　　　　　　　　　　　　　　　405
借：其他应付款　　　　　　　　　　　　　　　　　　　405
　　贷：银行存款　　　　　　　　　　　　　　　　　　　　405

第三节　非调整事项的会计处理

一、非调整事项的处理原则

资产负债表日后发生的非调整事项，是表明资产负债表日后发生的情况的事项，与资产负债表日存在状况无关,不应当调整资产负债表日的财务报表。但有的非调整事项对财务报告使用者具有重大影响,如不加以说明,将不利于财务报告使用者作出正确估计和决策。因此,应在附注中进行披露。

二、非调整事项的具体会计处理办法

资产负债表日后发生的非调整事项,应当在报表附注中披露每项重要的资产负债表日后非调整事项的性质、内容及其对财务状况和经营成果的影响。无法作出估计的,应当说明原因。

资产负债表日后非调整事项的主要例子有:

(一)资产负债表日后发生重大诉讼、仲裁和承诺

资产负债表日后发生的重大诉讼等事项,对企业影响较大,为防止误导投资者及其他财务报告使用者,应当在报表附注中披露。

(二)资产负债表日后资产价格、税收政策、外汇汇率发生重大变化

资产负债表日后发生的资产价格、税收政策和外汇汇率的重大变化,虽然不会影响资产负债表日财务报表相关项目的数据,但对企业资产负债表日后期间的财务状况和经营成果有重大影响,应当在报表附注中予以披露,如发电企业资产负债表日后发生的上网电价的调整。

(三)资产负债表日后因自然灾害导致资产发生重大损失

(四)资产负债表日后发行股票和债券以及其他巨额举债

企业发行股票、债券以及向银行或非银行金融机构举借巨额债务都是比较重大的事项,虽然这一事项与企业资产负债表日的存在状况无关,但这一事项的披露能使财务报告使用者了解与此有关的情况及可能带来的影响。因此,应当在报表附注中进行披露。

(五)资产负债表日后资本公积转增资本

企业以资本公积转增资本将会改变企业的资本(或股本)结构,影响较大,应当在报表附注中进行披露。

(六)资产负债表日后发生巨额亏损

企业资产负债表日后发生巨额亏损将会对企业报告期以后的财务状况和经营成果产生重大影响,应当在报表附注中及时披露该事项,以便为投资者或其他财务报告使用者作出正确决策提供信息。

（七）资产负债表日后发生企业合并或处置子公司

企业合并或者处置子公司的行为可以影响股权结构、经营范围等方面，对企业未来的生产经营活动能产生重大影响，应当在报表附注中进行披露。

（八）资产负债表日后，企业利润分配方案中拟分配的以及经审议批准宣告发放的现金股利或利润

资产负债表日后，企业制订利润分配方案，拟分配或经审议批准宣告发放现金股利或利润的行为，并不会导致企业在资产负债表日形成现时义务，虽然该事项的发生可导致企业负有支付股利或利润的义务，但支付义务在资产负债表日尚不存在，不应该调整资产负债表日的财务报告。因此，该事项为非调整事项。但为便于财务报告使用者更充分地了解相关信息，企业需要在财务报告中适当披露该信息。

【例题14-3】丁公司与2×20年12月实现净利润20,000万元，2×21年1月亏损30,000万元。

分析：丁公司资产负债表日后发生巨额亏损与丁公司资产负债表日存在状况无关，不应当调整丁公司资产负债表日的财务报表。但将会对丁公司报告期以后的财务状况和经营成果产生重大影响，应当在报表附注中及时披露该事项，以便为投资者或其他财务报告使用者作出正确决策提供信息。因此属于非调整事项。

【例题14-4】2×19年丁公司销售商品货款3,000万元未收到，2×20年3月份得知购买方甲公司在2×20年2月份发生火灾，整个企业被烧，已经全面进入破产清算阶段。

分析：由于该事项不影响2×19年的财务状况，但它是日后发生的重大事项，故应该在报表附注中披露。因此属于非调整事项。

本章思维导图

历年注会考题

准则链接

课后习题

课后习题答案

第十五章 会计政策、会计估计及其变更和差错更正

☞ **本章学习目的**

通过本章的学习,使学生理解会计政策、会计估计为什么会变更和前期差错产生的原因。掌握会计政策变更的含义、内容及会计处理,掌握会计估计变更的含义、内容及会计处理,掌握会计差错更正的处理方法。

☞ **本章学习重点难点**

会计政策变更和会计估计变更的区分　会计政策变更的会计处理　会计估计变更的会计处理　会计差错更正的会计处理

第一节　会计政策及其变更概述

一、会计政策的概述

会计政策,是指企业在会计确认、计量和报告中所采用的原则、基础和会计处理方法。其中,原则是指按照企业会计准则规定的、适合企业会计核算的具体会计原则;基础是指为了将会计原则应用于交易或者事项而采用的基础,如计量基础(即计量属性),包括历史成本、重置成本、可变现净值、现值和公允价值等;会计处理方法是指企业在会计核算中按照法律、行政法规或者国家统一的会计制度等规定采用或者选择的、适合本企业的具体会计处理方法。会计政策具有以下特点:

第一,会计政策的选择性。会计政策是在允许的会计原则、计量基础和会计处理方法中作出指定或具体选择。由于企业经济业务的复杂性和多样化,某些经济业务在符合会计原则和计量基础的要求下,可以有多种会计处理方法,即存在不止一种可供选择的会计政策。例如,确定发出存货的实际成本时可以在先进先出法、加权平均法或者个别计价法中进行选择。

第二,会计政策应当在会计准则规定的范围内选择。在我国,会计准则和会计制度属于行政法规,会计政策所包括的具体会计原则、计量基础和具体会计处理方法由会计准则或会计制度规定,具有一定的强制性。企业必须在法规所允许的范围内选择适合本企业实际情况的会计政策,即企业在发生某项经济业务时,必须从允许的会计原则、计量基础和会计处理方法中选择出适合本企业特点的会计政策。

第三,会计政策的层次性。会计政策包括会计原则、计量基础和会计处理方法三个层

次。例如,《企业会计准则第13号——或有事项》规定的以该义务是企业承担的现时义务、履行该义务很可能导致经济利益流出企业、该义务的金额能够可靠计量作为预计负债的确认条件就是确认预计负债时要遵循的会计原则;会计基础是为将会计原则体现在会计核算中而采用的计量基础,例如,《企业会计准则第8号——资产减值》中涉及十五章会计政策、会计估计及其变更和差错更正的公允价值就是计量基础;这些就是会计处理方法。会计原则、计量基础和会计处理方法三者是一个具有逻辑性的、密不可分的整体,通过这个整体,会计政策才能得以应用和落实。

企业应当披露采用的重要会计政策,不具有重要性的会计政策可以不予披露。判断会计政策是否重要,应当考虑与会计政策相关的项目的性质和金额。企业应当披露的重要会计政策主要包括:

(1) 发出存货成本的计量,是指企业确定发出存货成本所采用的会计处理。例如,企业发出存货成本的计量是采用先进先出法,还是采用其他计量方法。

(2) 长期股权投资的后续计量,是指企业取得长期股权投资后的会计处理。例如,企业对被投资单位的长期股权投资是采用成本法,还是采用权益法核算。

(3) 投资性房地产的后续计量,是指企业在资产负债表日对投资性房地产进行后续计量所采用的计量方法。例如,企业对投资性房地产的后续计量是采用成本模式,还是采用公允价值模式。

(4) 固定资产的初始计量,是指对取得的固定资产初始成本的计量。例如,企业取得的固定资产初始成本是以购买价款,还是以购买价款的现值为基础进行计量。

(5) 生物资产的初始计量,是指对取得的生物资产初始成本的计量。例如,企业为取得生物资产而产生的借款费用,是予以资本化,还是计入当期损益。

(6) 无形资产的确认,是指对无形项目的支出是否确认为无形资产。例如,企业内部研究开发项目开发阶段的支出是确认为无形资产,还是在发生时计入当期损益。

(7) 非货币性资产交换的计量,是指非货币性资产交换事项中对换入资产成本的计量。例如,非货币性资产交换是以换出资产的公允价值作为确定换入资产成本的基础,还是以换出资产的账面价值作为确定换入资产成本的基础。

(8) 借款费用的处理,是指借款费用的会计处理方法,即采用资本化,还是采用费用化。

(9) 合并政策,是指编制合并财务报表所采用的原则。例如,母公司与子公司的会计年度不一致的处理原则、合并范围的确定原则等。

二、会计政策变更的概述

会计政策变更,是指企业对相同的交易或者事项由原来采用的会计政策改用另一会计政策的行为。为保证会计信息的可比性,使财务报表使用者在比较企业一个以上期间的财务报表时,能够正确判断企业的财务状况、经营成果和现金流量的趋势。一般情况下,企业采用的会计政策,在每一会计期间和前后各期应当保持一致,不得随意变更。否则,势必会削弱会计信息的可比性。但是,在下述两种情形下,企业可以变更会计政策。

第一,法律、行政法规或者国家统一的会计制度等要求变更。这种情况是指,按照法律、行政法规以及国家统一的会计制度的规定，要求企业采用新的会计政策，则企业应当按照法律、行政法规以及国家统一的会计制度的规定改变原会计政策，按照新的会计政策执行。例如，《企业会计准则第1号——存货》对发出存货实际成本的计价排除了后进先出法，这就要求执行企业会计准则体系的企业按照新规定，将原来以后进先出法核算发出存货成本改为准则规定可以采用的其他发出存货成本计价方法。第二，会计政策变更能够提供更可靠、更相关的会计信息。由于经济环境、客观情况的改变，使企业原采用的会计政策所提供的会计信息，不能恰当地反映企业的财务状况、经营成果和现金流量等情况。在这种情况下，应改变原有会计政策，按变更后新的会计政策进行会计处理，以便对外提供更可靠、更相关的会计信息。例如，企业一直采用成本模式对投资性房地产进行后续计量，如果企业能够从房地产交易市场上持续地取得同类或类似房地产的市场价格及其他相关信息，从而能够对投资性房地产的公允价值作出合理的估计，此时，企业可以将投资性房地产的后续计量方法由成本模式变更为公允价值模式。

对会计政策变更的认定，直接影响会计处理方法的选择。因此，在会计实务中，企业应当正确认定属于会计政策变更的情形。下列两种情况不属于会计政策变更：第一，本期发生的交易或者事项与以前相比具有本质差别而采用新的会计政策。这是因为，会计政策是针对特定类型的交易或事项，如果发生的交易或事项与其他交易或事项有本质区别，那么，企业实际上是为新的交易或事项选择适当的会计政策，并没有改变原有的会计政策。例如，将自用的办公楼改为出租，不属于会计政策变更，而是采用新的会计政策。第二，对初次发生的或不重要的交易或者事项采用新的会计政策。对初次发生的某类交易或事项采用适当的会计政策，并未改变原有的会计政策。例如，企业原在生产经营过程中使用少量的低值易耗品，并且价值较低，故企业在领用低值易耗品时一次计入费用；该企业于近期投产新产品，所需低值易耗品比较多，且价值较大，企业对领用的低值易耗品处理方法改为五五摊销法。该企业低值易耗品在企业生产经营中所占的费用比例并不大，改变低值易耗品处理方法后，对损益的影响也不大，属于不重要的事项，会计政策在这种情况下的改变不属于会计政策变更。

第二节　会计估计及其变更的概述

一、会计估计的概述

会计估计，是指企业对结果不确定的交易或者事项以最近可利用的信息为基础所作的判断。会计估计具有如下特点：

第一，会计估计的存在是由于经济活动中内在的不确定性因素的影响。在会计核算中，企业总是力求保持会计核算的准确性，但有些经济业务本身具有不确定性。例如，坏账、固定资产折旧年限、固定资产残余价值、无形资产摊销年限等，因而需要根据经验作出估计。

第二，进行会计估计时，往往以最近可利用的信息或资料为基础。企业在会计核算中，由于经营活动中内在的不确定性，不得不经常进行估计。一些估计的主要目的是确定资产或负债的账面价值，如坏账准备、担保责任引起的负债；另一些估计的主要目的是确定将在某一期间记录的收益或费用的金额，如某一期间的折旧、摊销的金额。企业在进行会计估计时，通常应根据当时的情况和经验，以一定的信息或资料为基础进行。但是，随着时间的推移、环境的变化，进行会计估计的基础可能会发生变化，因此，进行会计估计所依据的信息或者资料不得不经常发生变化。由于最新的信息是最接近目标的信息，以其为基础所作的估计最接近实际，因而进行会计估计的，应以最近可利用的信息或资料为基础。

第三，进行会计估计并不会削弱会计确认和计量的可靠性。企业为了定期、及时地提供有用的会计信息，将延续不断的经营活动人为地划分为一定的期间，并在权责发生制的基础上对企业的财务状况和经营成果进行定期确认和计量。例如，在会计分期的情况下，许多企业的交易跨越若干会计年度，以至于需要在一定程度上作出决定：某一年度发生的开支，哪些可以合理地预期能够产生其他年度以收益形式表示的利益，从而全部或部分向后递延，哪些可以合理地预期在当期能够得到补偿，从而确认为费用。由于会计分期和货币计量的前提，在确认和计量过程中，不得不对许多尚在延续中、其结果尚未确定的交易或事项予以估计入账。企业应当披露重要的会计估计，不具有重要性的会计估计可以不披露。判断会计估计是否重要，应当考虑与会计估计相关项目的性质和金额。企业应当披露的重要会计估计包括：

（1）存货可变现净值的确定。

（2）采用公允价值模式下的投资性房地产公允价值的确定。

（3）固定资产的预计使用寿命与净残值；固定资产的折旧方法。

（4）生产性生物资产的预计使用寿命与净残值；各类生产性生物资产的折旧方法。

（5）使用寿命有限的无形资产的预计使用寿命与净残值。

（6）可收回金额按照资产组的公允价值减去处置费用后的净额确定的，确定公允价值减去处置费用后的净额的方法。可收回金额按照资产组预计未来现金流量的现值确定的，预计未来现金流量的确定。

（7）合同完工进度的确定。

（8）权益工具公允价值的确定。

（9）债务人债务重组中转让的非现金资产的公允价值、由债务转成的股份的公允价值和修改其他债务条件后债务的公允价值的确定债权人债务重组中受让的非现金资产的公允价值、由债权转成的股份的公允价值和修改其他债务条件后债权的公允价值的确定。

（10）预计负债初始计量的最佳估计数的确定。

（11）金融资产公允价值的确定。

（12）探明矿区权益、井及相关设施的折耗方法；与油气开采活动相关的辅助设备及设施的折旧方法。

（13）非同一控制下企业合并成本的公允价值的确定。

（14）其他重要的会计估计。

二、会计估计变更的概述

会计估计变更，是指由于资产和负债的当前状况及预期经济利益和义务发生了变化，从而对资产或负债的账面价值或者资产的定期消耗金额进行调整。由于企业经营活动中内在的不确定因素，许多财务报表项目不能准确地计量，只能进行估计，估计过程涉及以最近可以得到的信息为基础所作的判断。但是，估计毕竟是就现有资料对未来所作的判断，随着时间的推移，如果赖以进行估计的基础发生变化，或者取得了新的信息、积累了更多的经验或后来的发展可能不得不对估计进行修正，但会计估计变更的依据应当真实、可靠。会计估计变更的情形包括：

第一，赖以进行估计的基础发生了变化。企业进行会计估计，总是依赖于一定的基础。如果其所依赖的基础发生了变化，则会计估计也应相应发生变化。例如，企业的某项无形资产摊销年限原定为10年，以后发生的情况表明，该资产的受益年限已不足10年，而相应调减摊销年限。

第二，取得了新的信息、积累了更多的经验。企业进行会计估计是就现有资料对未来所作的判断，随着时间的推移，企业有可能取得新的信息、积累更多的经验，在这种情况下，企业可能不得不对会计估计进行修正，即发生会计估计变更。例如，企业原根据当时能够得到的信息，对应收账款每年按其余额的5%计提坏账准备。现在掌握了新的信息，判定不能收回的应收账款比例已达15%，企业改按15%的比例计提坏账准备。

会计估计变更，并不意味着以前期间会计估计是错误的，只是由于情况发生变化，或者掌握了新的信息，积累了更多的经验，使变更会计估计能够更好地反映企业的财务状况和经营成果。如果以前期间的会计估计是错误的，则属于前期差错，按前期差错更正的会计处理方法进行处理。

第三节　会计政策与会计估计及其变更的划分

企业应当在符合我国现行会计准则、制度和其他相关法律法规要求的前提下，以一贯性、适用性和成本效益原则为基础，正确选择和确定本企业采用的会计政策与会计估计，并正确划分会计政策变更与会计估计变更，按照不同的方法进行相关会计处理。企业应当以变更事项的会计确认、计量基础和列报项目是否发生变更作为判断该变更是会计政策变更还是会计估计变更的划分基础。

（1）以会计确认是否发生变更作为判断基础。《企业会计准则——基本准则》规定了资产、负债、所有者权益、收入、费用和利润六项会计要素的确认标准，是会计处理的首要环节。一般地，对会计确认的指定或选择是会计政策，其相应的变更是会计政策变更。会计确认的变更一般会引起列报项目的变更。例如，企业在前期将某项内部研究开发项目开发阶段的支出计入当期损益，而当期按照《企业会计准则第6号——无形资产》的规定，该项支出符合无形资产的确认条件，应当确认为无形资产。该事项的会计确认发生变更，即前期将研发费用确认为一项费用，而当期将其确认为一项资产。该事项中会计确认发生了变化，所以该变更是会计政策变更。

（2）以计量基础是否发生变更作为判断基础。《企业会计准则——基本准则》规定了历史成本、重置成本、可变现净值、现值和公允价值五项会计计量属性，是会计处理的计量基础。一般地，对计量基础的指定或选择是会计政策，其相应的变更是会计政策变更。例如，企业在前期对购入的价款超过正常信用条件延期支付的固定资产初始计量采用历史成本，而当期按照《企业会计准则第4号——固定资产》的规定，该类固定资产的初始成本应以购买价款的现值为基础确定。该事项的计量基础发生了变化，所以该变更是会计政策变更。

（3）以列报项目是否发生变更作为判断基础。《企业会计准则第30号——财务报表列报》规定了财务报表项目应采用的列报原则。一般地，对列报项目的指定或选择是会计政策，其相应的变更是会计政策变更。例如，某商业企业在前期按原会计准则规定将商品采购费用列入营业费用，当期根据新发布的《企业会计准则第1号——存货》的规定，将采购费用列入存货成本。因为列报项目发生了变化，所以该变更是会计政策变更。

（4）根据会计确认、计量基础和列报项目所选择的、为取得与资产负债表项目有关的金额或数值（如预计使用寿命、净残值等）所采用的处理方法，不是会计政策，而是会计估计，其相应的变更是会计估计变更。例如，企业需要对某项资产采用公允价值进行计量，而公允价值的确定需要根据市场情况选择不同的处理方法。相应地，当企业面对的市场情况发生变化时，其采用的确定公允价值的方法变更是会计估计变更，不是会计政策变更。

企业可以采用以下具体方法划分会计政策变更与会计估计变更：分析并判断该事项是否涉及会计确认、计量基础选择或列报项目的变更，当至少涉及上述一项划分基础变更时，该事项是会计政策变更；不涉及上述划分基础变更时，该事项可以判断为会计估计变更。例如，企业在前期按原会计准则规定将购建固定资产相关的一般借款利息计入当期损益，当期根据新的会计准则的规定，将其予以资本化，企业因此将对该事项进行变更。该事项的计量基础未发生变更，即都是以历史成本作为计量基础；该事项的会计确认发生变更，即前期将借款费用确认为一项费用，而当期将其确认为一项资产；同时，会计确认的变更导致该事项在资产负债表和利润表相关项目的列报也发生变更。该事项涉及会计确认和列报的变更，所以属于会计政策变更。又如，企业原采用双倍余额递减法计提固定资产折旧，根据固定资产使用的实际情况，企业决定改用直线法计提固定资产折旧。该事项前后采用的两种计提折旧的方法都是以历史成本作为计量基础，对该事项的会计确认和列报项目也未发生变更，只是固定资产折旧、固定资产净值等相关金额发生了变化。因此，该事项属于会计估计变更。

第四节　会计政策和会计估计变更的会计处理

一、会计政策变更的会计处理

发生会计政策变更时，有两种会计处理方法，即追溯调整法和未来适用法，两种方法适用于不同情形。

(一) 追溯调整法

追溯调整法,是指对某项交易或事项变更会计政策,视同该项交易或事项初次发生时即采用变更后的会计政策,并以此对财务报表相关项目进行调整的方法。采用追溯调整法时,对于比较财务报表期间的会计政策变更,应调整各期间净损益各项目和财务报表其他相关项目,视同该政策在比较财务报表期间一直采用。对于比较财务报表可比期间以前的会计政策变更的累积影响数,应调整比较财务报表最早期间的期初留存收益,财务报表其他相关项目的数字也应一并调整。追溯调整法通常由以下步骤构成:

第一步,计算会计政策变更的累积影响数;

第二步,编制相关项目的调整分录;

第三步,调整列报前期财务报表相关项目及其金额;

第四步,附注说明。

其中,会计政策变更累积影响数,是指按照变更后的会计政策对以前各期追溯计算的列报前期最早期初留存收益应有金额与现有金额之间的差额。根据上述定义的表述,会计政策变更的累积影响数可以分解为以下两个金额之间的差额:

(1) 在变更会计政策当期,按变更后的会计政策对以前各期追溯计算,所得到的列报前期最早期初留存收益金额。

(2) 在变更会计政策当期,列报前期最早期初留存收益金额。上述留存收益金额,包括盈余公积和未分配利润等项目,不考虑由于损益的变化而应当补分的利润或股利。例如,由于会计政策变化,增加了以前期间可供分配的利润,该企业通常按净利润的20%分派股利。但在计算调整会计政策变更当期期初的留存收益时,不应当考虑由于以前期间净利润的变化而需要分派的股利。

在财务报表只提供列报项目上一个可比会计期间比较数据的情况下,上述第(2)项,在变更会计政策当期,列报前期最早期初留存收益金额,即为上期资产负债表所反映的期初留存收益,可以从上年资产负债表项目中获得;需要计算确定的是第(1)项,即按变更后的会计政策对以前各期追溯计算,所得到的上期期初留存收益金额。累积影响数通常可以通过以下步骤计算获得:

(1) 根据新会计政策重新计算受影响的前期交易或事项;

(2) 计算两种会计政策下的差异;

(3) 计算差异的所得税影响金额;

(4) 确定前期中的每一期的税后差异;

(5) 计算会计政策变更的累积影响数。

需要注意的是,对以前年度损益进行追溯调整或财务报表追溯重述的,应当重新计算各列报期间的每股收益。

【例题15-1】甲公司20×5年、20×6年分别以4,500,000元和1,100,000元的价格从股票市场购入A、B两只以交易为目的的股票(假设不考虑购入股票发生的交易费用),市价一直高于购入成本。公司采用成本与市价孰低法对购入股票进行计量。公司从20×7年起对其以交易为目的购入的股票由成本与市价孰低改为公允价值计量,公司保存的会计资料比较齐备,可以通过会计资料追溯计算。假设所得税税率为25%,公司按净利润的

10%提取法定盈余公积,按净利润的5%提取任意盈余公积。公司发行普通股4,500万股,未发行任何稀释性潜在普通股。两种方法计量的交易性金融资产账面价值如表15-1所示。

表15-1　　　　两种方法计量的交易性金融资产账面价值　　　　　　单位:元

	成本与市价孰低	20×5年年末公允价值	20×6年年末公允价值
A股票	4,500,000	5,100,000	5,100,000
B股票	1,100,000	—	1,300,000

根据上述资料,甲公司的会计处理如下:

1. 计算改变交易性金融资产计量方法后的累积影响数(见表15-2)。

表15-2　　　　改变交易性金融资产计量方法后的累积影响数　　　　　　单位:元

时间	公允价值	成本与市价孰低	税前差异	所得税影响	税后差异
20×5年年末	5,100,000	4,500,000	600,000	150,000	450,000
20×6年年末	1,300,000	1,100,000	200,000	50,000	150,000
合计	6,400,000	5,600,000	800,000	200,000	600,000

分析:甲公司20×7年12月31日的比较财务报表列报前期最早期初为20×6年1月1日。甲公司在20×5年年末按公允价值计量的账面价值为5,100,000元,按成本与市价孰低计量的账面价值为4,500,000元,两者的所得税影响合计为150,000元,两者差异的税后净影响额为450,000元,即为该公司20×6年期初由成本与市价孰低计量改为公允价值计量的累积影响数。甲公司在20×6年年末按公允价值计量的账面价值为6,400,000元,按成本与市价孰低计量的账面价值为5,600,000元,两者的所得税影响合计为200,000元,两者差异的税后净影响额为600,000元,其中,450,000元是调整20×6年累积影响数,150,000元是调整20×6年当期金额。甲公司按照公允价值重新计量20×6年年末B股票账面价值,其结果为公允价值变动收益少计了200,000元,所得税费用少计了50,000元,净利润少计了150,000元。

2. 编制有关项目的调整分录。

(1) 对20×5年有关事项的调整分录:

①调整会计政策变更累积影响数:

借:交易性金融资产——公允价值变动　　　　　　　　　600,000
　　贷:利润分配——未分配利润　　　　　　　　　　　　　　450,000
　　　　递延所得税负债　　　　　　　　　　　　　　　　　　150,000

②调整利润分配:

按照净利润的10%提取法定盈余公积,按照净利润的5%提取任意盈余公积,取盈余公积450,000×15%=67,500(元)。

借:利润分配——未分配利润　　　　　　　　　　　　　67,500

　　　　贷：盈余公积　　　　　　　　　　　　　　　　　　　　67,500
（2）对20×6年有关事项的调整分录：
①调整交易性金融资产：
　　借：交易性金融资产——公允价值变动　　　　　　　　　200,000
　　　　贷：利润分配——未分配利润　　　　　　　　　　　　150,000
　　　　　　递延所得税负债　　　　　　　　　　　　　　　　 50,000
②调整利润分配：
按照净利润的10%提取法定盈余公积按照净利润的5%提取任意盈余公积，共计提取盈余公积150,000×15%＝22,500（元）。
　　借：利润分配——未分配利润　　　　　　　　　　　　　 22,500
　　　　贷：盈余公积　　　　　　　　　　　　　　　　　　　 22,500
3. 财务报表调整和重述（财务报表略）。

甲公司在列报20×7年财务报表时，应调整20×7年资产负债表有关项目的年初余额、利润表有关项目的上年金额及所有者权益变动表有关项目的上年金额和本年金额。

（1）资产负债表项目的调整：

调增交易性金融资产年初余额800,000元；调增递延所得税负债年初余额200,000元；调增盈余公积年初余额90,000元；调增未分配利润年初余额510,000元。

（2）利润表项目的调整：

调增公允价值变动收益上年金额200,000元；调增所得税费用上年金额50,000元；调增净利润上年金额150,000元；调增基本每股收益上年金额0.0033元。

（3）所有者权益变动表项目的调整：

调增盈余公积上年年初金额67,500元，未分配利润上年年初金额382,500元，所有者权益合计上年年初金额450,000元。

调增盈余公积上年金额22,500元，未分配利润上年金额127,500元，所有者权益合计上年金额150,000元。调增盈余公积本年年初金额90,000元，未分配利润本年年初金额510,000元，所有者权益合计本年年初金额600,000元。

（二）未来适用法

未来适用法，是指将变更后的会计政策应用于变更日及以后发生的交易或者事项，或者在会计估计变更当期和未来期间确认会计估计变更影响数的方法。在未来适用法下，不需要计算会计政策变更产生的累积影响数，也无须重编以前年度的财务报表。企业会计账簿记录及财务报表上反映的金额，变更之日仍保留原有的金额，不因会计政策变更而改变以前年度的既定结果，而是在现有金额的基础上再按新的会计政策进行核算。

【例题15-2】乙公司原对发出存货采用后进先出法，由于采用新准则，按其规定，公司从20×7年1月1日起改用先进先出法。20×7年1月1日存货的价值为2,500,000元，公司当年购入存货的实际成本为18,000,000元，20×7年12月31日按先进先出法计算确定的存货价值为4,500,000元，当年销售额为25,000,000元，假设该年度其他费用为1,200,000元，所得税税率为25%。20×7年12月31日按后进先出法计算的存货价值为

2,200,000元。

乙公司由于法律环境变化而改变会计政策，假定对其采用未来适用法进行处理，即对存货采用先进先出法从20×7年及以后才适用，不需要计算20×7年1月1日以前按先进先出法计算存货应有的余额以及对留存收益的影响金额。计算确定会计政策变更对当期净利润的影响数如表15-3所示。

表15-3　　　　　　　　　　　当期净利润的影响数　　　　　　　　　　　单位：元

项目	先进先出法	后进先出法
营业收入	25,000,000	25,000,000
减：营业成本	16,000,000	18,300,000
减：其他费用	1,200,000	1,200,000
利润总额	7,800,000	5,500,000
减：所得税	1,950,000	1,375,000
净利润	5,850,000	4,125,000
差额	1,725,000	

公司由于会计政策变更使当期净利润增加了1,725,000元。其中，采用先进先出法的销售成本 = 2,500,000 + 18,000,000 - 4,500,000 = 16,000,000（元）；采用后进先出法的销售成本 = 2,500,000 + 18,000,000 - 2,200,000 = 18,300,000（元）。

（三）会计政策变更会计处理方法的选择

对于会计政策变更，企业应当根据具体情况，分别采用不同的会计处理方法：

1. 法律、行政法规或者国家统一的会计制度等要求变更的情况下，企业应当分别就以下情况进行处理：

（1）国家发布相关的会计处理方法，则按照国家发布的相关会计处理规定进行会计处理。

（2）国家没有发布相关的会计处理方法，则采用追溯调整法进行会计处理。

2. 会计政策变更能够提供更可靠、更相关的会计信息的情况下，企业应当采用追溯调整法进行会计处理，将会计政策变更累积影响数调整列报前期最早期初留存收益，其他相关项目的期初余额和列报前期披露的其他比较数据也应当一并调整。

3. 确定会计政策变更对列报前期影响数不切实可行的，应当从可追溯调整的最早期间期初开始应用变更后的会计政策；在当期期初确定会计政策变更对以前各期累积影响数不切实可行的，应当采用未来适用法处理。不切实可行，是指企业在采取所有合理的方法后，仍然不能获得采用某项规定所必需的相关信息，而导致无法采用该项规定，则该项规定在此时是不切实可行的。对于以下特定前期，对某项会计政策变更应用追溯调整法是不切实可行的：

（1）应用追溯调整法的累积影响数不能确定。

(2) 应用追溯调整法要求对管理层在该期当时的意图作出假定。

(3) 应用追溯调整法要求对有关金额进行重大估计，并且不可能将提供有关交易发生时存在状况的证据（例如，有关金额确认、计量或披露日期存在事实的证据，以及在受变更影响的当期和未来期间确认会计估计变更影响的证据）和该期间财务报表批准报出时能够取得的信息与其他信息客观地加以区分。

在某些情况下，调整一个或者多个前期比较信息以获得与当期会计信息的可比性是不切实可行的。例如，企业因账簿、凭证超过法定保存期限而销毁，或因不可抗力而毁坏、遗失，如火灾、水灾等，或因人为因素，如盗窃、故意毁坏等，可能使当期期初确定会计政策变更对以前各期累积影响数无法计算，即不切实可行，此时，会计政策变更应当采用未来适用法进行处理。

对根据某项交易或者事项确认、披露的财务报表项目应用会计政策时常常需要进行估计。本质上，估计是根据现有状况所作出的最佳判断，而且可能在资产负债表日后才作出。当追溯调整会计政策变更或者追溯重述前期差错更正时，要作出切实可行的估计更加困难，因为有关交易或者事项已经发生较长一段时间，要获得作出切实可行的估计所需要的相关信息往往比较困难。

当在前期采用一项新会计政策时，不论是对管理层在某个前期的意图作出假定，还是估计在前期确认、计量或者披露的金额，都不应当使用"后见之明"。例如，按照《企业会计准则第22号——金融工具确认和计量》的规定，企业对原先划归为按摊余成本计量的金融资产计量的前期差错，即便管理层随后决定不将这些投资划归为按摊余成本计量，也不能改变它们在前期的计量基础，即该项金融资产应当仍然按照摊余成本进行计量。

（四）会计政策变更的披露

企业应当在附注中披露与会计政策变更有关的下列信息：

1. 会计政策变更的性质、内容和原因。包括：对会计政策变更的简要阐述、变更的日期、变更前采用的会计政策和变更后所采用的新会计政策及会计政策变更的原因。

2. 当期和各个列报前期财务报表中受影响的项目名称和调整金额。包括：采用追溯调整法时，计算出的会计政策变更的累积影响数；当期和各个列报前期财务报表中需要调整的净损益及其影响金额，以及其他需要调整的项目名称和调整金额。

3. 无法进行追溯调整的，说明该事实和原因以及开始应用变更后会计政策的时点、具体应用情况。包括：无法进行追溯调整的事实；确定会计政策变更对列报前期累积影响数不切实可行的原因；在当期期初确定会计政策变更对以前各期累积影响数不切实可行的原因；开始应用新会计政策的时点和具体应用情况。

需要注意的是，在以后期间的财务报表中，不需要重复披露在以前期间的附注中已披露的会计政策变更的信息。

二、会计估计变更的会计处理

企业对会计估计变更应当采用未来适用法处理。即在会计估计变更当期及以后期间，采用新的会计估计，不改变以前期间的会计估计，也不调整以前期间的报告结果。

第一，会计估计变更仅影响变更当期的，其影响数应当在变更当期予以确认。例如，企业原按应收账款余额的 5% 提取坏账准备，由于企业不能收回应收账款的比例已达 10%，则企业改按应收账款余额的 10% 提取坏账准备。这类会计估计的变更，只影响变更当期。因此，应于变更当期确认。

第二，既影响变更当期又影响未来期间的，其影响数应当在变更当期和未来期间予以确认。例如，企业的某项可计提折旧的固定资产，其有效使用年限或预计净残值的估计发生的变更，常常影响变更当期及以后使用年限内各个期间的折旧费用，这类会计估计的变更，应于变更当期及以后各期确认。

会计估计变更的影响数应计入变更当期与前期相同的项目中。为了保证不同期间的财务报表具有可比性，如果以前期间的会计估计变更的影响数计入企业日常经营活动损益，则以后期间也应计入日常经营活动损益；如果以前期间的会计估计变更的影响数计入特殊项目，则以后期间也应计入特殊项目。

第三，企业应当正确划分会计政策变更和会计估计变更，并按不同的方法进行相关会计处理。企业通过判断会计政策变更和会计估计变更划分基础仍然难以对某项变更进行区分的，应当将其作为会计估计变更处理。

企业应当在附注中披露与会计估计变更有关的下列信息：

1. 会计估计变更的内容和原因。其包括变更的内容、变更日期以及为什么要对会计估计进行变更。

2. 会计估计变更对当期和未来期间的影响数。其包括会计估计变更对当期未来期间损益的影响金额，以及对其他各项目的影响金额。

3. 会计估计变更的影响数不能确定的，披露这一事实和原因。

第五节　前期差错及其更正

一、前期差错概述

前期差错，是指由于没有运用或错误运用下列两种信息，而对前期财务报表造成省略或错报：第一，编报前期财务报表时预期能够取得并加以考虑的可靠信息。第二，前期财务报告批准报出时能够取得的可靠信息。前期差错通常包括计算错误、应用会计政策错误、疏忽或曲解事实以及舞弊产生的影响等。没有运用或错误运用上述两种信息而形成前期差错的情形主要有：

1. 计算以及账户分类错误。例如，企业购入的五年期国债，意图长期持有，但在记账时记入了交易性金融资产，导致账户分类上的错误，并导致在资产负债表上流动资产和非流动资产的分类也有误。

2. 采用法律、行政法规或者国家统一的会计制度等不允许的会计政策。例如，按照《企业会计准则第 17 号——借款费用》的规定，为购建固定资产的专门借款而发生的借款费用，满足一定条件的，在固定资产达到预定可使用状态前发生的，应予资本化，计入所购建固定资产的成本；在固定资产达到预定可使用状态后发生的，计入当期损益。如果企业固定资产已达到预定可使用状态后发生的借款费用，也计入该项固定资产的价值，予以资本化，则属于采用法律或会计准则等行政法规、规章所不允许的会计政策。

3. 对事实的疏忽或曲解，以及舞弊。例如，企业对某项建造合同应按建造合同规定的方法确认营业收入，但该企业却按确认商品销售收入的原则确认收入。

需要注意的是，从会计估计的性质来说，它是个近似值，随着更多信息的获取，估计可能需要进行修正，但是会计估计变更不属于前期差错更正。

二、前期差错更正的会计处理

如果财务报表项目的遗漏或错误表述可能影响财务报表使用者根据财务报表所作出的经济决策，则该项目的遗漏或错误是重要的。重要的前期差错，是指足以影响财务报表使用者对企业财务状况、经营成果和现金流量作出正确判断的前期差错。不重要的前期差错，是指不足以影响财务报表使用者对企业财务状况、经营成果和现金流量作出正确判断的会计差错。

前期差错的重要性取决于在相关环境下对遗漏或错误表述的规模和性质的判断。前期差错所影响的财务报表项目的金额或性质，是判断该前期差错是否具有重要性的决定性因素。一般来说，前期差错所影响的财务报表项目的金额越大、性质越严重，其重要性水平越高。

企业应当采用追溯重述法更正重要的前期差错，但确定前期差错累积影响数不切实可行的除外。追溯重述法，是指在发现前期差错时，视同该项前期差错从未发生过，从而对财务报表相关项目进行更正的方法。

（一）不重要的前期差错的会计处理

对于不重要的前期差错，企业不需要调整财务报表相关项目的期初数，但应调整发现当期与前期相同的相关项目。属于影响损益的，应直接计入本期与上期相同的净损益项目；属于不影响损益的，应调整本期与前期相同的相关项目。

（二）重要的前期差错的会计处理

对于重要的前期差错，企业应当在其发现当期的财务报表中，调整前期比较数据。具体地说，企业应当在重要的前期差错发现当期的财务报表中，通过下述处理对其进行追溯更正：

1. 追溯重述差错发生期间列报的前期比较金额。
2. 如果前期差错发生在列报的最早前期之前，则追溯重述列报的最早前期的资产、负债和所有者权益相关项目的期初余额。

对于发生的重要的前期差错，如影响损益，应将其对损益的影响数调整发现当期的期初留存收益，财务报表其他相关项目的期初数也应一并调整；如不影响损益，应调整财务报表相关项目的期初数。在编制比较财务报表时，对于比较财务报表期间的重要的前期差错,应调整各该期间的净损益和其他相关项目,视同该差错在产生的当期已经更正;对于比较财务报表期间以前的重要的前期差错,应调整比较财务报表最早期间的期初留存收益,财务报表其他相关项目的数字也应一并调整。确定前期差错影响数不切实可行的,可以从可追溯重述的最早期间开始调整留存收益的期初余额,财务报表其他相关项目的期初余额应当一并调整,也可以采用未来适用法。当企业确定前期差错对列报的一个或者多个前期比较信息的特定期间的累积影响数不切实可行时,应当追溯重述切实可行的最早期间的资产、负债和所有者权益相关项目的期初余额(可能是当期);当企业在当期期初确定前期差错对所有前期的累积影响数不切实可行时,应当从确定前期差错影响数切实可行的最早日期开始采用未来适用法追溯重述比较信息。

需要注意的是,为了保证经营活动的正常进行,企业应当建立健全内部稽核制度,保证会计资料的真实、完整。对于年度资产负债表日至财务报告批准报出日之间发现的报告年度的会计差错及报告年度前不重要的前期差错,应按照《企业会计准则第29号——资产负债表日后事项》的规定进行处理。

【例题15-3】B公司在20×6年发现,20×5年公司漏记一项固定资产的折旧费用150,000元,所得税申报表中未扣除该项费用。假设20×5年适用所得税税率为25%,无其他纳税调整事项。该公司按净利润的10%、5%提取法定盈余公积和任意盈余公积。公司发行股票份额为1,800,000股。假定税法允许调整应交所得税。

(1) 分析前期差错的影响数。

20×5年少计折旧费用150,000元;多计所得税费用37,500元(150,000×25%);多计净利润112,500元;多计应交税费37,500元(150,000×25%);多提法定盈余公积和任意盈余公积11,250元(112,500×10%)和5,625元(112,500×5%)。

(2) 编制有关项目的调整分录。

①补提折旧:

借:以前年度损益调整 150,000
　　贷:累计折旧 150,000

②调整应交所得税:

借:应交税费——应交所得税 37,500
　　贷:以前年度损益调整 37,500

③将"以前年度损益调整"科目余额转入利润分配:

借:利润分配——未分配利润 112,500
　　贷:以前年度损益调整 112,500

④调整利润分配有关数字:

借:盈余公积 16,875
　　贷:利润分配——未分配利润 16,875

(3) 财务报表调整和重述(财务报表略)。

B公司在列报20×6年财务报表时,应调整20×6年资产负债表有关项目的年初余额,利润表有关项目及所有者权益变动表的上年金额也应进行调整。

①资产负债表项目的调整:

调减固定资产150,000元;调减应交税费37,500元;调减盈余公积16,875元;调减未分配利润 95,625 元。

②利润表项目的调整：

调增营业成本上年金额 150,000 元；调减所得税费用上年金额 37,500 元；调减净利润上年金额 112,500 元；调减基本每股收益上年金额 0.0625 元。

③所有者权益变动表项目的调整：

调减前期差错更正项目中盈余公积上年金额 16,875 元，未分配利润上年金额 95,625 元，所有者权益合计上年金额 112,500 元。

三、前期差错更正的披露

企业应当在附注中披露与前期差错更正有关的下列信息：
1. 前期差错的性质。
2. 各个列报前期财务报表中受影响的项目名称和更正金额。
3. 无法进行追溯重述的，说明该事实和原因以及对前期差错开始进行更正的时点、具体更正情况。在以后期间的财务报表中，不需要重复披露在以前期间的附注中已披露的前期差错更正的信息。

本章思维导图

历年注会考题

准则链接

课后习题

课后习题答案

下篇 上市公司相关会计理论和实务

第十六章 财务会计理论及其研究方法

☞ **本章学习目的**

通过本章的学习，使学生对现代西方财务会计的相关理论及其研究方法有一个清晰的认识。学习完本章内容后，学生应掌握会计理论的分类、会计理论方法论的划分标准及其内容；熟悉会计理论的含义、会计理论的作用。

☞ **本章学习重点难点**

会计理论的作用　会计理论的分类　会计理论方法论

第一节 会计理论的性质

一、会计理论的含义

美国会计学会（AAA）在 1966 年发表的《基本会计理论说明书》中对会计理论的解释基本上是引用《韦氏新国际词典》1961 年的定义，即"一套紧密相连的假定性的、概念性的和实用性的原理的整体，构成了对所要探索领域的可供参考的一般框架"。美国著名会计学家莫斯特（K. S. Most）在 1986 年的著作《会计理论》（第 2 版）中认为："理论是对一系列现象的规则或原则的系统描述，它可视为组织思想、解释现象和预测未来行为的框架。会计理论是由与会计实务相区别的原则和方法的系统描述组成。另一位美国著名会计学家亨德·里克森在 1992 年的《会计理论》（第 5 版）中对会计理论也下了定义："会计理论可以定义为一套逻辑严密的原则，分别是：

（1）使实务工作者、投资人、经理和学生更好地了解当前的会计实务；
（2）提供评估当前会计实务的概念框架；
（3）指导新的实务和程序的建立。

美国财务会计准则委员会（FASB）从 20 世纪 70 年代后期开始研究的财务会计概念框架（conceptual framework），实际上就是对财务会计基本理论的表述："财务会计概念框架（conceptual framework）是由互相关联的目标和基本概念所组成的逻辑一致的体系，这些目标和基本概念可用来引导首尾一贯的准则，并对财务报告的性质、作用和局限性作出规定。"

二、会计理论的作用

西方会计学者较普遍地认为，会计理论的作用主要包括两个方面：一是解释现存的会计实务，二是预测或指导未来的会计实务。

以美国著名的会计学家亨德·里克森的观点为例,他认为会计理论可分成三个不同作用标志的层次。

(一) 结构性会计理论

结构性理论(structural accounting theory)又称为与会计框架相关的理论,它主要试图说明现存会计实务,并预测在某种情况下会计人员如何通过会计报告来反映既定情况产生的具体会计事项。

(二) 解释性会计理论

解释性理论(interpretative accounting theory)这一理论的特点在于,它不是描述会计实务的方法程序和结构,而是要借助于经济学概念来解释会计实务,即通过经济理论来解释会计准则、规则和信息等要素的内涵和作用,以使会计信息能再现现实世界中的实际经济现象。

(三) 行为性会计理论

行为性理论(behavioral accounting theory)这一理论的特点在于,它重点强调三个方面的问题,即分析会计行为产生的原因;分析会计行为产生的结果;分析会计行为产生的主体。这一理论的作用在于强调会计信息使用者的需要,以及会计信息应如何影响使用者的决策行为。

三、会计理论的分类

(一) 描述性理论

传统的会计理论基本上都是属于描述性的,即描述、论证和解释会计实务中存在的各种惯例。描述性理论(descriptive theory)这一理论的特点在于注重说明会计"是什么",抑或是试图提出和说明存在哪些会计信息及其如何加以揭示并传递给财务报告使用者。

(二) 规范性理论

所谓规范性理论,是指根据会计活动的相关规则来概括会计的理论概念,并试图导致"良好的"或"理想的"会计实务。需要注意的是,规范性理论(normative theory)的重点在于说明会计"应当是什么",而不局限于说明会计"是什么"。

第二节 构建会计理论的方法论

一、按会计理论研究方法分类

(一) 归纳法

归纳法(inductive approach)这一理论方法的特点在于,通过对大量现象进行观察,然后加以分类，从中概括出有关概念的内在联系，再把它们组织或表述为理论，或者说，这是一种从大量特殊事项的观察、计量、分类中概括出一般性关系或结论的研究方法。归纳法的基本步骤包括：

(1) 观察与记录全部的观察结果；
(2) 分析与分类记录结果；
(3) 从观察到的关系中推导出会计的一般概念或原则；
(4) 验证推导出的结论。

（二）演绎法

演绎法（deductive approach）是从指一定的、来自归纳概括的基本或前提性概念出发，推导出研究对象的逻辑性结构。其中，演绎法的基本步骤包括：

(1) 确定财务会计的基本假设或目标；
(2) 说明基本假设或目标对财务会计的指导作用；
(3) 根据既定假设或目标，推导相关的基本原则和概念；
(4) 以基本原则或概念来指导必要的会计准则；
(5) 进一步规定具体的会计处理程序。

（三）实证法

实证法（positive approach）是指通过搜集被观察事物或现象的经验性（或历史性）数据来验证一些理论假说或命题，借此建立起相应的理论体系，通过实证法研究会计理论，可以用来解释：为什么会计是这样；为什么会计人员从事这样的工作；这些现象对企业的资源利用方面将产生什么样效果。

二、按会计理论研究目的分类

（一）法规法

法规法（legal approach）认为，财务会计必须受到特定国家有关商法、税法以及其他经济法规的约束，因此，不少会计方法及其理论的发展与特定法规的要求密切相关。应用法规法的例子还包括金融工具采用预期信用减值模型、存货期末计量中的成本和可变现净值孰低原则以及新租赁准则的会计处理等。

需要注意的是，运用法规法构建会计理论存在一定的局限性。西方一些会计学者认为，虽然法规法有助于增进对会计理论的接受，但是对会计理论的发展也存在负面影响。首先，有关的理论可能仅限于说明税法或其他法规的要求而忽略会计方法程序及其理论的逻辑合理性。其次，由于着重于现行法规的规定来构建会计理论，可能限制新会计方法和理论的研究和发展。

（二）伦理法

伦理法（ethical approach）又称道德法，它是提出一些财务报告或会计信息应符合要求的道德标准，作为建立会计原则、准则或理论体系的依据。这些道德标准主要包括公允、真实、合理、无偏性等。

（三）社会学法

社会学法（sociological approach）这一理论方法的特点在于强调会计信息要能反映企业经营活动对社会的影响，或企业所应承担的社会责任。这一研究方法是把"公允性"概念扩展到"社会福利"方面，并强调会计技术和方法的社会效应。

（四）经济学法

经济学法（economic approach）强调采用不同的会计技术方法对宏观经济指标变动的控制能力的影响。这种理论方法认为，会计政策和会计程序的选择不仅应当反映经济现实，还应当考虑经济后果。

（五）事项法

事项法（event approach）是指按照具体的经济事项来报告企业的经济活动，并以此为基础重新构建财务会计的确认、计量和报告的理论与方法。

（六）系统法

系统法（systematic approach）是指为达到预期的特定目标的一组相互联系、相互作用的要素所组成的有机整体。在表面上看，每个系统都有自己的构成要素和具体目标，也有使各自系统正常运行和发挥功能的不同方法，然而，所有的系统又都有共同的特征，即都要有一个确定的目标和要素之间的有序联结结构。而且，每个系统本身又是它所从属的一个更大系统的组成部分。

第三节　会计学属性和会计理论验证

一、会计学属性

会计属性问题是指会计是否属于一门科学。围绕会计属性的争论对西方会计理论的发展产生了深远的影响。如何限制不同会计计量方法程序的判断取舍范围，从增进财务会计计量和报告的可比性，一直以来就是会计实务界经久不息的研究议题。

二、会计理论验证

财务会计研究要在理论验证的基础上开展研究，理论的构建应当包含理论验证，即验证有关理论的有效性。理论验证在西方财务会计研究中已经获得重视，并且在会计理论的构建中得到越来越多的应用。通过将西方经济学和统计学中的基本数量分析方法或理论模式引入会计理论研究，促使西方财务会计开始从单纯定性分析转向定性和定量分析并重，进而不断提升财务会计理论在实务中推广运用的适用性、科学性。

本章思维导图

课后习题

课后习题答案

第十七章 财务会计概念与框架

☞ **本章学习目的**

通过本章的学习，使学生对现代西方财务会计的相关理论及其研究方法有一个清晰的认识。学习完本章内容后，学生应掌握会计理论的分类、会计理论方法论的划分标准及其内容；熟悉会计理论的含义、会计理论的作用。

☞ **本章学习重点难点**

会计理论的作用　会计理论的分类　会计理论方法论的划分标准及其内容

第一节　财务会计概念框架概述

一、财务会计概念框架的形成与发展

（一）财务会计概念框架的含义

财务会计概念框架（CF）又称财务会计概念体系、财务会计理论结构，是一套用来指导并评价会计准则的基本理论框架。其是由互相关联的目标和基本概念所组成的逻辑一致的体系。

财务会计概念框架（CF）的内容一般包括财务会计的目标、会计信息的质量特征、财务报表要素、财务报表的确认与计量等。财务会计概念框架是会计界重视理论研究的产物，其目的在于通过明确财务会计的一些核心概念，以指导会计准则的制定和应用。

（二）财务会计概念框架的形成与发展

1. 美国财务会计概念框架。

20世纪初，在美国会计实务处于严重自由化时期。特别是1929～1933年经济危机以后，社会各界强烈呼吁加强对会计行业的监管，美国证监会（SEC）成立，承担制定和审核会计准则的权力。自20世纪30年代开始，美国率先采用一般公认会计原则（GAAP）来规范上市公司的会计行为并收到了积极的效果，引起许多国家争相仿效。

由于缺乏一套首尾一致的理论框架，先后形成的相关会计原则在概念运用、处理程序与方法上存在不协调，甚至出现前后矛盾的现象。社会各界对会计职业界、会计准则的批评不断。

1973年，美国财务会计准则委员会（FASB）顺应潮流，自成立之初，便将研究财务会计概念框架作为主要的工作内容。1978～2000 年，FASB 共发布了七号概念公告，形成了一个比较完整的财务会计概念框架体系。即以下七项：

(1) 第 1 号《企业财务报告的目标》(1978.11)；
(2) 第 2 号《会计信息的质量特征》(1980.5)；
(3) 第 3 号《企业财务报表的要素》(1980.12)；
(4) 第 4 号《非营利组织财务报告的目标》(1980.12)；
(5) 第 5 号《企业财务报表的确认与计量》(1984.12)；
(6) 第 6 号《财务报表的要素》(取代第 3 号，1985.12)；
(7) 第 7 号《在会计计量中使用现金流量信息及现值》(2000.2)。

随着社会经济环境和需求的变化，以及会计理论研究的深化，尤其是会计准则的国际趋同，美国财务会计准则委员会（FASB）于 2010 年 9 月又发布第 8 号概念公告（SFAC No.8），取代第 1 号和第 2 号财务会计概念公告。SFAC No.8 名为《财务报告的概念框架》，包括三个部分内容，即通用财务报告的目标、报告主体、财务信息质量特征。

关于通用财务报告的目标，SFAC No.8 指出是向现有和潜在的投资者、贷款人和其他债权人提供关于报告主体的财务信息，从而有助于他们做出向报告主体提供资金的决策，包括购买、抛售或持有权益和债务工具的决策，以及提供或收回贷款和其他形式信贷的决策。

需要说明的是，首先，通用财务报告主要是为了投资者和债权人这两类信息使用者提供财务信息；其次，信息使用者不仅包含现有投资者和债权人，还包括有可能为报告主体提供资金的潜在的投资者和债权人；最后，财务报告的目标主要是有助于信息使用者做出决策，即 FASB 将财务报告的目标定位于决策有用观。

如前所述，美国财务会计准则委员会（FASB）所制定概念公告之间的存在紧密的相互联系：

(1) 财务报告目标是概念框架的起点，起着指引方向的作用。
(2) 会计信息质量特征是连接财务报告目标与其他概念的桥梁。
(3) 财务报表的要素及其确认与计量是财务报告目标的具体体现，也是实现该目标的重要手段。

美国财务会计准则委员会（FASB）认为，CF 本身虽不是会计准则，但对会计实务具有重要指导作用，能较好地保证各项会计准则之间的前后一致和相互协调，具体体现为：

(1) 指导 FASB 制定会计准则。
(2) 在缺乏特定会计准则的情况下，为解决问题提供一个参考框架。
(3) 增强使用者对财务报表的理解和信心。
(4) 通过减少会计备选方法来增强财务报表的可比性。

2. 英国的财务会计概念框架。

1999 年，英国会计准则委员会（Accounting Standards Board，ASB）发布了《财务报告原则公告》，该公告规定了编制财务报表的目的、报告主体、财务信息的质量特征、财务报表的要素、财务报表的确认与计量、财务信息的呈报等内容。从内容上看，在一定程度上与美国财务会计准则委员会（FASB）所发布财务会计概念框架大体相同。

3. 加拿大的财务会计概念框架。

1987年，加拿大会计准则委员会（ACSB）发布了《财务报表概念》，规定了财务报表的目标、效益大于成本原则、重大性、质量特征、财务报表的要素、确认标准与计量等部分。

4. 澳大利亚的财务会计概念框架。

澳大利亚会计准则理事会（AASB）1990~1992年共发布了四份《会计概念公告》，即：

（1）第1号：《财务报告主体的定义》（1990年）；

（2）第2号：《通用目的的财务报告的目标》（1990年）；

（3）第3号：《财务信息的质量特征》（1990年）；

（4）第4号：《财务报告要素的定义和确认》（1992年）。

5. 国际会计组织的财务会计概念框架。

IASC/IASB的会计概念框架研究。1989年7月，国际会计准则委员会（IASC）发布了《编报财务报表的框架》；2001年4月，国际会计准则理事会（IASB）替代IASC后，也正式采纳这一文件。IASC/IASB所制定的《编报财务报表的框架》的主要内容有：

（1）财务报表的目标。IASC/IASB认为财务报表的目标是提供关于企业财务状况、经营业绩和财务状况变动的信息。

（2）基础性假定，包括权责发生制和持续经营。

（3）财务报表信息的质量特征，如可理解性、相关性、可靠性和可比性。

（4）财务报表要素的定义、确认和计量，包括资产、负债、权益、业绩、收益、费用。

二、财务会计概念框架的作用及缺陷

（一）财务会计概念框架的作用

以美国财务会计准则委员会（FASB）制定的财务会计概念框架为例说明，美国财务会计准则委员会（FASB）认为，财务会计概念框架可作为会计准则制定的指南和判断现行准则是否恰当的依据；帮助会计信息使用者更好地理解财务报告所提供信息的目的、内容与局限性，以作出合理决策；同时，减少准则制定过程中的政府干预，抵制不同利益集团的压力；从而促使会计理论发扬光大，促进会计理论发展。

（二）财务会计概念框架的缺陷

财务会计概念框架存在十分明显的缺陷，如概念框架的内容过于详细，主次不分，重点不突出且论述重复；研究方法不一致，先是演绎法、后采用归纳法，本身缺乏内在一致性；研究内容还不够完整，缺乏对会计假设的研究等；总体来看，财务会计概念框架不是万能的，它在一定程度上无法解决会计准则制定过程及其实务过程中遇到所有的会计难题。

三、建立我国财务会计概念框架的必要性

我国于1992年11月颁发的《企业会计准则》，在一定程度上扮演了财务会计概念框

架的角色，在推动我国会计理论与实务发展进程中发挥着重要作用，但随着资本市场的不断发展变化，《企业会计准则》已不能满足实际需要，这给会计理论研究进场和实务工作操作带来了许多难题。许多会计理论界和实务界人士都一致认为，我国应在借鉴西方的研究成果，结合我国会计实践的基础上，建立一套财务会计概念框架以指导未来具体会计准则的制定，并适当弥补现行具体会计准则的不足。

第二节　财务报告的目标

一、财务报告目标的含义

（一）财务报告目标的定义

财务报告目标作为一种制度安排，指的是如何更好地规范信息披露，以更好地保护投资者、债权人以及其他利益相关者的利益。对财务报告的目标形成了两种不同的观点，即"受托责任观"和"决策有用观"。

受托责任观认为财务会计的目标是向资源所有者如实反映资源的受托者对受托资源的管理和使用（保值和增值）情况，财务报告应主要反映企业历史的、客观的信息，即强调信息的可靠性。

决策有用观认为财务报告目标是向会计信息的使用者（主要包括现有的和潜在的投资者和信贷者以及企业管理当局和政府等）提供对他们进行决策有用的信息，这些信息主要是关于企业现金流动的信息和关于经营业绩及资源变动的信息。财务报告应主要反映现实的信息，即强调信息的相关性。

（二）财务报告目标的意义

在财务会计概念框架体系中，财务报告目标起着指引方向的作用。以财务报告目标为基础，财务会计信息的质量特征、财务报表的要素及其确认与计量就可以有机地建立并联系起来。财务报告目标既是会计基本理论的中心，也是财务会计概念框架的起点。

二、财务报告目标的研究概况

（一）美国对财务报告目标的研究

美国最早展开财务报告目标研究，其研究成果也最具代表性：

（1）1966年，美国会计学会发表《论基本会计理论》的报告，公开地表明会计目标应成为财务会计理论体系中最为重要的内容之一。

（2）1970年，会计原则委员会发布第4号公告《企业财务报表编制的基本概念与会计原则》，对会计目标进行了初步阐述：提供关于一个企业的定量化的财务信息，且这些信息有助于报表使用者进行经济决策。

（3）1971年，美国注册会计师协会（AICPA）成立"特鲁布拉德委员会"专门研究会计目标，1973年该委员会发表《财务报告目标》研究报告，指出财务报表的基本目标是提供"据以进行经济决策的信息"。

（4）1978年，FASB发布第1号概念公告《企业财务报告的目标》，明确指出财务报告的目标是"决策有用"，"应为现在的和潜在的投资者、信贷人以及其他用户提供有用的信息，以便作出合理的投资、信贷和类似的决策"。

（二）IASB关于财务报告目标的界定

国际会计准则理事会（IASB）将财务报告的目标界定为是提供一系列有助于使用者了解关于企业财务状况、经营业绩和财务状况变动的信息，并提供反映企业经营管理层受托责任履行情况的信息。

（三）我国对财务报告目标的研究

20世纪90年代以前，财务报告目标问题在我国会计学术界一直没有引起重视。会计职能仅体现为对会计核算过程的控制和观念的总结（反映和监督），1992年《企业会计准则》对我国财务报告目标作出了比较简单的表述，即"会计信息应当符合国家宏观经济管理的要求，满足有关各方了解企业财务状况和经营成果的需要，满足企业加强内部经营管理的需要"。但是该表述过于笼统，对会计准则的制订和推动实务发展缺乏学术指导作用。

2006年《企业会计准则——基本准则》，对财务报告的目标做了比较准确的描述：财务报告的目标是向财务报告使用者提供与企业财务状况、经营成果和现金流量等有关的会计信息，反映企业管理层受托责任履行情况，有助于财务会计报告使用者作出经济决策。将"决策有用"和"受托责任"同时列为财务报表的目标。

第三节　会计信息的质量特征

一、会计信息的含义及特点

会计信息是指会计主体向社会提供的一种"公共产品"，它要求不仅具有价值，而且需要有质量。会计信息产品的特点体现为：

（1）以数据为产品的主要载体，抽象的数字代表一定的经济意义。

（2）会计信息必须有一定的质量，越是高质量的会计信息，对信息使用者进行经济决策的影响就越大，会计信息的使用者就越多，财务报告的目标才能较好地实现。

二、会计信息质量特征的内涵

会计信息质量特征是会计信息所要达到或者满足的质量标准，是进行会计政策选择时所应当追求的质量标准。财务报告目标是一般目标，是判断会计信息质量的基础。会计信息的质量特征对财务报告所提供的会计信息起约束作用，使其能符合财务报告目标的要求。

三、会计信息质量特征的研究概况

（一）美国关于会计信息质量特征的观点

美国最早展开研究，其研究成果也最具代表性：

1. 1970 年、1977 年，美国会计学会分别对会计信息的质量特征进行了论述，为后续研究奠定了基础。

2. 1980 年，财务会计准则委员会发布第 2 号概念公告《会计信息的质量特征》，对会计信息的质量进行了全面和详细的论述。美国会计信息的质量特征总体上体现为：

（1）总体质量要求是决策有用性；

（2）两个最重要特征是相关性和可靠性；

（3）相关性的具体要求是预测价值、反馈价值、及时性；

（4）可靠性的具体要求是真实性、可核性、中立性；

（5）次要特征是可比性（包括一贯性）和可理解性；

（6）两个约束条件是效益大于成本和重要性。

（二）国际会计准则理事关于会计信息质量特征的观点

国际会计准则理事会所提出的四项主要的质量特征分别是可理解性、相关性、可靠性和可比性。相关性包括重要性，可靠性包括如实表述、实质重于形式、中立性、谨慎性和完整性，同时将及时性、效益大于成本作为约束条件。

（三）我国关于会计信息质量要求的观点

20 世纪 90 年代以前，我国会计界并没有将会计信息质量特征作为一个专门的研究对象去研究，只是在会计制度中对编制财务报表规定了如下基本要求：

（1）数字真实：必须以账户记录为依据。

（2）内容可靠：不得臆造数据。

（3）项目齐全：所有报表项目均需列报。

（4）编报及时：在规定期限内报出，不得延误。

1992 年出台的《企业会计准则》没有明确提出"会计信息质量特征"，但是规定了 12 条会计核算的一般原则，基本上体现了会计信息的质量特征，即："客观性、相关性、一致性、可比性、及时性、明晰性、划分收益性支出与资本性支出、配比、权责发生制、历史成本、谨慎性和重要性。"

2006 年《企业会计准则——基本准则》第二章"会计信息质量要求"中，明确规定了对会计信息八个方面的质量要求：可靠性、相关性、可理解性、可比性、实质重于形式、重要性、谨慎性和及时性。

第四节 财务报表的要素

一、财务报表要素的含义及要求

(一) 财务报表要素的定义

财务报表要素也称会计要素,是构成财务报表的必要因素,财务报表要素是设置会计科目、编制会计报表的依据。有了财务报表要素,才能进一步对要素进行确认与计量,最终实现财务报告目标。

(二) 确定财务报表要素的基本要求

确定财务报表要素主要有以下基本要求:

(1) 涵盖性与穷尽性。涵盖性与穷尽性指的是财务报表要素能涵盖全部经济事项。

(2) 互排性。互排性是指每个要素都有其特定的内容,各个要素之间不能有相互交叉的内容。

(3) 适量性。适量性是指财务报表要素数量应当适中,不能出现要素过多或者过少的问题。

(4) 协调性。协调性是指财务会计要素的划分应遵循与会计理论、会计准则相协调的原则。

二、财务报表要素的研究概况

(一) 国外关于财务报表要素的划分

各国对财务报表要素的划分具有不同的标准。财务会计准则委员会(FASB)把财务报表要素划分为两类十项,IASC 将其划分为两类五项,我国则划分为两类六项。需要说明的是,以美国 FASB 的划分最为详细和具体。

1970 年,美国会计原则委员会(APB)发布第 4 号研究公告,将财务报表要素归纳为资产、负债、业主权益、收入、费用和净收益等 6 项;1980 年,美国财务会计准则委员会(FASB)在第 3 号公告《企业财务报表的要素》中,提出将财务报表要素为资产、负债、业主权益、业主投资、派给业主款、全面收益、收入、费用、利得、损失等 10 项;1985 年,财务会计准则委员会(FASB)发布第 6 号公告《财务报表的要素》,扩大了要素的适用范围,即从企业扩大到非营利组织。

(二) 我国的财务报表要素

2006 年财政部发布《企业会计准则——基本准则》,准则中规定企业应当按照交易或者事项的经济特征确定会计要素,并对资产、负债、所有者权益、收入、费用、利润六大会计要素做了界定与表述。我国会计要素中所指界定的利润要素包括直接计入当期利润的利得和损失，需要注意的是，利得和损失没有划分为单独的会计要素，只是定义了其概念，将其划分为两类：直接计入所有者权益和直接计入当期利润的利得和损失。

第十八章 金融工具

☞ 本章学习目的

本章系统地阐述了 2018 年新修订的金融工具系列准则的相关内容，通过本章的学习，学生应掌握金融资产的分类标准、对各类金融资产初始计量进行正确的会计处理，能够对各类金融资产后续计量进行正确的会计处理。熟悉金融负债与权益工具的区分、金融资产的重分类、金融工具减值三阶段模型，了解金融资产转移、套期会计的相关内容。

☞ 本章学习重点难点

金融负债与权益工具的区分　金融资产后续计量　金融资产转移　套期会计

☞ 引例

康得新复合材料关于金融资产分类调整暨关联交易的公告

一、案例概述

2017 年 9 月起，康得新复合材料公司累计出资 20 亿元与控股股东康得投资集团共同投资康得碳谷，持股比例 14.29%。

2019 年 1 月起，受公司及控股股东康得投资集团的债务危机的影响，公司对康得碳谷股权被债权人冻结。康得碳谷于 2019 年 7 月 19 日召开临时股东会，审议了《关于解除康得投资集团有限公司、康得新复合材料集团股份有限公司股东资格的议案》等议案，确认康得碳谷于 2019 年 7 月 19 日做出的《关于解除康得集团有限公司、康得新复合材料股份有限公司股东资格的议案》的股东会决议合法有效；康得碳谷于本判决生效之日起三日内按 2019 年 7 月 19 日《关于解除康得集团有限公司、康得新复合材料股份有限公司股东资格的议案》的股东会决议办理相关法定减资程序；驳回康得新公司要求确认康得碳谷于 2019 年 7 月 19 日做出的《关于解除康得集团有限公司、康得新复合材料股份有限公司股东资格的议案》的股东会决议无效的诉讼请求；目前，工商信息显示公司对康得碳谷科技有限公司，投资初始成本 20 亿元已变更为 0。

二、案例结论

根据《企业会计准则 22 号——金融工具确认和计量》（2018）的规定，前期将对康得碳谷科技有限公司 20 亿元的权益工具投资分类为以公允价值计量且其变动计入当期损益的金融资产，在"其他非流动金融资产"项目反映。根据相关法律判决，公司对康得碳谷科技有限公司的股东权益已不存在，收取金融资产现金流量的合同权利已经终止；公司对康得碳谷科技有限公司 20 亿元股权出资款被康得集团通过与北京银行签订的现金管理协议的方式予以抽逃，公司具有对康得投资集团有限公司追索自身出资款项的权利；上述事项造成公司对康得碳谷科技有限公司股权（权益工具投资）转化为对康得集团的债权。根据《企业会计准则22号——金融工具确认和计量》（2018）的规定，公司终止确认对康得碳谷科技有限公司20亿元权益工具投资，确认对康得集团的20亿元的债权，在"其他应收款"科目反映。上述计量确认后，原以公允价值计量且其变动计入当期损益的金融资产调整为以摊余成本计量的金融资产。

来源：巨潮资讯网。

思考题：
1. 金融资产的分类标准是什么？
2. 金融资产之间是否都可以进行重分类？

第一节 金融工具概述

一、金融工具

金融工具是指形成一方的金融资产并形成其他方的金融负债或权益工具的合同。金融工具包括金融资产、金融负债和权益工具。

其中，合同的形式多种多样，既可以是书面的，也可以不采用书面形式。实务中的金融工具合同通常采用书面形式。非合同的资产和负债不属于金融工具。例如，应交所得税是企业按照税收法规规定承担的义务，不是以合同为基础的义务，因此不符合金融工具定义。

二、金融资产

金融资产，是指企业持有的现金、其他方的权益工具以及符合下列条件之一的资产：

（1）从其他方收取现金或其他金融资产的合同权利。

（2）在潜在有利条件下，与其他方交换金融资产或金融负债的合同权利。例如，企业持有的看涨期权或看跌期权等。

（3）将来须用或可用企业自身权益工具进行结算的非衍生工具合同，且企业根据该合同将收到可变数量的自身权益工具。

（4）将来须用或可用企业自身权益工具进行结算的衍生工具合同，但以固定数量的自身权益工具交换固定金额的现金或其他金融资产的衍生工具合同除外。

三、衍生工具

金融工具还可以分为基础金融工具和衍生工具。衍生工具，是指属于金融工具准则范围并同时具备下列特征的金融工具或其他合同：

（1）其价值随特定利率、金融工具价格、商品价格、汇率、价格指数、费率指数、信用等级、信用指数或其他变量的变动而变动，变量为非金融变量（如特定区域的地震损失指数、特定城市的气温指数等）的，该变量不应与合同的任何一方存在特定关系。衍生工具的价值变动取决于标的变量的变化。

（2）不要求初始净投资，或者与对市场因素变化预期有类似反应的其他合同相比，要求较少的初始净投资。企业从事衍生工具交易不要求初始净投资，通常指签订某项衍生工具合同时不需要支付现金。例如，某企业与其他企业签订一项将来买入债券的远期合同，就不需要在签订合同时支付将来购买债券所需的现金。但是，不要求初始净投资，并不排除企业按照约定的交易惯例或规则相应缴纳一笔保证金，如企业进行期货交易时要求缴纳一定的保证金。缴纳保证金不构成一项企业解除负债的现时支付，因为保证金仅具有"保证"性质。

（3）在未来某一日期结算。衍生工具在未来某一日期结算，表明衍生工具结算需要经历一段特定期间。衍生工具通常在未来某一特定日期结算，也可能在未来多个日期结算。常见的衍生工具包括远期合同、期货合同、互换合同和期权合同等。

第二节 金融资产和金融负债的分类

企业应当根据其管理金融资产的业务模式和金融资产的合同现金流量特征，对金融资产进行合理的分类，一般划分为以下三类：
（1）以摊余成本计量的金融资产；
（2）以公允价值计量且其变动计入其他综合收益的金融资产；
（3）以公允价值计量且其变动计入当期损益的金融资产。

同时，企业应当结合自身业务特点和风险管理要求，对金融负债进行合理的分类。对金融资产和金融负债的分类一经确定，不得随意变更。

一、金融资产的分类

（一）关于企业管理金融资产的业务模式

1. 业务模式评估。

企业管理金融资产的业务模式，是指企业如何管理其金融资产以产生现金流量。业务模式决定企业所管理金融资产现金流量的来源是收取合同现金流量、出售金融资产还是两者兼有。企业在确定其管理金融资产的业务模式时，应注意以下几个方面：

（1）企业应当在金融资产组合的层次上确定管理金融资产的业务模式，而不必按照单个金融资产逐项确定业务模式。有些情况下，企业可能将金融资产组合分拆为更小的组合，以合理反映企业管理该金融资产的层次。例如，企业购买一个抵押贷款组合，以收取合同现金流量为目标管理该组合中的一部分贷款，以出售为目标管理该组合中的其他贷款。

（2）一个企业可能会采用多个业务模式管理其金融资产。例如，企业持有一组以收取合同现金流量为目标的投资组合，同时还持有另一组既以收取合同现金流量为目标又以出售该金融资产为目标的投资组合。

(3) 企业应当以企业关键管理人员决定的对金融资产进行管理的特定业务目标为基础，确定管理金融资产的业务模式。

(4) 企业的业务模式并非企业自愿指定，而是一种客观事实，通常可以从企业为实现其目标而开展的特定活动中得以反映。

(5) 企业不得以按照合理预期不会发生的情形为基础确定管理金融资产的业务模式。例如，对于某金融资产组合，如果企业预期仅会在压力情形下将其出售，且企业合理预期该压力情形不会发生，则该压力情形不得影响企业对该类金融资产的业务模式的评估。

2. 以收取合同现金流量为目标的业务模式。

在此业务模式下，企业管理金融资产旨在通过在金融资产存续期内收取合同付款来实现现金流量，而不是通过持有并出售金融资产产生整体回报。

在以收取合同现金流量为目标的业务模式下，金融资产的信用质量影响着企业收取合同现金流量的能力。为减少因信用恶化所导致的潜在信用损失而进行的风险管理活动与以收取合同现金流量为目标的业务模式并不矛盾。因此，即使企业在金融资产的信用风险增加时为减少信用损失而将其出售，金融资产的业务模式仍然可能是以收取合同现金流量为目标的业务模式。

如果企业在金融资产到期日前出售金融资产，即使与信用风险管理活动无关，在出售只是偶然发生（即使价值重大），或者单独及汇总而言出售的价值非常小（即使频繁发生）的情况下，金融资产的业务模式仍然可能是以收取合同现金流量为目标。如果企业能够解释出售的原因并且证明出售并不反映业务模式的改变，出售频率或者出售价值在特定时期内增加不一定与以收取合同现金流量为目标的业务模式相矛盾。此外，如果出售发生在金融资产临近到期时，且出售所得接近待收取的剩余合同现金流量，金融资产的业务模式仍然可能是以收取合同现金流量为目标。

【例题18-1】甲企业购买了一个贷款组合，且该组合中包含已发生信用减值的贷款。如果贷款不能按时偿付，甲企业将通过各种方式尽可能实现合同现金流量，如通过邮件、电话或其他方法与借款人联系催收。同时，甲企业签订了一项利率互换合同，将贷款组合的利率由浮动利率转换为固定利率。

分析：甲企业管理该贷款组合的业务模式是以收取合同现金流量为目标。即使甲企业预期无法收取全部合同现金流量（部分贷款已发生信用减值），但并不影响其业务模式。此外，该企业签订利率互换合同也不影响该贷款组合的业务模式。该业务模式包括贷款、应收账款、债权投资等，准则规定分类为以摊余成本计量的金融资产。

3. 以收取合同现金流量和出售金融资产为目标的业务模式。

在此业务模式下，企业的关键管理人员认为收取合同现金流量和出售金融资产对于实现其管理目标而言都是不可或缺的。例如，企业的目标是管理日常流动性需求同时维持特定的收益率，或将金融资产的存续期与相关负债的存续期进行匹配。

与以收取合同现金流量为目标的业务模式相比，此业务模式涉及的出售通常频率更高、金额更大。因为出售金融资产是此业务模式的目标之一，在该业务模式下不存在出售金融资产的频率或者价值的明确界限。

【例题18-2】甲银行持有金融资产组合以满足其每日流动性需求。甲银行为了降低其管理流动性需求的成本，高度关注该金融资产组合的回报，包括收取的合同现金流量和出售金融资产的利得或损失。

分析：甲银行管理该金融资产组合的业务模式以收取合同现金流量和出售金融资产为目标。该业务模式包括债务工具投资等其他债权投资，准则规定分类为以公允价值计量且其变动计入其他综合收益的金融资产。

4. 其他业务模式。

如果企业管理金融资产的业务模式，不是以收取合同现金流量为目标，也不是既以收取合同现金流量又出售金融资产来实现其目标，该金融资产应当分类为以公允价值计量且其变动计入当期损益的金融资产，即交易性金融资产。

（二）关于金融资产的合同现金流量特征

金融资产的合同现金流量特征，是指金融工具合同约定的、反映相关金融资产经济特征的现金流量属性。企业分类为以摊余成本计量的金融资产和以公允价值计量且其变动计入其他综合收益的金融资产，其合同现金流量特征应当与基本借贷安排相一致，即相关金融资产在特定日期产生的合同现金流量仅为对本金和以未偿付本金金额为基础的利息的支付（以下简称"本金加利息的合同现金流量特征"）。无论金融资产的法律形式是否为一项贷款，都可能是一项基本借贷安排。

本金是指金融资产在初始确认时的公允价值，本金金额可能因提前还款等原因在金融资产的存续期内发生变动；利息包括对货币时间价值、与特定时期未偿付本金金额相关的信用风险，以及其他基本借贷风险、成本和利润的对价。其中，货币时间价值是利息要素中仅因为时间流逝而提供对价的部分，不包括为所持有金融资产的其他风险或成本提供的对价，但货币时间价值要素有时可能存在修正。在货币时间价值要素存在修正的情况下，企业应当对相关修正进行评估，以确定其是否满足上述合同现金流量特征的要求。

此外，金融资产包含可能导致其合同现金流量的时间分布或金额发生变更的合同条款（如包含提前还款特征）的，企业应当对相关条款进行评估（如评估提前还款特征的公允价值是否非常小），以确定其是否满足上述合同现金流量特征的要求。

（三）金融资产的具体分类

1. 以摊余成本计量的金融资产。

金融资产同时符合下列条件的，应当分类为以摊余成本计量的金融资产：

（1）企业管理该金融资产的业务模式是以收取合同现金流量为目标。

（2）该金融资产的合同条款规定，在特定日期产生的现金流量，仅为对本金和以未偿付本金金额为基础的利息的支付。

企业应当设置"贷款""应收账款""债权投资"等科目核算。

【例题18-3】银行向企业客户发放的固定利率贷款，在没有其他特殊安排的情况下，贷款通常可能符合本金加利息的合同现金流量特征。

分析：如果银行管理该贷款的业务模式是以收取合同现金流量为目标，则该贷款可以分类为以摊余成本计量的金融资产。

【例题18-4】普通债券的合同现金流量是到期收回本金及按约定利率在合同期间按时收取固定或浮动利息。在没有其他特殊安排的情况下，普通债券通常可能符合本金加利息的合同现金流量特征。

分析：如果企业管理该债券的业务模式是以收取合同现金流量为目标，则该债券可以分类为以摊余成本计量的金融资产。

【例题 18-5】企业正常商业往来形成的具有一定信用期限的应收账款。

分析：如果企业拟根据应收账款的合同现金流量收取现金，且不打算提前处置应收账款，则该应收账款可以分类为以摊余成本计量的金融资产。

2. 以公允价值计量且其变动计入其他综合收益的金融资产。

金融资产同时符合下列条件的，应当分类为以公允价值计量且其变动计入其他综合收益的金融资产：

（1）企业管理该金融资产的业务模式既以收取合同现金流量为目标又以出售该金融资产为目标。

（2）该金融资产的合同条款规定，在特定日期产生的现金流量，仅为对本金和以未偿付本金金额为基础的利息的支付。

企业应当设置"其他债权投资"科目核算。

【例题 18-6】甲公司在销售中通常会给予客户一定期间的信用期。为了盘活存量资产，提高资金使用效率，甲公司与银行签订应收账款无追索权保理总协议，银行向甲公司一次性授信 10 亿元人民币，甲公司可以在需要时随时向银行出售应收账款。历史上甲公司频繁向银行出售应收账款，且出售金额重大，上述出售满足金融资产终止确认条件的规定。甲公司的应收账款可以分类为以公允价值计量且其变动计入其他综合收益的金融资产？

分析：应收账款的业务模式符合"既以收取合同现金流量为目标又以出售该金融资产为目标"，且该应收账款符合本金加利息的合同现金流量特征，因此应当分类为以公允价值计量且其变动计入其他综合收益的金融资产。

【例题 18-7】企业持有的普通债券的合同现金流量是到期收回本金及按约定利率在合同期间按时收取固定或浮动利息的权利。该债券能否分类为以公允价值计量且其变动计入其他综合收益的金融资产？

分析：在没有其他特殊安排的情况下，普通债券的合同现金流量一般情况下可能符合仅为对本金和以未偿付本金金额为基础的利息支付的要求。如果企业管理该债券的业务模式既以收取合同现金流量为目标又以出售该债券为目标，则该债券应当分类为以公允价值计量且其变动计入其他综合收益的金融资产。

3. 以公允价值计量且其变动计入当期损益的金融资产。

企业分类为以摊余成本计量的金融资产和以公允价值计量且其变动计入其他综合收益的金融资产之外的金融资产，应当分类为以公允价值计量且其变动计入当期损益的金融资产。下列投资产品通常应当分类为以公允价值计量且其变动计入当期损益的金融资产：

（1）股票。股票的合同现金流量源自收取被投资企业未来股利分配以及其清算时获得剩余收益的权利。由于股利及获得剩余收益的权利均不符合本金和利息的定义，因此股票不符合本金加利息的合同现金流量特征。

（2）基金。常见的股票型基金、债券型基金、货币基金或混合基金，基金一般情况下不符合本金加利息的合同现金流量特征。

（3）可转换债券。可转换债券除按一般债权类投资的特性到期收回本金、获取约定利息或收益外，还嵌入了一项转股权。通过嵌入衍生工具，企业获得的收益在基本借贷安排的基础上，会产生基于其他因素变动的不确定性。由于可转换债券不符合本金加利息的合同现金流量特征，企业持有的可转换债券投资应当分类为以公允价值计量且其变动计入当期损益的金融资产。企业应当设置"交易性金融资产"科目核算。

（四）金融资产分类的特殊规定

权益工具投资的合同现金流量评估一般不符合基本借贷安排，因此只能分类为以公允价值计量且其变动计入当期损益的金融资产。然而在初始确认时，企业可以将非交易性权益工具投资指定为以公允价值计量且其变动计入其他综合收益的金融资产，并按规定确认股利收入。该指定一经做出，不得撤销。企业投资其他上市公司股票或者非上市公司股权的，都可能属于这种情形。

1. 关于"非交易性"和"权益工具投资"的界定。

金融资产或金融负债满足下列条件之一的，表明企业持有该金融资产或承担该金融负债的目的是交易性的：

（1）取得相关金融资产或承担相关金融负债的目的，主要是为了近期出售或回购。例如，企业以赚取差价为目的从二级市场购入的股票、债券和基金等，或者发行人根据债务工具的公允价值变动计划在近期回购的、有公开市场报价的债务工具。

（2）相关金融资产或金融负债在初始确认时属于集中管理的可辨认金融工具组合的一部分，且有客观证据表明近期实际存在短期获利模式。在这种情况下，即使组合中有某个组成项目持有的期限稍长也不受影响。

（3）相关金融资产或金融负债属于衍生工具。但符合财务担保合同定义的衍生工具以及被指定为有效套期工具的衍生工具除外。例如，未作为套期工具的利率互换或外汇期权。

只有不符合上述条件的非交易性权益工具投资才可以进行该指定。此处权益工具投资中的"权益工具"，是指对于工具发行方来说，满足权益工具定义的工具。例如，普通股对于发行方而言，满足权益工具定义；对于投资方而言，属于权益工具投资。

符合金融负债定义但是被分类为权益工具的特殊金融工具（包括可回售工具和发行方仅在清算时才有义务向另一方按比例交付其净资产的金融工具）本身并不符合权益工具的定义，因此从投资方的角度也就不符合指定为以公允价值计量且其变动计入其他综合收益的金融资产的条件。例如，某些开放式基金的基金持有人可将基金份额回售给基金，该基金发行的基金份额并不符合权益工具的定义，只是按照金融工具列报准则符合列报为权益工具条件的可回售工具。这种情况下，投资人持有的该基金份额，不能指定为以公允价值计量且其变动计入其他综合收益的金融资产。

2. 基本会计处理原则。

初始确认时，企业可基于单项非交易性权益工具投资，将其指定为以公允价值计量且其变动计入其他综合收益的金融资产，其公允价值的后续变动计入其他综合收益，不需计提减值准备。除了获得的股利（明确代表投资成本部分收回的股利除外）计入当期损益外，其他相关的利得和损失（包括汇兑损益）均应当计入其他综合收益，且后续不得转入当期损益。当金融资产终止确认时，之前计入其他综合收益的累计利得或损失应当从其他综合收益中转出，计入留存收益。

需要注意的是，企业在非同一控制下的企业合并中确认的或有对价构成金融资产的，该金融资产应当分类为以公允价值计量且其变动计入当期损益的金融资产，不得指定为以公允价值计量且其变动计入其他综合收益的金融资产。

二、金融负债的分类

（一）除下列各项外，企业应当将金融负债分类为以摊余成本计量的金融负债

1. 以公允价值计量且其变动计入当期损益的金融负债，包括交易性金融负债（含属于金融负债的衍生工具）和指定为以公允价值计量且其变动计入当期损益的金融负债。

2. 金融资产转移不符合终止确认条件或继续涉入被转移金融资产所形成的金融负债。对此类金融负债，企业应当按照金融资产转移相关知识点的原则处理。

3. 部分财务担保合同，以及不属于以公允价值计量且其变动计入当期损益的金融负债的以低于市场利率贷款的贷款承诺。企业作为此类金融负债发行方的，应当在初始确认后按照损失准备金额以及初始确认金额扣除，依据《企业会计准则第 14 号——收入》相关规定所确定的累计摊销额后的余额孰高进行计量。

（二）公允价值选择权

在初始确认时，为了提供更相关的会计信息，企业可以将一项金融资产、一项金融负债或者一组金融工具（金融资产、金融负债或者金融资产及负债）指定为以公允价值计量且其变动计入当期损益的金融资产或金融负债，但该指定应当满足下列条件之一：

1. 金融资产或金融负债能够消除或显著减少会计错配。

2. 根据正式书面文件载明的企业风险管理或投资策略，以公允价值为基础对金融负债组合或金融资产和金融负债组合进行管理和业绩评价，并在企业内部以此为基础向关键管理人员报告。需要注意的是，企业将一项金融资产、一项金融负债或者一组金融工具（金融资产、金融负债或者金融资产及负债）指定为以公允价值计量且其变动计入当期损益的，一经做出不得撤销。

第三节　金融负债和权益工具的区分

一、金融负债和权益工具的区分

（一）金融负债和权益工具区分的总体要求

企业发行金融工具，应当按照该金融工具的合同条款及其所反映的经济实质而非法律形式，以及金融资产、金融负债和权益工具的定义，在初始确认时将该金融工具或其组成

部分分类为金融资产、金融负债或权益工具。

1. 金融负债和权益工具的定义。

金融负债,是指企业符合下列条件之一的负债:

(1) 向其他方交付现金或其他金融资产的合同义务,如发行的承诺支付固定利息的公司债券。

(2) 在潜在不利条件下,与其他方交换金融资产或金融负债的合同义务,如签出的外汇期权。

(3) 将来须用或可用企业自身权益工具进行结算的非衍生工具合同,且企业根据该合同将交付可变数量的自身权益工具。例如,企业取得一项金融资产,并承诺两个月后向卖方交付本企业发行的普通股,交付的普通股数量根据交付时的股价确定,则该项承诺是一项金融负债。

(4) 将来须用或可用企业自身权益工具进行结算的衍生工具合同(以固定数量的自身权益工具交换固定金额的现金或其他金融资产的衍生工具合同除外),如以普通股净额结算的股票期权。企业对全部现有同类别非衍生自身权益工具的持有方(如普通股股东)同比例发行配股权、期权或认股权证,使之有权按比例以固定金额的任何货币换取固定数量的该企业自身权益工具的,该类配股权、期权或认股权证应当分类为权益工具。其中,企业自身权益工具不包括分类为权益工具的金融工具,也不包括本身就要求在未来收取或交付企业自身权益工具的合同。

权益工具,是指能证明拥有某个企业在扣除所有负债后的资产中的剩余权益的合同。在同时满足下列条件的情况下,企业应当将发行的金融工具分类为权益工具:

(1) 该金融工具应当不包括交付现金或其他金融资产给其他方,或在潜在不利条件下与其他方交换金融资产或金融负债的合同义务。

(2) 将来须用或可用企业自身权益工具结算该金融工具。如为非衍生工具,该金融工具应当不包括交付可变数量的自身权益工具进行结算的合同义务;如为衍生工具,企业只能通过以固定数量的自身权益工具交换固定金额的现金或其他金融资产结算该金融工具。其中,企业自身权益工具不包括权益工具的特殊金融工具,也不包括本身就要求在未来收取或交付企业自身权益工具的合同。

2. 区分金融负债和权益工具需考虑的因素。

(1) 合同所反映的经济实质。在判断一项金融工具是否应划分为金融负债或权益工具时,应当以相关合同条款及其所反映的经济实质而非仅以法律形式为依据,运用金融负债和权益工具区分的原则,正确地确定该金融工具或其组成部分的会计分类。对金融工具合同所反映经济实质的评估应基于合同的具体条款。企业不应仅依据监管规定或工具名称进行划分。

(2) 工具的特征。有些金融工具(如企业发行的某些优先股)可能既有权益工具的特征,又有金融负债的特征。因此,企业应当全面细致地分析此类金融工具各组成部分的合同条款,以确定其显示的是金融负债还是权益工具的特征,并进行整体评估,以判定整个工具应划分为金融负债或权益工具,还是既包括金融负债成分又包括权益工具成分的复合金融工具。

(二) 金融负债和权益工具区分的基本原则

1. 是否存在无条件地避免交付现金或其他金融资产的合同义务。

(1) 如果企业不能无条件地避免以交付现金或其他金融资产来履行一项合同义务，则该合同义务符合金融负债的定义。实务中，常见的该类合同义务情形包括：

①不能无条件避免的赎回（指将自己发行的证券再买回来），即金融工具发行方不能无条件避免赎回此金融工具。

如果一项合同使发行方承担了以现金或其他金融资产回购自身权益工具的义务，即使发行方的回购义务取决于合同对手方是否行使回售权（也称看跌期权），发行方也应当在初始确认时将该义务确认为一项金融负债，其金额等于回购所需支付金额的现值（如远期回购价格的现值、期权行权价格的现值或其他回售金额的现值）。

【例题18-8】2×17年1月1日，甲公司经批准发行10亿元优先股。如果因甲公司不能控制的原因导致控股股东发生变更的，甲公司须按面值赎回该优先股。如果甲公司连续3年不分派优先股股利，投资者有权决定是否回售。

分析：甲公司能无条件避免的赎回（指将自己发行的证券再买回来），即金融工具发行方不能无条件避免赎回此金融工具。应分类为金融负债。

②强制付息，即金融工具发行方被要求强制支付利息。

【例题18-9】企业发行面值为1亿元的优先股，要求每年按6%的股息率支付优先股股息。

分析：发行方承担了支付未来每年6%股息的合同义务，应当就该强制付息的合同义务确认金融负债。

【例题18-10】企业发行的一项永续债，无固定还款期限且不可赎回、每年按8%的利率强制付息。

分析：尽管该项工具的期限永续且不可赎回，但由于企业承担了以利息形式永续支付现金的合同义务，因此符合金融负债的定义。

(2) 如果企业能够无条件避免交付现金或其他金融资产。

【例题18-11】如果企业发行的金融工具，能够根据相应的议事机制自主决定是否支付股息（即无支付股息的义务），同时所发行的金融工具没有到期日且持有方没有回售权，或虽有固定期限但发行方有权无限期递延（即无支付本金的义务）。

分析：此类交付现金或其他金融资产的结算条款不构成金融负债。

【例题18-12】企业发行一项金融工具，如果发放股利由发行方根据相应的议事机制自主决定。

分析：应分类为权益工具，这种情况下股利是累积股利还是非累积股利本身均不会影响该金融工具被分类为权益工具。实务中，优先股等金融工具发行时还可能会附有与普通股股利支付相联结的合同条款。这类工具常见的联结条款包括"股利制动机制""股利推动机制"等。

2. 是否通过交付固定数量的自身权益工具结算。

(1) 基于自身权益工具的非衍生工具。

对于非衍生工具，如果发行方未来有义务交付可变数量的自身权益工具进行结算，则该非衍生工具是金融负债；否则，满足"固定换固定"条件，该非衍生工具是权益工具，如果将交付的企业自身权益工具数量是变化的，该合同应当分类为金融负债。

【例题18-13】甲公司与乙公司签订的合同约定，甲公司以100万元等值的自身权益工具偿还所欠乙公司债务。

分析：甲公司需偿还的负债金额100万元是固定的，但甲公司需交付的自身权益工具的数量随着其权益工具市场价格的变动而变动。在这种情况下，甲公司发行的该金融工具应当划分为金融负债。

【例题18-14】甲公司与乙公司签订的合同约定，甲公司以100盎司黄金等值的自身权益工具偿还所欠乙公司债务。

分析：甲公司需偿还的负债金额随黄金价格变动而变动，同时，甲公司需交付的自身权益工具的数量随着其权益工具市场价格的变动而变动。在这种情况下，该金融工具应当划分为金融负债。

【例题18-15】甲公司发行了名义金额人民币100元的优先股，合同条款规定甲公司在3年后将优先股强制转换为普通股，转股价格为转股日前一工作日的该普通股市价。

分析：转股价格是变动的，未来须交付的普通股数量是可变的，实质可视作甲公司将在3年后使用自身普通股并按其市价履行支付优先股每股人民币100元的义务。在这种情况下，该强制可转换优先股整体是一项金融负债。

（2）基于自身权益工具的衍生工具。

对于衍生工具，如果发行方只能通过以固定数量的自身权益工具交换固定金额的现金或其他金融资产进行结算（即"固定换固定"），则该衍生工具是权益工具。

如果发行方以固定数量自身权益工具交换可变金额现金或其他金融资产，或以可变数量自身权益工具交换固定金额现金或其他金融资产，或以可变数量自身权益工具交换可变金额现金或其他金融资产，则该衍生工具应当确认为衍生金融负债或衍生金融资产。

（三）以外币计价的配股权、期权或认股权证

对以外币计价的配股权、期权或认股权证应当分类为权益工具。但是不适用于其他工具，如以外币计价的可转换公司债券和并非按比例发行的配股权、期权或认股权证。

（四）或有结算条款

1. 分类为金融负债。

对于附有或有结算条款的金融工具，发行方不能无条件地避免交付现金、其他金融资产，应当分类为金融负债。

【例题18-16】甲公司发行了一项永续债，每年按照合同条款支付利息，但同时约定其利息只在发行方有可供分配利润时才需支付，如果发行方可供分配利润不足则可能无法履行该项支付义务。

分析：应分类为金融负债。虽然利息的支付取决于是否有可供分配利润使利息支付义务成为或有情况下的义务，但是甲公司并不能无条件地避免支付现金的合同义务，因此该公司应当将该永续债划分为一项金融负债。

2. 分类为权益工具。

满足下列条件之一的，发行方应当将其分类为权益工具：

（1）要求以现金、其他金融资产进行结算的或有结算条款几乎不具有可能性，即相关情形极端罕见、显著异常或几乎不可能发生。

如果一项合同只有在上述不具有可能性的事件发生时才须以现金、其他金融资产（或以其他导致该工具成为金融负债的方式）进行结算，对金融工具进行分类时，不需要考虑这些或有结算条款，应将该合同确认为一项权益工具。

（2）只有在发行方清算时，才须以现金、其他金融资产或以其他导致该工具成为金融负债的方式进行结算。

（3）特殊金融工具中分类为权益工具的可回售工具。

【例题18-17】甲公司发行1亿元优先股。按合同条款约定，甲公司可根据相应的议事机制自行决定是否派发股利，如果甲公司的控股股东发生变更（假设该事项不受甲公司控制），甲公司必须按面值赎回该优先股。

分析：应分类为金融负债。该或有事项（控股股东变更）不受甲公司控制，属于或有结算事项。同时，该事项的发生具有可能性。由于甲公司不能无条件避免赎回股份的义务，因此，该工具应当划分为一项金融负债。

（五）结算选择权

对于存在结算选择权的衍生工具（例如，合同规定发行方或持有方能选择以现金净额或以发行股份交换现金等方式进行结算的衍生工具），发行方应当将其确认为金融资产或金融负债，会计核算时应通过"衍生工具"科目核算。

（六）合并财务报表中金融负债和权益工具的区分

在合并财务报表中对金融工具（或其组成部分）进行分类时，企业应考虑集团成员和金融工具的持有方之间达成的所有条款和条件，以确定集团作为一个整体是否由于该工具而承担了交付现金或其他金融资产的义务，或者承担了以其他导致该工具分类为金融负债的方式进行结算的义务。

【例题18-18】甲公司为乙公司的母公司，其向乙公司的少数股东（A公司）签出一份在未来6个月后以乙公司普通股为基础的看跌期权，如果6个月后乙公司股票价格下跌，乙公司少数股东（A公司）有权要求甲公司无条件地以固定价格购入乙公司少数股东（A公司）所持有的乙公司股份。

分析：在甲公司个别财务报表，由于该看跌期权的价值随着乙公司股票价格的变动而变动，并将于未来约定日期进行结算，因此该看跌期权符合衍生工具的定义而确认为一项衍生金融负债。而在集团合并财务报表中，少数股东所持有的乙公司股份也是集团自身权益工具，由于看跌期权使集团整体承担了不能无条件避免以现金或其他金融资产回购自身权益工具的合同义务，合并财务报表中应当将该义务确认为一项金融负债（尽管现金的支付取决于持有方是否行使期权），其金额等于回购所需支付金额的现值。

二、复合金融工具

对于复合金融工具，发行方应于初始确认时将各组成部分分别分类为金融负债、金融资产或权益工具。企业发行的一项非衍生工具同时包含金融负债成分和权益工具成分的，应于初始计量时先确定金融负债成分的公允价值（包括其中可能包含的非权益性嵌入衍生工具的公允价值），再从复合金融工具公允价值中扣除负债成分的公允价值，作为权益工具成分的价值。

第四节　金融工具的计量

一、金融资产和金融负债的初始计量

企业初始确认金融资产或金融负债，应当按照公允价值计量。对于以公允价值计量且其变动计入当期损益的金融资产和金融负债，相关交易费用应当直接计入当期损益；对于其他类别的金融资产或金融负债，相关交易费用应当计入初始确认金额。但是，企业初始确认的应收账款未包含重大融资成分，应当按照该准则定义的交易价格进行初始计量。

交易费用，是指可直接归属于购买、发行或处置金融工具的增量费用。企业应当根据《企业会计准则第39号——公允价值计量》的规定，确定金融资产和金融负债在初始确认时的公允价值。公允价值通常为相关金融资产或金融负债的交易价格。金融资产或金融负债公允价值与交易价格存在差异的，企业应当区别下列情况进行处理：

1. 在初始确认时，金融资产或金融负债的公允价值依据相同资产或负债在活跃市场上的报价或者以仅使用可观察市场数据的估值技术确定的，企业应当将该公允价值与交易价格之间的差额确认为一项利得或损失。

2. 在初始确认时，金融资产或金融负债的公允价值以其他方式确定的，企业应当将该公允价值与交易价格之间的差额递延。初始确认后，企业应当根据某一因素在相应会计期间的变动程度将该递延差额确认为相应会计期间的利得或损失。该因素应当仅限于市场参与者对该金融工具定价时将予考虑的因素，包括时间等。

企业取得金融资产所支付的价款中包含的已宣告但尚未发放的债券利息或现金股利，应当单独确认为应收项目进行处理。

二、金融资产的后续计量

（一）金融资产后续计量原则

企业应当对不同类别的金融资产，分别以摊余成本、以公允价值计量且其变动计入其他综合收益或以公允价值计量且其变动计入当期损益进行后续计量。

企业在对金融资产进行后续计量时，需要注意的是，如果一项金融工具以前被确认为一项金融资产并以公允价值计量，而现在它的公允价值小于零，企业应将其确认为一项负债。但对于主合同为资产的混合合同,即使整体公允价值可能低于零,企业应当始终将混合合同整体作为一项金融资产进行分类和计量。

(二) 以摊余成本计量的金融资产的会计处理

1. 实际利率。

实际利率法,是指计算金融资产或金融负债的摊余成本以及将利息收入或利息费用分摊计入各会计期间的方法。

实际利率,是指将金融资产或金融负债在预计存续期的估计未来现金流量,折现为该金融资产账面余额或该金融负债摊余成本所使用的利率。经信用调整的实际利率,是指将购入或源生的已发生信用减值的金融资产在预计存续期的估计未来现金流量,折现为该金融资产摊余成本的利率。

2. 摊余成本。

金融资产或金融负债的摊余成本,应当以该金融资产或金融负债的初始确认金额经下列调整后的结果确定:

(1) 扣除已偿还的本金。

(2) 加上或减去采用实际利率法将该初始确认金额与到期日金额之间的差额进行摊销形成的累计摊销额。

(3) 扣除累计计提的损失准备(仅适用于金融资产)。企业应当按照实际利率法确认利息收入。利息收入 = 金融资产账面余额 × 实际利率。但下列情况除外:

①对于购入或源生的已发生信用减值的金融资产,企业应当自初始确认起,按照该金融资产的摊余成本和经信用调整的实际利率计算确定其利息收入。

②对于购入或源生的未发生信用减值,但在后续期间成为已发生信用减值的金融资产,企业应当在后续期间,按照该金融资产的摊余成本和实际利率计算确定其利息收入。企业按照上述规定对金融资产的摊余成本运用实际利率法计算利息收入的,若该金融工具在后续期间因其信用风险有所改善而不再存在信用减值,并且这一改善在客观上可与应用上述规定之后发生的某一事件相联系(如债务人的信用评级被上调),企业应当转按实际利率乘以该金融资产账面余额来计算确定利息收入。

【例题18-19】2×13年1月1日,甲公司支付价款1,000万元(含交易费用)从上海证券交易所购入A公司同日发行的5年期公司债券12,500份,债券票面价值总额为1,250万元,票面年利率为4.72%,于年末支付本年度债券利息(即每年利息为59万元),本金在债券到期时一次性偿还。合同约定,该债券的发行方在遇到特定情况时可以将债券赎回,且不需要为提前赎回支付额外款项。甲公司在购买该债券时,预计发行方不会提前赎回。甲公司根据其管理该债券的业务模式和该债券的合同现金流量特征,将该债券分类为以摊余成本计量的金融资产。假定不考虑所得税、减值损失等因素,计算该债券的实际利率为10%(本题简化处理,计算结果保留为整数)。甲公司的有关账务处理如下(金额单位:万元):

(1) 2×13年1月1日,购入A公司债券。

借:债权投资——成本 1,250
　　贷:银行存款 1,000

　　　　债权投资——利息调整　　　　　　　　　　　　　　　　　　　　250

（2）2×13年12月31日，确认A公司债券实际利息收入。

　　借：应收利息　　　　　　　　　　　　　　　　　（1,250×4.72%）59
　　　　债权投资——利息调整　　　　　　　　　　　　　　　　　　　41
　　　　　贷：投资收益　　　　　　　　　　　　　　　（1,000×10%）100
　　借：银行存款　　　　　　　　　　　　　　　　　　　　　　　　　59
　　　　　贷：应收利息　　　　　　　　　　　　　　　　　　　　　　 59

2×13年12月31日债权投资账面余额=1,000+41=1,041（万元）

（3）2×14年12月31日，确认A公司债券实际利息收入。

　　借：应收利息　　　　　　　　　　　　　　　　　（1,250×4.72%）59
　　　　债权投资——利息调整　　　　　　　　　　　　　　　　　　　45
　　　　　贷：投资收益　　　　　　　　　　　　　　　（1,041×10%）104
　　借：银行存款　　　　　　　　　　　　　　　　　　　　　　　　　59
　　　　　贷：应收利息　　　　　　　　　　　　　　　　　　　　　　 59

2×14年12月31日债权投资账面余额=1,041+45=1,086（万元）

（4）假定在2×15年1月1日，甲公司预计本金的一半（即625万元）将会在该年末收回，而其余的一半本金将于2×17年末付清。遇到这种情况时，甲公司应当调整2×15年年初的摊余成本，计入当期损益；调整时采用最初确定的实际利率。

①2×14年12月31日债权投资摊余成本=1,041+45=1,086（万元）

②2×15年1月1日债权投资摊余成本=$(625+59)\times(1+10\%)^{-1}+30\times(1+10\%)^{-2}+(625+30)\times(1+10\%)^{-3}=1,139$（万元）

③2×15年1月1日，调整期初账面余额=1,139-1,086=53（万元）

　　借：债权投资——利息调整　　　　　　　　　　　　　　　　　　　53
　　　　　贷：投资收益　　　　　　　　　　　　　　　　　　　　　　 53

2×15年1月1日债权投资账面余额=1,086+53=1,139（万元）

（5）2×15年12月31日，确认A公司债券实际利息收入

　　借：应收利息　　　　　　　　　　　　　　　　　（1,250×4.72%）59
　　　　债权投资——利息调整　　　　　　　　　　　　　　　　　　　55
　　　　　贷：投资收益　　　　　　　　　　　　　　　（1,139×10%）114
　　借：银行存款　　　　　　　　　　　　　　　　　　　　　　　　　59
　　　　　贷：应收利息　　　　　　　　　　　　　　　　　　　　　　 59
　　借：银行存款　　　　　　　　　　　　　　　　　　　　　　　　 625
　　　　　贷：债权投资——成本　　　　　　　　　　　　　　　　　 625

2×15年12月31日债权投资账面余额=1,139+55-625=569（万元）

（6）2×16年12月31日，确认实际利息收入

　　借：应收利息　　　　　　　　　　　　　　　　　　　　　　　　　30
　　　　债权投资——利息调整　　　　　　　　　　　　　　　　　　　27
　　　　　贷：投资收益　　　　　　　　　　　　　　　　（569×10%）57

(三) 以公允价值进行后续计量的金融资产的会计处理

1. 对于按照公允价值进行后续计量的金融资产，其公允价值变动形成的利得或损失，除与套期会计有关外，应当按照下列规定处理：

(1) 以公允价值计量且其变动计入当期损益的金融资产的利得或损失，应当计入当期损益。

(2) 分类为以公允价值计量且其变动计入其他综合收益的金融资产所产生的所有利得或损失，除减值损失或利得和汇兑损益之外，均应当计入其他综合收益，直至该金融资产终止确认或被重分类。但是，采用实际利率法计算的该金融资产的利息应当计入当期损益。该金融资产计入各期损益的金额应当与视同其一直按摊余成本计量而计入各期损益的金额相等。该金融资产终止确认时，之前计入其他综合收益的累计利得或损失应当从其他综合收益中转出，计入当期损益。

(3) 指定为以公允价值计量且其变动计入其他综合收益的非交易性权益工具投资，除了获得的股利（明确代表投资成本部分收回的股利除外）计入当期损益外，其他相关的利得和损失（包括汇兑损益）均应当计入其他综合收益，且后续不得转入当期损益。当其终止确认时，之前计入其他综合收益的累计利得或损失应当从其他综合收益中转出，计入留存收益。

2. 企业只有在同时符合下列条件时，才能确认股利收入并计入当期损益：

(1) 企业收取股利的权利已经确立；

(2) 与股利相关的经济利益很可能流入企业；

(3) 股利的金额能够可靠计量。

【例题 18-20】甲公司为上市公司，2×13 年 12 月 31 日，以 21,909.19 万元（包括交易费用 9.19 万元）的价格购入乙公司于 2×13 年 1 月 1 日发行的 5 年期一次还本、分期付息债券，债券面值总额为 20,000 万元，付息日为每年 1 月 5 日，票面年利率为 6%。甲公司于每年年末计提债券利息；根据其管理该债券的业务模式和该债券的合同现金流量特征，将该债券分类为以公允价值计量且其变动计入其他综合收益的金融资产。甲公司确定该债券实际利率为 5%。根据上述资料，甲公司的会计处理如下：

(1) 2×13 年 12 月 31 日购入债券：

借：其他债权投资——成本　　　　　　　　　　　　　　20,000
　　应收利息　　　　　　　　　　　　　　　　　　　　1,200
　　其他债权投资——利息调整　　　　　　　　　　　　709.19
　　贷：银行存款　　　　　　　　　　　　　　　　　　21,909.19

(2) 2×14 年 1 月 5 日，收到乙公司发放的债券利息，存入银行。

借：银行存款　　　　　　　　　　　　　　　　　　　　1,200
　　贷：应收利息　　　　　　　　　　　　　　　　　　1,200

(3) 2×14 年 12 月 31 日，确认实际利息收入；年末该债券的公允价值为 21,000 万元。

① 应收利息 = 20,000 × 6% = 1,200

② 实际利息收入 = 20,709.19 × 5% = 1,035.46

③ 利息调整 = 1,200 − 1,035.46 = 164.54

借：应收利息 1,200
　　贷：其他债权投资——利息调整 164.54
　　　　投资收益 1,035.46

④公允价值变动 = 21,000 - (20,709.19 - 164.54) = 455.35

借：其他债权投资——公允价值变动 455.35
　　贷：其他综合收益 455.35

年末其他债权投资的账面余额 = 20,709.19 - 164.54 = 20,544.65
年末其他债权投资的账面价值 = 21,000

(4) 2×15 年 1 月 5 日，收到利息（略）。

(5) 2×15 年 12 月 31 日，确认实际利息收入；2×15 年 12 月 31 日公允价值为 20,700 万元。不考虑减值因素。

①应收利息 = 20,000 × 6% = 1,200
②实际利息收入 = 20,544.65 × 5% = 1,027.23
③利息调整 = 1,200 - 1,027.23 = 172.77

借：应收利息 1,200
　　贷：其他债权投资——利息调整 172.77
　　　　投资收益 1,027.23

④公允价值变动 = 20,700 - (21,000 - 172.77) = -127.23

借：其他综合收益 127.23
　　贷：其他债权投资——公允价值变动 127.23

2×15 年末其他债权投资的账面余额 = 20,544.65 - 172.77 = 20,371.88
2×15 年年末其他债权投资的账面价值 = 20,700

(6) 2×16 年 1 月 5 日，收到利息（略）。

(7) 2×16 年 1 月 6 日，甲公司出售全部该债券，取得价款 20,800 万元。

借：银行存款 20,800
　　其他综合收益 328.12
　　贷：其他债权投资——成本 20,000
　　　　　　　　　　——利息调整 371.88
　　　　　　　　　　——公允价值变动 328.12
　　　　投资收益 428.12

【例题 18-21】甲公司为上市公司，有关债券投资业务如下。

(1) 2×16 年 4 月 1 日，甲公司从二级市场购入丙公司发行的永续债，该永续债为 2×15 年 1 月 1 日发行，次年 1 月 5 日强制付息，票面年利率为 4%。甲公司支付价款合计 205 万元，其中包括第一季度的债券利息 2 万元，另付交易费用 1 万元，该债券面值总额为 200 万元。甲公司根据其管理该永续债的业务模式和该永续债的合同现金流量特征，将该永续债分类为以公允价值计量且其变动计入当期损益的金融资产（单位为万元）。

借：交易性金融资产——成本 (205-2) 203
　　应收利息 2
　　投资收益 1

贷：银行存款　　　　　　　　　　　　　　　　　　　　　　　　　206

（2）2×16年12月31日，丙公司债券的公允价值为210万元：

公允价值变动=210－203=7（万元）

　　借：交易性金融资产——公允价值变动　　　　　　　　　　　　　7
　　　　贷：公允价值变动损益　　　　　　　　　　　　　　　　　　7
　　借：应收利息　　　　　　　　　　　　　　　　（200×4%×9/12）6
　　　　贷：投资收益　　　　　　　　　　　　　　　　　　　　　　6

（3）2×17年1月5日收到丙公司债券2×16年的利息：

　　借：银行存款　　　　　　　　　　　　　　　　　　　　　　　　8
　　　　贷：应收利息　　　　　　　　　　　　　　　　　　　　　　8

（4）2×17年12月31日，丙公司债券的公允价值为208万元。

公允价值变动=208－210=－2（万元）

　　借：公允价值变动损益　　　　　　　　　　　　　　　　　　　　2
　　　　贷：交易性金融资产——公允价值变动　　　　　　　　　　　2
　　借：应收利息　　　　　　　　　　　　　　　　　　　（200×4%）8
　　　　贷：投资收益　　　　　　　　　　　　　　　　　　　　　　8

【例题18-22】 A公司按照净利润的10%计提盈余公积，有关股票投资业务如下。

（1）2×15年11月6日，A公司购买B公司发行的股票100万股，成交价为每股25.2元，其中包含已宣告但尚未发放的现金股利每股0.2元，另付交易费用6万元，占B公司表决权资本的1%。

假定A公司将其指定为以公允价值计量且其变动计入其他综合收益的非交易性权益工具投资。

初始成本=100×（25.2－0.2）+6=2,506

　　借：其他权益工具投资——成本　　　　　　　　　　　　　　　2,506
　　　　应收股利　　　　　　　　　　　　　　　　　　　　　　　20
　　　　贷：银行存款　　　　　　　　　　　　　　　　　　　　　2,526

（2）2×15年11月10日，收到上述现金股利：

　　借：银行存款　　　　　　　　　　　　　　　　　　　　　　　20
　　　　贷：应收股利　　　　　　　　　　　　　　　　　　　　　20

（3）2×15年12月31日，该股票每股市价为28元：

公允价值变动=100×28－2,506=294（万元）

　　借：其他权益工具投资——公允价值变动　　　　　　　　　　　294
　　　　贷：其他综合收益　　　　　　　　　　　　　　　　　　　294

（4）2×16年4月3日，B公司宣告发放现金股利每股0.3元，4月30日，A公司收到现金股利：

　　借：应收股利　　　　　　　　　　　　　　　　　　（100×0.3）30
　　　　贷：投资收益　　　　　　　　　　　　　　　　　　　　　30
　　借：银行存款　　　　　　　　　　　　　　　　　　　　　　　30
　　　　贷：应收股利　　　　　　　　　　　　　　　　　　　　　30

(5) 2×16年12月31日,该股票每股市价为26元,假定判断为暂时性下跌:

公允价值变动 = 100×(26−28) = −200

借:其他综合收益 200
  贷:其他权益工具投资——公允价值变动 200

(6) 2×17年2月6日,A公司出售B公司全部股票,出售价格为每股30元,另支付交易费用8万元:

借:银行存款 (100×30−8) 2,992
  其他综合收益 94
  贷:其他权益工具投资——成本 2,506
      ——公允价值变动 94
    盈余公积 (486×10%) 48.6
    利润分配——未分配利润 437.4

三、金融负债的后续计量

(一) 金融负债后续计量原则

企业应当按照以下原则对金融负债后续计量:

1. 以公允价值计量且其变动计入当期损益的金融负债,应当按照公允价值后续计量,相关利得或损失应当计入当期损益。

2. 金融资产转移不符合终止确认条件或继续涉入被转移金融资产所形成的金融负债。对此类金融负债,企业应当按照《企业会计准则第23号——金融资产转移》相关规定进行计量。

3. 不属于指定为以公允价值计量且其变动计入当期损益的金融负债的财务担保合同或没有指定为以公允价值计量且其变动计入当期损益并将以低于市场利率贷款的贷款承诺,企业作为此类金融负债发行方的,应当在初始确认后按照损失准备金额以及初始确认金额扣除依据《企业会计准则第14号——收入》相关规定所确定的累计摊销额后的余额孰高进行计量。

4. 上述金融负债以外的金融负债,应当按摊余成本后续计量。

(二) 金融负债后续计量的会计处理

1. 对于按照公允价值进行后续计量的金融负债,其公允价值变动形成利得或损失,除与套期会计有关外,应当计入当期损益。

【例题18−23】2×16年7月1日,甲公司经批准在全国银行间债券市场公开发行10亿元人民币短期融资券,期限为1年,票面年利率5.58%,每张面值为100元,到期一次还本付息。所募集资金主要用于公司购买生产经营所需的原材料及配套件等。公司将该短期融资券指定为以公允价值计量且其变动计入当期损益的金融负债。假定不考虑发行短期融资券相关的交易费用以及企业自身信用风险变动。2×16年12月31日,该短期融资券市场价格每张120元(不含利息);2×17年6月30日,该短期融资券到期兑付完成。据此，甲公司账务处理如下（金额单位：万元）：

（1）2×16年7月1日，发行短期融资券。

借：银行存款 100,000
　　贷：交易性金融负债 100,000

（2）2×16年12月31日，年末确认公允价值变动和利息费用。

借：公允价值变动损益　（120,000 – 100,000）20,000
　　贷：交易性金融负债 20,000
借：财务费用　（100,000×5.58%/2）2,790
　　贷：应付利息 2,790

（3）2×17年6月30日，短期融资券到期。

借：财务费用 2,790
　　贷：应付利息 2,790
借：交易性金融负债 120,000
　　应付利息　（100,000×5.58%）5,580
　　贷：银行存款 105,580
　　　　公允价值变动损益 20,000

2. 以摊余成本计量且不属于任何套期关系的一部分的金融负债所产生的利得或损失，当在终止确认时计入当期损益或在按照实际利率法摊销时计入相关期间损益。

3. 指定为公允价值计量的金融负债自身信用风险变动的会计处理。企业根据准则规定将金融负债指定为以公允价值计量且其变动计入当期损益的金融负债的，该金融负债所产生的利得或损失由企业自身信用风险变动引起的该金融负债公允价值的变动金额，应当计入其他综合收益；该金融负债的其他公允价值变动计入当期损益。该金融负债终止确认时，之前计入其他综合收益的累计利得或损失应当从其他综合收益中转出，计入留存收益。

四、金融工具的减值

（一）金融工具减值概述

新准则对金融工具减值的规定通常称为"预期信用损失法"。该方法与过去规定的、根据实际已发生减值损失确认减值准备的方法有着根本性不同。在预期信用损失法下，减值准备的计提不以减值的实际发生为前提，而是以未来可能的违约事件造成的损失的期望值来计量当前（资产负债表日）应当确认的减值准备。

1. 预期信用损失的定义。预期信用损失，是指以发生违约的风险为权重的金融工具信用损失的加权平均值。"发生违约的风险"可以理解为发生违约的概率。信用损失，是指企业按照原实际利率折现的、根据合同应收的所有合同现金流量与预期能收取的所有现金流量之间的差额（以下称现金流缺口）的现值。根据现值的定义，即使企业能够全额收回合同约定的金额，但如果收款时间晚于合同规定的时间，也会产生信用损失。

2. 适用减值规定的金融工具。注意金融工具减值规定的适用范围大于准则整体适用范围，不仅包括金融资产（通常为企业持有的债务工具），还包括准则范围以外的资产

（如合同资产）、某些金融负债或者尚未确认的确定承诺。具体包括以下各项：

（1）以摊余成本计量的金融资产（含应收款项）；

（2）以公允价值计量且其变动计入其他综合收益的金融资产；

（3）租赁应收款；

（4）《企业会计准则第 14 号——收入》定义的合同资产；

（5）企业做出的贷款承诺，以公允价值计量且其变动计入当期损益的金融负债除外；

（6）财务担保合同。

3. 金融工具减值的三阶段。按照准则相关规定，可以将金融工具发生信用减值的过程分为三个阶段，对于不同阶段的金融工具的减值有不同的会计处理方法：

（1）信用风险自初始确认后未显著增加（第一阶段）。对于处于该阶段的金融工具，企业应当按照未来 12 个月的预期信用损失计量损失准备，并按其账面余额（即未扣除减值准备）和实际利率计算利息收入。

（2）信用风险自初始确认后已显著增加但尚未发生信用减值（第二阶段）。对于处于该阶段的金融工具，企业应当按照该工具整个存续期的预期信用损失计量损失准备，并按其账面余额和实际利率计算利息收入。

（3）初始确认后发生信用减值（第三阶段）。对于处于该阶段的金融工具，企业应当按照该工具整个存续期的预期信用损失计量损失准备，但对利息收入的计算不同于处于前两阶段的金融资产。对于已发生信用减值的金融资产，企业应当按其摊余成本（账面余额减已计提减值准备，也即账面价值）和实际利率计算利息收入。

上述三阶段的划分，适用于购买或源生时未发生信用减值的金融工具。对于购买或源生时已发生信用减值的金融资产，企业应当仅将初始确认后整个存续期内预期信用损失的变动确认为损失准备，并按其摊余成本和经信用调整的实际利率计算利息收入。

（二）对信用风险显著增加的评估

1. 一般原则。企业应当在资产负债表日评估金融工具信用风险自初始确认后是否已显著增加。这里的信用风险，是指发生违约的概率。

（1）判断标准。企业应当通过比较金融工具在初始确认时所确定的预计存续期内的违约概率和该工具在资产负债表日所确定的预计存续期内的违约概率，来判定金融工具信用风险是否显著增加。

（2）评估信用风险变化所考虑的因素。在确定金融工具的信用风险水平时，企业应当考虑以合理成本即可获得的、可能影响金融工具信用风险的、合理且有依据的信息。合理成本即无须付出不必要的额外成本或努力。

（3）逾期与信用风险显著增加。金融资产发生逾期，是指交易对手未按合同规定时间支付约定的款项，既包括本金不能按时足额支付的情况，也包括利息不能按时足额支付的情况。逾期是金融工具信用风险显著增加的常见结果。因此，逾期可能被作为信用风险显著增加的标志。但是，信用风险显著增加作为逾期的主要原因，通常先于逾期发生。企业只有在难于获得前瞻性信息，从而无法在逾期发生前确定信用风险显著增加的情况下，才能以逾期的发生来确定信用风险的显著增加。换言之，企业应尽可能在逾期发生前确定信用风险的显著增加。如果以合理成本即可获得合理且有依据的前瞻性信息，企业在确定信用风险是否显著增加时,不得仅依赖逾期信息。

(4) 逾期与违约。实务中,一些企业以逾期达到一定天数作为违约的标准。企业可以根据所处环境和债务工具特点对构成违约的逾期天数做出定义,但是,如果一项金融工具逾期超过(含)90日,则企业应当推定该金融工具已发生违约,除非企业有合理且有依据的信息,表明以更长的逾期时间作为违约标准更为恰当。

2. 特殊情形。出于简化会计处理、兼顾现行实务的考虑,准则规定了两类特殊情形。在这两类情形下,企业无须就金融工具初始确认时的信用风险与资产负债表日的信用风险进行比较分析。

(1) 较低信用风险。如果企业确定金融工具的违约风险较低,借款人在短期内履行其支付合同现金流量义务的能力很强,并且即使较长时期内经济形势和经营环境存在不利变化,也不一定会降低借款人履行其支付合同现金流量义务的能力,那么该金融工具可被视为具有较低的信用风险。例如,企业在具有较高信用评级的商业银行的定期存款可能被视为具有较低的信用风险。

(2) 应收款项、租赁应收款和合同资产。企业对于《企业会计准则第14号——收入》所规定的、不含重大融资成分的应收款项和合同资产,应当始终按照整个存续期内预期信用损失的金额计量其损失准备。

(三) 预期信用损失的计量

根据准则规定,预期信用损失是以违约概率为权重的、金融工具现金流缺口(即合同现金流量与预期收到的现金流量之间的差额)的现值的加权平均值。这一定义说明了预期信用损失的基本计算方法。

1. 不同金融工具预期信用损失的计量。

不同金融工具的预期信用损失有着不同的计算基础:

(1) 对于金融资产,信用损失应为企业依照合同应收取的合同现金流量与企业预期能收到的现金流量两者差额的现值。

(2) 对于租赁应收款,信用损失的计算方法与金融资产相同,其用于确定预期信用损失的现金流量,应当与其按照《企业会计准则第21号——租赁》计量租赁应收款的现金流量口径保持一致。

(3) 对于未提用的贷款承诺,信用损失应为下列两者差额的现值:①如果贷款承诺的持有人提用相应贷款,企业应收的合同现金流量;②如果持有人提用相应贷款,企业预期收取的现金流量。

(4) 对于财务担保合同,只有当债务人按照所担保的金融工具合同条款发生违约事件时,企业才需要进行赔付。因此,财务担保合同的信用损失是企业就合同持有人发生的信用损失向其做出赔付的预期付款额,减去企业预期向该合同持有人、债务人或其他方收取的金额的差额的现值。

(5) 对于购买或源生时未发生信用减值,但在后续资产负债表日已发生信用减值的金融资产,企业在计量其预期信用损失时,应当基于该金融资产的账面余额与按该金融资产原实际利率折现的预计未来现金流量的现值之间的差额。

企业可在计量预期信用损失时运用简便方法。例如,对于应收账款的预期信用损失,企业可参照历史信用损失经验，编制应收账款逾期天数与固定准备率对照表（例如，若未逾期为1%；若逾期不到30日为2%；若逾期天数为30～90（不含）日，为3%；若逾期天数为90～180（不含）日，为20%等），以此为基础计算预期信用损失。

2. 折现率。

（1）对于购买或源生已发生信用减值的金融资产，企业应当采用在初始确认时确定的经信用调整的实际利率（即购买或源生时将减值后的预计未来现金流量折现为摊余成本的利率）。

（2）对于租赁应收款，企业应当采用按照《企业会计准则第21号——租赁》计量租赁应收款所使用的相同折现率。

（3）对于贷款承诺，企业应当采用在确认源自该承诺的贷款时将应用的实际利率或其近似值。

（4）对于无法确定实际利率的财务担保合同或贷款承诺，企业应当采用反映货币时间价值和相关现金流量特有风险的折现率。

3. 预期信用损失的概率加权属性。

企业对预期信用损失的估计，是概率加权的结果，应当始终反映发生信用损失的可能性以及不发生信用损失的可能性，而不是仅对最坏或最好的情形做出估计。

实务中，这一要求可能并不需要企业开展复杂的分析。在某些情形下，运用相对简单的模型可能足以满足上述要求，而不需要使用大量具体的情景模拟。例如，一个较大的具有共同风险特征的金融工具组合（如小额贷款）的平均信用损失，可能是概率加权金额的合理估计值。而在其他情形下，企业可能需要识别关于现金流量金额、时间分布以及各种结果估计概率的具体数值。在这种情形下，预期信用损失应当至少反映发生信用损失和不发生信用损失两种可能性。

4. 估计预期信用损失的期间。

估计预期信用损失的期间，是指相关金融工具可能发生的现金流缺口所属的期间。企业计量预期信用损失的最长期限应当为企业面临信用风险的最长合同期限。

12个月内预期信用损失，是指因资产负债表日后12个月内（若金融工具的预计存续期少于12个月则为更短的存续期间）可能发生的违约事件而导致的金融工具在整个存续期内现金流缺口的加权平均现值，而非发生在12个月内的现金流缺口的加权平均现值。例如，企业预计一项剩余存续期为3年的债务工具在未来12个月内将发生债务重组，重组将对该工具整个存续期内的合同现金流量进行调整，则所有合同现金流量的调整（无论归属在哪个期间）都属于计算12个月内预期信用损失的考虑范围。

【例题18-24】甲公司是一家制造业企业，其经营地域单一且固定。2×17年，甲公司应收账款合计为3亿元。考虑到客户群由众多小客户构成，甲公司根据代表偿付能力的客户共同风险特征对应收账款进行分类。上述应收账款不包含重大融资成分。甲公司对上述应收账款始终按整个存续期内的预期信用损失计量损失准备。

甲公司使用逾期天数与违约损失率对照表确定该应收账款组合的预期信用损失。对照表以此类应收账款预计存续期的历史违约损失率为基础，并根据前瞻性估计予以调整。在每个资产负债表日，甲公司都将分析前瞻性估计的变动，并据此对历史违约损失率进行调整。公司预测下一年的经济形势将恶化。

甲公司的逾期天数与违约损失率对照估计如下所示：

	未逾期	逾期1~30日	逾期31~60日	逾期61~90日	逾期>90日
违约损失率	0.3%	1.6%	3.6%	6.6%	10.6%

来自众多小客户的应收账款合计3,000万元。

	账面总额	整个存续期预期信用损失准备（账面总额×违约损失率）
未逾期	1,500	1,500×0.3% = 4.5
逾期1~30天	750	750×1.6% = 12
逾期31~60天	400	400×3.6% = 14.4
逾期61~90天	250	250×6.6% = 16.5
逾期>90天	100	100×10.6% = 10.6
	3,000	58

（四）金融工具减值的账务处理

1. 减值准备的计提和转回。

借：信用减值损失
　　贷：贷款损失准备
　　　　债权投资减值准备
　　　　坏账准备
　　　　合同资产减值准备
　　　　租赁应收款减值准备
　　　　预计负债（用于贷款承诺及财务担保合同）
　　　　其他综合收益

如果资产负债表日计算的预期信用损失小于该工具（或组合）当前减值准备的账面金额（例如，从按照整个存续期预期信用损失计量损失准备转为按照未来12个月预期信用损失计量损失准备时，可能出现这一情况），则应当将差额确认为减值利得，做相反的会计分录。

2. 已发生信用损失金融资产的核销。

企业实际发生信用损失，认定相关金融资产无法收回，经批准予以核销的，应当根据批准的核销金额，借记"贷款损失准备"等科目，贷记相应的资产科目，如"贷款应收账款""合同资产"等。若核销金额大于已计提的损失准备，还应按其差额借记"信用减值损失"科目。

【例题18-25】 甲公司于2×17年12月15日购入一项公允价值为1,000万元的债务工具，分类为以公允价值计量且其变动计入其他综合收益的金融资产。该工具合同期限为

10年，年利率为5%，本例假定实际利率也为5%。初始确认时，甲公司已经确定其不属于购入或源生的已发生信用减值的金融资产。为简化起见，本例不考虑利息。

（1）购入该工具时：

借：其他债权投资——成本　　　　　　　　　　　　　　　1,000
　　贷：银行存款　　　　　　　　　　　　　　　　　　　　　　　1,000

（2）2×17年12月31日，由于市场利率变动，该债务工具的公允价值跌至950万元。甲公司认为，该工具的信用风险自初始确认后并无显著增加，应按12个月内预期信用损失计量损失准备，损失准备金额为30万元。

借：其他综合收益——其他债权投资公允价值变动　　　　　　　50
　　贷：其他债权投资——公允价值变动　　　　　　　　　　　　　50
借：信用减值损失　　　　　　　　　　　　　　　　　　　　30
　　贷：其他综合收益——信用减值准备　　　　　　　　　　　　　30

（3）2×18年1月1日，甲公司决定以当日的公允价值950万元，出售该债务工具。

借：银行存款　　　　　　　　　　　　　　　　　　　　　950
　　投资收益　　　　　　　　　　　　　　　　　　　　　　20
　　其他综合收益——信用减值准备　　　　　　　　　　　　30
　　其他债权投资——公允价值变动　　　　　　　　　　　　50
　　贷：其他综合收益——其他债权投资公允价值变动　　　　　　　50
　　　　其他债权投资——成本　　　　　　　　　　　　　　　　1,000

五、金融资产和金融负债的重分类

（一）金融工具重分类的原则

企业改变其管理金融资产的业务模式时，应当按照规定对所有受影响的相关金融资产进行重分类。企业对所有金融负债均不得进行重分类。所以金融资产（即非衍生债权资产）可以在以摊余成本计量、以公允价值计量且其变动计入其他综合收益和以公允价值计量且其变动计入当期损益之间进行重分类。

企业对金融资产进行重分类，应当自重分类日起采用未来适用法进行相关会计处理，不得对以前已经确认的利得、损失（包括减值损失或利得）或利息进行追溯调整。重分类日，是指导致企业对金融资产进行重分类的业务模式发生变更后的首个报告期间的第一天。

（二）金融资产重分类的计量

1. 以摊余成本计量的金融资产的重分类。

（1）企业将一项以摊余成本计量的金融资产重分类为以公允价值计量且其变动计入当期损益的金融资产的，应当按照该资产在重分类日的公允价值进行计量，原账面价值与公允价值之间的差额计入当期损益。一般会计分录为：

借：交易性金融资产

债权投资减值准备
　　　贷：债权投资
　　　　　公允价值变动损益

【例题 18-26】2×17 年 10 月 15 日，甲银行以公允价值 500 万元购入一项债券投资，并按规定将其分类为以摊余成本计量的金融资产，该债券的账面余额为 500 万元。2×18 年 10 月 15 日，甲银行变更了其管理债券投资组合的业务模式，其变更符合重分类的要求，因此，甲银行于 2×19 年 1 月 1 日将该债券从以摊余成本计量重分类为以公允价值计量且其变动计入当期损益。2×19 年 1 月 1 日，该债券的公允价值为 490 万元，已确认的减值准备为 6 万元。假设不考虑该债券的利息收入。甲银行的会计处理如下：

（1）重分类前的会计处理：

借：债权投资——成本　　　　　　　　　　　　　　　　500
　　贷：银行存款　　　　　　　　　　　　　　　　　　　　　500
借：信用减值损失　　　　　　　　　　　　　　　　　　6
　　贷：债权投资减值准备　　　　　　　　　　　　　　　　　6

（2）重分类日的会计处理：

借：交易性金融资产　　　　　　　　　　　　　　　　490
　　债权投资减值准备　　　　　　　　　　　　　　　　6
　　公允价值变动损益　　　　　　　　　　　　　　　　4
　　贷：债权投资　　　　　　　　　　　　　　　　　　　　500

（2）企业将一项以摊余成本计量的金融资产重分类为以公允价值计量且其变动计入其他综合收益的金融资产的，应当按照该金融资产在重分类日的公允价值进行计量。原账面价值与公允价值之间的差额计入其他综合收益。该金融资产重分类不影响其实际利率和预期信用损失的计量。一般会计分录为：

借：其他债权投资
　　债权投资减值准备
　　　贷：债权投资
　　　　　其他综合收益

【例题 18-27】承上例，假定甲银行于 2×19 年 1 月 1 日将该债券从以摊余成本计量重分类为以公允价值计量且其变动计入其他综合收益。

（1）重分类前的会计处理：

借：债权投资——成本　　　　　　　　　　　　　　　　500
　　贷：银行存款　　　　　　　　　　　　　　　　　　　　　500
借：信用减值损失　　　　　　　　　　　　　　　　　　6
　　贷：债权投资减值准备　　　　　　　　　　　　　　　　　6

（2）重分类日的会计处理：

借：其他债权投资　　　　　　　　　　　　　　　　　490
　　债权投资减值准备　　　　　　　　　　　　　　　　6
　　其他综合收益　　　　　　　　　　　　　　　　　　4
　　贷：债权投资　　　　　　　　　　　　　　　　　　　　500

2. 以公允价值计量且其变动计入其他综合收益的金融资产的重分类。

(1) 企业将一项以公允价值计量且其变动计入其他综合收益的金融资产重分类为以摊余成本计量的金融资产的,应当将之前计入其他综合收益的累计利得或损失转出,调整该金融资产在重分类日的公允价值,并以调整后的金额作为新的账面价值,即视同该金融资产一直以摊余成本计量。该金融资产重分类不影响其实际利率和预期信用损失的计量。一般分录为:

借:债权投资
　　贷:其他债权投资

应当将重分类之前计入其他综合收益的累计利得或损失冲回。

借:其他综合收益——公允价值变动
　　贷:其他债权投资——公允价值变动

如果重分类前该金融资产存在预期信用损失而计提了损失准备,结转资产减值准备:

借:其他综合收益——信用减值准备
　　贷:债权投资减值准备

【例题18-28】2×17年10月15日,甲银行以公允价值500万元购入一项债券投资,并按规定将其分类为以公允价值计量且其变动计入其他综合收益的金融资产,该债券的账面余额为500万元。2×18年10月15日,甲银行变更了其管理债券投资组合的业务模式,其变更符合重分类的要求,因此,甲银行于2×19年1月1日将该债券从以公允价值计量且其变动计入其他综合收益的金融资产重分类为以摊余成本计量的金融资产。2×19年1月1日,该债券的公允价值为490万元,已确认的减值准备为6万元。假设不考虑利息收入。甲银行的会计处理如下:

(1) 重分类前的会计处理:

借:其他债权投资——成本	500
贷:银行存款	500
借:信用减值损失	6
贷:其他综合收益——信用减值准备	6
借:其他综合收益——其他债权投资公允价值变动	10
贷:其他债权投资——公允价值变动	10

(2) 重分类日的会计处理:

借:债权投资——成本	500
其他债权投资——公允价值变动	10
其他综合收益——信用减值准备	6
贷:其他债权投资——成本	500
其他综合收益——其他债权投资公允价值变动	10
债权投资减值准备	6

(2) 企业将一项以公允价值计量且其变动计入其他综合收益的金融资产重分类为以公允价值计量且其变动计入当期损益的金融资产的,应当继续以公允价值计量该金融资产。同时,企业应当将之前计入其他综合收益的累计利得或损失从其他综合收益转入当期损益。一般会计分录为:

借：交易性金融资产
　　贷：其他债权投资
借：公允价值变动损益
　　贷：其他综合收益——公允价值变动
存在减值准备的，应转回：
借：其他综合收益——信用减值准备
　　贷：公允价值变动损益

【例题18-29】承上例，甲银行于2×19年1月1日将该债券从以公允价值计量且其变动计入其他综合收益的金融资产重分类为交易性金融资产。

（1）重分类前的会计处理：

借：其他债权投资——成本	500	
贷：银行存款		500
借：信用减值损失	6	
贷：其他综合收益——信用减值准备		6
借：其他综合收益——其他债权投资公允价值变动	10	
贷：其他债权投资——公允价值变动		10

（2）重分类日的会计处理：

借：交易性金融资产	490	
其他债权投资——公允价值变动	10	
其他综合收益——信用减值准备	6	
公允价值变动损益	4	
贷：其他债权投资——成本		500
其他综合收益——其他债权投资公允价值变动		10

3. 以公允价值计量且其变动计入当期损益的金融资产的重分类。

（1）企业将一项以公允价值计量且其变动计入当期损益的金融资产重分类为以摊余成本计量的金融资产的，应当以其在重分类日的公允价值作为新的账面余额会计分录为：

借：债权投资
　　贷：交易性金融资产

【例题18-30】2×17年10月15日，甲银行以公允价值500万元购入一项债券投资，并按规定将其分类为以公允价值计量且其变动计入当期损益的金融资产，该债券的账面余额为500万元。2×18年10月15日，甲银行变更了其管理债券投资组合的业务模式，其变更符合重分类的要求，因此，甲银行于2×19年1月1日将该债券从以公允价值计量且其变动计入当期损益的金融资产重分类为以摊余成本计量的金融资产。2×19年1月1日，该债券的公允价值为490万元，假设不考虑利息收入。甲银行的会计处理如下：

（1）重分类前的会计处理：

借：交易性金融资产——成本	500	
贷：银行存款		500
借：公允价值变动损益	10	
贷：交易性金融资产——公允价值变动		10

（2）重分类日的会计处理：
借：债权投资 490
　　贷：交易性金融资产 490

（2）企业将一项以公允价值计量且其变动计入当期损益的金融资产重分类为以公允价值计量且其变动计入其他综合收益的金融资产的，应当继续以公允价值计量该金融资产。一般会计分录为：
借：其他债权投资
　　贷：交易性金融资产

【例题 18-31】 承上例，甲银行于 2×19 年 1 月 1 日将该债券从以公允价值计量且其变动计入当期损益的金融资产重分类为以其他债权投资。2×19 年 1 月 1 日，该债券的公允价值为 490 万元，假设不考虑利息收入。甲银行的会计处理如下：

（1）重分类前的会计处理：
借：交易性金融资产——成本 500
　　贷：银行存款 500
借：公允价值变动损益 10
　　贷：交易性金融资产——公允价值变动 10

（2）重分类日的会计处理：
借：其他债权投资 490
　　贷：交易性金融资产 490

对以公允价值计量且其变动计入当期损益的金融资产进行重分类的，企业应当根据该金融资产在重分类日的公允价值确定其实际利率。同时，企业应当自重分类日起对该金融资产适用金融资产减值的相关规定，并将重分类日视为初始确认日。

第五节　金融资产转移

一、金融资产终止确认的一般原则

金融资产终止确认，是指企业将之前确认的金融资产从其资产负债表中予以转出。金融资产满足下列条件之一的，应当终止确认：

第一，收取该金融资产现金流量的合同权利终止。

第二，该金融资产已转移，且该转移满足本准则关于终止确认的规定。

在第一个条件下，企业收取金融资产现金流量的合同权利终止，如因合同到期而使合同权利终止，金融资产不能再为企业带来经济利益，应当终止确认该金融资产。在第二个条件下，企业收取一项金融资产现金流量的合同权利并未终止，但若企业转移了该项金融资产，同时该转移满足本准则关于终止确认的规定，在这种情况下，企业也应当终止确认被转移的金融资产。

二、关于金融资产终止确认的判断流程

准则关于终止确认的相关规定,适用于所有金融资产的终止确认。企业在判断金融资产是否应当终止确认以及在多大程度上终止确认时,应当遵循以下步骤。

(一) 确定适用金融资产终止确认规定的报告主体层面

企业(转出方)对金融资产转入方具有控制权的,除在该企业个别财务报表基础上应用外,在编制合并财务报表时,还应当按照合并财务报表的规定合并所有纳入合并范围的子公司(含结构化主体),并在合并财务报表层面应用本知识点。

在资产证券化实务中,企业通常设立"信托计划""专项支持计划"等结构化主体作为结构化融资的载体,由结构化主体向第三方发行证券并向企业自身购买金融资产。在这种情况下,从法律角度看企业可能已将金融资产转移到结构化主体,两者之间实现了风险隔离。但在进行金融资产终止确认判断时,企业应首先确定报告主体,即编制合并财务报表还是个别财务报表。如果是合并财务报表,企业应当首先合并所有子公司(含结构化主体),然后将本知识点的规定应用于合并财务报表,即在合并财务报表层面进行金融资产转移及终止确认分析。

(二) 确定金融资产是部分还是整体适用终止确认原则

需要说明的是,本节所指的"金融资产"既可能指一项金融资产或其部分,也可能指一组类似金融资产或其部分。一组类似金融资产通常指金融资产的合同现金流量在金额和时间分布上相似并且具有相似的风险特征,如合同条款类似、到期期限接近的一组住房抵押贷款等。

当且仅当金融资产(或一组金融资产,下同)的一部分满足下列三个条件之一时,终止确认的相关规定适用于该金融资产部分,否则,适用于该金融资产整体。

1. 该金融资产部分仅包括金融资产所产生的特定可辨认现金流量。如企业就某债务工具与转入方签订一项利息剥离合同,合同规定转入方拥有获得该债务工具利息现金流量的权利,但无权获得该债务工具本金现金流量,则终止确认的规定适用于该债务工具的利息现金流量。

2. 该金融资产部分仅包括与该金融资产所产生的全部现金流量完全成比例的现金流量部分。如企业就某债务工具与转入方签订转让合同,合同规定转入方拥有获得该债务工具全部现金流量90%份额的权利,则终止确认的规定适用于这些现金流量的90%。

3. 该金融资产部分仅包括与该金融资产所产生的特定可辨认现金流量完全成比例的现金流量部分。如企业就某债务工具与转入方签订转让合同,合同规定转入方拥有获得该债务工具利息现金流量90%份额的权利,则终止确认的规定适用于该债务工具利息现金流量90%部分。

在除上述情况外的其他所有情况下,有关金融资产终止确认的相关规定适用于金融资产的整体。例如,企业转移了公允价值为100万元人民币的一组类似的固定期限贷款组合,约定向转入方支付贷款组合预期所产生的现金流量的90万元人民币,企业保留了取

得剩余现金流量的次级权益。因为最初 90 万元人民币的现金流量既可能来自贷款本金也可能来自利息,且无法辨认来自贷款组合中的哪些贷款,所以不是特定可辨认的现金流量,也不是该金融资产所产生的全部或部分现金流量的完全成比例的份额。在这种情况下,企业不能将终止确认的相关规定适用于该金融资产 90 万元人民币的部分,而应当适用于该金融资产的整体。

(三) 确定收取金融资产现金流量的合同权利是否终止

企业在确定适用金融资产终止确认规定的报告主体层面(合并财务报表层面或个别财务报表层面)以及对象(金融资产整体或部分)后,即可开始判断是否对金融资产进行终止确认。准则规定,收取金融资产现金流量的合同权利已经终止的,企业应当终止确认该金融资产。如一项应收账款的债务人在约定期限内支付了全部款项,或者在期权合同到期时期权持有人未行使期权权利,导致收取金融资产现金流量的合同权利终止,企业应终止确认金融资产。

若收取金融资产的现金流量的合同权利没有终止,企业应当判断是否转移了金融资产,并根据以下有关金融资产转移的相关判断标准确定是否应当终止确认被转移金融资产。

(四) 判断企业是否已转移金融资产

准则规定,企业在判断是否已转移金融资产时,应分以下两种情形作进一步的判断。

1. 企业将收取金融资产现金流量的合同权利转移给其他方。

企业将收取金融资产现金流量的合同权利转移给其他方,表明该项金融资产发生了转移,通常表现为金融资产的合法出售或者金融资产现金流量权利的合法转移。例如,实务中常见的票据背书转让、商业票据贴现等,均属于这一种金融资产转移的情形。在这种情形下,转入方拥有了获取被转移金融资产所有未来现金流量的权利,转出方应进一步判断金融资产风险和报酬转移情况来确定是否应当终止确认被转移金融资产。

2. 企业保留了收取金融资产现金流量的合同权利,但承担了将收取的该现金流量支付给一个或多个最终收款方的合同义务。

这种金融资产转移的情形通常被称为"过手安排"。在某些金融资产转移交易中,转出方在出售金融资产后,会继续作为收款服务方或收款代理人等收取金融资产的现金流量,再转交给转入方或最终收款方。这种金融资产转移情形常见于资产证券化业务。例如,在某些情况下,银行可能负责收取所转移贷款的本金和利息并最终支付给收益权持有者,同时收取相应服务费。当企业保留了收取金融资产现金流量的合同权利,但承担了将收取的该现金流量支付给一个或多个最终收款方的合同义务时,当且仅当同时符合以下三个条件时,转出方才能按照金融资产转移的情形进行后续分析及处理,否则,被转移金融资产应予以继续确认。

(1) 企业(转出方)只有从该金融资产收到对等的现金流量时,才有义务将其支付给最终收款方。在有的资产证券化等业务中,如发生由于被转移金融资产的实际收款日期与向最终收款方付款的日期不同而导致款项缺口的情况,转出方需要提供短期垫付款项。在这种情况下,当且仅当转出方有权全额收回该短期垫付款并按照市场利率就该垫款计收利息，方能视同满足这一条件。在有转出方短期垫付安排的资产证券化业务中，如果转出方收回该垫款的权利仅优先于次级资产支持证券持有人，但劣后于优先级资产支持证券持有人，或者转出方不计收利息的，均不能满足这一条件。

（2）转让合同规定禁止企业（转出方）出售或抵押该金融资产，但企业可以将其作为向最终收款方支付现金流量义务的保证。企业既不能出售该项金融资产，也不能以该项金融资产作为质押品对外进行担保，意味着转出方不再拥有出售或处置被转移金融资产的权利。

（3）企业（转出方）有义务将代表最终收款方收取的所有现金流量及时划转给最终收款方，且无重大延误。企业无权将该现金流量进行再投资。但是，如果企业在收款日和最终收款方要求的划转日之间的短暂结算期内将代为收取的现金流量进行现金或现金等价物投资，并且按照合同约定将此类投资的收益支付给最终收款方，则视同满足本条件。

（五）分析所转移金融资产的风险和报酬转移情况

企业转移收取现金流量的合同权利或者通过符合条件的过手安排方式转移金融资产的，应根据准则规定进一步对被转移金融资产进行风险和报酬转移分析，以判断是否应终止确认被转移金融资产。

企业在判断金融资产转移是否导致金融资产终止确认时，应当评估其在多大程度上保留了金融资产所有权上的风险和报酬，即比较其在转移前后所承担的、该金融资产未来净现金流量金额及其时间分布变动的风险，并分别就以下情形进行处理：

1. 企业转移了金融资产所有权上几乎所有风险和报酬的，应当终止确认该金融资产，并将转移中产生或保留的权利和义务单独确认为资产或负债。以下情形表明企业已将金融资产所有权上几乎所有的风险和报酬转移给了转入方：

（1）企业无条件出售金融资产。企业出售金融资产时，如果根据与购买方之间的协议约定，在任何时候（包括所出售金融资产的现金流量逾期未收回时）购买方均不能够向企业进行追偿，企业也不承担任何未来损失，此时，企业可以认定几乎所有的风险和报酬已经转移，应当终止确认该金融资产。

【例题18-32】某银行向某资产管理公司出售了一组贷款，双方约定，在出售后银行不再承担该组贷款的任何风险，该组贷款发生的所有损失均由资产管理公司承担，资产管理公司不能因该组已出售贷款的包括逾期未付在内的任何未来损失向银行要求补偿。

分析：银行可以终止确认该组贷款。在这种情况下，银行已经将该组贷款上几乎所有的风险和报酬转移，可以终止确认该组贷款。

（2）企业出售金融资产，同时约定按回购日该金融资产的公允价值回购。企业通过与购买方签订协议，按一定价格向购买方出售了一项金融资产，同时约定到期日企业再将该金融资产购回，回购价为到期日该金融资产的公允价值。此时，该项金融资产如果发生公允价值变动，其公允价值变动由购买方承担，因此可以认定企业已经转移了该项金融资产所有权上几乎所有的风险和报酬，应当终止确认该金融资产。同样，企业在金融资产转移以后只保留了优先按照回购日公允价值回购该金融资产的权利的，也应当终止确认所转移的金融资产。

【例题18-33】2×18年2月1日，甲公司将其持有的乙上市公司股票转让给丙公司，甲公司与丙公司约定,在4个月后(即6月1日)将按照6月1日乙公司股票的市价回购被转让股票。

分析:由于甲公司已经将乙公司股票的所有价值变动风险和报酬转让给丙公司,可以认定甲公司已经转移了该项金融资产所有权上几乎所有的风险和报酬,应当终止确认其转让的乙公司股票。

(3)企业出售金融资产,同时与转入方签订看跌或看涨期权合约,且该看跌或看涨期权为深度价外期权(即到期日之前不大可能变为价内期权),此时可以认定企业已经转移了该项金融资产所有权上几乎所有的风险和报酬,应当终止确认该金融资产。

2. 企业保留了金融资产所有权上几乎所有风险和报酬的,应当继续确认该金融资产。

需要说明的是,企业保留了金融资产所有权上几乎所有风险和报酬的,不应当终止确认该金融资产。以下情形通常表明企业保留了金融资产所有权上几乎所有的风险和报酬:

(1)企业出售金融资产并与转入方签订回购协议,协议规定企业将按照固定价格或是按照原售价加上合理的资金成本向转入方回购原被转移金融资产,或者与售出的金融资产相同或实质上相同的金融资产。

(2)企业融出证券或进行证券出借。例如,证券公司将自身持有的证券借给客户,合同约定借出期限和出借费率,到期客户需要归还相同数量的同种证券,并向证券公司支付出借费用。证券公司保留了融出证券所有权上几乎所有的风险和报酬。因此,证券公司应当继续确认融出的证券。

(3)企业出售金融资产并附有将市场风险敞口转回给企业的总回报互换。在附总回报互换的金融资产出售中,企业出售了一项金融资产,并与转入方达成一项总回报互换协议,如转入方将该资产实际产生的现金流量支付给企业以换取固定付款额或浮动利率付款额,该项资产公允价值的所有增减变动由企业(转出方)承担,从而使企业保留了该金融资产所有权上几乎所有的风险和报酬。在这种情况下,企业应当继续确认所出售的金融资产。

(4)企业出售短期应收款项或信贷资产,并且全额补偿转入方可能因被转移金融资产发生的信用损失。企业将短期应收款项或信贷资产整体出售,符合金融资产转移的条件。但由于企业出售金融资产时做出承诺,当已转移的金融资产将来发生信用损失时,由企业(出售方)进行全额补偿。在这种情况下,企业保留了该金融资产所有权上几乎所有的风险和报酬,因此不应当终止确认所出售的金融资产。

(5)企业出售金融资产,同时与转入方签订看跌或看涨期权合约,且该看跌期权或看涨期权为一项价内期权。例如,企业出售某金融资产但同时持有深度价内的看涨期权(即到期日之前不大可能变为价外期权),或者企业出售金融资产而转入方有权通过同时签订的深度价内看跌期权在以后将该金融资产回售给企业。在这两种情况下,由于企业都保留了该项金融资产所有权上几乎所有的风险和报酬,因此不应当终止确认该金融资产。

(6)采用附追索权方式出售金融资产。企业出售金融资产时,如果根据与购买方之间的协议约定,在所出售金融资产的现金流量无法收回时,购买方能够向企业进行追偿,企业也应承担未来损失。此时,可以认定企业保留了该金融资产所有权上几乎所有的风险和报酬,不应当终止确认该金融资产。

3. 企业既没有转移也没有保留金融资产所有权上几乎所有的风险和报酬的,应当判断其是否保留了对金融资产的控制,根据是否保留了控制分别进行处理。

实务中,可通过分析金融资产转移协议中的条款和现金流量分布实际情况(如将超额服务费等纳入考虑),计算确定金融资产转移前后所承担的未来现金流量现值变动情况,且实践中存在多种可行的计算方法,企业可以根据具体情况选用合适的计算方法并在附注中进行说明,计算方法一经确定,不得随意变更。

(六) 分析企业是否保留了控制

若企业既没有转移也没有保留金融资产所有权上几乎所有的风险和报酬,应当判断企业是否保留了对该金融资产的控制。如果没有保留对该金融资产的控制的,则应当终止确认该金融资产。

企业在判断是否保留了对被转移金融资产的控制时,应当重点关注转入方出售被转移金融资产的实际能力。如果转入方有实际能力单方面决定将转入的金融资产整体出售给予其不相关的第三方,且没有额外条件对此项出售加以限制,则表明企业作为转出方未保留对被转移金融资产的控制;在除此之外的其他情况下,则应视为企业保留了对金融资产的控制。

企业既没有转移也没有保留金融资产所有权上几乎所有的风险和报酬,且未放弃对该金融资产控制的,应当按照其继续涉入被转移金融资产的程度确认有关金融资产,并相应确认有关负债。在这种情况下确认的有关金融资产和有关负债反映了企业所承担的被转移金融资产价值变动风险或报酬的程度。导致转出方对被转移金融资产形成继续涉入的常见方式有:具有追索权、享有继续服务权、签订回购协议、签发或持有期权或提供担保等。

(七) 金融资产转移的会计处理

1. 满足终止确认条件的金融资产转移的会计处理。

金融资产整体转移满足终止确认条件的,应当将被转移金融资产在终止确认日的账面价值与因转移金融资产而收到的对价,与原直接计入其他综合收益的公允价值变动累计额之和两者的差额计入当期损益。具体计算公式如下:

金融资产整体转移形成的损益 = 因转移收到的对价 - 所转移金融资产账面价值 +/- 原直接计入其他综合收益的公允价值变动累计利得(或损失)

因转移收到的对价 = 因转移交易实际收到的价款 + 新获得金融资产的公允价值 + 因转移获得的服务资产的价值 - 新承担金融负债的公允价值 - 因转移承担的服务负债的公允价值

【例题18-34】2×17年1月1日,甲公司将持有的乙公司发行的10年期公司债券出售给丙公司,经协商出售价格为311万元人民币,2×16年12月31日该债券公允价值为310万元人民币。该债券于2×16年1月1日发行,甲公司持有该债券时将其分类为以公允价值计量且其变动计入其他综合收益的金融资产,面值(取得成本)为300万元人民币。

甲公司出售该公司债券业务应作如下账务处理:

借：银行存款 311
　　贷：其他债权投资 310
　　　　投资收益 1
同时，将原计入其他综合收益的公允价值变动转出：
借：其他综合收益——公允价值变动 10
　　贷：投资收益 10

按照金融资产整体转移形成的损益的计算公式计算，出售该债券形成的收益为11万元（311-310+10）（包含因终止确认而从其他综合收益中转出至当期损益的10万元）。

2. 金融资产部分转移的会计处理。

企业转移了金融资产的一部分，且该被转移部分满足终止确认条件的，应当将转移前金融资产整体的账面价值，在终止确认部分和继续确认部分（在此种情形下，所保留的服务资产应当视同继续确认金融资产的一部分）之间，按照转移日各自的相对公允价值进行分摊，并将下列两项金额的差额计入当期损益：

（1）终止确认部分在终止确认日的账面价值。

（2）终止确认部分收到的对价（包括获得的所有新资产减去承担的所有新负债），与原计入其他综合收益的公允价值变动累计额中对应终止确认部分的金额之和。

（八）继续确认被转移金融资产的会计处理

企业保留了被转移金融资产所有权上几乎所有的风险和报酬的，表明企业所转移的金融资产不满足终止确认的条件，不应当将其从企业的资产负债表中转出。此时，企业应当继续确认所转移的金融资产整体，因资产转移而收到的对价，应当在收到时确认为一项金融负债。需要注意的是，该金融负债与被转移金融资产应当分别确认和计量，不得相互抵销。在后续会计期间，企业应当继续确认该金融资产产生的收入或利得以及该金融负债产生的费用或损失。

【例题18-35】2×18年4月1日，甲公司将其持有的一笔国债出售给丙公司，售价为20万元人民币。同时，甲公司与丙公司签订了一项回购协议，3个月后由甲公司将该笔国债购回，回购价为20.175万元。2×18年7月1日，甲公司将该笔国债购回。不考虑其他因素，甲公司应作如下账务处理：

（1）判断应否终止确认。

由于此项出售属于附回购协议的金融资产出售，到期后甲公司应按固定价格将该笔国债购回，因此可以判断，甲公司保留了该笔国债几乎所有的风险和报酬，不应终止确认，该笔国债应按转移前的计量方法继续进行后续计量。

（2）2×18年4月1日，甲公司出售该笔国债时：
借：银行存款 20
　　贷：卖出回购金融资产款 20

（3）2×18年6月30日，甲公司应按根据未来回购价款计算的该卖出回购金融资产款的实际利率计算并确认有关利息费用，计算得出该卖出回购金融资产的实际利率为3.5%。卖出回购国债的利息费用 = 20×3.5%×3/12 = 0.175（万元）
借：利息支出 0.175

贷：卖出回购金融资产款　　　　　　　　　　　　　　　　　　　　0.175
（4）2×18年，7月1日，甲公司回购时：
　　借：卖出回购金融资产款　　　　　　　　　　　　　　　　　　　　20.175
　　　贷：银行存款　　　　　　　　　　　　　　　　　　　　　　　　20.175
该笔国债与该笔卖出回购金融资产款在资产负债表上不应抵销；该笔国债确认的收益，与该笔卖出回购金融资产款产生的利息支出在利润表中不应抵销。

（九）继续涉入被转移金融资产的会计处理

企业既没有转移也没有保留金融资产所有权上几乎所有风险和报酬，且保留了对该金融资产控制的，应当按照其继续涉入被转移金融资产的程度继续确认该被转移金融资产，并相应确认相关负债。企业所确认的被转移的金融资产和相关负债，应当反映企业所保留的权利和承担的义务。企业应当对因继续涉入被转移金融资产形成的有关资产确认相关收益，对继续涉入形成的有关负债确认相关费用。按继续涉入程度继续确认的被转移金融资产应根据所转移金融资产的原性质及其分类，继续列报于资产负债表中的贷款、应收款项等。

相关负债应当根据被转移的资产是按公允价值计量还是摊余成本计量予以计量，使被转移资产和相关负债的账面价值：（1）被转移的金融资产以摊余成本计量的，等于企业保留的权利和义务的摊余成本；（2）被转移金融资产以公允价值计量的，等于企业保留的权利和义务按独立基础计量的公允价值。如果所转移的金融资产以摊余成本计量，确认的相关负债不得指定为以公允价值计量且其变动计入当期损益。

企业通过对被转移金融资产提供担保方式继续涉入的，应当在转移日按照金融资产的账面价值和担保金额两者之中的较低者，按继续涉入的程度继续确认被转移资产，同时按照担保金额和担保合同的公允价值之和确认相关负债。这里的担保金额，是指企业所收到的对价中，将可能被要求偿还的最高金额。担保合同的公允价值，通常是指提供担保而收取的费用。会计分录如下：

　　借：继续涉入资产
　　　　贷款处理损益
　　　贷：继续涉入负债

【例题18-36】甲银行与乙银行签订一笔贷款转让协议，由甲银行将其本金为1,000万元、年利率为10%、贷款期限为9年的组合贷款出售给乙银行，售价为990万元。双方约定，由甲银行为该笔贷款提供担保，担保金额为300万元，实际贷款损失超过担保金额的部分由乙银行承担。转移日，该笔贷款（包括担保）的公允价值为1,000万元，其中，担保的公允价值为100万元。甲银行没有保留对该笔贷款的管理服务权。

分析：在本例中，由于甲银行既没有转移也没有保留该笔组合贷款所有权上几乎所有的风险和报酬，而且假设该贷款没有市场，乙银行不具备出售该笔贷款的实际能力，导致甲银行保留了对该笔贷款的控制，所以应当按照甲银行继续涉入被转移金融资产的程度继续确认该被转移金融资产，并相应确认相关负债。由于转移日该笔贷款的账面价值为1,000万元，提供的担保金额为300万元，甲银行应当按照300万元继续确认该笔贷款。由于担保合同的公允价值为100万元，因而甲银行确认相关负债金额为400万元（300+

100）。转移日甲银行应作以下账务处理：

  借：存放中央银行款项   990
    继续涉入资产   300
    贷款处理损益   110
    贷：贷款   1,000
      继续涉入负债   400

第六节　套期会计

一、套期会计概述

（一）套期概述

  套期，是指企业为管理外汇风险、利率风险、价格风险、信用风险等特定风险引起的风险敞口，指定金融工具为套期工具，以使套期工具的公允价值或现金流量变动，预期抵销被套期项目全部或部分公允价值或现金流量变动的风险管理活动。

  企业运用商品期货进行套期时，其套期策略通常是：买入（卖出）与现货市场数量相当，但交易方向相反的期货合同，以期在未来某一时间通过期货合同的公允价值变动来补偿现货市场价格变动所带来的价格风险。例如，企业为规避外汇风险，与某金融机构签订外币期权合同，对现存数额较大的美元敞口进行外汇风险套期。

（二）套期的分类

  在套期会计中，套期可划分为公允价值套期、现金流量套期和境外经营净投资套期。
  1. 公允价值套期。
  公允价值套期，是指对已确认资产或负债、尚未确认的确定承诺，或上述项目组成部分的公允价值变动风险敞口进行的套期。该公允价值变动源于特定风险，且将影响企业的损益或其他综合收益。其中，影响其他综合收益的情形，仅限于企业对指定为以公允价值计量且其变动计入其他综合收益的非交易性权益工具投资的公允价值变动风险敞口进行的套期。

  已确认资产或负债，是指已经在资产负债表中确认的资产或负债。尚未确认，是指尚未在资产负债表确认；确定承诺，是指在未来某特定日期或期间，以约定价格交换特定数量资源、具有法律约束力的协议；尚未确认的确定承诺，是指已经签订远期合同，表明未来需要购买或销售资产，但是现在还未购买，所以在报表中尚未确认。

  【例题 18-37】简要分析下列事项的套期工具和被套期项目分别是什么？
  1. 某企业签订一项以固定利率换浮动利率的利率互换合约（收固定利率，付浮动利率），对其承担的固定利率负债的利率风险引起的公允价值变动风险敞口进行套期。
  2. 某石油公司签订一项 6 个月后以固定价格购买原油的合同（尚未确认的确定承

诺），为规避原油价格风险，该公司签订一项商品（原油）期货合约，对该确定承诺的价格风险引起的公允价值变动风险敞口进行套期。

3. 某企业购买一项期权合同，对持有的选择以公允价值计量且其变动计入其他综合收益的非交易性权益工具投资的证券价格风险引起的公允价值变动风险敞口进行套期。

分析：

事项1：①套期工具：利率互换合同；②被套期项目：固定利率金融工具的利率风险引起的公允价值变动风险敞口，如果市场利率发生变动，金融工具的公允价值的也会发生变动。

事项2：①套期工具：期货合同；②被套期项目：价格风险引起的公允价值变动风险敞口，如果原油6个月后价格下降，低于固定价格，就会发生损失。

事项3：①套期工具：期权合同；②被套期项目：证券价格风险引起的公允价值变动风险敞口，如果价格下跌，就会发生损失。

2. 现金流量套期。

现金流量套期，是指对现金流量变动风险敞口进行的套期。该现金流量变动源于与已确认资产或负债、极可能发生的预期交易，或与上述项目组成部分有关的特定风险，且将影响企业的损益。

【例题18-38】简要分析下列事项1至事项3的套期工具和被套期项目分别是什么？

1. 某企业签订一项以浮动利率换固定利率的利率互换合约（收浮动利率，付固定利率），对其承担的浮动利率债务的利率风险引起的现金流量变动风险敞口进行套期。

2. 某橡胶制品公司签订一项远期合同，对3个月后预期极可能发生的与购买橡胶相关的价格风险引起的现金流量变动风险敞口进行套期。

3. 某企业签订一项外汇远期合同，对以固定外币价格买入原材料的极可能发生的预期交易的外汇风险引起的现金流量变动风险敞口进行套期。

分析：

事项1：①套期工具：利率互换合同；②被套期项目：浮动利率债务的利率风险引起的现金流量变动风险敞口。

事项2：①套期工具：远期合同；②被套期项目：价格风险引起的现金流量变动风险敞口。如果以后价格上升，采购成本就会增加。

事项3：①套期工具：外汇远期合同；②被套期项目：外汇风险引起的现金流量变动风险敞口。如果以后外汇汇率上升，采购成本就会增加。

3. 境外经营净投资套期。

境外经营净投资套期，是指对境外经营净投资外汇风险敞口进行的套期。境外经营净投资，是指企业在境外经营净资产中的权益份额。例如，甲公司对其境外子公司（乙公司）净投资为1,000万美元，为规避外汇风险，该公司与某境外金融机构签订了一项外汇远期合同，约定在2年后到期时，甲公司按照1美元＝6.9元人民币的汇率出售给该金融机构1,000万美元，并将其指定为对该境外净投资的外汇风险进行套期。由于对境外经营净投资进行了套期，使收回境外经营净投资时规避了汇率变动的风险。

此外，企业对确定承诺的外汇风险进行套期的，可以将其作为现金流量套期或公允价值套期处理。例如，某航空公司签订一项3个月后以固定外币金额购买飞机的合同（尚未确认的确定承诺），为规避外汇风险，签订一项外汇远期合同，对该确定承诺的外汇风险引起的公允价值变动或者现金流量变动风险敞口进行套期。

(三) 套期会计方法

对于满足一定条件的套期，企业可运用套期会计方法进行处理。套期会计方法，是指企业将套期工具和被套期项目产生的利得或损失在相同会计期间计入当期损益（或其他综合收益）以反映风险管理活动影响的方法。

企业开展套期业务以进行风险管理，但是如果按照常规的会计处理方法，可能会产生损益更大的波动，这是因为企业被套期的风险敞口和对风险敞口进行套期的金融工具的确认和计量基础不一定相同。

例如，企业使用衍生工具对某项极可能发生的预期交易的价格风险进行套期，按照常规会计处理方法，该衍生工具应当以公允价值计量且其变动计入当期损益，而预期交易则需到交易发生时才能予以确认，这样，企业利润表反映的损益就会产生较大的波动。

因此，尽管从长期角度来看，被套期项目和套期工具实现了风险的对冲，但是在套期存续期所涵盖的各个会计报告期间内，在常规会计处理方法下有可能会产生会计错配和损益波动。而套期会计方法基于企业风险管理活动，有助于处理被套期项目和套期工具在确认和计量方面存在的上述差异，并在企业财务报告中如实反映企业进行风险管理活动的影响。

二、套期工具和被套期项目

(一) 套期工具

1. 符合条件的套期工具。

套期工具，是指企业为进行套期而指定的、其公允价值或现金流量变动预期可抵销被套期项目的公允价值或现金流量变动的金融工具。企业可以作为套期工具的金融工具包括：

(1) 以公允价值计量且其变动计入当期损益的衍生工具，但签出期权（卖出期权）除外。企业只有在对购入期权进行套期时，签出期权才可以作为套期工具。衍生工具通常可以作为套期工具。衍生工具包括远期合同、期货合同、互换和期权，以及具有远期合同、期货合同、互换和期权中一种或一种以上特征的工具等。例如，某企业为规避库存铜价格下跌的风险，可以卖出一定数量铜期货合同。其中，铜期货合同即套期工具。

(2) 以公允价值计量且其变动计入当期损益的非衍生金融资产或非衍生金融负债，但指定为以公允价值计量且其变动计入当期损益且其自身信用风险变动引起的公允价值变动计入其他综合收益的金融负债除外。对于指定为以公允价值计量且其变动计入当期损益且其自身信用风险变动引起的公允价值变动计入其他综合收益的金融负债，由于没有将整体公允价值变动计入损益，不能作为合格的套期工具。此外，对于以公允价值计量且其变动计入其他综合收益的非交易性权益工具投资，因其公允价值变动不计入损益，也不能作为合格的套期工具。

【例题 18-39】 甲公司持有 1 年期的票据，其收益率与黄金价格指数挂钩。甲公司将该票据分类为以公允价值计量且其变动计入当期损益的金融资产。同时，甲公司签订了一项 1 年后以固定价格购买黄金的合同（尚未确认的确定承诺），以满足生产需要。该票据能否在作为套期工具？

分析：该票据可以作为套期工具。该票据作为以公允价值计量且其变动计入当期损益的非衍生金融资产，可以被指定为套期工具，对尚未确认的确定承诺的价格风险引起的公允价值变动风险敞口进行套期。

（3）对于外汇风险套期，企业可以将非衍生金融资产（选择以公允价值计量且其变动计入其他综合收益的非交易性权益工具投资除外）或非衍生金融负债的外汇风险成分指定为套期工具。

【例题 18-40】 甲公司的记账本位币为人民币，发行了 5,000 万美元、年利率 5% 的固定利率债券，每半年支付一次利息，2 年后到期。甲公司将该债券分类为以摊余成本计量的金融负债。甲公司同时签订了 2 年后到期的、5,000 万美元的固定价格销售承诺（尚未确认的确定承诺）。该外币金融负债能否作为套期工具？

分析：甲公司可以将以摊余成本计量的美元负债的外汇风险成分作为套期工具，对固定价格销售承诺的外汇风险引起的公允价值变动或者现金流量变动风险敞口进行套期。

2. 对套期工具的指定。

（1）企业在确立套期关系时，应当将前述符合条件的金融工具整体指定为套期工具。因为企业对套期工具进行计量时，通常以该金融工具整体为对象，采用单一的公允价值基础对其进行计量。但是，由于期权的时间价值、远期合同的远期要素和金融工具的外汇基差通常可以单独计量，为便于提高某些套期关系的有效性，允许企业在对套期工具进行指定时，做出以下例外处理：

①对于期权，企业可以将期权的内在价值和时间价值分开，只将期权的内在价值变动指定为套期工具。期权的价值包括内在价值（立即执行期权时现货价格与行权价格之差所带来的收益）和时间价值（期权的价格与内在价值之差）。期权价值＝内在价值＋时间价值；内在价值会随着被套期项目的公允价值变动而变动，可以将风险抵销，而时间价值随着时间的推移会变为零，与被套期项目的价值变动无关，不能用来抵销被套期项目的风险，所以要排除。

②对于远期合同，企业可以将远期合同的远期要素和即期要素分开，只将即期要素的价值变动指定为套期工具。即时要素就是合同履行期限内，不同时期要实现的分期合同目的，即期要素的价值随着被套期项目的价值变动而变动，可以抵销风险。远期要素是合同期满要实现的合同目的，与被套期项目的价值变动无关，不能用来抵销被套期项目的风险，所以要排除。

③对于金融工具，企业可以将金融工具的外汇基差单独分拆，只将排除外汇基差后的金融工具指定为套期工具。基差＝现货价格－期货价格；外汇基差，是指同一时间、同一地点的外汇现货和期货的价格差额。基差一般由现货和期货的时空差异形成的，在同一时间的情况下，空间差异由交易费用、运输成本、持有成本（储存成本、利息、保险费等）形成的，基差是客观存在的，一般不随着被套期项目价值的变动而变动，不能用来抵销被套期项目的风险，所以要排除。

（2）企业可以将套期工具的一定比例指定为套期工具，但不可以将套期工具剩余期限内某一时段的公允价值变动部分指定为套期工具。例如，甲公司有一项支付固定利息、收取浮动利息的互换合同，拟将其用于对该公司所发行的浮动利率债券进行套期。该互换合同的剩余期限为10年，而债券的剩余期限为5年。在这种情况下，甲公司不能将该互换合同剩余期限中某5年的互换合同公允价值变动指定为套期工具。当期限不匹配时，往往风险不能对冲，所以不能指定为套期工具。期限匹配策略在风险管理中是一个很重要的策略。

（3）企业可以将两项或两项以上金融工具（或其一定比例）的组合指定为套期工具（包括组合内的金融工具形成风险头寸相互抵销的情形）。关键是判断被套期项目的风险特征，如果找不到合适的单一金融工具来对冲风险的，可以找几个金融工具形成组合，来对冲被套期风险，这个组合就可以被指定为套期工具。组合的目的就是对冲被套期项目的风险。

【例题18-41】甲公司发行了10年期的固定利率债券。甲公司的风险管理策略为固定未来12个月的利率。因此，甲公司在发行该债券时签订了10年期收取固定利率、支付浮动利率的互换合同（互换条款与债券条款完全匹配）和1年期收取浮动利率、支付固定利率的互换合同。两个互换合同的组合能否作为套期工具？

分析：如果其他套期会计条件均满足，甲公司可以将这两个互换合同的组合指定为对该债券第2年到第10年利率风险进行公允价值套期的套期工具。

3. 使用单一套期工具对多种风险进行套期。

企业通常将单项套期工具指定为对一种风险进行套期。但是，如果对套期工具与被套期项目的不同风险敞口之间有具体指定关系，则一项套期工具可以被指定为对一种以上的风险进行套期。

例如，甲公司的记账本位币是人民币，其承担了一项5年期浮动利率的美元债务。为规避该金融负债的外汇风险和利率风险，甲公司与某金融机构签订一项交叉货币利率互换合同（该互换合同的条款与该金融负债的条款相匹配），并将该互换合同指定为套期工具。根据该互换合同，甲企业可以定期收取按美元浮动利率计算确定的利息，同时支付按人民币固定利率计算确定的利息。甲公司使用该互换合同同时对利率风险和外汇风险进行套期。

（二）被套期项目

1. 符合条件的被套期项目。

被套期项目，是指使企业面临公允价值或现金流量变动风险，且被指定为被套期对象的、能够可靠计量的项目。企业可以将下列单个项目、项目组合或其组成部分指定为被套期项目。

（1）已确认资产或负债。

（2）尚未确认的确定承诺。其中，确定承诺，是指在未来某特定日期或期间，以约定价格交换特定数量资源、具有法律约束力的协议；尚未确认，是指尚未在资产负债表中确认。

【例题18-42】甲公司为我国境内机器生产企业，采用人民币作为记账本位币。甲公司与境外某公司签订了一项设备购买合同，约定6个月后按固定的外币价格购入设备，即甲公司与境外公司达成了一项确定承诺。同时，甲公司签订了一份外币远期合同，以对该项确定承诺产生的外汇风险进行套期。

分析：该确定承诺可以被指定为被套期项目，外币远期合同可以被指定为公允价值套期或现金流量套期中的套期工具。

（3）极可能发生的预期交易。预期交易，是指尚未承诺但预期会发生的交易。企业应当明确区分预期交易与确定承诺。

【例题18-43】甲公司2018年发生如下经济事项：

1. 2×18年5月1日，甲公司预期2个月后将购买200吨铜，用于2×18年7月的生产。

2. 2×18年5月1日，甲公司签订了一份法律上具有约束力的采购协议，约定于2×18年6月30日自乙公司以每吨4万元的价格购买200吨铜。

分析：事项1为预期交易；事项2为确定承诺。

理由：签订了法律上具有约束力的采购协议为确定承诺，而尚未承诺但预期会发生的交易为预期交易。

（4）境外经营净投资。境外经营净投资包括《企业会计准则第19号——外币交易》及其相关规定所定义的境外经营净投资及实质构成境外经营净投资的外币货币性项目。境外经营可以是企业的子公司、合营安排、联营企业或分支机构。在境内的子公司、合营安排、联营企业或分支机构，采用不同于企业记账本位币的，也视同境外经营。

2. 项目组成部分。

企业可以将上述已确认资产或负债、尚未确认的确定承诺、极可能发生的预期交易以及境外经营净投资等单个项目整体或者项目组合指定为被套期项目，企业也可以将上述单个项目或者项目组合的一部分（项目组成部分）指定为被套期项目。

（1）项目整体公允价值或现金流量变动中仅由某一个或多个特定风险引起的公允价值或现金流量变动部分（风险成分）。在风险管理实务中，企业经常不是为了对被套期项目整体公允价值或现金流量变动进行套期，而仅为了对特定风险成分进行套期。

（2）一项或多项选定的合同现金流量。在企业风险管理活动中，企业有时会对一项或多项选定的合同现金流量进行套期，例如，企业有一笔期限为10年、年利率8%、按年付息的长期银行借款，企业出于风险管理需要，对该笔借款所产生的前5年应支付利息进行套期。按照规定，一项或多项选定的合同现金流量可以指定为被套期项目。

（3）项目名义金额的组成部分。项目名义金额的组成部分，是指项目整体金额或数量的特定部分，其既可以是项目整体的一定比例部分，也可以是项目整体的某一层级部分。

【例题18-44】甲公司与乙公司订立了一项以合同指定公式进行定价的长期天然气供应合同，该公式主要参考商品价格（例如柴油）和其他因素（例如运输费）对长期天然气进行定价。为了管理长期天然气供应合同涉及的长期天然气价格风险，甲公司利用柴油远期合同对该供应合同定价中的柴油价格风险进行套期。由于该供应合同的条款和条件对柴油组成部分作出了明确规定，因而柴油价格风险引起的公允价值变动部分属于合同明确的风险成分。

分析：由于天然气是根据柴油等因素定价，所以柴油的价格变动会引起天然气的价格变动，如果柴油价格下降，就会引起天然气价格下降，就会产生损失。根据长期天然气供应合同定价公式，该风险成分能够单独识别；同时，市场上存在可交易的柴油远期合同，该风险成分能够可靠计量。因此，甲公司的长期天然气供应合同定价中的柴油价格风险引起的公允价值变动部分可以作为符合条件的风险成分，被指定为被套期项目。

3. 汇总风险敞口。

企业可以将符合被套期项目条件的风险敞口与衍生工具组合形成的汇总风险敞口指定为被套期项目。例如，甲企业利用合同期限为 15 个月的咖啡期货合同对在未来 15 个月后极可能发生的确定数量的咖啡采购进行套期，以防范基于美元的价格风险。出于风险管理目的，该极可能发生的咖啡采购和咖啡期货合同相结合可被视为一项 15 个月的固定金额的美元外汇风险敞口（即如同在未来 15 个月后发生的固定金额的美元现金流出），甲企业又签订了美元远期合同，防范 15 个月的固定金额的美元外汇风险敞口。

4. 被套期项目的组合。

当企业出于风险管理目的对一组项目进行组合管理且组合中的每一个项目（包括其组成部分）单独都属于符合条件的被套期项目时，可以将该项目组合指定为被套期项目。

三、套期关系评估

（一）运用套期会计方法的条件

公允价值套期、现金流量套期或境外经营净投资套期同时满足下列条件的，才能运用套期会计方法进行处理：

1. 套期关系仅由符合条件的套期工具和被套期项目组成。

2. 在套期开始时，企业正式指定了套期工具和被套期项目，并准备了关于套期关系和企业从事套期的风险管理策略和风险管理目标的书面文件。

3. 套期关系符合套期有效性要求。套期有效性，是指套期工具的公允价值或现金流量变动能够抵销被套期风险引起的被套期项目公允价值或现金流量变动的程度。套期工具的公允价值或现金流量变动大于或者小于被套期项目的公允价值或现金流量变动的部分为套期无效部分，套期同时满足下列条件的，企业应当认定套期关系符合套期有效性要求：

（1）被套期项目和套期工具之间存在经济关系。该经济关系使套期工具和被套期项目的价值因面临相同的被套期风险而发生方向相反的变动。

（2）被套期项目和套期工具经济关系产生的价值变动中，信用风险的影响不占主导地位。

（3）套期关系的套期比率，应当等于企业实际套期的被套期项目数量与对其进行套期的套期工具实际数量之比，但不应当反映被套期项目和套期工具相对权重的失衡，这种失衡会导致套期无效，并可能产生与套期会计目标不一致的会计结果。

（二）套期关系的再平衡

套期关系由于套期比率的原因而不再符合套期有效性要求，但指定该套期关系的风险管理目标没有改变的，企业应当进行套期关系再平衡。套期关系再平衡，是指对已经存在的套期关系中被套期项目或套期工具的数量进行调整，以使套期比率重新符合套期有效性要求。基于其他目的对被套期项目或套期工具所指定的数量进行变动，不构成套期关系再平衡。

企业在套期关系再平衡时，应当首先确认套期关系调整前的套期无效部分，并更新在套期剩余期限内预期将影响套期关系的套期无效部分产生原因的分析，同时相应更新套期关系的书面文件。

（三）套期会计的终止

企业不得撤销指定并终止一项继续满足套期风险管理目标并在再平衡之后继续符合套期会计条件的套期关系。但是，如果套期会计不满足套期风险管理目标并在再平衡之后不符合套期会计条件等情形的，则企业应当终止套期关系。当只有部分套期会计不再满足套期会计标准时，套期关系将部分终止，其余部分将继续适用套期会计。企业发生下列情形之一的，应当终止运用套期会计：

1. 因风险管理目标发生变化，导致套期关系不再满足风险管理目标。
2. 套期工具已到期、被出售、合同终止或已行使。
3. 被套期项目与套期工具之间不再存在经济关系，或者被套期项目和套期工具经济关系产生的价值变动中，信用风险的影响开始占主导地位。
4. 套期关系不再满足本准则所规定的运用套期会计方法的其他条件。在适用套期关系再平衡的情况下，企业应当首先考虑套期关系再平衡，然后评估套期关系是否满足本准则所规定的运用套期会计方法的条件。

四、套期会计的确认和计量

（一）公允价值套期

公允价值套期满足运用套期会计方法条件的，应当按照下列规定处理：

1. 套期工具产生的利得或损失应当计入当期损益。如果套期工具是对选择以公允价值计量且其变动计入其他综合收益的非交易性权益工具投资（或其组成部分）进行套期的，套期工具产生的利得或损失应当计入其他综合收益。

2. 被套期项目因被套期风险敞口形成的利得或损失应当计入当期损益，同时调整未以公允价值计量的已确认被套期项目的账面价值。被套期项目为分类为以公允价值计量且其变动计入其他综合收益的金融资产的，其因被套期风险敞口形成的利得或损失应当计入当期损益，其账面价值已经按公允价值计量，不需要调整；被套期项目为企业选择以公允价值计量且其变动计入其他综合收益的非交易性权益工具投资的，其因被套期风险敞口形成的利得或损失应当计入其他综合收益，其账面价值已经按公允价值计量，不需要调整。

被套期项目为尚未确认的确定承诺的，其在套期关系指定后因被套期风险引起的公允价值累计变动额应当确认为一项资产或负债，相关的利得或损失应当计入各相关期间损益。当履行确定承诺而取得资产或承担负债时，应当调整该资产或负债的初始确认金额，以包括已确认的被套期项目的公允价值累计变动额。

【例题 18-45】 2×17 年 1 月 1 日，甲公司为规避所持有铜存货公允价值变动风险，与某金融机构签订了一项铜期货合同，并将其指定为对 2×17 年前两个月铜存货的商品价格变化引起的公允价值变动风险的套期工具。铜期货合同的标的资产与被套期项目铜存货在数量、质次、价格变动和产地方面相同。假设套期工具与被套期项目因铜价变化引起的公允价值变动一致，且不考虑期货市场中每日无负债结算制度的影响。甲公司通过分析发现，铜存货与铜期货合同存在经济关系且经济关系产生的价值变动中信用风险不占主导地位，套期比率也反映了套期的实际数量，符合套期有效性要求。假定不考虑商品销售相关的增值税及其他因素，甲公司的账务处理如下（金额单位：万元）。

（1）2×17 年 1 月 1 日，铜期货合同的公允价值为零，被套期项目（铜存货）的账面价值和成本均为 100 万元，公允价值为 110 万元。2×17 年 1 月 1 日指定铜存货为被套期项目，会计处理：

借：被套期项目——库存商品铜　　　　　　　　　　　　　　　100
　　贷：库存商品——铜　　　　　　　　　　　　　　　　　　　　　　100

注：2×17 年 1 月 1 日，被指定为套期工具的铜期货合同的公允价值为零，因此无账务处理。

（2）2×17 年 1 月 31 日，铜期货合同公允价值上涨了 2.5 万元，铜存货的公允价值下降了 2.5 万元。2×17 年 1 月 31 日会计处理：

①确认套期工具公允价值变动。

借：套期工具——铜期货合同　　　　　　　　　　　　　　　　2.5
　　贷：套期损益　　　　　　　　　　　　　　　　　　　　　　　　　2.5

②确认被套期项目公允价值变动。

借：套期损益　　　　　　　　　　　　　　　　　　　　　　　2.5
　　贷：被套期项目——库存商品铜　　　　　　　　　　　　　　　　　2.5

（3）2×17 年 2 月 28 日，铜期货合同公允价值下降了 1.5 万元，铜存货的公允价值上升了 1.5 万元。当日，甲公司将铜存货以 109 万元的价格出售，并将铜期货合同结算。

①确认套期工具公允价值变动。

借：套期损益　　　　　　　　　　　　　　　　　　　　　　　1.5
　　贷：套期工具——铜期货合同　　　　　　　　　　　　　　　　　1.5

②确认被套期项目公允价值变动。

借：被套期项目——库存商品铜　　　　　　　　　　　　　　　1.5
　　贷：套期损益　　　　　　　　　　　　　　　　　　　　　　　　　1.5

③确认铜存货销售收入结转、结转铜存货销售成本。

借：应收账款或银行存款　　　　　　　　　　　　　　　　　109
　　贷：主营业务收入　　　　　　　　　　　　　　　　　　　　　　109

"被套期项目"余额 = 100 − 2.5 + 1.5 = 99（万元）

借：主营业务成本　　　　　　　　　　　　　　　　　　　　　99
　　贷：被套期项目——库存商品铜　　　　　　　　　　　　　　　　　99

④结算铜期货合同，"套期工具"余额 = 2.5 − 1.5 = 1（万元）。

借：银行存款　　　　　　　　　　　　　　　　　　　　　　　1

贷：套期工具——铜期货合同　　　　　　　　　　　　　　　　　　　1

注：由于甲公司采用套期进行风险管理，规避了铜存货公允价值变动风险，因此其铜存货公允价值下降没有对预期毛利10万元（即110万~100万元）产生不利影响。同时，甲公司运用公允价值套期会计将套期工具与被套期项目的公允价值变动计入相同会计期间的损益，消除了因企业风险管理活动可能导致的损益波动。

（二）现金流量套期

1. 现金流量套期满足运用套期会计方法条件的，应当按照下列规定处理：

（1）套期工具产生的利得或损失中属于套期有效的部分，作为现金流量套期储备，应当计入其他综合收益。现金流量套期储备的金额，应当按照下列两项的绝对额中较低者确定：

①套期工具自套期开始的累计利得或损失；

②被套期项目自套期开始的预计未来现金流量现值的累计变动额。每期计入其他综合收益的现金流量套期储备的金额应当为当期现金流量套期储备的变动额。

（2）套期工具产生的利得或损失中属于套期无效的部分（即扣除计入其他综合收益后的其他利得或损失），应当计入当期损益。

2. 现金流量套期储备的金额，应当按照下列规定处理：

（1）被套期项目为预期交易，且该预期交易使企业随后确认一项非金融资产或非金融负债的，或者非金融资产或非金融负债的预期交易形成一项适用于公允价值套期会计的确定承诺时，企业应当将原在其他综合收益中确认的现金流量套期储备金额转出，计入该资产或负债的初始确认金额。

（2）其他现金流量套期，企业应当在被套期的预期现金流量影响损益的相同期间，将原在其他综合收益中确认的现金流量套期储备金额转出，计入当期损益。

如果在其他综合收益中确认的现金流量套期储备金额是一项损失，且该损失全部或部分预计在未来会计期间不能弥补的，企业应当在预计不能弥补时，将预计不能弥补的部分从其他综合收益中转出，计入当期损益。

3. 当企业对现金流量套期终止运用套期会计时，在其他综合收益中确认的累计现金流量套期储备金额，应当按照下列规定进行处理：

（1）被套期的预期未来现金流量预期仍然会发生的，累计现金流量套期储备的金额应当予以保留，并按照前述现金流量套期储备的后续处理规定进行会计处理。

（2）被套期的未来现金流量预期不再发生的，累计现金流量套期储备的金额应当从其他综合收益中转出，计入当期损益。被套期的未来现金流量预期不再极可能发生但可能预期仍然会发生，在预期仍然会发生的情况下，累计现金流量套期储备的金额应当予以保留，并按照前述现金流量套期储备的后续处理规定进行会计处理。

【例题18-46】 2×17年1月1日，DEF公司预期在2×17年2月28日销售一批商品X，数量为100吨，预期售价为110万元。为规避该预期销售中与商品价格有关的现金流量变动风险，DEF公司于2×17年1月1日与某金融机构签订了一项商品期货合同Y，将于2×17年2月28日以总价110万元的价格销售100吨商品X，且将其指定为对该预期商品销售的套期工具。商品期货合同Y的标的资产与被套期预期销售商品在数量、质次、价格变动和产地等方面相同，并且商品期货合同Y的结算日和预期商品销售日均为2×17年

2月28日。DEF公司认为该套期符合套期有效性的条件。假定不考虑商品销售相关的增值税及其他因素，且商品期货合约自套期开始的累计利得或损失与被套斯项目自套期开始因商品价格变动引起未来现金流量现值的累计变动额一致。同时，假定不考虑期货市场每日无负债结算制度的影响。DEF公司的账务处理如下（单位：人民币万元）。

（1）2×17年1月1日，商品期货合同Y的公允价值为零。

注：2×17年1月1日，DEF公司不作账务处理。

（2）2×17年1月31日，商品期货合同Y的公允价值涨了2.5万元，预期销售价格下降了2.5万元。

借：套期工具——商品期货合同Y　　　　　　　　　　　2.5
　　贷：其他综合收益——套期储备　　　　　　　　　　　　2.5

（3）2×17年2月28日，商品期货合同Y的公允价值上涨了1万元，商品销售价格下降了1万元。当日，DEF公司将商品X出售，并结算了商品期货合同Y。

①2×17年2月28日确认现金流量套期储备。

借：套期工具——商品期货合同Y　　　　　　　　　　　1
　　贷：其他综合收益——套期储备　　　　　　　　　　　　1

②确认商品X的销售收入，"套期工具——商品期货合同Y"科目借方余额 = 3.5万元。

借：应收账款（或银行存款）　　　　　（110 - 3.5）106.5
　　贷：主营业务收入　　　　　　　　　　　　　　　　　106.5

③确认衍生工具Y的结算。

借：银行存款　　　　　　　　　　　　　　　　　　　3.5
　　贷：套期工具——商品期货合同Y　　　　　　　　　　　3.5

④将现金流量套期储备金额转出，计入当期收入。

借：其他综合收益——套期储备　　　　　　　　　　　3.5
　　贷：主营业务收入　　　　　　　　　　　　　　　　3.5

（三）境外经营净投资套期

对境外经营净投资的套期，包括对作为净投资的一部分进行会计处理的货币性项目的套期，应当按照类似于现金流量套期会计的规定处理：

1. 套期工具形成的利得或损失中属于有效套期的部分，应当计入其他综合收益。全部或部分处置境外经营时，上述计入其他综合收益的套期工具利得或损失应当相应转出，计入当期损益。

2. 套期工具形成的利得或损失中属于无效套期的部分，应当计入当期损益。

五、信用风险敞口的公允价值选择权

金融机构运用信用衍生工具对信用风险敞口进行套期以将其贷款或贷款承诺的信用损失风险转移至第三方，但是根据规定，企业的信用衍生工具应当以公允价值计量且其变动计入当期损益，而贷款等则并不一定以公允价值计量且其变动计入当期损益（如按摊余成本计量)。因此，在被套期风险敞口未按与信用衍生工具相同的基础进行计量的情况下，将会产生会计错配。

使用信用衍生工具对信用风险敞口进行套期的企业将无法运用套期会计。为解决这一问题，并允许企业在一定程度上反映其信用风险管理活动，企业可以选择以公允价值计量且其变动计入当期损益的方式计量被套期风险敞口的套期会计替代方法。

（一）指定条件

企业使用以公允价值计量且其变动计入当期损益的信用衍生工具管理金融工具（或其组成部分）的信用风险敞口时，可以在该金融工具（或其组成部分）初始确认时、后续计量中或尚未确认时，将其指定为以公允价值计量且其变动计入当期损益的金融工具，并同时作出书面记录，但应当同时满足下列条件：

1. 金融工具信用风险敞口的主体（如借款人或贷款承诺持有人）与信用衍生工具涉及的主体相一致。

2. 金融工具的偿付级次与根据信用衍生工具条款须交付的工具的偿付级次相一致。

（二）相关会计处理

金融工具（或其组成部分）被指定为以公允价值计量且其变动计入当期损益的金融工具的，企业应当在指定时将其账面价值（如有）与其公允价值之间的差额计入当期损益。如该金融工具是分类为以公允价值计量且其变动计入其他综合收益的金融资产的，企业应当将之前计入其他综合收益的累计利得或损失转出，计入当期损益。

在选择运用针对信用风险敞口（全部或部分）的公允价值选择权之后，同时满足下列条件的，企业应当对金融工具（或其一定比例）终止以公允价值计量且其变动计入当期损益：

1. 规定的条件不再适用，例如，信用衍生工具或金融工具（或其一定比例）已到期、被出售、合同终止或已行使，或企业的风险管理目标发生变化，不再通过信用衍生工具进行风险管理。

2. 金融工具（或其一定比例）按照有关的规定，仍然不满足以公允价值计量且其变动计入当期损益的金融工具的条件。当企业对金融工具（或其一定比例）终止以公允价值计量且其变动计入当期损益时，该金融工具（或其一定比例）在终止时的公允价值应当作为其新的账面价值。同时，企业应当采用与该金融工具被指定为以公允价值计量且其变动计入当期损益之前相同的方法进行计量。

本章思维导图

准则链接

历年注会考题

课后习题

课后习题答案

第十九章 企业合并

☞ 本章学习目的

本章系统地阐述了企业合并的概念、企业合并的方式及分类,并详细引入了同一控制下和非同一控制下企业的会计处理,通过本章学习,使学生对企业合并有一个清晰的认识。

☞ 本章学习重点难点

企业合并的方式　同一控制下企业合并的会计处理　非同一控制下企业合并的会计处理

☞ 引例

渤海水业关于同一控制下企业合并追溯调整财务数据的专项说明

渤海水业股份有限公司通过天津产权交易中心收购天津水元投资有限公司100%的股权及3,510万元债权,水元投资100%股权及3,510万元债权的出让方为本公司控股股东天津市水务局引滦入港工程管理处,2019年10月23日,水元投资100%股权过户登记为本公司全资子公司,上述交易完成。

因渤海水业与水元投资同受入港处控制,由于上述股权转让导致的本公司控股水元投资的行为属于同一控制下的企业合并。根据《企业会计准则第20号——企业合并》的规定,对于同一控制下的企业合并,应视同合并后形成的报告主体自最终控制方开始实施控制时一直是一体化存续下来的,体现在其合并财务报表上,即由合并后形成的母子公司构成的报告主体,无论是其资产规模还是经营成果都应持续计算;在合并当期编制合并财务报表时,应对合并资产负债表的期初数进行调整,同时对比较报表的相关项目进行调整,视同合并后的报告主体在以前期间一直存在。

来源:巨潮资讯网。

思考题:

1. 什么是同一控制下企业合并?
2. 如何理解同一控制下的企业合并的一体化存续原则?

第一节 企业合并概述

一、企业合并的界定

企业合并是将两个或两个以上单独的企业(主体)合并形成一个报告主体的交易或事

项。从会计角度,交易是否构成企业合并,进而是否能够按照企业合并准则进行会计处理,主要应关注两个方面:

一是被购买方是否构成业务。企业合并本质上是一种购买行为,但其不同于单项资产的购买,而是一组有内在联系、为了某一既定的生产经营目的存在的多项资产组合或是多项资产、负债构成的净资产的购买。企业合并的结果通常是一个企业取得了对一个或多个业务的控制权。即要形成会计意义上的"企业合并",前提是被购买的资产或资产负债组合要形成"业务"。如果一个企业取得了对另一个或多个企业的控制权,而被购买方(或被合并方)并不构成业务,则该交易或事项不形成企业合并。

业务是指企业内部某些生产经营活动或资产负债的组合,该组合具有投入、加工处理过程和产出能力,能够独立计算其成本费用或所产生的收入。要构成业务不需要有关资产、负债的组合一定构成一个企业,或是具有某一具体法律形式。实务中,虽然也有企业只经营单一业务,但一般情况下企业的分公司、独立的生产车间、不具有独立法人资格的分部等也会构成业务。值得注意的是,有关的资产组合或资产、负债组合是否构成业务,不是看其在出售方手中如何经营,也不是看购买方在购入该部分资产或资产、负债组合后准备如何使用。为保持业务判断的客观性,对一组资产或资产、负债的组合是否构成业务,要看正常的市场条件下,从一定的商业常识和行业惯例等出发,看有关的资产或资产、负债的组合能否被作为一项具有内在关联度的生产经营目的整合起来使用。

区分业务的购买,即构成企业合并的交易与不构成企业合并的资产或资产负债组合的购买,意义在于其会计处理方式存在实质上的差异:企业取得了不形成业务的一组资产或是资产、负债的组合时,应将购买成本基于购买日所取得各项可辨认资产、负债的相对公允价值基础上进行分配,不按照企业合并准则进行处理。分配的结果是取得的有关资产、负债的初始入账价值有可能不同于购买时点的公允价值,但不会因为价值的分配过程产生新的资产或负债项目,资产或资产、负债打包购买中多付或少付的部分均需要分解到取得的资产、负债项目中;在被购买资产构成业务、需要作为企业合并处理时,确认计量时点的确定,合并中取得资产、负债的计量,合并差额的处理等均需要按照企业合并准则的有关规定进行处理,如在构成非同一控制下企业合并的情况下,合并中自被购买方取得的各项可辨认资产、负债应当按照其在购买日的公允价值计量,合并成本与取得的可辨认净资产公允价值份额的差额应当确认为单独的一项资产——商誉或是在企业成本小于合并中取得可辨认净资产公允价值份额的情况下,确认计入当期损益。

二是交易发生前后是否涉及对标的业务控制权的转移。从企业合并的定义看,是否形成企业合并,除要看取得的资产或资产负债组合是否构成业务之外,还要看有关交易或事项发生前后,是否引起报告主体的变化。报告主体的变化产生于控制权的变化。在交易事项发生以后,投资方拥有对被投资方的权力,通过参与被投资方的相关活动享有可变回报,且有能力运用对被投资方的权力影响其回报金额的,投资方对被投资方具有控制,形成母子公司关系,涉及控制权的转移,该交易或事项发生以后,子公司需要纳入到母公司合并财务报表的范围中,从合并财务报告角度形成报告主体的变化;交易事项发生以后,一方能够控制另一方的全部净资产,被合并的企业在合并后失去法人资格,也涉及控制权及报告主体的变化,形成企业合并。

假定在企业合并前A、B两个企业为各自独立的法律主体,且均构成业务,企业合并准则中所界定的企业合并，包括但不限于以下情形：

（1）企业 A 通过增发自身的普通股自企业 B 原股东处取得企业 B 的全部股权，该交易事项发生后，企业 B 仍持续经营。

（2）企业 A 支付对价取得企业 B 的全部净资产，该交易事项发生后，撤销企业 B 的法人资格。

（3）企业 A 以自身持有的资产作为出资投入企业 B，取得对企业 B 的控制权，该交易事项发生后，企业 B 仍维持其独立法人资格继续经营。

二、企业合并的方式

企业合并按合并方式划分，包括控股合并、吸收合并和新设合并。

（一）控股合并

合并方（或购买方，下同）通过企业合并交易或事项取得对被合并方（或被购买方，下同）的控制权，企业合并后能够通过所取得的股权等主导被合并方的生产经营决策并自被合并方的生产经营活动中获益，被合并方在企业合并后仍维持其独立法人资格继续经营的，为控股合并。

在该类企业合并中，因合并方通过企业合并交易或事项取得了对被合并方的控制权，被合并方成为其子公司，在企业合并发生后，被合并方应当纳入合并方合并财务报表的编制范围，从合并财务报表角度，形成报告主体的变化。

（二）吸收合并

合并方在企业合并中取得被合并方的全部净资产，并将有关资产、负债并入合并方自身生产经营活动中。企业合并完成后，注销被合并方的法人资格，由合并方持有合并中取得的被合并方的资产、负债，在新的基础上继续经营，该类合并为吸收合并。

在吸收合并中，因被合并方（或被购买方）在合并发生以后被注销，从合并方（或购买方）的角度需要解决的问题是：在合并日（或购买日）取得的被合并方有关资产、负债入账价值的确定，以及为了进行企业合并支付的对价与所取得被合并方资产、负债的入账价值之间差额的处理。

企业合并后续期间，合并方应将合并中取得的资产、负债作为本企业的资产、负债核算。

（三）新设合并

参与合并的各方在企业合并后法人资格均被注销，重新注册成立一家新的企业，由新注册成立的企业持有参与合并各企业的资产、负债在新的基础上经营，为新设合并。在新设合并中，各参与合并企业投入新设企业的资产、负债价值以及相关构成新设企业的资本等，一般应按照有关法律法规及各参与合并方的合同、协议执行。

三、企业合并的划分

我国的企业合并准则中将企业合并按照一定的标准划分为两大基本类型：同一控制下

的企业合并与非同一控制下的企业合并。企业合并的类型划分不同,所遵循的会计处理原则也不同。

第二节　企业合并的会计处理

一、同一控制下的企业合并的会计处理

同一控制下的企业合并,是指参与合并的企业在合并前后均受同一方或相同的多方最终控制且该控制并非暂时性的。

1. 能够对参与合并各方在合并前后均实施最终控制的一方通常指企业集团的母公司。

同一控制下的企业合并一般发生于企业集团内部,如集团内母子公司之间、子公司与子公司之间等。因为该类合并从本质上是集团内部企业之间的资产或权益的转移,不涉及自集团外购入子公司或是向集团外其他企业出售子公司的情况,能够对参与合并企业在合并均实施最终控制的一方为集团的母公司。

2. 能够对参与合并的企业在合并前后均实施最终控制的相同多方,是指根据合同或协议的约定,拥有最终决定参与合并企业的财务和经营政策,并从中获取利益的投资者群体。

3. 实施控制的时间性要求,是指参与合并各方在合并前后较长时间内为最终控制方所控制。具体是指在企业合并之前(即合并日之前),参与合并各方在最终控制方的控制时间一般在1年以上(含1年),企业合并后所形成的报告主体在最终控制方的控制时间也应达到1年以上(含1年)。

4. 企业之间的合并是否属于同一控制下的企业合并,应综合构成企业合并交易的各方面情况,按照实质重于形式的原则进行判断。通常情况下,同一控制下的企业合并是指发生在同一企业集团内部企业之间的合并。同受国家控制的企业之间发生的合并,不应仅仅因为参与合并各方在合并前后均受国家控制而将其作为同一控制下的企业合并。

二、非同一控制下企业合并的处理

非同一控制下的企业合并,是指参与合并各方在合并前后不受同一方或相同的多方最终控制的合并交易,即除判断属于同一控制下企业合并的情况以外其他的企业合并。

【例题19-1】 甲公司为某省国资委控制的国有企业,2×20年10月,因该省国资系统出于整合同类业务的需要,由甲公司通过定向发行其普通股的方式给乙公司部分股东,取得对乙公司控制权。该项交易前,乙公司的股权由该省国资委下属丙投资公司持有并控制。双方签订的协议约定:

(1) 以2×20年9月30日为评估基准日,根据独立的评估机构评估确定的乙公司全部股权的公允价值4.02亿元为基础确定甲公司应支付的对价。

(2) 甲公司普通股作价5元/股,该项交易中甲公司向丙投资公司发行3,700万股本公司普通股取得乙公司46%股权。

（3）甲公司在本次交易中定向发行的3,700万股向丙投资公司发行后，即有权力调整和更换乙公司董事会成员，该事项不受本次交易中股东名册变更及乙公司有关工商注册变更的影响。

2×20年12月10日，甲公司向丙投资公司定向发行了3,700万股并于当日对乙公司董事会进行改选。

分析：判断本项交易的合并类型关键在于找到是否存在于合并交易发生前后对参与合并各方均能够实施控制的一个最终控制方，本例中，虽然该项交易是国资委出于整合同类业务的需要，安排甲公司、乙公司的原控股股东丙投资公司进行的，但交易中作价是完全按照市场价格确定的，同时企业合并准则中明确，同受国家控制的两个企业进行合并，不能仅因为其为国有企业即作为同一控制下企业合并。该项合并应当作为非同一控制下企业合并处理。

三、企业合并涉及的或有对价

同一控制下企业合并形成的控股合并，在确认长期股权投资初始投资成本时，应按照《企业会计准则第13号——或有事项》的规定，判断是否应就或有对价确认预计负债或者确认资产，以及确认的金额；确认预计负债或资产的，该预计负债或资产金额与后续或有对价结算金额的差额不影响当期损益，应当调整资本公积（资本溢价或股本溢价），资本公积（资本溢价或股本溢价）不足冲减的，调整留存收益。

非同一控制下企业合并涉及或有对价时长期股权投资成本的计量。在某些情况下，企业合并各方可能在合并协议中约定，根据未来一项或多项或有事项的发生，购买方通过发行额外证券、支付额外现金或其他资产等方式追加合并对价，或者要求返还之前已经支付的对价，这将导致产生企业合并的或有对价问题。会计准则规定，购买方应当将合并协议约定的或有对价作为企业合并转移对价的一部分，按照其在购买日的公允价值计入企业合并成本。或有对价符合权益工具和金融负债定义的，购买方应当将支付或有对价的义务确认为一项权益或负债；符合资产定义并满足资产确认条件的，购买方应当将符合合并协议约定条件的、可收回的部分已支付合并对价的权利确认为一项资产。同时规定，购买日12个月内出现对购买日已存在情况的新的或进一步证据需要调整或有对价的，应当予以确认并对原计入合并商誉的金额进行调整；其他情况下发生的或有对价变化或调整，应当区分情况进行会计处理：或有对价为权益性质的，不进行会计处理；或有对价为资产或负债性质的，如果属于会计准则规定的金融工具，应当采用公允价值计量，公允价值变动视有关金融工具的分类计入当期损益或其他综合收益。如果不属于会计准则规定的金融工具，则应按或有事项等准则的规定处理。

上述关于或有对价的规定，主要侧重于两个方面：一是在购买日应当合理估计或有对价并将其计入企业合并成本，购买日后12个月内取得新的或进一步证据表明购买日已存在状况，从而需要对企业合并成本进行调整的，可以据以调整企业合并成本；二是无论是购买日后12个月内还是其他时点，如果是由于出现新的情况导致对原估计或有对价进行调整的，则不能再对企业合并成本进行调整，相关或有对价属于金融工具的，应以公允价值计量，公允价值变动计入当期损益或其他综合收益，或有对价不属于金融工具的，则应按照或有事项等准则进行处理。上述会计处理的出发点在于：对企业合并交易原则上确认和计量时点应限定为购买日，购买日以后视新的情况对原购买成本进行调整的，不能视为购买日的状况，因此也就不能据以对企业合并成本进行调整。

【例题19-2】 A上市公司2×09年1月2日以现金3亿元自B公司购买其持有的C公司100%股权，并于当日向C公司董事会派出成员，主导其财务和生产经营决策。相关资料如下：

（1）股权转让协议约定，B公司就C公司在收购完成后的经营业绩向A公司作出承诺：C公司2×09年、2×10年、2×11年度经审计扣除非经常性损益后归属于母公司股东的净利润分别不低于2,000万元、3,000万元和4,000万元。如果C公司未达到承诺业绩，B公司将在C公司每一相应年度的审计报告出具后30日内，按C公司实际实现的净利润与承诺利润的差额，以现金方式对A公司进行补偿。

（2）购买日，A公司根据C公司所处市场状况及行业竞争力等情况判断，预计C公司能够完成承诺期利润。2×09年，C公司实现净利润2,200万元。2×10年，由于整体宏观经济形势变化，C公司实现净利润2,400万元，且预期2×11年该趋势将持续，预计能够实现净利润约2,600万元。

分析：（1）本例中，A上市公司与B公司在交易前不存在关联关系，该项企业合并应为非同一控制下企业合并。购买日为2×09年1月2日，当日A上市公司支付了有关价款3亿元，同时估计C公司能够实现承诺利润，或有对价估计为0。A上市公司应当确认对C公司长期股权投资成本为3亿元。

借：长期股权投资　　　　　　　　　　　　　　　　30,000
　　贷：银行存款　　　　　　　　　　　　　　　　　　30,000

（2）2×09年C公司实现了预期利润，A上市公司无需进行会计处理。

（3）2×10年C公司未实现预期利润，且预计2×11年也无法实现，则A上市公司需要估计该或有对价的公允价值并予以确认。因该预期利润未实现的情况是在购买日后新发生的，在购买日后超过12个月且不属于对购买日已存在状况的进一步证据，应于发生时计入当期损益。B公司对有关利润差额的补偿将以现金支付，该或有对价属于金融工具，A上市公司应当进行的会计处理为：

借：交易性金融资产　　　　　　　　　　　　　　　2,000
　　贷：公允价值变动损益　　　　　　　　　　　　　　2,000

四、反向购买的处理

（一）反向购买的会计处理

非同一控制下的企业合并，以发行权益性证券交换股权的方式进行的，通常发行权益性证券的一方为购买方。但某些企业合并中，发行权益性证券一方因其生产经营决策在合并后被参与合并的另一方所控制的，发行权益性证券一方虽然为法律上的母公司，但其为会计上的被购买方，该类企业合并通常称为"反向购买"。例如，A公司为一家规模较小的上市公司，B公司为一家规模较大的公司。B公司拟通过收购A公司的方式达到上市目的,但该交易是通过 A 公司向 B 公司原股东发行普通股用以交换 B 公司原股东持有的对 B 公司股权方式实现。该项交易后,B 公司原控股股东持有 A 公司 50% 以上股权,A 公司持有 B 公司 50% 以上股权,A 公司为法律上的母公司、B 公司为法律上的子公司,但从会计的角度来看,A 公司为被购买方,B 公司为购买方。

1. 企业合并成本。

在反向购买中,法律上的子公司(购买方)的企业合并成本是指其如果以发行权益性证券的方式为获取在合并后报告主体的股权比例,应向法律上母公司(被购买方)的股东发行的权益性证券数量与其公允价值计算的结果。购买方的权益性证券在购买日存在公开报价的,通常应以公开报价作为其公允价值;购买方的权益性证券在购买日不存在可靠公开报价的,应参照购买方的公允价值和被购买方的公允价值两者之中有更为明显证据支持的一个作为基础,确定购买方假定应发行权益性证券的公允价值。

2. 合并财务报表的编制。

反向购买后,法律上的母公司应当遵从以下原则编制合并财务报表:

(1) 合并财务报表中,法律上子公司的资产、负债应以其在合并前的账面价值进行确认和计量。

(2) 合并财务报表中的留存收益和其他权益余额应当反映的是法律上子公司在合并前的留存收益和其他权益余额。

(3) 合并财务报表中的权益性工具的金额应当反映法律上子公司合并前发行在外的股份面值以及假定在确定该项企业合并成本过程中新发行的权益性工具的金额。但是,在合并财务报表中的权益结构应当反映法律上母公司的权益结构,即法律上母公司发行在外权益性证券的数量和种类。

(4) 法律上母公司的有关可辨认资产、负债在并入合并财务报表时,应以其在购买日确定的公允价值进行合并,企业合并成本大于合并中取得的法律上母公司(被购买方)可辨认净资产公允价值的份额体现为商誉,小于合并中取得的法律上母公司(被购买方)可辨认净资产公允价值的份额确认为合并当期损益。

(5) 合并财务报表的比较信息应当是法律上子公司的比较信息(即法律上子公司的前期合并财务报表)。

(6) 法律上子公司的有关股东在合并过程中未将其持有的股份转换为法律上母公司股份的,该部分股东享有的权益份额在合并财务报表中应作为少数股东权益列示。因法律上子公司的部分股东未将其持有的股份转换为法律上母公司的股权,其享有的权益份额仍仅限于对法律上子公司的部分,该部分少数股东权益反映的是少数股东按持股比例计算享有法律上子公司合并前净资产账面价值的份额。另外,对于法律上母公司的所有股东,虽然该项合并中其被认为被购买方,但其享有合并形成报告主体的净资产及损益,不应作为少数股东权益列示。

上述反向购买的会计处理原则仅适用于合并财务报表的编制。法律上母公司在该项合并中形成的对法律上子公司长期股权投资成本的确定,应当遵从《企业会计准则第 2 号——长期股权投资》的相关规定。

3. 每股收益的计算。

发生反向购买当期,用于计算每股收益的发行在外普通股加权平均数为:

(1) 自当期期初至购买日，发行在外的普通股数量应假定为在该项合并中法律上母公司向法律上子公司股东发行的普通股数量。

(2) 自购买日至期末发行在外的普通股数量为法律上母公司实际发行在外的普通股股数。

反向购买后对外提供比较合并财务报表的，其比较前期合并财务报表中的基本每股收益，应以法律上子公司在每一比较报表期间归属于普通股股东的净损益除以在反向购买中法律上母公司向法律上子公司股东发行的普通股股数计算确定。

上述假定法律上子公司发行的普通股股数在比较期间内和反向购买发生期间的期初至购买日之间未发生变化。如果法律上子公司发行的普通股股数在此期间发生了变动，计算每股收益时应适当考虑其影响进行调整。

【例题 19-3】A 上市公司于 20×7 年 9 月 30 日通过定向增发本企业普通股对 B 企业进行合并，取得 B 企业 100% 股权。假定不考虑所得税影响。A 公司及 B 企业在合并前简化资产负债表如表 19-1 所示。

表 19-1　　　　　　A 公司及 B 企业合并前资产负债表　　　　　　单位：万元

项目	A 公司	B 企业
流动资产	3,000	4,500
非流动资产	21,000	60,000
资产总额	24,000	64,500
流动负债	1,200	1,500
非流动负债	300	3,000
负债总额	1,500	4,500
所有者权益：		
股本	1,500	900
资本公积		
盈余公积	6,000	17,100
未分配利润	15,000	42,000
所有者权益总额	22,500	60,000

其他资料：

(1) 20×7 年 9 月 30 日，A 公司通过定向增发本企业普通股，以 2 股换 1 股的比例自 B 企业原股东甲公司处取得了 B 企业全部股权。A 公司共发行了 1,800 万股普通股以取得 B 企业全部 900 万股普通股。

(2) A 公司每股普通股在 20×7 年 9 月 30 日的公允价值为 20 元，B 企业每股普通股当日的公允价值为 40 元。A 公司、B 企业每股普通股的面值均为 1 元。

(3) 20×7 年 9 月 30 日，A 公司（会计上的子公司）除非流动资产公允价值较账面价值高 4,500 万元以外，其他资产、负债项目的公允价值与其账面价值相同。

（4）假定 A 公司与 B 企业在合并前不存在任何关联方关系。

分析：

（1）A 公司在该项合并中向 B 企业原股东（甲公司）增发了 1,800 万股普通股，合并后 B 企业原股东（甲公司）持有 A 公司的股权比例为 54.55%［甲公司持有的 1,800/（原股数 1,500 + 新发 1,800）］。对于该项企业合并，虽然在合并中发行权益性证券的一方为 A 公司，但因其生产经营决策的控制权在合并后由 B 企业原股东甲公司控制，B 企业应为购买方（会计上的母公司），A 公司为被购买方。

（2）在反向购买中，法律上的子公司（B 公司，会计上的母公司）的企业合并成本是指其如果以发行权益性证券的方式为获取在合并后报告主体的股权比例，应向法律上母公司（A 公司，会计上的子公司）的股东发行的权益性证券数量与权益性证券的公允价值计算的结果。如果假定 B 企业发行本企业普通股在合并后主体享有同样的股权比例，则 B 企业应当发行的普通股股数为 750 万股（900/54.55% - 900），其公允价值为 30,000 万元（750 × 40），B 企业合并成本为 30,000 万元。

（3）假定 B 企业 20 × 6 年实现合并净利润 1,800 万元，20 × 7 年 A 公司与 B 企业形成的主体实现合并净利润为 3,450 万元，自 20 × 6 年 1 月 1 日至 20 × 7 年 9 月 30 日，B 企业发行在外的普通股股数未发生变化。A 公司 20 × 7 年基本每股收益：3,450 ÷ (1,800 × 9 ÷ 12 + 3,300 × 3 ÷ 12) = 1.59 元。

（二）非上市公司购买上市公司股权实现间接上市的会计处理

非上市公司以所持有的对子公司投资等资产为对价取得上市公司的控制权，构成反向购买的，上市公司编制合并财务报表时应当区别以下情况处理：

1. 交易发生时，上市公司未持有任何资产、负债或仅持有现金、交易性金融资产等不构成业务的资产或负债的，上市公司在编制合并财务报表时，购买企业应按照权益性交易的原则进行处理，不得确认商誉或确认计入当期损益。

2. 交易发生时，上市公司保留的资产、负债构成业务的，对于形成非同一控制下企业合并的，企业合并成本与取得的上市公司可辨认净资产公允价值份额的差额应当确认为商誉或是计入当期损益。

业务是指企业内部某些生产经营活动或资产负债的组合，该组合具有投入、加工处理过程和产出能力，能够独立计算其成本费用或所产生的收入等，目的在于为投资股利、降低成本或带来其他经济利益。有关资产或资产、负债的组合具备了投入和加工处理过程两个要素即可认为构成一项业务。对于取得的资产、负债组合是否构成业务，应当由企业结合实际情况进行判断。

五、被购买方的会计处理

非同一控制下的企业合并中，被购买方在企业合并后仍持续经营的，如购买方取得被购买方 100% 股权，被购买方可以按合并中确定的有关资产、负债的公允价值调账，在其他情况下，被购买方不应因企业合并改记资产、负债的账面价值。

本章思维导图

历年注会考题

准则链接

课后习题

课后习题答案

第二十章　合并财务报表

☞ **本章学习目的**

本章主要介绍合并报表的概念、合并财务报表的编制范围、合并报表的编制程序和编制合并报表的会计处理等，让学生了解并掌握合并报表编制的方法。

☞ **本章学习重点难点**

合并范围的界定　合并报表的编制原则　合并财务报表的编制程序　合并报表的会计处理　合并现金流量表的编制

☞ **引例**

大连天神娱乐股份有限公司关于子公司不再纳入合并范围的公告

一、关于子公司不再纳入合并范围的情况

公司持有嘉兴乐玩股权比例42%，原为嘉兴乐玩第一大股东，并占有嘉兴乐玩董事会多数董事席位。嘉兴乐玩第二大股东嘉兴朝辉投资合伙企业（有限合伙）（以下简称"朝辉投资"）持有嘉兴乐玩股权比例38%，第三大股东永新县楚之信科技研发中心（有限合伙）（以下简称"楚之信"）持有嘉兴乐玩股权比例15%。朝辉投资与楚之信（以下合称"一致行动人"）于近日签署了一致行动协议，协议签署完成后，一致行动人持股53%，成为嘉兴乐玩第一大股东。公司于2019年12月24日召开第五届董事会第四次会议审议通过了《关于同意公司子公司变更董事会构成的股东会决议的议案》。2019年12月24日，嘉兴乐玩召开股东会，审议变更董事会构成的议案，嘉兴乐玩董事会由5名董事组成，变更董事会构成的议案将嘉兴乐玩董事会的组成方式由"天神娱乐有权委派3名董事，朝辉投资有权委派2名董事"变更为"天神娱乐有权委派2名董事，朝辉投资有权委派2名董事，楚之信有权委派1名董事"。对于嘉兴乐玩的全资子公司设立董事会的，其结构应该与嘉兴乐玩保持一致，不设董事会的，执行董事由嘉兴乐玩董事会决定人选。本次嘉兴乐玩董事会构成变更后，公司不再占有嘉兴乐玩董事会多数董事席位。基于上述情况，一致行动人作为嘉兴乐玩第一大股东能够控制董事会，成为嘉兴乐玩控股股东，嘉兴乐玩不再纳入公司合并范围。

二、对公司的影响

2018年度，嘉兴乐玩营业收入44,615.89万元，占公司合并报表营业收入的17.17%，净利润16,298.80万元。公司持有嘉兴乐玩的股权比例不变，嘉兴乐玩作为公司的参股公司，不再纳入公司合并范围，将采用权益法核算，该事项对公司合并报表归属于上市公司股东的净利润和归属于上市公司股东的净资产无影响。

来源：巨潮资讯网。

思考题：
1. 如何确定合并范围？
2. 如何理解一致行动人这一概念？

第一节　合并财务报表的合并理论

合并财务报表是以企业集团为会计主体编制的财务报表，编制合并财务报表首先就涉及如何界定企业集团范围的问题，确定哪些被投资企业需要纳入其投资企业的合并范围，确定编制合并财务报表时所采用的合并方法。企业集团的界定、合并范围的确定以及合并方法的选择，直接关系到合并财务报表提供什么样的信息、为谁提供信息等一系列问题，对合并财务报表的编制具有重要的意义。这些问题的解决，在很大程度上取决于编制合并财务报表所采用的合并理论。依据不同的合并理论，其确定的合并范围和选择的合并方法也各不相同。

一、母公司理论

所谓母公司理论，是将合并财务报表视为母公司本身的财务报表反映的范围扩大来看待，从母公司角度来考虑合并财务报表的合并范围、选择合并处理方法。母公司理论认为合并财务报表主要是为母公司的股东和债权人服务的，为母公司现实的和潜在的投资者服务的，强调的是母公司股东的利益。

在采用母公司理论的情况下，在确定合并范围时，通常更多的是以法定控制为基础，以持有多数股权或表决权作为是否将某一被投资企业纳入合并范围的依据，或者通过一家公司处于另一家公司法定支配下的控制协议来确定合并财务报表的合并范围。在母公司理论编制合并财务报表的情况下，所采用的合并处理方法都是从母公司本身的股东利益来考虑的，如对于子公司少数股东的权益，在合并资产负债表中通常视为一项负债来处理；对于企业集团内部销售收入的抵销，需要考虑销售的顺销（母公司将商品销售给子公司）和逆销（子公司将商品销售给母公司）两种情况，对于顺销，编制合并财务报表时只抵销子公司中母公司持有股权相对的份额，即多数股东股权的份额，而对于少数股东股权相对应的份额，则视为实现销售处理，不需要进行抵销处理。这一理论忽视了母公司股东以外的少数股东的利润和信息需要。

二、实体理论

实体理论认为合并财务报表是企业集团各成员企业构成的经济联合体的财务报表，编制合并财务报表是为整个经济体服务的，它强调的是企业集团中所有成员企业所构成的经济实体，它对构成企业集团的持有多数股权的股东和拥有少数股权的股东一视同仁、同等对待，认为只要是企业集团成员股东，无论是拥有多数股权，还是拥有少数股权，都是共同组成的经济实体的股东。

在运用实体理论的情况下,对于少数股东权益,通常视为股东权益的一部分,在合并资产负债表中股东权益部分列示和反映。由于对构成企业集团的成员企业的所有股东均视为企业集团的股东,对于企业集团内部各成员企业相互之间发生的销售行为,其内部销售商品或提供劳务过程中所实现的销售损益,均属于未实现内部销售损益,应当予以抵销。无论是顺销还是逆销,其实现的内部销售损益,对于由成员企业全体股东构成的企业集团来说都是未实现内部销售损益,均属于抵销范围。

采用实体理论编制的合并财务报表,有利于企业集团内部管理人员从整体上把握企业集团经营活动的情况,相对来说更能够满足企业集团内部管理人员对财务信息的需要。因此,目前国际财务报告准则及我国企业会计准则主要采用的就是实体理论。

三、所有权理论

所有权理论运用于合并财务报表编制时,既不强调企业集团中存在的法定控制关系,也不强调企业集团各成员企业所构成的经济实体,而是强调编制合并财务报表的企业对另一企业的经济活动和财务决策具有重大影响的所有权。所有权理论认为,母公司理论和实体理论都不能解决隶属于两个或两个以上企业集团的企业的合并财务报表编制问题。例如,某一企业的全部股权由两个投资企业投资形成,各拥有50%的股权,即共同控制企业。在这种情况下,其中任何一个投资企业都不能对该投资实施控制,根据母公司理论和实体理论都很难确定该企业的财务报表由哪一投资企业合并。因为在这种情况下,既没有单一的母公司,也没有少数股权的股东;既不存在法定支配权,也不存在单一的经济主体。为了弥补母公司理论和实体理论的不足,有的国家在编制合并财务报表时,就提出了所有权理论,以期解决共同控制下的合并财务报表的编制问题。

在采用所有权理论的情况下,对于其拥有所有权的企业的资产、负债和当期实现的净损益,均按照一定的比例合并计入合并财务报表。这也是一些国家合并财务报表相关准则规定比例合并法的理论基础。

第二节 合并范围的确定

一、以"控制"为基础,确定合并范围

合并财务报表的合并范围应当以控制为基础予以确定。控制,是指投资方拥有对被投资方的权力,通过参与被投资方的相关活动而享有可变回报,并且有能力运用对被投资方的权力影响其回报金额。

因此,投资方要实现控制,必须具备两项基本要素:一是因涉入被投资方而享有可变回报;二是拥有对被投资方的权力,并且有能力运用对被投资方的权力影响其回报金额。投资方只有同时具备上述两个要素时,才能控制被投资方。

实际工作中,投资方在判断其能否控制被投资方时,应综合考虑所有相关事实和情

况,以判断是否同时满足控制的这两个要素。相关事实和情况主要包括:被投资方的设立目的和设计;被投资方的相关活动以及如何对相关活动作出决策;投资方享有的权利是否使其目前有能力主导被投资方的相关活动;投资方是否通过参与被投资方的相关活动而享有可变回报;投资方是否有能力运用对被投资方的权力影响其回报金额;投资方与其他方的关系。其中,对被投资方的设立目的和设计的分析,贯穿于判断控制的始终,也是分析上述其他事实和情况的基础。如果事实和情况表明上述控制要素中的一个或多个发生变化,则投资方应当重新判断其还能否控制被投资方。

投资方在判断能否控制被投资方时,具体判断如下。

(一) 被投资方的设立目的和设计

当判断对被投资方的控制时,投资方应考虑被投资方的设立目的及设计,以明确哪些是相关活动,相关活动的决策机制,谁拥有现时能力主导这些活动,以及谁从这些活动中获得可变回报。

了解被投资方的设立目的和设计有助于了解每个投资方的目的,即:投资方为何参与被投资方的相关活动,参与了哪些活动。因此,在识别哪个投资方控制被投资方时,了解被投资方的设立目的和设计非常关键。被投资方的设立目的和设计在控制判断的很多环节都需要考虑。具体来说,了解被投资方的设立目的和设计有助于确定以下方面:①被投资方存在哪些风险,投资方参与被投资方相关活动可能产生哪些风险?②相关活动是指哪些活动?③被投资方相关活动的决策机制是怎样的?④哪个投资方有能力主导被投资方的相关活动?⑤哪些投资方能够通过参与被投资方相关活动而享有其可变回报?⑥被投资方相关活动如何影响投资方的回报?⑦如果投资方拥有对被投资方的权力、享有其可变回报,那么它是否有能力运用其对被投资方的权力影响其回报金额?

如果对被投资方的控制是通过持有被投资方权益工具而获得一定比例表决权或是潜在表决权的方式来实现,在不存在其他改变决策机制的安排时,控制的判断主要着重于判断哪一方能够通过行使表决权来决定被投资方的财务和经营政策。例如,在最简单的情况下,在不存在其他因素时,通常持有半数以上表决权的投资方控制被投资方,但是如果章程或者其他协议有某些特殊约定,如被投资方相关活动的决策需要 2/3 以上表决权比例通过,在这种情况下,拥有半数以上表决权并不意味着必然能够对被投资方实施控制。

如果在被投资方的设计中,表决权不是判断能否控制被投资方的决定性因素,其仅与被投资方的日常行政管理活动有关,而被投资方的相关活动可能是由其他合同安排规定的,则在这种情况下,投资方在考虑被投资方的设立目的和设计时,还应考虑被投资方的设立带来了哪些风险和收益;被投资方将哪些风险和收益转移给了参与其活动的各方;投资方是否面临这些风险和收益。所考虑的风险不仅包括下行风险,也包括可能的上行收益。

(二) 判断通过涉入被投资方的活动享有的是否为可变回报

1. 可变回报的定义。

享有控制权的投资方,通过参与被投资方相关活动,享有的是可变回报。可变回报,是不固定且可能随着被投资方业绩而变化的回报,可以仅是正回报,仅是负回报,或者同时包括正回报和负回报。

2. 可变回报的形式。

（1）股份、被投资方经济利益的其他分配（例如，被投资方发行的债务工具产生的利息）、投资方对被投资方的投资的价值变动。从被投资方获取股份是投资方的可变回报的通常表现形式。但是，在某些情况下，受限于法律法规的相关规定，投资方无法通过分配被投资方利润或结余的形式获得回报，例如，当被投资方的法律形式为信托机构时，其盈利可能不是以股份形式分配给投资者。在这种情况下，需要根据具体情况，以投资方的投资目的为出发点，综合分析投资方是否获得除股份以外的其他可变回报，即，被投资方不能进行利润分配并不必然代表投资方不能获取可变回报。

（2）因向被投资方的资产或负债提供服务而得到的报酬、因提供信用支持或流动支持收取的费用或承担的损失、被投资方清算时在其剩余净资产中所享有的权益、税务利益、因参与被投资方而获得的未来流动性。

（3）其他利益持有方无法得到的回报。例如，投资方将自身资产与被投资方的资产整合以实现规模经济，达到节约成本的目的；投资方通过涉入被投资方，从而保证稀缺资源的供应、获得专有技术或者限制被投资方某些运营或资产，从而达到提高投资方其他资产价值的目的。

此外，尽管只有一个投资方能够控制被投资方，但可能存在多个投资方分享被投资方的回报。例如，少数股东权益的持有者可以分享被投资方的利润。

（三）判断投资方是否对被投资方拥有权力，并能够运用此权力影响回报金额

1. 权力的定义。

控制的第一个要素是权力。投资方能够主导被投资方的相关活动时，称投资方对被投资方享有"权力"。在判断投资方是否对被投资方拥有权力时，应注意以下几点：

（1）权力只表明投资方主导被投资方相关活动的现时能力，并不要求投资方实际行使其权力。即，如果投资方拥有主导被投资方相关活动的现时能力，即使这种能力尚未被实际行使，也视为该投资方拥有对被投资方的权力。（2）权力是一种实质性权利，而不是保护性权利。（3）权力是为自己行使的，而不是代其他方行使。（4）权力通常表现为表决权，但有时也可能表现为其他合同安排。

2. 相关活动。

（1）识别相关活动。

从上述权力的定义中可以看出，要判断投资方是否拥有对被投资方的权力，首先需要识别被投资方的相关活动。相关活动是指对被投资方的回报产生重大影响的活动。可见，判断相关活动时，应关注的是那些对被投资方的回报具有重大影响的活动，而不是对被投资方回报影响甚微或没有影响的行政活动。

对许多企业而言，经营和财务活动通常对其回报产生重大影响。但是，不同企业的相关活动可能是不同的，应当根据企业的行业特征、业务特点、发展阶段、市场环境等具体情况来进行判断，这些活动可能包括但不限于：商品或劳务的销售和购买；金融资产的管理；资产的购买和处置；研究与开发活动；确定资本结构和获取融资。

同一企业在不同环境和情况下，相关活动也可能有所不同。

（2）分析相关活动的决策机制。

在大多数情况下，当投资方通过持有表决权或类似权利主导被投资方时，其权力往往是通过统驭被投资方的战略性经营和财务政策而获得的，但对于并非由表决权或类似权利主导的被投资方，以及当多个利益方对被投资方的不同活动同时拥有决策权时，识别相关活动尤其重要。判断被投资方的相关活动后，了解谁拥有对被投资方的权力的下一个重要步骤是分析此类活动的决策机制。就相关活动作出的决策包括但不限于：①对被投资方的经营、融资等活动作出决策，包括编制预算；②任命被投资方的关键管理人员或服务提供商，并决定其报酬，以及终止该关键管理人员的劳务关系或终止与服务提供商的业务关系。投资方在分析相关活动的决策机制时，应当重点关注被投资方设立的目的和设计以及如何作出有关下列活动的决策，例如，变更战略方向，包括收购和处置子公司；购买或处置主要资本性资产；委任董事及其他关键管理人员并确定其酬劳；批准年度计划、预算和股份政策。

另外，清晰了解被投资方的治理结构对识别相关活动的决策方式至关重要。在实务中，相关的监管要求和股东间的协议不同，企业的治理结构也可能各不相同。在某些情况下，相关活动一般由企业章程及协议中约定的权力机构（如股东会、董事会）来决策，在特殊情况下，相关活动的决策也可能基于合同协议约定等原因由其他机构来主导，如专门设置的管理委员会等。有限合伙企业的相关活动既可能由合伙人大会决策，也可能由普通合伙人或者投资管理公司等机构或人员决策。

两个或两个以上投资方能够分别单方面主导被投资方的不同相关活动时，如何判断哪方拥有权力。被投资方的相关活动通常有多个，并且可能不是同时进行。当两个或两个以上投资方能够分别单方面主导被投资方的不同相关活动时，能够主导对被投资方回报产生最重大影响活动的一方拥有对被投资方的权力。在具体判断哪个投资方对被投资方拥有权力时，投资方通常需要考虑的因素包括：①被投资方的设立目的；②影响被投资方利润率、收入和企业价值的决定因素；③各投资方拥有的与上述决定因素相关的决策职权的范围，以及这些职权分别对被投资方回报的影响程度；④投资方对于可变回报的风险敞口的大小。

（3）两个或两个以上投资方能够分别单方面主导被投资方的不同相关活动时，如何判断哪一方拥有权力。

权力源于权利。在判断投资方是否拥有对被投资方的权力时，应区分投资方及其他方享有的权利是实质性权利还是保护性权利，仅实质性权利才应当被加以考虑。

①实质性权利。

实质性权利，是指持有人在对相关活动进行决策时，有实际能力行使的可执行权利。"有实际能力行使"，意味着对于投资方拥有的实质性权利，即便投资方并未实际行使，也应在判断投资方是否对被投资方拥有权力时予以考虑。为了使一项权利成为实质性权利，在作出可主导被投资方相关活动的决策时，该项权利应当是可行使的。在通常情况下，实质性权利应当是当前可执行的权利，但在某些情况下，目前不可行使的权利也可能是实质性权利，如某些潜在表决权。

判断一项权利是否为实质性权利，应当综合考虑所有相关因素。相关因素包括但不限于以下各项：

第一，权利持有人行使权利是否存在经济或其他方面的障碍。例如，财务处罚或奖励阻止权利持有人行使该权利；行权价或转换价格产生了财务障碍导致权利持有人不行使权利；合同条款或条件的限定导致该等权利不太可能被行使（例如，对于权利行使的时间有严格限制条件）；在设立被投资方的文件或相关法律法规中缺乏明确合理的机制让权利持有人行使其权利；权利持有人不能获得可以行使权利的必要信息；运营方面的障碍或诱因阻止权利持有人行使权利（例如，没有其他管理者愿意或能够取代现有的管理者向被投资方提供专业服务，或提供专业服务并承担现有管理者持有的权益）；法律法规的限制导致权利持有人无法行使权利（例如，外国投资者被禁止行使其权利）。

第二，当权利由多方持有或者行权需要多方同意时，是否存在实际可行的机制使这些权利持有人在其愿意的情况下能够一致行使权利。缺乏这种机制可能表明权利是非实质性的。需要一致行使权利的投资方越多，权利是实质性权利的可能性越小。然而，独立于决策者的董事会可以作为一个众多投资方一致行使权利的机制。因此，相较于众多投资方单独持有的罢免权，独立的董事会持有的同样的罢免权更有可能是实质性权利。

第三，权利持有人能否从行使权利中获利。例如，潜在表决权持有人应考虑行权价格或转换价格。当投资方能在行权或转换中因价格或其他原因获利时（例如，实现投资方和被投资方的协同效应），潜在表决权的条款和条件就更有可能是实质性的。

有时候，被投资方的其他投资方也可能拥有实质性权利，从而使投资方不能控制被投资方。其他方拥有的实质性权利不一定是待决策事项的提议权，可能仅是一些批准或否定议案的权利，只要这些权利不仅仅是保护性权利，则其他方拥有的这些实质性权利就可能会使投资方不能控制被投资方。

【例题 20-1】 投资方甲公司持有被投资方乙公司 40% 的表决权股份，未达到控制条件，同时投资方甲公司持有一份将于 20 天后结算的远期股权购买合同，该合同赋予投资方甲公司行权后能够持有被投资方乙公司的多数表决权股份，并达到控制权。另外，能够对被投资方乙公司的相关活动进行决策的最早时间是 30 天后才能召开的特别股东大会。其他投资方不能对被投资方相关活动现行的政策作出任何改变。

分析：该远期股权为一项实质性权利，虽然投资方甲公司持有的远期股权购买合同 20 天后才能结算，不是当前可执行的权利，但是由于股东大会最早召开的时间在 30 天后，晚于远期合同的可行权日（20 天后），在投资方甲公司执行远期合同之前，没有其他任何一方可以改变与被投资方的相关活动有关的决策。因此，虽然该权利当前不可执行，但仍然为一项实质性权利。

②保护性权利。

保护性权利旨在保护持有这些权利的当事方的权益，而不赋予当事方对这些权利所涉及的主体的权力。仅持有保护性权利的投资方不能对被投资方实施控制，也不能阻止其他方对被投资方实施控制。例如，贷款方限制借款方从事损害贷款方权利的活动的权利，这些活动将对借款方信用风险产生不利影响从而损害贷款方权利，以及贷款方在借款方发生违约行为时扣押其资产的权利等。上述各项均属于保护性权利的例子。

3. 权力的持有人应为主要责任人。

权力是为自己行使的（行使人为主要责任人），而不是代其他方行使权力（行使人为代理人）。

代理人代表其他方（主要责任人）行动并服务于该其他方的利益。主要责任人可能将其对被投资方的某些或全部决策权授予代理人，但代理人代表主要责任人行使此类权力时，代理人并不对被投资方拥有控制。在评估控制时，代理人的决策权应被视为由主要责任人直接持有，权力属于主要责任人，而非代理人。

当存在多个主要责任人时，每个主要责任人需要评估其是否拥有对被投资方的权力。决策者不会仅仅因为其他方能从其决策中获益而成为代理人。决策者在确定其是否为代理人时，应总体考虑自身、被投资方以及其他方之间的关系，尤其需要考虑以下四项因素。除非某一方拥有罢免该决策者的实质性权利，且能够实现无理由罢免，否则应当全面分析评价以下四项因素的影响。根据具体情况，以下四项因素的相对重要性程度可能存在差异。

（1）决策者对被投资方的决策权范围。在评估决策权范围时，应考虑相关协议或法规允许决策者决策的活动，以及决策者对这些活动进行决策时的自主程度。与该评估相关的因素包括但不限于：被投资方的设立目的与设计、被投资方所面临的风险及转移到其他投资方的风险、决策者在设计被投资方过程中的参与程度。例如，如果决策者在被投资方设计过程中的参与度较深（包括确定决策权范围），则可能表明决策者有机会及动机获得权利使其有能力主导相关活动，但该情况本身并不足以认定决策者必然能够主导相关活动。主导相关活动的决策权范围越广，越能表明决策者（如资产管理人）拥有权力，但并不意味着该决策者一定是主要责任人。

（2）其他方享有的实质性权利。其他方享有的实质性权利可能会影响决策者主导被投资方相关活动的能力。其他方持有实质性罢免权或其他权利可能显示决策者是代理人。

当存在单独一方拥有实质性罢免权并能无理由地罢免决策者时，单凭这一点就足以表明决策者是代理人。如果存在多于一方拥有这样的权利（且不存在单独一方能不经其他方同意即可罢免决策者的情况），那么这些权利本身不足以得出决策者是主要代表其他方且为了其他方利益进行决策的结论。在罢免决策者时需要联合一致行使罢免权的各方的数量越多，决策者的其他经济利益（即薪酬和其他利益）的量级和可变动性越大，则其他方所持有的权利在评价决策者是否是代理人时的权重就越小。

在判断决策者是否是代理人时，应考虑其他方所拥有的限制决策者自由决策的实质性权利，这与考虑罢免权的方法相似。例如，如果决策者在进行决策时仅需要取得数量较少的其他方许可，则基本上可以判断该决策者是代理人。

在考虑其他方持有的权利时，应评估被投资方董事会（或其他权力机构）可行使的权利及其对决策权的影响。

（3）决策者的薪酬水平。相对于被投资方活动的预期回报，决策者享有的薪酬的量级和可变动性越大，决策者越可能是主要责任人。就薪酬而言，在确定决策者是主要责任人还是代理人时，应考虑是否存在以下情况：
①决策者的薪酬与其所提供的服务相称；
②薪酬协议仅包括在公平交易基础上针对类似服务和技能水平商定的安排中常见的条款、条件或金额。

如不同时满足上述条件，则决策者必然不是代理人。但仅满足上述这些条件并不足以表明决策者是代理人，还须结合决策者的决策权范围、其他方享有的实质性权利、决策者因持有其他权益而承担的可变回报风险等因素进行进一步分析。

(4) 决策者因持有被投资方的其他权益而承担可变回报的风险。对于在被投资方持有其他权益（如对被投资方进行投资或提供被投资方业绩担保）的决策者，在评估其是否为代理人时，应考虑决策者因该权益所面临的可变回报的风险。持有被投资方其他权益表明该决策者可能是主要责任人。在评估由于在被投资方的其他利益而面临的可变回报风险时，决策者应考虑以下因素：

①决策者享有的经济利益的量级和可变动性。将决策者的薪酬和其他利益结合在一起的总体经济利益的量级和可变动性越大，该决策者越有可能是主要责任人。

②决策者面临的可变回报风险是否与其他投资方不同，如果不同，那么这些不同是否会影响其行为。例如，决策者持有次级权益，或向被投资方提供其他形式的信用增级。

决策者应评估其所承担的可变回报风险相对于被投资方总体回报变动风险的程度。该评价应主要基于预期从被投资方的活动中得到的回报，但也应考虑决策者通过持有其他利益而承担的被投资方可变回报的最大风险。

上述四项因素中的前两项因素涉及决策者对被投资方拥有的权力范围以及对这些权力设定的限制的程度。第（3）项和第（4）项因素与可变回报有关，要求考虑决策者从被投资方中获得的、相对于被投资方活动所产生总报酬的部分（预期值和最大值）的量级和可变动性。

【例题20-2】甲公司作为资产管理人发起设立一项投资计划，为多个投资者提供投资机会。甲公司在投资授权设定的范围内，以全体投资者的利益最大化为前提作出决策，并拥有较大主导投资计划相关活动的决策权，包括具体资产的配置、买入卖出时点以及投资资产出现风险时（如信用违约等）的后续管理等。甲公司按照计划资产净值的1%加上达到特定盈利水平后投资计划利润的20%收取管理费，该管理费符合市场和行业惯例，与甲公司提供的服务相称。

情况1：参与该计划的投资者人数较多，单个投资者的投资比例均小于0.5%且投资者之间不存在关联关系；该投资计划设有年度投资者大会，经出席该会议的投资者所持份额的三分之二以上一致通过，可以罢免甲公司的资产管理人资格，不存在可以无理由罢免甲公司的资产管理人资格的单独一方的投资者；甲公司自身持有该投资计划2%的份额，甲公司没有为该计划的其他投资者提供保证其收回初始投资及最低收益率的承诺，甲公司对超过其2%投资以外的损失不承担任何义务。

分析：由于没有任何一方可以无条件罢免甲公司的资产管理人资格，因此，甲公司在确定其是投资计划的主要责任人还是代理人时需要结合其他因素进一步分析。

甲公司对于投资计划享有较大的决策权，可以主导投资计划的相关活动。虽然投资计划设立了年度投资者大会，但由于投资者人数较多，且单个投资者之间不存在关联关系，不太可能出现较多非关联的投资者集合在一起进行表决并否决甲公司的情况。因此，结合甲公司的决策权范围和其他方持有的权利，可以得出甲公司拥有对该投资计划的权力。

甲公司收取的管理费与其服务相称这一事实表明，甲公司可能作为代理人行使权力。为进一步判断甲公司是否为代理人，还需要考虑甲公司持有的份额，甲公司还持有该投资计划2%的份额，该投资加大了甲公司面临的可变回报风险，但该风险尚未重大到表明甲公司是主要责任人的程度。因此甲公司为该投资计划的代理人。

情况2：在甲公司违反合同的情况下，其他投资者有权罢免甲公司。甲公司自身持有该投资计划20%的份额，甲公司没有为该计划的其他投资者提供保证收回初始投资及最低收益率的承诺，甲公司没有对超过该20%的投资承担任何额外损失的义务。

分析：投资方有权在甲公司违约时罢免甲公司。由于该权利只有在甲公司违约时才能行使，该权利属于保护性权利，但是，甲公司通过与其服务相称的管理费以及20%的直接投资承担并有权获取投资计划的可变回报，且该回报的比重和可变动性均较为重大的情况表明，甲公司通过对投资计划行使权力而影响其回报的金额和程度较大，甲公司享有较大的实质性权利。因此甲公司为该投资计划的主要责任人。

4. 权力的一般来源：来自表决权。

投资方对被投资方的权力可能源自各种权利，例如，表决权、委派或罢免有能力主导被投资方相关活动的该被投资方关键管理人员或其他主体的权利、决定被投资方进行某项交易或否决某项交易的权利、由管理合同授予的决策权利。这些权利单独或者结合在一起，可能赋予对被投资方的权力。

通常情况下，当被投资方具有一系列对回报产生重要影响的经营及财务活动，且需要就这些活动连续地进行实质性决策时，表决权或类似权利本身或结合其他安排，将赋予投资者权力。

表决权是对被投资方经营计划、投资方案、年度财务预算方案和决算方案、利润分配方案和弥补亏损方案、内部管理机构的设置、聘任或解聘公司经理及确定其报酬、公司的基本管理制度等事项进行表决而持有的权利。表决权比例通常与其出资比例或持股比例是一致的，但公司章程另有规定的除外。

（1）通过直接或间接拥有半数以上表决权而拥有权力。当被投资方的相关活动由持有半数以上表决权的投资方表决决定，或者主导相关活动的权力机构的多数成员由持有半数以上表决权的投资方指派，而且权力机构的决策由多数成员主导时，持有半数以上表决权的投资方拥有对被投资方的权力。

【例题20-3】A企业和B企业分别持有C企业60%和40%的普通股，C企业的相关活动通过股东会议上多数表决权主导，在股东会议上，每股普通股享有一票投票权。假设不存在其他因素，C企业的相关活动由持有C企业大多数投票权的一方主导。

分析：如果不存在其他相关因素，A企业拥有对C企业的权力，因其是C企业大多数投票权的持有者。

【例题20-4】A企业和B企业分别持有C企业60%和40%的普通股，C企业的相关活动以董事会会议上多数表决权主导，A企业和B企业根据其享有C企业所有者权益的比例，各自有权任命6名和4名董事。

分析：如果不存在其他相关因素，A企业拥有对C企业的权力，因其有权任命主导C企业相关活动的董事会的大多数成员。

（2）持有被投资方半数以上投票权但无权力。确定持有半数以上表决权的投资方是否拥有权力，关键在于该投资方是否拥有主导被投资方相关活动的现时能力。在被投资方相关活动被政府、法院、管理人、接管人、清算人或监管人等其他方主导时，投资方无法凭借其拥有的表决权主导被投资方的相关活动，因此，投资方即使持有被投资方过半数的表决权，也不拥有对被投资方的权力。

如果投资方虽然持有被投资方半数以上表决权，但这些表决权并不是实质性权利时，则投资方并不拥有对被投资方的权力；当其他方拥有现时权利使其可以主导被投资方的相关活动，且该其他方不是投资方的代理人时，则投资方不拥有对被投资方的权力；当投资方所拥有的表决权并非实质性权利时，即使持有多数表决权，投资方也不拥有对被投资方的权力。例如，由于无法获得必要的信息或法律法规方面的障碍，投资方虽持有半数以上表决权但无法行使，则该投资方不拥有对被投资方的权力。

半数以上表决权通过，只是作出决策的通常做法，在有些情况下，根据相关章程、协议或其他法律文件，主导相关活动的决策所要求的表决权比例高于持有半数以上表决权的一方持有的表决权比例。例如，被投资方的公司章程规定，与相关活动有关的决策必须由出席会议的投资方所持2/3以上的表决权通过。在这种情况下，持有半数以上但不足2/3表决权的投资方，虽然表决权比例超过半数，但该表决权本身不足以赋予投资方权力，应结合其他因素进行进一步的分析与判断。

（3）直接或间接结合，也只拥有半数或半数以下表决权，但仍然可以通过表决权判断拥有权力。持有半数或半数以下表决权的投资方（或者虽持有半数以上表决权，但仅凭自身表决权比例仍不足以主导被投资方相关活动的投资方），应综合考虑下列事实和情况，以判断其持有的表决权与相关事实和情况相结合是否可以赋予投资方对于被投资方的权力：

第一，考虑投资方持有的表决权相对于其他投资方持有的表决权份额的大小，以及其他投资方持有表决权的分散程度。与其他方持有的表决权比例相比，投资方持有的表决权比例越高，越有可能有现时能力主导被投资方相关活动。为否决投资方而需要联合一致的行动方越多，投资方越有可能有现时能力主导被投资方相关活动。

【例题20-5】A投资者持有被投资者40%的投票权，其他12位投资者各持有被投资方5%的投票权，股东协议授予A投资者任免负责相关活动的管理人员及确定其薪酬的权利，若要改变协议，须获得2/3的多数股东表决权同意。

分析：在这种情况下，A投资者得出结论认为，单凭投资者持有的投票权的绝对规模和与其他股东持有的相对规模，无法对投资者是否拥有足以赋予其权力的权利作出结论。但是，A投资者确定股东协议条款赋予其任免管理人员及确定其薪酬的权利，足以说明A投资者拥有对被投资者的权力。

【例题20-6】A投资者持有被投资者45%的投票权，其他两位投资者（B、C投资者）各持有被投资者26%的投票权，剩余投票权由其他三位股东持有，各占1%。不存在影响决策的其他安排。

分析：在这种情况下，A投资者投票权的规模及其与他股东持有的投票权的相对规模，足以得出A投资者不拥有权力的结论。只要其他两位投资者联合起来就能够阻止A投资者主导被投资者的相关活动。

第二，与其他表决权持有人的合同安排。投资方自己拥有的表决权不足，但通过与其他表决权持有人的合同安排使其可以控制足以主导被投资方相关活动的表决权，从而拥有被投资方的权力。该类合同安排需确保投资方能够主导其他表决权持有人的表决，即，其他表决权持有人按照投资方的意愿进行表决，而不是与其他表决权持有人协商根据双方协商一致的结果进行表决。

【例题 20-7】 E 企业拥有 4 名股东，分别为 A 企业、B 企业、C 企业和 D 企业，A 企业持有 E 企业 40% 的普通股，其他三位股东各持有 20%，E 企业的相关活动受其董事会主导，董事会由 6 名董事组成，其中 3 名董事由 A 企业任命，剩余 3 名分别由 B 企业、C 企业和 D 企业任命。A 企业和 B 企业单独签订合同安排，规定 B 企业任命的董事必须与 A 企业任命的董事以相同方式进行表决。

分析：若不存在其他因素，该合同安排赋予 A 企业在董事会议上获得涉及相关活动的大多数投票权这一事实将使 A 企业拥有对 E 企业的权力，即使 A 企业并未持有 E 企业的大多数投票权。

【例题 20-8】 E 企业拥有 4 名股东，分别为 A 企业、B 企业、C 企业和 D 企业，A 企业持有 E 企业 40% 的普通股，其他三位股东各持有 20%，E 企业的相关活动受其董事会主导，董事会由 6 名董事组成，其中 3 名董事由 A 企业任命，剩余 3 名分别由 B 企业、C 企业和 D 企业任命，为避免董事审议陷入僵局，股东们签订协议赋予 A 企业任命的其中 1 名董事作为董事会主席，并且在董事会会议上享有额外的一票。

分析：股东协议有效地赋予 A 企业在董事会会议上获得相关活动的大多数投票权，如果不存在其他因素，这将使 A 企业拥有对 E 企业的权力，即使 A 企业并未持有 E 企业的大多数投票权。

第三，其他合同安排产生的权利。投资方可能通过拥有的表决权和其他决策权相结合的方式使其目前有能力主导被投资方的相关活动。例如，合同安排赋予投资方在被投资方的权力机构中指派若干成员的权利，而该等成员足以主导权力机构对相关活动的决策。又如，投资方可能通过表决权和合同安排给予的其他权利，使其目前有能力主导被投资方的生产活动，或主导被投资方的其他经营和财务活动，从而对被投资方的回报产生重大影响。但是，在不存在其他权利时，仅仅是被投资方对投资方的经济依赖（如供应商和其主要客户的关系）不会导致投资方对被投资方拥有权力。

第四，如果结合表决权和上述第一至第三项所列因素，仍不足以判断投资者能否控制被投资方，则还需要考虑是否存在其他事实或情况，能够证明投资方拥有主导被投资方相关活动的现时能力。例如：投资方能够任命或批准被投资方的关键管理人员，这些关键管理人员能够主导被投资方的相关活动；投资方能够出于自身利益决定或者否决被投资方的重大交易；投资方能够控制被投资方董事会等类似权力机构成员的任命程序，或者从其他表决权持有人手中获得代理投票权；投资方与被投资方的关键管理人员或董事会等类似权力机构中的多数成员存在关联关系；投资方与被投资方之间存在特殊关系，如被投资方的关键管理人员是投资方的现任或前任职工，被投资方的经营活动依赖于投资方，被投资方活动的重大部分有投资方参与其中或者是以投资方的名义进行，投资方自被投资方承担可变回报的风险或享有可变回报的收益的程度远超过其持有的表决权或其他类似权利的比例等。

投资方所持有的被投资方表决权比例越低，否决投资方所提关于相关活动的议案所需一致行动的其他投资者数量越少，投资者为了证明其拥有主导被投资方权力的权利，就需要在更大程度上证明存在这些"其他事实或情况"。

对于被投资方的相关活动通过表决权进行决策，而投资方持有的表决权比例不超过半数的情况，如果投资方在综合考虑了所有相关情况和事实后仍不能确定投资方是否拥有被投资方的权力,则投资方不控制被投资方。

5. 权力来自表决权以外的其他权利——来自合同安排。

在某些情况下,某些主体的投资方对其的权力并非源自于表决权,被投资方的相关活动由一项或多项合同安排决定,如证券化产品、资产支持融资工具、部分投资基金等结构化主体。

结构化主体,是指在确定其控制方时没有将表决权或类似权利作为决定因素而设计的主体。在通常情况下,结构化主体在合同约定的范围内开展业务活动,表决权或类似权利仅与行政性管理事务相关。主导该主体相关活动的依据通常是合同安排或其他安排形式。

(1) 业务活动范围受限。在通常情况下,结构化主体在合同约定的范围内开展业务活动,业务活动范围受到了限制。例如,从事信贷资产证券化业务的结构化主体,在发行资产支持证券募集资金和购买信贷资产后,根据相关合同,其业务活动是将来源于信贷资产的现金向资产支持证券投资者分配收益。

(2) 有具体明确的目的,而且目的比较单一。结构化主体通常是为了特殊目的而设立的主体。例如,有的企业发起结构化主体是为了将企业的资产转让给结构化主体以迅速回收资金,并改变资产结构来满足资产负债管理的需要;有的企业发起结构化主体是为了满足客户特定的投资需求,吸引到更多的客户;还有的企业发起结构化主体是为了专门从事研究开发活动,或开展租赁业务等。

(3) 股本(如有)不足以支撑其业务活动,必须依靠其他次级财务支持。次级财务支持是指承受结构化主体部分或全部预计损失的可变收益,其中的"次级"代表受偿顺序在后。股本本身就是一种次级财务支持,其他次级财务支持包括次级债权、对承担损失作出的承诺或担保义务等。在通常情况下,结构化主体的股本占资产规模的份额较小,甚至没有股本。当股本很少或没有股本,不足以支撑结构化主体的业务活动时,通常需要依靠其他次级财务支持来为结构化主体注入资金,支撑结构化主体的业务活动。

(4) 通过向投资者发行不同等级的证券(如分级产品)等金融工具进行融资,不同等级的证券,信用风险及其他风险的集中程度也不同。例如,以发行分级产品的方式融资是对各级产品的受益权进行了分层配置。购买优先级的投资者享有优先受益权,购买次级的投资者享有次级受益权。投资期满后,投资收益在逐级保证受益人本金、预期收益及相关费用后的余额归购买次级的投资者,如果出现投资损失,先由购买次级的投资者承担。由于不同等级的证券具有不同的信用风险、利率风险或流动性风险,发行分级产品可以满足不同风险偏好投资者的投资需求。

由于结构化主体的权力并非源自于表决权或类似权利,并且通常还具备上述典型的常见特征,这无形中加大了投资方分析此类主体的相关活动和是否对该类主体具有权力的判断难度。投资方在判断能否控制结构化主体时,还需要结合下列四项因素进行进一步的分析:

①在设立被投资方时所作出的决策及投资方对其设立活动的参与度。投资方需要考虑其是否参与设计被投资方的设立,考虑被投资方初始设立时作出的决策,以评估该参与以及交易的相关安排是否为投资方提供了足够权利使其拥有对被投资方的权力。参与被投资方的初始设立,其本身虽不足以表明参与方控制被投资方,但该参与可能使投资方有机会获得使其拥有对被投资方权力的权利。通过评价被投资方的初始设立时所作的决策,可有

助于确定交易条款是否为某参与者提供了足以构成权力的权利。另外，此类主体在设立后的动作过程中，其法律上的权力机构所表决的事项往往仅仅与行政事务相关，表决权对其投资方的回报往往不具备直接和重大关联。在这种情况下，投资方在分析其目的和设计时，应考虑其被专门设计来承担何种的可变性，投资方通过参与其相关活动是否承担了部分或全部的可变性。可变性既包括下行风险也包括上行潜能险。

②考虑其他相关合同安排。投资方需要考虑此类主体初始设立时的合同安排是否赋予投资方掌控与被投资方密切相关的活动的权利。例如，看涨期权、看跌期权、清算权及其他可能为投资方提供权力的合同安排。当这些合同安排所涉及的活动与此类主体密切相关时，即使该等活动并未在此类主体的法律框架内发生，而是在其他主体中发生。该等活动也应被视为是形成此类主体的相关活动的有机组成部分。因此，投资方在与该等活动相关的合同安排中，投资方明确或者没有明确地享有的决策权均需要进行详细的评估。

③考虑仅在特定情况或事项发生时开展的活动。对于某些此类主体而言，仅在某些特定情况或者事项发生时才发生相关活动。这些主体的设计使其明确按照既定的流程和安排开展某些固定的活动且其相应的回报也是可确定的，除非发生某些特定情况或事项。在这种情况下，只有在发生这些特定情况或事项时，此类主体所开展的对其回报具有重大影响的活动相关的决策才是其相关活动。相应地，对相关活动具有决策权的投资方才享有权力。投资方享有权力并不依赖于这些特定情况或事项已经发生的事实。决策权依赖于特定情况或特定事件发生这一事实本身也并不表示该权利为保护性权利。

④投资方对被投资方作出的承诺。为确保此类主体持续按照原定设计和计划开展活动，投资方可能会作出明示或暗示的承诺。上述承诺可能会放大投资方可变回报的风险敞口，因而促使投资方更有动机获取足够多的权利，使其获得主导被投资方的权力。因此，投资方作出确保此类主体遵守原定设计经营的承诺可能是投资方拥有控制权力的迹象，但是其本身并不足以证明权力必然存在或阻止其他方拥有权力。

6. 权力与回报之间的联系。

投资方必须不仅拥有对被投资方的权力和因涉入被投资者而承担或有权获得可变回报，而且要有能力使用权力来影响因涉入被投资者而获得的投资方回报。只有当投资方不仅拥有对被投资方的权力、通过参与被投资方的相关活动而享有可变回报，并且有能力运用对被投资方的权力来影响其回报的金额时，投资方才控制被投资方。

二、纳入合并范围的特殊情况

投资方通常应当对是否控制被投资方整体进行判断。但在少数情况下，如果有确凿证据表明同时满足下列条件并且符合相关法律法规规定的，投资方应当将被投资方的一部分视为被投资方可分割的部分，进而判断是否控制该部分（可分割部分）：

1. 该部分的资产是偿付该部分负债或该部分其他利益方的唯一来源，不能用于偿还该部分以外的被投资方的其他负债。

2. 除与该部分相关的各方外，其他方不享有与该部分资产相关的权利，也不享有与该部分资产剩余现金流量相关的权利。

实质上该部分的所有资产、负债及其他相关权益均与被投资方的剩余部分相隔离，即,该部分的资产产生的回报不能由该部分以外的被投资方其他部分享有,该部分的负债也不能用该部分以外的被投资方资产偿还。

如果被投资方的一部分资产和负债及其他相关权益满足上述条件,构成可分割部分,则投资方应当基于控制的判断标准确定其是否能控制该可分割部分,考虑该可分割部分的相关活动及其决策机制,投资方是否目前有能力主导可分割部分的相关活动并据以从中取得可变回报。如果投资方控制可分割部分,则应将其进行合并。在此情况下,其他方在考虑是否合并被投资方时,应仅对被投资方的剩余部分进行控制及合并的评估,而将可分割部分排除在外。

【例题20-9】甲公司是专门从事房地产开发的项目公司,其主要经营活动为在B地块上开发住宅和商业地产项目。B地块的开发分三期执行,各期地块的开发成本和销售收入分设三个独立子账套进行单独核算管理,但与各期开发相关的开发支出均由甲公司作为同一法人主体进行清偿,各期项目相关的营业税、土地增值税及所得税等相关税收也均由甲公司作为同一纳税主体进行统一申报和清算。各地块的相关经营决策互相独立,其经营损益分别归属于不同的权利人。

分析:在本例中,虽然各期开发项目区分了三个账套进行独立核算管理,然而,这并不足以说明其中一期开发项目的有关资产、负债和权益均与其余各期的剩余部分相隔离。各期开发支出和相应税负仍以甲公司作为单一主体进行清偿就表明某期资产并非仅承担与该期资产相关的负债,某期资产也并非与该期开发相关的负债的唯一支付来源。因此,本例中的各期开发项目并非可分割的部分,不应被认定为单独主体。

三、合并范围的豁免——投资性主体

(一) 豁免规定

母公司应当将其全部子公司(包括母公司所控制的被投资单位可分割部分、结构化主体)纳入合并范围。但是,如果母公司是投资性主体,则只应将那些为投资性主体的投资活动提供相关服务的子公司纳入合并范围,其他子公司不应予以合并,母公司对其他子公司的投资应当按照公允价值计量且其变动计入当期损益。

一个投资性主体的母公司如果其本身不是投资性主体,则应当将其控制的全部主体,包括投资性主体以及通过投资性主体间接控制的主体,纳入合并财务报表范围。

(二) 投资性主体的定义

当母公司同时满足以下三个条件时,该母公司属于投资性主体:

一是该公司以向投资方提供投资管理服务为目的,从一个或多个投资者获取资金。这是一个投资性主体与其他主体的显著区别。

二是该公司的唯一经营目的,是通过资本增值、投资收益或两者兼有而让投资者获得回报。例如,如果一个基金在募集说明书中说明其投资的目的是实现资本增值、一般情况下的投资期限较长、制定了比较清晰的投资退出战略等,则这些描述与投资性主体的经营目的是一致的;反之,如果该基金的经营目的是与被投资方合作开发、生产或者销售某种产品，则其不是投资性主体。

三是该公司按照公允价值对几乎所有投资的业绩进行计量和评价。对于投资性主体而言，相对于合并子公司财务报表或者按照权益法核算对联营企业或合营企业的投资，公允价值计量所提供的信息更具有相关性。

（三）投资性主体的特征

1. 拥有一个以上投资。

投资性主体通常会同时持有多项投资，以分散风险，但通过直接或间接投资于另一持有多项投资的投资性主体的，也可能是投资性主体。另外，当投资性主体刚设立、尚未寻找到多个符合要求的投资项目，或者刚处置了部分投资、尚未进行新的投资，或者正处于清算过程中时，也有可能仅持有一项投资。

2. 拥有一个以上投资者。

典型的投资性主体通常拥有多个投资者，多个投资者通过投资性主体集中资金，以获取单个投资者可能无法单独获取的投资管理服务和投资机会。拥有多个投资者使投资性主体或其集团成员获取除资本增值、投资收益以外的收益的可能性减小。一个投资性主体在过渡期也可能只有一个投资者，例如，当投资性主体刚刚设立、正在积极识别合格投资者，或者原持有的权益已经赎回、正在寻找新的投资者，或者处于清算过程中时，或者是为了代表或支持一个较大的投资者集合的利益而立的（如某企业设立的年金基金），也有可能仅拥有一个投资者。

3. 投资者不是该主体的关联方。

投资性主体通常拥有若干投资者，这些投资者既不是其关联方，也不是该投资主体所在集团的成员，这一情况使投资性主体或其集团成员获取除资本增值和投资收益以外的收益的可能性减小；反之，一个主体的投资方中包括与该主体存在关联关系的投资方，则该主体或者关联投资方更有可能存在除了获取资本增值或者投资收益之外的其他投资目的，在这种情况下，需要更为谨慎的判断和确凿的证据来证明其唯一的经营目的是取得资本增值或投资收益或两者兼有。但是，关联投资者的存在并非表明该主体一定不是投资性主体。例如，某基金的投资方之一可能是该基金的关键管理人员出资设立的企业，其目的是更好地激励基金的关键管理人员，这一安排并不影响该基金符合投资性主体的定义。

4. 该主体的所有者权益以股权或类似权益存在。

一个投资性主体并不一定必须是单独的法律实体，但无论其采取什么样的法律形式，其所有者权益应该采取股份、合伙权益或者类似权益份额的形式，且净资产按照所有者权益比例份额享有。然而，拥有不同类型的投资者，并且其中一些投资者可能仅对某类或某组特定投资拥有权利，或者不同类型的投资者对净资产享有不同比例的分配权的情况，并不说明该主体不是一个投资性主体。

可见，前述特征仅仅是投资性主体的常见特征，当主体不完全具备上述四个特征时，需要审慎评估，判断是否有确凿证据证明，虽然缺少其中一个或几个特征，但该主体仍然符合投资性主体的定义。

（四）因投资性主体转换引起的合并范围的变化

当母公司由非投资性主体转变为投资性主体时，除仅将为其投资活动提供相关服务的子公司纳入合并财务报表范围编制合并财务报表外，企业自转变日起对其他子公司不应予以合并，其会计处理参照部分处置子公司股权但不丧失控制权的处理原则：终止确认与其他子公司相关资产（包括商誉）及负债的账面价值，以及其他子公司相关少数股东权益（包括属于少数股东的其他综合收益）的账面价值，并按照对该子公司的投资在转变日的公允价值确认一项以公允价值计量且其变动计入当期损益的金融资产，同时将对该子公司的投资在转变日的公允价值作为处置价款，其与当日合并财务报表中该子公司净资产（资产、负债及相关商誉之和，扣除少数股东权益）的账面价值之间的差额，调整资本公积（资本溢价或股本溢价），资本公积不足冲减的，调整留存收益。

当母公司由投资性主体转变为非投资性主体时，应将原未纳入合并财务报表范围的子公司于转变日纳入合并财务报表范围，将转变日视为购买日，原未纳入合并财务报表范围的子公司于转变日的公允价值视为购买的交易对价，按照非同一控制下企业合并的会计处理方法进行会计处理。

四、控制的持续评估

当环境或情况发生变化时，投资方需要评估控制的两个基本要素中的一个或多个是否发生了变化。如果有任何事实或情况表明控制的两项基本要素中的一个或多个发生了变化，投资方应重新评估对被投资方是否具有控制。

如果对被投资方的权力的行使方式发生变化，该变化就必须反映在投资方对被投资方权力的评估中。例如，决策机制的变化可能意味着投资方不再通过表决权主导相关活动，而是由其他方通过协议或者合同赋予的其他权利来主导相关活动。

某些事件即使不涉及投资方，也可能导致该投资方获得或丧失对被投资方的权力。例如，其他方以前拥有的能阻止投资方控制被投资方的决策权到期失效，则可能使投资方因此而获得权力。

投资方应考虑因其参与被投资方相关活动而承担的可变回报的风险敞口的变化带来的影响。例如，如果拥有权力的投资方不再享有可变回报（如与业绩相关的管理费合同到期），则该投资方会因此而丧失对被投资方的控制。

投资方还应考虑其作为代理人或主要责任人的评估是否发生了变化。投资方与其他方之间整体关系的变化可能意味着原为代理人的投资方不再是代理人；反之亦然。例如，如果投资方或其他方的权利发生了变化，投资方应重新评估其代理人或主要责任人的身份。投资方初始评估控制的结果，或者初始评估其是主要责任人或代理人的结果，不会简单地因为市场情况的变化（如因市场情况的变化导致被投资方的回报发生变化）而变化，除非市场情况的变化导致了控制两个要素的一个或多个的改变，或导致主要责任人与代理人之间的整体关系的改变。

第三节　合并报表的编制原则、前期准备事项及程序

一、合并报表的编制原则

合并报表作为财务报表，必须符合财务报表编制的一般原则和基本要求。这些基本要求包括真实可靠、内容完整。与个别财务报表相比，合并财务报表又具有下列特点：一是反映的对象是由母公司和其全部子公司组成的会计主体；二是编制者是母公司，但所对应的会计主体是由母公司及其控制的所有子公司所构成的企业集团；三是合并财务报表是站在合并财务报表主体的立场上，以纳入合并范围的企业个别财务报表为基础，根据其他有关资料，抵销母公司与子公司、子公司相互之间发生的内部交易，考虑了特殊交易事项对合并财务报表的影响后编制的，旨在反映合并财务报表主体作为一个整体的财务状况、经营成果和现金流量。因此，合并财务报表的编制除在遵循财务报表编制的一般原则和要求外，还应当遵循以下原则和要求：

1. 以个别财务报表为基础编制。合并财务报表并不是直接根据母公司和子公司的账簿编制，而是利用母公司和子公司编制的反映各自财务状况和经营成果的财务报表提供的数据，通过合并财务报表的特有方法进行编制。

2. 一体性原则。合并财务报表反映的是企业集团的财务状况和经营成果，反映的是由多个法人企业组成的一个会计主体的财务情况，在编制合并财务报表时应当将母公司和所有子公司作为整体来看待，视为一个会计主体，母公司和子公司发生的经营活动都应当从企业集团这一整体的角度进行考虑。

3. 重要性原则。与个别财务报表相比，合并财务报表涉及多个法人主体，涉及的经营活动的范围很广，母公司与子公司经营活动往往跨越不同行业界限，有时母公司与子公司经营活动甚至相差很大。这样，合并财务报表要综合反映这样的会计主体的财务情况，必然要涉及重要性的判断问题。

二、合并报表的构成

合并财务报表至少包括合并资产负债表、合并利润表、合并所有者权益变动表（或合并股东权益变动表）、合并现金流量表和附注，它们分别从不同的方面反映企业集团财务状况、经营成果及其现金流量情况，构成一个完整的合并财务报表体系。

1. 合并资产负债表。合并资产负债表是反映母公司和子公司所形成的企业集团某一特定日期财务状况的报表。

2. 合并利润表。合并利润表是反映母公司和子公司所形成的企业集团整体在一定期间内经营成果的报表。

3. 合并所有者权益变动表（或合并股东权益变动表）。合并所有者权益变动表（或合并股东权益变动表）是反映母公司在一定期间内，包括经营成果分配在内的所有者（或股东）权益增减变动情况的报表。它是从母公司的角度，站在母公司所有者的立场反映企业

所有者（或股东）在母公司中的权益增减变动情况的报表。

4. 合并现金流量表。合并现金流量表是反映母公司和子公司所形成的企业集团在一定期间现金流入、流出量以及现金净增减变动情况的报表。

5. 附注。附注是对在合并资产负债表、合并利润表、合并现金流量表和合并所有者权益变动表（或合并股东权益变动表）等报表中列示项目的文字描述或明细资料，以及对未能在这些报表中列示项目的说明等。

三、合并财务报表编制的前期准备事项

合并财务报表的编制涉及多个子公司，有的合并财务报表的合并范围甚至包括数百个子公司。为了使编制的合并财务报表准确、全面反映企业集团的真实情况，必须做好一系列的前期准备事项。这些前期准备事项主要有以下几点。

（一）统一母子公司的会计政策

会计政策是指企业进行会计核算和编制财务报表时所采用的会计原则、会计程序和会计处理方法，是编制财务报表的基础，统一母公司和子公司的会计政策是保证母子公司财务报表各项目反映内容一致的基础。为此，在编制财务报表前，应当尽可能统一母公司和子公司的会计政策，统一要求子公司所采用的会计政策与母公司保持一致。对一些境外子公司，由于所在国或地区法律、会计准则等方面的原因，确实无法使其采用的会计政策与母公司所采用的会计政策保持一致，则应当要求其按照母公司所采用的会计政策重新编报财务报表，也可以由母公司根据自身所采用的会计政策对境外子公司报送的财务报表进行调整，以重编或调整编制的境外子公司财务报表，作为编制合并财务报表的基础。

（二）统一母子公司的资产负债表日及会计期间

财务报表总是反映一定日期的财务状况和一定会计期间经营成果的，母公司和子公司的个别财务报表只有在反映财务状况的日期和反映经营成果的会计期间一致的情况下，才能进行合并。为了编制合并财务报表，必须统一企业集团内所有的子公司的资产负债表日和会计期间，使子公司的资产负债表日和会计期间与母公司的资产负债表日和会计期间保持一致，以便于子公司提供相同资产负债表日和会计期间的财务报表。

对于境外子公司，由于当地法律限制确实不能与母公司财务报表决算日和会计期间一致的，母公司应当按照自身的资产负债表日和会计期间对子公司的财务报表进行调整，以调整后的子公司财务报表为基础编制合并财务报表，也可以要求子公司按照母公司的资产负债表日和会计期间另行编制报送其个别财务报表。

（三）对子公司以外币表示的财务报表进行折算

对母公司和子公司的财务报表进行合并，其前提必须是母子公司个别财务报表所采用的货币计量单位一致。在我国允许外币业务比较多的企业采用某一外币作为记账本位币，境外企业一般也是采用其所在国或地区的货币作为其记账本位币。在将这些企业的财务报表纳入合并时，则必须将其折算为母公司所采用的记账本位币表示的财务报表。我国外币

财务报表基本上采用的是现行汇率法。有关外币财务报表的具体折算方法在外币业务中已作论述，在此不再重复。

（四）收集编制合并财务报表的相关资料

合并财务报表以母公司和其子公司的财务报表以及其他有关资料为依据，由母公司合并有关项目的数额编制。为编制合并财务报表，母公司应当要求子公司及时提供下列有关资料：(1) 子公司相应期间的财务报表；(2) 与母公司及与其他子公司之间发生的内部购销交易、债权债务、投资及其产生的现金流量和未实现内部销售损益的期初、期末余额及变动情况等资料；(3) 子公司所有者权益变动和利润分配的有关资料；(4) 编制合并财务报表所需要的其他资料，如非同一控制下企业合并购买日的公允价值资料。

四、合并财务报表的编制程序

合并财务报表的编制是一项极为复杂的工作，不仅涉及本企业会计业务和财务报表，而且还涉及纳入合并范围的子公司的会计业务和财务报表。为了使合并财务报表的编制工作有条不紊，必须按照一定的程序有步骤的进行。合并财务报表编制程序大致如下：

1. 设置合并工作底稿。合并工作底稿的作用是为合并财务报表的编制提供基础。在合并工作底稿中，对母公司和纳入合并范围的子公司的个别财务报表各项目的数额进行汇总和抵销处理，最终计算得出合并财务报表各项目的合并数。

2. 将母公司、纳入合并范围的子公司个别资产负债表、利润表及所有者权益变动表各项目的数据过入合并工作底稿，并在合并工作底稿中对母公司和子公司个别财务报表各项的数据进行加总，计算得出个别资产负债表、个别利润表及个别所有者权益变动表各项目合计数额。

3. 编制调整分录与抵销分录，将母公司与子公司、子公司相互之间发生的经济业务对个别财务报表有关项目的影响进行调整抵销处理。编制调整分录与抵销分录，进行调整抵销处理是合并财务报表编制的关键和主要内容，其目的在于将因会计政策及计量基础的差异而对个别财务报表的影响进行调整，以及将个别财务报表各项目的加总数据中重复的因素等予以抵销。

4. 计算合并财务报表各项目的合并数额。即在母公司和纳入合并范围的子公司个别财务报表各项目加总数额的基础上，分别计算财务报表中的资产项目、负债项目、所有者权益项目、收入项目和费用项目的合并数。其计算方法如下：

（1）资产类项目，其合并数根据该项目加总的数额，加上该项目调整分录与抵销分录的借方发生额，减去该项目调整分录与抵销分录的贷方发生额计算确定。

（2）负债类项目和所有者权益类项目，其合并数根据该项目加总的数额，减去该项目调整分录与抵销分录的借方发生额，加上该项目调整分录与抵销分录的贷方发生额计算确定。

（3）有关收益类项目，其合并数根据该项目加总的数额，减去该项目调整分录与抵销分录的借方发生额，加上该项目调整分录与抵销分录的贷方发生额计算确定。

（4）有关成本费用类项目和有关利润分配的项目，其合并数根据该项目加总的数额，加上该项目调整分录与抵销分录的借方发生额，减去该项目调整分录与抵销分录的贷方发生额计算确定。

5. 填列合并财务报表。即根据合并工作底稿中计算出的资产、负债、所有者权益、收入、成本费用类各项目的合并数，填列正式的合并财务报表。

五、编制合并财务报表需要调整抵销的项目

（一）编制合并资产负债表需要调整抵销的项目

合并资产负债表是以母公司和纳入合并范围的子公司的个别资产负债表为基础编制的。个别资产负债表则是以单个企业为会计主体进行会计核算的结果，它从母公司本身或从子公司本身的角度对自身的财务状况进行反映。对于企业集团内部发生的经济业务，从发生内部经济业务的企业来看，发生经济业务的两方都在其个别资产负债表中进行了反映。例如，集团内部母公司与子公司之间发生的赊购赊销业务，对于赊销企业来说，一方面，确认营业收入、结转营业成本、计算营业利润，并在其个别资产负债表中反映为应收账款；而对于赊购企业来说，在内部购入的存货未实现对外销售的情况下，则在其个别资产负债表中反映为存货和应付账款。在这种情况下，资产、负债和所有者权益类各项目的加总数额中，必然包含有重复计算的因素。作为反映企业集团整体财务状况的合并资产负债表，必须将这些重复计算的因素予以扣除，对这些重复的因素进行抵销处理。这些需要扣除的重复因素，就是合并财务报表编制时需要进行抵销处理的项目。

编制合并资产负债表时需要进行抵销处理的主要有如下项目：(1) 母公司对子公司股权投资项目与子公司所有者权益（或股东权益）项目；(2) 母公司与子公司、子公司相互之间未结算的内部债权债务项目；(3) 存货项目，即内部购进存货价值中包含的未实现内部销售损益；(4) 固定资产项目（包括固定资产原价和累计折旧项目），即内部购进固定资产价值中包含的未实现内部销售损益；(5) 无形资产项目，即内部购进无形资产价值包含的未实现内部销售损益。

（二）编制合并利润表和合并所有者权益变动表需要调整抵销的项目

合并利润表和合并所有者权益变动表是以母公司和纳入合并范围的子公司的个别利润表和个别所有者权益变动表为基础编制的。利润表和所有者权益变动表作为以单个企业为会计主体进行会计核算的结果，它从母公司本身或从子公司本身反映一定会计期间经营成果的形成及其分配情况。在以其个别利润表及个别所有者权益变动表为基础计算的收益和费用等项目的加总数额中，也必然包含有重复计算的因素。在编制合并利润表和合并所有者权益变动表时，也需要将这些重复的因素予以扣除。

编制合并利润表和合并所有者权益变动表时需要进行抵销处理的主要有如下项目：(1) 内部销售收入和内部销售成本项目；(2) 内部投资收益项目，包括内部利息收入与利息支出项目、内部股权投资收益项目；(3) 资产减值损失项目，即与内部交易相关的内部应收账款、存货、固定资产、无形资产等项目的资产减值损失；(4) 纳入合并范围的子公司利润分配项目。

（三）编制合并现金流量表需要调整抵销的项目

合并现金流量表是综合反映母公司及其子公司组成的企业集团，在一定会计期间现金流入、现金流出数量以及其增减变动情况的财务报表。合并现金流量表以母公司和子公司的现金流量表为基础，在抵销母公司与子公司、子公司相互之间发生内部交易对合并现金流量表的影响后，由母公司编制。

在以母公司和子公司个别现金流量表为基础编制合并现金流量表时，需要进行抵销的内容主要有：（1）母公司与子公司、子公司相互之间当期以现金投资或收购股权增加的投资所产生的现金流量；（2）母公司与子公司、子公司相互之间当期取得投资收益收到的现金与分配股份、利润或偿付利息支付的现金；（3）母公司与子公司、子公司相互之间以现金结算债权与债务所产生的现金流量；（4）母公司与子公司、子公司相互之间当期销售商品所产生的现金流量；（5）母公司与子公司、子公司相互之间处置固定资产、无形资产和其他长期资产收回的现金净额与购建固定资产、无形资产和其他长期资产支付的现金；（6）母公司与子公司、子公司相互之间当期发生的其他内部交易所产生的现金流量。

六、合并财务报表的格式

合并财务报表格式通常在个别财务报表基础上，增加下列项目：

（1）合并资产负债表。在所有者权益项目下增加"归属于母公司所有者权益合计"，用于反映企业集团的所有者权益中归属于母公司所有者权益的部分，包括实收资本（或股本）、其他权益工具、资本公积、库存股、其他综合收益、专项储备、盈余公积、一般风险准备、未分配利润、其他等项目的金额。

在所有者权益项目下，增加"少数股东权益"项目，用于反映非全资子公司的所有者权益中不属于母公司的份额。

（2）合并利润表。在"净利润"项目下增加"归属于母公司所有者的净利润"和"少数股东损益"两个项目，分别反映净利润中由母公司所有者享有的份额和非全资子公司当期实现的净利润中归属于少数股东的份额。同一控制下企业合并增加子公司的，当期合并利润表中还应在"净利润"项目下增加"其中：被合并方在合并前实现的净利润"项目，用于反映同一控制下企业合并中取得的被合并方在合并日前实现的净利润。

在"综合收益总额"项目下增加"归属于母公司所有者的综合收益总额"和"归属于少数股东的综合收益总额"两个项目，分别反映综合收益总额中由母公司所有者享有的份额和非全资子公司当期综合收益总额中归属于少数股东的份额。

（3）合并现金流量表。格式与《企业会计准则第31号——现金流量表》应用指南（2006）中现金流量表的格式基本相同。

（4）合并所有者权益变动表。应增加"少数股东权益"栏目，反映少数股东权益变动的情况。另外，参照合并资产负债表中的"专项储备""一般风险准备""资本公积""其他权益工具""其他综合收益"等项目的列示，合并所有者权益变动表中应单列上述各栏目反映。

对于纳入合并财务报表的子公司既有一般工商企业，又有金融企业等的，如果母公司在企业集团经营中权重较大,以母公司主业是一般企业还是金融企业确定其报表类别,根据集团其他业务适当增加其他报表类别的相关项目;如果母公司在企业集团经营中权重不大,以企业集团的主业确定其报表类别,根据集团其他业务适当增加其他报表类别的相关项目;对于不符合上述情况的,合并财务报表采用一般企业报表格式,根据集团其他业务适当增加其他报表类别的相关项目。

第四节　长期股权投资与所有者权益的合并处理（同一控制下企业合并）

在一般情况下,企业取得子公司的途径主要有两条:一是对外进行直接投资组建新的被投资企业使其成为子公司,这里包括单独投资组建全资子公司、与其他企业合资组建非全资子公司等情况;二是通过企业合并,对现有的企业的股权进行并购,使其成为子公司,这里包括购买同一控制下的企业的股权使其成为直接的子公司、购买非同一控制下的企业的股权使其成为子公司两种情况。

一、同一控制下取得子公司合并日合并财务报表的编制

根据现行企业会计准则,母公司在合并日可以编制合并日的合并资产负债表、合并利润表、合并现金流量表等合并财务报表。母公司在将购买取得子公司股权登记入账后,在编制合并日合并资产负债表时,只须将对子公司长期股权投资与子公司所有者权益中母公司所拥有的份额相抵销。

【例题 20-10】甲公司 20×6 年 1 月 1 日以 28,600 万元的价格取得 A 公司 80% 的股权。A 公司净资产的公允价值为 35,000 万元。甲公司在购买 A 公司过程中发生审计、法律服务等相关费用 120 万元。上述价款均以银行存款支付。甲公司与 A 公司均为同一控制下的企业。A 公司采用的会计政策与甲公司一致。A 公司 20×6 年 1 月 1 日的资产负债表（局部）见表 20-1 中 A 公司的数据。

由于 A 公司与甲公司均为同一控制下的企业,按同一控制下企业合并的规定进行处理。根据 A 公司资产负债表,A 公司股东权益总额为 32,000 万元,其中,股本为 20,000 万元,资本公积为 8,000 万元,盈余公积为 1,200 万元,未分配利润为 2,800 万元。合并后,甲公司在 A 公司股东权益中所拥有的份额为 25,600 万元。甲公司对 A 公司长期股权投资的初始投资成本为 25,600 万元。至于购买该股权过程中发生的审计、估值等相关费用,则直接计入当期损益,即计入当期管理费用。

母公司在对 A 公司投资进行账务处理后编制的资产负债表,以及 A 公司当日的资产负债表（局部）如表 20-1 所示。

在本例中,对于甲公司为购买 A 公司所发生的审计等费用实际上已支付给会计师事务所等中介机构,不属于甲公司与 A 公司所构成的企业集团内部交易,不涉及抵销处理的问题。编制合并日合并资产负债表时,假定不考虑留存收益因素,甲公司应当进行如下抵销处理:

借：股本　　　　　　　　　　　　　　　　　　　　　　　20,000
　　贷：长期股权投资　　　　　　　　　　　　　　　　　　　25,600
　　　　少数股东权益　　　　　　　　　　　　　　　　　　　6,400

根据上述抵销分录，编制合并工作底稿如表20-1所示。

表20-1　　　　　　　　　　合并工作底稿　　　　　　　　　单位：万元

项目	甲公司	A公司	合计数	抵销分录 借方	抵销分录 贷方	少数股东权益	合并数
流动资产：							
应收利息							
应收股利	4,200	0	4,200				4,200
其他应收款	0	0	0				0
存货	31,000	20,000	51,000				51,000
……							
流动资产合计	62,000	35,000	97,000				97,000
长期股权投资	25,600	0	25,600		25,600		0
固定资产	21,000	18,000	39,000				39,000
在建工程	20,000	3,400	23,400				23,400
固定资产清理							
无形资产	4,000	1,600	5,600				5,600
商誉	2,000	0	2,000				2,000
递延所得税资产							
……							
非流动资产合计	94,000	23,000	117,000		25,600		91,400
资产总计	156,000	58,000	214,000		25,600		188,400
流动负债：							
应付利息							
应付股利	4,000	4,000	8,000				8,000
……							
流动负债合计	60,000	21,000	81,000				81,000
非流动负债：							
长期应付款	2,000	0	2,000				2,000
递延所得税负债							
……							

续表

项目	甲公司	A公司	合计数	抵销分录 借方	抵销分录 贷方	少数股东权益	合并数
非流动负债合计	26,000	5,000	31,000				31,000
负债合计	86,000	26,000	112,000				112,000
股东权益:							
股本	40,000	20,000	60,000	20,000			40,000
其他权益工具							
资本公积	10,000	8,000	18,000	8,000			1,000
其他综合收益							
盈余公积	11,000	1,200	12,200	1,200			11,000
未分配利润	9,000	2,800	11,800	2,800			9,000
股东权益合计	70,000	32,000	102,000	32,000			70,000
少数股东权益						6,400	6,400
负债和股东权益总计	156,000	58,000	214,000	32,000		6,400	188,400

二、直接投资及同一控制下取得子公司合并日后合并财务报表的编制

编制合并日后合并财务报表时,首先,将母公司对子公司长期股权投资由成本法核算的结果调整为权益法核算的结果,使母公司对子公司长期股权投资项目反映其在子公司所有者权益中所拥有权益的变动情况;其次,将母公司对子公司长期股权投资项目与子公司所有者权益项目等内部交易相关的项目进行抵销处理,将内部交易对合并财务报表的影响予以抵销;最后,在编制合并日合并工作底稿的基础上,编制合并财务资产负债表。

(一) 长期股权投资成本法核算的结果调整为权益法核算的结果

将成本法核算调整为权益法核算时,应当自取得对子公司长期股权投资的年度起,逐年按照子公司当年实现的净利润中属于母公司享有的份额,调整增加对子公司长期股权投资的金额,并调整增加当年投资收益;对于子公司当期分派的现金股份或宣告分派的股份中母公司享有的份额,则调整冲减长期股权投资的账面价值,同时调整减少原投资收益。之所以要按子公司分派或宣告分派的现金股份调整减少投资收益,是因为在成本法核算的情况下,母公司在当期的财务报表中已按子公司分派或宣告分派的现金股份确认投资收益。

在取得子公司长期股权投资的第 2 年,将成本法调整为权益法核算的结果时,则在调整计算第一年年末权益法核算的对子公司长期股权投资金额的基础上,按第 2 年子公司实现的净利润中母公司所拥有的份额,调增长期股权投资的金额;按子公司分派或宣告分派的现金股份中母公司所拥有的份额,调减长期股权投资的金额。以后年度的调整,则比照

上述做法进行调整处理。

子公司除净损益以外所有者权益的其他变动,在按照权益法对成本法核算的结果进行调整时,应当根据子公司本期除损益以外的所有者权益的其他变动而计入资本公积或其他综合收益的金额中所享有的金额,对长期股权投资的金额进行调整。在以后年度将成本法调整为权益法核算的结果时,也应当持续考虑这一因素对长期股权投资的金额进行调整。

【例题 20 – 11】承上例,甲公司于 20×6 年 1 月 1 日,以 28,600 万元的价格取得 A 公司 80% 的股权,使其成为子公司。甲公司和 A 公司 20×6 年度个别财务报表如表 20 – 2 所示。

表 20 – 2　　　　　　　　　　　　资产负债表
编制单位：　　　　　　　　　20×6 年 12 月 31 日　　　　　　　　　　　单位：万元

资产	甲公司	A公司	负债及所有者权益	甲公司	A公司
流动资产：			流动负债：		
货币资金	5,700	6,500	短期借款	10,000	4,800
交易性金融资产	3,000	5,000	交易性金融负债	4,000	2,400
衍生金融资产			衍生金融负债		
应收票据	7,200	3,600	应付票据	13,000	3,600
应收账款	8,500	5,100	应付账款	18,000	5,200
预付款项	1,500	2,500	预收款项	4,000	3,900
应收利息			应付职工薪酬	5,000	1,600
应收股利	4,800	0	应交税费	2,700	1,400
其他应收款	500	1,300	应付利息		
存货	37,000	18,000	应付股利	5,000	4,500
持有待售资产			其他应付款	300	700
一年内到期的非流动资产			持有待售负债		
其他流动资产	1,800	1,000	一年内到期的非流动负债		
			其他流动负债	2,000	900
流动资产合计	70,000	43,000	流动负债合计	64,000	29,000
非流动资产：					
债权投资	8,000	0	非流动负债：		
其他债权投资	13,000	4,000	长期借款	4,000	5,000
长期应收款			应付债券	20,000	7,000
长期股权投资	40,000	0	长期应付款	6,000	0
投资性房地产			专项应付款		
固定资产	28,000	26,000	预计负债		

续表

资产	甲公司	A公司	负债及所有者权益	甲公司	A公司
在建工程	13,000	4,200	递延所得税负债		
工程物资			其他非流动负债	0	0
固定资产清理			非流动负债合计	30,000	12,000
生产性生物资产			负债合计	94,000	41,000
油气资产			股东权益：		
无形资产	6,000	1,800	股本	40,000	20,000
研发支出			其他权益工具		
商誉	2,000	0	其中：优先股		
长期待摊费用			永续债		
递延所得税资产			资本公积	10,000	8,000
其他非流动资产	0	0	减：库存股		
非流动资产合计	110,000	36,000	其他综合收益		
			专项储备		
			盈余公积	18,000	3,200
			未分配利润	18,000	6,800
			股东权益合计	86,000	38,000
资产总计	180,000	79,000	负债和股东权益总计	180,000	79,000

A公司20×6年1月1日股东权益总额为32,000万元，其中，股本为20,000万元，资本公积为8,000万元，盈余公积为1,200万元，未分配利润为2,800万元；20×6年12月31日，股东权益总额为38,000万元，其中，股本为20,000万元，资本公积为8,000万元，盈余公积为3,200万元，未分配利润为6,800万元。

本例中，A公司当年实现净利润10,500万元，经公司董事会提议并经股东会批准，20×6年提取盈余公积2,000万元，向股东宣告分派现金股份4,500万元。甲公司对A公司长期股权投资取得时的账面价值为25,600万元，20×6年12月31日仍为25,600万元，甲公司当年确认投资收益3,600万元。

将成本法核算的结果调整为权益法核算的结果相关的调整分录如下：

借：长期股权投资——A公司　　　　　　　　　　　　　8,400①
　　贷：投资收益　　　　　　　　　　　　　　　　　　　　8,400
借：投资收益　　　　　　　　　　　　　　　　　　　　3,600②
　　贷：长期股权投资——A公司　　　　　　　　　　　　3,600

经过上述调整分录后，甲公司对A公司长期股权投资的账面价值为30,400万元（25,600+8,400-3,600）。甲公司对A公司长期股权投资的账面价值30,400万元正好与母公司在A公司股东权益中所拥有的份额相等。

（二）合并抵销处理

在合并工作底稿中，按照上述权益法核算的要求，对长期股权投资的金额进行调整后，长期股权投资的金额正好反映母公司在子公司所有者权益中所拥有的份额。要编制合并财务报表，在此基础上还必须按编制合并财务报表的要求进行合并抵销处理，将母公司与子公司之间的内部交易对合并财务报表的影响予以抵销。

编制合并财务报表时，首先，必须将母公司对子公司长期股权与子公司所有者权益中所拥有的份额予以抵销。根据母公司在子公司所有者权益中拥有份额的多少不同，可以将子公司分为全资子公司和非全资子公司。对于全资子公司，进行抵销处理时将对子公司长期股权投资的金额与子公司所有者权益全额抵销；而对于非全资子公司，则将长期股权投资与子公司所有者权益中母公司所拥有的金额进行抵销，不属于母公司的份额，即属于子公司少数股东的权益，应将其转为少数股东权益。

【例题 20-12】承上例，经过调整后，甲公司对 A 公司长期股权投资的金额为 30,400 万元；A 公司股东权益总额为 38,000 万元，甲公司拥有 80% 的股权，即在子公司股东权益中拥有 30,400 万元；其余 20% 则属于少数股东权益。

长期股权投资与子公司所有者权益相互抵销时，其抵销分录如下：

借：股本　　　　　　　　　　　　　　　　　　　　20,000③
　　资本公积　　　　　　　　　　　　　　　　　　 8,000
　　盈余公积　　　　　　　　　　　　　　　　　　 3,200
　　未分配利润　　　　　　　　　　　　　　　　　 6,800
　　贷：长期股权投资　　　　　　　　　　　　　　30,400
　　　　少数股东权益　　　　　　　　　　　　　　 7,600

其次，还必须将对子公司的投资收益与子公司当年利润分配相抵销，使合并财务报表反映母公司股东权益变动的情况。从单一企业来讲，当年实现的净利润加上年初未分配利润是企业利润分配的来源，企业对其进行分配，提取盈余公积、向股东分配股份以及留待以后年度的未分配利润（未分配利润可以理解为将这部分利润分配到下一会计年度）等，则是利润分配的去向。而子公司当年实现的净利润，可以分为两部分：一部分属于母公司所有，即母公司的投资收益；另一部分则属于少数股东所有，即少数股东本期收益。为了使合并财务报表反映母公司股东权益的变动情况及财务状况，则必须将母公司投资收益、少数股东收益和期初未分配利润与子公司当年利润分配以及未分配利润的金额相抵销。

甲公司进行上述抵销处理时，其抵销分录如下：

借：投资收益　　　　　　　　　　　　　　　　　　 8,400④
　　少数股东损益　　　　　　　　　　　　　　　　 2,100
　　年初未分配利润　　　　　　　　　　　　　　　 2,800
　　贷：提取盈余公积　　　　　　　　　　　　　　 2,000
　　　　向股东分配利润　　　　　　　　　　　　　 4,500
　　　　年末未分配利润　　　　　　　　　　　　　 6,800

同时，被合并方在企业合并前实现的留存收益中归属于合并方的部分，自资本公积转入留存收益。

另外，本例中 A 公司本年宣告分派现金股份 4,500 万元，股份款项尚未支付，A 公司已将其计列应付股利 4,500 万元。甲公司根据 A 公司宣告的分派现金股份的公告，按照其所享有的金额，已确认应收股利，并在其资产负债表中计列应收股利 3,600 万元。这属于母公司与子公司之间的债权债务，在编制合并财务报表时必须将其予以抵销，其抵销分录如下：

借：应付股利　　　　　　　　　　　　　　　　　　　　　　　　3,600⑤
　　贷：应收股利　　　　　　　　　　　　　　　　　　　　　　　　　　3,600

根据上述调整分录①和②和抵销分录③至⑤，编制合并工作底稿如表 20-3 所示。

表 20-3　　　　　　　　　　　　合并工作底稿

20×6 年度　　　　　　　　　　　　　　　　　　　　　　　　单位：万元

项目	母公司	子公司	合计数	调整分录 借方	调整分录 贷方	抵销分录 借方	抵销分录 贷方	少数股东权益	合并数
流动资产：									
应收股利	4,800	0	4,800				3,600⑤		1,200
存货	37,000	18,000	55,000						55,000
……									
流动资产合计	70,000	43,000	113,000				3,600		109,400
非流动资产：									
长期股权投资	40,000	0	40,000	8,400①	3,600②		30,400③		14,400
固定资产原价	28,000	26,000	54,000						54,000
无形资产	6,000	1,800	7,800						7,800
商誉	2,000	0	2,000						2,000
……									
非流动资产合计	110,000	36,000	146,000	8,400	3,600		30,400		120,400
资产总计	180,000	79,000	259,000	8,400	3,600		34,000		229,800
流动负债：									
应付股利	5,000	4,500	9,500			3,600⑤			5,900
……									
流动负债合计	64,000	29,000	93,000			3,600			89,400
非流动负债：									
长期应付款	6,000	0	6,000						6,000
……									
负债合计	94,000	41,000	135,000			3,600			131,400
股东权益：									

续表

项目	母公司	子公司	合计数	调整分录		抵销分录		少数股东权益	合并数
				借方	贷方	借方	贷方		
股本	40,000	20,000	60,000			20,000③			40,000
资本公积	10,000	8,000	18,000			8,000③			10,000
盈余公积	18,000	3,200	21,200			3,200③			18,000
未分配利润	18,000	6,800	24,800	3,600	8,400	18,000	13,300	2,100④	
股东权益合计	86,000	38,000	124,000	3,600	8,400	49,200	13,300	2,100	90,800
少数股东权益								7,600③	7,600
负债和权益总计	180,000	79,000	259,000	3,600	8,400	52,800	13,300	5,500	229,800

值得注意的是，子公司发行累积优先股等其他权益工具的，无论当期是否宣告发放其股份，在计算列报母公司合并利润表中的"归属于母公司股东的净利润"时，应扣除当期归属于除母公司之外的其他权益工具持有者的可累积分配股份，扣除金额应在"少数股东损益"项目中列示；子公司发行不可累积优先股等其他权益工具的，在计算列报母公司合并利润表中的"归属于母公司股东的净利润"时，应扣除当期宣告发放的归属于除母公司之外的其他权益工具持有者的不可累积分配股份，扣除金额应在"少数股东损益"项目中列示。子公司发行的累积或不可累积优先股等其他权益工具的，在资产负债表和股东权益变动表的列报原则与利润表相同。

第五节 长期股权投资与所有者权益的合并处理（非同一控制下企业合并）

一、非同一控制下取得子公司购买日合并财务报表的编制

根据现行企业会计准则，非同一控制下取得子公司，母公司编制购买日的合并资产负债表时，因企业合并取得的子公司各项可辨认资产、负债及或有负债应当以公允价值在合并财务报表中列示。母公司合并成本大于取得的子公司可辨认净资产公允价值份额的差额，作为合并商誉在合并资产负债表中列示。

（一）按公允价值对非同一控制下取得子公司的财务报表进行调整

在非同一控制下取得子公司的情况下，母公司为进行企业合并要对子公司的资产负债进行估值，然而子公司作为持续经营的主体，一般情况下，即一般不将该估值而产生的资产、负债公允价值的变动登记入账，其对外提供的财务报表仍然是以各项资产和负债原来的账面价值为基础编制的，其提供的购买日财务报表一般也是以各项资产和负债原账面价值为基础编制的。为此，母公司要编制购买日的合并财务报表，则必须按照购买日子公司

资产、负债的公允价值对其财务报表项目进行调整。这一调整是通过在合并工作底稿中编制调整分录进行的,实际上相当于将各项资产、负债的公众价值变动模拟入账,然后以购买日子公司各项资产、负债的公允价值为基础编制购买日的合并财务报表。

【例题20-13】甲公司20×7年1月1日以定向增发公司普通股票的方式,购买取得A公司70%的股权。甲公司当日资产负债表和A公司当日资产负债表及估值确认的资产负债数据如表20-4所示。甲公司定向增发普通股股票10,000万股(每股面值为1元),甲公司普通股股票面值每股为1元,市场价格每股为2.95元。甲公司并购A公司属于非同一控制下的企业合并,假定不考虑所得税、甲公司增发该普通股股票所发生的审计以及发行等相关的费用。

甲公司将购买取得A公司70%的股权作为长期股权投资入账,其账务处理如下:

借:长期股权投资——A公司　　　　　　　　　　　　　　29,500①
　　贷:股本　　　　　　　　　　　　　　　　　　　　　　10,000
　　　　资本公积　　　　　　　　　　　　　　　　　　　　19,500

表20-4　　　　　　　　　　　　资产负债表
编制单位:　　　　　　　　　　20×7年1月1日　　　　　　　　　　单位:万元

资产	甲公司	A公司		负债和所有者权益	甲公司	A公司	
		账面价值	公允价值			账面价值	公允价值
流动资产:				流动负债:			
货币资金	9,000	4,200	4,200	短期借款	12,000	5,000	5,000
交易性金融资产	4,000	1,800	1,800	交易性金融负债	3,800	0	0
应收票据	4,700	3,000	3,000	应付票据	10,000	3,000	3,000
应收账款	5,800	3,920	3,820	应付账款	18,000	4,200	4,200
预付款项	2,000	880	880	预收款项	3,000	1,300	1,300
应收股利	4,200	0	0	应付职工薪酬	6,000	1,600	1,600
其他应收款	0	0	0	应交税费	2,000	1,200	1,200
存货	31,000	20,000	21,100	应付股利	4,000	4,000	4,000
持有待售资产				其他应付款	0	0	0
一年内到期的非流动资产				持有待售负债			
其他流动资产	1,300	1,200	1,200	一年内到期的非流动负债			
流动资产合计	62,000	35,000	36,000	其他流动负债	1,200	700	700
				流动负债合计	60,000	21,000	21,000
				非流动负债:			

续表

资产	甲公司	A公司		负债和所有者权益	甲公司	A公司	
		账面价值	公允价值			账面价值	公允价值
非流动资产：				长期借款	4,000	3,000	3,000
债权投资	6,000	0	0	应付债券	20,000	2,000	2,000
其他债权投资	11,000	0	0	长期应付款	2,000	0	0
长期股权投资	32,000	0	0	其他非流动负债	0	0	0
固定资产	21,000	18,000	21,000	非流动负债合计	26,000	5,000	5,000
在建工程	20,000	3,400	3,400	负债合计	86,000	26,000	26,000
无形资产	4,000	1,600	1,600				
商誉	0	0		股东权益：			
其他非流动资产	0	0	0	股本	40,000	20,000	
非流动资产合计	94,000	23,000	26,000	资本公积	10,000	8,000	
				盈余公积	11,000	1,200	
				未分配利润	9,000	2,800	
				股东权益合计	70,000	32,000	36,000
资产总计	156,000	58,000	62,000	负债和股东权益总计	156,000	58,000	62,000

编制购买日的合并资产负债表时，将 A 公司资产和负债的公允价值与其账面价值的差额分别调增或调减相关资产和负债项目的金额。在合并工作底稿中调整分录如下：

借：存货　　　　　　　　　　　　　　　　1,100②
　　固定资产　　　　　　　　　　　　　　3,000
　　贷：应收账款　　　　　　　　　　　　　　　100
　　　　资本公积　　　　　　　　　　　　　　4,000

上述调整实际上等于将资产、负债的公允价值变动模拟入账，通过这一调整，调整后的子公司资产负债表实际上是以公允价值反映资产和负债的。在此基础上，再与母公司的个别财务报表合并，则是将子公司的资产和负债以公允价值反映于合并资产负债表中。

（二）母公司长期股权投资与子公司所有者权益抵销处理

在编制购买日的合并资产负债表时，需要将母公司对子公司长期股权投资与子公司所有者权益中所拥有的份额予以抵销。母公司对非同一控制下取得的子公司长期股权投资进行账务处理时，母公司是按子公司资产、负债的公允价值确定其在子公司所有者权益中所拥有的份额，合并成本超过这一金额的差额则作为合并商誉处理。经过上述按公允价值对子公司财务报表调整处理后，在编制合并财务报表时则可以将长期股权投资与子公司所有者权益所拥有的份额相抵销。在非全资子公司的情况下，不属于母公司所拥有的份额在抵销处理时则结转为少数股东权益。在抵销处理时，应当注意的是，母公司在子公司所有者权益中所拥有的份额是按资产和负债的公允价值为基础计算的，也是按公允价值进行抵销，少数股东权益也是按资产和负债的公允价值为基础计算调整后的金额确定的。

【例题 20-14】承上例，基于资产和负债的公允价值对 A 公司财务报表调整后，有关计算如下：

A 公司调整后的资本公积 = 8,000 + 4,000 = 12,000（万元）

A 公司调整后的股东权益总额 = 32,000 + 4,000 = 36,000（万元）

合并商誉 = 29,500 - 36,000 × 70% = 4,300（万元）

少数股东权益 = 36,000 × 30% = 10,800（万元）

因此，甲公司将长期股权投资与其在 A 公司所有者权益中拥有的份额抵销时，其抵销分录如下：

借：股本　　　　　　　　　　　　　　　　　　　　　20,000③
　　资本公积　　　　　　　　　　　　　　　　　　　12,000
　　盈余公积　　　　　　　　　　　　　　　　　　　 1,200
　　未分配利润　　　　　　　　　　　　　　　　　　 2,800
　　商誉　　　　　　　　　　　　　　　　　　　　　 4,300
　贷：长期股权投资——A 公司　　　　　　　　　　　29,500
　　　少数股东权益　　　　　　　　　　　　　　　　10,800

（三）编制合并工作底稿并编制合并财务报表

在按公允价值对子公司财务报表项目进行调整，并编制合并抵销分录，将母公司对子公司长期股权投资与子公司所有者权益中母公司所持有的份额进行抵销处理后，则可以编制购买日合并工作底稿。

根据上述调整分录和抵销分录，甲公司编制购买日合并工作底稿如表 20-5 所示。

表 20-5　　　　　　　　　　合并工作底稿　　　　　　　　　　单位：万元

项目	母公司	子公司	合计数	调整分录		抵销分录		少数股东权益	合并数
				借方	贷方	借方	贷方		
流动资产：									
货币资金	9,000	4,200	13,200						13,200
交易性金融资产	4,000	1,800	5,800						5,800
应收票据	4,700	3,000	7,700						7,700
应收账款	5,800	3,920	9,720		100②				9,620
应收股利	4,200	0	4,200						4,200
其他应收款	0	0							
存货	31,000	20,000	51,000	1,100②					52,100
持有待售资产									

续表

项目	母公司	子公司	合计数	调整分录 借方	调整分录 贷方	抵销分录 借方	抵销分录 贷方	少数股东权益	合并数
一年内到期的非流动资产									
其他流动资产	1,300	1,200	2,500						2,500
流动资产合计	62,000	35,000	97,000	1,100	100				98,000
非流动资产:									
债权投资	6,000	0	6,000						6,000
其他债权投资	11,000	0	11,000						11,000
长期股权投资	32,000	0	32,000	29,500①			29,500③		32,000
固定资产原价	30,000	20,000	50,000	3,000②					53,000
减：累计折旧	9,000	2,000	11,000						11,000
固定资产净值	21,000	18,000	39,000	3,000					42,000
在建工程	20,000	3,400	23,400						23,400
无形资产	4,000	1,600	5,600						5,600
商誉	0		0			4,300③			4,300
其他非流动资产	0	0	0						
非流动资产合计	94,000	23,000	117,000	32,500		4,300	29,500		124,300
资产总计	156,000	58,000	214,000	33,600	100	4,300	29,500		222,300
流动负债：									
短期借款	12,000	5,000	17,000						17,000
交易性金融负债	3,800	0	3,800						3,800,000
应付票据	10,000	3,000	13,000						13,000
应付账款	18,000	4,200	22,200						22,200
预收款项	3,000	1,300	4,300						4,300
应付职工薪酬	6,000	1,600	7,600						7,600
应交税费	2,000	1,200	3,200						3,200
应付股利	4,000	4,000	8,000						8,000
其他应付款	0	0	0						0
持有待售负债									
一年内到期的非流动负债									

续表

项目	母公司	子公司	合计数	调整分录 借方	调整分录 贷方	抵销分录 借方	抵销分录 贷方	少数股东权益	合并数
其他流动负债	1,200	700	1,900						1,900
流动负债合计	60,000	21,000	81,000						81,000
非流动负债:									
长期借款	4,000	3,000	7,000						7,000
应付债券	20,000	2,000	22,000						2,2000
长期应付款	2,000		2,000						2,000
其他非流动负债									
非流动负债合计	26,000	5,000	31,000						31,000
负债合计	86,000	26,000	112,000						112,000
股东权益:									
股本	40,000	20,000	60,000	100,000①		20,000③			50,000
资本公积	10,000	8,000	18,000	19,500① 4,000②		12,000③			29,500
盈余公积	11,000	1,200	12,200			1,200③			11,000
未分配利润	9,000	2,800	11,800			2,800③			9,000
股东权益合计	70,000	32,000	102,000		33,500	36,000			99,500
少数股东权益								10,800③	10,800
负债和股东权益总计	156,000	58,000	214,000		33,500	36,000		10,800	222,300*

注: *222,300 = 214,000 + 33,500 - 36,000 + 10,800。

根据上述合并工作底稿计算得出的合并资产负债表各项目的合并数,则可以编制购买日的合并资产负债表。

二、非同一控制下取得子公司购买日后合并财务报表的编制

母公司在非同一控制下取得子公司后,在未来持有该子公司的情况下,每一会计期末都需要将其纳入合并范围,编制合并财务报表。

在对非同一控制下取得的子公司编制合并财务报表时,首先,应当以购买日确定的各项可辨认资产、负债及或有负债的公允价值为基础对子公司的财务报表进行调整。

其次,将母公司对子公司的长期股权投资采用成本法核算的结果,调整为权益法核算的结果,对公司的财务报表进行相应的调整。

再次,通过编制合并抵销分录,将母公司对子公司长期股权投资与子公司所有者权益等内部交易对合并财务报表的影响予以抵销。

最后,在编制合并工作底稿的基础上,计算合并财务报表各项目的合并数,编制合并

财务报表。

【例题 20-15】 承【例题 20-13】甲公司 20×7 年 1 月 1 日以定向增发普通股票的方式，购买持有 A 公司 70% 的股权。甲公司对 A 公司长期股权投资的金额为 29,500 万元，甲公司购买日编制的合并资产负债表中确认合并商誉为 4,300 万元。甲公司和 A 公司 20×7 年 12 月 31 日的个别资产负债表、利润表如表 20-6、表 20-7 所示。

表 20-6　　　　　　　　　　　　　资产负债表
编制单位：　　　　　　　　　　20×7 年 12 月 31 日　　　　　　　　　　单位：万元

资产	甲公司	A公司	负债和所有者权益	甲公司	A公司
流动资产：			流动负债：		
货币资金	5,700	6,500	短期借款	10,000	4,800
交易性金融资产	3,000	5,000	交易性金融负债	4,000	2,400
应收票据	7,200	3,600	应付票据	13,000	3,600
应收账款	8,500	5,100	应付账款	18,000	5,200
预付款项	1,500	2,500	预收款项	4,000	3,900
应收股利	4,800	0	应付职工薪酬	5,000	1,600
其他应收款	500	1,300	应交税费	2,700	1,400
存货	37,000	18,000	应付股利	5,000	4,500
持有待售资产			其他应付款	300	700
一年内到期的非流动资产			持有待售负债		
其他流动资产	1,800	1,000	一年内到期的非流动负债		
流动资产合计	70,000	43,000	其他流动负债	2,000	900
			流动负债合计	64,000	29,000
			非流动负债：		
非流动资产：			长期借款	4,000	5,000
债权投资	9,000	0	应付债券	20,000	7,000
其他债权投资	14,000	4,000	长期应付款	6,000	0
长期股权投资	69,500	0	其他非流动负债	0	0
固定资产	28,000	26,000	非流动负债合计	30,000	12,000
在建工程	13,000	4,200	负债合计	94,000	41,000
无形资产	6,000	1,800			
商誉			股东权益：		
其他非流动资产			股本	50,000	20,000
非流动资产合计	139,500	36,000	资本公积	29,500	8,000
			盈余公积	18,000	3,200
			未分配利润	18,000	6,000
			股东权益合计	115,500	38,000
资产总计	209,500	79,000	负债和股东权益总计	209,500	79,000

表20-7　利润表

编制单位：　　　　　　　　　　20×7年度　　　　　　　　　　单位：万元

项　目	甲公司	A公司
一、营业收入	150,000	94,800
减：营业成本	96,000	73,000
税金及附加	1,800	1,000
销售费用	5,200	3,400
管理费用	6,000	3,900
财务费用	1,200	800
资产减值损失	600	300
加：公允价值变动收益（损失以"-"号填列）	0	0
投资收益（损失以"-"号填列）	9,800	200
其中：对联营企业和合营企业的投资收益资产处置损益（损失以"-"号填列）		
其他收益		
二、营业利润（亏损以"-"号填列）	49,000	12,600
加：营业外收入	1,600	2,400
减：营收外支出	2,600	1,000
三、利润总额（亏损总额以"-"号填列）	48,000	14,000
减：所得税费用	12,000	3,500
四、净利润（净亏损以"-"号填列）	36,000	10,500
（一）持续经营净利润（净亏损以"-"号填列）	36,000	10,500
（二）终止经营净利润（净亏损以"-"号填列）		
五、其他综合收益的税后净额		
六、综合收益总额	36,000	10,500
七、每股收益：		
（一）基本每股收益		
（二）稀释每股收益		

A公司在购买日股东权益总额为32,000万元，其中，股本为20,000万元、资本公积为8,000万元、盈余公积为1,200万元、未分配利润为2,800万元。A公司购买日应收账款账面价值为3,920万元、公允价值为3,820万元，存货的账面价值为20,000万元、公允价值为21,100万元；固定资产账面价值为18,000万元、公允价值为21,000万元。

A公司20×7年12月31日股东权益总额为38,000万元，其中，股本为20,000万元、资本公积为8,000万元、盈余公积为3,200万元、未分配利润为6,800万元。A公司20×7年全年实现净利润 10,500 万元,A 公司当年提取盈余公积 2,000 万元、向股东分配现金股份 4,500 万元。截至 20×7 年 12 月 31 日,应收账款按购买日确认的金额收回,确认的坏账已核销;购买日存货公允价值增值部分,当年已全部实现对外销售;购买日固定资产原价公允价值增加系公司用办公楼增值,该办公楼采用的折旧方法为年限平均法,该办公楼剩余折旧年限为 20 年,假定该办公楼增加的公允价值在未来 20 年内平均摊销。

1. 甲公司 20×7 年年末编制合并财务报表时相关项目计算如下:

A 公司调整后本年净利润 = 10,500 + [100(购买日应收账款公允价值减值的实现而调减资产减值损失) − 1,100(购买日存货公允价值增值的实现而调增营业成本) − 150(固定资产公允价值增值计算的折旧而调增管理费用)] = 9,350(万元)

150 万元系固定资产公允价值增值 3,000 万元按剩余折旧年限摊销。

A 公司调整后本年年末未分配利润 = 2,800(年初) + 9,350 − 2,000(提取盈余公积) − 4,500(分派股份) = 5,650(万元)

权益法下甲公司对 A 公司投资的投资收益 = 9,350 × 10% = 6,545(万元)

权益法下甲公司对 A 公司长期股权投资本年年末余额 = 29,500 + 6,545 − 4,500(分派股份) × 70% = 32,895(万元)

少数股东损益 = 9,350 × 30% = 2,805(万元)

少数股东权益的年末余额 = 10,800 + 2,805 − 4,500 × 30% = 12,255(万元)

2. 甲公司 20×7 年编制合并财务报表时,应当进行如下抵销处理的调整:

(1) 按公允价值对 A 公司财务报表项目进行调整。

根据购买日 A 公司资产和负债的公允价值与账面价值之间的差额,调整 A 公司相关公允价值变动的资产和负债项目及资本公积项目。在合并工作底稿中,其调整分录如下:

借:存货　　　　　　　　　　　　　　　　　　　　　　　　1,100①
　　固定资产　　　　　　　　　　　　　　　　　　　　　　3,000
　　贷:应收账款　　　　　　　　　　　　　　　　　　　　　　4,100
借:资本公积　　　　　　　　　　　　　　　　　　　　　　100
　　贷:应收账款　　　　　　　　　　　　　　　　　　　　　　100

因购买日 A 公司资产和负债的公允价值与原账面价值之间的差额对 A 公司本年净利润的影响,调整 A 公司的相关项目。之所以进行这一调整,是由于子公司个别财务报表是按其资产、负债的原账面价值为基础编制的,其当期计算的净利润也是以其资产、负债的原账面价值为基础计算的结果,而公允价值与原账面价值存在差额的资产或负债,在经营过程中因使用、销售或偿付而实现其公允价值,其实现的公允价值对子公司当期净利润的影响需要在净利润计算中予以反映。在合并工作底稿中,其调整分录如下:

借:营业成本　　　　　　　　　　　　　　　　　　　　　　1,100②
　　管理费用　　　　　　　　　　　　　　　　　　　　　　150
　　应收账款　　　　　　　　　　　　　　　　　　　　　　100
　　贷:存货　　　　　　　　　　　　　　　　　　　　　　　1,100
　　　　固定资产　　　　　　　　　　　　　　　　　　　　　150
　　　　资产减值损失　　　　　　　　　　　　　　　　　　　100

（2）按照权益法对甲公司财务报表项目进行调整。

因购买日 A 公司资产和负债的公允价值与原账面价值之间的差额对 A 公司本年净利润的影响，而甲公司对 A 公司长期股权投资权益法核算的影响，需要甲公司对 A 公司长期股权投资及相关项目进行调整；另外，甲公司对 A 公司的长期股权投资采用成本法进行核算，需要对成本法核算的结果按权益法核算的要求，对长期股权投资及相关项目进行调整。在合并工作底稿中，其调整分录如下：

借：长期股权投资	6,545③
投资收益	3,150
贷：投资收益	6,545
长期股权投资	3,150

（3）长期股权投资与所有者权益的抵销。

将甲公司对 A 公司的长期股权投资与其在 A 公司股东权益中拥有的份额予以抵销。在合并工作底稿中，其抵销分录如下：

借：股本	20,000④
资本公积	12,000
盈余公积	3,200
未分配利润	5,650
商誉	4,300
贷：长期股权投资	32,895
少数股东损益	12,255

（4）投资收益与子公司利润分配等项目的抵销。将甲公司对 A 公司投资收益与 A 公司本年利润分配有关项目的金额予以抵销。在合并工作底稿中，其抵销分录如下：

借：投资收益	6,545⑤
少数股东损益	2,805
年初未分配利润	2,800
贷：提取盈余公积	2,000
向股东分配利润	4,500
年末未分配利润	5,650

（5）应收股利与应付股利的抵销。

本例中，A 公司本年宣告分派现金股份 4,500 万元，股份款项尚未支付，A 公司已将其计列应付股利 4,500 万元。甲公司根据 A 公司宣告的分派现金股份的公告，按照其所享有的金额，已确认应收股利，并在其资产负债表中计列应收股利 3,150 万元。这属于母公司与子公司之间的债权债务，在编制合并财务报表时必须将其予以抵销，其抵销分录如下：

借：应付股利	3,150⑥
贷：应收股利	3,150

3. 编制合并工作底稿并编制合并财务报表：

根据上述调整分录和抵销分录，甲公司可以编制合并工作底稿如表 20-8 所示。

表 20–8　　　　　　　　　　　　　合并工作底稿

20×7 年年度　　　　　　　　　　　　　　　单位：万元

项目	母公司	子公司	合计数	调整分录 借方	调整分录 贷方	抵销分录 借方	抵销分录 贷方	少数股东权益	合并数
流动资产：									
货币资金	5,700	6,500	12,200						12,200
交易性金融资产	3,000	5,000	8,000						8,000
应收票据	7,200	3,600	10,800						10,800
应收账款	8,500	5,100	13,600	100②	100①				13,600
预付款项	1,500	2,500	4,000						4,000
应收股利	4,800	0	4,800				3,150⑥		1,650
其他应收款	500	1,300	1,800						1,800
存货	37,000	18,000	55,000	1,100①	1,100②				55,000
持有待售资产									
一年内到期的非流动资产									
其他流动资产	1,800	1,000	2,800						2,800
流动资产合计	70,000	43,000	113,000	1,200	1,200		3,150		109,850
非流动资产：									
债权投资	9,000	0	9,000						9,000
其他债权投资	14,000	4,000	18,000						18,000
长期股权投资其中：A 公司	6,950,029,500	0	69,500	6,545③	3,150③		32,895④		40,000
固定资产	28,000	26,000	54,000	3,000① 150②	150②				56,850
在建工程	13,000	4,200	17,200						17,200
无形资产	6,000	1,800	7,800						7,800
商誉						4,300④			4,300
其他非流动资产									
非流动资产合计	139,500	36,000	175,500	9,545	3,300	4,300	32,895		153,150
资产总计	209,500	79,000	288,500	10,745	4,500	4,300	36,045		263,000
流动负债：									
短期借款	10,000	4,800	14,800						14,800
交易性金融负债	4,000	2,400	6,400						6,400

续表

项目	母公司	子公司	合计数	调整分录 借方	调整分录 贷方	抵销分录 借方	抵销分录 贷方	少数股东权益	合并数
应付票据	13,000	3,600	16,600						16,600
应付账款	18,000	5,200	23,200						23,200
预收款项	4,000	3,900	7,900						7,900
应付职工薪酬	5,000	1,600	6,600						6,600
应交税费	2,700	1,400	4,100						4,100
应付股利	5,000	4,500	9,500			3,150⑥			6,350
其他应付款	300	700	1,000						1,000
持有待售负债									
一年内到期的非流动负债									
其他流动负债	2,000	900	2,900						2,900
流动负债合计	64,000	29,000	93,000			3,150			89,850
非流动负债:									
长期借款	4,000	5,000	9,000						9,000
应付债券	20,000	7,000	27,000						27,000
长期应付款	6,000	0	6,000						6,000
其他非流动负债	0	0	0						0
非流动负债合计	30,000	12,000	42,000						42,000
负债合计	94,000	41,000	135,000			3,150			131,850
股东权益:									
股本	50,000	20,000	70,000			20,000④			50,000
资本公积	29,500	8,000	37,500		4,000①	12,000④			29,500
盈余公积	18,000	3,200	21,200			3,200④			18,000
未分配利润	18,000	6,800	24,800	4,400	6,645	14,995	12,150	2,805	21,395
股东权益合计	115,500	38,000	153,500	4,400	10,645	50,195	12,150	2,805	118,895
少数股东权益							12,255④		12,255
负债和股东权益总计	209,500	79,000	288,500	4,400	10,645	53,345	12,150	9,450	263,000

第六节 内部商品交易的合并处理

一、内部销售收入和内部销售成本的抵销处理

内部销售收入是指企业集团内部母公司与子公司、子公司相互之间（以下称成员企业）发生的购销活动所产生的销售收入。内部销售成本是指企业集团内部母公司与子公司、子公司相互之间发生的内部销售商品的销售成本。

（一）购买企业内部购进的商品当期全部实现销售时的抵销处理

在这种情况下，对于销售企业来说，销售给其他成员企业商品与销售给集团外部企业情况下的会计处理相同，即在本期确认销售收入、结转销售成本、计算损益，并在其个别利润表中反映；对于购买企业来说，一方面要确认销售收入，另一方面要结转销售内部购进商品的成本，并在其个别利润表中分别作为营业收入和营业成本反映，并确认损益。也就是说，对于同一购销业务，在销售企业和购买企业的个别利润表都作了反映。但从企业集团整体来看，这一购销业务只是实现了一次销售，其销售收入只是购买企业销售该产品的销售收入，其销售成本只是销售企业销售该商品的成本。销售企业销售该商品的收入属于内部销售收入，相应地购买企业销售该商品的销售成本则属于内部销售成本。因此，在编制合并财务报表时，就必须将重复反映的内部销售收入与内部销售成本予以抵销。进行抵销处理时，应借记"营业收入"等项目，贷记"营业成本"等项目。

【例题 20－16】甲公司拥有 A 公司 70％ 的股权，系 A 公司的母公司。甲公司本期个别利润表的营业收入中有 4,000 万元，系向 A 公司销售产品取得的销售收入，该产品销售成本为 3,100 万元。A 公司在本期将该产品全部售出，其销售收入为 4,750 万元，销售成本为 4,000 万元，并分别在其个别利润表中列示。

对此，编制合并财务报表将内部销售收入和内部销售成本予以抵销时，应编制如下抵销分录：

借：营业收入　　　　　　　　　　　　　　　　　　　　　　　4,000
　　贷：营业成本　　　　　　　　　　　　　　　　　　　　　　　　4,000

（二）购买企业内部购进的商品未实现对外销售时的抵销处理

在内部购进的商品未实现对外销售的情况下，从销售企业来说，同样是按照一般的销售业务确认销售收入，结转销售成本，计算销售利润，并在其利润表中列示。这一业务从整个企业集团来看，实际上只是商品存放地点发生变动，并没有真正实现企业集团对外销售，不应确认销售收入、结转销售成本以及计算损益。因此，对于该内部购销业务，在编制合并财务报表时，应当将销售企业由此确认的内部销售收入和内部销售成本予以抵销。对于这一经济业务，从购买企业来说，则以支付的购货价款作为存货成本入账，并在其个别资产负债表中作为资产列示。这样，购买企业的个别资产负债表中存货的价值中就包含

有销售企业实现的销售毛利。销售企业由于内部购销业务实现的销售毛利,属于未实现内部销售损益。

存货价值中包含的未实现内部销售损益是由于企业集团内部商品购销活动所引起的。在内部购销活动中,销售企业将集团内部销售作为收入确认并计算销售利润。而购买企业则是以支付购货的价款作为其成本入账;在本期内未实现对外销售而形成期末存货时,其存货价值中也相应地包括两部分内容:一部分为真正的存货成本(即销售企业销售该商品的成本),另一部分为销售企业的销售毛利(即其销售收入减去销售成本的差额)。对于期末存货价值中包括的这部分销售毛利,从企业集团整体来看,并不是真正实现的利润。因为从整个企业整体来看,集团内部企业之间的商品购销活动实际上相当于一个企业内部物资调拨活动,既不会实现利润,也不会增加商品的价值。正是从这一意义上来说,将期末存货价值中包括的这部分销售企业作为利润确认的部分,称为未实现内部销售损益。如果合并财务报表将母公司与子公司财务报表中的存货简单相加,则虚增存货成本。因此,在编制合并资产负债表时,应当将存货价值中包含的未实现内部销售损益予以抵销。

【例题20-17】甲公司系A公司的母公司。甲公司本期个别利润表的营业收入中有3,000万元,系向A公司销售商品实现的收入,其商品成本为2,400万元,销售毛利率为20%。A公司本期从甲公司购入的商品在本期均未实现销售,期末存货中包含有3,000万元从甲公司购进的商品,该存货中包含的未实现内部销售损益为600万元。

编制合并利润表时,将外部销售收入、内部销售成本及存货价值中包含的未实现内部销售损益抵销时,其抵销分录如下:

借:营业收入　　　　　　　　　　　　　　　　　　　　　3,000
　　贷:营业成本　　　　　　　　　　　　　　　　　　　　2,400
　　　　存货　　　　　　　　　　　　　　　　　　　　　　　600

对于第三种情况,即内部购进的商品部分实现对外销售部分形成期末存货的情况,可以将内部购买的商品分解为两部分来理解:一部分为当期购进并全部实现对外销售;另一部分为当期购进但未实现对外销售而形成期末存货。【例题20-16】介绍的就是前一部分的抵销处理,【例题20-17】介绍的则是后一部分的抵销处理。将【例题20-16】和【例题20-17】的抵销处理合并在一起,则就是第三种情况下的抵销处理。

【例题20-18】甲公司本期个别利润表的营业收入中有5,000万元,系向A公司销售产品取得的销售收入,该产品销售成本为3,500万元,销售毛利率为30%。A公司在本期将该批内部购进商品的60%实现销售,其销售收入为3,750万元,销售成本为3,000万元,销售毛利率为20%,并列示于其个别利润表中;该批商品的另外40%则形成A公司期末存货,即期末存货为2,000万元,列示于A公司的个别资产负债表之中。

此时,在编制合并财务报表时,其抵销处理如下:

借:营业收入　　　　　　　　　　　(3,000+2,000) 5,000
　　贷:营业成本　　　　　　　　　　(3,000+3,500×40%) 4,400
　　　　存货　　　　　　　　　　　　　　　(1,500×40%) 600

根据上述抵销分录,其合并工作底稿(局部)如表20-9所示。

表 20-9　　　　　　　　　　合并财务报表工作底稿　　　　　　　　　单位：万元

项目	甲公司	A公司	合计	调整分录 借方	调整分录 贷方	抵销分录 借方	抵销分录 贷方	少数股东权益	合并数
（资产负债表项目）									
……									
存货		2,000	2,000				600		1,400
……									
（利润表项目）									
营业收入	5,000	3,750	8,750			5,000			3,750
营业成本	3,500	3,000	6,500				4,400		2,100
……									
营业利润	1,500	750	2,250			5,000	4,400		1,650
……									
净利润	1,500	750	2,250			5,000	4,400		1,650
（股东权益变动表项目）									
期初未分配利润	0	0	0						0
……									
期末未分配利润	1,500	750	2,250			5,000	4,400		1,650

对于内部销售收入的抵销，也可按照如下方法进行抵销处理：（1）按照内部销售收入的数额，借记"营业收入"项目，贷记"营业成本"项目；（2）按照期末存货价值中包含的未实现内部销售损益的数额，借记"营业成本"项目，贷记"存货"项目。

（三）购买企业内部购进的商品作为固定资产使用时的抵销处理

在集团内成员企业将自身的产品销售给其他成员企业作为固定资产使用的情况下，对于销售企业来说是作为普通商品销售并进行会计处理的，即在销售时确认收入、结转成本和计算损益，并以此在其个别财务报表中列示；对于购买企业来说，则以购买价格（在此不考虑安装及运输费用）作为固定资产原值记账，该固定资产入账价值中既包含销售企业生产该产品的成本，也包含销售企业由于该产品销售所实现的销售利润。购买企业虽然以支付给销售企业的购买价格作为固定资产原价入账，但从整个企业集团来说，只能以销售企业生产该产品的成本作为固定资产原价在合并财务报表中反映。因此，编制合并利润表时应将销售企业由该固定资产交易所实现的销售收入、结转的销售成本予以抵销；并将内部交易形成的固定资产原价中包含的未实现内部销售损益予以抵销。

【例题 20-19】母公司个别利润表的营业收入中有 600 万元，系向子公司销售其生产的设备所取得的收入，该设备生产成本为 400 万元。子公司个别资产负债表固定资产原价中包含有该设备的原价,该设备系 12 月购入并投入使用,本期未计提折旧,该固定资产原价中包含有 200 万元未实现内部销售损益。对此,在编制合并财务报表时,需要将母公司相应的销售收入和销售成本予以抵销,并将该固定资产原价中包含的未实现内部销售损益予以抵销。其抵销分录如下:

借:营业收入　　　　　　　　　　　　　　　　　　　　　600
　　贷:营业成本　　　　　　　　　　　　　　　　　　　　　　　400
　　　　固定资产　　　　　　　　　　　　　　　　　　　　　　　200

二、连续编制合并财务报表时内部销售商品的合并处理

在连续编制合并财务报表的情况下,首先必须将上期抵销的存货价值中包含的未实现内部销售损益对本期期初未分配利润的影响予以抵销,调整本期期初未分配利润的数额;然后再对本期内部购进存货进行合并处理。其具体合并处理程序和方法如下:

1. 将上期抵销的存货价值中包含的未实现内部销售损益对本期期初未分配利润的影响进行抵销。即按照上期内部购进存货价值中包含的未实现内部销售损益的数额,借记"期初未分配利润"项目,贷记"营业成本"项目。这一抵销分录,可以理解为上期内部购进的存货中包含的未实现内部销售损益在本期视同为实现利润,将上期未实现内部销售损益转为本期实现利润,冲减当期的合并销售成本。

2. 对于本期发生内部购销活动的,将内部销售收入及内部销售成本予以抵销。即按照销售企业内部销售收入的数额,借记"营业收入"项目,贷记"营业成本""存货"项目。

3. 将期末内部购进存货价值中包含的未实现内部销售损益予以抵销。对于期末内部购买形成的存货(包括上期结转形成的本期存货),应按照购买企业期末内部购入存货价值中包含的未实现内部销售损益的数额,借记"未分配利润(期初)""营业成本"项目,贷记"存货"项目。

【例题 20-20】上期甲公司与 A 公司内部购销资料、内部销售的抵销处理及其合并工作底稿(局部)见【例题 20-18】。本期甲公司个别财务报表中向 A 公司销售商品取得销售收入 6,000 万元,销售成本为 4,200 万元,甲公司本期销售毛利率与上期相同,为 30%。A 公司个别财务报表中从甲公司购进商品本期实现对外销售收入为 5,625 万元,销售成本为 4,500 万元,销售毛利率为 20%;期末内部购进形成的存货为 3,500 万元(期初存货 2,000 万元 + 本期购进存货 6,000 万元 - 本期销售成本 4,500 万元),存货价值中包含的未实现内部销售损益为 1,050 万元。

此时,编制合并财务报表时应进行如下合并处理:

(1) 调整期初未分配利润的数额。

借:期初未分配利润　　　　　　　　　　　　　　　　　　600①
　　贷:营业成本　　　　　　　　　　　　　　　　　　　　　　　600

(2) 抵销本期内部销售收入。

借:营业收入　　　　　　　　　　　　　　　　　　　　　6,000②
　　贷:营业成本　　　　　　　　　　　　　　　　　　　　　　6,000

(3) 抵销期末存货中包含的未实现内部销售损益。

借：营业成本　　　　　　　　　　　　　　　　　1,050③
　　贷：存货　　　　　　　　　　　　　　　　　　　　1,050

表 20-10　　　　　　　　　合并工作底稿（局部）　　　　　　　　单位：万元

项目	甲公司	A公司	合计	调整分录		抵销分录		少数股东权益	合并数
				借方	贷方	借方	贷方		
（资产负债表项目）									
……									
存货		2,500	2,500				1,050③		1,450
……									
（利润表项目）									
营业收入	6,000	5,625	11,625			6,000②			5,625
营业成本	4,200	4,500	8,700			1,050③	600① 6,000②		3,150
……									
营业利润	1,800	1,125	2,925			7,050	6,600		2,475
……									
净利润	1,800	1,125	2,925			7,050	6,600		2,475
（股东权益变动表项目）									
期初未分配利润	1,500	750	2,250			600①			1,650
……									
期末未分配利润	3,300	1,875	5,175			7,650	6,600		4,125

三、存货跌价准备的合并处理

（一）初次编制合并财务报表时存货跌价准备的合并处理

根据现行企业会计准则的规定，企业必须定期或者至少于年度终了时，对存货进行全面清查，采用成本与可变现净值孰低法进行期末计价，按单个存货项目计提存货跌价准备。其存货清查的范围既包括从企业集团外部购进形成的存货，也包括从企业集团内部购进形成的存货；采用成本与可变现净值孰低法进行期末计价的范围，也包括从企业集团内部购进形成的期末存货。企业本期计提的存货跌价准备中包括对内部购进形成的存货计提的跌价准备时，则涉及如何将对内部购进的存货计提的跌价准备进行抵销的问题。

某一商品因毁损、陈旧过时而导致其可变现净值下跌，从而计提跌价准备时，从整个企业集团来说，对这一毁损、陈旧的商品同样必须计提跌价准备。也就是说，某一商品在企业集团内某一成员企业计提跌价准备，对于企业集团来说也同样必须计提跌价准备。某一商品计提跌价准备的金额，从单一企业来说，为该商品可变现净值低于取得成本的差额；而从企业集团来说，则是该商品可变现净值与企业集团范围内取得该商品成本的差额。

从商品的可变现净值来说，某一商品的可变现净值，无论对于企业集团还是持有该商品的企业来说，基本上都是一致的。从商品的取得成本来说，持有内部购进商品的企业，该商品的取得成本包括销售企业所实现的利润，而对于企业集团整体来说，则是指从外部购买该商品的成本或生产这一产品的生产成本。编制合并财务报表时，计提存货跌价准备应当是将该商品的可变现净值与从企业集团的取得成本进行比较确定的计提金额。

对内部购进形成的存货计提跌价准备的合并处理，从购买企业来看有两种情况：第一种情况是，购买企业本期期末内部购进存货的可变现净值低于其取得成本，但高于销售企业销售成本；第二种情况是，购买企业本期期末内部购进存货的可变现净值既低于该存货的取得成本，也低于销售企业的该存货的取得成本。

在第一种情况下，从购买企业个别财务报表来说，购买企业按该存货的可变现净值低于其取得成本的金额，一方面，确认存货跌价准备并在其个别资产负债表中通过抵销存货项目的金额列示；另一方面，在利润表中作为资产减值损失列示。但从合并财务报表来说，随着内部购进存货包含的未实现内部销售损益的抵销，该存货在合并财务报表中列示的成本为抵销未实现内部销售损益后的成本。当该存货的可变现净值低于购买企业的取得成本，但高于该存货在合并财务报表中成本时，则不需要计提存货跌价准备。个别财务报表中计列的相应的存货跌价准备，也应予以抵销。进行合并处理时，应当按照购买企业本期计提存货跌价准备的金额，借记"存货"项目，贷记"资产减值损失"项目。

【例题20-21】甲公司系A公司的母公司，甲公司本期向A公司销售商品2,000万元，其销售成本为1,400万元；A公司购进的该商品当期全部未实现对外销售而形成期末存货。A公司期末对存货进行检查时，发现该商品已经部分陈旧，其可变现净值已降至1,840万元。为此，A公司期末对该存货计提存货跌价准备160万元，并在其个别财务报表中列示。

在本例中，该存货的可变现净值降至1,840万元，高于抵销未实现内部销售损益后的金额（1,400万元）。此时，在编制本期合并财务报表时，应进行如下合并处理：

（1）将内部销售收入与内部销售成本抵销。

借：营业收入   2,000①
  贷：营业成本   2,000

（2）将内部销售形成的存货价值中包含的未实现内部销售损益抵销。

借：营业成本   600②
  贷：存货   600

（3）将A公司本期计提的存货减值准备抵销。

借：存货   160③
  贷：资产减值损失   160

其合并工作底稿（局部）如表20-11所示。

表 20－11　　　　　　　　　　合并工作底稿（局部）　　　　　　　　　单位：万元

项目	甲公司	A公司	合计	调整分录 借方	调整分录 贷方	抵销分录 借方	抵销分录 贷方	少数股东权益	合并数
（资产负债表项目）									
……									
存货		1,840	1,840			160③	600②		1,400
……									
（利润表项目）									
营业收入	2,000	0	2,000			2,000①			0
营业成本	1,400	0	1,400			600②	2,000①		0
……									
资产减值损失		160	160				160③		0
……									
营业利润	600	－160	440			2,600	2,160		0
……									
净利润	600	－160	440			2,600	2,160		0
（股东权益变动表项目）									
期初未分配利润	0	0	0						0
……									
期末未分配利润	600	－160	440			2,600	2,160		0

在第二种情况下，从购买企业个别财务报表来说，购买企业按该存货的可变现净值低于其取得成本的金额确认存货跌价准备。确认的存货跌价准备的金额，一方面，在其个别资产负债表中通过抵销存货项目列示；另一方面，在利润表中作为资产减值损失列示。购买企业在个别财务报表中确认的存货跌价准备的金额，既包括购买企业该商品取得成本高于销售企业销售成本（即取得成本）的差额（即抵销的未实现内部销售损益），也包括销售企业销售成本高于该商品可变现净值的差额。但从合并财务报表来说，随着内部购进存货价值中包含的未实现内部销售损益的抵销，在合并财务报表中列示的该存货的成本为抵销未实现内部销售损益后的成本。相对于购买企业该存货的取得成本高于销售企业销售该存货成本的差额部分计提的跌价准备的金额，已因未实现内部销售损益的抵销而抵销，故在编制合并财务报表时，也须将这部分金额予以抵销；而相对于销售企业销售该存货成本高于该存货可变现净值的部分而计提的跌价准备的金额，无论从购买企业来说，还是对于整个企业集团来说，都是必须计提的存货跌价准备，必须在合并财务报表中予以反映。进行抵销处理时，应当按购买企业本期计提的存货跌价准备中内部购进商品取得成本高于销售企业取得成本的数额，借记"存货"项目，贷记"资产减值损失"项目。

【例题20－22】甲公司为A公司的母公司。甲公司本期向A公司销售商品2,000万元，其销售成本为1,400万元，并以此在其个别利润表中列示。A公司购进的该商品当期全部未实现对外销售而形成期末存货;期末对存货进行检查时,发现该存货已经部分陈旧,其可变现净值降至 1,320 万元。为此,A 公司期末对该存货计提存货跌价准备 680 万元。

在本例中,该存货的可变现净值降至 1,320 万元,低于抵销未实现内部销售损益后的金额(1,400 万元)。在 A 公司本期计提的存货跌价准备 680 万元中,其中的 600 万元是相对于 A 公司取得成本(2,000 万元)高于甲公司销售该商品的销售成本(1,400 万元)部分计提的,另外 80 万元则是相对于甲公司销售该商品的销售成本(1,400 万元)高于其可变现净值(1,320 万元)的部分计提的。此时,A 公司对计提存货跌价准备中相当于抵销的未实现内部销售损益的数额 600 万元部分,从整个企业集团来说,该商品的取得成本为 1,400 万元,在可变现净值高于这一金额的情况下,不需要计提存货跌价准备,故必须将其予以抵销;而对于另外的 80 万元的存货跌价准备,从整个企业集团来说,则是必须计提的存货跌价准备,不需要进行抵销处理。

在编制本期合并财务报表时,应进行如下抵销处理:

(1) 将内部销售收入与内部销售成本抵销。

借:营业收入　　　　　　　　　　　　　　　　　　　　　2,000①
　　贷:营业成本　　　　　　　　　　　　　　　　　　　　　　2,000

(2) 将内部销售形成的存货价值中包含的未实现内部销售损益抵销。

借:营业成本　　　　　　　　　　　　　　　　　　　　　　600②
　　贷:存货　　　　　　　　　　　　　　　　　　　　　　　　600

(3) 将 A 公司本期计提的存货跌价准备中相当于未实现内部销售利润的部分抵销。

借:存货　　　　　　　　　　　　　　　　　　　　　　　　600③
　　贷:资产减值损失　　　　　　　　　　　　　　　　　　　　600

其合并工作底稿(局部)如表 20-12 所示。

表 20-12　　　　　　　　　　　合并工作底稿(局部)　　　　　　　　　　单位:万元

项目	甲公司	A公司	合计	调整分录		抵销分录		少数股东权益	合并数
				借方	贷方	借方	贷方		
(资产负债表项目)									
……									
存货		1,320	1,320			600③	600②		1,320
……									
(利润表项目)									
营业收入	2,000	0	2,000			2,000①			0
营业成本	1,400	0	1,400			600②	2,000①		0
……									
资产减值损失	0	680	680				600③		80
……									

续表

项目	甲公司	A公司	合计	调整分录		抵销分录		少数股东权益	合并数
				借方	贷方	借方	贷方		
营业利润	600	-680	-80			2,600	2,600		-80
……									
净利润	600	-680	-80			2,600	2,600		-80
(股东权益变动表项目)									
期初未分配利润	0	0	0						0
……									
期末未分配利润	600	-680	-80			2,600	2,600		-80

（二）连续编制合并财务报表时存货跌价准备的合并处理

在连续编制合并财务报表进行合并处理时，首先，将上期资产减值损失中抵销的存货跌价准备对本期期初未分配利润的影响予以抵销，即按上期资产减值损失项目中抵销的存货跌价准备的数额，借记"存货"或"营业成本"项目，贷记"期初未分配利润"项目。其次，对于本期对内部购进存货在个别财务报表中补提或者冲销的存货跌价准备也应予以抵销，借记"存货"项目，贷记"资产减值损失"项目。

至于抵销存货跌价准备的数额，应当分别对不同的情况进行处理。当本期内部购进存货的可变现净值低于持有该存货企业的取得成本但高于抵销未实现内部销售损益后的取得成本（即销售企业该存货的取得成本）时，其抵销的存货跌价准备的金额为本期存货跌价准备的增加额。当本期内部购进存货的可变现净值低于抵销未实现内部销售损益后的取得成本（即销售企业的取得成本）时，其抵销的存货跌价准备的金额为相对于购买企业该存货的取得成本高于销售企业销售成本的差额部分计提的跌价准备的数额扣除期初内部购进存货计提的存货跌价准备的金额后的余额，即本期期末存货中包含的未实现内部销售损益的金额减去期初内部购进存货计提的存货跌价准备的金额后的余额。

【例题 20-23】接【例题 20-21】甲公司与 A 公司之间内部销售情况、内部销售及存货跌价准备的抵销处理，以及合并工作底稿（局部）见【例题 20-21】。A 公司与甲公司之间本期未发生内部销售。本例期末存货系上期内部销售结存的存货。A 公司本期期末对存货清查时，该内部购进存货的可变现净值为 1,200 万元，A 公司期末存货跌价准备余额为 800 万元。

本例中，该内部购进存货的可变现净值由上期期末的 1,840 万元降至 1,200 万元，既低于 A 公司从甲公司购买时的取得成本，也低于抵销未实现内部销售损益后的金额（即甲公司销售该商品的成本 1,400 万元）。A 公司本期期末存货跌价准备余额 800 万元，从计提时间来看，包括上期期末计提结存的存货跌价准备 160 万元，还包括本期期末计提的存货跌价准备 640 万元。上期计提的部分，在编制上期合并财务报表时已将其与相应的资产减值损失相抵销，从而影响到本期的期初未分配利润。为此，对于这一部分在本期编制合并财务报表时需要调整期初未分配利润的数额。而对于本期计提的 640 万元存货跌价准备,其中440万元是相对上期计提存货跌价准备后存货净额与甲公司该内部销售商品的销售成本之间的差额计提的,而另外200万元则相对甲公司该内部销售商品的销售成本与其可变现净值之间的差额计提的。从整个企业集团来说,前者应当予以抵销;后者则是属于应当计提的。

甲公司在编制本期合并财务报表时,应进行如下合并处理:

(1) 借:存货　　　　　　　　　　　　　　　　　　　160①
　　　贷:期初未分配利润　　　　　　　　　　　　　　　　　　160
(2) 借:期初未分配利润　　　　　　　　　　　　　　600②
　　　贷:存货　　　　　　　　　　　　　　　　　　　　　　　600
(3) 借:存货　　　　　　　　　　　　　　　　　　　440③
　　　贷:资产减值损失　　　　　　　　　　　　　　　　　　　440

其合并工作底稿(局部)如表20-13所示。

表20-13　　　　　　　　　合并工作底稿(局部)　　　　　　　单位:万元

项目	甲公司	A公司	合计	调整分录		抵销分录		少数股东权益	合并数
				借方	贷方	借方	贷方		
(资产负债表项目)									
……									
存货		1,200	1,200			160① 440③	600②		1,200
……									
(利润表项目)									
营业收入	0	0	0						0
营业成本	0	0	0						0
……									
资产减值损失	0	640	640				440③		200
……									
营业利润	0	-640	-640				440		-200
……									
净利润	0	-640	-640				440		-200
(股东权益变动表项目)									
期初未分配利润	600	-160	440			600②	160①		0
……									
期末未分配利润	600	-800	-200			600	600		-200

第七节 内部债权债务的合并处理

一、内部债权债务抵销概述

母公司与子公司、子公司相互之间的债权和债务项目,是指母公司与子公司、子公司相互之间的应收账款与应付账款、预付账款和预收账款、应付债券与债券投资等项目。对于发生在母公司与子公司、子公司相互之间的这些项目,从债权方企业来说,在资产负债表中表现为一项债权资产;而从债务方来说,一方面形成一项负债,另一方面同时形成一项资产。发生的这种内部债权债务,从母公司与子公司组成的集团整体角度来看,它只是集团内部资金运动,既不增加企业集团的资产,也不增加负债。为此,在编制合并财务报表时也应当将内部债权债务项目予以抵销。

在编制合并资产负债表时需要进行合并处理的内部债权债务项目主要包括:(1)应收账款与应付账款;(2)应收票据与应付票据;(3)预付账款与预收账款;(4)长期债券投资与应付债券;(5)应收股利与应付股利;(6)其他应收款与其他应付款。

【例题20-24】甲公司系A公司的母公司。甲公司个别资产负债表应收账款中有500万元为应收A公司账款;应收票据中有300万元为应收A公司票据;债权投资中有A公司发行的应付债券1,500万元。

对此,甲公司在编制合并财务报表时,应当将这些内部债权债务予以抵销。其抵销分录如下:

(1)内部应收账款与应付账款抵销。

借:应付账款　　　　　　　　　　　　　　　　500
　　贷:应收账款　　　　　　　　　　　　　　　　500

(2)内部应收票据与应付票据抵销。

借:应付票据　　　　　　　　　　　　　　　　300
　　贷:应收票据　　　　　　　　　　　　　　　　300

(3)债权投资与应付债券抵销。

借:应付债券　　　　　　　　　　　　　　　　1,500
　　贷:债权投资　　　　　　　　　　　　　　　　1,500

二、内部应收应付款项及其坏账准备的合并处理

企业对于包括应收账款、应收票据、预付账款以及其他应收款在内的所有应收款项,应当根据其预计可收回金额变动情况,确认资产减值损失,计提坏账准备。这里的应收账款、应收票据等也包括应收子公司账款、应收子公司票据等。在对子公司的应收款项计提坏账准备的情况下,在编制合并财务报表时,随着内部应收款项的抵销,与此相联系也须将该内部应收款项计提的坏账准备予以抵销。将内部应收款项抵销时,按内部应付款项的金额,借记"应付账款""应付票据"等项目,贷记"应收账款""应收票据"等项目;

将内部应收款项计提的坏账准备抵销时，按各内部应收款项计提的相应坏账准备期末余额，借记"应收账款""应收票据"等项目，贷记"资产减值损失"项目。

【例题 20-25】甲公司为 A 公司的母公司。甲公司本期个别资产负债表应收账款中有 580 万元为应收 A 公司账款，该应收账款账面余额为 600 万元，甲公司当年计提坏账准备 20 万元；应收票据中有 390 万元为应收 A 公司票据，该应收票据账面余额为 400 万元，甲公司当年计提坏账准备 10 万元。A 公司本期个别资产负债表中应付账款和应付票据中列示有应付甲公司账款 600 万元和应付甲公司票据 400 万元。

在编制合并财务报表时，甲公司应当将内部应收账款与应付账款相互抵销，同时，还应将内部应收账款计提的坏账准备予以抵销，其抵销分录为：

(1) 应收账款与应付账款抵销。

借：应付账款　　　　　　　　　　　　　　　　　　　　　　　600①
　　贷：应收账款　　　　　　　　　　　　　　　　　　　　　　　　600

(2) 应收票据与应付票据抵销。

借：应付票据　　　　　　　　　　　　　　　　　　　　　　　400②
　　贷：应收票据　　　　　　　　　　　　　　　　　　　　　　　　400

(3) 坏账准备与资产减值损失抵销。

借：应收账款　　　　　　　　　　　　　　　　　　　　　　　20③
　　应收票据　　　　　　　　　　　　　　　　　　　　　　　10
　　贷：资产减值损失　　　　　　　　　　　　　　　　　　　　　　30

其合并工作底稿（局部）如表 20-14 所示。

表 20-14　　　　　　　　　合并工作底稿（局部）　　　　　　　　　单位：万元

项目	甲公司	A 公司	合计数	调整分录		抵销分录		少数股东权益	合并数
				借方	贷方	借方	贷方		
（资产负债表项目）									
……									
应收账款	580		580			20③	600①		0
应收票据	390		390			10③	400②		0
……									
应付账款		600	600			600①			0
应付票据		400	400			400②			0
……									
（利润表项目）									
……									
资产减值损失	30		30				30③		0
……									

续表

项目	甲公司	A公司	合计数	调整分录		抵销分录		少数股东权益	合并数
				借方	贷方	借方	贷方		
营业利润	-30		-30				30		0
……									
净利润	-30		-30				30		0
（股东权益变动表项目）									
期初未分配利润	0		0				0		0
……									
期末未分配利润	-30		-30				30		0

三、连续编制合并财务报表时内部应收款项及其坏账准备的合并处理

在连续编制合并财务报表进行合并处理时，首先，将内部应收款项与应付款项予以抵销，即按内部应付款项的数额，借记"应付账款""应付票据"等项目，贷记"应收账款""应收票据"等项目。其次，应将上期资产减值损失中抵销的各内部应收款项计提的相应坏账准备对本期期初未分配利润的影响予以抵销，即按上期资产减值损失项目中抵销的各内部应收款项计提的相应坏账准备的数额，借记"应收账款""应收票据"等项目，贷记"期初未分配利润"项目。最后，对于本期各内部应收款项在个别财务报表中补提或者冲销的相应坏账准备的数额也应予以抵销，即按照本期期末内部应收款项在个别资产负债表中补提的坏账准备的数额，借记"应收账款""应收票据"等项目，贷记"资产减值损失"项目；或按照本期期末各内部应收款项在个别资产负债表中冲销的相应坏账准备的数额，借记"资产减值损失"项目，贷记"应收账款""应收票据"等项目。

（一）内部应收款项坏账准备本期余额与上期余额相等时的合并处理

【例题20-26】甲公司为A公司的母公司。甲公司本期个别资产负债表应收账款中有应收A公司账款580万元，该应收账款系上期发生的，账面余额为600万元，甲公司上期对其计提坏账准备20万元，该坏账准备结转到本期；应收A公司票据390万元，该应收票据系上期发生的，账面余额为400万元，甲公司上期对其计提坏账准备10万元，该坏账准备结转到本期。本期对上述内部应收账款和应收票据未计提坏账准备。

甲公司在合并工作底稿中应进行如下抵销处理：

（1）将上期内部应收款项计提的坏账准备抵销。

在这种情况下，母公司个别资产负债表中坏账准备余额可以理解为实际上是上期结转而来的余额，因此只须将上期内部应收账款计提的坏账准备予以抵销，同时调整期初未分配利润的数额。其抵销分录如下：

借：应收账款   20①
  应收票据   10

贷：期初未分配利润　　　　　　　　　　　　　　　　　　　　　　　　30
　（2）内部应收账款、应收票据与应付账款、应付票据抵销。
　　借：应付账款　　　　　　　　　　　　　　　　　　　　　　　　　　600②
　　　贷：应收账款　　　　　　　　　　　　　　　　　　　　　　　　　　600
　　借：应付票据　　　　　　　　　　　　　　　　　　　　　　　　　　400③
　　　贷：应收票据　　　　　　　　　　　　　　　　　　　　　　　　　　400

（二）内部应收款项坏账准备本期余额大于上期余额时的合并处理

【例题20-27】甲公司为A公司的母公司，甲公司本期个别资产负债表应收账款中有应收A公司账款735万元，该应收账款账面余额为800万元，甲公司对该应收账款累计计提坏账准备65万元，其中20万元系上期结转至本期的，本期对其补提坏账准备45万元；应收A公司票据875万元，该应收票据账面余额为900万元，甲公司对该应收票据累计计提坏账准备25万元，其中10万元系上期结转至本期的，本期对其补提坏账准备15万元。

甲公司在合并工作底稿中应进行如下抵销处理：

（1）抵销上期内部应收款项计提的坏账准备，并调整期初未分配利润的数额。
　　借：应收账款　　　　　　　　　　　　　　　　　　　　　　　　　　20①
　　　　应收票据　　　　　　　　　　　　　　　　　　　　　　　　　　　10
　　　贷：期初未分配利润　　　　　　　　　　　　　　　　　　　　　　　30

（2）内部应收账款、应收票据与应付账款、应付票据抵销。
　　借：应付账款　　　　　　　　　　　　　　　　　　　　　　　　　　800②
　　　贷：应收账款　　　　　　　　　　　　　　　　　　　　　　　　　　800
　　借：应付票据　　　　　　　　　　　　　　　　　　　　　　　　　　900③
　　　贷：应收票据　　　　　　　　　　　　　　　　　　　　　　　　　　900

（3）抵销本期内部应收款项增加计提的坏账准备与资产减值损失。
　　借：应收账款　　　　　　　　　　　　　　　　　　　　　　　　　　45④
　　　　应收票据　　　　　　　　　　　　　　　　　　　　　　　　　　　15
　　　贷：资产减值损失　　　　　　　　　　　　　　　　　　　　　　　　60

（三）内部应收款项坏账准备本期余额小于上期余额时的合并处理

【例题20-28】甲公司为A公司的母公司。甲公司本期个别资产负债表应收账款中有应收A公司账款538万元，该应收账款账面余额为550万元，甲公司对该应收账款累计计提坏账准备12万元，其中上期结转至本期的坏账准备20万元，本期冲减坏账准备8万元；应收A公司票据374万元，该应收票据账面余额为380万元，甲公司对其累计计提坏账准备6万元，其中上期结转至本期的坏账准备10万元，本期冲减坏账准备4万元。

甲公司在合并工作底稿中应进行如下抵销处理：

（1）抵销上期内部应收款项计提的坏账准备，并调整期初未分配利润的数额。
　　借：应收账款　　　　　　　　　　　　　　　　　　　　　　　　　　20①
　　　　应收票据　　　　　　　　　　　　　　　　　　　　　　　　　　　10
　　　贷：期初未分配利润　　　　　　　　　　　　　　　　　　　　　　　30

(2) 内部应收账款、应收票据与应付账款、应付票据抵销。

借：应付账款　　　　　　　　　　　　　　　　　550②
　　贷：应收账款　　　　　　　　　　　　　　　　　　550
借：应付票据　　　　　　　　　　　　　　　　　380③
　　贷：应收票据　　　　　　　　　　　　　　　　　　380

(3) 抵销本期内部应收款项冲销的坏账准备与资产减值损失。

借：资产减值损失　　　　　　　　　　　　　　　12④
　　贷：应收账款　　　　　　　　　　　　　　　　　　8
　　　　应收票据　　　　　　　　　　　　　　　　　　4

在第三期编制合并财务报表的情况下，必须先将第二期各内部应收款项期末余额相应的坏账准备予以抵销，再将内部应收款项与应付款项等内部债权债务相抵销，最后将第三期内部应收款项的坏账准备与第二期内部应收款项的坏账准备进行比较，计算确定本期内部应收款项坏账准备的增加或减少数额，并将其予以抵销。其抵销分录与第二期编制的抵销分录相同。首先，借记"应收账款""应收票据"等项目，贷记"期初未分配利润"项目，将第二期编制合并财务报表时抵销的坏账准备对第三期期初未分配利润的影响予以抵销，调整期初未分配利润的数额。其次，借记"应付账款""应付票据"等项目，贷记"应收账款""应收票据"等项目，将内部应收款项与应付款项等内部债权债务予以抵销。最后，如果第三期内部应收款项坏账准备的期末余额大于第二期内部应收款项坏账准备的期末余额，补提内部应收账款坏账准备时，借记"应收账款""应收票据"等项目，贷记"资产减值损失"项目；如果第三期内部应收款项坏账准备期末余额小于第二期内部应收款项期末余额，冲减内部应收账款坏账准备时，则借记"资产减值损失"项目，贷记"应收账款""应收票据"等项目。

第八节　内部固定资产交易的合并处理

一、内部固定资产交易概述

内部固定资产交易，是指企业集团内部发生的与固定资产有关的购销业务。根据销售企业销售的是产品还是固定资产，可以将企业集团内部固定资产交易划分为两种类型：第一种类型是企业集团内部企业将自身使用的固定资产变卖给企业集团内的其他企业作为固定资产使用；第二种类型是企业集团内部企业将自身生产的产品销售给企业集团内的其他企业作为固定资产使用。此外，还有另一类型的内部固定资产交易，即企业集团内部企业将自身使用的固定资产变卖给企业集团内的其他企业作为普通商品销售。这种类型的固定资产交易，属于固定资产的内部处置，在企业集团内部发生的情况极少，一般情况下发生的数量也不大。

严格说来，内部固定资产交易属于内部商品交易，其在编制合并财务报表时的抵销处理与一般内部商品交易的抵销处理有相同之处。但由于固定资产取得并投入使用后，往往要跨越若干个会计期间,并且在使用过程中通过计提折旧将其价值转移到产品生产成本或各会计期间费用之中去,因而其抵销处理也有其特殊性。由于其跨越若干会计期间,因而涉及使用该固定资产期间编制合并财务报表的期初未分配利润的调整问题;由于固定资产需要计提折旧,因而涉及每一次计提折旧中包含的未实现内部销售损益的抵销问题,也涉及每期累计折旧中包含的未实现内部销售损益的抵销问题。相对来说,内部固定资产交易的抵销处理,要比一般的内部商品交易的抵销处理复杂得多。

为了便于理解,本节将财务报表中的"固定资产"项目,细化为"固定资产原价""累计折旧""固定资产净值"三个项目,来介绍与内部交易固定资产相关的合并抵销处理。

二、内部固定资产交易当期的合并处理

(一) 内部固定资产交易但当期未计提折旧的抵销处理

1. 企业集团内部固定资产变卖交易的抵销处理。

在合并工作底稿中编制抵销分录时,应当按照该内部交易固定资产的转让价格与其原账面价值之间的差额,借记"营业外收入"项目,贷记"固定资产原价"项目。如果该内部交易的固定资产转让价格低于其原账面价值,则按其差额,借记"固定资产原价"项目,贷记"营业外支出"项目。

【例题20-29】A公司和B公司为甲公司控制下的两个子公司。A公司将其净值为1,300万元的某厂房,以1,500万元的价格变卖给B公司作为固定资产使用。A公司因该内部固定资产交易实现收益200万元,并列示于其个别利润表之中。B公司以1,500万元的金额将该厂房作为固定资产的原价入账,并列示其个别资产负债表之中。

在该内部固定资产交易中,A公司因交易实现营业外收入200万元。编制合并财务报表时,甲公司必须将应该固定资产交易实现的营业外收入与固定资产原值中包含的未实现内部销售损益的数额予以抵销。其抵销分录如下:

借:营业外收入　　　　　　　　　　　　　　　　　　　　　200
　　贷:固定资产原价　　　　　　　　　　　　　　　　　　　　　200

通过上述抵销处理后,该内部固定资产交易所实现的损益予以抵销,该厂房的原价通过抵销处理后调整为1,300万元。

企业集团内部产品销售给其他企业作为固定资产的交易的抵销处理在合并工作底稿中编制抵销分录将其抵销时,应当借记"营业收入"项目,贷记"营业成本"项目、"固定资产原价"项目。其中,借记"营业收入"项目的数额,为销售企业销售该产品的销售收入;贷记"营业成本"项目的数额为销售企业销售该产品结转的销售成本;贷记"固定资产原价"项目的数额为销售企业销售该产品的销售收入与销售成本之间的差额,即该内部交易所形成的固定资产原价中包含的未实现内部销售损益的数额。

【例题20-30】A公司和B公司为甲公司控制下的两个子公司。A公司于20×7年12月,将自己生产的产品销售给B公司作为固定资产使用,A公司销售该产品的销售收入为1,600万元,销售成本为1,150万元,B公司以1,600万元的价格作为该固定资产的原价入账。

此时，与一般的内部商品交易的抵销处理相似，编制合并财务报表时，甲公司应当将该产品的销售收入1,600万元及其销售成本1,150万元，以及B公司固定资产原价中包含的未实现内部销售损益450万元（1,600－1,150）予以抵销。在合并工作底稿中应进行如下抵销处理：

借：营业收入　　　　　　　　　　　　　　　　　　　　　　　　1,600①
　　贷：营业成本　　　　　　　　　　　　　　　　　　　　　　　　1,150
　　　　固定资产原价　　　　　　　　　　　　　　　　　　　　　　　450

根据上述抵销分录，编制其合并工作底稿（局部）如表20－15所示。

表20－15　　　　　　　合并财务报表工作底稿（局部）　　　　　　　单位：万元

项目	A公司	B公司	合计数	调整分录		抵销分录		少数股东权益	合并数
				借方	贷方	借方	贷方		
（资产负债表项目）									
……									
固定资产原价		1,600	1,600				450①		1,150
累计折旧		0	0						0
固定资产净值		1,600	1,600				450		1,150
……									
（利润表项目）									
营业收入	1,600		1,600			1,600①			0
营业成本	1,150		1,150				1,150①		0
……									
营业利润	450		450			1,600	1,150		0
……									
净利润	450		450			1,600	1,150		0
（股东权益变动表项目）									
期初未分配利润	0		0						0
……									
期末未分配利润	450		450			1,600	1,150		0

（二）内部固定资产交易且当期计提折旧的合并处理

在发生内部固定资产交易当期编制合并财务报表时，首先，必须将该内部固定资产交易相关销售收入、销售成本以及形成的固定资产原价中包括的未实现内部销售损益予以抵销。其次，购买企业使用该内部交易固定资产并计提折旧，其折旧费用计入当期损益，由于购买企业是以该固定资产的取得成本作为其原价计提折旧，在取得成本中包含有销售企业由于该内部固定资产交易所实现的损益（即未实现内部销售损益），相应地在该内部交易固定资产使用过程中其各期计提的折旧额中，也包含未实现内部销售损益摊销的金额。因此还必须将当期该内部交易固定资产计提的折旧额中相当于未实现内部销售损益的摊销金额即多计提折旧的数额，从该内部交易固定资产当期计提的折旧费用和该固定资产累计折旧中予以抵销。其合并抵销处理如下：

1. 将内部交易固定资产相关的销售收入、销售成本以及其原价中包含的未实现内部销售损益予以抵销，即按销售企业由于该固定资产交易所实现的销售收入，借记"营业收入"项目；按照其销售成本，贷记"营业成本"项目；按照该内部交易固定资产的销售收入与销售成本之间的差额（即原价中包含的未实现内部销售损益的数额），贷记"固定资产原价"项目。

2. 将内部交易固定资产当期因未实现内部销售损益而多计提的折旧费用和累计折旧予以抵销。对固定资产计提折旧，企业进行会计处理时，一方面增加当期的费用，另一方面形成累计折旧。对因内部交易固定资产当期使用多计提的折旧进行抵销处理时，应按当期多计提的数额，借记"累计折旧"项目，贷记"管理费用"等项目（为便于理解，本节有关内部交易固定资产均假定为管理用固定资产，其各期多计提的折旧费用均通过"管理费用"项目进行抵销处理）。

【例题20-31】A公司和B公司为甲公司控制下的两个子公司。A公司于20×6年1月1日，将自己生产的产品销售给B公司作为固定资产使用，A公司销售该产品的销售收入为1,600万元，销售成本为1,140万元。B公司以1,600万元的价格作为该固定资产的原价入账。B公司购买的该固定资产用于公司的行政管理，该固定资产属于不需要安装的固定资产，当月投入使用，其折旧年限为4年，预计净残值为零。为简化合并处理，假定该内部交易固定资产在交易当年按12个月计提折旧。

甲公司在编制合并财务报表时，应当进行如下抵销处理：

（1）将该内部交易固定资产相关销售收入与销售成本及原价中包含的未实现内部销售利润予以抵销。

本例中，A公司因该内部交易确认销售收入1,600万元，结转销售成本1,140万元；B公司该固定资产的原价为1,600万元，其中包含的未实现内部销售损益为460万元（1,600－1,140）。在合并工作底稿中应进行如下抵销处理：

借：营业收入　　　　　　　　　　　　　　　　　　　　　　　　1,600①
　　贷：营业成本　　　　　　　　　　　　　　　　　　　　　　　　1,140
　　　　固定资产原价　　　　　　　　　　　　　　　　　　　　　　　460

（2）将当年计提的折旧和累计折旧中包含的未实现内部销售损益予以抵销。

该固定资产在B公司按4年的折旧年限计提折旧，每年计提折旧400万元，其中每年计提的折旧和累计折旧中均包含未实现内部销售损益的摊销额115万元（460万元÷4）。在合并工作底稿中应进行如下抵销处理：

借：累计折旧　　　　　　　　　　　　　　　　　　　　　　　　　115②
　　贷：管理费用　　　　　　　　　　　　　　　　　　　　　　　　　115

根据上述抵销分录，编制其合并工作底稿（局部）如表20-16所示。

表20-16　　　　　　合并财务报表工作底稿（局部）　　　　　　单位：万元

项目	A公司	B公司	合计	调整分录 借方	调整分录 贷方	抵销分录 借方	抵销分录 贷方	少数股东权益	合并数
（资产负债表项目）									
……									
固定资产原价		1,600	1,600				460①		1,140
累计折旧		400	400			115②			285
固定资产净值		1,200	1,200			115	460		855
……									
（利润表项目）									
营业收入	1,600		1,600			1,600①			0
营业成本	1,150		1,150				1,150①		0
……									
管理费用		400	400				115②		285
……									
营业利润	460	-400	60			1,600	1,265		-275
……									
净利润	460	-400	60			1,600	1,265		-275
（股东权益变动表项目）									
期初未分配利润	0	0	0						0
……									
期末未分配利润	460	-400	60			1,600	1,265		-275

三、内部交易固定资产取得后至处置前期间的合并处理

在以后的会计期间，具体抵销程序如下：

1. 将内部交易固定资产原价中包含的未实现内部销售损益抵销，并调整期初未分配利润，即按照固定资产原价中包含的未实现内部销售损益的数额，借记"期初未分配利润"项目，贷记"固定资产原价"项目。

2. 将以前会计期间内部交易固定资产多计提的累计折旧抵销，并调整期初未分配利润，即按照以前会计期间抵销该内部交易固定资产因包含未实现内部销售损益而多计提的累计折旧额，借记"累计折旧"项目，贷记"期初未分配利润"项目。

3. 将当期由于该内部交易固定资产因包含未实现内部销售损益而多计提的折旧费用

予以抵销，并调整本期计提的累计折旧额，即按照本期该内部交易的固定资产多计提的折旧额，借记"累计折旧"项目，贷记"管理费用"等费用项目。

【例题 20-32】 接上例，公司 20×7 年其个别资产负债表中，该内部交易固定资产原价为 1,600 万元，累计折旧为 800 万元，该固定资产净值为 800 万元。该内部交易固定资产 20×7 年计提折旧为 400 万元。

甲公司编制 20×7 年度合并财务报表时，应当进行如下抵销处理：

(1) 借：期初未分配利润　　　　　　　　　　　　　　　460①
　　　　贷：固定资产原价　　　　　　　　　　　　　　　　　460
(2) 借：累计折旧　　　　　　　　　　　　　　　　　　115②
　　　　贷：期初未分配利润　　　　　　　　　　　　　　　　115
(3) 借：累计折旧　　　　　　　　　　　　　　　　　　115③
　　　　贷：管理费用　　　　　　　　　　　　　　　　　　　115

四、内部交易固定资产清理期间的合并处理

对于销售企业来说，因该内部交易固定资产实现的利润，作为期初未分配利润的一部分结转到以后的会计期间，直到购买企业对该内部交易固定资产进行清理的会计期间。从购买企业来说，对内部交易固定资产进行清理的会计期间，在其个别财务报表中表现为固定资产原价和累计折旧的减少；该固定资产清理收入减去该固定资产净值以及有关清理费用后的余额，则在其个别利润表中以营业外收入（或营业外支出）项目列示。固定资产清理时可能出现三种情况：(1) 期满清理；(2) 超期清理；(3) 提前清理。编制合并财务报表时，应当根据具体情况进行合并处理。

（一）内部交易固定资产使用期限届满进行清理期间的合并处理

在内部交易固定资产使用期限届满进行清理的会计期间期末，购买企业内部固定资产实体已不复存在，因此不存在未实现内部销售损益抵销问题，包括未实现内部销售损益在内的该内部交易固定资产的价值全部转移到各会计期间实现的损益之中。从整个企业来说，随着该内部交易固定资产的使用期满，其包含的未实现内部销售损益也转化为已实现利润；从销售企业来说，因该内部销售所实现的利润，作为期初未分配利润的一部分已结转到购买企业对该内部交易固定资产使用期满进行清理的会计期间。为此，编制合并财务报表时首先必须调整期初未分配利润；其次，在固定资产进行清理的会计期间，在未进行清理前仍处于使用之中，仍须计提折旧，本期计提折旧中仍然包含因内部未实现销售损益而多计提的折旧额，因此也需要将当期多计提的折旧额予以抵销。

> **要点提示：** 到期时的会计分录
> 1. 如果不清理。
> 借：年初未分配利润（内部交易的利润）
> 　　贷：固定资产（内部交易的利润）
> 借：固定资产（内部交易收益在以前年度造成的折旧多计额）
> 　　贷：年初未分配利润（内部交易收益在以前年度造成的折旧多计额）

> 借：固定资产（内部交易收益造成的当期折旧多计额）
> 　　贷：管理费用（内部交易收益造成的当期折旧多计额）
> 2. 如果清理。
> 借：年初未分配利润（内部交易收益造成的当期折旧多计额）
> 　　贷：管理费用（内部交易收益造成的当期折旧多计额）

（二）内部交易固定资产超期使用进行清理期间的合并处理

内部交易固定资产超期使用进行清理时，在内部交易固定资产清理前的会计期间，该固定资产仍然按包含未实现内部销售损益的原价及计提的累计折旧，在购买企业的个别资产负债表中列示；销售企业因该内部交易固定资产所实现的利润，作为期初未分配利润的一部分结转到购买企业对该内部交易固定资产进行清理的会计期间。因此，首先需要将该固定资产原价中包括的未实现内部销售损益予以抵销，并调整期初未分配利润；其次，要将以前会计期间因内部交易固定资产原价中包含的未实现内部销售利润而多计提的累计折旧予以抵销；最后，由于在该固定资产使用期满的会计期间仍然需要计提折旧，本期计提折旧中仍然包含有多计提的折旧，因此需要将多计提的折旧费用予以抵销，并调整已计提的累计折旧。

在内部交易固定资产超期使用未进行清理前，由于该内部交易的固定资产仍处于使用之中，并在购买企业资产负债表中列示，因此必须将该固定资产原价中包含的未实现内部销售损益予以抵销；由于该固定资产的累计折旧仍然是按包含有未实现内部销售损益的原价计提折旧，因而也必须将其计提的累计折旧予以抵销。但由于固定资产超期使用不计提折旧，因而不存在抵销多计提折旧问题。对于超期使用后再进行清理的内部交易的固定资产，由于清理当期其实物已不存在，不存在固定资产原价中包含未实现内部销售损益的抵销问题；同时，该固定资产累计折旧也随着固定资产清理而转销，也不存在固定资产使用多计提折旧的抵销问题。也可以这样理解，即当内部交易固定资产超期使用进行清理的情况下，其包含的未实现内部销售损益，随着其折旧计提完毕，其包含的未实现内部销售损益已实现。因此，在编制对该内部交易固定资产进行清理的会计期间的合并财务报表时，不需要进行合并处理。

> **要点提示**：超期使用时的会计分录
> 1. 如果不清理。
> 借：年初未分配利润（内部交易的利润）
> 　　贷：固定资产（内部交易的利润）
> 借：固定资产（内部交易收益在以前年度造成的折旧多计额）
> 　　贷：年初未分配利润（内部交易收益在以前年度造成的折旧多计额）
> 2. 如果清理则无抵销处理。

（三）内部交易固定资产使用期限未满提前进行清理期间的合并处理

在这种情况下，购买企业内部交易固定资产实体已不复存在，因此不存在未实现内部销售损益抵销问题，但由于固定资产提前报废，固定资产原价中包含的未实现内部销售损益随着清理而成为实现的损益。对于销售企业来说，因该内部交易固定资产所实现的利润，作为期初未分配利润的一部分结转到购买企业对该内部交易固定资产进行清理的会计期间。为此，首先必须调整期初未分配利润；其次在固定资产进行清理前仍需计提折旧，本期计提折旧中仍然包含有多计提的折旧，需要将多计提的折旧费用予以抵销。

> **要点提示**：提前清理时的会计分录
> ①借：年初未分配利润（内部交易的利润）
> 　　贷：营业外收入或营业外支出（内部交易的利润）
> ②借：营业外收入或营业外支出（内部交易收益在以前年度造成的折旧多计额）
> 　　贷：年初未分配利润（内部交易收益在以前年度造成的折旧多计额）
> ③借：营业外收入或营业外支出（内部交易收益造成的当期折旧多计额）
> 　　贷：管理费用（内部交易收益造成的当期折旧多计额）

第九节　内部无形资产交易的合并处理

内部无形资产交易是企业集团内部发生交易的一方涉及无形资产的交易，如企业集团内部某一成员企业将自身拥有的专利权、专有技术等转让出售给其他成员企业作为无形资产继续使用。对于内部无形资产交易，在编制合并财务报表时，首先，必须将由于转让出售无形资产所产生的收入、成本及购入企业无形资产入账价值中包含的未实现内部销售损益予以抵销；其次，随着无形资产价值的摊销，无形资产价值中包含的未实现内部销售损益也随之计入当期费用，为此也必须对内部交易无形资产摊销计入相关费用项目进行抵销处理。

为了便于理解，本节将财务报表中的"无形资产"项目，细化为"无形资产""累计摊销""无形资产净额"三个项目，来介绍内部交易无形资产相关的合并抵销处理。

一、内部无形资产交易当期的合并处理

进行合并处理时，按照内部交易时该无形资产账面价值中包含的未实现内部销售损益的数额，借记"营业外收入"项目，按交易时该内部交易无形资产账面价值中包含的未实现内部销售损益的数额，贷记"无形资产"项目；同时按本期该内部交易无形资产摊销额中包含的未实现内部销售损益的数额（即该无形资产价值中包含的未实现内部销售损益除以该无形资产的摊销年限得出的金额）借记"累计摊销"项目，贷记"管理费用"项目。

【例题20-33】甲公司是A公司的母公司。20×1年1月8日向A公司转让无形资产一项，转让价格820万元，该无形资产账面原价700万元，A公司购入该无形资产后，即投入使用，确定使用年限为5年。A公司20×1年12月31日资产负债表中无形资产项目的金额为656万元，利润表管理费用项目中记有当年摊销的该无形资产价值164万元。

此时，A公司该无形资产入账价值为820万元，其中包含的未实现内部销售利润为

120万元；按5年的期限，本期摊销的金额为164万元（与固定资产不同，无形资产从取得的当月起开始摊销），其中包含的未实现内部销售利润的摊销额为24万元。

甲公司编制20×1年度合并财务报表时，应当对该内部无形资产交易进行如下抵销处理：

（1）将A公司受让取得该内部交易无形资产时其价值中包含的未实现内部销售利润抵销。

借：营业外收入　　　　　　　　　　　　　　　　　　　　　　　120
　　贷：无形资产　　　　　　　　　　　　　　　　　　　　　　　120

（2）将A公司本期该内部交易无形资产价值摊销额中包含的未实现内部销售利润抵销。

借：累计摊销　　　　　　　　　　　　　　　　　　　　　　　　24
　　贷：管理费用　　　　　　　　　　　　　　　　　　　　　　　24

对于抵销分录（1），可以理解为将购入时该无形资产价值中包含的未实现内部销售损益予以抵销。对于抵销分录（2），则可以理解为将本期无形资产累计摊销中因内部交易无形资产价值中包含未实现内部销售损益而多计算的摊销额以及当期多计列的无形资产摊销费用予以抵销。

二、内部交易无形资产持有期间的合并处理

进行合并处理时，按受让时内部交易无形资产价值中包含的未实现内部销售损益的数额，借记"期初未分配利润"项目，贷记"无形资产"项目；按上期期末该内部交易无形资产累计摊销金额中包含的已摊销未实现内部销售损益的数额，借记"累计摊销"项目，贷记"期初未分配利润"项目；按本期因该内部交易无形资产价值中包含未实现内部销售损益而多计算的摊销金额，借记"累计摊销"项目，贷记"管理费用"项目。

【例题20-34】承上例，20×2年12月31日A公司个别资产负债表无形资产项目的金额为492万元，利润表管理费用项目中记有当年摊销的该无形资产价值164万元。

甲公司在编制20×2年度合并财务报表时，应当对该内部无形资产交易进行如下抵销处理：

（1）将A公司受让取得该无形资产时其价值中包含的未实现内部销售利润抵销。

借：期初未分配利润　　　　　　　　　　　　　　　　　　　　　120
　　贷：无形资产　　　　　　　　　　　　　　　　　　　　　　　120

（2）将A公司上期期末该无形资产价值摊销额中包含的已摊销未实现内部销售利润。

借：累计摊销　　　　　　　　　　　　　　　　　　　　　　　　24
　　贷：期初未分配利润　　　　　　　　　　　　　　　　　　　　24

（3）将A公司本期摊销的该无形资产价值中包含的未实现内部销售利润的摊销额。

借：累计摊销　　　　　　　　　　　　　　　　　　　　　　　　24
　　贷：管理费用　　　　　　　　　　　　　　　　　　　　　　　24

甲公司在编制20×3年度合并财务报表时，该内部无形资产交易相关的抵销处理如下：

(1) 将 A 公司受让取得该无形资产时其价值中包含的未实现内部销售利润抵销。

借：期初未分配利润　　　　　　　　　　　　　　　　　　　　　120
　　贷：无形资产　　　　　　　　　　　　　　　　　　　　　　　　120

(2) 将 A 公司上期期末该无形资产价值摊销额中包含的已摊销未实现内部销售利润抵销。

借：累计摊销　　　　　　　　　　　　　　　　　　　　　　　　48
　　贷：期初未分配利润　　　　　　　　　　　　　　　　　　　　　48

(3) 将 A 公司本期摊销的该无形资产价值中包含的未实现内部销售利润的摊销抵销。

借：累计摊销　　　　　　　　　　　　　　　　　　　　　　　　24
　　贷：管理费用　　　　　　　　　　　　　　　　　　　　　　　　24

甲公司在编制 20×4 年度合并财务报表时，该内部无形资产交易相关的抵销处理如下：

(1) 将 A 公司受让取得该无形资产时其价值中包含的未实现内部销售利润抵销。

借：期初未分配利润　　　　　　　　　　　　　　　　　　　　　120
　　贷：无形资产　　　　　　　　　　　　　　　　　　　　　　　　120

(2) 将 A 公司上期期末该无形资产价值摊销额中包含的已摊销未实现内部销售利润抵销。

借：累计摊销　　　　　　　　　　　　　　　　　　　　　　　　72
　　贷：期初未分配利润　　　　　　　　　　　　　　　　　　　　　72

(3) 将 A 公司本期摊销的该无形资产价值中包含的未实现内部销售利润的摊销抵销。

借：累计摊销　　　　　　　　　　　　　　　　　　　　　　　　24
　　贷：管理费用　　　　　　　　　　　　　　　　　　　　　　　　24

三、内部无形资产交易摊销完毕的期间的合并处理

从购买企业来说，该内部交易无形资产到期时，其账面价值已摊销完毕，包含于其中的未实现内部销售损益的数额也摊销完毕，无形资产账面价值经摊销后为零。对于转让企业来说，因该内部交易无形资产实现的收益，作为期初未分配利润的一部分结转到以后的会计期间，直到购买企业对该内部交易无形资产到期的会计期间。从整个企业来说，随着该内部交易无形资产的使用期满，其包含的未实现内部销售损益也转化为已实现损益。由于销售企业因该内部交易无形资产所实现的收益，作为期初未分配利润的一部分结转到购买企业该内部交易无形资产到期的会计期间，为此首先必须调整期初未分配利润。其次，在该无形资产到期的会计期间，本期无形资产摊销额中仍然包含无形资产价值中包含的未实现内部销售损益的摊销额，这一数额仍须进行抵销处理。

【例题 20-35】承上例，20×5 年 12 月，A 公司该内部交易无形资产使用期满，在其个别资产负债表中已无该无形资产摊余价值，在其个别利润表管理费用中仍包含该无形资产使用本期摊销额 164 万元。甲公司在编制 20×5 年度合并财务报表时，该内部无形资产交易相关的抵销处理如下：

(1) 将 A 公司受让取得该无形资产时其价值中包含的未实现内部销售利润抵销。

借：期初未分配利润　　　　　　　　　　　　　　　　　　　　　　120
　　　贷：无形资产　　　　　　　　　　　　　　　　　　　　　　　　120

（2）将 A 公司上期期末该无形资产价值摊销额中包含的已摊销未实现内部销售利润抵销。

借：累计摊销　　　　　　　　　　　　　　　　　　　　　　　　　96
　　　贷：期初未分配利润　　　　　　　　　　　　　　　　　　　　　96

（3）将 A 公司本期摊销的该无形资产价值中包含的未实现内部销售利润的摊销抵销。

借：累计摊销　　　　　　　　　　　　　　　　　　　　　　　　　24
　　　贷：管理费用　　　　　　　　　　　　　　　　　　　　　　　　24

第十节　特殊交易在合并财务报表中的会计处理

一、追加投资的会计处理

（一）母公司购买子公司少数股东股权

母公司购买子公司少数股东拥有的子公司股权的，在母公司个别财务报表中，其自子公司少数股东处新取得的长期股权投资应当按照《企业会计准则第 2 号——长期股权投资》的规定确定其入账价值；在合并财务报表中，子公司的资产、负债应以购买日或合并日所确定的净资产价值开始持续计算的金额反映，因购买少数股权新取得的长期股权投资与按照新增持股比例计算应享有子公司自购买日或合并日开始持续计算的净资产份额之间的差额，应当调整母公司个别报表中的资本公积（资本溢价或股本溢价），资本公积不足冲减的，调整留存收益。

【例题 20－36】甲公司 2008 年购得乙公司 80% 的股份，初始成本为 5,000 万元，当日乙公司可辨认净资产公允价值为 6,000 万元。2009 年甲公司又购入乙公司 10% 的股份，买价为 800 万元。自购买日开始持续计算的乙公司净资产为 6,500 万元。

（1）甲公司个别报表角度的会计处理。

借：长期股权投资　　　　　　　　　　　　　　　　　　　　　　800
　　　贷：银行存款　　　　　　　　　　　　　　　　　　　　　　　800

（2）按合并角度此交易属于内部权益交易。

借：长期股权投资　　　　　　　　　　　　　　650（6,500×10%）
　　　资本公积　　　　　　　　　　　　　　　　　　　　　　　　150
　　　贷：银行存款　　　　　　　　　　　　　　　　　　　　　　　800

（3）合并报表的准备工作。

借：资本公积　　　　　　　　　　　　　　　　　　　　　　　　150
　　　贷：长期股权投资　　　　　　　　　　　　　　　　　　　　　150

(二) 企业因追加投资等原因能够对非同一控制下的被投资方实施控制

企业因追加投资等原因,通过多次交易分步实现非同一控制下企业合并的,在合并财务报表上,应结合分步交易的各个步骤的协议条款,以及各个步骤中所分别取得的股权比例、取得对象、取得方式、取得时点及取得对价等信息来判断分步交易是否属于"一揽子交易"。

各项交易的条款、条件以及经济影响符合以下一种或多种情况的,通常应将多次交易事项作为"一揽子交易"进行会计处理:(1) 这些交易是同时或者在考虑了彼此影响的情况下订立的;(2) 这些交易整体才能达成一项完整的商业结果;(3) 一项交易的发生,取决于至少一项其他交易的发生;(4) 一项交易单独看是不经济的,但和其他交易一并考虑时是经济的。

如果分步取得对子公司股权投资直至取得控制权的各项交易属于"一揽子交易",应当将各项交易作为一项取得子公司控制权的交易进行会计处理。

如果不属于"一揽子交易",在合并财务报表中,对于购买日之前持有的被购买方的股权,应当按照该股权在购买日的公允价值进行重新计量,公允价值与其账面价值之间的差额计入当期投资收益;购买日之前持有的被购买方的股权涉及权益法核算下的其他综合收益以及除净损益、其他综合收益和利润分配外的其他所有者权益变动的,与其相关的其他综合收益、其他所有者权益变动应当转为购买日所属当期收益,由于被投资方重新计量设定受益计划净负债或净资产变动而产生的其他综合收益除外。购买方应当在附注中披露其在购买日之前持有的被购买方的股权在购买日的公允价值、按照公允价值重新计量产生的相关利得或损失的金额。

【例题20-37】2×11年1月1日,甲公司以现金4,000万元取得A公司20%股权并具有重大影响,按权益法进行核算。当日,A公司可辨认净资产公允价值为1.8亿元。2×13年1月1日,甲公司另支付现金9,000万元取得A公司35%股权,并取得对A公司的控制权。2×13年1月1日,甲公司原持有的对A公司20%股权的公允价值为5,000万元,账面价值为4,600万元(其中,与A公司权益法核算相关的累计净损益为150万元、累计其他综合收益为450万元);A公司可辨认净资产公允价值为2.2亿元(不考虑所得税等影响)。

分析:甲公司在编制合并财务报表时,首先应对原持有股权按照公允价值进行重新计量。在购买日(2×13年1月1日),该项股权投资的公允价值为5,000万元,与其账面价值(4,600万元)之间的差额(400万元)应计入合并当期投资收益;同时,将原计入其他综合收益的450万元转入合并当期投资收益。

其次,按照企业合并准则有关非同一控制下企业合并的相关规定,甲公司购买A公司股权并取得控制权的合并对价应为1.4亿元(原持有股权于购买日的公允价值5,000万元+合并日新支付的对价9,000万元,由于甲公司享有A公司在购买日的可辨认净资产公允价值的份额为1.21亿元(2.2×55%),因此,购买日形成的商誉为0.19亿元(1.4-1.21)。

(三) 通过多次交易分步实现同一控制下企业合并

对于分步实现的同一控制下企业合并,在编制合并财务报表时,应视同参与合并的各方在最终控制方开始控制时即以目前的状态存在进行调整，在编制比较报表时，从不早于合并方和被合并方同处于最终控制方的控制之下的时点开始，将被合并方的有关资产、负债并入合并方合并财务报表的比较报表中，并将合并而增加的净资产在比较报表中调整所有者权益项下的相关项目。

为避免对被合并净资产的价值进行重复计算，合并方在取得被合并方控制权之前持有的股权投资，在取得原股权之日与合并方和被合并方同处于同一方最终控制之日孰晚日起至合并日之间已确认有关损益、其他综合收益以及其他净资产变动，应分别冲减比较报表期间的期初留存收益或当期损益。

（四）本期增加子公司时如何编制合并财务报表

编制合并资产负债表时，以本期取得的子公司在合并资产负债表日的资产负债表为基础编制。对于本期投资或追加投资取得的子公司，不需要调整合并资产负债表的期初数。但为了提高会计信息的可比性，应当在财务报表附注中披露本期取得的子公司对合并财务报表的财务状况的影响，即披露本期取得的子公司在购买日的资产和负债金额，包括流动资产、长期股权投资、固定资产、无形资产和其他资产，以及流动负债、长期负债等的金额。

编制合并利润表时，应当以本期取得的子公司自取得控制权日起至本期期末为会计期间的财务报表为基础编制，将本期取得的子公司自取得控制权日起至本期期末的收入、费用和利润通过合并，纳入合并财务报表之中。同时，为了提高会计信息的可比性，应在财务报表附注中披露本期取得的子公司对合并财务报表的经营成果的影响，以及对前期相关金额的影响，即披露本期取得的子公司自取得控制权日至本期期末止的经营成果，包括营业收入、营业利润、利润总额、所得税费用和净利润等。

编制合并现金流量表时，应当将本期取得的子公司取得控制权日起至本期期末止的现金流量的信息纳入合并现金流量表，并将取得子公司所支付的现金扣除子公司于购买日持有的现金及现金等价物后的净额，在有关投资活动类的"取得子公司及其他营业单位所支付的现金"项目中反映。

二、处置对子公司投资的会计处理

（一）在不丧失控制权的情况下部分处置对子公司长期股权投资

母公司在不丧失控制权的情况下部分处置对子公司的长期股权投资的，在母公司个别财务报表中作为长期股权投资的处置，确认有关处置损益。即出售股权取得的价款或对价的公允价值与所处置投资账面价值的差额，应作为投资收益或损失计入处置投资当期母公司的个别财务报表；在合并财务报表中，因出售部分股权后，母公司仍能够对被投资单位实施控制，被投资单位应当纳入母公司合并财务报表。因此，在合并财务报表中，处置价款与处置长期股权投资相对应享有子公司自购买日或合并日开始持续计算的净资产份额之间的差额，应当调整资本公积（资本溢价或股本溢价），资本公积不足冲减的，调整留存收益。

【例题20-38】甲公司2015年购得乙公司80%的股份，初始成本为5,000万元，当日乙公司可辨认净资产公允价值为6,000万元，2015年全年实现公允净利润500万元，2016年甲公司出售了乙公司10%的股份，售价为800万元。

（1）甲公司个别报表角度的会计处理。

2016年处置股权投资时：

借：银行存款　　　　　　　　　　　　　　　　　　　　　　800
　　贷：长期股权投资　　　　　　　　　　　　　　　　　　　　625
　　　　投资收益　　　　　　　　　　　　　　　　　　　　　　175

（2）合并报表角度的会计处理。

①先对当初80%股份应追溯的分录追调。

借：长期股权投资　　　　　　　　　　　　　　（500×80%）400
　　贷：未分配利润　　　　　　　　　　　　　　（500×80%）400

②按合并角度，此交易属于内部权益交易，不能作损益。

借：银行存款　　　　　　　　　　　　　　　　　　　　　　800
　　贷：长期股权投资　　　　　　　　　　　　　　（600+50）650
　　　　资本公积　　　　　　　　　　　　　　　　　　　　　　150

（3）合并报表的准备工作。

相比个别报表的会计处理，应作如下调整分录：

①对处置差额作如下修正分录。

借：投资收益　　　　　　　　　　　　　　　　　　　　　　150
　　贷：资本公积　　　　　　　　　　　　　　　　　　　　　150

②补做其他分录。

借：长期股权投资　　　　　　　　　　　　　　　　　　　　375
　　投资收益　　　　　　　　　　　　　　　　　　　　　　　25
　　贷：未分配利润　　　　　　　　　　　　　　（500×80%）400

（二）母公司因处置对子公司长期股权投资而丧失控制权

1. 一次交易处置子公司。

母公司因处置部分股权投资或其他原因丧失了对原有子公司控制的，在合并财务报表中，应当进行如下会计处理：

（1）终止确认相关资产负债、商誉等的账面价值，并终止确认少数股东权益（包括属于少数股东的其他综合收益）的账面价值。

（2）按照丧失控制权日的公允价值进行重新计量剩余股权，按剩余股权对被投资方的影响程度，将剩余股权作为长期股权投资或金融工具进行核算。

（3）处置股权取得的对价与剩余股权的公允价值之和，减去按原持股比例计算应享有原有子公司自购买日开始持续计算的净资产账面价值份额与商誉之和，形成的差额计入丧失控制权当期的投资收益。

（4）与原有子公司的股权投资相关的其他综合收益、其他所有者权益变动，应当在丧失控制权时转入当期损益，由于被投资方重新计量设定受益计划净负债或净资产变动而产生的其他综合收益除外。

2. 多次交易分步处置子公司。

企业通过多次交易分步处置对子司股权投资直至丧失控制权，在合并财务报表中，首先应判断分步交易是否属于"一揽子交易"。

如果分步交易不属于"一揽子交易"，则在丧失对子公司控制权以前的各项交易，应按照本节"在不丧失控制权的情况下部分处置对子公司长期股权投资"的规定进行会计处理。

如果分步交易属于"一揽子交易"，则应将各项交易作为一项处置原有子公司并丧失控制权的交易进行会计处理，其中，对于丧失控制权之前的每一次交易，处置价款与处置投资对应的享有该子公司自购买日开始持续计算的净资产账面价值的份额之间的差额，在合并财务报表中应当计入其他综合收益，在丧失控制权时一并转入丧失控制权当期的损益。

（三）本期减少子公司时如何编制合并财务报表

在本期出售转让子公司部分股份或全部股份，丧失对该子公司的控制权而使其成为非子公司的情况下，应当将其排除在合并财务报表的合并范围之外。

在编制合并资产负债表时，不需要对该出售转让股份而成为非子公司的资产负债表进行合并。但为了提高会计信息的可比性，应当在财务报表附注中披露该子公司成为非子公司对合并财务报表财务状况以及对前期相关金额的影响，即披露该子公司在丧失控制权日以及该子公司在上年年末的资产和负债金额，具体包括流动资产、长期股权投资、固定资产、无形资产及其他资产和流动负债、长期负债等。

编制合并利润表时，则应当以该子公司期初至丧失控制权成为非子公司之日止的利润表为基础，将该子公司自期初至丧失控制权之日止的收入、费用、利润纳入合并利润表。同时为提高会计信息的可比性，在财务报表附注中披露该子公司成为非子公司对合并财务报表的经营成果以及对前期相关金额的影响，即披露该子公司自期初至丧失控制权日止的经营成果以及上年度的经营成果，具体包括营业收入、营业利润、利润总额、所得税费用和净利润等。

在编制现金流量表时，应将该子公司自期初至丧失控制权之日止的现金流量信息纳入合并现金流量表，并将出售该子公司所收到的现金扣除子公司持有的现金和现金等价物以及相关处置费用后的净额，在有关投资活动类的"处置子公司及其他营业单位所收到的现金"项目反映。

三、因子公司少数股东增资导致母公司股权稀释

如果由于子公司的少数股东对子公司进行增资，导致母公司股权稀释，母公司应当按照增资前的股权比例计算其在增资前子公司账面净资产中的份额，该份额与增资后按母公司持股比例计算的在增资后子公司账面净资产份额之间的差额计入资本公积，资本公积不足冲减的，调整留存收益。

四、交叉持股的合并处理

交叉持股，是指在由母公司和子公司组成的企业集团中，母公司持有子公司一定比例

股份，能够对其实施控制，同时子公司也持有母公司一定比例股份，即相互持有对方的股份。

母子公司有交互持股情形的，在编制合并财务报表时，对于母公司持有的子公司股权，与通常情况下母公司长期股权投资与子公司所有者权益的合并抵销处理相同。对于子公司持有的母公司股权，应当按照子公司取得母公司股权日所确认的长期股权投资的初始投资成本，将其转为合并财务报表中的库存股，作为所有者权益的减项，在合并资产负债表中所有者权益项目下以"减：库存股"项目列示；对于子公司持有母公司股权所确认的投资收益（如利润分配或现金股份），应当进行抵销处理。子公司将所持有的母公司股权分类为以公允价值计量且其变动计入其他综合收益的金融资产，按照公允价值计量的，同时冲销子公司累计确认的公允价值变动。

子公司相互之间持有的长期股权投资，应当比照母公司对子公司的股权投资的抵销方法，将长期股权投资与其对应的子公司所有者权益中所享有的份额相互抵销。

五、逆流交易的合并处理

如果母子公司之间发生逆流交易，即子公司向母公司出售资产，则所发生的未实现内部交易损益，应当按照母公司对该子公司的分配比例在"归属于母公司所有者的净利润"和"少数股东损益"之间分配抵销。

> **要点提示：**
> 应根据未实现交易收益中少数股东对应的部分，作如下调整处理：
> 借：少数股东权益
> 　　贷：少数股东损益

六、其他特殊交易

对于站在企业集团合并财务报表角度的确认和计量结果与其所属的母公司或子公司的个别财务报表层面的确认和计量结果不一致的，在编制合并财务报表时，应站在企业集团角度对该特殊交易事项予以调整。例如，母公司将借款作为实收资本投入子公司用于长期资产的建造，母公司应在合并财务报表层面反映借款利息的资本化金额。又如，子公司作为投资性房地产的大厦，出租给集团内其他企业使用，母公司应在合并财务报表层面作为固定资产反映。

第十一节　所得税会计相关的合并处理

一、所得税会计概述

在编制合并财务报表时，由于需要对企业集团内部交易进行合并抵销处理，因而可能导致在合并财务报表中反映的资产、负债账面价值与其计税基础不一致，存在着差异。为了使合并财务报表全面反映所得税相关的影响，特别是当期所负担的所得税费用的情况，应当进行所得税会计核算，在计算确定资产、负债的账面价值与计税基础之间差异的基础上，确认相应的递延所得税资产或递延所得税负债。

二、内部应收款项相关所得税会计的合并处理

在编制合并财务报表时，随着内部债权债务的抵销，也必须将内部应收账款计提的坏账准备予以抵销。通过对其进行合并抵销处理后，合并财务报表中该内部应收账款已不存在，由内部应收账款账面价值与计税基础之间的差异所形成的暂时性差异也不能存在。在编制合并财务报表时，对持有该集团内部应收款项的企业因该暂时性差异确认的递延所得税资产则需要进行抵销处理。

三、内部交易存货相关所得税会计的合并处理

企业在编制合并财务报表时，应当将纳入合并范围的母公司与子公司以及子公司相互之间发生的内部交易对个别财务报表的影响予以抵销，其中包括内部商品交易所形成的存货价值中包含的未实现内部销售损益的金额。对于内部商品交易所形成的存货，从持有该存货的企业来说，假定不考虑计提资产减值损失，其取得成本就是该资产的账面价值，这其中包括销售企业因该销售所实现的损益，这一取得成本也就是计税基础。由于所得税是以独立的法人实体为对象计征的，这一计税基础也是合并财务报表中该存货的计税基础。此时，账面价值与其计税基础是一致的，不存在暂时性差异，也不涉及确认递延所得税资产或递延所得税负债的问题。但在编制合并财务报表过程中，随着内部商品交易所形成的存货价值包含的未实现内部销售损益的抵销，合并资产负债表所反映的存货价值是以原来内部销售企业该商品的销售成本列示的，不包含未实现内部销售损益。由此导致在合并资产负债表所列示的存货的价值与持有该存货的企业计税基础不一致，存在暂时性差异。这一暂时性差异的金额就是编制合并财务报表时所抵销的未实现内部销售损益的数额，从合并财务报表编制来说，对于这一暂时性差异，则必须确认递延所得税资产或递延所得税负债。

四、内部交易固定资产等相关所得税会计的合并处理

对于内部交易形成的固定资产，编制合并财务报表时应当将该内部交易对个别财务报表的影响予以抵销，其中包括将内部交易形成的固定资产价值中包含的未实现内部销售利润予以抵销。对于内部交易形成的固定资产，从持有该固定资产的企业来说，假定不考虑计提资产减值损失，其取得成本就是该固定资产的账面价值，其中包括销售企业因该销售所实现的损益，这一账面价值与其计税基础是一致的，不存在暂时性差异，也不涉及确认递延所得税资产或递延所得税负债的问题。但在编制合并财务报表时，随着内部交易所形成的固定资产价值所包含的未实现内部销售损益的抵销，合并资产负债表中所反映的该固定资产价值不包含这一未实现内部销售损益，也就是说是以原销售企业该商品的销售成本列示的，因而导致在合并资产负债表所列示的固定资产价值与持有该固定资产的企业计税基础不一致，存在暂时性差异。这一暂时性差异的金额就是编制合并财务报表时所抵销的

未实现内部销售损益的数额。从合并财务报表来说，对于这一暂时性差异，在编制合并财务报表时必须确认相应的递延所得税资产或递延所得税负债。

> **要点提示**：抵销分录中的所得税问题
> 1. 企业集团认定的资产口径低于税务口径时。
> 借：递延所得税资产
> 　　贷：所得税费用
> 2. 企业集团认定的资产口径高于税务口径时。
> 借：所得税费用
> 　　贷：递延所得税负债

第十二节　合并现金流量表的编制

一、合并现金流量表概述

现金流量表作为第三张主要报表已经为世界上一些主要国家的会计事务所采用，现金流量表要求按照收付实现制反映企业经济业务所引起的现金流入和流出，其编制方法有直接法和间接法两种。我国已经明确规定企业对外报送的现金流量表采用直接法编制。所谓直接法，是将按照权责发生制确认的营业收入调整与营业活动有关的流动资产和流动负债的增减变动，列示营业收入和其他收入的收现数，将按照配比原则确认的营业成本和营业费用调整为付现数。在采用直接法的情况下，以合并利润表有关项目的数据为基础，调整得出本期的现金流入和现金流出数量；分为经营活动产生的现金流量、投资活动产生的现金流量、筹资活动产生的现金流量等三大类，反映企业一定会计期间的现金流量情况。

合并现金流量表是综合反映母公司及其子公司组成的企业集团在一定会计期间现金流入、现金流出数量以及其增减变动情况的财务报表。合并现金流量表以母公司和子公司的现金流量表为基础，在抵销母公司与子公司、子公司相互之间发生内部交易对合并现金流量表的影响后，由母公司编制。合并现金流量表也可以合并资产负债表和合并利润表为依据进行编制。

二、编制合并现金流量表需要抵销的项目

在以母公司和子公司个别现金流量表为基础编制合并现金流量表时，需要进行抵销的内容主要有：

1. 母公司与子公司、子公司相互之间当期以现金投资或收购股权增加的投资所产生的现金流量应当抵销。当母公司从子公司中购买其持有的其他企业的股票时，由此所产生的现金流量，在购买股权方的母公司的个别现金流量表中，表现为"投资活动产生的现金流量"中的"投资支付的现金"的增加，而在出售股权方的子公司的个别现金流量表中则表现为"投资活动产生的现金流量"中的"收回投资收到的现金"的增加。在母公司

对子公司投资的情况下，其所产生的现金流量表在母公司的个别现金流量表中表现为"投资活动产生的现金流量"中的"投资支付的现金"的增加，而在接受投资的子公司个别现金流量表中则表现为"筹资活动产生的现金流量"中的"吸收投资收到的现金"的增加。因此，编制合并现金流量表时将其予以抵销。

2. 母公司与子公司、子公司相互之间当期取得投资收益收到的现金，应当与分配股份、利润或偿付利息支付的现金相互抵销。母公司对子公司投资以及子公司之间进行投资分配现金股份或利润时，由此所产生的现金流量，在股份或利润支付方的个别现金流量表中表现为"筹资活动产生的现金流量"中的"分配股份、利润或偿付利息支付的现金"的增加，而在收到股份或利润方的个别现金流量表中则表现为"投资活动产生的现金流量"中的"取得投资收益收到的现金"的增加，为此，在编制合并现金流量表时必须将其予以抵销。

3. 母公司与子公司、子公司相互之间以现金结算债权与债务所产生的现金流量应当抵销。以现金结算内部债权债务，对于债权方来说表现为现金的流入，而对于债务方来说则表现为现金的流出。在现金结算的债权与债务属于母公司与子公司、子公司相互之间内部销售商品和提供劳务所产生的情况下，从其个别现金流量表来说，在债权方的个别现金流量表中表现为"销售商品、提供劳务收到的现金"的增加，而在债务方的个别现金流量表中则表现为"购买商品、接受劳务支付的现金"的增加。在编制合并现金流量表时必须将由此所产生的现金流量予以抵销。在现金结算的债权与债务属于内部往来所产生的情况下，在债权方的个别现金流量表中表现为"收到的其他与经营活动有关的现金"的增加，在债务方的个别现金流量表中表现为"支付的其他与经营活动有关的现金"的增加，在编制合并现金流量表时由此所产生的现金流量也必须将其予以抵销。

4. 母公司与子公司、子公司相互之间当期销售商品所产生的现金流量应当抵销。母公司与子公司、子公司相互之间当期销售商品没有形成固定资产、在建工程、无形资产等资产的情况下，该内部销售商品所产生的现金流量，在销售方的个别现金流量表中表现为"销售商品、提供劳务收到的现金"的增加，而在购买方的个别现金流量表中则表现为"购买商品、接受劳务支付的现金"的增加。而在母公司与子公司、子公司相互之间当期销售商品形成固定资产、工程物资、在建工程、无形资产等资产的情况下，该内部销售商品所产生的现金流量，在购买方的个别现金流量表中表现为"购建固定资产、无形资产和其他长期资产所支付的现金"的增加。为此，在编制合并现金流量表时必须将由此所产生的现金流量予以抵销。

5. 母公司与子公司、子公司相互之间处置固定资产、无形资产和其他长期资产收回的现金净额，应当与购建固定资产、无形资产和其他长期资产支付的现金相互抵销。内部处置固定资产时，由于处置固定资产等所产生的现金流量，对于处置方个别现金流量表来说，表现为"处置固定资产、无形资产和其他长期资产收回的现金净额"的增加；对于购置该资产的接受方来说，在其个别现金流量表中表现为"购置固定资产、无形资产和其他长期资产支付的现金"的增加。故在编制合并现金流量表时必须将由此所产生的现金流量予以抵销。

6. 母公司与子公司、子公司相互之间当期发生的其他内部交易所产生的现金流量应当抵销。

本章思维导图

历年注会考题

准则链接

课后习题

课后习题答案

第二十一章 公允价值计量

☞ **本章学习目的**

本章系统地阐述了公允价值的含义、公允价值计量的相关要求,并详细介绍了公允价值计量的具体应用,使学生深刻理解我国引入公允价值的必要性。通过本章学习,学生应掌握公允价值的层次、公允价值相关的估值技术;熟悉公允价值计量的基本要求及具体应用。

☞ **本章学习重点难点**

公允价值计量的基本要求　公允价值层次　估值技术　公允价值计量具体应用

☞ **引例**

步步高拟以公允价值模式计量涉及投资性房地产公允价值的资产评估报告(节选)

一、评估目的

为步步高商业连锁股份有限公司拟以公允价值模式计量所涉及的投资性房地产在评估基准日的公允价值提供价值参考依据。

二、评估对象和评估范围

评估对象为步步高商业连锁股份有限公司拟以公允价值模式计量的投资性房地产在评估基准日的公允价值。评估范围为步步高商业连锁股份有限公司拟以公允价值模式计量的投资性房地产,共计商铺39项,总建筑面积为115,565.87平方米(另附带配套车库22,858.51平米);账面值为67,142.11万元。

三、价值类型

价值类型为公允价值。

四、评估基准日

评估基准日为2019年7月31日。

五、评估方法

评估方法为市场法、收益法。

六、评估结论及其有效使用期

截至评估基准日,步步高商业连锁股份有限公司申报评估的投资性房地产账面值为67,142.11万元;公允价值为91,707.05万元(大写为人民币玖亿壹仟柒佰零柒万零伍佰元整),评估增值额为2,456,494万元,增值率为36.59%。

来源:巨潮资讯网。

思考题:

1. 公允价值能否反映被评估对象的真实价值?
2. 如何评估被评估对象的公允价值?

第一节 公允价值概述

一、公允价值的概念

(一) 定义

公允价值,是指市场参与者在计量日发生的有序交易中,出售一项资产所能收到或者转移一项负债所需支付的价格。

(二) 适用范围

按照现行会计准则规定,涉及公允价值计量的资产或负债包括投资性房地产准则中规范的以公允价值进行后续计量的投资性房地产、生物资产准则中规范的以公允价值进行后续计量的生物资产、资产减值准则中规范的使用公允价值确定可收回金额的资产、企业年金基金准则中规范的以公允价值计量的企业年金基金投资、政府补助准则中规范的以非货币性资产形式取得的政府补助、企业合并准则中规范的非同一控制下企业合并中取得的可辨认资产和负债以及作为合并对价发行的权益工具、金融工具确认和计量准则中规范的以公允价值计量且其变动计入当期损益的金融资产或金融负债以及其他权益工具投资等。

(三) 不适用范围

存货准则中规范的可变现净值、资产减值准则中规范的预计未来现金流量现值等计量属性,与公允价值类似但并不遵循公允价值计量的有关规定,股份支付和租赁业务相关的计量也不遵循公允价值计量的有关规定。

二、公允价值计量的基本要求

为了更好地理解公允价值定义,应当从四个方面掌握公允价值计量的基本要求:一是以公允价值计量的相关资产或负债;二是应用于相关资产或负债公允价值计量的有序交易;三是有序交易发生的主要市场或最有利市场;四是主要市场或最有利市场中的市场参与者。

(一) 相关资产或负债

企业以公允价值计量相关资产或负债,应当考虑该资产或负债的特征以及该资产或负债是以单项还是以组合的方式进行计量等因素。

1. 相关资产或负债的特征。

相关资产或负债的特征,是指市场参与者在计量日对该资产或负债进行定价时考虑的特征,包括资产状况及所在位置、对资产出售或者使用的限制等。市场参与者在计量相关资产或负债公允价值时,会考虑这些资产或负债所具有的特征,如资产的状况及所在位置、出售或使用资产的限制等,企业在计量该资产或负债公允价值时,也应当考虑这些特征因素。

(1) 资产状况和所在位置。市场参与者以公允价值计量一项非金融资产时,通常会考虑该资产的地理位置和环境、使用功能、结构、新旧程度、可使用状况等。因此,企业计量其公允价值时,也应考虑这些特征,对类似资产和可观察市场价格或其他交易信息进行调整,以确定该资产的公允价值。

【例题21-1】2×20年8月1日,乙公司将刚开发建成的一栋写字楼作为投资性房地产,用于出租,并采用公允价值模式进行后续计量。2×20年12月31日,乙公司如何根据资产状况和所在位置确定该写字楼的公允价值?

分析:乙公司根据可获得的市场信息和相关数据,决定参考本地区同一地段的写字楼活跃市场价格,并考虑所处商圈位置、新旧程度、配套设施等因素,对本地区可比写字楼的市场交易价格进行调整,确定该写字楼在2×20年12月31日的公允价值。

(2) 对资产出售或使用的限制。企业以公允价值计量相关资产,应当考虑出售或使用该资产所存在的限制因素。企业为合理确定相关资产的公允价值,应当区分该限制是针对资产持有者的,还是针对该资产本身的。

如果该限制是针对相关资产本身的,则此类限制是该资产具有的一项特征,任何持有该资产的企业都会受到影响,市场参与者在计量日对该资产进行定价时会考虑这一特征,企业以公允价值计量该资产时也应当考虑该限制特征。例如,甲上市公司的限售股具有在指定期间内无法在公开市场上出售的特征。市场参与者在对甲公司限售股进行定价时会考虑该权益工具流动性受限的因素。因此,企业以公允价值计量该权益工具时,应当对在公开市场上交易的同一发行人未受限制的相同权益工具的报价作出相应调整,即从报价中扣除市场参与者因承担指定期间内无法在公开市场上出售该权益工具的风险而要求获得补偿的金额。

如果该限制是针对资产持有者的,则此类限制并不是该资产的特征,只会影响当前持有该资产的企业,而其他企业可能不会受到该限制的影响,市场参与者在计量日对该资产进行定价时不会考虑该限制因素,企业以公允价值计量该资产时,也不应考虑针对资产持有者的限制因素。

【例题21-2】甲公司与乙商业银行签订一份借款合同,根据借款合同规定,甲公司将其持有的一块土地使用权作为抵押,在偿还该债务前,甲公司不能转让该土地使用权。

分析:在此例中,甲公司承诺在偿还该商业银行借款前不转让其持有的已抵押土地使用权,该承诺是针对甲公司的限制,而非针对甲公司所持有的土地使用权的限制,并不会转移给其他市场参与者。因此,甲公司在确定其持有的该土地使用权的公允价值时,不应考虑该限制。

2. 计量单元。

计量单元,是指相关资产或负债以单独或者组合方式进行计量的最小单位。企业以公允价值计量相关资产或负债,该资产或负债可以是单项资产或负债,也可以是资产组合、负债组合或者资产和负债的组合,如由多台设备构成的一条生产线、由企业合并准则规范的业务等。企业是以单项还是以组合的方式对相关资产或负债进行公允价值计量,取决于该资产或负债的计量单元。企业在确认相关资产或负债时就已经确定了该资产或负债的计量单元,并进行了相应计量。对于市场风险或信用风险可抵销的金融资产、金融负债和其他合同,在符合条件的情况下,可以将该金融资产、金融负债和其他合同的组合作为计量单元。

(二) 有序交易

企业以公允价值计量相关资产或负债,应当假定市场参与者在计量日出售资产或者转移负债的交易,是当前市场情况下的有序交易。企业应用于相关资产或负债公允价值计量的有序交易,是在计量日前一段时期内该资产或负债具有惯常市场活动的交易,不包括被迫清算和抛售。

1. 有序交易的确定。

企业在确定一项交易是否为有序交易时,应当全面理解交易环境和有关事实。企业应当基于可获取的信息,如市场环境变化、交易规则和习惯、价格波动幅度、交易量波动幅度、交易发生的频率、交易对手信息、交易原因、交易场所和其他能够获得的信息,运用专业判断对交易行为和交易价格进行分析,以判断该交易是否为有序交易。为了确定一项交易是否为有序交易,企业应当考虑可合理获得的信息,在获得合理信息时应当考虑成本效益原则,不应花费过大成本。当企业成为交易一方时,通常假定该企业有充分的信息来判断该交易是否为有序交易。当存在下列情况时,相关资产或负债的交易活动通常不应作为有序交易。

(1) 在当前市场情况下,市场在计量日之前一段时间内不存在相关资产或负债的惯常市场交易活动。

(2) 在计量日之前,相关资产或负债存在惯常的市场交易,但资产出售方或负债转移方仅与单一的市场参与者进行交易。

(3) 资产出售方或负债转移方处于或者接近于破产或托管状态,即资产出售方或负债转移方已陷入财务困境。

(4) 资产出售方为满足法律或者监管规定而被要求出售资产,即被迫出售。

(5) 与相同或类似资产或负债近期发生的其他交易相比,出售资产或转移负债的价格是一个异常值。

2. 有序交易价格的应用。

企业判定相关资产或负债的交易是有序交易的,在以公允价值计量该资产或负债时,应当考虑该交易的价格,即以交易价格为基础确定该资产或负债的公允价值。企业在公允价值计量过程中赋予有序交易价格的权重时,应当考虑交易量、交易的可比性、交易日与计量日的临近程度等因素。企业判定相关资产或负债的交易不是有序交易的,在以公允价值计量该资产或负债时,不应考虑该交易的价格,或者赋予该交易价格较低权重。企业根据现有信息不足以判定该交易是否为有序交易的,在以公允价值计量该资产或负债时,应当考虑该交易的价格,但不应将该交易价格作为计量公允价值的唯一依据或者主要依据。相对于其他已知的有序交易价格,企业应赋予该交易较低权重。

(三) 主要市场或最有利市场

企业以公允价值计量相关资产或负债,应当假定出售资产或者转移负债的有序交易在该资产或负债的主要市场进行。不存在主要市场的，企业应当假定该交易在相关资产或负债的最有利市场进行。主要市场，是指相关资产或负债交易量最大和交易活跃程度最高的市场。最有利市场，是指在考虑交易费用和运输费用后，能够以最高金额出售相关资产或者以最低金额转移相关负债的市场。

1. 主要市场或最有利市场的识别。

企业根据可合理取得的信息，能够在交易日确定相关资产或负债交易量最大和交易活跃程度最高的市场的，应当将该市场作为相关资产或负债的主要市场。企业根据可合理取得的信息，无法在交易日确定相关资产或负债交易量最大和交易活跃程度最高的市场的，应当在考虑交易费用和运输费用后，将能够以最高金额出售该资产或者以最低金额转移该负债的市场作为最有利市场。企业在识别相关资产或负债的主要市场（或者在不存在主要市场情况下的最有利市场）时，应当考虑所有可以合理取得的信息，但同时应当考虑成本效益原则，不应花费大量成本去考察所有可能的市场。在通常情况下，如果不存在相反的证据，企业正常进行资产出售或者负债转移的市场就可以视为主要市场或最有利市场。

相关资产或负债的主要市场（或者在不存在主要市场情况下的最有利市场）应当是企业可进入的市场，但不要求企业于计量日在该市场上实际出售资产或者转移负债。企业应当从自身角度，而非市场参与者角度，判定相关资产或负债的主要市场（或者在不存在主要市场情况下的最有利市场）。

不同的企业可以进入不同的市场，对相同资产或负债而言，不同企业可能具有不同的主要市场（或者在不存在主要市场情况下的最有利市场）。

【例题21-3】甲企业与银行签订了一项初始交易价格为零的利率互换。该企业只能进入利率互换的零售市场，而银行则能够进入利率互换的零售市场和做市商市场，并且其主要业务发生在做市商市场。

分析：甲企业与银行就存在不同的主要市场，甲企业应当以零售市场为主要市场，该银行应当以做市商市场为主要市场。

2. 主要市场或最有利市场的应用。

企业应当以主要市场上相关资产或负债的价格为基础，计量该资产或负债的公允价值。主要市场是资产或负债流动性最强的市场，能够为企业提供最具代表性的参考信息。因此，无论相关资产或负债的价格能够直接从市场观察到，还是通过其他估值技术获得，企业都应当以主要市场上相关资产或负债的价格为基础，计量该资产或负债的公允价值。即使企业能够于计量日在主要市场以外的另一个市场上，获得更高的出售价格或更低的转移价格，企业也仍应当以主要市场上相关资产或负债的价格为基础，计量该资产或负债的公允价值。

不存在主要市场或者无法确定主要市场的，企业应当以相关资产或负债最有利市场的价格为基础，计量其公允价值。企业在确定最有利市场时，应当考虑交易费用、运输费用等。交易费用是指企业发生的可直接归属于资产出售或者负债转移的费用。交易费用是在进行相关资产或负债交易时不可避免会发生的费用，交易费用直接由交易引起，并且是企业进行交易所必须的，如果企业未决定出售资产或转移负债，该费用将不会产生。交易费用不属于相关资产或负债的特征，只与特定交易有关，取决于企业参与该资产或负债交易的不同方式，如零售交易或者批发交易、交易所交易或者场外交易等。企业在根据主要场或最有利市场的交易价格确定相关资产或负债的公允价值时,不应根据交易费用对该价格进行调整。交易费用不包括运输费用。相关资产所在地理位置是该资产的特征,企业应当根据该资产从当前位置转移到主要市场(或者不存在主要市场情况下的最有利市场)的价格。

【例题21-4】丙公司所在地为内蒙古呼伦贝尔市,2×19年12月31日,在非同一控制下的企业合并业务中获得一批存货(100吨Y原材料)。在购买日,丙公司应当以公允价值计量这批Y原材料。根据市场交易情况,该Y原材料在上海和成都有两个活跃的交易市场。丙公司能够进入这两个市场,并能够取得该Y原材料在这两个市场的交易数据,如表21-1所示。

表21-1　　　　　　　　2×19年12月31日Y原材料的市场交易数据

市场	销售价格	历史交易量
上海	13万元/吨	1,000万吨
成都	14万元/吨	10万吨

假定在上海的市场出售这批Y原材料的交易费用(如相关税费等)为150万元,将这批Y原材料运抵上海的运输成本为10万元;在成都的市场出售这批Y原材料的交易费用为160万元,将这批Y原材料运抵成都的运输成本为20万元。

分析:丙公司根据市场交易数据能够确定上海的市场拥有最大交易量(1,000万吨)、交易活跃程度最高,判定上海的市场为该Y原材料的主要市场。因此,丙公司应当以上海的市场价格为基础估计这批存货的公允价值。丙公司在估计这批Y原材料的公允价值时,应当使用在主要市场中出售该原材料将收到的价格,并考虑运输费用,但不考虑交易费用。Y原材料的公允价值=上海的市场中的价格1,300(100吨×13)-运输费用10万元=1,290(万元)。

企业以公允价值计量相关资产或负债,即使在计量日不存在提供出售资产或转移负债价格信息的可观察市场,企业仍应当从持有资产或承担负债的市场参与者的角度进行考虑,并假设当日发生了交易。该假设的交易是估计出售资产或转移负债价格的基础。例如,2008年国际金融危机发生时,很多股票、债权交易市场因不存在买家而消失,持有这些股票、债权的企业在进行公允价值计量时,不能以不存在相关资产的可观察市场为由终止公允价值计量,而应当站在持有相关股票、债权的市场参与者角度,假定计量日当日发生有序交易时的公允价格。

(四) 市场参与者

企业以公允价值计量相关资产或负债,应当充分考虑市场参与者之间的交易,采用市场参与者在对该资产或负债定价时为实现其经济利益最大化所使用的假设。

1. 市场参与者的特征。

市场参与者是指在相关资产或负债的主要市场(或者在不存在主要市场情况下的最有利市场)中,相互独立的、熟悉资产或负债情况的、能够且愿意进行资产或负债交易的买方和卖方。市场参与者应当具备下列特征:

（1）市场参与者应当相互独立，不存在关联方关系。如果企业有证据表明，关联方之间的交易是按市场条款达成的，则关联方之间交易可以作为市场参与者之间的交易，交易价格可作为公允价值计量的基础。

（2）市场参与者应当熟悉情况，根据可获得的信息，包括通过正常的尽职调查获取的信息，对相关资产或负债以及交易具备合理认知。

（3）市场参与者应当有能力并自愿进行相关资产或负债的交易，而非被迫或以其他强制方式进行交易。

2. 市场参与者的确定。

企业在确定市场参与者时，应当考虑所计量的相关资产或负债、该资产或负债的主要市场（或者在不存在主要市场情况下的最有利市场）以及在该市场上与企业进行交易的市场参与者等因素，从总体上识别市场参与者。企业在确定市场参与者时至少应当考虑以下因素：

（1）所计量的相关资产或负债。例如，金融资产的市场参与者与非金融资产的市场参与者之间将存在较大差别。

（2）该资产或负债的主要市场（或者在不存在主要市场情况下的最有利市场）。主要市场（或者在不存在主要市场情况下的最有利市场）是基于企业角度确定的，因此，与企业在同一行业的其他企业有可能是市场参与者。市场参与者也可能来自其他行业。例如，在计量制造业企业拥有的土地使用权的公允价值时，房地产开发企业也可能作为市场参与者。

（3）企业将在主要市场或最有利市场进行交易的市场参与者。企业以公允价值计量相关资产或负债，应当基于市场参与者之间的交易确定该资产或负债的公允价值。如果市场参与者在交易中考虑了相关资产或负债的特征以及相关风险等，并根据这些特征或风险对该资产或负债的交易价格进行了调整，那么企业也应当采用市场参与者在对该资产或负债定价时所使用的这些假设。企业应当从市场参与者角度计量相关资产或负债的公允价值，而不应考虑企业自身持有资产、清偿或者以其他方式履行负债的意图和能力。

【例题 21 - 5】 甲公司取得了竞争对手乙公司 100% 的股权。乙公司声誉良好，原有商标具有商业价值，但甲公司决定不再使用乙公司的商标。

分析：甲公司以公允价值计量该商标时，应当基于将该商标出售给熟悉情况、有意愿且有能力进行交易的其他市场参与者的价格，而不能因为自愿放弃使用该商标而将其公允价值确定为零。

第二节　公允价值计量要求

一、公允价值初始计量

企业应当根据交易性质和相关资产或负债的特征等，判断初始确认时的公允价值是否与其交易价格相等。企业在取得资产或者承担负债的交易中，交易价格是取得该资产所支付或者承担该负债所收到的价格，即进入价格。而相关资产或负债的公允价值是脱手价格，即出售该资产所能收到的价格或者转移该负债所需支付的价格。在大多数情况下，相关资产或负债的进入价格等于其脱手价格。但企业未必以取得资产时所支付的价格出售该资产，同样，也未必以承担负债时所收取的价格转移该负债，也就是说，企业取得资产或承担负债的进入价格不一定等于该资产或负债的脱手价格。在下列情况下，企业以公允价值对相关资产或负债进行初始计量的，不应将取得资产或者承担负债的交易价格作为该资产或负债的公允价值：

（1）关联方之间的交易。但企业有证据表明，关联方之间的交易是按照市场条款进行的，该交易价格可作为确定其公允价值的基础。

（2）被迫进行的交易，或者资产出售方（或负债转移方）在交易中被迫接受价格的交易。例如，资产出售方或负债转移方为满足监管或法律要求而被迫出售资产或转移负债，或者资产出售方或负债转移方正陷于财务困境。

（3）交易价格所代表的计量单元不同于以公允价值计量的相关资产或负债的计量单元。例如，在企业合并交易中，以公允价值计量的相关资产或负债仅是交易中的一部分，而交易除该资产或负债外，还包括应单独计量但未确认的无形资产。

（4）进行交易的市场不是该资产或负债的主要市场（或者在不存在主要市场情况下的最有利市场）。例如，某商业银行是银行间债券市场的做市商，既可以与其他做市商在银行间债券市场进行交易，也可以与客户在交易所市场进行交易，但对于该银行而言，债券交易的主要市场（或者在不存在主要市场情况下的最有利市场）是与其他做市商进行交易的银行间债券市场，交易所市场上的交易价格有可能不同于银行间债券市场上的交易价格，交易所市场上的交易价格不应作为公允价值。

企业以公允价值对相关资产或负债进行初始计量，并且交易价格与公允价值不相等的，交易价格与公允价值的差额应当按照会计准则的要求进行处理。如果会计准则对此未作出明确规定，企业应当将该差额计入当期损益。

二、估值技术

企业以公允价值计量相关资产或负债，应当使用适用于当前情况的估值技术，且企业使用该估值技术时有足够可利用数据和其他信息支持。企业使用估值技术的目的是估计市场参与者在计量日当前市场情况下的有序交易中出售资产或者转移负债的价格。

估值技术通常包括市场法、收益法和成本法，企业应当根据实际情况从这三种方法中选择一种或多种估值技术，用于估计相关资产或负债的公允价值。相关资产或负债存在活跃市场公开报价的，企业应当优先使用该报价确定该资产或负债的公允价值。除上述情况外，企业选择上述三种估值方法中的哪种或哪几种确定相关资产或负债的公允价值并不存在优先顺序。企业在应用估值技术估计相关资产或负债的公允价值时，应当根据可观察的市场信息定期校准估值模型，以确保所使用的估值模型能够反映当前市场状况，并识别估值模型本身可能存在的潜在缺陷。如果企业所使用的估值技术未能考虑市场参与者在对相关资产或负债估值时所考虑的所有因素，那么企业通过该估值技术获得的金额不能作为对计量日当前交易价格的估计。

（一）市场法

市场法是利用相同或类似的资产、负债或资产和负债组合的价格以及其他相关市场交易信息进行估值的技术。企业应用市场法估计相关资产或负债公允价值的，可利用相同或类似的资产、负债或资产和负债的组合（例如，一项业务）的价格和其他相关市场交易信息进行估值。

企业在使用市场法时，应当以市场参与者在相同或类似资产出售中能够收到或者转移相同或类似负债需要支付的公开报价为基础。企业应当根据资产或负债的特征，如当前状况、地理位置、出售和使用的限制等，对相同或类似资产或负债的市场价格进行调整，以确定该资产或负债的公允价值。

企业在应用市场法时，除直接使用相同或类似资产或负债的公开报价外，还可以使用市场乘数法等估值方法。市场乘数法是一种使用可比企业市场数据估计公允价值的方法，包括上市公司比较法、交易安全比较法等。企业采用上市公司比较法时，可使用的市场乘数包括市盈率、市净率、企业价值/税息折旧及摊销前利润乘数等。企业应当进行职业判断，考虑与计量相关的定性和定量因素，选择恰当的市场乘数。

（二）收益法

收益法是企业将未来金额转换成单一现值的估值技术。企业使用收益法时，应当反映市场参与者在计量日对未来现金流量或者收入费用等金额的预期。企业使用的收益法包括现金流量折现法、多期超额收益折现法、期权定价模型等估值方法。

1. 现金流量折现法。

现金流量折现法是企业在收益法中最常用到的估值方法，包括传统法（即折现率调整法）和期望现值流量法。企业运用折现率将未来金额与现在金额联系起来，取得现值。企业使用现金流量折现法估计相关资产或负债的公允价值时，需要在计量日从市场参与者角度考虑相关资产或负债的未来现金流量、现金流量金额和时间的可能变动、货币时间价值、因承受现金流量固有不确定性而要求的补偿（即风险溢价）、与负债相关的不履约风险（包括企业自身信用风险）、市场参与者在当前情况下可能考虑的其他因素等。

企业以现金流量折现法估计相关资产或负债的公允价值，应当避免重复计算或遗漏风险因素的影响，协调折现率与现金流量输入值的选择。例如，企业使用了合同现金流量的，应当采用能够反映预期违约风险的折现率；使用了概率加权现金流量的，应当采用无风险利率；使用了包含通货膨胀影响的现金流量的，应当采用名义利率；使用了排除通货膨胀影响的现金流量的，应当采用实际利率；使用税后现金流量的，应当采用税后折现率；使用税前现金流量的，应当采用税前折现率；使用人民币现金流量的，应当采用与人民币相关的利率等。

企业在现金流量折现法中所使用的现金流量是估计金额，而非确定的已知金额。当存在违约风险时，即使是合同约定的金额也不是确定的折现现金流量，例如，贷款承诺中虽约定贷款金额，但如果企业无法按期还款，该金额并不能作为确定的已知折现现金流量。所以企业使用现金流量折现法时，将面临较多不确定性。企业在以公允价值计量该资产或负债时应当考虑风险溢价，即使存在较大困难，企业仍应当考虑相关风险调整因素。

根据对风险的调整方式和采用的现金流量类型,可以将现金流量折现法区分为传统法和期望现金流量法两种方法。

(1) 传统法。传统法是使用在估计金额范围内最有可能的现金流量和经风险调整的折现率的一种折现方法。企业在传统法中所使用的现金流量,包括合同现金流量、承诺现金流量或者最有可能的现金流量等。这些现金流量都以特定事项为前提条件,例如,债券中包含的合同现金流量或承诺现金流量是以债务人不发生违约为前提条件的。企业所使用的经风险调整的折现率,应当来自市场上交易的类似资产或负债的可观察回报率。当不存在可观察的市场回报率时,企业也可以使用估计的市场回报率。企业在确定资产或负债是否类似时,需要考虑现金流量的性质,例如,现金流量是合同现金流量还是非合同现金流量,现金流量是否会对经济条件的改变作出类似反应,还需要考虑信用状况、抵押品、期限、限制性合同和流动性等其他因素。

【例题21-6】2×14年12月31日,甲商业银行从全国银行间债券市场购入乙公司发行的10万份中期票据,将其作为其他权益工具投资持有。该票据信用评级为AAA,乙公司的长期信用评级为AAA,期限为7年,自2×14年12月31日至2×21年12月31日止。该票据面值为人民币100元,票面利率为5%,付息日为每年的12月31日。2×15年12月31日,甲商业银行对该中期票据投资进行公允价值计量。假定该票据没有活跃市场中的报价,甲商业银行能够通过中央国债登记结算有限责任公司公布的相关收益率曲线确定相同信用评级、相同期限债券的市场回报率为6%。本例中,甲商业银行可根据该中期票据约定的合同现金流量即利息和本金,运用市场回报率进行折现,得到该中期票据的公允价值1,001万元。具体计算如表21-2所示。

表21-2　　　　　　　　　　　公允价值计算　　　　　　　　　　　单位：万元

年份	2×15	2×16	2×17	2×18	2×19	2×20	2×21	合计
现金流量	50	50	50	50	50	50	1,050	
折现率（6%）	1	0.9434	0.98900	0.8396	0.7921	0.7473	0.7050	
现值	50	47.2	44.5	42	39.6	37.4	740.3	1,001

(2) 期望现金流量法。期望现金流量法是使用经风险调整的期望现金流量和无风险利率,或者使用未经风险调整的期望现金流量和包含市场参与者要求的风险溢价的折现率的一种折现方法。企业应当通过以概率为权重计算的期望现金流量反映未来所有可能的现金流量。企业在期望现金流量法中使用的现金流量是对所有可能的现金流量进行概率加权,最终得到的期望现金流量不再以特定事项为前提条件,这不同于企业在传统法中所使用的现金流量。

在期望现金流量法中,可以通过两种方法调整相关资产或负债期望现金流量的风险溢价:

①企业从以概率为权重计算的期望现金流量中扣除风险溢价,得到确定等值现金流量,并按照无风险利率对确定等值现金流量折现,从而估计出相关资产或负债的公允价值。当市场参与者认为确定的现金流量和期望现金流量无差异时,该确定的现金流量即为确定等值现金流量。

②企业在无风险利率之上增加风险溢价，得到期望回报率，并使用该期望回报率对以概率为权重计算的现金流量进行折现，从而估计出相关资产或负债的公允价值。企业可以使用对风险资产进行计价的模型估计期望回报率，如资本资产定价模型。使用期望现金流量法的上述两种方法得到的现金流量现值应当是相同的。因此，企业在使用期望现金流量法估计相关资产或负债的公允价值时，期望现金流量法的上述两种方法均可使用。企业对期望现金流量法第一种方法或第二种方法的选择，取决于被计量资产或负债的特征和环境因素，企业是否可获取足够多的数据，以及企业运用判断的程度等。

2. 期权定价模型。

企业可以使用布莱克—斯科尔斯模型、二叉树模型、蒙特卡洛模拟法等期权定价模型估计期权的公允价值。其中，布莱克—斯科尔斯期权定价模型可以用于认股权证和具有转换特征的金融工具的简单估值。布莱克—斯科尔斯期权定价模型中的输入值包括即期价格、行权价格、合同期限、预计或内含波动率、无风险利率、期望股息率等。蒙特卡洛模拟法适用于包含可变行权价格或转换价格、对行权时间具有限制条款等复杂属性的认股权证或具有转换特征的金融工具。蒙特卡洛模拟法根据认股权证或具有转换特征的金融工具的条款、条件以及其他假设，随机生成数千甚至数百万的可能结果，计算每种可能情形的相关回报，这些回报用概率加权并折现以计算相关资产或负债的公允价值。

（三）成本法

成本法，是反映当前要求重置相关资产服务能力所需金额的估值技术，通常是指现行重置成本。在成本法下，企业应当根据折旧贬值情况，对市场参与者获得或构建具有相同服务能力的替代资产的成本进行调整。折旧贬值包括实体性损耗、功能性贬值以及经济性贬值。企业主要使用现行重置成本法估计与其他资产或其他资产和负债一起使用的有形资产的公允价值。

（四）估值技术的选择

企业在某些情况下使用单项估值技术是恰当的，如企业使用相同资产或负债在活跃市场上的公开报价计量该资产或负债的公允价值。但在有些情况下，企业可能需要使用多种估值技术，如企业采用市场法和收益法估计未上市企业股权投资的公允价值。企业应当运用更多职业判断，确定恰当的估值技术。企业至少应当考虑下列因素：

（1）根据企业可获得的市场数据和其他信息，其中一种估值技术是否比其他估值技术更恰当；

（2）其中一种估值技术所使用的输入值是否更容易在市场上观察到或者只需作更少的调整；

（3）其中一种估值技术得到的估值结果区间是否在其他估值技术的估值结果区间内；

（4）市场法和收益法结果存在较大差异的，进一步分析存在较大差异的原因，如其中一种估值技术可能使用不当，或者其中一种估值技术所使用的输入值可能不恰当等。

企业在公允价值后续计量中使用了估值技术，并且运用了不可观察输入值的，应当确保该估值技术反映了计量日可观察的市场数据，如类似资产或负债的最近交易价格等。企业以相关资产或负债的交易价格作为其初始确认时的公允价值，并在公允价值后续计量中使用了不可观察输入值的，应当校正后续计量中运用的估值技术，以使用该估值技术确定的初始确认结果与初始确认时的交易价格相等。企业通过校准估值技术，能够确保估值技术反映当前市场情况，避免发生估值技术无法反映相关资产或负债的特征。

企业在估计不存在活跃市场的权益工具的公允价值时，如果自权益工具购买日至计量日之间的间隔较短，并且在此期间没有发生对该权益工具价值产生重大影响的事件，企业可采用近期交易价格作为无公开报价权益工具的公允价值；如果权益工具非近期购买，或者自购买日至计量日之间发行权益工具的企业或发行人发生了重大变化，企业可能不应按照近期交易价格确定权益工具的公允价值，而应当根据发行人的具体情况，选用恰当的估值方法进行估值。

对于成熟的被投资企业，企业可采用市场法计量其无公开报价权益工具的公允价值。企业选择可比公司作为基准公司时，应当重点考虑业务的性质、业务的盈利能力及所在地。企业无法找到与被投资企业在同一行业的上市公司时，可选择最相近行业和具有相似经营风险和利润率的公司作为替代。企业选定可比公司后，应当对关键指标的差异进行调整，从而增强市场法的适用性和可靠性。这些所需调整的关键指标差异包括可比公司所在不同市场的估值水平，可比公司与被投资企业之间增长性、盈利能力、股本回报率、流动性的差异等。另外，企业也可使用股价/页面浏览量等行业特定的一些业务驱动因素进行比较。又如，对于迅速成长的被投资企业，企业可采用收益法计量其无公开报价权益工具的公允价值。企业使用该方法时，需要进行一系列的财务预测，预测时间至少包括企业一个业务周期，一般不少于5年。如果被投资企业已经确定在近期能够实现上市流通，并且相应的股价已大致确定，企业可采用投资收益折现法来确定被投资企业发行的权益工具的公允价值，使用较低的风险回报率确定计量日的现值。企业应当采用市场法对收益法的结果进行交叉检验。企业在公允价值计量中使用的估值技术一经确定，不得随意变更。企业公允价值计量中应用的估值技术应当在前后各会计期间保持一致，除非变更估值技术或其应用方法能使计量结果在当前情况下同样或者更能代表公允价值，包括但不限于下列情况：（1）出现新的市场；（2）可以取得新的信息；（3）无法再取得以前使用的信息；（4）改进了估值技术；（5）市场状况发生变化等。企业变更估值技术及其应用方法的，应当按照会计估计变更处理，并对估值技术及其应用方法的变更进行披露。企业无论使用何种估值技术，都应当考虑当前市场状况并作出市场参与者可能进行的风险调整，如对信用风险和流动性风险的调整。

三、输入值

企业以公允价值计量相关资产或负债，应当考虑市场参与者在对相关资产或负债进行定价时所使用的假设，包括有关风险的假设，如所用特定估值技术的内在风险等。市场参与者所使用的假设即为输入值，可分为可观察输入值和不可观察输入值。企业使用估值技术时，应当优先使用可观察输入值，仅当相关可观察输入值无法取得或取得不切实可行时才使用不可观察输入值。企业通常可以从交易所市场、做市商市场、经纪人市场、直接交易市场获得可观察输入值。在交易所市场上，企业可直接获得相关资产或负债的收盘价。在做市商市场，做市商随时准备用自有资本买入或者卖出做市项目，以此提供流动性并形成市场，所以出价和要价比收盘价更容易获得。但在直接交易市场上，买卖双方独立协商，无中介参与，所以企业难以获得这些交易。企业为估计相关资产或负债公允价值必须使用一些不可观察输入值的，如果市场参与者在对该资产或负债的公允价值计量会用到这些不可观察输入值，那么企业也应当使用这些不可观察输入值。无论企业在以公允价值计量相关资产或负债过程中是否使用不可观察输入值，其公允价值计量的目的仍是基于市场参与者角度确定在当前市场条件下计量日有序交易中该资产或负债的脱手价格。

（一）公允价值计量中相关的溢价和折价

企业应当选择市场参与者在相关资产或负债交易中会考虑的、反映该资产或负债特征的输入值。如果企业能够获得相同或类似资产或负债在活跃市场中的报价且市场参与者将考虑与相关资产或负债的特征相关的溢价或折价时，企业应当根据这些溢价或折价，如控制权溢价、少数股东权益折价、流动性折价等，对相同或类似资产或负债的市场交易价格进行调整。企业不应考虑与计量单元不一致的溢价或折价，如反映企业持有规模特征即"大宗持有因素"的溢价或折价。大宗持有因素是与交易相关的特定因素，因企业交易该资产的方式不同而有所不同。例如，某企业持有一家上市公司 15,000 万股普通股。该上市公司在资本市场上一般平均日交易量约为 12,000 万股普通股。如果该企业全部出售其持有的上市公司股份将会造成流动性问题，该上市公司每股普通股股份将发生严重下跌。该因素与企业持有股份数量即持有规模有关，不是该资产即上市公司普通股的特征，在企业进行公允价值计量时不应予以考虑。

（二）以出价和要价为基础的输入值

当相关资产或负债具有出价和要价时，企业可以使用出价和要价价差中在当前市场情况下最能代表该资产或负债公允价值的价格计量该资产或负债。出价是经纪人或做市商购买一项资产或处置一项负债所愿意支付的价格，要价是经纪人或做市商出售一项资产或承担一项负债所愿意收取的价格。企业可使用出价计量资产头寸，使用要价计量负债头寸，也可使用市场参与者在实务中使用的在出价和要价之间的中间价或其他定价惯例计量相关资产或负债。无论如何，企业不应使用与公允价值计量假定不一致的方法，如对资产使用要价、对负债使用出价。

四、公允价值层次

为提高公允价值计量和相关披露的一致性和可比性，企业应当将估值技术所使用的输入值划分为三个层次，并最优先使用活跃市场上相同资产或负债未经调整的报价，即第一层次输入值，最后使用不可观察输入值即第二层次输入值。

（一）第一层次输入值

第一层次输入值是企业在计量日能够取得的相同资产或负债在活跃市场上未经调整的报价。活跃市场是指相关资产或负债交易量及交易频率足以持续提供定价信息的市场。在活跃市场，交易对象具有同质性，可随时找到愿交易的买方和卖方，并且市场价格信息是公开的。当交易量和交易活动显著下降、可获得的价格因时间或市场参与者的不同存在显著差异、可获得的价格并非当前的价格时，当前市场可能不是活跃市场。在活跃市场中，企业应当能够容易获得相关资产或负债的报价，且可定期从交易所、交易商、经纪人、行业集团、定价机构或监管机构等获得该报价。企业从活跃市场获得的这些报价，应当能够代表在公平交易基础上实际并经常发生的市场交易，异常的市场报价不应作为第一层次输入值，如债券交易中出现的频繁对敲交易形成的市场价格。

企业使用相同资产或负债在活跃市场的公开报价对该资产或负债进行公允价值计量时，通常不应进行调整。但下列情况除外：

1. 企业持有大量类似但不相同的以公允价值计量的资产或负债，这些资产或负债存在活跃市场报价，但难以获得每项资产或负债在计量日单独的定价信息。在这种情况下，企业可使用不完全依赖于单个报价的其他定价方法，但由此取得的公允价值计量结果应当划入第二或第三层次。例如，银行等金融机构持有大量的类似债券，可能在计量日较难取得每一债券的价格信息，银行可以使用其中一些债券的报价确定其他类似债券的公允价值。

2. 因发生影响公允价值计量的重大事件等导致活跃市场的报价不代表计量日的公允价值。例如，在证券市场闭市之后但在计量日之前发生的买卖双方直接交易、经纪人交易或公告等重大事项。企业应当制订相应会计政策并一致应用，以识别那些可能影响公允价值计量的重大事项。企业根据该新信息而对报价有所调整的，公允价值计量应当划入第二或第三层次。

3. 不存在相同或类似负债或企业自身权益工具报价但其他方将其作为资产持有的负债或自身权益工具的公允价值。如果无须对资产报价进行调整，公允价值计量结果为第一层次，否则，公允价值计量应当划入第二或第三层次。

在活跃市场中，企业应当以单项资产或负债的市场报价即第一层次输入值与企业持有数量的乘积，确定其持有的金融资产或金融负债的公允价值。即使市场正常日交易量不足以吸收企业的持有量，以致在市场交易中出售该金融资产或转移该金融负债可能影响市场报价的情况下，企业也应如此。

（二）第二层次输入值

第二层次输入值是除第一层次输入值外相关资产或负债直接或间接可观察的输入值。对于具有合同期限等特定期限的相关资产或负债，第二层次输入值必须在其几乎整个期限内是可观察的。第二层次输入值包括：

（1）活跃市场中类似资产或负债的报价。

（2）非活跃市场中相同或类似资产或负债的报价。

（3）除报价以外的其他可观察输入值，包括在正常报价间隔期间可观察的利率和收益率曲线等。

（4）市场验证的输入值等。市场验证的输入值是指通过相关性分析或其他手段，主要来源于可观察市场数据的输入值或者经过可观察市场数据的输入值。

企业以公允价值计量相关资产或负债的，类似资产或负债在活跃市场或非活跃市场的报价为该资产或负债的公允价值计量提供了依据，但企业需要对该报价进行调整。企业在确定哪些资产或负债与相关资产或负债类似时，需要进行判断。在有序交易情况下，企业确定相关资产或负债的公允价格或报价不能完全代表计量日该资产或负债的公允价值，却又以该交易价格或报价为基础计量其公允价值的，应当对该交易价格或报价进行调整。

企业应当根据相关资产或负债的特征，对第二层次输入值进行调整。这些特征包括资产状况或所在位置、输入值与可比资产或负债的相关程度、可观察输入值所在市场的交易量和活跃程度等。企业使用重要的不可观察输入值对第二层次输入值进行调整，且该调整对公允价值计量整体而言是重大的，那么公允价值计量结果应当划分为第三层次。

（三）第三层次输入值

第三层次输入值是相关资产或负债的不可观察输入值，包括不能直接观察和无法由可观察市场数据验证的利率、股票波动率、企业合并中承租的弃置义务的未来现金流量、企业使用自身数据作出的财务预测等。

企业只有在相关资产或负债几乎很少存在市场交易活动，导致相关可观察输入值无法取得或取得不切实可行的情况下，才能使用第三层次输入值即不可观察输入值。但企业计量公允价值的目标仍应当保持不变，即从持有资产或承担负债的市场参与者角度确定资产或负债的计量日有序交易中的脱手价格。因此，企业使用不可观察输入值仍应当反映市场参与者给资产或负债定价时使用的假设，包括有关风险的假设，如特定估值技术及其输入值的固有风险的假设等。

企业在确定不可观察输入值时，应当使用在当前情况下可以合理取得的最佳信息，包括所有可合理取得的市场参与者假设。企业在内部数据的基础上确定不可观察输入值，但如果有证据表明其他市场参与者将使用不同于企业内部数据的其他数据，或者这些企业内部数据是企业特定数据，其他市场参与者不具备企业相关特征时，如企业的协同效应，企业应当对其内部数据作出相应调整。企业在获取关于市场参与者假设的信息时应该遵循成本效益原则，但必须考虑所有可合理获得的信息。

如果市场参与者在对相关资产或负债定价时考虑了风险调整，而企业在公允价值计量时没有考虑该风险调整，那么该计量就不能代表公允价值。例如，当相关资产或负债或类似资产或负债的交易量或交易活动比正常市场显著下降，交易价格或报价无法代表该资产或负债的公允价值时，企业应当考虑风险调整。企业在确定相关资产或负债的交易量或交易活跃程度是否出现大幅下降时，应当考虑下列情形：

（1）最近几乎没有发生该资产或负债的交易；

（2）该资产或负债的报价信息不是基于当前信息的；

（3）报价信息在一段时间内或在做市商之间变化极大；

（4）以往与该资产或负债公允价值高度相关的指数被证明与该资产或负债近期公允价值的指示值不相关；

（5）与企业对期望现金流量的估计相比，在考虑了关于该资产或负债信用风险和其他不履约风险的所有市场数据后，可观察到的交易或报价的隐含流动性风险溢价、收益率或拖欠率、损失严重程度等业绩指标大幅增加；

（6）出价和要价之间的价差很大或者大幅增加；

（7）该资产或负债或类似资产或负债的一级市场交易活动大幅降低或不存在此类市场；

(8) 几乎没有公开可获得的信息，如一些交易活动由买卖双方直接进行。

相关资产或负债的交易量或交易活跃程度大幅下降的，企业可能需要改变估值技术或者使用多种估值技术，如使用市场法和收益法。当权衡使用不同估值技术取得的公允价值计量结果时，企业应当考虑公允价值计量各种结果的合理性。即使相关资产或负债的交易量或活跃程度出现大幅下降，企业计量公允价值的目标仍应保持不变。如果资产或负债的交易量或交易活跃程度大幅下降，估计市场参与者在计量日按照当前市场情况愿意进行交易的价格依赖于计量日的事实和环境，与企业持有资产、偿还或以其他方式履行负债的意图无关。

（四）公允价值计量结果所属的层次

公允价值计量结果所属的层次，由对公允价值计量整体而言重要的输入值所属的最低层次决定。企业应当在考虑相关资产或负债特征的基础上判断输入值的重要性，并考虑公允价值计量本身，而不是公允价值的变动以及这些变动的会计处理。企业应当在书面文件中记录其如何评估输入值对于公允价值计量的重要性，并一致应用该政策。

公允价值计量结果所属的层次，取决于估值技术的输入值，而不是估值技术本身。当企业使用的所有输入值都属于同一层次时，例如，企业使用未经调整的活跃市场的报价计量公允价值，公允价值计量结果所属的层次就比较容易确定。但如果企业在公允价值计量中所使用的输入值属于不同层次，企业评价某一输入值对公允价值计量整体的重要性需要运用职业判断，考虑与相关资产或负债有关的特定因素，如果企业在公允价值计量中需要使用不可观察输入值对可观察输入值进行调整，并且该调整引起相关资产或负债公允价值计量结果显著增加或显著减少，则公允价值计量结果应当划入第三层次的公允价值计量。

（五）第三方报价机构的估值

企业使用经纪人、做市商等第三方报价机构提供的出价或要价计量相关资产或负债公允价值的，应当确保该第三方报价机构提供的出价或要价遵循了公允价值计量的要求。企业应当综合考虑相关资产或负债所处市场的特点、交易是否活跃、是否有足够数量的报价方、报价方是否权威、报价是否持续等因素，对出价和要价的质量进行判断。

企业即使使用了第三方报价机构提供的估值，也不应简单将该公允价值计量结果划入第三层次输入值。企业应当了解估值服务中应用到的输入值，并根据该输入值的可观察性和重要性，确定相关资产或负债公允价值计量结果的层次。例如，第三方报价机构提供了相同资产或负债在活跃市场报价的，企业应当将该资产或负债的公允价值计量划入第一层次。如果相关资产或负债的交易量或交易活跃程度出现大幅下降，企业应当评估第三方报价机构在形成报价过程中是否使用了反映有序交易的当前信息或是反映市场参与者假定（包括有关风险的假定）的估值技术。

企业在权衡作为公允价值计量输入值的报价时，应当考虑报价的性质，例如，报价是参考价格还是具有约束性的要约，对第三方报价机构提供的具有约束性要约的报价应赋予更多权重，并对不能反映交易结果的报价赋予较少权重。

第三节　公允价值计量的具体应用

一、非金融资产的公允价值计量

（一）非金融资产的最佳用途

企业以公允价值计量非金融资产，应当考虑市场参与者通过直接将该资产用于最佳用途产生经济利益的能力，或者通过将该资产出售给能够用于最佳用途的其他市场参与者产生经济利益的能力。最佳用途，是指市场参与者实现一项非金融资产或其所属的一组资产和负债的价值最大化时该非金融资产的用途。最佳用途是评估行业在非金融资产评估中所使用的估值概念，也称为最高最佳使用。

企业判定非金融资产的最佳用途，应当考虑该用途是否为法律上允许、实物上可能以及财务上可行的使用方式。企业判断非金融资产的用途在法律上是否允许，应当考虑市场参与者在对该非金融资产定价时所考虑的资产使用在法律上的限制。企业在计量日对非金融资产的使用必须未被法律禁止，例如，如果政府禁止在生态保护区内进行房地产开发和经营，则该保护区内土地的最佳用途不可能是工业或商业用途的开发。企业判断非金融资产的用途在实物上是否可能，应当考虑市场参与者在对该非金融资产定价时所考虑的资产实物特征，如一栋建筑物是否能够作为仓库使用。企业判断非金融资产的用途在财务上是否可行，应当考虑在法律上允许且实物上可能的情况下，市场参与者通过使用该非金融资产能否产生足够的收益或现金流量，从而在补偿将该非金融资产用于这一用途所发生的成本之后，仍然能够满足市场参与者所要求的投资回报。

即使企业已经或者计划将非金融资产用于不同于市场参与者的用途，企业仍然应当从市场参与者的角度确定非金融资产的最佳用途。通常情况下，企业对非金融资产的当前用途可视为最佳用途，除非市场因素或者其他因素表明市场参与者按照其他用途使用该非金融资产可以实现价值最大化。

【例题 21-7】甲软件公司拥有一组资产，包括向客户收取许可证费用的收费软件资产和配套使用的数据库支持系统，这两项资产结合使用。2×15 年，由于市场上出现新的可替代软件，甲公司需要对该资产组进行减值测试，确定该资产组公允价值减去处置费用后的净额。

分析：由于没有证据表明这些资产的当前用途并非其最佳用途，甲公司确定这些资产的最佳用途是其当前用途，并且每一项资产将主要通过与其他资产结合使用来为市场参与者提供最大价值。假定市场参与者有两种类型：一种是甲公司的竞争对手等同行业企业，另一种是投资公司。同行业企业拥有与软件资产配套使用的其他资产，软件资产只会在有限的过渡期内使用，且在过渡期结束时无法单独出售。同行业企业对软件资产的估价为 350 万元。投资公司未拥有与软件资产配套使用的其他资产以及软件资产的替代资产，软件资产将在其整个剩余经济寿命内被使用。投资公司对软件资产的估价为 340 万元。假定两类买家对配套资产的定价相同,均为290万元。根据上述分析,同行业企业愿意为整个资产组合支付的价格高于投资公司的价格,因此软件资产和配套系统组合的公允价值应基于同行业企业对整个资产组合的使用来确定,即640万元。

【例题21-8】 2×15年12月1日,甲公司在非同一控制下的吸收合并中取得一块土地使用权。该土地在合并前被作为工业用地,一直用于出租。甲公司取得该土地使用权后,仍将其用于出租。甲公司以公允价值计量其拥有的投资性房地产。2×16年3月31日,邻近的一块土地被开发用于建造高层公寓大楼的住宅用地使用。本地区区域规划自2×16年1月1日以来已经作出调整,甲公司确定,在履行相关手续后,可将该土地的用途从工业用地变更为住宅用地。

分析:市场参与者在对该土地进行定价时,将考虑该土地的最佳用途,并比较该土地仍用于工业用途即与厂房结合使用的价值和该土地用于建造住宅的空置土地的价值。假定该土地目前用于工业用途的价值是600万元,用于建造住宅的价值是1 000万元,并需要发生拆除厂房成本及其他成本250万元。比较上述两项价值后可以确定,该土地使用权的公允价值为750万元。

(二)非金融资产的估值前提

企业以公允价值计量非金融资产,应当在最佳用途的基础上确定该非金融资产的估值前提,即单独使用该非金融资产还是将其与其他资产或负债组合使用。通过单独使用实现非金融资产最佳用途的,该非金融资产的公允价值应当是将该资产出售给同样单独使用该资产的市场参与者的当前交易价格。通过与其他资产或负债组合使用实现非金融资产最佳用途的,该非金融资产的公允价值应当是将该资产出售给以同样组合方式使用资产的市场参与者的当前交易价格,并且假定市场参与者可以取得组合中的其他资产或负债。其中,负债包括企业为筹集营运资金产生的负债,但不包括企业为组合之外的资产筹集资金所产生的负债。最佳用途假定应当一致地应用于组合中所有相关资产。

对于非金融资产,即使已知该资产通过与其他资产或与其他资产和负债组合使用能够实现最佳用途,但该资产的计量单元是单项资产,企业在以公允价值对其进行计量时,仍应当假设该资产按照与计量单元相一致的方式出售,并假定市场参与者已取得了使该资产正常运作的组合中的其他资产和负债。例如,甲公司在非同一控制下的企业合并中取得一台精密设备,该设备是被合并方生产流水线上的专用设备,该设备需要与流水线上其他设备一起组合使用实现最佳用途。甲公司在以公允价值计量该精密设备时,应当假定市场参与者能够取得使该精密设备正常运转的其他组合资产,从而使该资产实现最佳用途。但在具体计量时,企业可以选用合适的估值技术计量该精密设备单项资产的公允价值。例如,可以获得类似新旧程度和用途的设备的市场报价,并考虑运输费用、安装费用等对该报价进行调整,从而获得该单项资产的公允价值。

企业以公允价值计量与其他资产或与其他资产和负债组合使用的非金融资产时,为实现上述估值前提,可能出现以下不同情况:

(1)非金融资产与其他资产或与其他资产和负债组合使用前提下的公允价值,与该非金融资产单独使用前提下的公允价值可能相等。例如,企业以公允价值对持续运营的业务进行计量时,需要对业务的整体进行估值。由于市场参与者都能获得业务中每一项资产或负债的协同效应，因而无论资产单独使用还是与其他资产或负债组合使用，协同效应都会影响各项资产和负债的公允价值。

（2）非金融资产与其他资产或与其他资产和负债组合使用前提下的公允价值，可能通过调整该非金融资产单独使用时的公允价值取得。例如，非金融资产是一台机器设备，其公允价值计量基于没有为使用进行安装或配置的类似机器的可观察价格确定，并就运输和安装成本进行调整，从而在公允价值计量中反映了机器的当前状况和位置。

（3）市场参与者通过在公允价值计量中采用的假设反映非金融资产通过组合实现最佳用途的估值前提。例如，非金融资产是特殊的在产品，市场参与者会将该存货转化为产成品，确定该存货的公允价值时应当假设市场参与者已经获取或者能够获取将存货转化为产成品所需的任何特殊机器设备。

（4）估值技术反映非金融资产通过组合实现最佳用途的估值前提。例如，在使用多期超额收益法计量无形资产的公允价值时，该估值技术特别考虑了无形资产所在组合中的其他配套资产和相关负债的贡献。

（5）在少数情况下，非金融资产与其他资产或与其他资产和负债组合使用前提下的公允价值，可通过分配资产组合的公允价值获得近似于该资产公允价值的金额。

【例题21-9】2×14年10月16日，甲企业在非同一控制下的企业合并中获得一台可辨认的机器。按照《企业会计准则第20号——企业合并》的要求，甲企业需要估计该资产在2×14年10月16日的公允价值。被合并方最初通过外购取得该机器，并对该机器进行了小范围的特定配置，以适用于自身经营。甲企业自取得该机器后将其用于生产经营。

甲企业发现，该资产将在为使用安装或配置后通过与其他资产结合使用来为市场参与者提供最大价值，并且没有证据表明该机器的当前用途不是最佳用途。因此，该机器的最佳用途是与其他资产相结合的当前用途。假定甲企业可获得应用成本法和市场法的充分数据。

考虑到甲企业无法通过该机器取得单独可辨认收入作为未来现金流量的可靠估计，并且甲企业无法获得类似二手机器的租赁费率（即资产剩余服务寿命内的租赁付款额）用以预测该机器的未来收入，因此，甲企业未使用收益法。

分析：

（1）甲企业应用市场法时，将采用类似机器的报价，并就该配置后的机器与类似机器之间的差异进行调整。甲企业考虑了该机器当前状况及地理位置。甲企业运用市场法确定该机器在2×14年10月16日的公允价值为60万元。

（2）甲企业应用成本法时，需要估计当前建造具有类似用途并且经过配置后的替代机器所需的金额。甲企业应当考虑机器的现状及其运行所处的环境，包括实体性损耗、功能性贬值、经济性贬值以及安装成本。甲企业运用成本法确定该机器在2×14年10月16日的公允价值为65万元。

考虑到市场法所使用的输入值（类似机器的报价）仅需作出较少调整，甲企业认为市场法得出的估计值更能代表该机器的公允价值。因此，甲企业确定该机器在2×14年10月16日的公允价值为60万元。

二、负债和企业自身权益工具的公允价值计量

企业以公允价值计量负债,应当假定在计量日将该负债转移给市场参与者,而且该负债在转移后继续存在,由作为受让方的市场参与者履行相关义务。同样,企业以公允价值计量自身权益工具,应当假定在计量日将该自身权益工具转移给市场参与者,而且该自身权益工具在转移后继续存在,并由作为受让方的市场参与者取得与该工具相关的权利、承担相应的义务。在任何情况下,企业都应当优先使用相关的可观察输入值,只有在相关可观察输入值无法取得或取得不切实可行的情况下,才可以使用不可观察输入值,用以估计在计量日市场参与者之间按照当前市场情况转移一项负债或权益工具的有序交易中的价格。

(一) 确定负债或企业自身权益工具公允价值的方法

1. 具有可观察市场报价的相同或类似负债或企业自身权益工具。

如果存在相同或类似负债或企业自身权益工具可观察市场报价,企业应当以该报价为基础确定负债或企业自身权益工具的公允价值。但在很多情况下,由于法律限制或企业未打算转移负债或企业自身权益工具等原因,企业可能无法获得转移相同或类似负债或企业自身权益工具的公开报价。在这种情况下,企业应当确定该负债或自身权益工具是否被其他方作为资产持有。相关负债或企业自身权益工具被其他方作为资产持有的,企业应当在计量日从持有对应资产的市场参与者角度,以对应资产的公允价值为基础,确定该负债或企业自身权益工具的公允价值;相关负债或企业自身权益工具没有被其他方作为资产持有的,企业应当从承担负债或者发行权益工具的市场参与者角度,采用估值技术确定该负债或企业自身权益工具的公允价值。

2. 被其他方作为资产持有的负债或企业自身权益工具。

对于不存在相同或类似负债或企业自身权益工具报价,但其他方将其作为资产持有的负债或企业自身权益工具,企业应当根据下列方法估计其公允价值:

(1) 如果对应资产存在活跃市场的报价,并且企业能够获得该报价,企业应当以对应资产的报价为基础确定该负债或企业自身权益工具的公允价值。

(2) 如果对应资产不存在活跃市场的报价,或者企业无法获得该报价,企业可使用其他可观察的输入值,如对应资产在非活跃市场中的报价。

(3) 如果上述(1)和(2)中的可观察价格或输入值都不存在,企业应使用收益法、市场法等其他估值技术。企业使用收益法的,应当考虑市场参与者将该负债或企业自身权益工具作为资产持有时预期收到的现金流量现值。企业使用市场法的,应当考虑其他市场参与者作为资产持有的类似负债或企业自身权益工具的报价。

对应资产的某些特征不适用于负债或企业自身权益工具的,企业应当对该资产的市场报价进行调整,以调整后的价格确定该负债或企业自身权益工具的公允价值。这些调整因素包括:一是对应资产的出售受到限制。二是与对应资产相关的负债或企业自身权益工具与所计量负债或企业自身权益工具类似但不相同。负债或权益工具可能具有一些特征,例如,发行方的信用质量,与被作为资产持有的类似负债或权益工具的公允价值中反映的特征不同。三是对应资产的计量单元与负债或企业自身权益工具的计量单元不完全相同。如

果对应资产的价格反映了相关债权和第三方信用增级,而负债的计量单元不包括第三方的信用增级,则企业在以公允价值计量该负债时,应当调整对应资产的可观察价格,剔除第三方信用增级的影响。四是其他需要调整的因素。

3. 未被其他方作为资产持有的负债或企业自身权益工具。

不存在相同或类似负债或企业自身权益工具报价,并且其他方未将其作为资产持有的,企业应当从承担负债或发行权益工具的市场参与者角度,采用估值技术确定该负债或企业自身权益工具的公允价值。即使不存在对应资产,企业也可使用估值技术计量该负债的公允价值,如对于弃置义务,企业可以计算市场参与者预期在履行义务时将发生的未来现金流量的现值。

【例题21-10】2×14年3月5日,甲企业发行了面值总额为4,000万元的AA级15年期固定利率债券,面值为100元,票面年利率为10%。甲企业将该金融负债指定为以公允价值计量且其变动计入当期损益的金融负债。该债券在中国银行间债券市场具有大量交易。2×14年12月31日,每百元面值在考虑应计利息付款额后的交易价格为92.5元。甲企业使用该债券的活跃市场报价估计其负债的公允价值。

分析:甲企业在确定该债券的活跃市场报价是否代表负债的公允价值时,应当评估债券的报价是否包含不适用于负债公允价值计量的因素的影响,例如,债券的报价是否包含了第三方信用增级的影响。甲企业确定无需对资产的报价进行任何调整。据此,甲企业认为,该负债在2×14年12月31日的公允价值为3,700万元 [4,000×(92.5÷100)=3,700]。

(二) 不履约风险

企业以公允价值计量相关负债,应当考虑不履约风险,并假定不履约风险在负债转移前后保持不变。不履约风险,是指企业不履行义务的风险,包括但不限于企业自身信用风险。企业以公允价值计量相关负债时,应当考虑其信用状况的影响,以及其他可能影响负债履行的因素。这些因素的影响会因不同负债而有所不同,例如,该负债是否是一项具有偿付现金义务的金融负债,或者是一项具有提供商品或服务义务的非金融负债,或者存在与该负债相关的信用增级条款。

企业以公允价值计量相关负债,应当基于该负债的计量单元考虑不履约风险对负债公允价值的影响。负债附有不可分割的第三方信用增级,如第三方的债务担保,并且该信用增级与负债是分别进行会计处理的,企业估计该负债公允价值时,不应考虑该信用增级的影响,而仅应当考虑企业自身的信用状况。

(三) 负债或企业自身权益工具转移受限

企业以公允价值计量负债或自身权益工具,并且该负债或自身权益工具存在限制转移因素的,如果企业在公允价值计量的输入值中已经考虑了这些因素,则不应再单独设置相关输入值,也不应对其他输入值进行相关调整。例如,如果债权人和债务人在交易日完全了解相关义务包含转移限制的情况,并接受负债的交易价格,那么交易价格已包含转移限制,企业不需要在交易日或后续计量日通过重新设立单独输入值或者对现有输入值进行调整来反映转移限制的影响。但如果对于负债转移的限制未反映在交易价格或用于计量公允价值计量的其他输入值中,企业应当对输入值进行调整,以反映该限制。

（四）具有可随时要求偿还特征的金融负债

具有可随时要求偿还特征的金融负债的公允价值，不应低于债权人要求偿还时的应付金额，即从可要求偿还第一天起折现的现值。例如，对于银行而言，其吸收的客户活期存款是具有可随时要求偿还特征的金融负债，反映了银行需要根据存款人需求随时偿还现金给存款人或者存款人指定的第三方的合同义务，该活期存款的公允价值不应低于随时要求偿还的金额。

三、市场风险或信用风险可抵销的金融资产和金融负债的公允价值计量

企业持有一组金融资产和金融负债时，将会面临包括利率风险、货币风险和其他价格风险等市场风险和交易对手的信用风险。在通常情况下，企业不是通过"出售"金融资产或"转移"金融负债来管理其面临的市场风险及信用风险敞口的，而是基于一个或多个特定市场风险或特定交易对手信用风险的净敞口管理这些金融工具。

企业基于其市场风险或特定交易对手信用风险的净敞口来管理其金融资产和金融负债时，在满足要求的情况下，可以在当前市场情况下市场参与者之间于计量日进行的有序交易中，以出售特定风险敞口的净多头（即资产）所能收到的价格或转移特定风险敞口的净空头（即负债）所需支付的价格为基础，计量该组金融资产和金融负债的公允价值。

（一）金融资产和金融负债组合计量的条件

企业以公允价值计量金融资产和金融负债组合的，应当同时满足下列条件：

1. 企业在风险管理或投资策略的正式书面文件中已载明，以特定市场风险或特定对手信用风险的净敞口为基础，管理金融资产和金融负债的组合。企业应当提供证据，以证明其一致地基于市场风险或信用风险的净敞口管理金融工具。

2. 企业以特定市场风险或特定对手信用风险的净敞口为基础，向企业关键管理人员报告金融资产和金融负债组合的信息。

3. 企业在每个资产负债表日持续以公允价值计量组合中的金融资产和金融负债。

（二）金融资产和金融负债的市场风险敞口

企业以公允价值计量基于特定市场风险的净敞口管理的金融资产和金融负债，金融资产和金融负债应当具有实质上相同的特定市场风险敞口和特定市场风险的期限，企业应当使用出价和要价价差内最能代表当前市场环境下公允价值的价格作为公允价值。因期限不同而导致在一段时期市场风险未被抵销的，企业应当分别计量其市场风险被抵销时期的市场风险净敞口，以及在市场风险未被抵销的时期的市场风险总敞口。

（三）金融资产和金融负债的信用风险敞口

企业以公允价值计量相关资产或负债，如果已与交易对手达成了在出现违约情况下将考虑所有能够缓释信用风险敞口的安排，如与交易对手订立的总互抵协议，或者要求基于各方对另一方信用风险的净敞口交换担保品的协议，则应在公允价值计量中考虑交易对手

信用风险的净敞口或者该交易对手对企业信用风险的净敞口。企业以公允价值计量相关资产或负债，应当反映市场参与者对这些安排在出现违约情况下能否依法强制执行的预期。

企业为管理一个或多个特定市场风险净敞口而进行组合管理的金融资产和金融负债，可以不同于企业为管理其特定交易对手信用风险净敞口而进行组合管理的金融资产和金融负债，因为企业所有合同不可能均与相同的交易对手订立。

本章思维导图

历年注会考题

准则链接

课后习题

课后习题答案

第二十二章 国际会计协调与趋同

☞ **本章学习目的**

通过本章的学习，使学生对国际会计协调与趋同的进程有一个清晰的认识。学习完本章内容后，学生应掌握会计准则国家趋同的形式、推动国际会计趋同的民间性组织、中国会计准则同国际趋同的表现；熟悉会计准则国际趋同的发展趋势、会计准则全球趋同的影响因素；中国会计准则国际趋同的发展路径。

☞ **本章学习重点难点**

会计准则国家趋同形式　会计准则全球趋同的影响因素　中国会计准则同国际趋同的表现

第一节　国际会计协调与趋同概述

一、会计准则国际趋同的发展趋势

2001年，国际会计准则理事会（IASB）成功重组并开始制订国际财务报告准则（IFRS），开启了国际会计准则的融合过程。随着全球经济一体化发展，各国之间的交流机会增多，对数据的可比性和统一性有了更高的要求，希望实现全球财务报告一致性，促进各国会计准则向IFRS的靠拢，国际会计准则的趋同是必然趋势。同时，随着各国在经济、金融等领域的合作进一步加深密切，也为各国会计准则的接轨趋同创造了更稳固的基础条件。

2001年，国际会计准则理事会（IASB）在准备制订国际财务报告准则（IFRS）时，曾指出在国际准则制订时不仅要考虑上市公司，还要考虑中小企业、非上市公司和新兴市场经济体，可见新兴市场经济主体的影响力在逐步增强，无论是从IASB的成员结构，还是从国际地位的变化等方面。新兴经济体对国际财务报告准则的参与度不断深化，这也促进了国际准则可以更加全面地考虑新兴经济体的发展情况，使国际会计准则在趋同过程中更具有综合性。

为了提高IFRS的全面性、综合性和适用性，国际财务报告准则（IFRS）也在加速准则结构体系的调整。一方面，调整国际准则内容，以提高在全球范围内准则的认可度和适用性；另一方面是对相关准则制定机构成员结构的调整，通过丰富成员结构，使制定的准则更具有全面性。通过上述结构体系的调整改革，为国际会计准则在认可度、适用性、科学性等方面创造了更有利的条件。

二、会计准则国家趋同形式

（一）趋同模式

所谓的"趋同模式"是指：每一个国家若是选择趋同模式，在国际颁布的财务报告中，并非是国际颁布的财务报告中直接的收录到会计准则中。而是在本国制定准则的基础上，结合国情进行不同程度的保留，通过趋同模式，将财务报告，重新制订规划、创新，使原有的会计准则内容，更为具体、严格。最终实现与国家发展相适用的目标。

（二）认可模式

所谓的"认可模式"是指：把国家财务报告，深入研究，对其内容进行选定，作为国家内的会计准则发展的过程。当认可模式有效时，其国家相关部门，拥有对国家报告进行修订的权利。目前，欧盟和澳大利亚是国家认可模式的代表。

（三）趋同认可模式

国家要能够在国际会计准则发展中，具有一定的促进作用，与国家发展相呼应。趋同认可模式，可以对该国的会计准则实行保留，但具有局限性，这里所说的局限性，指的是国家要根据自身发展状态进行仔细研究后，才可以发布。

（四）直接应用模式

当国家决定选择直接应用模式时，就要根据国家形势发展，参照国际会计准则内容，其现有的权利不应进行保留。当国家进行财务报告过程中，无须对国际会计准则的内容进行审核，可以直接采用，凸显便捷条件。

三、会计准则全球趋同的影响因素

（一）不同国家地区使用的 IFRS 模式不同

受各国不同的经济发展状况和政策制度的影响，其对 IFRS 的使用等也存在一定程度的不同，主要的采纳模式是部分采纳和完全采纳。基于完全采纳基础上的 IFRS 模式主要应用于中国香港以及大洋洲的澳大利亚和新西兰等国家，其会计准则应用时完全使用了国际 IFRS 模式，因而其会计准则操作基本上是一致的。与该类国家地区不同，部分国家和地区更多对 IFRS 选择部分采纳，通过考虑本国、本地区的实际发展状况和会计准则形式，适当引入修订后的 IFRS 相关条例，使其会计准则的构建逐渐向 IFRS 趋同。采取该类形式的主要有中国和欧盟等，实际会计准则应用过程中仍存在一定的差异。

（二）不同国家地区的会计准则与 IFRS 不同

实际经济运行和经济全球化发展过程中，各国、各地区的会计准则与 IFRS 相比是存在不同的。当该类差异的不同稳定在一定程度时，两者反应的会计信息也不会出现明显变化，但当两者之间的差异较大时，其反应的会计信息会出现明显的差别，造成的市场反应也会更加严重，不利于市场经济的发展。为了尽可能缩小国家和地区的会计准则与 IFRS 之间的差异，促进国际间经济合作的合理开展，就必须加强对 IFRS 导向性的重视程度。在此过程中，不同国家的改进速度和进程等也是各不相同的，影响了会计准则国际趋同的速度，不利于企业会计准则国际趋同的发展。

（三）不同国家地区 IFRS 执行存在差异

IFRS 在执行过程中仅依靠 IASB 并不能发挥强有力的作用，因而在实际工作等过程中，无论是选择完全采用模式还是部分采用模式的国家和地区，其在 IFRS 执行方面的相关操作仍不能达成一致。不同国家以及地区在发展方向和实际执行之间存在的各项问题导致了企业会计准则国际趋同发展过程中也存在诸多问题，不利于会计准则国际趋同的顺利开展。

（四）税收及相关政治体制影响

不同国家和地区在税收政策的确定和税收体制的建立方面存在较大的不同，更多与本国经济政治等相符合。这就导致在实际的经济运行过程中，企业更多依照国家和有关部门的政策，就相关会计准则进行企业经营运算，导致企业实际的会计利润计算得出后并不能与企业实际的经营状况等相符合，具有一定的表面性。不同国家就会计准则国际趋同所采用的政策等的不同也会对企业会计准则国际趋同产生不同程度的影响，阻碍企业相关工作的顺利开展。

四、推动国际会计趋同的国际组织

（一）政府机构

政府间机构是指由不同国家政府代表组成的组织，如联合国（UN）和欧盟（EU）都积极参与对国际会计和报告准则的协调化。

1. 联合国。联合国（UN）在 20 世纪 70 年代初就致力于推动国际会计协调化。1973 年，联合国秘书长根据经济与社会发展理事会的决议，任命一个工作组负责研究跨国公司对经济发展和国际关系的影响通过这一常设的政府间专家组，联合国保持了在国际会计协调与趋同过程中的影响作用。

2. 欧盟。欧盟（EU）积极推动成员国内部的会计与报告的协调化，它通过欧洲共同体理事会发布了一系列"共同体指令"，分别就公司企业的法律、税收、会计和报告等方面作出规范，要求各成员国通过修订、制订各自的相关法律予以采纳执行。

（二）民间性组织

参与国际会计协调与趋同的主要非政府性的民间职业组织主要包括：国际会计准则理事会（IASB）、国际会计师联合会（IFAC）、经济合作与发展组织（OECD）。

1. 国际会计准则理事会（IASB）。国际会计准则理事会（IASB）是由国际财务报告准则基金会（IFRS）设立的独立的会计准则制定机构，成立于 2001 年，其前身为国际会计准则委员会（IASC）。国际会计准则理事会（IASB）负责制订及批准国际财务会计报告准则、解释委员会公告，在国际财务报告准则基金会（IFRS）的监督下工作。总体来看，国际会计准则理事会（IASB）旨在制订高质量、易于理解和可实施的国际会计准则，该准则要求向公众披露的财务报告应具明晰性和可比性。此外，国际会计准则理事会还将联手各国的国家会计准则制订者在国际准则的制订上达成一致。其职责包括起草和公布国际会计准则和征求意见稿，批准常设委员会解释公告，负责 IASC 日常技术安排和有关技术问题的项目规划等。

2. 国际会计师联合会（IFAC）。国际会计师联合会（IFAC）成立于 1977 年，属于国际性会计职业界组织，其成员包括世界上大部分国家或地区的执业会计师职业团体。国际会计师联合会（IFAC）的宗旨包括"建立和促进全球范围内会计职业界的协作和准则协调化"。与国际会计准则理事会（IASB）的不同点在于，国际会计师联合会（IFAC）偏重于制订"国际审计准则"（ISAS）来推动审计理论与实务方面实现国际间的协调发展。

3. 经济合作与发展组织（OECD）。经济合作与发展组织（OECD）属于非政府的智囊机构，是由 38 个市场经济国家组成的政府间国际经济组织，旨在反映工业化国家及其跨国公司的利益，以及研究跨国公司在社会经济发展方面的影响或作用。成立至今，OECD 制订了一系列的"跨国企业指南"，如《OECD 公司治理原则》《自动信息交换全球标准》等，经过不断的推广和应用，对 OECD 组织相关成员在公司治理、监管立法等都领域产生了深远的影响。

第二节　中国会计准则与国际准则的趋同

一、中国会计准则国际趋同的发展路径

中国会计准则国际趋同进程总体上可以划分为三个阶段：

第一阶段为 1978 年改革开放到 1991 年，其间主要实施了《中外合资经营企业会计制度》。

第二阶段为 1992~2006 年，先是颁布了《企业会计准则》《企业财务通则》及十三个行业的会计制度和十个行业的财务制度，简称"两则两制"，随后加入了世贸组织（WTO）并着手制订现行的《企业会计准则》，在此期间基本确定了中国会计准则与国际财务报告准则的趋同基调。

第三阶段为 2007 年《企业会计准则》正式实施至今，新准则总体上达到了与 IFRS 的实质性趋同；接着在 2010 年 4 月又发布了《中国企业会计准则与国际财务报告准则趋同路线图》，这进一步明确中国会计准则将继续坚持向 IFRS 的趋同。

二、中国会计准则同国际趋同的表现

（一）准则框架体系同国际实现趋同

我国企业会计准则体系由基本准则、具体准则与应用指南构成。基本准则，在我国整

个准则体系中起统筹驾驭作用，相当于国际财务报告准则中的《编报财务报表地框架》；具体准则在基本准则原则要求的基础上，对企业有关经济业务或报告事项作出具体规定，需要说明的是，现有具体准则已经基本涵盖所有的业务内容；而应用指南是对具体准则的操作指引，类似于与各项国际财务报告准则一并发布的实施指南以及相关的解释公告，综合来看，我国企业会计准则体系在框架体系上已基本实现与国际财务报告准则的趋同。

（二）具体准则同国际实现趋同

2006年，财政部颁布新的企业会计准则，这成为我国会计准则与国际财务报告准则（简称IFRS）趋于一致的标志。2018年根据IFRS9调整并颁布实施新的金融工具准则，2019年根据IFRS16又制定颁布实施新的租赁准则，逐步实现与国际准则衔接。

1. 将公允价值引入新会计准则体系。需要指出的是，我国原有会计准则几乎很少涉及公允价值，而国际财务报告准则更强调公允价值的应用，考虑到企业业务发展的复杂程度，以及与国际接轨的必要性。中国会计准则委员会先后在新准则体系中在金融工具、投资性房地产、债务重组、非同一控制下的企业合并与非货币性资产交换等方面采用公允价值。

2. 新金融工具会计准则的修订。中国会计准则委员会在全面借鉴IAS32、IAS39的基础上，结合我国资本市场发展的实际状况，制定了《金融工具确认与计量》《金融资产转移》《套期会计》《金融工具列报》等。新金融工具相关会计准则的修订内容主要包括以下方面：

（1）金融资产分类由现行"四分类"改为"三分类"，减少金融资产类别，提高分类的客观性和有关会计处理的一致性。

（2）金融资产减值会计由"已发生损失法"改为"预期损失法"，以更加及时、足额地计提金融资产减值准备，提高对金融资产信用风险损失的管控水平。

（3）修订套期会计准则相关规定，使套期会计更加如实地反映企业的风险管理活动。提高金融信息可比性与透明度。

3. 新收入准则的修订。2017年7月19日财政部颁布了企业会计准则第14号——收入》，新收入准则与《国际财务报告准则第15号——客户合同收入》（IFRS15）趋同。与现行准则相比，新租赁准则在承租人会计处理方面，核心变化体现在下列方面：

（1）统一收入确认模型。新收入准则改变了按业务类型划分收入的方式，而是将旧收入准则与建造合同准则进行合并，统一为一个收入确认模型。即五步法模型。

（2）改变收入确认时点的判断标准。旧收入准则修订前收入要区分业务类型，销售商品强调风险报酬转移时确认收入，提供劳务收入和建造合同按完工百分比法确认收入，而新收入准则以"控制权转移"取代旧准则中的"风险报酬转移"作为收入确认判断标准。

（3）为特殊交易的收入确认和计量提供更清晰的实务指引、新收入准则就会计实务中八类的特殊交易事项如何确认与计量收入提供了清晰的指引。

4. 新租赁准则的修订。2018年12月13日，财政部发布了修订的《企业会计准则第21号——租赁》，新租赁准则与《国际财务报告准则第16号——租赁》（IFRS16）趋同。与现行准则相比，新租赁准则在承租人会计处理方面，核心变化体现在下列方面：

（1）从承租人角度来说，取消承租人关于融资租赁与经营租赁的分类，要求承租人对所有租赁（选择简化处理的短期租赁和低价值资产租赁除外）确认使用权资产和租赁负债，并分别确认折旧和利息费用。

（2）从出租人角度来说，基本沿袭了原租赁准则的会计处理规定，但改进了出租人的信息披露，要求出租人披露对其保留的有关租赁资产的权利所采取的风险管理战略、为降低相关风险所采取的措施等。

（三）准则修订实现循序渐进式趋同

会计准则的趋同是一个渐进、动态的过程，我国新会计准则在实施过程中采用了过渡实施的方式，逐步全面实施新准则。与国际准则的趋同并不等于完全照搬国际准则，各国均可以根据自身发展情况在准则制定过程中略存差异，以适应不同的国情。

三、我国会计准则与国际准则趋同的意义

（一）国际地位角度

由于我国在全球经济发展进程体中占据举足轻重的地位，在会计准则与国际财务报告准则接轨后，更有利于我国在会计领域与其他国家的交流。而且，在会计准则实现与国际接轨后，不仅可以增加我国在国际上的话语权，同时也可以推动我国市场经济的对外开放，有利于国际地位的提升。在会计准则未与国际接轨前，由于准则不同我国无法深入参与国际会计领域相关讨论，没有话语权。而且由于财务报告编制不同，也在一定程度上限制了中国公司海外扩张或是吸引海外公司来中国发展。

（二）公司治理角度

1. 跨国企业管理。随着经济全球化的发展，跨国公司、跨国集团成为很多公司扩张海外市场的有效途径。而跨国、跨地区经营在报表编制时，如果会计准则体系不一致就会产生很多困难和障碍，不仅会增加公司报表折算与合并的成本，如果对某个国家或地区的准则理解错误，甚至可能会造成公司报表合并错误，导致违规违法行为。因此，实现会计准则的趋同更有利于跨国公司的运作和发展，一方面可以降低公司信息的相互转换成本，同时可以避免因折算原因造成合并报表的不准确；另一方面，也可以避免跨国企业利用准则存在的差异进行舞弊等不正当行为。

2. 公司会计核算。在制订符合国际标准的新企业会计准则后，对于所有企业采用统一的标准，而且会计准则与国际财务报告标准趋同的过程，也是对我国准则不断规范和完善的过程，通过借鉴国际准则的先进经验填补了我国准则中的一些空白，使企业会计工作有了具体的准则规范。而且新会计准则是在前期经过大量调研的基础上修订的，更符合新的市场环境，有效防范各种风险，提高会计数据的可靠性。同时，与国际准则趋同后，增强了跨国公司会计数据的可比性，可以更好地满足各方投资者的信息需求。

（三）资本市场角度

资本市场的运作需要公司提供真实有效的财务会计数据，但是我国会计准则如果不与

国际趋同,我国公司编制的财务报告不符合国际财务报告标准,想要实现海外上市会存在较多的障碍和困难,实现准则趋同后,不仅可以为企业节省在海外上市的成本,同时也有利于吸引国际资本进入我国资本市场,促进全球资本市场的发展和资金的流动。

本章思维导图

准则链接

课后习题

课后习题答案